全国高等院校水利水电类精品规划教材

水 电 站

主　编　张　丽　韩菊红
副主编　王春堂　马跃先　饶碧玉
主　审　马吉明

黄 河 水 利 出 版 社
· 郑 州 ·

内 容 提 要

本书是“全国高等院校水利水电类精品规划教材”之一。主要内容共三篇十三章。第一篇为水力机械部分，主要介绍水轮机的主要类型和构造、工作原理、相似原理、特性曲线、型式选择以及调速设备；第二篇为水电站输水系统，主要介绍各建筑物的功用、类型、设计要求以及压力管道、水锤及调节保证、调压室等的有关计算原理和方法；第三篇为水电站厂房，主要介绍水电站厂房的布置设计和结构设计原理等。

本书理论与实践相结合，可作为高等院校水利水电工程专业以及水利相关专业本科、专科学生的教材或教学参考书，也可作为水工和机电设计人员、水电站管理人员的参考书。

图书在版编目(CIP)数据

水电站/张丽，韩菊红主编.—郑州：黄河水利出版社，2009.8

全国高等院校水利水电类精品规划教材

ISBN 978-7-80734-641-8

Ⅰ.水… Ⅱ.①张…②韩… Ⅲ.水力发电站-高等学校-教材 Ⅳ.TV7

中国版本图书馆 CIP 数据核字(2009)第 145875 号

出 版 社：黄河水利出版社

地址：河南省郑州市顺河路黄委会综合楼14层 邮政编码：450003

发行单位：黄河水利出版社

发行部电话：0371-66026940、66020550、66028024、66022620(传真)

E-mail：hhslcbs@126.com

承印单位：河南地质彩色印刷厂

开本：787 mm×1092 mm 1/16

印张：23

字数：530 千字 印数：1—4100

版次：2009 年 8 月第 1 版 印次：2009 年 8 月第 1 次印刷

定价：45.00 元

出版者的话

近年来，随着我国对基础设施建设投入的加大，水利水电工程建设也迎来了前所未有的黄金时间。截至2006年，全国已建成堤防28.08万公里，各类水库85 849座，2006年水利工程在建项目4 614个，在建项目投资总规模达6 121亿元(《2006年全国水利发展统计公报》)。据《可再生能源发展“十一五”规划》，到2010年，我国水电总装机容量将达到1.9亿千瓦。水利水电工程的大规模建设对设计、施工、运行管理等水利水电专业人才的需求也更为迫切，如何更好地培养适应现今水利水电事业发展的优秀人才，成为水利水电专业院校共同面临的课题。作为水利水电行业的专业性科技出版社，我社长期关注水利水电学科的建设与发展，并积极组织水利水电类专著与教材的出版。

在对水利水电类本科层次教材的深入了解中，我们发现，以应用型本科教学为主的众多水利水电类专业院校普遍缺乏一套完整构建在校本科生专业知识体系又兼顾实践工作能力的教材。在广泛调研与充分征求各课程主讲老师意见的基础上，按照高等学校水利学科专业教学指导委员会对教材建设的指导精神与要求，并结合教育部实施的多层次建设、打造精品教材的出版战略，我社组织编写了本系列“全国高等院校水利水电类精品规划教材”。

此次规划教材的特点是：

(1)以培养水利水电类应用型人才为目标，充分重视实践教学环节。

(2)在依据现有的专业规范和课程教学大纲的前提下，突出特色，力求创新。

(3)紧扣现行的行业规范与标准。

(4)基本理论与工程实例相结合，易于学生接受与理解。

本系列教材除了涵盖传统专业基础课及专业课外，还补充了多个新开课程的教材，以便于学生扩充知识与技能，填补课堂无合适教材可用的空缺。同时，部分教材由工程技术人员或有工程设计施工从业经历的老师参与编写，也是此次规划教材的创新。

本系列教材的编写与出版得到了全国21所高等院校的鼎力支持，特别是三峡大学党委书记刘德富教授和华北水利水电学院副院长刘汉东教授对系列教材的编写与出版给予了精心指导，有效保证了教材出版的整体水平与质量。在此对推进此次规划教材编写与出版的各院校领导和参编老师致以最诚挚的谢意，是他们在编审过程中的无私奉献与辛勤工作，才使得教材能够按计划出版。

“十年树木，百年树人”，人才的培养需要教育者长期坚持不懈的努力，同样，好的教材也需要经过千锤百炼才能流传百世。本系列教材的出版只是我们打造精品专业教材的开始，希望各院校在对这些教材的使用过程中，提出改进意见与建议，以便日后再版时不断改正与完善。

黄河水利出版社

全国高等院校水利水电类精品规划教材

编审委员会

前　言

本书是“全国高等院校水利水电类精品规划教材”之一，也是水利水电工程专业必修课教材。编写过程中，一方面遵照高等学校水利水电类专业《水电站》教学大纲和相关最新国家标准和行业规范，另一方面尽力体现本系列教材以应用型本科教学为主的思想。编写过程中广泛了解了国内外水电站建设动态，参考了多种水电站教材和相关专业书籍，汇聚了编写人员长期从事水利水电专业教学、科研和生产实践的经验，力求理论与实践的完美结合，使教师使用方便，学生容易接受。

本书主要内容共三篇十三章。第一篇为水力机械部分，主要介绍水轮机的主要类型和构造、工作原理、相似原理、特性曲线、型式选择以及调速设备；第二篇为水电站输水系统，包括水电站输水系统的进水、引水建筑物和调压室，主要介绍各建筑物的功用、类型、设计要求以及压力管道、水锤及调节保证、调压室等的有关计算原理和方法；第三篇为水电站厂房，主要介绍水电站厂房的布置设计和结构设计原理等。

本书由华北水利水电学院、郑州大学、山东农业大学、云南农业大学、河北工程大学等五所高等院校长期从事水电站教学的老师联合编写。其中第一章、第六章、第七章由韩菊红编写，第二章由王春堂编写，第四章由马跃先编写，第三章、第五章由马跃先、王春堂联合编写，第八章由饶碧玉、杨银华联合编写，第九章由张丽编写，第十章由蒋莉编写，第十一章由张丽、孟美丽、袁吉栋联合编写，第十二章由蒋莉、袁吉栋联合编写，第十三章由韩菊红、孟美丽联合编写。第一篇由马跃先统稿，全书由张丽、韩菊红统稿。

本书由清华大学马吉明教授主审，在此表示衷心的感谢。有关院校、科研机构的同行，特别是华北水利水电学院王玲花教授为本书提出了宝贵意见，在此一并向他们以及本书所引用参考文献的作者表示衷心的感谢。

由于水平及时间所限，编写中难免存在不当之处，敬请读者批评指正。

编　者

2009 年 5 月

目　录

第二篇　水电站输水系统

第三篇　水电站厂房

第一章　绪　论

第一节　水力发电概述

利用天然水资源中的水能进行发电的方式称为水力发电。它是现代电力生产的主要方式之一，也是开发利用天然水能资源的主要方式。水电站是为完成水力发电而修建的工程建筑物和机械、电气设备的综合体。

一、水力发电简史

早在 3 000 多年前劳动人民就利用水力磨面、舂米、提水灌溉。随着商业资本及小型手工业的发展，水力逐渐用于打铁、锯木、造纸及纺织等工业方面。当时的水力装置只能建造在急滩、瀑布处，这种地点的限制不能适应工业迅速发展的要求，所以 18 世纪下半叶蒸汽机一出现便立即得到广泛使用。当时为了扩大水力的利用，必须简化水力设备，提高效率，降低成本，并解决建站地点与工业基地不在一处的矛盾。随着水力学和机械制造业的发展，自 18 世纪末开始，相继发明了各种近代水轮机，使得利用水头大为提高，功率及效率也显著提高。19 世纪下半叶又相继发明了直流电机、交流同步电机、变压器、输电线路。直到 19 世纪末，在筑坝技术、结构理论与施工技术发展到一定水平以后，才出现了近代的水电站。此后，许多国家都大量建造水电站，水力发电得到了迅速发展。

随着电力工业的发展，水电站的规模、利用水头和单机容量也都越来越大。目前，世界上装机容量最大的水电站是我国的三峡水电站，总装机容量 1 820 万 kW；最大的抽水蓄能电站是我国的广州抽水蓄能电站，装机容量为 240 万 kW；水头最高的水电站是瑞士的马吉亚蓄能电站，为 2 117 m；最大的水轮发电机组是三峡水电站及巴西和巴拉圭合建的伊泰普水电站的机组，其单机容量均为 70 万 kW。

二、水力发电特点

水力发电区别于其他能源，具有以下几个特点：

(1)水能的再生。水能来自于江河中的天然水流，江河中的水流主要由自然界气、水循环形成。水的循环使水电站的水能可以循环使用，取之不尽，用之不竭，故水能被称为“再生能源”。

(2)水能的综合利用。水力发电只利用水流中的能量，不消耗水量。因此，水能可以综合利用，除发电外，可同时兼得防洪、灌溉、航运、给水、水产养殖、旅游等方面的效益。

(3)水能的调节。电能不能储存，生产与消费必须同时完成。水能则可存蓄在水库里，根据电力系统的要求进行生产，水库是电力系统的储能库。水库调节提高了电力系统对负荷的调节能力，增加了供电的可靠性与灵活性。

(4)水力发电的可逆性。把高处的水体引向低处驱动水轮机发电,将水能转换成电能;反过来,通过电动抽水机将低处的水送往高处水库储存,将电能又转换成水能。利用这种水力发电的可逆性修建抽水蓄能电站,对提高电力系统的负荷调节能力有独特的作用。

(5)水力发电机组工作的灵活性。水力发电机组设备简单,操作灵活方便,启闭灵活,易于实现自动化,具有调频、调峰、旋转备用、事故备用、负荷调整等功能,可增加电力系统的运行可靠性,动态效益突出。水电站是电力系统动态负荷的主要承担者。

(6)水力发电生产成本低,效率高。与火电厂相比,水力发电厂设备简单,运行维修费用低,不用支付燃料费用,故发电成本低廉。水电站的能源利用率高,可达85%以上,而火电厂燃煤热能效率只有40%左右。

如果计及火电厂煤矿及运输投资,水电站造价与火电厂造价相近。

(7)有利于改善生态环境。水电站生产电能不产生"三废",不污染环境,扩大的水库水面面积调节了所在地区的小气候,调整了水流的时空分布,有利于改善周围地区的生态环境。

(8)一次投资大,工期长。修建水电站,特别是修建拥有高坝大库的水电站时,往往淹没损失较大,土建工程量也大,因而使得一次投资大,工期长,而且水力发电也要受河道中天然流量变化的影响等。为此,水电开发过程中必须建立一套科学、完整的评估体系,以作出准确的抉择并采取相应对策。

由于水力发电具有上述诸多优点,世界各国都以优先发展水力发电、尽可能利用水能这一"绿色环保"资源作为能源发展的基本方针。据统计,世界上有24个国家依靠水力发电提供国内90%的电力,如巴西、挪威等;有55个国家的水力发电占全国电力的50%以上,如加拿大、瑞士、瑞典等。我国当前的水电装机容量约占全国电力的24%,年发电量占14.8%。

三、我国的水能资源

水能资源是水力发电的前提条件,我国地域辽阔、江河众多,径流丰沛、落差巨大,蕴藏着极为丰富的水力资源。根据2005年我国发布的水力资源复查结果,我国大陆水力资源理论蕴藏量在10 MW及以上的河流共3 886条,水力资源理论蕴藏量的平均功率为694 400 MW,年发电量为60 829亿kW·h;技术可开发量的装机容量为541 640 MW,年发电量为24 740亿kW·h;经济可开发量的装机容量为401 795 MW,年发电量为17 534亿kW·h。全国水力资源总量,包括理论蕴藏量、技术可开发量和经济可开发量均居世界首位。

我国不仅有得天独厚的大江大河水能资源,而且还具有丰富的小水电资源和潮汐水能资源。其中,我国大陆海岸线全长18 000 km以上,可开发的潮汐水能资源约2 100万kW,年发电量约580亿kW·h。

(一)我国水能资源特点

(1)我国的水能资源在地理分布上极不均衡,与经济发展现状不匹配。总体而言是西部多、东部少,西南地区的水力资源最为丰富,理论蕴藏量占到全国总量的70.6%;而经济发达的华东、中南(含华南)地区仅占4%和8.6%。全国70%以上的大型水电站和80%以上的特大型水电站集中分布在云、贵、川、藏西南四省(区)。

从我国经济发展的现状来看,用电负荷主要集中在东部地区。因此,搞好西电东送工程,可以解决水力资源分布与经济发展现状不匹配的矛盾。

(2)我国河流分为长江、黄河、珠江、海河、淮河、雅鲁藏布江(含西藏其他河流)六大流域和东北诸河、东南沿海诸河、西南国际诸河、北方内陆及新疆诸河四大片区。我国河流流域面积100 km^2以上的有5万多条,其中水力资源理论蕴藏量10 MW以上的河流共有3 886条。水能资源最为丰富的是长江流域,理论蕴藏量占全国总量的40%;其次是雅鲁藏布江,理论蕴藏量占全国总量的23.1%;第三位是西南国际诸河(主要在云南省境内,如澜沧江、怒江等),理论蕴藏量占全国总量的14.2%。

(3)河流主要由降雨形成径流,年内水量分配很不均匀,丰枯流量相差悬殊。所以,在开发水能资源时,要建造调节性能好的水库,提高总体水电质量。

(4)水能资源相对集中在一些高山、大河地区,不少水电站的装机容量超过1 000 MW。这些大型水电站水头高、单机容量大、地质地形条件复杂,带来很多技术难题,因而制约了水力资源的开发利用速度。

(二)我国水能资源开发状况

1912年建成发电的云南石龙坝水电站,装机容量480 kW,是我国第一座水电站。但由于工业化进程的滞后,至1949年全国水电总装机容量仅36万kW,年发电量12亿kW·h。新中国成立后,我国的水电事业得到了蓬勃发展,先后建成了黄坛口、新安江、狮子滩、官厅、新丰江、三门峡、柘溪、陈村、恒仁、刘家峡等大型水电站,20世纪80年代,成功地修建了装机容量271.5万kW的葛洲坝水电站与装机容量128万kW的龙羊峡水电站,标志着我国已具有修建不同型式的百万千瓦级水电站的技术能力。目前在建的三峡水电站,装机容量1 820万kW,单机容量70万kW,第一批机组于2003年发电,至2007年底已有19台机组投入运行,是当今世界上最大的水利水电工程。

我国在建的水电工程中,就技术而言相当一部分已处于世界领先水平。除世界最大水电站三峡水电站外,澜沧江小湾水电站将建设世界最高的混凝土双曲拱坝(292 m),红水河龙滩水电站将建设世界最高的碾压混凝土重力坝(216 m)等。

四、我国水电开发的规划与前景

2004年9月,我国水电装机容量突破1亿kW,居世界第一。但我国水力资源的开发和利用程度仅占可开发水力资源的25%,与发达国家相比仍存在较大差距。当前,发达国家水电平均开发程度在60%以上,其中美国水力资源已开发约82%,日本约84%,加拿大约65%,德国约73%,挪威、巴西等国的水力资源开发利用率甚至超过了90%。因此,我国水电事业具有广阔的发展前景。

我国水电开发的规划目标是,到2020年全国水电装机容量达2.5亿kW,占可开发水力资源的60%,基本上接近发达国家水平。

为了实现上述目标,我国把12条水量丰富、水力资源集中的河流作为水电开发的重点。它们是长江上游、黄河上游、黄河中游北干流、红水河流域、金沙江、雅砻江、大渡河、乌江、澜沧江,以及东北、湘西和闽浙赣地区,其总装机容量可达2.27亿kW,年发电量可达10 085亿kW·h。因此,随着这十二大水电基地的开发,我国将逐步实现“西电东送”,缓解电力供应紧张的局面,以适应国民经济日益发展的需要。

到2050年,我国水电装机容量将达到4.3亿kW,水电资源基本开发完毕,水电开发率达到90%以上。中国将真正成为水电资源大国、开发规模大国、水电电能生产大国,其水电技术水平将处于世界领先地位。

第二节 水力发电的基本原理及特征参数

一、水力发电的基本原理

水力发电是通过水电站枢纽来实现的。在这里,水电站相当于一个将水能转换为电能的工厂,水能(水头和流量)相当于这个工厂的生产原料,电能相当于其生产的产品,水轮机和水轮发电机则是其最主要的生产设备。通常水轮机和水轮发电机被合称为水轮发电机组。

经过一系列工程措施,有压水流通过水轮机将水能转变为旋转机械能,水轮机又带动水轮发电机转动,再将旋转机械能转变为电能。水电站就是为实现上述能量的连续转换而修建的水工建筑物及其所安装的水轮发电设备和附属设备的总体。

二、水电站的出力及发电量计算

如图1-1所示,水电站上、下游水位差H_0称为水电站的静水头。设水电站某时刻的静水头为H_0,在时间t内有体积为V的水体经水轮机排入下游。若不考虑进出口水流动能变化和能量损失,则体积为V的水体在时间t内向水电站供给的能量即是水体所减少的位能。单位时间内水体向水电站所供给的能量称为水电站的理论出力N_t,水电站出力的单位用kW表示,则有

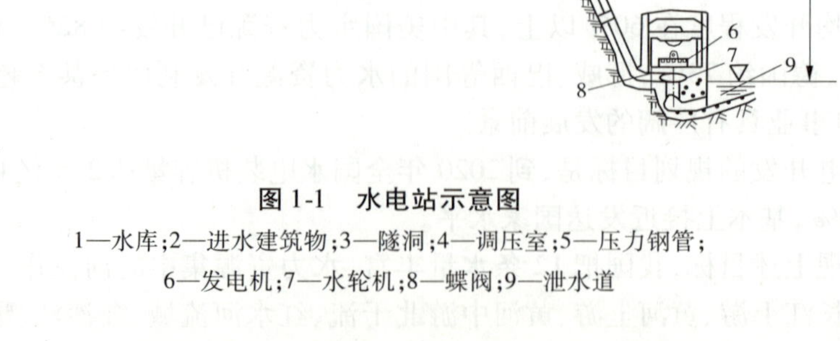

图1-1 水电站示意图

1—水库;2—进水建筑物;3—隧洞;4—调压室;5—压力钢管;
6—发电机;7—水轮机;8—蝶阀;9—泄水道

$$N_t = \gamma VH_0/t = \gamma QH_0 = 9.81QH_0 \tag{1-1}$$

式中　γ——水的容重，$\gamma = 9.81\ \mathrm{kN/m^3}$；

Q——水轮机流量，$\mathrm{m^3/s}$，$Q = V/t$；

H_0——水电站上、下游水位差，称为水电站的静水头，m，$H_0 = z_{上} - z_{下}$。

水头和流量是构成水能的两个基本要素，是水电站动力特性的重要表征。

实际上，在由水能到电能的转变过程中，不可避免地会产生能量损失。这种损失表现在两个方面：一方面，在水流自上游引到下游的过程中，存在引水道的水头损失 Δh；另一方面，在水轮机、发电机和传动设备中也将损失一部分能量。因此，水电站的实际出力小于由式(1-1)算出的理论出力。

考虑引水道的水头损失和水轮发电机组的效率后，水电站的实际出力 N 由下式计算

$$N = 9.81\eta Q(H_0 - \Delta h) = 9.81\eta QH \tag{1-2}$$

式中　H——水轮机的工作水头，m；

η——水轮发电机组总效率。

水轮发电机组总效率 η 的大小与设备的类型和性能、机组传动方式、机组工作状态等因素有关，同时也受设备生产和安装工艺质量的影响。在初步计算中可近似地认为 η 是一个常数，若令 $K = 9.81\eta$，则式(1-2)可写为

$$N = KQH \tag{1-3}$$

式中　K——水电站的出力系数，对于大中型水电站，K 值可取为 8.0～8.5，对于中小型水电站，K 值一般取为 6.5～8.0。

水电站的发电量 E 是指水电站在一定时段内发出的电能总量，单位是 kW·h。对于较短的时段，如日、月等，发电量 E 可由该时段内电站的平均出力 $\overline{N}$ 和该时段的小时数 T 相乘得出，即

$$E = \overline{N}T \tag{1-4}$$

对于较长的时段，如季、年等，可由式(1-4)先计算该季或年内各日(或月)的发电量，然后再相加得出。

三、水电站的动能参数

水电站的动能参数是表征水电站的动能规模、运行可靠程度和工程效益的指标。

(一)设计保证率和保证出力

水电站的设计保证率是指水电站正常发电的保证程度，一般用正常发电总时段与计算期总时段比值的百分数来表示。设计水电站时，合理选择设计保证率十分重要，应根据水电站所在电力系统的负荷特性、系统中的水电比重、河川径流特性、水库调节性能、水电站的规模及其在电力系统中的作用，以及设计保证率以外时段出力降低程度和保证系统用电可能采取的措施等因素，通过动能经济计算的途径来选定。初步设计时可参照《水利水电工程动能设计规范》(DL/T 5015—1996)，按表 1-1 选用。

水电站的保证出力是指水电站相应于设计保证率的枯水时段发电的平均出力，它是选择水电站装机容量的重要依据。可以利用已有的水文资料，通过径流调节计算，求出每年供水期的平均出力，然后将这些出力值按大小次序排列，绘制其出力保证率曲线，在该

曲线中相应于设计保证率的平均出力,就是水电站的保证出力。

表 1-1　水电站设计保证率　(%)

电力系统中水电容量比重	<25	25 ~ 50	>50
水电站设计保证率	80 ~ 90	90 ~ 95	95 ~ 98

(二)装机容量

装机容量是指水电站内全部机组额定出力的总和。设计水电站装机容量时,必须充分研究水库调节性能、综合利用要求、系统负荷水平及其特性、水电站的供电范围及其在系统中的作用、水火电比重、各类电站的合理运行方式等,进行各种代表年的电力、电量和调峰能力平衡,计算各装机方案的容量、电量效益与费用,通过方案比较合理确定。某些小型水电站可以采用装机容量年利用小时数法或保证出力倍比法求出。

(三)多年平均发电量

多年平均发电量是水电站各年发电量的平均值,通常可根据入库天然流量系列资料,利用水库进行径流调节,按水电站的发电量计算公式得出逐年的发电量,再求其平均值便可得出多年平均发电量。

(四)水电站装机年利用小时数

将水电站的多年平均发电量除以装机容量便可得出水电站装机年利用小时数。它相当于全部装机满载运行时的多年平均工作小时数,是反映设备利用程度和检验装机容量合理性的一个指标。

四、水电站的分等指标

我国水利部于 2000 年颁布的《水利水电工程等级划分及洪水标准》(SL 252—2000),根据装机容量的大小将水电站划分为五等,如表 1-2 所示。

表 1-2　以发电为主的水利枢纽分等指标

工程等别	工程规模	水电站装机容量(MW)
Ⅰ	大(1)型	≥1 200
Ⅱ	大(2)型	1 200 ~ 300
Ⅲ	中型	300 ~ 50
Ⅳ	小(1)型	50 ~ 10
Ⅴ	小(2)型	<10

第三节　水电站的基本类型及组成建筑物

一、水电站的基本类型

水电站的分类标准和分类方式很多,如按工作水头分为低水头水电站、中水头水电站和高水头水电站;按水库的调节能力分为无调节(径流式)水电站和有调节(日调节、年调节和多年调节)水电站;按在电力系统中的作用分为基荷水电站、腰荷水电站及峰荷水电站;按集中水头的方式可分为坝式水电站、引水式水电站和混合式水电站;按照水电站利用水源的性质可分为常规水电站、抽水蓄能电站和潮汐电站。

按水电站的组成建筑物及其特征,可将水电站分为坝式、河床式和引水式三种基本类型。

(一)坝式水电站

坝式水电站常修建于河流中、上游的高山峡谷中。水电站厂房布置在坝体下游侧,并通过坝体引水发电。厂坝之间常用缝分开,厂房不起挡水作用,也不承受上游水压力。坝式水电站的引水道短,水头损失小,建筑物布置比较集中。当水电站厂房紧靠坝体,布置在坝体非溢流坝段下游时,称为坝后式水电站,如图1-2和图1-3所示的丹江口水电站就是典型的坝后式水电站。当河谷较窄而水电站机组较多、溢流坝段和厂房并排布置有困难时,可将厂房布置在溢流坝下游,或者让溢流水舌挑越厂房顶泄入下游河道,形成挑越式水电站,如乌江渡水电站和漫湾水电站;或者让厂房顶兼作溢洪道宣泄洪水,形成厂房顶溢流式水电站,如新安江水电站。当坝体足够大时,也可将厂房布置在坝内,形成坝内式水电站,如上犹江水电站和凤滩水电站。

坝式水电站的水头由坝来集中,一般为中、高水头,目前最大水头已接近300 m。

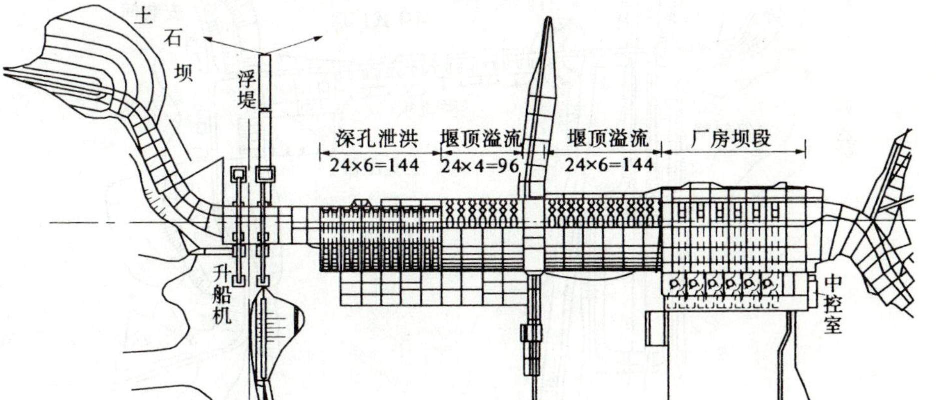

图1-2 丹江口(坝后式)水电站枢纽平面布置图 (单位:m)

(二)河床式水电站

河床式水电站常修建在河流中、下游河道纵坡较平缓的河段上。水电站厂房位于河床内,和坝共同组成挡水建筑物,厂房本身承受上游水压力。图1-4和图1-5所示为西津河床式水电站。

河床式水电站一般均为低水头、大流量型水电站,厂房应尽量远离溢流坝段而布置在河岸边。如果厂房与溢流坝段相邻,则厂房与溢流坝段之间在上、下游都应有足够长的导流隔墙,以免泄洪时影响发电。当溢流坝段和厂房均较长,布置上有困难时,可将厂房机组段分散布置于泄水闸闸墩内而形成闸墩式厂房,如青铜峡水电站;或通过厂房宣泄部分

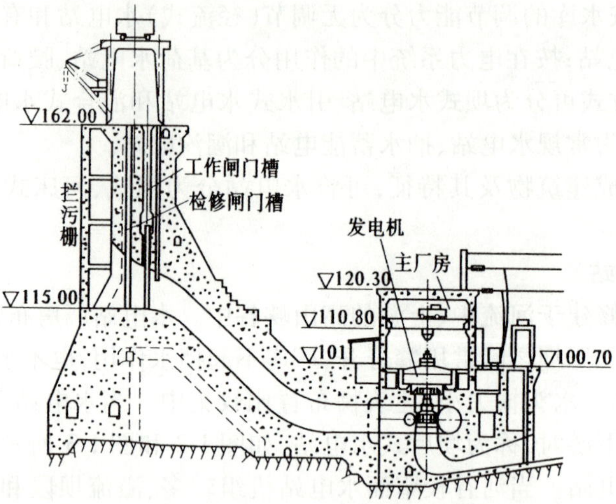

图 1-3 丹江口(坝后式)水电站厂房横剖面图 (单位:m)

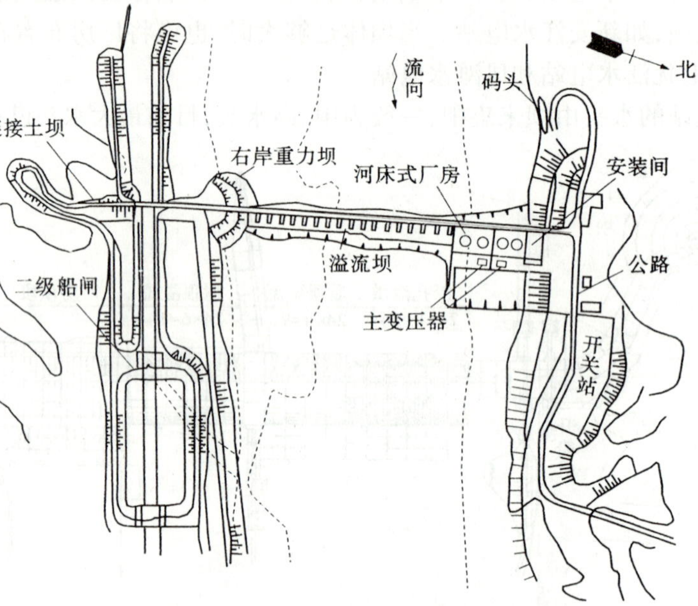

图 1-4 西津(河床式)水电站枢纽平面布置图

洪水而形成泄流式厂房,如葛洲坝大江、二江水电站。这两种布置方式在泄洪时还可因射流得到增加水头的效益。

河床式水电站的水头由挡水建筑物集中,水头一般低于 30 ~ 40 m。

(三)引水式水电站

引水式水电站一般修建在河流坡度大、水流湍急的山区河段。水电站厂房位于河岸,距水电站进水口较远。这种水电站的引水道较长,并以此集中水电站全部或大部分水头。当压力引水道较长时,为了减小其中的水击压力和改善机组运行条件,还需在靠近厂房处修建调压室。这种型式的水电站由于不存在淹没和筑坝技术上的限制,可以集中很高的

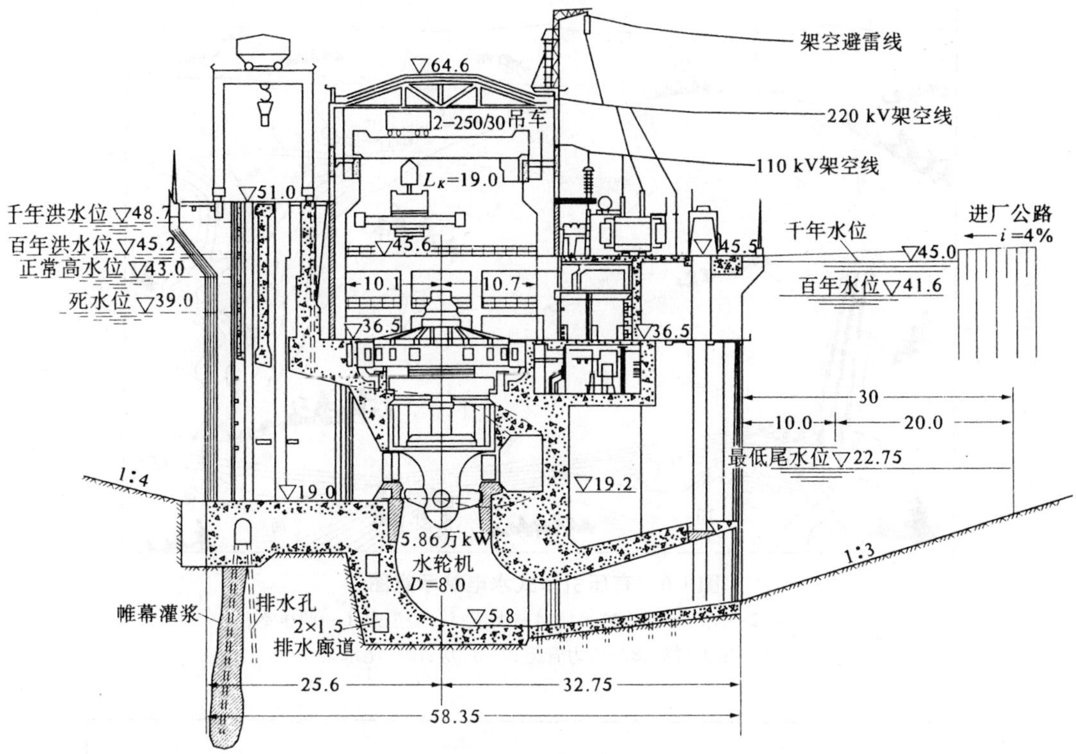

图 1-5　西津(河床式)水电站厂房横剖面图　(单位:m)

落差,目前最大水头已达 2 000 m 以上,但发电引用流量一般比较小。

根据引水道中水流的流态,引水式水电站又分为有压引水式水电站和无压引水式水电站。

有压引水式水电站主要采用有压引水建筑物(压力隧洞或压力水管)引水以集中水头。图 1-6 为有压引水式水电站示意图。此类水电站的建筑物包括水库、大坝、溢洪道、水电站进水口、有压引水道(压力隧洞)、调压室、压力管道、厂房枢纽及尾水渠。

无压引水式水电站采用无压引水建筑物(明渠或无压隧洞)引水以集中水头。图 1-7 为无压引水式水电站示意图。无压引水道和压力管道的连接处设有压力前池,图示水电站还设有日调节池。

坝式、河床式及引水式三种水电站虽各具特点,但有时它们之间却难以明确划分。从水电站建筑物及其特征的观点出发,一般把引水式开发和筑坝引水混合式开发的水电站统称为引水式水电站。此外,某些坝式水电站可能将厂房布置在下游河岸上,通过在山体中开凿的引水道供水,这时水电站建筑物及其特征与引水式水电站相似。因此,掌握引水式水电站的组成建筑物及其特性对研究各类水电站有重要作用。

二、水电站的组成建筑物

水电站枢纽由一般的水工建筑物和特有的水电站建筑物组成。

(1)挡水建筑物:用以截断河流,集中落差,形成水库。一般为坝或闸。

图 1-6　有压引水式水电站示意图

1—水库;2—闸门室,3—进水口;4—大坝;5—溢洪道;6—调压室;
7—压力隧洞;8—压力管道;9—厂房;10—尾水渠

图 1-7　无压引水式水电站示意图

1—坝;2—进水口,3—沉沙池;4—引水渠道;5—日调节池;6—压力前池;
7—压力管道;8—厂房;9—尾水渠;10—配电站;11—泄水道

(2)泄水建筑物:用以下泄多余的洪水,或放水以供下游使用,或放水以降低水库水位。如溢洪道、泄洪隧洞、放水底孔等。

(3)水电站进水建筑物:用以按水电站发电要求将水引进引水道。如有压、无压进水口等。

(4)水电站引水建筑物:用以将发电用水由进水建筑物输送给水轮发电机组,并将发电用过的水流排向下游河道。如明渠、隧洞、管道等。

(5)水电站平水建筑物:当水电站负荷变化时,用以平稳引水建筑物中流量及压力的变化。如有压引水式水电站中的调压室及无压引水式水电站中的压力前池等。

(6)厂房枢纽建筑物:包括安装水轮发电机组及其控制、辅助设备的厂房,安装变压器的变压器场及安装高压开关的开关站。厂房枢纽是发电、变电、配电的中心,是电能生产的直接场所。

(7)其他建筑物:如过船、过木、过鱼、拦沙、冲沙等建筑物。

第四节 本课程特点

水电站课程是水利水电工程专业的主干专业课之一,是一门包含固体、流体、机械、电气设备等课堂理论知识单元,同时又包含试验、实习、课程设计等实践教学环节的综合性专业主干课。在本课程中,着重讲解水轮机和水电站进水建筑物、引水建筑物、平水建筑物及厂房枢纽建筑物等水电站的特有建筑物,其余各种建筑物则在水工建筑物课程中讨论。

水电站的布置及各种建筑物的设计、施工及运行特点,不仅取决于当地的自然条件和社会对该水电站提出的要求,而且取决于当时的政治形势和经济政策、设计及施工的水平、物资器材设备等的供应情况。因此,世界上没有完全相同的两座水电站,水电站建筑物的型式复杂多样。但是,在这种错综复杂的情况中,却存在着一定的规律。本课程的任务,就是结合某些实例来讲解这些一般规律,并力图使学生学会运用这些规律去解决实际问题。

伴随着国内外大型、超大型水电站枢纽的建设,大量的水电站设计新理论、新技术、新成果不断出现,相应的设计规范也相继修订完成并实行。在本课程学习中,应及时把国内外的最新研究成果、工程建设动态和设计规范引入教学,使学生在掌握知识的同时,具备相应的工程设计理念和开放式学习理念。

第一篇 水力机械

第二章 水轮机的类型及构造

第一节 水轮机的类型和特点

水轮机是一种将水能转换为旋转机械能的水力机械，是水电站主要的动力设备之一。由于河川水能的具体开发条件不同，各个水电站的水头、流量和出力存在着差别，所以需要设计和制造各种类型的水轮机以求高效率地适应不同水力条件及用户负荷变化的需要，从而达到充分利用水力资源的目的。

不同类型的水轮机，其水流能量转换的特征也不一样。水轮机的转轮是将水流能量转换为旋转机械能的核心部分，如图 2-1 所示。若取转轮进口点为 1 和转轮出口点为 2，则转轮所利用的单位水重的能量 H_0 即为 1 点和 2 点的能量之差，当忽略其间水头损失

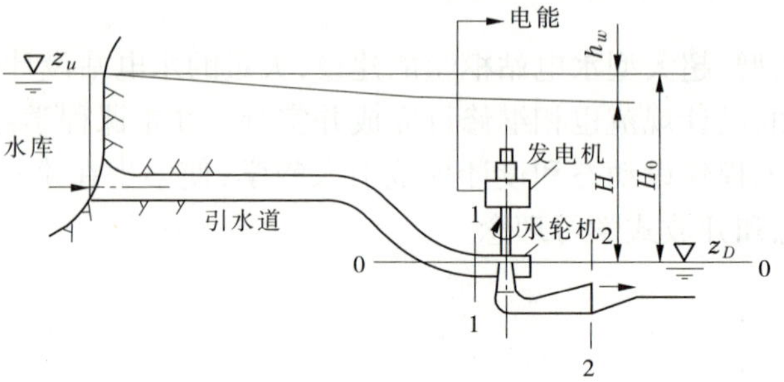

图 2-1 水力发电示意图

时，可用下式表示

$$H_0 = \left(z_1 + \frac{P_1}{\gamma} + \frac{\alpha_1 v_1^2}{2g}\right) - \left(z_2 + \frac{P_2}{\gamma} + \frac{\alpha_2 v_2^2}{2g}\right) \tag{2-1}$$

式(2-1) 亦可写为

$$\frac{\left(z_1 + \frac{P_1}{\gamma}\right) - \left(z_2 + \frac{P_2}{\gamma}\right)}{H_0} + \frac{\alpha_1 v_1^2 - \alpha_2 v_2^2}{2gH_0} = 1$$

令

$$\frac{\left(z_1 + \frac{P_1}{\gamma}\right) - \left(z_2 + \frac{P_2}{\gamma}\right)}{H_0} = E_p$$

$$\frac{\alpha_1 v_1^2 - \alpha_2 v_2^2}{2gH_0} = E_c$$

即

$$E_p + E_c = 1$$

上式表明，水轮机所利用的水流能量为水流势能量 E_p 与水流动能量 E_c 的总和。

若 $E_p = 0, E_c = 1$，这种利用水流动能的水轮机称为冲击式水轮机。

若 $0 < E_p < 1, E_p + E_c = 1$，这种同时利用水流动能和势能的水轮机称为反击式水轮机。

由此，可将水轮机分为反击式和冲击式两大类，而每一大类又有多种型式不同的水轮机，现分述如下。

一、反击式水轮机

所谓反击式水轮机是指主要利用水流的压力能转换为机械能的水轮机。这种水轮机的特点是水流在压力流的状态下流经转轮，而且水流充满整个过水流道。反击式水轮机的转轮是由若干具有扭曲面的刚性叶片组成的，当压力水流通过整个转轮时，由于扭曲的流道改变了水流流动的方向及流速的大小，水流对叶片产生了一个反作用力，形成旋转力矩，推动叶片旋转，将水能转换为转轮的旋转机械能。

反击式水轮机根据水流流经转轮的方式不同，又可分为轴流式、混流式、斜流式和贯流式四种类型的水轮机。

(一)轴流式水轮机

如图 2-2(a)所示，为轴流式水轮机示意图。水流在进入这种水轮机之前，流向已经变得和水轮机轴平行，因为水流在通过转轮时沿轴向进入而又依轴向流出，所以称为轴流式水轮机。轴流式水轮机多适用于低水头、大流量的水电站中，它的水头应用范围一般在 50 m 以下，目前最高已应用到 88 m。轴流式水轮机按其叶片结构特点又可分为定桨式和转桨式两种。轴流定桨式水轮机在运行时其叶片是固定不动的，因而其结构简单，但当水头和流量变化时，其效率相差较大，在偏离最优工作状态(以下简称工况)时效率会急剧下降，一般应用水头为 3 ~ 50 m，所以多应用于负荷变化不大、水头和流量比较固定的小型水电站上。轴流转桨式水轮机在运行时转轮的叶片是可以转动的，以适应水头和流量的变化，使水轮机在不同工况下都能保持较高的效率。由于这种水轮机需要通过主轴的内腔传递油压及在水轮机的轮毂内安装操作机构，所占尺寸和空间较大，所以轴流转桨式水轮机多用在大中型水电站上。在我国长江葛洲坝水电站中，17 万 kW 和 12.5 万 kW 的轴流转桨式水轮机于 1982 年已安装运行。

(二)混流式水轮机

如图 2-2(b)所示，为混流式水轮机示意图。水流沿转轮径向流入转轮而沿轴向流出转轮的水轮机，称为混流式水轮机，又称为辐向轴流式水轮机。混流式水轮机适用的水头范围一般为 20 ~ 450 m，最高已应用到 672 m，是目前应用最为广泛的一种水轮机，我国三峡安装的 70 万 kW 的水轮机发电机组应用的就是混流式水轮机。这种水轮机适用水头范围广，结构简单，运行稳定，效率较高。

(三)斜流式水轮机

如图 2-2(c)所示,为斜流式水轮机示意图。斜流式水轮机的转轮叶片轴线与水轮机轴线有一定夹角,水流斜向流经转轮。斜流式水轮机转轮叶片装置角可调整,高效区较宽,它的性能介于轴流转浆式水轮机和混流式水轮机之间,兼有轴流转浆式水轮机运行效率高、混流式水轮机强度高和适用水头高的优点。它的水头应用范围一般为 20 ~ 200 m。1969 年,我国制成了第一台斜流式水轮机并在毛家村水电站安装运行,其容量为 8 000 kW。1973 年为密云水电站制成了 1.5 万 kW 的斜流式水泵水轮机。目前正在进一步试制单机容量为 30 万 kW 的斜流式水泵水轮机。斜流式水泵水轮机通常作为可逆式机组,在抽水蓄能电站中使用。

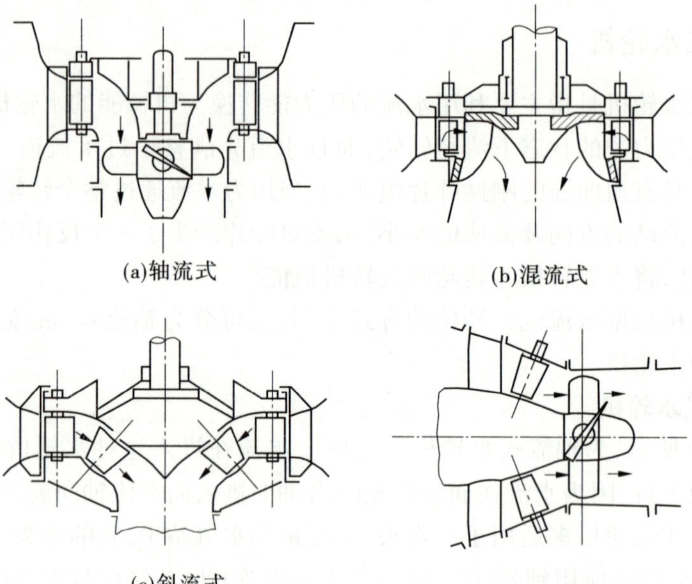

(a)轴流式　(b)混流式　(c)斜流式　(d)贯流式

图 2-2　反击式水轮机类型

(四)贯流式水轮机

如图 2-2(d)所示,为贯流式水轮机示意图。贯流式水轮机的转轮和轴流式水轮机的转轮非常相似,水流由管道进口到尾水管出口为轴向流动,使水流直贯流经转轮。贯流式水轮机具有较高的过流能力和较大的比转速,水流条件较好,水力损失相对较小,安装贯流式水轮机的水电站流道型式简单,土建费用较低,电站的规模通常也较小。

依据发电机装置形式的不同,贯流式水轮机又分为全贯流式和半贯流式两大类。将发电机的转子安装在水轮机转轮外缘时称为全贯流式水轮机,但由于转轮外缘线速度最大,而且密封十分困难,故现已很少使用。发电机采用灯泡式或轴伸式、竖井式布置的水轮机统称为半贯流式水轮机。其中灯泡贯流式水轮机组应用较为广泛,如图 2-2(d)所示,这种机组是将发电机装置在灯泡形的密封机壳内并与水轮机直接相连,机组结构紧凑,流道形状平直,水力效率较高。我国已制成直径为 5.5 m、单机容量为 1 万 kW 的灯泡贯流式水轮机组,安装在白垢水电站中。

根据水轮机轮叶结构的不同，又分为贯流定桨式水轮机和贯流转桨式水轮机两种。贯流式水轮机的过流能力强，水能利用效率高，最高效率可达90%以上。贯流式水轮机是开发微水头与低水头水力资源的较好方式，它一般适用水头在30 m以下的水电站中，如河床式、潮汐式水电站。

二、冲击式水轮机类型

所谓冲击式水轮机是指通过喷嘴将水流能量全部转换成高速射流的动能，冲击安装在转轮外周轮盘上的部分勺斗使转轮转动，从而将水能转换成机械能的水轮机。

按射流是否在转轮旋转平面内，冲击式水轮机可分为水斗式水轮机、斜击式水轮机和双击式水轮机三种不同类型。

（一）水斗式水轮机

所谓水斗式水轮机是指射流位于转轮旋转平面内的水轮机。如图2-3(a)所示，由喷嘴射流出来的水流直接进入大气，射流内的压力和大气压相同，而且在整个工作过程中不发生变化，高速水流沿节圆圆周切线方向冲击转轮上的水斗，将水能转换为机械能，因此又称为切击式水轮机。水斗式水轮机的转轮由轮盘和沿着轮盘圆周均匀分布着的叶片（即斗叶）两部分组成，由于叶片的形状像水斗而得名。水斗式水轮机适用于高水头、小流量的水电站，大型水斗式水轮机的水头应用范围大都在400～1 000 m，目前最高应用水头已达1 772 m。

水斗式水轮机根据主轴的安装方向不同可分为卧轴（指轴水平布置）和立轴（指轴垂直布置）两种型式；按喷嘴数目的多少又可分为单喷嘴（指有一个喷嘴）和多喷嘴（指有两个或两个以上喷嘴）两大类。水斗式水轮机的不利点是后续斗叶背面对射流会产生一定的阻隔作用，影响水轮机的效率。

（二）斜击式水轮机

所谓斜击式水轮机，是指喷嘴射流的方向与转轮旋转平面斜交的水轮机。图2-3(b)所示，射流与转轮旋转平面成一斜射角α（一般约22.5°），射流由勺斗一侧进入，从另一侧流出，射流内的压力也为大气压，从而将水能转换成旋转机械能。斜击式水轮机由喷管、转轮和机壳等组成。由于射流与转轮旋转平面成一斜射角，虽然可以避开斗叶背面的阻隔，增加水轮机的过流流量，但也相应地产生了轴向水推力。斜击式水轮机结构比水斗式水轮机简单，造价低，效率相对也较低，一般用于中小型水电站，适用水头为25～300 m。

（三）双击式水轮机

双击式水轮机是从喷嘴出来的射流由转轮的外周进入部分叶片流道，并将约80%的水流再从转轮内部二次进入另一部分叶片流道，将剩余能量传给转轮的水轮机。由于在工作过程中水流两次冲击叶片，故称为双击式水轮机，如图2-3(c)所示。双击式水轮机也主要由喷嘴、转轮和机壳等组成。由于这种水轮机通常将转轮室空腔和尾水通道密封在一起，因此其射流内的压力不一定是大气压，一般会形成一定负压。双击式水轮机结构简单，制造方便，但效率也同样相对较低，一般用于小型水电站，适用水头范围为10～150 m。

以上我们简要介绍了水轮机的主要类型及特点。现归纳如下：

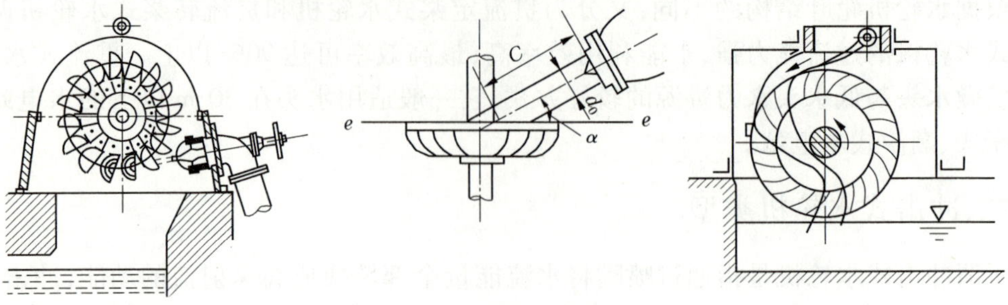

(a)水斗式(切击式)　　(b)斜击式　　(c)双击式

图 2-3　冲击式水轮机类型

- 水轮机
  - 反击式水轮机
    - 轴流式水轮机
      - 轴流定桨式
      - 轴流转桨式
    - 混流式水轮机
    - 斜流式水轮机
    - 贯流式水轮机
  - 冲击式水轮机
    - 水斗式水轮机
    - 斜击式水轮机
    - 双击式水轮机

除上述常规类型的水轮机外，还有一种近年来得到了迅速发展和应用，那就是可逆式水轮机。

可逆式水轮机又叫水泵水轮机，同一台机组，既可作为水轮机运行，又能作为水泵运行，其工作状态具有可逆性。这种水轮机的转轮兼有水轮机和水泵的特点。在水轮机工况运行和水泵工况运行时转轮旋转方向相反，水流在流经转轮时的方向也相反。可逆式水轮机用于抽水蓄能电站，调节电力系统供电的峰谷差。抽水蓄能电站有上、下游两个水库，在用电低谷时，机组作水泵运行消耗系统的负荷，将下游水库的水抽到上游水库储存；在用电高峰时期，机组作水轮机运行利用上游水库的水，向电力系统输送电力，将水放入下游水库循环应用。

可逆式水轮机可分为混流式、斜流式和轴流式三种。混流式的应用水头为 50～700 m，斜流式的应用水头为 20～200 m，轴流式的应用水头为 15～40 m（最高可达 80 m）。

抽水蓄能电站在发达国家起步要早一些，我国自 20 世纪 90 年代以后强调资源合理配置，逐步实行分时电价以后才进入抽水蓄能电站建设的实质阶段。

第二节　反击式水轮机的引水部件

反击式水轮机是实践中应用最广泛的水轮机，水流流过水轮机过流部件的顺序是：从水电站的压力水管或直接由电站进水口引入发电流量进入水轮机的引水室，即蜗壳，然后通过座环、导水机构引入水轮机转轮，将水能转换为水轮机的机械能输出，发电尾水通过水轮机的泄水部件即尾水管泄往下游河道。首先来介绍反击式水轮机的引水部件。

一、引水室的功用

引水室是反击式水轮机的引水设备，它的功用是将压力水管或直接从电站进水口引入的水流平顺、均匀、轴对称地引入水轮机导水机构，并在进入转轮前形成一定的环量，减少水力损失，提高水轮机的能量转换效率。

二、引水室的类型

水电站的水轮机引水室随着水能资源开发条件的不同而有较大差异，常见的有蜗壳引水室、贯流式引水室、罐式引水室、明槽式引水室四种类型。

大中型水电站的水轮机常用蜗壳引水室，其形状近似于蜗牛壳(见图2-4)。这种引水室沿水流方向过水断面逐渐减小，蜗形流道包围着导水机构，使进入导水机构的水流具有一定的旋转环量，并基本保证水流的轴对称性与均匀性，以提高水能转换效率。根据使用的水头、流量以及电站的规模等具体条件不同，蜗壳引水室又有金属蜗壳(见图2-4)和钢筋混凝土蜗壳(见图2-5)两种不同型式。

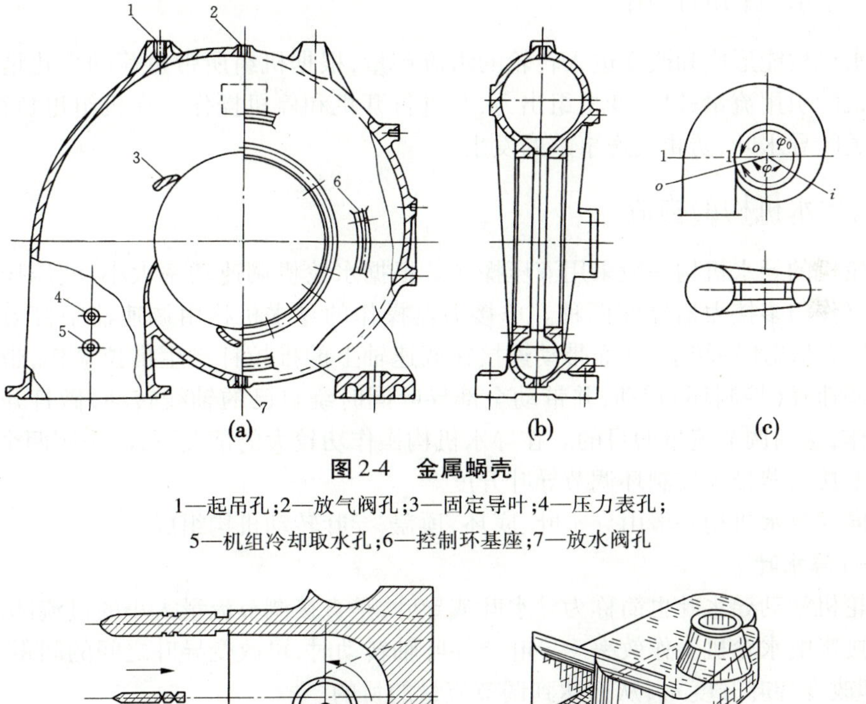

图2-4　金属蜗壳

1—起吊孔；2—放气阀孔；3—固定导叶；4—压力表孔；
5—机组冷却取水孔；6—控制环基座；7—放水阀孔

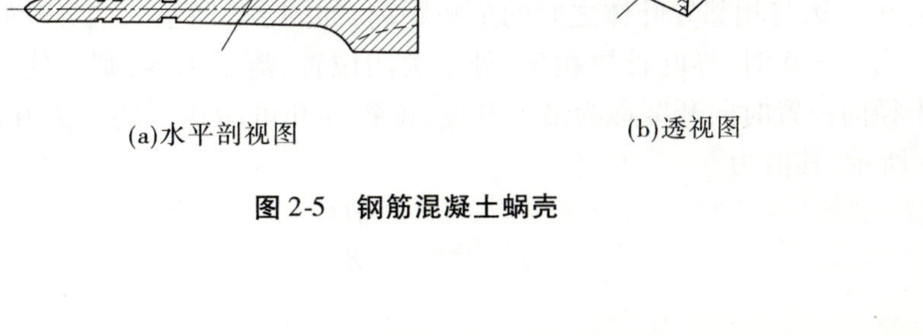

图2-5　钢筋混凝土蜗壳

座环既是水轮机的过流部件,也是水轮机的承重部件。座环位于引水室与导水机构之间,由上环、下环与若干流线型立柱组成,由于座环的流线型立柱具有引导水流方向的作用,故也称座环立柱为固定导水叶。金属蜗壳内缘的上、下边分别平滑地和座环的上环外缘蝶形边和下环外缘蝶形边焊接在一起。座环立柱一般为导水机构中活动导水叶数目的一半,高度与活动导水叶高度相同。水轮发电机组固定部分和转动部分的重量、轴向水推力以及蜗壳上部分混凝土重量,均经座环传给下部基础。座环也是水轮机安装的基准面。

第三节　反击式水轮机的导水机构

水轮机的导水机构位于引水室与转轮之间,是水轮机重要的设备之一。导水机构由均匀在转轮外围四周的活动导水叶、顶盖、底环及转动机构等部件组成,活动导水叶的开度,起调节流量大小以改变机组出力的作用。

一、导水机构的作用

导水机构能形成和改变进入转轮的水流环量,根据机组所带负荷的变化情况随时调节水轮机的引用流量,以改变机组出力,并进行开机和停机操作。在机组甩负荷工况时,可迅速关闭导水叶,防止飞逸事故的发生。

二、导水机构的构造

水轮机的导水机构一般采用液压操作。根据水轮机调速功率大小,液压操作又有单接力器操作与多接力器操作两种。单接力器操作的导水机构由调速器中接力器的十字头、拐臂带动调速轴转动,从而带动连接在调速轴上的推拉杆产生推拉动作,带动连接在上面的调速环(控制环)转动,并带动全部导叶同时绕自己的轴线转动,做打开或关闭导叶的动作,达到调节流量的目的。在导水机构操作功较大的情况下,需采用两个接力器或两个以上接力器带动控制环调节导叶开度。

径向式导水机构一般由导水叶、底环、顶盖、导叶转动机构组成。

(一)导水叶

水轮机活动导水叶也简称为导水叶或导叶,是直接调节流量大小的过流部件,其水力性能直接影响水轮机工作效率。导叶绕导叶轴转动时,可改变导叶之间的间距,改变过水断面,即改变导叶开度 a_0,从而达到调节流量的目的。

(1)导叶开度 a_0:是表征水轮机在流量调节过程中,导叶安放位置的参数。导叶开度 a_0 为导叶出口边与相邻导叶体之间的最短距离,如图 2-6 所示。当导叶转动时,其开度随之改变。当 $a_0=0$ 时,导叶首尾相接,处于关闭位置,流量为零,则可使水轮机停止转动。导叶位于径向位置时的开度称为最大开度,即指导叶可能达到的最大开度,用 $a_{0\max}$ 表示,如图 2-6 所示,其值为

$$a_{0\max}=\frac{\pi D_d}{Z_0} \tag{2-2}$$

式中　D_d——导叶出口边所在圆的直径；

　　　Z_0——导叶数目。

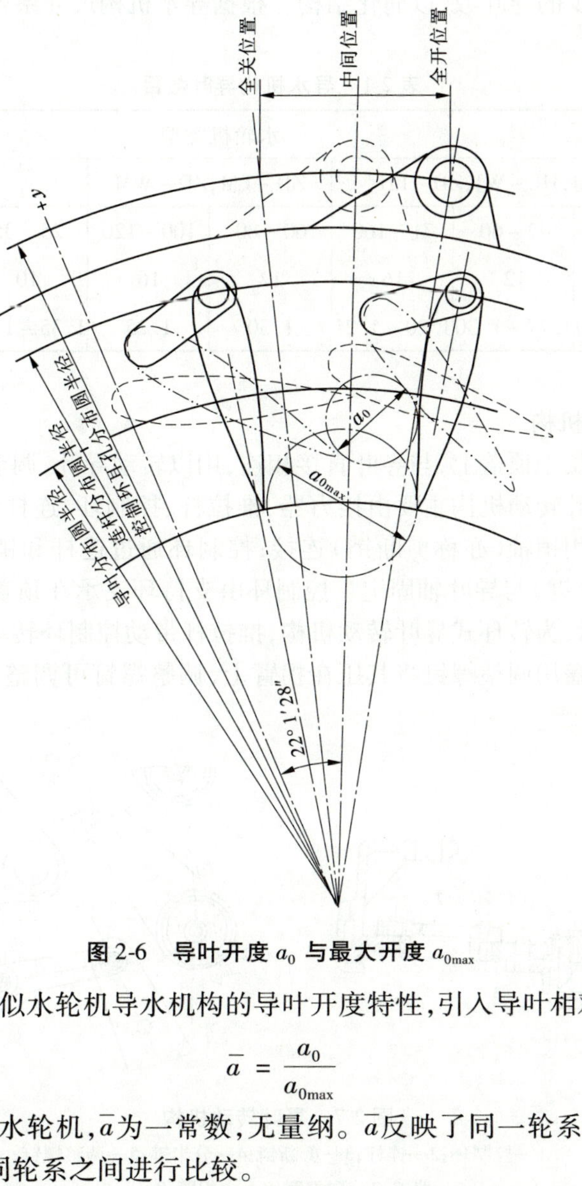

图 2-6　导叶开度 a_0 与最大开度 a_{0max}

为了便于表征相似水轮机导水机构的导叶开度特性，引入导叶相对开度$\bar{a}$，即

$$\bar{a}=\frac{a_0}{a_{0max}} \tag{2-3}$$

对于同一轮系的水轮机，$\bar{a}$为一常数，无量纲。$\bar{a}$反映了同一轮系水轮机导水机构的开度特性，便于在不同轮系之间进行比较。

当导水机构在最大开度工作时，其水力损失很大，在实际运行时不允许出现；反之，导叶开度过小，水力损失也会很大。因此，导叶开度过大或者过小，都会降低水轮机效率。所以，导叶开度有一个允许范围：最大极限开度 $a'_{0max}\leqslant 70\%\ a_{0max}$，最小极限开度 $a'_{0min}\geqslant 30\%\ a_{0max}$。

(2)导叶高度 b_0：水轮机导叶高度是与水轮机过流量有关的一个参数，水轮机相对高度$\overline{b_0}$用 b_0/D_1 表示，一般情况下，b_0/D_1（D_1 为转轮标称直径）随比转速的增大而增大，即比转速大的水轮机，b_0/D_1 值要大，反之则小。对于同轮系的水轮机，b_0/D_1 为常数。

(3) 导叶数目 Z_0：水轮机导叶数目的多少不仅直接影响水轮机的效率，还直接影响导叶分布圆直径 D_0 的大小。水轮机大，采用较多的导叶数，以使其具有较高的效率；对于小型水轮机则选用较少的导叶数，以简化结构。根据导水机构尺寸系列规定，水轮机导叶数目按表 2-1 选取。

表 2-1　导水机构导叶数目

项目	水轮机类型							
	HL - LJ, HL - WJ, ZD - LH			ZD - LM, ZD - WM		HL - WM		
D_1 (cm)	25 ~ 35	42 ~ 60	71 ~ 160	60 ~ 80	100 ~ 120	25 ~ 35	42 ~ 50	60 ~ 71
Z_0	10	12	16	12	16	10	12	16
D_0/D_1	1. 35 ~ 1. 40	1. 27 ~ 1. 30	1. 20 ~ 1. 21	1. 30	1. 25	1. 35 ~ 1. 40	1. 30	1. 26

（二）导叶转动机构

导叶转动机构位于顶盖上，与导叶直接相连，用以转动导叶，调节导叶的开度，达到调节流量的目的。导叶转动机构主要由接力器、推拉杆、控制环、连杆和拐臂组成。推拉杆与控制环通过耳环用销轴（亦称剪断销）连接；控制环通过连杆和销轴与拐臂相连，拐臂用半圆键（亦称分半键）与导叶轴固定。控制环由支持环支承在顶盖上，并可在支持环内转动。如图 2-7 所示，为转环式导叶转动机构，推拉杆带动控制环转动，再由连杆通过拐臂带动导叶转动。端盖用调整螺钉将其压在拐臂上，调整螺钉可调整导叶与顶盖及底环之间的端面间隙。

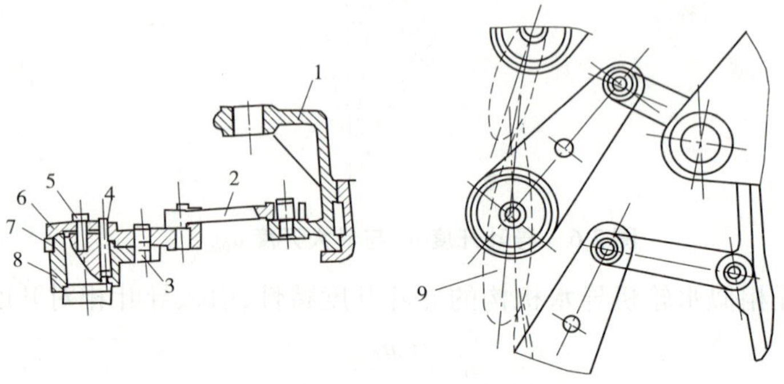

图 2-7　导叶转动机构

1—控制环；2—连杆；3—剪断销；4—分半键；5—调整螺钉；
6—端盖；7—副拐臂；8—主拐臂；9—导叶

拐臂是直接带动导叶转动的元件，一端固定在导叶的上轴颈上，一般采用两个半圆键，常见的拐臂有单拐臂、双拐臂和开口拐臂三种。单拐臂一端用键与导叶固定，另一端用销轴与连杆连接。双拐臂分主拐臂与副拐臂，副拐臂用键与导叶固定，主拐臂一端套在副拐臂上，当增大到正常操作力的 1. 5 倍时，剪断销被剪断，事故导叶退出导叶转动机构，从而起到保护转动机构与其他零部件正常工作的作用。

如图 2-8 所示，为混流式水轮机的导水机构，导叶 15 均匀分布在转轮的外围，导叶轴的上、下两端分别支承在底环14和顶盖1的轴套中，为减小水力损失，导叶的断面设计成翼形断面。导叶的转动是通过其转动机构来实现的，每个导叶轴的上端穿过水轮机的顶盖并用分半键8与拐臂5连成整体，拐臂5通过副拐臂4，剪断销9和连杆10与控制环12相铰接。当接力器的油压活塞移动时，推拉杆11带动控制环转动，导叶可以随其轴转动，使导叶的开度随之发生变化，就可以改变通过水轮机的流量。

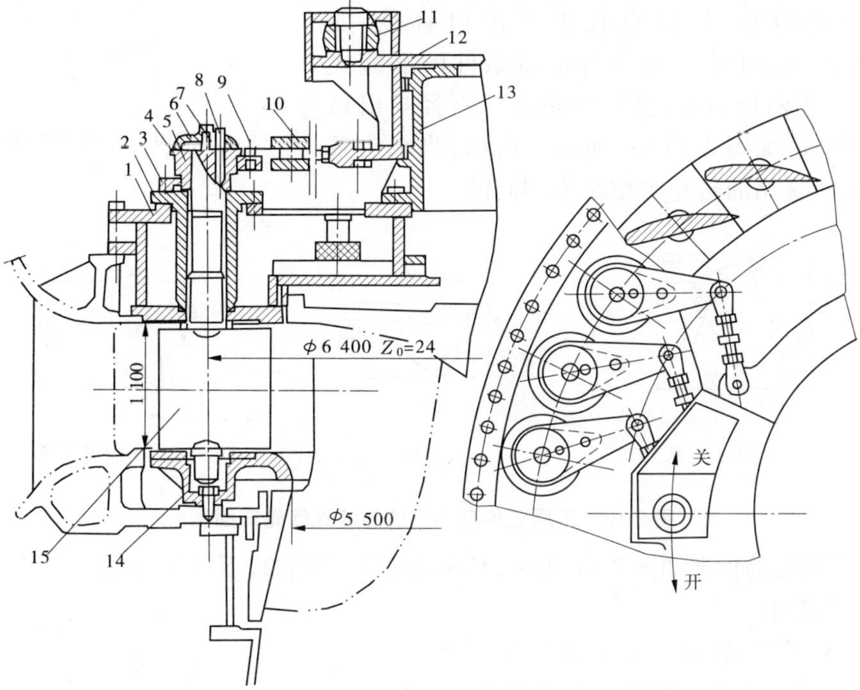

图2-8　混流式水轮机的导水机构　（单位：mm）

1—顶盖；2—套筒；3—止推压板；4—副拐臂；5—拐臂；6—端盖；7—调节螺钉；8—分半键；9—剪断销；10—连杆；11—推拉杆；12—控制环；13—支座；14—底环；15—导叶

第四节　反击式水轮机的转轮

水轮机转轮是直接将水能转换为旋转机械能的过流部件，它对水轮机的性能、结构、尺寸起着决定性作用。反击式水轮机主要由引水设备、导水机构、转轮、泄水设备等过流部件及主轴、轴承、辅助设备等非过流部件共同构成。

反击式水轮机的转轮是水轮机将水能转换成旋转机械能的核心部件，转轮的性能将决定水轮机的特性。一个性能良好的转轮应该是能量转换效率高、空蚀系数低的转轮。

一、混流式转轮

通过导水叶的水流径向引入转轮，水流在到达流道出口时，由径向变成轴向流出，进入水轮机的尾水管。这种转轮称为混流式转轮，如图2-9所示。

混流式转轮可应用于各种不同流量和水头条件的电站中。当水头较低、流量相对较大时，所需要的进口断面面积较大，要求转轮的进口高度和出口直径也较大，进口直径小于出口直径，如图 2-10(a)所示；水头较高而流量相对较小的混流式转轮，由于流量小，流速大，所需过水断面较小，转轮进口高度和出口直径均较小，进口直径大于出口直径，如图 2-10(b)所示；中水头和中等流量条件的混流式转轮介于上述两种情况之间，转轮进口直径与出口直径近似相等，如图 2-10(c)所示。所以，当水头条件变化时，所选用的转轮类型是不相同的。

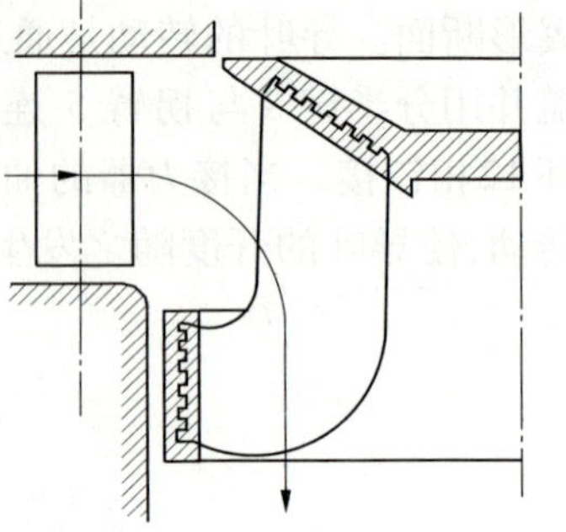

图 2-9 混流式转轮

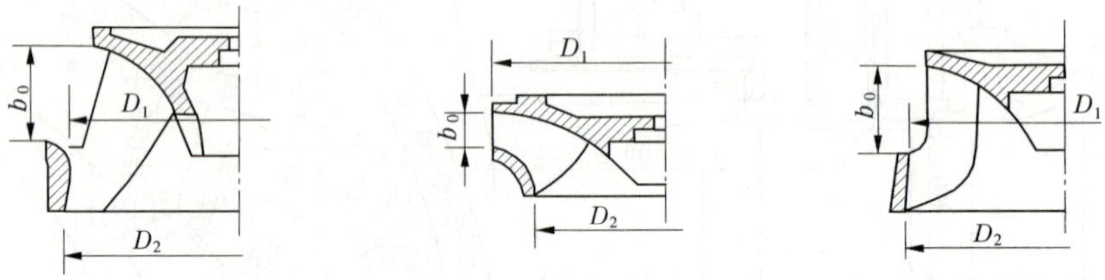

(a)适用于低水头 (b)适用于高水头 (c)适用于中水头

图 2-10 不同工作条件下的混流式转轮剖面图

混流式转轮的构造如图 2-11 所示，是由轮毂 1、轮叶 2、下环 3、止漏环 4 及泄水锥 5 等几部分组成的：

(1)转轮轮毂：轮毂又称上冠，它的外形与圆锥相似。轮毂上部中间部分为轮毂法兰，轮毂法兰上布置有数个螺孔，其上面与主轴相连，下方固定有泄水锥，轮毂法兰外围开有若干减压孔，以便将运行中漏进上冠平面的压力水排走，从而减小附加轴向水推力，轮毂上固定有均匀分布的轮叶，轮毂支承轮叶，轮毂、下环及轮叶之间的空腔构成过流流道。

(2)转轮轮叶：轮叶又称为叶片，它是转轮的主要部件，是直接将水能转换成机械能的部件，轮叶的形状和数目对转轮的特性影响很大。混流式转轮的轮叶呈空间扭曲状，下端扭曲较大，上端扭曲较缓。轮叶上端与轮毂相固定，由于轮叶外形细长，在水流冲击力和旋转离心力作用下，容易振动，为增加轮叶刚度，在轮叶下部位置用下环连成整体，所以轮叶上端与轮毂相固定，下端与下环相固定，三者连接成一个整体。如果减少叶片数目，则可以提高水轮机过流能力，但叶片的工作负荷较重，需要更高强度与刚度的叶片；相反，如果增加叶片

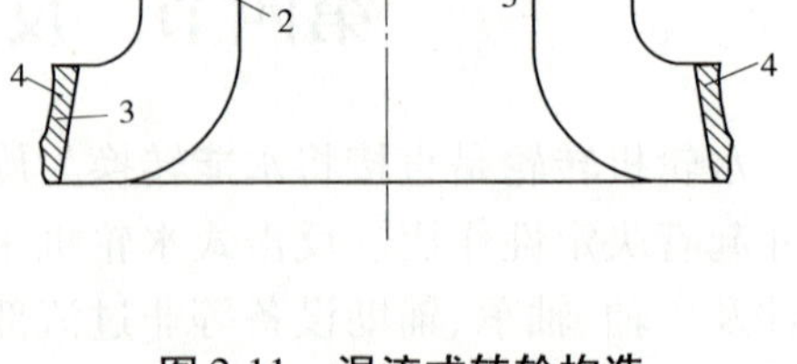

图 2-11 混流式转轮构造

1—轮毂；2—轮叶；3—下环；4—止漏环；5—泄水锥；6—减压孔

数目,则可减轻单个叶片的工作负荷,减轻空蚀,提高转轮抗空蚀性能,但会使转轮的过流能力下降,效率性能变差。因此,混流式转轮通常采用14～17个叶片。

(3)转轮下环:下环与轮叶相连接,将转轮所有的叶片连成整体,增加了转轮的强度与刚度。下环外部为水轮机的固定部件,为保证转轮不与固定部件之间产生摩擦,而损坏了水轮机,下环外缘与固定部件之间必须留有适当的缝隙,但这样一来,在此缝隙内必然会产生漏水,而使水轮机效率下降。因此,在下环的轮缘上应设置相应的止漏设施,防止大量漏水的产生,以提高水轮机的运行效率。

(4)泄水锥:泄水锥为一锥形体,用螺栓连接在轮毂法兰的下方,用以引导流道流出的水流平顺地流出,减少涡流,避免水流之间相互撞击及向上旋转造成的水力损失,提高能量转换效率。

(5)止漏环。止漏环又称迷宫环,混流式转轮的转动部件与固定部件之间应设置止漏环。止漏环一般安装在轮毂与上冠及下环的外缘处,当水流流经止漏环时,由于受到很大的局部阻力和沿程阻力,水流不易通过,这样可防止水轮机运转过程中形成大量漏水,从而达到止漏的目的。

止漏环型式很多,卧轴混流式水轮机转轮常采用沟槽缝隙式止漏环,利用不同间隙的沟槽缝隙,使水流产生多次的突然收缩和扩散,增加水流局部阻力损失,止水效果好,结构简单,安装方便,成本低;低水头水轮机组还可采用平板缝隙止漏,即在转动部件与固定部件之间相对应的表面处进行加工,形成狭窄的等距环形缝隙,利用沿程阻力止漏,构造简单,制造安装均较方便,但止漏效果较差。

二、轴流式转轮

轴流式转轮布置在水轮机的转轮室内,通过导水叶的水流进入转轮流道进口时,在转轮支承盖的引导下已变为轴向流动,水流从转轮流道进口流入,又从出口轴向流出转轮,进入尾水管后泄往下游。

轴流式转轮适用于低水头、大流量的水力条件。轴流式转轮还具有较高的转速,在水头和容量相同的条件下,其转速约为混流式转轮的两倍。根据轮叶能否转动,轴流式转轮可分为定桨式转轮和转桨式转轮两种。定桨式转轮的叶片装置角是固定的,当机组负荷变化时,叶片装置角不能随导叶开度的变化而调整,高效率区范围较窄;转桨式转轮的叶片装置角可随着导叶的开度、水头和负荷变化自动进行调节,以使水轮机保持较高效率运行,所以转桨式转轮的高效区范围较宽。

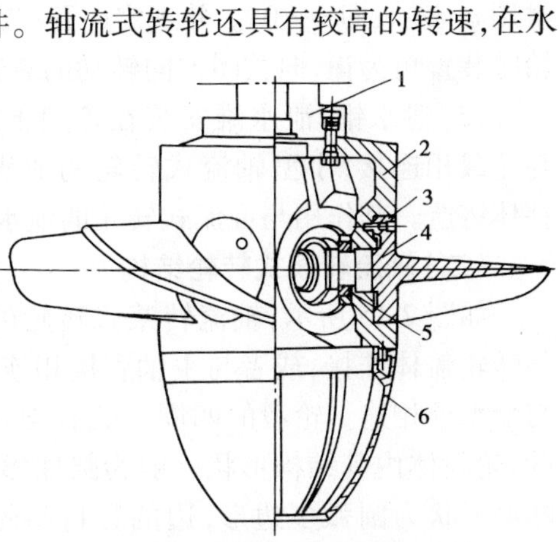

图2-12　轴流定桨式转轮结构

1—主轴;2—轮毂;3—定位销;4—轮叶;5—卡环;6—泄水锥

(一)轴流定桨式转轮结构

如图2-12所示,轴流定桨式转轮由轮毂、轮叶、泄水锥等几部分构成。

(1)轮毂:如图2-12所示,轴流定桨式转轮的轮毂上端与支承盖相连，下端直接与泄水锥相连。轮毂 2 的四周安装有均匀分布的轮叶 4，轮叶 4 用卡环 5 固定在轮毂 2 上，用定位销 3 确定轮叶装置角，通常有 $-5°$、$0°$、$+5°$、$+10°$、$+15°$五个装置角。制造时在轮叶根部法兰上预留若干定位销孔，为适应上游水位和流量的变化，可以停机，然后对轮叶装置角进行人工调整，使水轮机在相应工况运行时提高效率。需要强调的是，虽然轮叶装置角可以停机后调整，但轮叶装置角一旦调整后，即用定位销固定，水轮机在运行过程中，轮叶装置角是不能改变的。所以，轴流定桨式水轮机的运行效率往往比轴流转桨式水轮机的运行效率低，轮叶装置角的调整也不方便。

（2）轮叶：如图 2-13 所示，轮叶 1 为扭曲状翼形断面，靠近轮毂处短而厚，轮缘较薄。轮叶 1 通过轮叶法兰 2 用螺栓与轮毂连接固定。轮叶数目一般有 3～8 片，水头高、流量较小的转轮，轮叶数目多；水头低、流量大的转轮，轮叶数目少，但不能少于 3 片。

如图 2-14 所示，为叶片装置角示意图，轮叶与水平面成一定的角度，通常把轮叶翼弦与水平面的夹角叫做轮叶的倾角，用符号 α 表示。轮叶装置角有以下规定：以设计工况下，水轮机效率最高时的轮叶倾角为 α_0，这时的装置角为 $0°$，通常用 φ 表示，即 $\varphi=0°$。并规定向开启方向转动的轮叶装置角为正，向关闭方向转动的装置角为负。

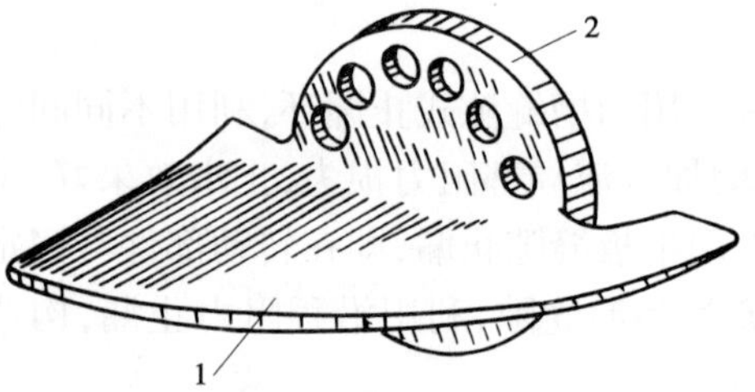

图 2-13　转轮轮叶

1—轮叶；2—轮叶法兰

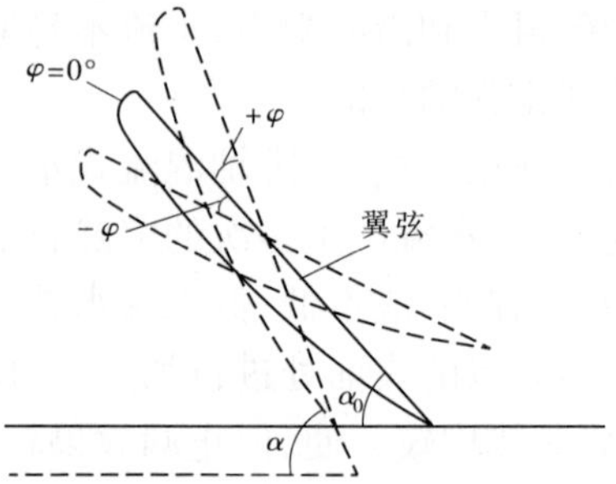

图 2-14　叶片装置角示意图

（3）泄水锥：泄水锥安装在轮毂下方，用螺栓与轮毂相连接，小型轴流式转轮的泄水锥一般为整体铸造。其作用与混流式转轮的泄水锥相同。

（二）轴流转桨式转轮结构

如图 2-15 所示，轴流转桨式转轮的轮毂上端与转轮盖体连接，或者与主轴直接相连，下端直接与泄水锥相连。轮毂的四周安装有均匀分布的轮叶，轮毂体内其结构形状一般为圆柱形和球形，横断面形状为圆弧多边形，边的数目与轮叶的数目相等，在每一边上开一轴孔，以便支承轮叶枢轴。轮毂内安装有轮叶操作机构，当水轮机导叶开度（或负荷）变化时，通过协联机构给出的信号，轮叶

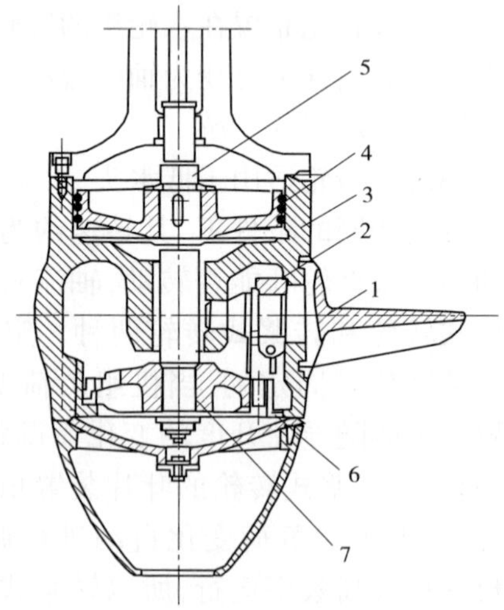

图 2-15　轴流转桨式转轮结构

1—转轮轮叶；2—拐臂；3—轮毂；
4—接力器活塞；5—操作轴；
6—泄水锥；7—操作架

操作机构动作,改变轮叶的角度,以适应进入水轮机转轮水流方向的变化,减小水流的撞击损失和涡流,从而提高水轮机的效率。

轴流转浆式水轮机的转轮轮叶及泄水锥构造与轴流定桨式水轮机的相同。

反击式水轮机的尾水管位于水轮机转轮的出口,其功用为将流出水轮机转轮的水流顺畅排向下游的尾水池,并回收转轮出口水流的剩余能量。

由于尾水管的性能对轮机的效率和空蚀特性影响较大,其外形尺寸也直接影响着水电站厂房尺寸的大小,因此有关尾水管的工作原理、结构型式及外形尺寸确定等内容分别放在后面第三章的第四节和第四章的第五节进行专门讨论,在此不再赘述。

第五节　水斗式水轮机的构造

在冲击式水轮机中,水斗式水轮机较为常用,下面仅就水斗式水轮机的基本构造作一简要的介绍。水斗式水轮机主要由转轮、喷嘴、折向器、机壳、射流制动器等部件组成,其整体结构如图 2-3(a)所示。

一、转轮

水斗式水轮机的转轮一般由轮盘和水斗两部分组成(见图 2-16、图 2-17)。高速射流通过冲击水斗将水流的能量转换到转轮上。一个转轮有若干个水斗,它们均匀分布在轮盘的周围。水斗的形状如图 2-18 所示,它是由两个近似椭圆体的半勺状曲面所组成的,中间由分水刃(亦称锐缘)隔开,将水斗分为两个对称部分。当水流射向分水刃后,水流就沿着椭圆曲面的凹面绕流。在水斗的顶端开一个缺口,其作用是使前面的水斗不妨碍射流作用在后一个水斗上,使转轮能充分利用水流的能量,从而提高水轮机的效率。为了提高水斗的强度,在水斗背面加有横筋和纵筋。水斗和轮盘的结合方式有两种:组合式和

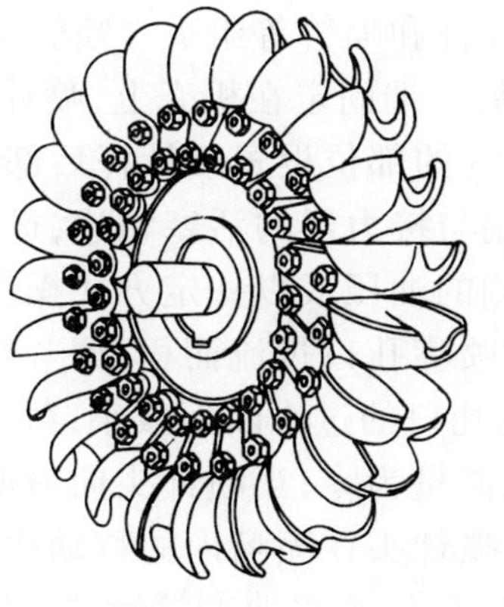

图 2-16　水斗式水轮机转轮

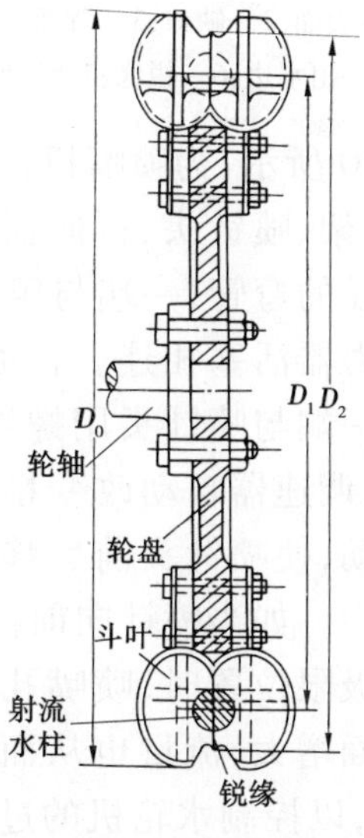

图 2-17　水斗式水轮机转轮剖面

整体式。组合式是用螺栓将水斗和轮盘连接在一起；整体式为轮盘和水斗整体铸造或分别铸造后再焊接在一起。

二、喷嘴

喷嘴是冲击式水轮机的导水部件，是将压力水流形成高速射流的特殊设备，压力水管引来的高压水经过喷嘴形成一股高速射流，以最优的方向射向转轮斗叶，并保证水力损失最小。如图 2-19 所示，喷嘴主要由管嘴、连接管、喷针、导向座、肘管和管嘴头等组成。管嘴是喷嘴的头部；连接管是喷嘴的外壳，连接压力水管与管嘴；喷针由喷针头和喷针杆两部分组成。喷针头为流线型的圆锥体，要求具有较高的光洁度，以减小过流阻力，增加效率。喷针头一般由不锈钢制成，与喷针杆用螺纹连接，以便于更换。喷针杆为一长杆状零件，由装在连接管内的导向座（或称导向架）与肘管或轴承固定其轴线位置。导向座（亦称导水叶栅）的作用有两个：①支承固定喷针杆；②引导压力水流使之沿喷针的轴线方向均匀流动，防止水流旋转而产生较大的水头损失。

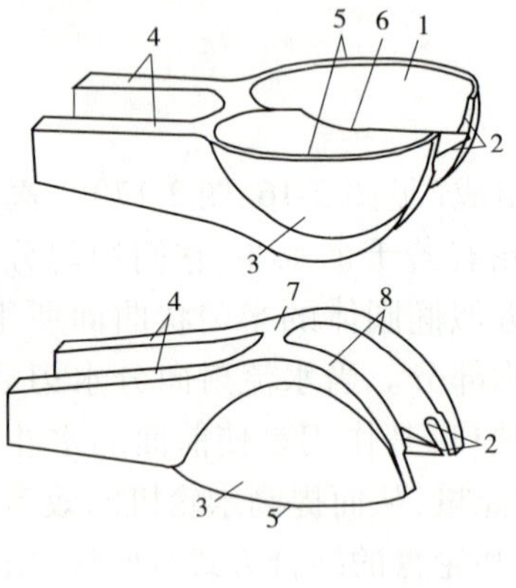

图 2-18　水斗形状

1—内表面；2—缺口；3—背面；4—叶柄；5—出水边；6—锐缘；7、8—肋缘

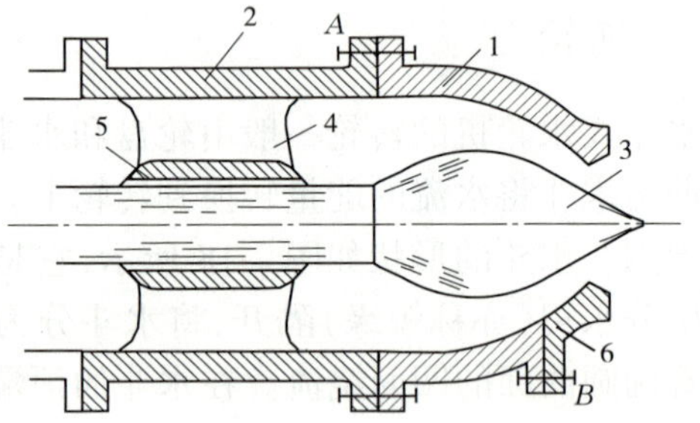

图 2-19　喷嘴

1—管嘴；2—连接管；3—喷针；4—导向座；5—肘管；6—管嘴头

如图 2-20 所示，为喷嘴机构示意图，主要由控制阀、喷针接力器、手轮、调速器、协联杠杆、导向架、喷针头、折向器、喷嘴口、喷针杆和喷管等组成。喷管又称连接管，一般为一等直径的弯管，一端与压力水管连接，另一端固定在机壳上，喷针杆在弯管处伸出管外与接力器活塞相连。在喷针杆伸出弯管的部位设置喷针杆后部轴承和封水装置。喷针杆一端与喷针头用螺纹连接，另一端与接力器的活塞相连，运行中根据机组负荷的变化，调速器自动改变接力器活塞两侧的油压或以一定方式操作手轮，喷针杆产生轴向移动，使喷针头前后移动，从而改变喷嘴孔口过流面积，调节射流流量，改变水轮机组出力。如当喷针向前移动时，则喷嘴孔口的过水断面减小，射流流量减小，当喷针头移到极限位置时，喷嘴孔口完全关闭，流量为零；当喷针头向后退时，则喷嘴孔口的过水断面增大，流量也从而增大。所以，喷针头在喷嘴内的移动构成了针形阀门（简称针阀），以控制水轮机的过水流量。综上所述，通过改变喷针的位置，可以改变喷嘴孔口过水断面的大小，进而调节射流流量的大小，最终可改变水轮机组的出力，使其

满足运行需要。

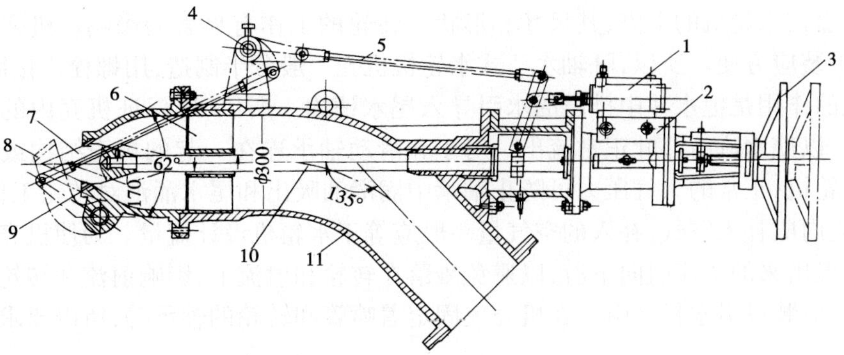

图 2-20　喷嘴机构　（单位：cm）

1—控制阀；2—喷针接力器；3—手轮；4—调速器；5—协联杠杆；6—导向架；7—喷针头；8—折向器；9—喷嘴口；10—喷针杆；11—喷管

三、折向器

折向器又称为折流板。一般情况下，冲击式水轮机的水头较高，压力钢管较长。当机组突然丢弃全部负荷时，若针阀快速关闭，喷嘴内水流速度迅速改变，则水管内会形成过大的水击压力，若压力超过压力钢管的允许强度，则钢管将会被破坏。因此，由于压力钢管强度的限制，为了保护钢管不被破坏，不允许针阀在很短的时间内关闭。若增加针阀的关闭时间，则又会造成针阀关闭过程内输入水轮机的能量过剩，这些能量会使机组的转速急剧升高，而超过允许值，产生机组飞逸事故。为解决以上问题，在喷嘴外边设置了可以转动的折向器。

如图 2-21 所示，为折向器控制机构示意图，主要由折向器、转轴、拐臂和协联杠杆组成。

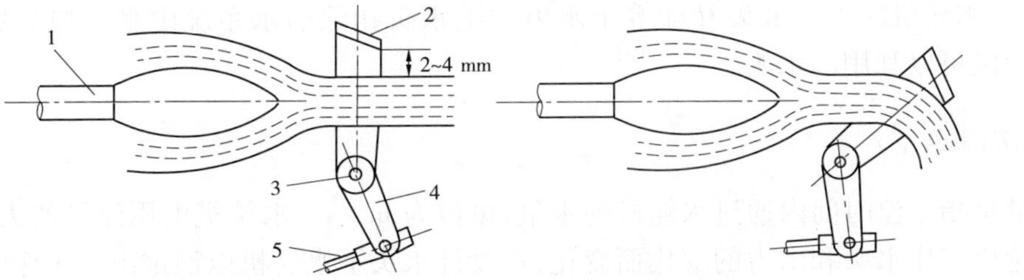

(a)折向器正常工况运行　　(b)折向器在甩负荷工况运行

图 2-21　折向器控制机构示意图

1—喷针；2—折向器；3—转轴；4—拐臂；5—协联杠杆

折向器的工作过程是：当机组丢弃负荷时，协联杠杆迅速移动，带动拐臂转动，带动折向器迅速切入射流改变水流方向，避免水流继续冲击转轮，与此同时，喷针缓慢前移，在规定时间内关闭针阀。

四、机壳

机壳盖在水轮机的上方,其尺寸和形状对转轮的工作有显著的影响。机壳制作应简单,维修拆装应方便。所以,卧轴水斗式水轮机机壳一般分半制造,用螺栓连接固定。

机壳的作用是把水斗中排出的水引导入尾水槽内。所以,应保证机壳内的压力为正常大气压,以使水流由斗叶正常流出。对于和滑动轴承连在一起的机壳结构或转轮安装较低的水轮机,正常的大气压力可防止轴承中润滑油吸出和尾水涌浪对转轮工作的影响。为此,机壳内应补入空气,补入的空气量一般应等于水轮机设计流量。为使机壳能顺畅地将斗叶中甩出来的水流引向下游,以避免溅落在转轮和射流上,影响射流和转轮的正常工作,机壳内应装设引水板。由于在机壳上固定着喷管和转轮的轴承等,所以要求机壳有足够的刚度。

第六节　水轮机的工作参数

水轮机将蕴藏在水流中的能量转换成机械能,通过水轮机主轴与发电机主轴的连接,带动发电机转子旋转,将机械能转换成电能输出,这就是水力发电的基本原理,如图 2-1 所示。决定水轮机能量转换特征的工作参数主要有水头、流量、出力、效率、转速等。

一、水头(H)

水轮机的工作水头是指作用于水轮机的单位水体所具有的能量。以水柱高度表示,单位为 m。设 Z_u 为上游水位(m),Z_D 为反击式水轮机的下游尾水位或冲击式水轮机喷嘴的中心高程(m),Δh 为水流通过引水系统时产生的水头损失(m),那么,作用在水轮机上的工作水头 H 可用下式计算

$$H = Z_u - Z_D - \Delta h = H_m - \Delta h \tag{2-4}$$

式中　H_m——水电站毛水头,$H_m = Z_u - Z_D$,即电站上下游水位差,m。

所以,水轮机的工作水头 H 即等于水电站毛水头扣除引水系统中水头损失后的值,它是水轮机可以利用的水头。

二、流量(Q)

流量是指单位时间内通过水轮机的水量,单位为 m^3/s。水轮机引用流量的大小主要随着水轮机工作水头和出力的变化而变化,在设计水头下水轮机以额定出力工作时,其过水流量最大。

三、出力(N_T)

出力是指水轮机主轴轴端输出的机械功率,单位为 N · m/s,工程中常用 kW 表示。

四、效率(η)

(1)水轮机输入功率 N_W:指水流输入水轮机的功率。当水轮机的工作水头为 H(m),

通过流量为Q(m³/s)时,水流给予水轮机的输入功率N_W为

$$N_W = 9.81QH \quad (\text{kW}) \tag{2-5}$$

(2)水轮机效率η:指水轮机的出力N_T与输入功率N_W的比值,即水轮机主轴输出的机械能与输入水轮机的水能之比。即

$$\eta = \frac{N_T}{N_W} \times 100\% \tag{2-6}$$

所以

$$N_T = N_W \eta = 9.81\ QH\eta$$

五、转速(n)

转速是指水轮机每分钟的转数,单位为r/min。

水轮机主轴和发电机主轴一般是用法兰和螺栓直接刚性连接或采用联轴器连接的,所以水轮机的转速和发电机的转速应该相同,并且要符合标准同步转速,因此应满足下列关系式

$$f = \frac{pn}{60} = 50 \quad (\text{Hz})$$

式中　f——电流频率,我国规定为50 Hz;

p——发电机磁极对数。

所以

$$n = \frac{3\ 000}{p}$$

对于不同磁极对数p的发电机,其标准同步转速可由上式计算。对于一定的发电机,其磁极对数是一定的,因此为了保证供电质量,使电流频率保持50 Hz不变,在正常情况下,机组的转速亦应保持为相应的固定转速不变,所以此转速称为水轮机或机组的额定转速。

当水轮发电机组因某些事故突然丢弃全部负荷时,输出功率为零,但若调速机构失灵,或因其他原因使导水机构不能正常关闭,进入水轮机的水能将全部转化为机组转动部件的动能,则机组将会空转而使转速急剧升高,这种情况称为飞逸。当机组空转速度达到某一稳定的最高转速时,此空转转速称为飞逸转速,用n_R表示。

机组发生飞逸时,将会引起机组转动部件的破坏和机组与厂房的强烈震动。因此,机组达到飞逸转速的时间不能过长,一般不应超过2.0~2.5 min。

第七节　水轮机的牌号及标称直径

为了统一水轮机的品种规格,便于选择使用,我国对水轮机的型号作了统一的规定。水轮机型号由三部分组成,各部分之间用短横线“ - ”分开:

第一部分——由两个汉语拼音字母和数字组成。汉语拼音字母表示水轮机类型(见表2-2);数字表示转轮型号,用统一规定的比速(即比转速)表示。

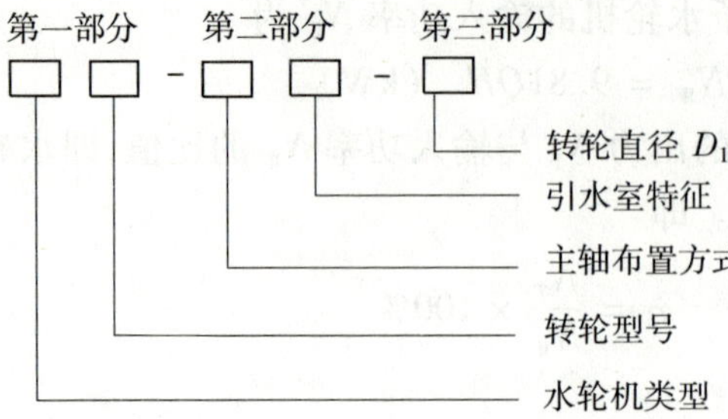

第二部分——表示主轴布置方式及引水室特征，也用汉语拼音字母表示。主轴布置方式分为立轴布置(L)和卧轴布置(W)。引水室特征分为8种，以汉语拼音字母表示(见表2-3)。

表2-2 水轮机类型代号

水轮机类型	代号	水轮机类型	代号
混流式	HL	斜击式	XJ
斜流式	XL	双击式	SJ
轴流定桨式	ZD	贯流定桨式	GD
轴流转桨式	ZZ	贯流转桨式	GZ
水斗式(切击式)	QJ		

表2-3 引水室特征代号

引水室特征	代号	引水室特征	代号
明槽引水	M	罐式	G
金属蜗壳	J	竖井式	S
混凝土蜗壳	H	虹吸式	X
灯泡式	P	轴伸式	Z

第三部分——由转轮标称直径 D_1 和其他必要的指标组成。各种水轮机的标称直径 D_1(见图2-22)规定如下：

冲击式水轮机：D_1 为射流中心的节圆直径，如图2-22(a)所示。

混流式水轮机：D_1 为转轮进口边最大直径，如图2-22(b)所示。

轴流式、斜击式、贯流式水轮机：D_1 为转轮叶片中心线与转轮室交点处转轮室直径，如图2-22(c)、(d)所示。

冲击式水轮机第三部分的表示方法为一分子式

$$\frac{\text{标称直径}}{\text{每个转轮喷嘴数}\times\text{射流直径}}=\frac{D_1}{Z_0\times d_0}$$

为了能更好地理解水轮机型号的表示方法及意义，下面举例说明：

HL220－LJ－550，表示混流式水轮机，转轮型号(即比转速)为220，立轴，金属蜗壳，转轮直径为550 mm；

ZZ560－LH－800，表示轴流转桨式水轮机，转轮型号为560，立轴，混凝土蜗壳，转轮直径为 800 mm；

GD600 - WP - 250，表示贯流定桨式水轮机，转轮型号为 600，卧轴，灯泡式引水室，转轮直径为 250 mm；

QJ20 - L - $\frac{170}{2\times15}$，表示切击式水轮机，转轮型号为 20，立轴，转轮直径为 170 mm，2 个喷嘴，射流直径为 15 cm。

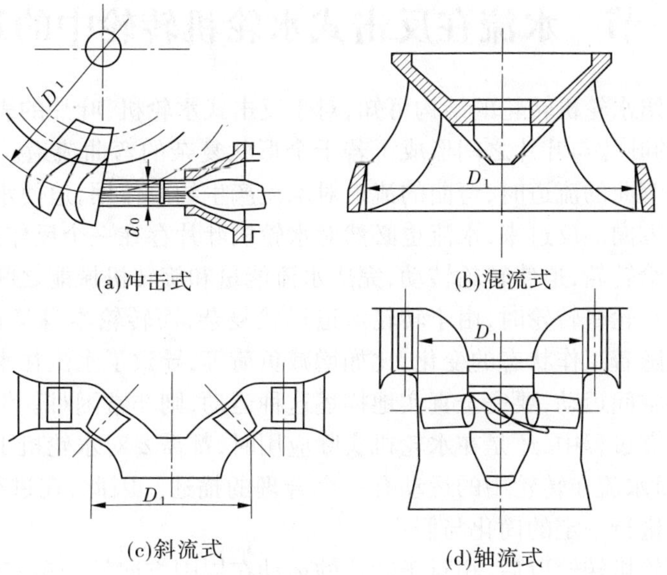

图 2-22　转轮标称直径

第三章　水轮机的工作原理

第一节　水流在反击式水轮机转轮中的运动

从第二章介绍水轮机转轮的结构可知,对于反击式水轮机,叶片的表面是个弯曲的流线型曲面,转轮的叶片与叶片之间形成了若干个形状复杂的弯曲流道。压力水流以一定的速度通过这些弯曲的流道时,弯曲的流道对水流产生约束作用,迫使水流不断地改变原有的流动速度和方向。反过来,水流也必然对水轮机叶片存在一个反作用力,从而将水流自身的能量传递给转轮,迫使转轮转动,完成水流能量和旋转机械能之间的能量转换。

水流在流经水轮机转轮时,由于转轮流道形状复杂,而转轮本身又在旋转,同时水轮机在实际工作时随着工作状态的变化,比如增减负荷等,导致了水流在水轮机转轮中是一种随时间变化的空间运动,要完全真实地描述这种运动,则非常困难。但无论是在水轮机新转轮的设计研究过程中,还是在水轮机实际应用时,都需要对水轮机工作状态和特性进行分析,也需要对水流在转轮中的运动有一个合理的描述。因此,在进行这种分析之前,首先需要对水流进行一定的简化与假定。

水流进入水轮机转轮以后,相对于叶片的运动在周围方向的分布实际上是不均匀的,叶片的头部也就是进口边较厚,由于绕流的原因,叶片背面(凸面)的相对速度大于叶片正面(凹面,也就是工作面)的相对速度,转轮中任一点的水流速度都是随着空间坐标的位置而变化的。考虑到叶片数目较多,而叶片的厚度与流道宽度相比又很小,所以近似地假定转轮是由无限多、无限薄的叶片组成的,从而认为转轮中的水流是均匀的,而且是轴对称的,其相对运动的轨迹与叶片表面重合。另外,假定在所研究的时段内,不考虑水轮机工作状态的变化,水流的运动和时间无关,即假定水流为恒定流。

从水力学的概念来说,对水流运动的分析,常规的方法有解析法、试验法、数值模拟法以及针对所分析水流运动的特点采用一些相应的特殊方法等。由于水流在水轮机中运动的复杂性,虽然对水流进行了一些假设与假定,若用解析法来进行分析仍然难以实现。近年来,数值模拟技术的发展,对揭示水流在转轮内部运动的规律起到了决定性的促进作用。该方法在新型水轮机转轮的研制中得到了广泛的应用,但由于这种方法的计算、分析都相对较复杂,在除专门研究外的一些实际应用场合存在着一定的局限性。

在长期的探索实践中,人们发现用速度三角形对转轮中水流质点的运动进行描述比较简单,这种方法目前仍是研究水轮机工作过程和进行转轮水力设计的可靠手段。下面结合速度三角形法,对水流在转轮中的运动进行一些分析。

以混流式水轮机为例,可以认为水流质点流经转轮时,它沿着一个喇叭形的空间曲面流动(见图 3-1),整个转轮区有无数这样的流动曲面。若忽略水的黏性,还可以认为这些曲面间是互不干扰的。现取其中间流面,并在流面上取流线进行分析。在图 3-1 上绘出

了水流质点沿 $a \to 0 \to 1 \to 2$ 的流动情况，a 点和 0 点分别为流线在导叶上的进口点与出口点，1 点和 2 点分别为转轮的进口点和出口点。将流线与叶片相切的流面展开，即得出翼形断面图，如图 3-2 所示。叶片翼形断面的中线称为骨线，骨线与圆周方向的夹角在进口处用 β_{b1} 表示，称为叶片的进口角；在出口处用 β_{b2} 表示，称为叶片的出口角。

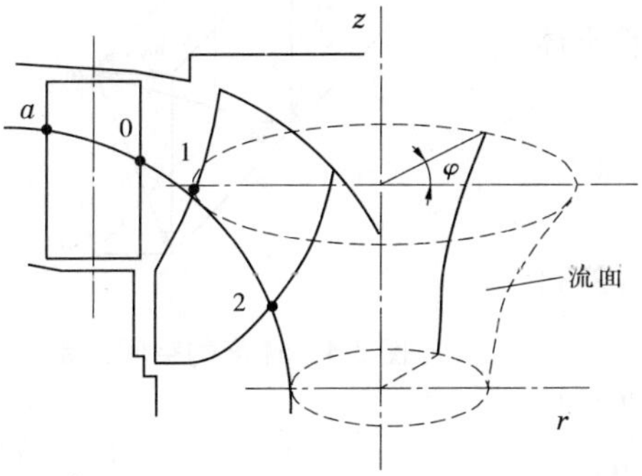

图 3-1　混流式水轮机转轮内的水流运动

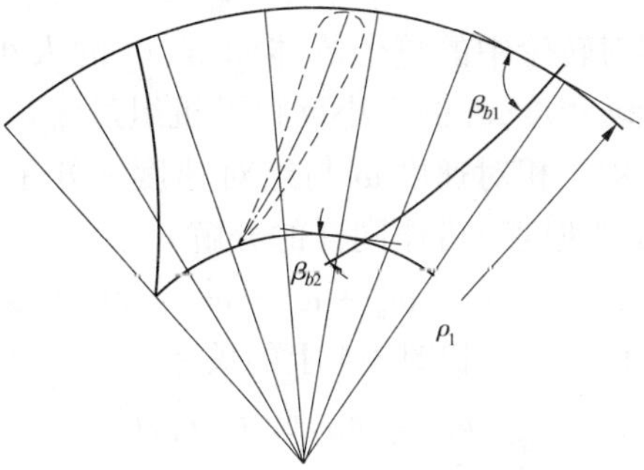

图 3-2　展开面及翼形断面

水流质点进入转轮后，一方面沿叶片运动，另一方面又随着转轮的转动而旋转，是一种复合运动：水流质点沿叶片的运动称为相对运动；水流质点随转轮的旋转运动称为牵连运动；水流质点对大地的运动称为绝对运动。每种运动相应的水流质点速度也分别称为相对速度（用符号 ω 表示）、牵连速度（也称圆周速度，用 u 表示）、绝对速度（用 v 表示）。

牵连运动是一种圆周运动，圆周速度 u 的方向与圆周相切。相对速度 ω 与圆周速度 u 合成了绝对速度 v，绝对速度 v 的方向通过作平行四边形或三角形的方法求得，如图 3-3 所示。

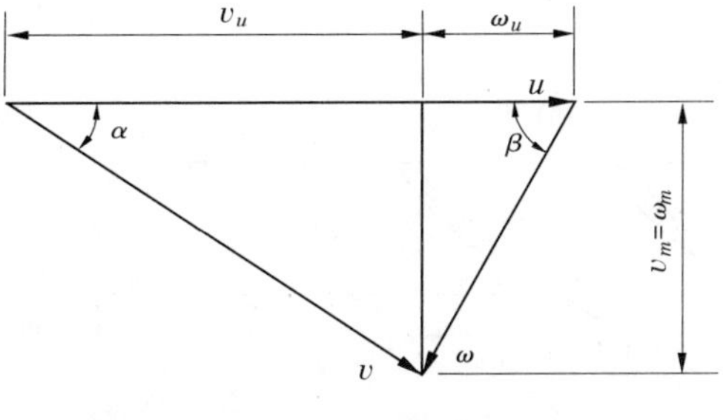

图 3-3　水轮机速度三角形

上述三种速度所构成的封闭三角形称为水轮机的速度三角形，相对速度 ω 与圆周速度 u 之间的夹角用 β 表示，称为相对速度 ω 的方向角；绝对速度 v 与圆周速度 u 之间的夹角用 α 表示，称为绝对速度 v 的方向角。由此可以得出水流质点在转动着的叶片上流过时，在任一点构成了速度三角形，该速度三角形应满足下列矢量关系式

$$\vec{v} = \vec{u} + \vec{\omega} \tag{3-1}$$

通常水轮机速度带脚标“1”的是水轮机转轮进口速度三角形，带脚标“2”的是水轮机转轮出口速度三角形。

为了分析的方便，对水流在转轮中的空间运动，常用圆柱坐标来描述。在圆柱坐标系中，绝对速度 v 的正交分量为 v_z、v_u、v_r（见图 3-4），而径向分量 v_z 和轴向分量 v_r 的矢量和为 v_m，v_m 是轴面速度（所谓轴面速度，是指 r 轴和 z 轴组成的平面，也就是通过主轴中心线的径向平面），于是有

$$\vec{v} = \vec{v}_u + \vec{v}_z + \vec{v}_r = \vec{v}_u + \vec{v}_m \tag{3-2}$$

对转轮中的整个流体而言，v_u 的大小反映了流体的旋转程度，v_z 的大小反映了机组过流量的大小。

由于相对速度 ω 与绝对速度 v 处于同一平面上，故相对速度也可作同样的分解。

$$\vec{\omega} = \vec{\omega}_u + \vec{\omega}_z + \vec{\omega}_r = \vec{\omega}_u + \vec{\omega}_m \tag{3-3}$$

由图 3-3 和图 3-4 上的关系亦可得出

$$\vec{v}_m = \vec{\omega}_m, \vec{v}_r = \vec{\omega}_r, \vec{v}_z = \vec{\omega}_z \tag{3-4}$$

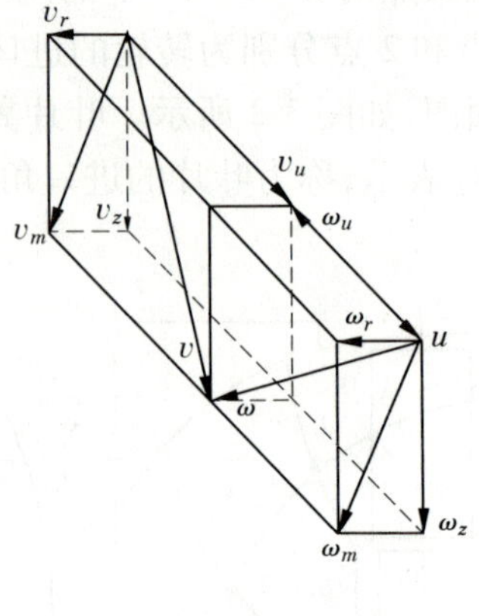

图 3-4　速度的空间关系

而且

$$\vec{v}_u = \vec{u} + \vec{\omega}_u \tag{3-5}$$

在对实际水电站水轮机的工作状态进行分析时，水轮机转轮的进、出口速度三角形起着重要的作用。图 3-5 为轴流式水轮机转轮进出口速度三角形示意图。

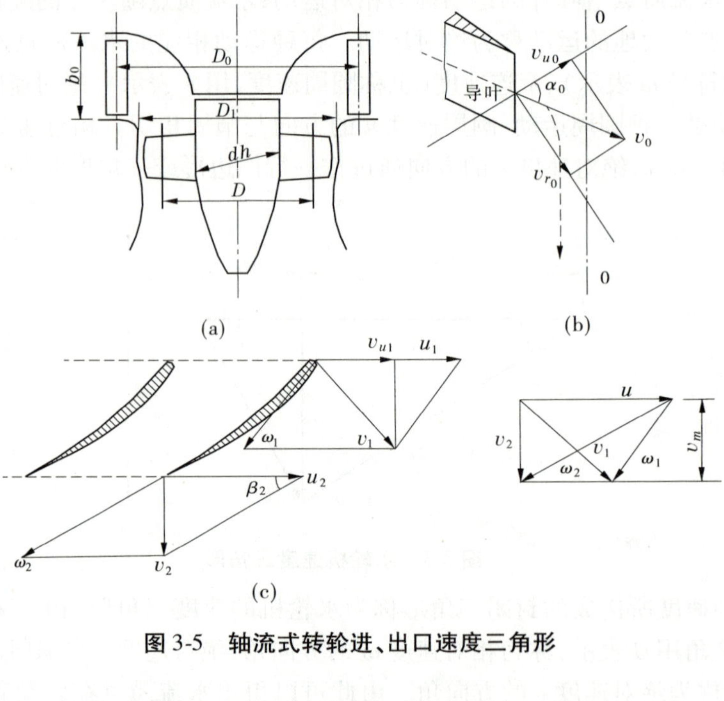

图 3-5　轴流式转轮进、出口速度三角形

第二节　水轮机的基本方程式

一、水轮机基本方程式的推导

为了进一步从理论上说明水流能量如何在水轮机转轮中转变为旋转机械能，可应用

动量矩定律来表示，即单位时间内水流质量对水轮机主轴的动量矩变化应等于作用在该质量上全部外力对同一轴的力矩总和。

假定叶片无限多、无限薄而且认为水流进入转轮中是轴对称的，所以可取整个转轮来进行分析。水流质量的动量矩与水流的速度成正比，转轮中水流的绝对速度 v 可分解为三个正交分量，即 v_u、v_z、v_r，其中 v_r 通过轴心，而 v_z 又与主轴平行，所以两者都不对主轴产生速度矩。由此根据动量矩定律得出

$$\frac{\mathrm{d}(mv_u r)}{\mathrm{d}t} = \sum M_w \tag{3-6}$$

式中 m——$\mathrm{d}t$ 时间内通过水轮机转轮的水体质量，当进入转轮的有效流量为 Q_e 时，则 $m=\rho Q_e \mathrm{d}t=\frac{\gamma Q_e}{g}\mathrm{d}t$；

r——半径；

$\sum M_w$——作用在水体质量 m 上所有外力对主轴力矩的总和。

当水轮机在稳定工作时，认为转轮中的水流运动是恒定流，速度矩 $v_u r$ 并不随时间而变化，假定水流不可压缩，又根据水流连续原理，流进转轮和流出转轮的流量不变，均为有效流量 Q_e。因此，单位时间内流进转轮外缘的动量矩为 $\frac{\gamma Q_e}{g}v_{u1}r_1$，流出转轮内缘的动量矩为 $\frac{\gamma Q_e}{g}v_{u2}r_2$，所以在单位时间内水体质量 m 的动量矩的增量 $\frac{\mathrm{d}(mv_u r)}{\mathrm{d}t}$ 应等于此质量在转轮出口与进口间的动量矩之差，即

$$\frac{\mathrm{d}(mv_u r)}{\mathrm{d}t} = \frac{\gamma Q_e}{g}(v_{u2}r_2 - v_{u1}r_1) \tag{3-7}$$

对于式(3-6)右端的外力矩 $\sum M_w$，可根据作用在水体质量上的外力来分别讨论这些外力形成力矩的情况：

(1)转轮叶片的作用力。它迫使水流改变其运动的方向与速度的大小，因而对水流产生作用力矩 M_0。

(2)转轮外的水流在转轮进出、口处的水压力。它对转轮轴是轴对称的，通过轴心，不产生作用力矩。

(3)上冠、下冠内表面对水流的压力。由于这些内表面均为旋转面，故此压力也是轴对称的，不产生作用力矩。

(4)重力。水体重力的合力与轴线重合，故不产生力矩。

另外，还有控制面的摩擦力，由于其数值很小，可不考虑。这样，作用在水体质量上的外力矩就仅有转轮叶片对水流作用力所产生的力矩 M_0，即 $\sum M_w = M_0$。

水流对转轮的作用力矩 M，根据作用力与反作用力定律，它与上述外力矩 M_0 在数值上相等而方向相反，即 $M = -M_0$，则有

$$M = \frac{\gamma Q_e}{g}(v_{u1}r_1 - v_{u2}r_2) \tag{3-8}$$

式(3-8)说明了水轮机中水流能量转换为机械能的基本平衡关系。为了应用方便，常

将这种机械能力矩 M 乘以转轮角速度 ω，用功率的形式来表示，这样可得出水流作用于转轮的功率为

$$N = M\omega = \frac{\gamma Q_e}{g}(v_{u1}r_1 - v_{u2}r_2)\omega \tag{3-9}$$

即

$$N = \frac{\gamma Q_e}{g}(v_{u1}u_1 - v_{u2}u_2)$$

又通过水轮机水流的有效功率为

$$N = \gamma Q_e H\eta_s \tag{3-10}$$

式中 η_s——水力效率。

将式(3-10)代入式(3-9)得

$$H\eta_s = \frac{\omega}{g}(v_{u1}r_1 - v_{u2}r_2) \tag{3-11}$$

或

$$H\eta_s = \frac{1}{g}(u_1 v_{u1} - u_2 v_{u2}) \tag{3-12}$$

由速度三角形(见图3-3)的关系知 $v_u = v\cos\alpha$，所以式(3-12)亦可以写为

$$H\eta_s = \frac{1}{g}(u_1 v_1 \cos\alpha_1 - u_2 v_2 \cos\alpha_2) \tag{3-13}$$

式(3-11)～式(3-13)均称为水轮机的基本方程式，只是表现的形式有所不同。当水轮机的角速度 ω 保持一定时，则上述方程式说明了单位重量水流的有效出力是和转轮进、出口速度矩的改变相平衡的，所以速度矩的变化是转轮作功的主要依据。

水轮机的基本方程式还可以用环量来表示。转轮的速度环量 $\Gamma = 2\pi v_u r$，可以看做速度 v_u 沿着圆周所作的功。将式(3-11)两端各乘以 2π 后得

$$H\eta_s = \frac{\omega}{2\pi g}(2\pi v_{u1}r_1 - 2\pi v_{u2}r_2) = \frac{\omega}{2\pi g}(\Gamma_1 - \Gamma_2) \tag{3-14}$$

进口速度环量 Γ_1 主要由导水机构所形成，Γ_2 为出口损失的速度环量，所以转轮的输出功率主要决定于转轮进、出口环量差。

又由进、出口速度三角形得

$$\omega_1^2 = v_1^2 + u_1^2 - 2u_1 v_1 \cos\alpha_1 = v_1^2 + u_1^2 - 2u_1 v_{u1}$$

$$\omega_2^2 = v_2^2 + u_2^2 - 2u_2 v_2 \cos\alpha_2 = v_2^2 + u_2^2 - 2u_2 v_{u2}$$

将上列关系代入式(3-12)或式(3-13)得

$$H\eta_s = \frac{v_1^2 - v_2^2}{2g} + \frac{u_1^2 - u_2^2}{2g} + \frac{\omega_2^2 - \omega_1^2}{2g} \tag{3-15}$$

式(3-15)为另一种形式的水轮机基本方程式，它明显给出了有效水头与速度三角形中各速度之间的关系。式中第一项为水流作用在转轮上的动能水头，第二、第三项为势能水头，它主要用于克服水流因旋转产生的离心力和加速转轮中水流的相对速度。

对于轴流式水轮机，式(3-15)中 $u_1 = u_2$，此时水轮机的有效水头 $H\eta_s$ 便取决于绝对速度和相对速度，但它们不能过分增大，否则会增大水力损失，这也就限制了轴流式水轮机的水头应用范围。

二、基本方程式的物理意义

水轮机基本方程式是反映水能转变为水轮机转轮旋转机械能的一个能量平衡方程式，从理论上揭示了水轮机利用水能作功的原理。水流通过水轮机时，水流和转轮叶片相互作用，转轮的叶片迫使水流动量矩发生变化，水流在其动量矩改变的同时，以反作用力作用于叶片，使转轮产生旋转的力矩。

水能转变为旋转机械能的必要条件是水轮机转轮的出口水流能量要小于其进口的水流能量，即转轮的进、出口必须存在速度矩的差值，且有 $v_{u1}r_1 - v_{u2}r_2 > 0$。

从表面上看，水能转换为旋转机械能的多少仅和水轮机转轮的进出口速度矩有关，和水流流过转轮流道的中间过程无关，似乎水轮机叶片出口形状和装置角对水流的出口速度矩的形成起着决定性的作用，实际上基本方程式左端的 η_s 的大小反映了水流在转轮中间流动过程及在转轮出口水能损失的情况。如果在叶片设计时一味追求过小的 $v_{u2}r_2$（即 v_{u2}值为负值），并不一定能达到预定的效果。由于水轮机转轮中的叶片并非真的是无限多，所以流道对水流的挟持能力是有限的，即便是把叶片的出口装置角 β_2 设计得很小，实际水流在转轮出口处也并不一定会严格按叶片限定的方向运动，可能会产生严重脱流，这也就是在水轮机实际应用中当严重偏离设计工况时，水轮机效率降低的原因之一。

第三节　水轮机的效率和最优工况

水轮机在将水流能量转换成旋转机械能并传递给发电机主轴的这一系列过程中，不可避免地要存在着能量损失。能量损失的表现形式有三种，即水力损失、容积损失和机械损失。无论何种形式的损失，均是水流能量的损失，最终都影响水轮机的效率。

研究表明，对于一个确定尺寸的水轮机，在转速和工作水头不变的情况下，容积损失和机械损失的大小并不随出力的变化发生太大的变化，而水力损失则随着水轮机工况的不同存在着非常大的差异，如图 3-6 所示。

一、水轮机的水力损失

水流通过水轮机把大部分能量传递给转轮的同时，也会产生一些水力损失，这些损失包括转轮进口撞击损失、转轮流道摩擦阻力损失以及转轮出口动能损失等。水轮机的运行工况不同，各种损失的大小也不同。

（一）进口撞击损失

如图 3-7 所示，在某个工况下，水轮机的进口速度为 v_1，v_1 与圆周速度的夹角为 α_1，进口圆周速度为 u_1，相对速度为 ω_1，当水流以 ω_1 流入叶片流道时，因 ω_1 的方向与叶片进口骨线方向不一致而发生撞击，水流在撞击后迅速改变为 ω'_1，此时所产生的撞击速度为 ω_s。ω_s 的大小与水轮机的工况有关，偏离设计工况越严重，ω_s 就越大，产生的撞击损失可表示为

$$\Delta h = \zeta_s \frac{\omega_s^2}{2g} \tag{3-16}$$

式中 ζ_s——撞击损失系数。

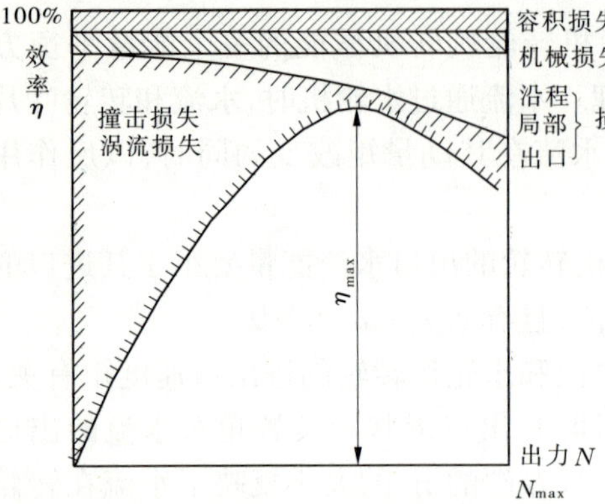

图 3-6 水轮机效率与出力的关系

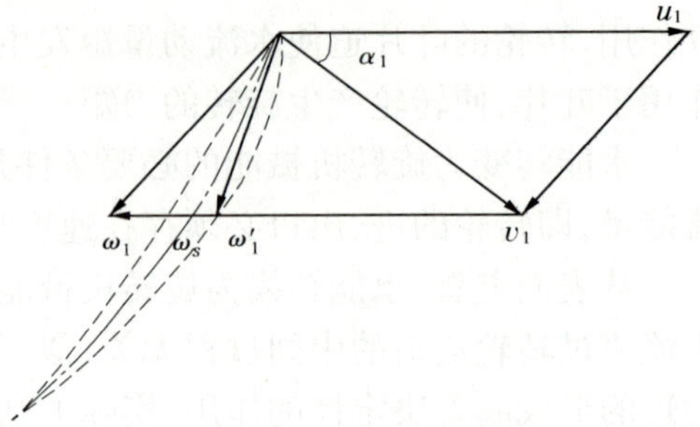

图 3-7 转轮进口撞击速度

(二)摩擦阻力损失

水流在流过流道时,水流和叶片表面的相对速度为 ω,二者之间产生摩擦而形成摩擦阻力损失。一般以转轮出口的相对速度为代表来计算摩擦阻力损失,即

$$\Delta h = \zeta_r \frac{\omega_2^2}{2g} \tag{3-17}$$

式中 ζ_r——摩擦损失系数。

(三)出口动能损失

水流通过转轮作功以后,仍有一部分能量以动能$\frac{v_2^2}{2g}$的形式从转轮出口流出。这部分动能虽经尾水管进行能量回收,但尾水管出口的水流仍以速度 v_5 流出,则这部分就完全损失在下游,称为出口动能损失。水轮机偏离设计工况,尾水管回收能量的效率就会下降。

除了上述三种能量损失,在水轮机转轮流道内还存在着一定的局部损失。局部损失的大小通常和过流表面的加工工艺及机组空蚀的严重程度有关。

从上述对各种水力损失的分析可以看出,水轮机工况的变化对水力损失影响较大。在水轮机工作过程中,无论是工作流量改变,还是工作水头改变,均会引起实际运行工况偏离设计工况,水力损失增大。如图 3-8、图 3-9 所示为工作水头改变和工作流量改变(导叶开度发生变化)对应引起转轮的进、出口速度三角形变化情况。

二、水轮机各种损失和效率间的关系

(一)水力损失与水力效率

设水轮机的工作水头为 H,通过水轮机的水头损失为 $\sum h$,则水轮机的有效水头为 $H-\sum h$。水轮机的水力效率 η_s 为有效水头与工作水头的比值,即

$$\eta_s = \frac{H - \sum h}{H} \tag{3-18}$$

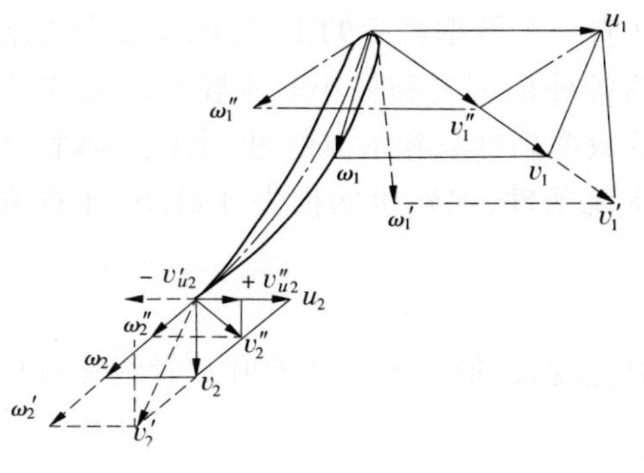

图 3-8　导叶开度不变水头改变时的进、出口速度三角形

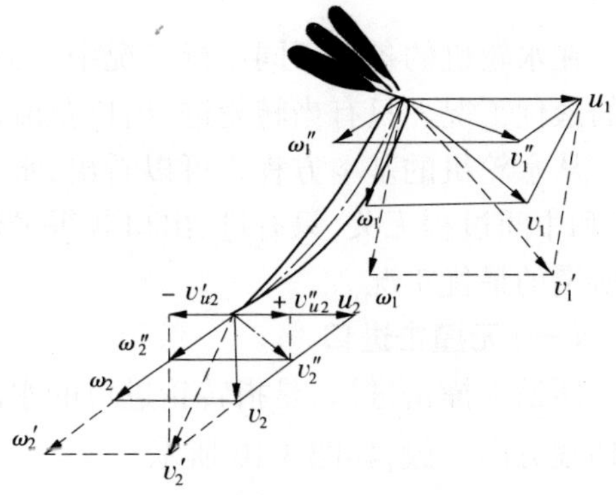

图 3-9　水头不变导叶开度改变时的进、出口速度三角形

(二)水轮机的容积损失及容积效率

在水轮机运行的过程中有一部分流量$\sum q$从水轮机的固定部件与旋转部件之间的空隙(如混流式水轮机的上、下止漏环间隙,轴流式水轮机叶片与转轮室之间的间隙等)中流出,这部分流量没有对转轮作功,所以称为容积损失。设进入水轮机的流量为Q,则水轮机的容积效率η_o为

$$\eta_o = \frac{Q - \sum q}{Q} \tag{3-19}$$

(三)水轮机的机械损失及机械效率

在扣除水力损失与容积损失后,便可得出水流作用于转轮上的有效功率N_e为

$$N_e = 9.81(Q - \sum q)(H - \sum h) = 9.81QH\eta_s\eta_o \tag{3-20}$$

转轮将此有效功率N_e转变为水轮机的轴功率时,其中还有一小部分ΔN_j消耗在各种机械损失上,如轴承及密封处的摩擦损失、转轮外表面与周围水体之间的摩擦损失等,由此得出水轮机的机械效率η_j为

$$\eta_j = \frac{N_e - \Delta N_j}{N_e} \tag{3-21}$$

则水轮机的输出轴功率$N = N_e - \Delta N_j = N_e\eta_j$,即

$$N = 9.81QH\eta_s\eta_o\eta_j \tag{3-22}$$

所以水轮机的总效率η为

$$\eta = \eta_s\eta_o\eta_j \tag{3-23}$$

故

$$N = 9.81QH\eta$$

由于水轮机的效率与水轮机的型式、尺寸及运行工况等有关,所以从理论上确定效率的数值是很困难的。目前所采用的方法是首先进行模型试验,然后将模型试验所得到的效率值经过经验公式换算,最后得出原型水轮机的理论效率。现代大、中型水轮机的最高效率可达0.90~0.95。

三、水轮机的最优工况

在水轮机的各种不同运行工况中，必然存在着一个效率最高的工况，该工况即为水轮机的最优工况。只有当转轮进、出口及流道中的各种损失之和最小时水轮机的效率才最高。从水轮机的基本方程式可以看出，水轮机的效率高低只和水流的进、出口实际状态有关，和中间过程无关，只有进、出口获得最佳的水流条件，水轮机的损失才最小，才有可能是所谓的最优工况。

（一）无撞击进口

所谓无撞击进口，是指转轮进口的水流相对速度 ω_1 的方向与转轮叶片骨线在进口处的切线方向一致，如图 3-10 所示。

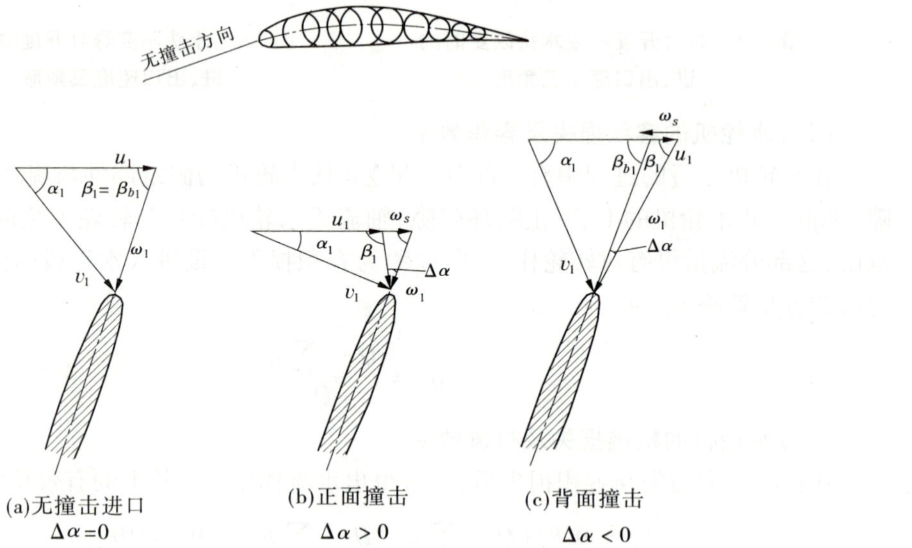

图 3-10　水流进口状态

当水流为无撞击进口时，水流与叶片不发生撞击，其绕流是平顺的，不会产生脱流，水流和转轮进口处不存在撞击损失。

当转轮进口处水流的相对速度 ω_1 的方向与叶片进口处骨线的切线方向不一致时，不可避免地要产生撞击。

（1）当 ω_1 和叶片骨线的冲角 $\Delta\alpha$ 为正值时，水流从叶片的正面撞击叶片，如图 3-10（b）所示。

（2）当冲角 $\Delta\alpha$ 为负值时，水流从叶片的背面撞击叶片，如图 3-10（c）所示。

只要有冲角 $\Delta\alpha$ 存在，就会产生撞击速度 ω_s，造成撞击损失 Δh_s，冲角 $\Delta\alpha$ 的绝对值越大，产生的撞击速度 ω_s 的绝对值越大，撞击损失也越大。水轮机的设计工况一般为无撞击进口状态或有较小的正冲角，以最大限度地减小进口撞击损失，所以无撞击进口是水轮机最优工况的条件之一。

为了改善水轮机工况在偏离设计工况时水流的进口状态，水轮机转轮叶片头部前缘一般为圆头，这种形式在进口水流存在不太大的冲角时，产生的撞击损失较小，扩大了水轮机高效区域范围。

（二）法向出口

法向出口是指转轮出口水流绝对速度 v_2 的方向是法向的，即垂直于圆周速度 u_2，如图3-11 所示。根据出口速度三角形可知，出口水流绝对速度的圆周分量 $v_{u2}=0$，这种水流的出口状态不仅使转轮出口动能$\frac{v_2^2}{2g}$最小，而且使进入尾水管内的水流基本不发生旋转，使尾水管的动能回收效率较高，从而减少尾水管的出口动能损失，增加水轮机的有效利用水头。所以，法向出口是水流的最优出口状态，从理论上讲是水轮机最优工况的另一个条件。

实际上，许多水轮机在设计时，往往采用使水流略带正环量（$v_{u2}>0$）的出口状态。实践表明，当出口水流具有不大的正环量时，一方面可以使尾水管的水流在离心力作用下贴着尾水管的管壁流动，避免在尾水管内产生脱流损失；另一方面，由于在转轮出口处带有一定的 v_{u2} 成分，可以使出口处水流的相对速度 ω_2 减小，从而减少了转轮中的摩擦损失，水轮机的效率不仅不会降低，而且有利于改善水轮机的空蚀性能。但 v_{u2} 无论正、负，绝对值过大时，尾水管中将会出现偏流的旋转真空涡带，引起水流压力脉动，也会引起水轮机的空蚀与振动。

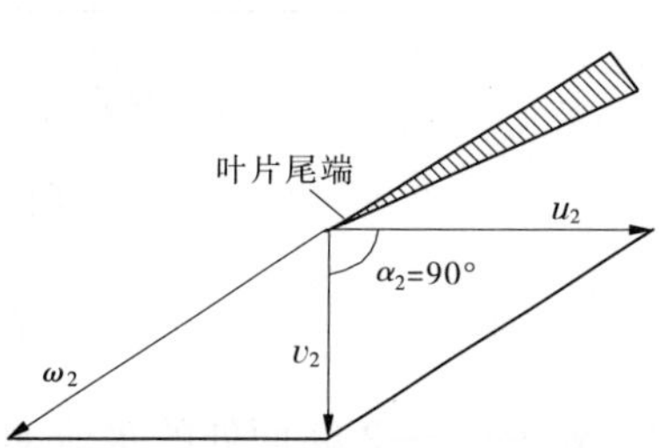

图3-11　法向出口状态

水轮机在实际工作过程中，其工况是经常变动的。当在最优工况运行时，不仅效率最高，而且运行稳定，空蚀性能也好；当偏离最优工况时，效率就会下降，空蚀也会随之加剧，严重时甚至会使水轮机的工作遭到破坏。因此，必须对水轮机的工作范围即运行工况的范围加以限制，避免造成水力资源浪费和影响水轮机的使用寿命。

第四节　尾水管的工作原理

对于反击式水轮机，为了减小水电站厂房的开挖深度和便于水轮机的安装检修，希望立式机组尽可能地安装在较高的位置并尽可能高出下游水位。对于只能安装在下游水位以下的机组，如果水轮机转轮出口的水流直接排入范围较大的水体中，不仅会引起转轮出口处水流紊乱，影响水轮机平稳运行，而且会损失水轮机工作水流的能量，降低水轮机的效率。因此，在水轮机的转轮出口需要装置尾水管，使从转轮中流出的水流进入尾水管，并通过尾水管排入下游。由于安装了尾水管，必然会使水流的流态发生变化。为了提高水轮机的运行效率，就必须对尾水管的工作情况和工作原理进行分析。

为了说明问题，将水电站的构筑物进行简化（见图3-12），1—1 断面表示上游水面，2—2 断面表示水轮机转轮的出口断面，0—0 断面表示下游水面，也作为分析的基准面。

当水轮机装置在下游水面以上时，设转轮出口距下游水面的高度为 H_2，转轮出口流速为 v_2，则转轮出口处相对于基准面单位水体的能量可表示为

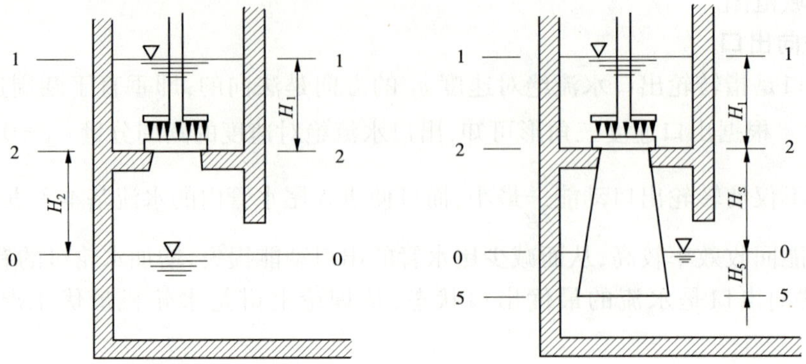

(a)不设尾水管　　(b)设有尾水管

图 3-12　尾水管工作原理图

$$E_2 = \frac{P_2}{\gamma} + H_2 + \frac{\alpha_2 v_2^2}{2g} \tag{3-24}$$

式中　α_2——2—2 断面处的水流动能校正系数；

P_2——2—2 断面处的压力。

当水轮机不设置尾水管时，如图 3-12(a)所示，水流自转轮流出后即进入大气并自由落入下游水面，2—2 断面处的压力 P_2 为大气压，则转轮出口的能量损失 E_2' 为

$$E_2' = H_2 + \frac{\alpha_2 v_2^2}{2g} \tag{3-25}$$

为了减少损失，以提高水轮机的利用能量，则在水轮机出口处装置了圆锥形的尾水管并保持密闭，如图 3-12(b)所示。此时转轮出口 2—2 断面，即尾水管进口断面处的压力 P_2 就不再是大气压，其值可由 2—2 断面与尾水管出口 5—5 断面的伯努利方程式求得

$$\frac{P_2}{\gamma} + H_2 + \frac{\alpha_2 v_2^2}{2g} = \frac{P_5}{\gamma} - H_5 + \frac{\alpha_5 v_5^2}{2g} + h_{2-5}$$

式中　$\frac{P_5}{\gamma} = H_5$；

h_{2-5}——尾水管从进口至出口的水力损失。

上式亦可写为

$$\frac{P_2}{\gamma} = -H_2 - \left(\frac{\alpha_2 v_2^2 - \alpha_5 v_5^2}{2g} - h_{2-5}\right) \tag{3-26}$$

式(3-26)说明，在设置尾水管后，转轮出口形成了压力降低，即出现了真空现象，此真空值由两部分组成：一部分由落差 H_2 形成，称为静力真空，H_2 也称为吸出高，可用专门的符号 H_s 表示；另一部分则由尾水管进、出口动能差并扣除水头损失形成，称为动力真空，它是通过圆锥形尾水管对水流的扩散作用而形成的。

将式(3-26)代入式(3-24)，则可得出当设置尾水管时，转轮出口处水流的能量损失 E_2'' 为

$$E_2'' = -H_s - \left(\frac{\alpha_2 v_2^2 - \alpha_5 v_5^2}{2g} - h_{2-5}\right) + H_s + \frac{\alpha_2 v_2^2}{2g} = \frac{\alpha_5 v_5^2}{2g} + h_{2-5} \tag{3-27}$$

由式(3-27)可以得出,由于设置了尾水管,水流在转轮出口处的能量损失大大减小,其值取决于尾水管的出口动能损失和内部水力损失。

从 E' 中减去 E'',便可得出由于设置了尾水管水轮机能够多利用的能量 ΔE 为

$$\Delta E = E_2' - E_2'' = H_s + \left(\frac{\alpha_2 v_2^2 - \alpha_5 v_5^2}{2g} - h_{2-5}\right) \tag{3-28}$$

式(3-28)说明,水轮机多利用的能量是由势能落差 H_s 和大部分转轮出口动能所组成的。由于这部分能量在尾水管进口处形成压力降低,出现真空,于是便增大了转轮进、出口的压力差,因而也增加了转轮可利用的能量。

为了增大转轮可利用的能量,可采用增大尾水管的出口断面以减小出口流速 v_5 的办法来实现。在尾水管高度一定时,若过分增大出口断面会形成管壁脱流现象,所以一般限制尾水管的扩散角 $\theta<8°$。但也有利用 θ 到 12°~14°的情况,因为当选择的最优工况使水流的出口角 α_2 略小于90°时,旋转不大的水流离心力可阻止脱壁现象,增大了的出口断面可使尾水管的能量增加。

综上所述,水轮机尾水管的作用可归纳如下:

(1)汇集转轮出口的水流,并引导水流排至下游。

(2)当 $H_s>0$ 时,以静力真空的方式使水轮机完全利用了这一高度所具有的势能。

(3)以动力真空的方式使水轮机回收了转轮出口水流的大部分动能。

吸出高 H_s 值,完全取决于水轮机的安装高程。它是水电站设计人员根据需要确定的,与水轮机自身的性能并无直接关系。

水轮机转轮出口动能占转轮出口动能 $\frac{\alpha_2 v_2^2}{2g}$ 的比值往往是很可观的,对混流式水轮机可达5%~10%,对低水头轴流式水轮机可达30%~40%,而这一部分动能的恢复却与尾水管的扩散作用及尾水管内部的损失密切相关。所以,衡量尾水管性能的指标,主要看它对转轮出口动能的恢复程度如何,这种恢复程度一般用尾水管的动能恢复系数 η_ω 来表示,它是尾水管内形成的动力真空值与转轮出口动能的比值

$$\eta_\omega = \frac{\dfrac{\alpha_2 v_2^2 - \alpha_5 v_5^2}{2g} - h_{2-5}}{\dfrac{\alpha_2 v_2^2}{2g}} \tag{3-29}$$

当尾水管的扩散角 θ 及其他尺寸选择最优时,直锥形尾水管的动能恢复系数 η_ω 可增大到80%~85%。

在式(3-29)中,将尾水管总的水头损失采用 $\sum h$ 表示,其值为

$$\sum h = \frac{\alpha_5 v_5^2}{2g} + h_{2-5} = \zeta_\omega \frac{\alpha_2 v_2^2}{2g} \tag{3-30}$$

式中　ζ_ω——尾水管的水力损失系数。

将式(3-30)代入式(3-29)中,整理后得

$$\eta_{\omega} = 1 - \zeta_{\omega} \tag{3-31}$$

式(3-31)为尾水管动能恢复系数的另一种表示形式。

第五节 水轮机的空化和空蚀

一、空化与空蚀概述

空蚀现象最早发现于1894年,英国驱逐舰“达令”号在做高速试航时,原设计航速50 km/h,但当航速达到45 km/h时,无论怎么增加螺旋桨推进器的转速,也无法再将航速提高。寻找原因时发现,随着螺旋桨转速的提高,桨叶背面压力下降而形成空穴(Cavity)造成螺旋桨推力下降,并且金属桨叶会在很短的时间内遭到破坏。当时,把这种现象称为水流的空化(Cavitation),相应对过流表面产生的作用称为空蚀。后来在水轮机、水泵等水力机械中也都发现有类似的破坏情况。早期的水力机械尚处于低速阶段,即使有空蚀破坏也并不显得十分严重,并且研究工作也不是很深入,后来随着水轮机不断向大容量、高水头、高转速方向发展,由于空蚀而造成的效率下降、过流表面破坏、噪音和振动等情况逐步加剧,特别是水轮机在长期偏离设计工况附近区域运行时,情况尤为严重。因此,水轮机的空蚀问题成了很多科技人员关注和研究的重大课题,在一定程度上对空化与空蚀的机理有了一定的了解,但由于它们的机理十分复杂,目前仍有许多没有搞清楚的问题,研究人员对同样现象的看法存在着分歧。下面对水轮机空化与空蚀知识的一些介绍也仅仅是建立在一些普遍认识的基础上。

二、水流的空化机理

学术界普遍认为,水之所以发生空化,有外部原因,也有内部原因。空化发生的外部原因是流体中压力的降低,内部原因是水体内部存在着能诱发空化的空化核。

空化的实质是液体的一种汽化现象,但它又不完全等同于一般概念下液体的沸腾汽化。在一个标准大气压(一个标准大气压 = 10.33 mH_2O)下,将水加热到100 ℃时,水便开始沸腾汽化;而在海拔3 776 m、气压为0.62个标准大气压的高山区煮水时,温度上升到87 ℃时水便开始沸腾汽化。这样就可以得出,水即使在常温下,当压力降低到某一值时,也会“沸腾汽化”。我们就把这种常温低压条件下的汽化称为水的空化。在一定温度下,水开始空化的压力称为空化压力,通常用 P_B(Pa)表示。为了应用方便,水温与空化压力之间的关系可用表3-1列出的一组对应数据进行参考。

表3-1 水在各种温度下的空化压力

温度 t(℃)	0	5	10	20	30	40	50	60	70	80	90	100
空化压力 P_B/γ (mH_2O)	0.06	0.09	0.12	0.24	0.43	0.75	1.26	2.03	3.17	4.83	7.15	10.33

注: γ 为水的容重,其值为9 810 N/m^3。

研究发现,专门处理过的纯净水有较高的抗拉强度,检测值为26~27 MPa,理论计算值为 160 ~ 325 MPa。这样的纯净水在常压下几乎不可能发生空化,而自然界中的水中存在着空气、蒸汽、微颗粒等异相介质,几乎都不能承受拉力。20 ℃的水在 0.24 mH_2O(2 400 Pa)时连续性就被破坏而发生空化。也就是说,实际的水易于空化的原因是其中存在着像空气、蒸汽、微颗粒等“杂质”,也就是所谓的空化核。当水的压力降到某个值时,这些空化核就会膨胀发育,导致空化发生。

三、水轮机的空蚀

反击式水轮机主要利用水流的压强。水轮机进口是高压水流,水轮机尾水管出口的水流则几乎变为常压。在水流流经水轮机流道的过程中,压力并非均匀地降低。其中某些区域和部位,如叶片的背部、转轮出口处等,可能会产生较大的压力降,当压力等于或低于空化压力时,水就会空化,产生大量的气泡。同时,水中溶解的气体向气泡内析出,使气泡的体积迅速扩大,再激发气泡周围的水发生“沸腾”,大量的水蒸气向气泡内聚集,形成气泡的爆炸性膨胀,这些气泡随着水体流动,在遇到高于空化压力的区域时,蒸汽泡迅速凝结为很小的水珠。由于蒸汽体积的突然收缩,气泡内的压力也迅速降低,使原气泡形成了空气非常稀薄的真空腔,其周围相对压力较高的水流质点便以极大的速度向气泡中心冲击,速度可达 100 m/s 以上,形成巨大的水击压力。通过测定,水击压力最高可达到数百个大气压。在水击压力作用下,空腔内的空气也被压缩,直到气体的弹性压力大于水击压力时,这种压缩停止,接着在气泡内部的高压作用下产生膨胀,使水流质体又以同样的速度向外扩散,导致气泡内的压力再急剧降低,周围的水流质点再向中心冲击。经过这样几次反复之后,气泡才最终溃灭,整个过程在几百分之一秒或几千分之一秒内完成。如果从气泡形成到溃灭这一系列过程发生在水轮机过流表面的附近,将会对水轮机的过流表面造成一定的破坏。所以,人们把在水轮机过流道内从气泡的形成到溃灭以及对流道表面产生作用的这一系列过程,称为水轮机的空蚀。

水轮机过流表面发生空蚀破坏作用的机理非常复杂,大体可归纳为如下几个方面。

(一)机械破坏作用

水轮机过流表面附近的气泡溃灭所产生的强大冲击作用力作用于过流表面,足以形成对材料的直接损伤。此外,由于气泡不断形成,数量极大,从形成到溃灭持续的时间又极短,对过流表面同一部位的“敲击”频率经检测可达每秒上亿次,使发生空蚀的过流表面处在反复的脉动冲击荷载作用下,久而久之形成了材料的疲劳损伤,降低了材料的强度,使水轮机过流表面的材料在空蚀持续作用下逐渐剥落。

(二)电化学作用

气泡在溃灭的过程中,随着能量的释放和对过流表面的打击,会使空化区和被冲击部位产生局部温升,温度最高可达 300 ℃,从而使局部受热的材料与周围的材料之间出现温差,形成热电耦,引起材料内部电流流动和发生电解电离现象,从而产生电化学腐蚀。

(三)化学作用

在气泡溃灭及对材料所产生的局部高温作用下,从水体中会析出臭氧或其他有害气体,可能引起对过流表面的化学腐蚀。

(四)联合作用

水轮机的空蚀破坏，一般不是某一种因素单独起作用，而是几种因素联合作用的结果。比如上述所说的三种作用，其中以机械破坏作用为主，电化学作用和化学作用的腐蚀对机械破坏起到了促进作用，加剧了空蚀破坏的速度。

在多泥沙河流上的水电站，泥沙磨损与空蚀也会产生联合作用。水中的泥沙颗粒除本身对过流表面产生磨削外，还促进空化的发生与加剧空化。研究和实际的运行验证表明，空蚀与泥沙磨损联合作用所产生的破坏力比单纯空蚀或单独泥沙磨损都要严重得多。水流中含沙量越大、颗粒越硬、水电站水头越高、制造精度越差和运行时间越长，水轮机过流部件的损坏就越严重。

空蚀对金属破坏开始时，通常首先使表面失去光泽而变暗，接着变毛糙而发展成为麻点，再进一步使金属表面形成十分疏松的海绵蜂窝状，深度从几毫米到几十毫米，严重时还会将水轮机叶片穿成孔洞。

在水轮机的运行和检修中，为了比较和说明水轮机空蚀的严重程度，我国采用单位时间内叶片背面单位面积上的平均侵蚀深度作为标准，也称为侵蚀指数，用符号 K 表示

$$K = \frac{V}{TF} \quad (\mathrm{mm/h}) \tag{3-32}$$

式中 V——侵蚀体积，$\mathrm{m^2 \cdot mm}$；

T——有效运行时间，h；

F——叶片背面总面积，$\mathrm{m^2}$。

经实际统计与计算，一般我国混流式水轮机的侵蚀指数为 $K = (0.016 \sim 3.18) \times 10^{-4}$ mm/h。

为了区别水轮机的空蚀程度，一般将空蚀分为五级，并同时换算为相应每年的侵蚀速度，如表 3-2 所示。

表 3-2 水轮机空蚀级别分类

空蚀级别	侵蚀指数 K		空蚀程度
	10^{-4}(mm/h)	mm/a	
Ⅰ	<0.057	<0.05	轻微
Ⅱ	0.057 ~ 0.115	0.05 ~ 0.1	中等
Ⅲ	0.115 ~ 0.577	0.1 ~ 0.5	较重
Ⅳ	0.577 ~ 1.15	0.5 ~ 1.0	严重
Ⅴ	≥1.15	≥1.0	极严重

根据我国水轮机空蚀情况，一般认为，Ⅲ级以上的侵蚀深度便属于严重空蚀情况。

四、水轮机的空蚀类型

如上所述，在反击式水轮机整个流道中的压力降低区，当压力低于水的空化压力时都有可能产生空蚀，而且有时很严重。根据空蚀发生的部位和发生条件的不同，水轮机的空蚀一般可分为翼形空蚀、间隙空蚀、空腔空蚀和局部空蚀等，现将这些空蚀的发生及破坏

情况分述如下。

(一)翼形空蚀

水轮机转轮将水能转换为旋转机械能时,每个叶片都受水压力作用,叶片的正面一般为正压(高于大气压),背面一般为负压。如果水轮机的翼形设计不合理或水轮机的安装高程不合适均会形成绝对值较大的负压,当背面的负压降低到空化压力以下时,便产生了空蚀,通常是发生在靠出水边附近,如图3-13(a)所示。还有当水轮机偏离最优工况运行时,混流式水轮机因入流冲角太大,造成脱流,在叶片头部也会发生空蚀。这些空蚀对叶片起着严重的破坏作用,所以称为翼形空蚀(也叫叶形空蚀),它的形成主要与叶片的几何形状和运行工况有关。

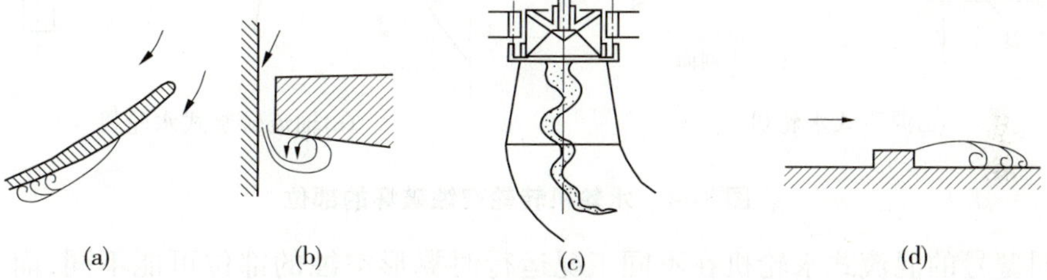

图3-13　水轮机空蚀的类型

翼形空蚀发展到一定程度时,不仅对叶片起破坏作用,而且对水轮机的性能也有很大的影响,这主要表现在两个方面:

(1)空蚀破坏使水轮机叶片表面粗糙而引起水力损失增大,在严重情况下还会改变水流的方向,使水流更加紊乱,促使水轮机效率下降。

(2)大量气泡的不断产生和溃灭也影响着流道中水流的连续性,严重情况下会引起部分或全部断流,使水轮机达不到应有的出力。

(二)间隙空蚀

当水流通过某些间隙或较小的通道时,因局部速度的升高而形成了压力降低,当压力降低到空化压力以下时所发生的空蚀叫间隙空蚀。如轴流式水轮机转轮叶片与转轮室之间出现的空蚀,如图3-13(b)所示。它侵蚀着叶片的外缘和转轮室壁。另外,在导叶的端面处及立面上和止漏环的间隙中,也都有这种空蚀的发生。

(三)空腔空蚀

当水轮机偏离最优工况运行时,转轮出口流速产生一个圆周分量 v_{u2},使水流在尾水管中发生旋转,当达到一定程度时则形成一种非轴对称的真空涡带,并引起水流压力脉动,如图3-13(c)所示。这种真空涡带周期性的摆动,有可能冲击到过流表面,使叶片出口下环处及尾水管进口等处产生空蚀破坏,这种空蚀称为空腔空蚀。在严重情况下,这种空蚀和压力脉动会产生强烈的噪音并引起机组过大的振动和功率摆动。

(四)局部空蚀

局部空蚀是由于水轮机的过流表面在某些地方凹凸不平,诱发水流出现旋涡、脱流而产生的空蚀,如图3-13(d)所示。这种空蚀通常可能发生在底环的限位销、螺钉孔及尾水管补气架的后面等。

另外,由于过流表面加工精度太低,空蚀破坏引起过流表面粗糙以及泥沙对水轮机的磨损、冲击而产生波纹、沟槽或鱼鳞坑,都会产生局部空蚀。

根据国内外许多水电站的调查,混流式水轮机和轴流转桨式水轮机一般发生空蚀的部位如图3-14所示。

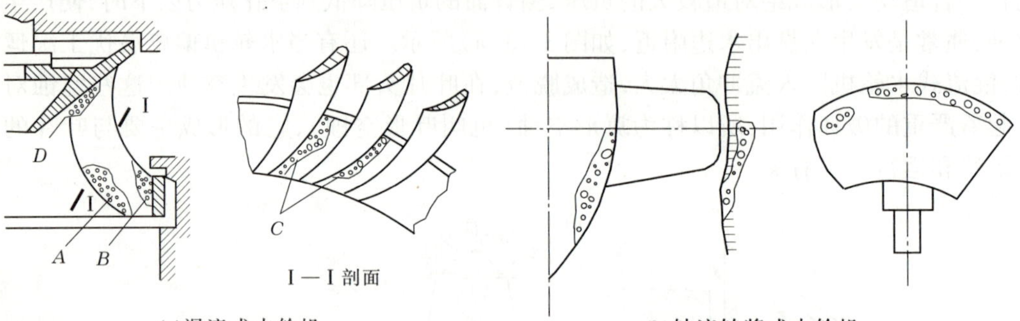

(a)混流式水轮机　　(b)轴流转桨式水轮机

图3-14　水轮机转轮空蚀破坏的部位

不同型号的混流式水轮机在不同工况运行时翼形空蚀的部位可能不同,而大多数发生在叶片背面的出水边(如图3-14(a)中的A区)、叶片背面与下环靠近处(如图3-14(a)中的B区)及叶片背面与上冠交界处(如图3-14(a)中的D区),有时在下环内表面也会发生空蚀(如图3-14(a)中的C区)。混流式水轮机的间隙空蚀一般发生在导叶的端面间隙和转轮的迷宫环中,其发生的情况与含沙水流的磨损有关,一般在清水条件下工作的水轮机,其间隙空蚀的破坏较轻。

在轴流转桨式水轮机中,翼形空蚀、间隙空蚀和局部空蚀同时存在,如图3-14(b)所示。翼形空蚀主要发生在靠叶片进口的地方(尤其当叶片头部几何形状不良和水轮机长期在非最优工况下运行时)和叶片背面的出水边。间隙空蚀发生在叶片与转轮室及叶片根部与轮毂之间,会使叶片端面、转轮室和轮毂处发生较严重的空蚀破坏。局部空蚀一般发生在转轮室分瓣的焊接处、叶片吊孔及表面凹凸不平处。

五、水轮机空蚀的防护

为了防止和减少空蚀对水轮机的破坏及其给运行带来的不良后果,研究防止和改善水轮机抗空蚀性能的措施显得非常必要。影响水轮机空蚀的因素很多,因此也必须从多方面采取措施进行防护。依据现有的研究成果,通常认为对减轻水轮机的空蚀或对水轮机空蚀的防护可以从以下几方面考虑。

(一)在水轮机的设计制造方面

应注意设计合理的叶形,使叶片具有平滑的线形,尽可能地使叶片背面上的压力分布均匀。为了避免出现压力突变并缩小低压区,对用于多泥沙河流或安装在大中型电站上的水轮机,应选择空蚀性能较好的材料来制造转轮叶片和其他易空蚀的过流部件。抗空蚀材料(常用不锈钢等)的特点是金属晶格密,韧性和抗拉性能强,硬度和疲劳极限均较高,和普通钢材相比,在同等条件下应用,空蚀破坏的程度明显减弱,并应注意提高加工精度，保证加工后的叶片几何形状及过流表面的光洁度符合原设计要求。

（二）在工程措施方面

合理确定水轮机的安装高程，在保证尾水管对能量回收有较好效果的同时，兼顾水电站基础开挖深度和水轮机抗空蚀性能之间的关系，限制转轮出口真空度的值，在水轮机的正常运行范围内使水轮机转轮叶片背面低压区的压力不低于常温下水的空化压力。在多泥沙河流上，如条件允许，可采取防沙、排沙措施，如注意生态环境保护、加强水土保持以减少入库泥沙量。对径流式电站，采用修建排沙底孔和沉沙池等，以防止粗颗粒的泥沙进入水轮机。

（三）在运行管理方面

一般来说，在最优工况附近运行，水轮机的抗空蚀性能相对较好。偏离了最优工况时，水轮机的抗空蚀性能会逐渐恶化。因此，尽可能较少或避免在负荷过低、水头过低等抗空蚀性能较差的区域运行。在尾水管发生空腔空蚀时，以适当的方式向尾水管内补气，以破坏有害的真空涡带。定期检修，对由空蚀造成破坏到一定程度的过流表面应及时进行修复。通常采用不锈钢焊条进行补焊后打磨，也可涂金属或非金属材料，作为过流表面防空蚀破坏的保护层，修护后的过流表面应保持和原设计的过流表面形状吻合。

第六节　水轮机的空蚀系数、吸出高及安装高程

一、水轮机的空蚀系数

在反击式水轮机中所发生的空蚀现象，其根本原因是在过流通道中出现了低于空化压力的过大压力降低。要避免空蚀的发生，所采取的主要措施是限制这种压力降低并使其不低于水流的空化压力。在水轮机的各种空蚀中，影响水轮机效率、对水轮机叶片表面破坏最严重的是翼形空蚀，所以衡量水轮机抗空蚀性能的好坏一般都是针对翼形空蚀而言的，衡量的标志通常采用空蚀系数，凡是空蚀系数大的水轮机，在同样水头下，其抗空蚀性能就差，就愈容易发生空蚀。

要达到限制翼形压力降低的目的，就必须研究叶片上压力的分布。图 3-15 给出了转轮工作时叶片正面和背面压力分布情况。图中 $A—B$ 为绝对压力的零线，P_1 为转轮叶片进口压力，P_2 为转轮叶片出口压力，而且 $P_1 > P_2$。

当水流在进口以相对速度 ω_1 对叶片进行绕流时，由于叶片弯曲产生的离心力作用，叶片背面水流发生脱流现象而导致压力急剧下降，在叶片正面则形成压力上升。以后在水流沿叶片流动的过程中，由于水流不断地对转轮作功，使水流的压力越来越低。叶片背面的压力在 k 点达到最低，随后稍有回升，在出口与正面的压力趋于一致。图 3-15 中，$1—g—2$线表示叶片正面的压力分布，$1—h—k—2$ 线表示叶片背面的压力分布，这样在叶片的正、背面形成了压力差。

从图 3-15 可以看出，在叶片正面大部分区域为正压（大于大气压），在叶片背面几乎全部为负压，而且在 k 点降到最低，这是发生空蚀最危险的地方。为了求得 k 点的压力 P_k，可写出 k 点和转轮叶片出口 2 点相对运动的伯努利方程式

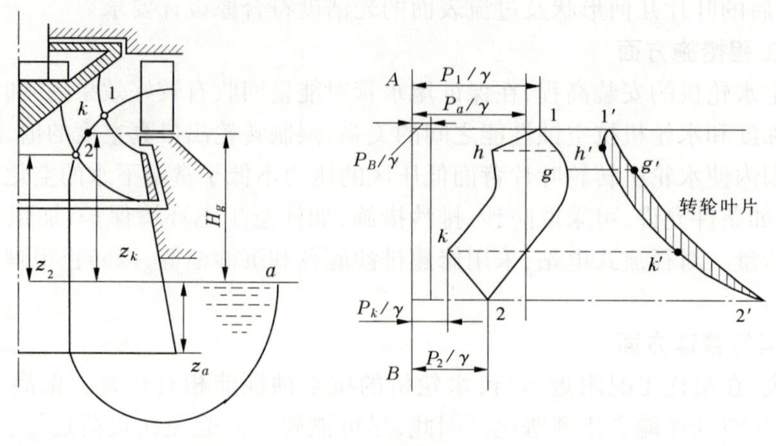

图 3-15　转轮叶片上的压力分布

$$z_k + \frac{P_k}{\gamma} + \frac{\omega_k^2}{2g} - \frac{u_k^2}{2g} = z_2 + \frac{P_2}{\gamma} + \frac{\omega_2^2}{2g} - \frac{u_2^2}{2g} + h_{k-2} \tag{3-33}$$

式中　h_{k-2}——由 k 点至 2 点的水力损失。

由于 k 点和 2 点很接近，可近似地认为圆周运动 $u_k = u_2$。取下游水面为基准面，则从空蚀现象最危险的 k 点到下游之间的垂直高度 z_k 即为水轮机的吸出高 H_s，则

$$\frac{P_k}{\gamma} = \frac{P_2}{\gamma} - (H_s - z_2) - \left(\frac{\omega_k^2 - \omega_2^2}{2g} - h_{k-2}\right) \tag{3-34}$$

对式(3-34)中的 P_2，可应用 2 点和下游 a 点的伯努利方程式求得

$$z_2 + \frac{P_2}{\gamma} + \frac{v_2^2}{2g} = \frac{P_a}{\gamma} + \frac{v_a^2}{2g} + h_{2-a}$$

式中　h_{2-a}——由 2 点到 a 点的水力损失。

由于下游水位水流行进速度很小，可以近似认为$\frac{v_a^2}{2g}=0$，则可写出 P_2 的表达式为

$$\frac{P_2}{\gamma} = \frac{P_a}{\gamma} - z_2 - \frac{v_2^2}{2g} + h_{2-a} \tag{3-35}$$

将式(3-35)代入式(3-34)并整理后得

$$\frac{P_k}{\gamma} = \frac{P_a}{\gamma} - H_s - \left(\frac{v_2^2}{2g} + \frac{\omega_k^2 - \omega_2^2}{2g} - h_{k-2} - h_{2-a}\right)$$

由于 k 点和 2 点相距很近，h_{k-2} 可忽略不计，则损失主要为 h_{2-a}，即尾水管的水力损失，可写为 $h_{2-a} = \zeta_\omega \frac{v_2^2}{2g}$，$\zeta_\omega$ 为尾水管的水力损失系数，则上式可写为

$$\frac{P_k}{\gamma} = \frac{P_a}{\gamma} - H_s - \left[\frac{\omega_k^2 - \omega_2^2}{2g} + (1 - \zeta_\omega)\frac{v_2^2}{2g}\right]$$

引入尾水管的恢复系数 η_ω 后得

$$\frac{P_k}{\gamma} = \frac{P_a}{\gamma} - H_s - \left(\frac{\omega_k^2 - \omega_2^2}{2g} + \eta_\omega \frac{v_2^2}{2g}\right) \tag{3-36}$$

由压力 P_k 便可求得 k 点的真空值 $H_{v.k}$（以 mH_2O 表示）为

$$H_{v.k} = \frac{P_a}{\gamma} - \frac{P_k}{\gamma} = H_s + \left(\frac{\omega_k^2 - \omega_2^2}{2g} + \eta_\omega \frac{v_2^2}{2g}\right) \tag{3-37}$$

式(3-37)表明，k 点的真空值也是由静力真空和动力真空组成的。静力真空由吸出高 H_s 形成，它与水轮机的安装高程有关，而与水轮机的性能无关；动力真空则与转轮的叶形和水轮机的工况以及尾水管的性能有关。所以，水轮机的抗空蚀性能主要由 k 点的动力真空情况所决定。

对于同一水轮机，当工作水头不同时，动力真空值不同；不同的水轮机，在其最优工况，或限制工况下的动力真空亦不同。所以，为了更确切地反映水轮机的抗空蚀特性，并便于在不同工况之间和不同水轮机之间进行抗空蚀性能的比较，将动力真空值除以水头 H，用一无因次的相对系数 σ 来表示，即

$$\sigma = \frac{\omega_k^2 - \omega_2^2}{2gH} + \eta_\omega \frac{v_2^2}{2gH} \tag{3-38}$$

σ 称为水轮机的空蚀系数，k 点的相对速度 ω_k 愈大，转轮出口速度 v_2 愈大，则空蚀系数 σ 值愈大，同时尾水管的动能恢复系数 η_ω 愈大，σ 值亦愈大，此时水轮机的抗空蚀性能就愈差，就愈容易发生空蚀。对于某一水轮机，在既定的工况下，σ 值是一定值，对于几何相似的水轮机，在相似工况下，其 σ 值亦是相似的。因此，可以用一定工况（最优工况或限制工况）下的空蚀系数来评价不同型式和不同型号水轮机之间的抗空蚀性能。

由上述情况可以看出，从水轮机进口到尾水管出口的水流能量利用得愈充分，σ 值就愈大，水轮机空蚀的危险性就愈大，所以说水轮机的能量特性与抗空蚀性能是有矛盾的。因此，在设计和选择水轮机时，如何使水轮机在保持良好的能量特性下，尽可能地降低空蚀系数 σ 值，改善空蚀情况，就成为研究水轮机特性的一个重要课题。

对于空蚀系数 σ 值的确定，由于影响因素较为复杂，要直接应用理论计算，或直接在水轮机过流道中进行量测都是有困难的。目前，应用最广泛的方法是进行水轮机模型的空蚀试验或用计算机对流场进行模拟，得出模型的空蚀系数，用于原型机时，再进行适当调整。当 σ 值为已知时，可将式(3-36)写为

$$\frac{P_k}{\gamma} = \frac{P_a}{\gamma} - H_s - \sigma H \tag{3-39}$$

二、水轮机的吸出高

为了保证水轮机不发生空蚀，则必须限制 k 点的压力 P_k，并使其大于或等于水的空蚀压力 P_B，即

$$\frac{P_k}{\gamma} = \frac{P_a}{\gamma} - H_s - \sigma H \geqslant \frac{P_B}{\gamma}$$

水轮机在一定工况下工作时，其动力真空值 σH 为一定值，由此在设计水电站时则可采取选择合适的水轮机安装高程，即确定吸出高 H_s 以达到防止空蚀的目的。此时 H_s 应满足

$$H_s \leqslant \frac{P_a}{\gamma} - \frac{P_B}{\gamma} - \sigma H$$

一个标准大气压力为 10.33 mH_2O，水电站站址处的大气压力应随其海拔高度增加而有所降低，一般当高程在 3 000 m 以下时，海拔高度每升高 900 m，大气压力降低 1 mH_2O。当水电站站址处的海拔高度为▽ m 时，则该处的大气压力应为$\frac{P_a}{\gamma}=10.33-\frac{\nabla}{900}$，通常水轮机的工作水温为 5～20 ℃，其相应的空化压力$\frac{P_B}{\gamma}$为 0.09～0.24(mH_2O)，则上式可写为

$$H_s \leqslant 10.33-\frac{\nabla}{900}-(0.09\sim0.24)-\sigma H \tag{3-40}$$

对于水电站站址处的海拔高度▽，在初步计算时可采用水电站尾水的平均水位。

考虑到由于气候的变化，实际的大气压有时比平均值可能还要降低 0.3～0.4 mH_2O，为了简化，可将上式近似地写为

$$H_s = 10.0-\frac{\nabla}{900}-\sigma H \tag{3-41}$$

在模型试验时，所得到的空蚀系数由于试验精度和测量手段的限制而存在着误差，同时模型机和原型机之间还存在着尺寸比例的影响，所以对式(3-41)中的空蚀系数还必须予以修正。一般采用引入一安全裕量 $\Delta\sigma$，或引入一安全系数 k。当引入安全裕量 $\Delta\sigma$ 时，式(3-41)可写为

$$H_s = 10.0-\frac{\nabla}{900}-(\sigma+\Delta\sigma)H \tag{3-42}$$

式中安全裕量 $\Delta\sigma$ 可由图 3-16 查得，或根据已运行机组的经验，用统计方法合理地选择 $\Delta\sigma$ 值。

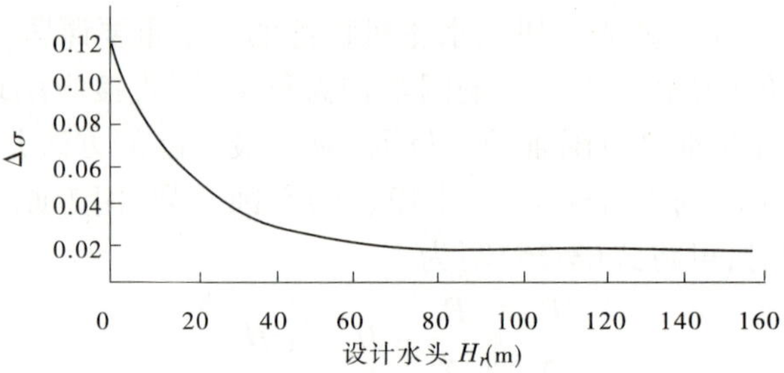

图 3-16 空蚀系数的修正曲线

当引入安全系数 k 时

$$H_s = 10.0-\frac{\nabla}{900}-k\sigma H \tag{3-43}$$

一般可取为 $k=1.1\sim1.2$。

水轮机的吸出高 H_s 是从转轮叶片上压力最低点到下游水面的垂直高度，也就是 k 点到下游水面的垂直高度，但 k 点的位置在计算时很难确定，同时在不同工况时 k 点的位置亦有所改变，所以对于不同类型不同装置方式的水轮机，工程上作了如下的规定(见图 3-17)：

(1)对立轴混流式水轮机，H_s 是从导叶下部底环上平面到下游水面的垂直高度(见

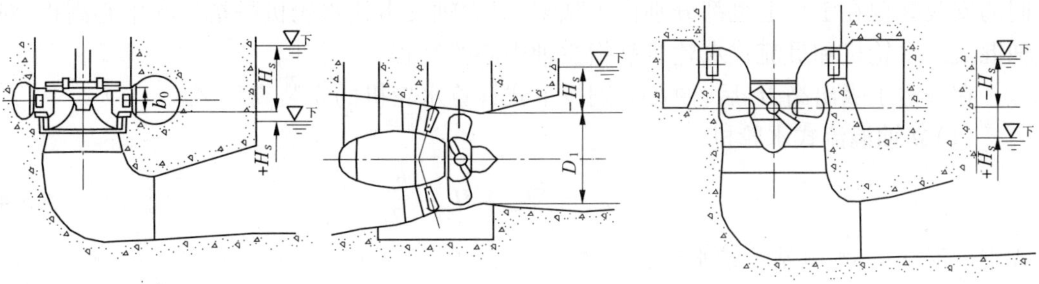

(a)　(b)　(c)

图 3-17　水轮机吸出高的规定

图 3-17(a))。

(2)对卧轴混流式和贯流式水轮机，H_s 是从转轮叶片最高点到下游水面的垂直高度(见图 3-17(b))。

(3)对立轴轴流式水轮机，H_s 是从转轮叶片轴线到下游水面的垂直高度(见图 3-17(c))。

当计算得到的 H_s 为负值时，说明需要将上述规定的水轮机位置装置在下游水面以下，使转轮出口处不再出现静力真空而产生正压，以抵消由于过大的动力真空而使水轮机发生严重的空蚀。

在实际的水电站设计时，需要结合水电站的具体情况进行综合分析，才能确定水轮机合理的吸出高。一般情况下，增大空蚀系数的修正值或吸出高的安全裕量，可在一定程度上减轻水轮机的空蚀。因此，从保证机组安全运行的观点出发，有人主张按式(3-42)、式(3-43)所计算出的吸出高 H_s 再减去 0.5 ~ 1.0 m，或将式(3-43)中的安全系数增大至 1.2 ~ 1.4，国外甚至有用到 $k=2$ 的情况，但这样一来势必会引起水电站厂房的开挖深度和开挖量的增加，从而增加水电站的建设投资，在经济上未必是合理的。有时，允许水轮机在一定轻微空蚀的情况下工作，但每年发生空蚀运行的时间不应超过 200 h，从而选择较大的吸出高以减少厂房的开挖工程量，降低投资，缩短工期，提前发电，再配合适当的机组运行方式以及适时的维修与空蚀防护措施，也有可能在不明显影响水轮机空蚀程度与运行稳定性的情况下，使机组正常工作，取得良好的经济效益。

在用式(3-42)、式(3-43)计算水轮机的吸出高时，H 为水电站的设计水头，σ 为水电站设计工况下对应的水轮机模型空蚀系数，水轮机在实际工作时，H、Q、N 等工作参数是变化的，最严重的水轮机空蚀情况一般发生在最大工作水头及水电站担负最大负荷和最小负荷的情况下。式(3-42)、式(3-43)计算的吸出高是否需要变更和怎样变更，须结合水电站的具体情况作进一步的分析论证。对重要的水电站和大中型水电站在技术设计阶段，应拟定若干个吸出高方案，通过动能经济比较选出合理的吸出高。

三、水轮机的安装高程

水轮机的安装高程是水电站非常重要的一个特征高程，在进行水电站厂房设计时，该高程是计算水电站厂房其他高程的基准值。对于不同型式和不同装置方式的水轮机，它们的安装高程在工程上也都分别作了规定：对立轴反击式水轮机是指导叶中心高程；对卧轴混流式水轮机和贯流式水轮机是指主轴中心线高程。

在确定了吸出高 H_s 后，便可分别按下式计算水轮机的安装高程 Z_a：

(1)立轴混流式水轮机

$$Z_a = \nabla_\omega + H_s + \frac{b_0}{2} \tag{3-44}$$

式中 ∇_ω——水电站下游水位；

b_0——水轮机导叶高度。

(2)立轴轴流式水轮机

$$Z_a = \nabla_\omega + H_s + xD_1 \tag{3-45}$$

式中 D_1——水轮机转轮直径；

x——轴流式水轮机高度系数，不同型号转轮的 x 值见表 3-3。

表 3-3　轴流式水轮机高度系数

转轮型号	ZZ360	ZZ440	ZZ460	ZZ560	ZZ600
x	0.383 5	0.396 0	0.436 0	0.408 5	0.483 0

(3)卧轴混流式和贯流式水轮机

$$Z_a = \nabla_\omega + H_s - \frac{D_1}{2} \tag{3-46}$$

在没有水库下泄水量时，水电站的尾水位与水电站尾水渠的断面尺寸及水电站的工作流量有关。可以据此绘制出水电站下游水位与流量的关系曲线。如果在水库泄洪时，还要考虑泄洪水量对水电站尾水位的影响。在应用上述公式计算水轮机的安装高程时，选取的尾水位为设计尾水位。通常情况下，当水电站安装 1 台或 2 台机组时，设计尾水位按 1 台机组 50% 额定流量计算；当水电站安装 3 台或 4 台机组时，设计尾水位按 1 台机组的额定流量计算；当水电站装机在 5 台以上时，设计尾水位按 1.5 ~2 台机组的额定流量计算；对于大型水电站或重要的水电站，可将水电站运行时实际可能出现的最低尾水位定为水电站的设计尾水位。

第四章　水轮机特性曲线与选型

第一节　水轮机的相似原理概述

水轮机各工作参数之间的关系及工作效果称为水轮机的特性。安装在水电站上原型水轮机特性的好坏，不仅关系到水轮机是否能够安全稳定地运行，而且对水电站是否能正常发挥效益起着决定性的作用。由于水轮机在能量转换过程中水流流动的复杂性，用现有的水力学理论和计算方法还不能完全做到提供完整的水轮机运行特性，直接设计制造出能够安装在水电站正常工作的水轮机。

随着水轮机的尺寸和容量越来越大，假如在未知其真实性能的情况下，直接生产出原型水轮机，一旦安装到水电站以后才发现不能满足要求，不仅会造成设备报废的直接经济损失及带来影响工期和发电等间接经济损失，还有可能造成不良的社会影响。为了避免这种情况的发生，目前行之有效的手段仍然是进行水轮机的模型试验研究。模型试验费用少，数据检测方便，可以根据需要随意变化工作状况，在实践中被广泛采用。也有一些研究机构采用计算机模拟的方法来代替模型试验的成果，虽然取得了较大的进展，但在一些如水轮机振动区是否存在及存在的位置等具体环节上，还不很完善，有待于进一步改进。

水轮机的模型试验研究通常可分为两种类型：一种是基础性的或常规性的试验研究，这种研究没有特定的应用对象，它是将水轮机的应用水头划分为若干个水头段，在每个水头段内通过反复的试验研究，寻找一个或几个性能相对较好的水轮机模型作为系列新产品，向用户推荐，用户根据水电站运行的水头范围，采用同水头段模型试验的研究成果；另一种是针对特定应用对象进行的专门试验研究，这种研究的对象通常是一些特大型水电站（如我国的葛洲坝、三峡、小浪底等）或特殊用途的水电站，根据其自然条件和存在的问题，通过不同方案的对比研究提出相应的解决方法，从而获得较好性能的水轮机模型。

模型机和原型机的几何尺寸不一样，最大可相差 20 多倍。需要通过转换和换算将水轮机模型试验研究的成果应用到原型机上去，而这种特性和参数转换及换算的依据就是水轮机的相似原理。

相似概念最早起源于几何图形的相似，科学的发展把相似概念扩展到了物理现象的相似领域，使相似的意义更加深刻和丰富。物理现象的相似是指两个几何相似的物体在相似的时间与空间中发生着相似的物理过程。水轮机的相似就是物理现象的相似。要保证模型水轮机和原型水轮机之间水流的相似，使得模型的特性和参数能够换算到原型水轮机上，从严格意义上讲，应该满足三个基本条件，即几何相似、运动相似和动力相似。对这些相似条件可以简单地分述如下。

一、几何相似

几何相似是指原型水轮机和模型水轮机过流通道的所有对应角相等，对应尺寸成比例，如图 4-1 所示。通俗地说，几何相似就是一种成像相似，几何形状完全一样，而对应尺寸不同，即

$$\beta_{b1}=\beta_{b1M},\quad \beta_{b2}=\beta_{b2M},\quad \cdots \tag{4-1}$$

$$\frac{D_1}{D_{1M}}=\frac{b_0}{b_{0M}}=\cdots=\text{常数} \tag{4-2}$$

式中　β_{b1}、β_{b2}——转轮叶片进口角、出口角；

D_1、b_0——转轮标称直径、导叶高度。

以上参数中带有脚标“M”者为模型水轮机的参数，否则为原型水轮机的参数，下面的标示方法相同。

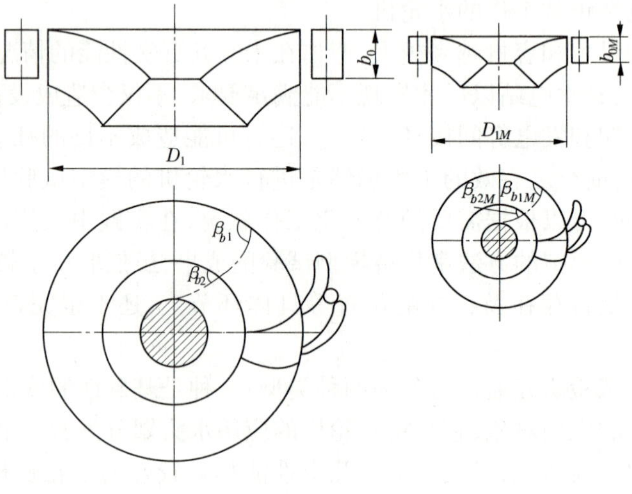

图 4-1　几何相似转轮

几何相似而转轮直径不同的一套水轮机称为水轮机系列或简称同一轮系。几何相似是水轮机相似的最基本条件，即必要条件。只有在几何相似的基础上，才能存在水轮机的运动相似和动力相似。

几何相似还应该包括相对粗糙度的相似，即

$$\frac{\Delta}{D_1}=\frac{\Delta_M}{D_{1M}} \tag{4-3}$$

式中　Δ——水轮机过流表面的粗糙度。

实际上，要保证原型水轮机和模型水轮机相对粗糙度相似是非常困难的，为了分析问题方便，其影响暂不予考虑，应用时可以用其他一些手段加以弥补。

二、运动相似

运动相似是指同一轮系的水轮机，水流在过流部分同一个对应点的速度三角形相似，也就是说，对应点上同名速度的方向相同，速度大小成比例，如图 4-2 所示，即

$$\alpha_1 = \alpha_{1M}, \quad \beta_1 = \beta_{1M}, \quad \cdots \tag{4-4}$$

$$\frac{v_1}{v_{1M}} = \frac{u_1}{u_{1M}} = \frac{\omega_1}{\omega_{1M}} = \cdots \tag{4-5}$$

运动相似又是保证动力相似的基本条件。

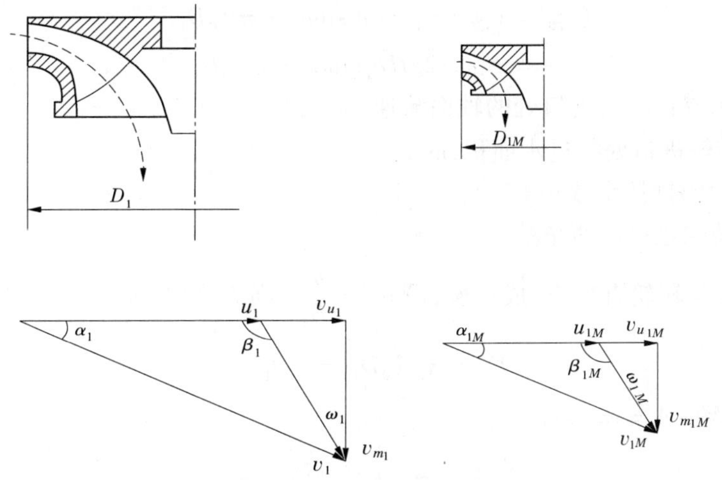

图 4-2　速度三角形相似

三、动力相似

水流对水轮机过流部件的作用有压力、惯性力、黏滞力、重力、表面张力等。动力相似是指原型水轮机和模型水轮机过流部件对应点作用的同名力方向相同,大小对应成比例。

实际上,在考虑原型水轮机和模型水轮机之间的相似问题时,要完全满足上述三个相似条件是困难的,真正的流动相似应该包括宏观流场的相似和微观流场的相似,微观流场是指在黏滞力作用下边界层内的流动,这在模型试验中是难以实现的。因此,在研究水轮机相似特性时,忽略微观流场的差异,只考虑宏观流场;忽略相对粗糙度、水流的黏滞力、重力等一些次要因素的影响。以便抓住主要矛盾,得出初步的相似公式和相似判别方法,然后再针对某些能够造成实际影响的不足之处加以修正,以便能方便地将模型的研究成果应用、换算到原型水轮机上去,这对探讨水轮机的相似原理并不失一般性。因此,我们把水轮机的运动相似的工况称为水轮机的相似工况。

第二节　水轮机的相似律、单位参数和比转速

在将水轮机模型试验研究的成果用于原型水轮机时,要进行两者之间的参数换算。这并不能简单地应用水轮机的相似条件来进行,而应利用两个水轮机工况相似的概念,寻找两个水轮机在相似工况下的水头、流量、出力、转速等工作参数之间的关系,推导出水轮机的相似律。然后,在进行参数换算时反过来应用,认为满足水轮机的相似律,两个水轮机的工况就是相似的。把模型水轮机不同工况的参数按相似律逐一进行换算,就得到原型水轮机和模型水轮机对应相似工况下的不同参数,从而得到原型水轮机的特性。

一、水轮机的相似律

(一)流量相似律

通过水轮机的有效流量可按下式计算

$$
\begin{aligned}
Q\eta_0 &= v_{1M} \cdot F_1 = v_1 \sin\alpha_1 \cdot \pi f b_0 D_1 \\
&= K_{v1} \sqrt{2gH\eta_s} \sin\alpha_1 \cdot \pi f b_0 D_1
\end{aligned} \tag{4-6}
$$

式中 v_{1M} ——水流在转轮进口处的轴面流速,m/s;

F_1 ——转轮进口处的过水面积,m^2;

f——叶片的排挤系数;

K_{v1} ——转轮进口流速系数。

导叶高度 b_0 与转轮直径 D_1 成比例,设 $\overline{b_0} = \dfrac{b_0}{D_1}$,则 F_1 可写为

$$F_1 = \pi f \overline{b_0} D_1^2 = A D_1^2$$

式中 A ——系数,$A = \pi f \overline{b_0}$。

则得

$$\frac{Q\eta_0}{D_1^2 \sqrt{H\eta_s}} = A K_{v1} \sqrt{2g} \sin\alpha_1$$

同样,对模型水轮机亦可写出

$$\frac{Q_M \eta_{0M}}{D_{1M}^2 \sqrt{H_M \eta_{sM}}} = A_M K_{v1M} \sqrt{2g} \sin\alpha_{1M}$$

对同一轮系的水轮机 $A = A_M$,在速度三角形相似的情况下 $\alpha_1 = \alpha_{1M}$,又因在忽略了其相对粗糙度的影响下可认为 $K_{v1} = K_{v1M}$,因此可写出

$$\frac{Q_M \eta_{0M}}{D_{1M}^2 \sqrt{H_M \eta_{sM}}} = \frac{Q\eta_0}{D_1^2 \sqrt{H\eta_s}} = \text{常数} \tag{4-7}$$

在模型水轮机和原型水轮机的直径 D_{1M}、D_1 和水头 H_M、H 一定时,式(4-7)即为相似水轮机在相似工况下流量之间应保持的关系,也称为水轮机的流量相似律。

(二)转速相似律

水流在水轮机转轮进口处的圆周速度 u_1 可由下式表示

$$u_1 = \frac{\pi D_1 n}{60} = K_{u1} \sqrt{2gH\eta_s} \tag{4-8}$$

式(4-8)亦可写为

$$\frac{n D_1}{\sqrt{H\eta_s}} = \frac{60 K_{u1} \sqrt{2g}}{\pi} = 84.6 K_{u1}$$

同样,对模型水轮机亦可写出

$$\frac{n_M D_{1M}}{\sqrt{H_M \eta_{sM}}} = 84.6 K_{u1M}$$

式中 K_{u1}——转轮进口圆周速度系数。

同样可认为 $K_{u1} = K_{u1M}$,则亦可写出

$$\frac{n_M D_{1M}}{\sqrt{H_M \eta_{sM}}} = \frac{n D_1}{\sqrt{H \eta_s}} = 常数 \tag{4-9}$$

同样，在 D_{1M}、D_1 和 H_M、H 一定时，式(4-9)即为相似水轮机在相似工况下转速之间应保持的关系，也称为水轮机的转速相似律。

(三)出力相似律

水轮机的出力可按下式计算

$$N = 9.81 Q H \eta \tag{4-10}$$

流量 Q 以式(4-7)的关系代入，则得

$$N = 9.81 D_1^2 \sqrt{H \eta_s} \cdot \frac{Q_M \eta_{0M}}{D_{1M}^2 \sqrt{H_M \eta_{sM}}} \cdot \frac{1}{\eta_0} \cdot H \eta \tag{4-11}$$

式(4-11)亦可写为

$$\frac{N \eta_0}{D_1^2 H \sqrt{H \eta_s}\, \eta} = 9.81 \frac{Q_M \eta_{0M}}{D_{1M}^2 \sqrt{H_M \eta_{sM}}} \tag{4-12}$$

式中　η——水轮机的总效率。

将 $\eta = \eta_s \eta_0 \eta_j$ 代入式(4-12)后得

$$\frac{N}{D_1^2 (H \eta_s)^{3/2} \eta_j} = 9.81 \frac{Q_M \eta_{0M}}{D_{1M}^2 \sqrt{H_M \eta_{sM}}} \tag{4-13}$$

同样，对模型水轮机亦可得出

$$\frac{N_M}{D_{1M}^2 (H_M \eta_{sM})^{3/2} \eta_{jM}} = 9.81 \frac{Q \eta_0}{D_1^2 \sqrt{H \eta_s}}$$

按照式(4-7)的关系，上两式的右端均为同一常数，故

$$\frac{N_M}{D_{1M}^2 (H_M \eta_{sM})^{3/2} \eta_{jM}} = \frac{N}{D_1^2 (H \eta_s)^{3/2} \eta_j} = 常数 \tag{4-14}$$

式(4-14)即为相似水轮机在相似工况下出力之间应保持的关系，也称为水轮机的出力相似律。

二、单位参数

式(4-7)、式(4-9)、式(4-14)为模型水轮机和原型水轮机在工况相似条件下得出的相似律公式，但这些公式在直接应用时还存在一些问题。因为水轮机的水力效率 η_s、容积效率 η_0 和机械效率 η_j 很难从总效率 η 中划分出来，所以上述相似律公式实际上无法计算出精确的结果，同时原型水轮机的总效率 η 事先也不知道。因此，为了便于应用，在上述相似律的公式中可先假定 $\eta_s = \eta_{sM}$、$\eta_0 = \eta_{0M}$、$\eta_j = \eta_{jM}$ 和 $\eta = \eta_M$。实际上原型水轮机在几何尺寸大到一定程度之后，其效率 η 要略大于模型水轮机的效率 η_M。二者效率实际上不等的问题可在以后再加以修正。

在假定模型机和原型机效率相等的情况下，相似律公式分别变为

$$\frac{Q_M}{D_{1M}^2 \sqrt{H_M}} = \frac{Q}{D_1^2 \sqrt{H}} = 常数 \tag{4-15}$$

$$\frac{n_M D_{1M}}{\sqrt{H_M}} = \frac{nD_1}{\sqrt{H}} = \text{常数} \tag{4-16}$$

$$\frac{N_M}{D_{1M}^2 H_M^{3/2}} = \frac{N}{D_1^2 H^{3/2}} = \text{常数} \tag{4-17}$$

将式(4-15)、式(4-16)和式(4-17)中的常数分别用特殊的符号来表示,则

$$Q'_{1M} = \frac{Q_M}{D_{1M}^2 \sqrt{H_M}} = \frac{Q}{D_1^2 \sqrt{H}} = Q'_1 \tag{4-18}$$

$$n'_{1M} = \frac{n_M D_{1M}}{\sqrt{H_M}} = \frac{nD_1}{\sqrt{H}} = n'_1 \tag{4-19}$$

$$N'_{1M} = \frac{N_M}{D_{1M}^2 H_M^{3/2}} = \frac{N}{D_1^2 H^{3/2}} = N'_1 \tag{4-20}$$

这些特殊的符号称为水轮机的单位参数,其中模型的单位参数带下标"M"。Q'_1、n'_1和N'_1分别称为单位流量、单位转速和单位出力。在工况相似时,如果假定模型水轮机和原型水轮机效率相等,则对应单位参数相等,即

$$Q'_{1M} = Q'_1 \tag{4-21}$$

$$n'_{1M} = n'_1 \tag{4-22}$$

$$N'_{1M} = N'_1 \tag{4-23}$$

反之,如果原型水轮机和模型水轮机的单位参数相等,则原型水轮机和模型水轮机的工况就相似。所以,水轮机的单位参数也称为同一轮系水轮机工况相似的判别数。实际上用 $N = 9.81HQ\eta$ 代入式(4-20),可得

$$N'_1 = \frac{9.81HQ\eta}{D_1^2 H^{3/2}} = K \cdot \frac{Q}{D_1^2 \sqrt{H}} = KQ'_1$$

说明单位出力不是一个独立的相似判别数,而是由单位流量派生而来的。因此,判定模型水轮机和原型水轮机工况相似与否,仅用式(4-21)和式(4-22)即可。

模型水轮机在进行模型试验时,对于一个确定的工况,就对应着一对确定的单位流量和单位转速及该工况下的模型水轮机工作特性。随着工况的改变,可以得出对应不同工况下模型水轮机工作特性的集合,然后通过水轮机相似原理,即用同一轮系工况相似单位参数相等这一概念作为桥梁,将模型水轮机特性的集合一一对应换算为原型水轮机特性的集合,从而得出原型水轮机不同工况所对应的特性。当然,用单位流量 Q'_1和单位转速n'_1来表示水轮机的运行工况,认为同一轮系两个不同直径的水轮机满足 Q'_1和 n'_1分别相等时,工况是相似的,其中忽略了两者之间在效率上的差别、其他过流部件(蜗壳和尾水管)的异形影响、吸出高和空蚀的影响,也忽略了动力相似条件不能完全保证的影响,所以二者之间所谓的工况相似,只能认为是近似的相似。将模型试验研究的成果换算到原型机上时,要加以必要的修正。

三、水轮机的比转速

在式(4-19)、式(4-20)中消去 D_1 得

$$n_1' \sqrt{N_1'} = \frac{n\sqrt{N}}{H^{5/4}} \tag{4-24}$$

对于同一轮系的水轮机在相似工况下工作时，它们的 n_1'和 N_1'都分别相等，因此

$$\frac{n\sqrt{N}}{H^{5/4}} = 常数 \tag{4-25}$$

将式(4-25)中的常数用 n_s 表示，即

$$n_s = \frac{n\sqrt{N}}{H^{5/4}} \tag{4-26}$$

n_s 称为水轮机的比转速，比转速的公式还可以用单位参数来表示，如用 $n=\frac{n_1'\sqrt{H}}{D_1}$和 $N=9.81Q_1'D_1^2H\eta\sqrt{H}$代入式(4-26)整理后得

$$n_s = 3.13n_1'\sqrt{Q_1'\eta} \tag{4-27}$$

比转速 n_s 是一个与水轮机直径无关的常数，它反映了水轮机的转速 n、水头 H 和出力 N 之间的关系。从概念上讲，它是由水轮机单位参数派生出来的，仍是反映工况相似的判别数。对于不同的工况，对应不同的比转速。但在这里专门提出这样一个综合参数，目的不是在同轮系水轮机之间进行比较，而是在可比条件下利用它来代表一个水轮机系列的特征，进行不同水轮机系列之间的比较。所以，规定水轮机在设计工况(也有采用最优工况)时的比转速作为该水轮机系列特征参数，其值在理论上是唯一的。

在第二章述及的水轮机牌号中，代表水轮机转轮型号的数字，指的就是该轮系水轮机的比转速，只不过应用时进行了适当的取整。对于不同的轮系，比转速也不同。不同类型的水轮机有一个大概的比转速范围，目前各类型水轮机比转速的大概范围为：贯流式 $n_s=600\sim1\ 000$，轴流式 $n_s=200\sim850$，斜流式 $n_s=150\sim350$，混流式 $n_s=50\sim310$，水斗式 $n_s=10\sim35$(单喷嘴)。

从式(4-26)可以看出，随着比转速的增加，水轮机的转速增加，适应水头降低；转速增加可以减少发电机的磁极对数，缩小机组尺寸，减轻机组重量。

从式(4-27)可以看出，随着比转速的增加，单位流量 Q_1'增加，也就是水轮机的过流量 Q 增加。这时水轮机转轮内的绝对速度和相对速度就会增加，水力损失增加，转轮出口动能也越大，水轮机也易于发生空蚀。高比转速水轮机适合于低水头、大流量的场合，其抗空蚀性能相对于低比转速水轮机要差一些。

在设计水电站选择水轮机时，通常希望选用比转速较高一些的水轮机，这对机组及水电站运行的技术经济指标较为有利，特别对大型机组尤为显著。但提高比转速，水轮机的空蚀系数较大，抗空蚀性能较差，这将会增大厂房开挖深度或影响水轮机的寿命，同时对水轮机的强度要求也有所提高。为避免顾此失彼，要进行综合比较。

水轮机比转速不同(系列不同)，其过流通道的几何形状也随之发生变化，比转速越高，水轮机过流能力越大，导叶的相对高度$\frac{b_0}{D_1}$也越大，要求转轮的过流通道越开阔，则转轮的叶片数目就越少。另外，由于空蚀系数随着比转速的增加而增大，为了减小转轮出口

流速以降低空蚀系数，对混流式水轮机则相应地使水轮机的直径比$\frac{D_2}{D_1}$增大，对轴流式水轮机则相应使轮毂比$\frac{d_B}{D_1}$减小。比转速由低到高流道形状变化如图 4-3 所示。

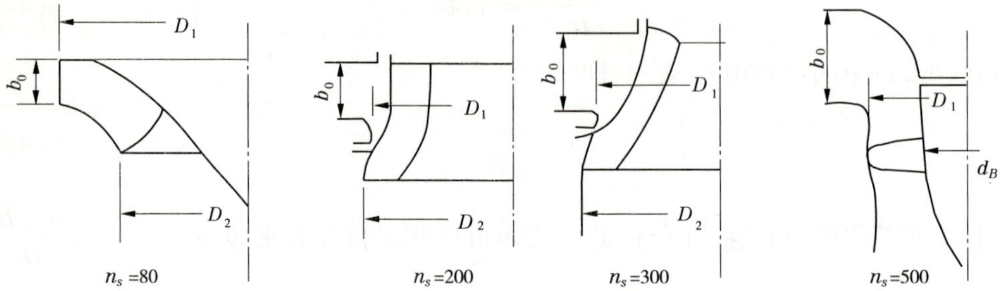

图 4-3　不同 n_s 水轮机的转轮流道形状

第三节　水轮机的效率换算与单位参数的修正

在推导水轮机相似工况的单位参数公式时，曾假定模型水轮机和原型水轮机在相似工况下效率是相等的，而实际上二者之间的效率是有差别的。引起效率不相等的因素有很多种，其主要原因还在于尺寸效应和不能保证绝对的相似。大尺寸水轮机过流通道的相对湿周小，水力损失也相应小一些，原型水轮机和模型水轮机流体黏性不相似、表面粗糙度不相似、容积损失不相似等都会造成水力损失不相似；另外，加工精度等方面的原因，都可能造成原型水轮机和模型水轮机在相似工况下效率不相等。实际的应用验证表明，尺寸较大的原型水轮机效率往往要高于模型水轮机的效率，而和模型水轮机尺寸相差不大的原型水轮机，其效率还有可能低于模型水轮机的效率。因此，需要将试验所得的模型水轮机的效率经过换算以求得原型水轮机的效率，而这种换算通常是采用一些经验公式来进行的。

一、效率换算经验公式的依据

在水轮机的总效率中，水力损失是主要的，容积损失和机械损失所占的份额很小，同时也很难从总效率中划分出来。为了简化起见，略去容积损失和机械损失，并以水力效率 η_s 代替水轮机的总效率 η。而在水力损失中尚包括沿程损失和局部损失，其中局部损失的数值也是很难计算的。为了使问题便于得到解决，我们先着重研究水轮机在最优工况下的水力损失，假设此时局部撞击损失和涡流损失在总损失中所占的份额可忽略不计，只考虑沿程损失。

考虑到水轮机中水体的黏性摩擦损失与圆管相类似，所以水轮机的沿程损失采用下列公式计算

$$h_w = \lambda \frac{Lv^2}{D_1 2g} \tag{4-28}$$

式中　λ——水力摩阻系数，当水轮机中的流态处于“水力光滑区”时，λ 仅与雷诺数 Re

有关，而雷诺数 Re 增大时将会导致黏性摩擦损失减小，可用 $\lambda=\frac{0.316}{Re^m}$ 来表示；

L、D_1——转轮流道的线性长度和转轮直径，可表示为 $k=\frac{L}{D_1}$；

v——水流速度，m/s。

将上述关系式代入式(4-28)，得

$$h_w=\frac{0.316k}{Re^m}\frac{v^2}{2g}$$

对同一轮系的模型水轮机，亦可写出在最优工况下的上述关系式，即

$$h_{wM}=\frac{0.316k}{Re_M^m}\frac{v_M^2}{2g}$$

将上两式相比，并考虑到 v^2 与水头 H 成正比，则得

$$\frac{h_w}{h_{wM}}=\left(\frac{Re_M}{Re}\right)^m\cdot\frac{H}{H_M}$$

而

$$\frac{h_w}{H}=1-\eta_s$$

于是

$$\frac{1-\eta_s}{1-\eta_{sM}}=\left(\frac{Re_M}{Re}\right)^m \tag{4-29}$$

其中，雷诺数 Re 的表达式可写为

$$Re=\frac{vD_1}{\nu}=\frac{D_1\sqrt{2gH}}{\nu} \tag{4-30}$$

式中　ν——运动黏性系数，对于水，$\nu=0.01\ \mathrm{m^2/s}$。

将上述表达式引入式(4-29)，整理后得

$$\eta_s=1-(1-\eta_{sM})\left(\frac{D_{1M}}{D_1}\right)^m\left(\frac{H_M}{H}\right)^{\frac{m}{2}} \tag{4-31}$$

在最优工况下，水轮机的水力效率最大，也就是水轮机的总效率最大，故可将式(4-31)改写为

$$\eta_{\max}=1-(1-\eta_{M\max})\left(\frac{D_{1M}}{D_1}\right)^m\left(\frac{H_M}{H}\right)^{\frac{m}{2}} \tag{4-32}$$

式(4-32)可作为同一轮系由模型水轮机效率换算为原型水轮机效率的计算依据。

二、水轮机效率换算经验公式

在式(4-32)中，指数 m 与原型水轮机的水头有关。在实际进行换算时，可根据类似的原型水轮机现场测试和观测取值，有人曾推荐 $m=\frac{1}{5}$，也有人推荐用 $m=\frac{1}{4}$。1963 年国际电工委员会(IEC)推荐采用如下公式进行换算。

对混流式水轮机

$$\eta_{\max} = 1 - (1 - \eta_{M\max}) \sqrt[5]{\frac{D_{1M}}{D_1}} \tag{4-33}$$

对轴流式水轮机

$$\eta_{\max} = 1 - (1 - \eta_{M\max}) \left(0.3 + 0.7 \sqrt[5]{\frac{D_{1M}}{D_1}} \sqrt[10]{\frac{H_M}{H}}\right) \tag{4-34}$$

在我国,对混流式水轮机,当 $H < 150$ m 时,采用式(4-33)计算;当水头 $H > 150$ m 时,则用下式进行计算

$$\eta_{\max} = 1 - (1 - \eta_{M\max}) \sqrt[5]{\frac{D_{1M}}{D_1}} \sqrt[20]{\frac{H_M}{H}} \tag{4-35}$$

通过式(4-33)、式(4-34)和式(4-35),由模型水轮机的最高效率 $\eta_{M\max}$ 可换算出同轮系原型水轮机的最高效率 $\eta_{\max}$。对于偏离最优工况的其他一般工况,从图 3-6 中各种损失的分布可以看出,由于涡流损失和撞击损失占的分量较大,若用同样的公式进行换算,会产生较大的误差,故不宜采用,通常按如下方法进行换算

$$\eta = \eta_M + \Delta\eta \tag{4-36}$$

式中　η、η_M——原型水轮机和模型水轮机在非最优工况时对应点的效率;

$\Delta\eta$——最高效率点的修正值。

$$\Delta\eta = \eta_{\max} - \eta_{M\max} \tag{4-37}$$

对混流式水轮机来说,最优工况只有一个,所以 $\Delta\eta$ 也只有一个。而对轴流式水轮机来说,在模型试验时,对应于每个叶片转角都有一个最优工况,在实际计算时,轴流定桨式原型水轮机的效率修正值 $\Delta\eta$ 采用和模型水轮机对应叶片角度的效率修正值 $\Delta\eta_\varphi$。

$$\Delta\eta_\varphi = \eta_{\varphi\max} - \eta_{\varphi M\max} \tag{4-38}$$

式中　$\eta_{\varphi\max}$、$\eta_{\varphi M\max}$——原型水轮机和模型水轮机在叶片装置角为 φ 时的最高效率。

在该 φ 角的其他一般工况,水轮机的效率 η_φ 由该工况下的模型效率 $\eta_{\varphi M}$ 加上式(4-38)计算出的修正值求得,即

$$\eta_\varphi = \eta_{\varphi M} + \Delta\eta_\varphi \tag{4-39}$$

在模型试验时,模型水轮机通常是按叶片转角每相隔 5°进行一组试验,而轴流转桨式水轮机在实际应用时,叶片转角的变化是连续的。在进行效率换算时,除对计算结果要求非常准确的情况才考虑分区修正外,一般性计算时,可统一按式(4-37)的结果进行修正。

效率换算式(4-33)、式(4-34)和式(4-35)主要是考虑水力损失中的沿程损失加上一些人为的经验得来的,并未将模型水轮机和原型水轮机在制造工艺、质量差别等可使原型水轮机效率降低的因素考虑进去。因此,一般采取将按上述公式计算所得的效率修正值再减去一个适当的 ε 值,作为最终的效率修正值。通常对于转轮直径 $D_1 \geqslant 1$ m 的原型水轮机,取 $\varepsilon = 1\% \sim 2\%$;对于 $D_1 < 1$ m 的原型水轮机,取 $\varepsilon = 2\% \sim 10\%$。

三、单位参数修正

考虑到模型水轮机和原型水轮机对应相似工况下实际效率的差别并非像前面假定的二者相等,因此对单位参数也应该进行相应的修正。

如前所述,当忽略容积损失和机械损失的影响,并以水力效率 η_s 代替总效率 η 时,则可将式(4-9)及式(4-7)改写为

$$\frac{n'_{1M}}{\sqrt{\eta_M}} = \frac{n'_1}{\sqrt{\eta}} \tag{4-40}$$

$$\frac{Q'_{1M}}{\sqrt{\eta_M}} = \frac{Q'_1}{\sqrt{\eta}} \tag{4-41}$$

式中　n'_{1M}、Q'_{1M}——模型水轮机的单位转速和单位流量;

n'_1、Q'_1——原型水轮机的单位转速和单位流量。

在最优工况时,模型水轮机与原型水轮机效率分别为 $\eta_{M\max}$、$\eta_{\max}$,单位转速分别用 n'_{10M}、n'_{10} 表示,单位流量分别用 Q'_{10M}、Q'_{10} 表示,则上式可写为

$$n'_{10} = n'_{10M}\sqrt{\frac{\eta_{\max}}{\eta_{M\max}}} \tag{4-42}$$

$$Q'_{10} = Q'_{10M}\sqrt{\frac{\eta_{\max}}{\eta_{M\max}}} \tag{4-43}$$

由此可以得出 n'_1 和 Q'_1 的修正值为

$$\Delta n'_1 = n'_{10} - n'_{10M} = n'_{10M}\left(\sqrt{\frac{\eta_{\max}}{\eta_{M\max}}} - 1\right) \tag{4-44}$$

$$\Delta Q'_1 = Q'_{10} - Q'_{10M} = Q'_{10M}\left(\sqrt{\frac{\eta_{\max}}{\eta_{M\max}}} - 1\right) \tag{4-45}$$

根据此修正值,便可求得原型水轮机在其他工况下的单位转速 n'_1 和单位流量 Q'_1 分别为

$$n'_1 = n'_{1M} + \Delta n'_1 \tag{4-46}$$

$$Q'_1 = Q'_{1M} + \Delta Q'_1 \tag{4-47}$$

实际应用中,一般 $\Delta Q'_1$ 与单位流量 Q'_1 相比很小,可忽略不计,即不再进行单位流量的修正;而对单位转速,当计算结果 $\Delta n'_1/n'_{10M}<3\%$ 时,$\Delta n'_1$ 亦可忽略不计,也不再进行单位转速的修正。

第四节　水轮机的主要综合特性曲线

一、水轮机模型试验简介

水轮机的模型试验,就是在实验室内用模型水轮机,采用一定的模型水头和不同的工作流量进行试验,测定各工况下的工作参数,然后通过有关公式,计算出不同工况下反映该轮系特性的综合参数。

模型试验的模型水轮机直径 D_{1M} 通常为 250 ~ 500 mm,最大可达 1 m。定性试验所用的转轮直径在 300 mm 以下,定量试验的模型转轮直径必须大于 300 mm。

定性试验也称比较性试验,主要用于模型转轮性能的比较与筛选,要求精度较低,试验费用也较低。其试验结果不能作为与原型机进行换算的依据。

定量试验也称保证性试验，它是在定性试验的基础上，把优选出来的模型做成较大一些的尺寸，再进行比较精确的试验，正式提出该轮系模型的各种性能指标。

由于单位转速和单位流量是同轮系内工况相似的判别参数，是把模型机参数换算为原型机参数的桥梁，一对单位参数 n'_{1M} 和 Q'_{1M} 就确定了一个工况。因此，模型水轮机试验的结果是在对应的 n'_{1M} 和 Q'_{1M}下表示的。对于原型水轮机和模型水轮机同是用单位转速和单位流量来确定一个工况。所不同的是，在模型试验时，由于受条件局限，试验水头不变，通过改变流量和转速来达到改变工况的目的。而在水电站的正常运行中，所谓工况改变，是水轮机的转速保持不变，由于工作流量和工作水头发生变化从而引起工况改变。根据相似原理，只要单位参数相等，就保证了工况相似，也就能使模型试验的成果与原型水轮机在保持工况相似的条件下进行参数之间的换算。

常规的水轮机特性试验包括三方面：能量试验、抗空蚀性能试验、飞逸特性试验。

二、水轮机的主要综合特性曲线

水轮机的主要综合特性曲线是由水轮机模型的试验资料经整理后绘制而成的。每一个轮系都有一套对应的主要综合特性曲线，它以单位转速 n'_1为纵坐标，以单位流量 Q'_1为横坐标，是该轮系由模型水轮机到不同标称直径水轮机进行工作参数和性能转换的依据。由于特性曲线图本身就是模型水轮机的特性图，所以图中各参数的符号就不再加下脚标“M”。在图中，每一组 n'_1和 Q'_1所对应的坐标点即代表模型水轮机的某一工况，由该点的相关特性可通过相似原理换算出本轮系其他尺寸原型水轮机对应相似工况下的特性。

对于不同类型的水轮机，其主要综合特性曲线中所包含的内容也不完全相同。

（一）混流式水轮机的主要综合特性曲线

图4-4 是 HL240 型水轮机的主要综合特性曲线，其他型号的混流式水轮机的主要综合特性曲线虽然具体的线型不同，但特性曲线的内容相同，其中都包含有等开度线、等效率线、等空蚀系数线和出力限制线。

等开度线是在模型试验时，保持水轮机开度不变对应于不同工况下的一条连线，从图4-4中可以看出，该曲线并不是一条垂直的直线。说明开度虽然不变，但随着转速的变化，水轮机的过流量也有可能发生变化。

等效率线是在不同的工况下效率相等的点连成的曲线。一般取百分比的整数值，在高效率区通常间隔1%或2%；在低效率区，间隔可以更大一些。因此，在图中表现出的是不同等效率值的曲线簇。

等空蚀系数线是在不同工况下，空蚀系数相等的点连成的曲线，在图中通常用虚线表示。

出力限制线是为保证水轮机能够稳定、可靠地运行而限制水轮机工作范围的一条曲线。水轮机的正常工作范围是在该曲线的左侧。式(4-20)可以改写为

$$N'_1 = \frac{N}{D_1^2 H^{3/2}} = \frac{9.81QH\eta}{D_1^2 H^{3/2}} = 9.81Q'_1\eta \tag{4-48}$$

在图4-4 上取任一 n'_1值(如 $n'_1=70$ r/min)作一与横轴平行的直线，它与等效率线相交于

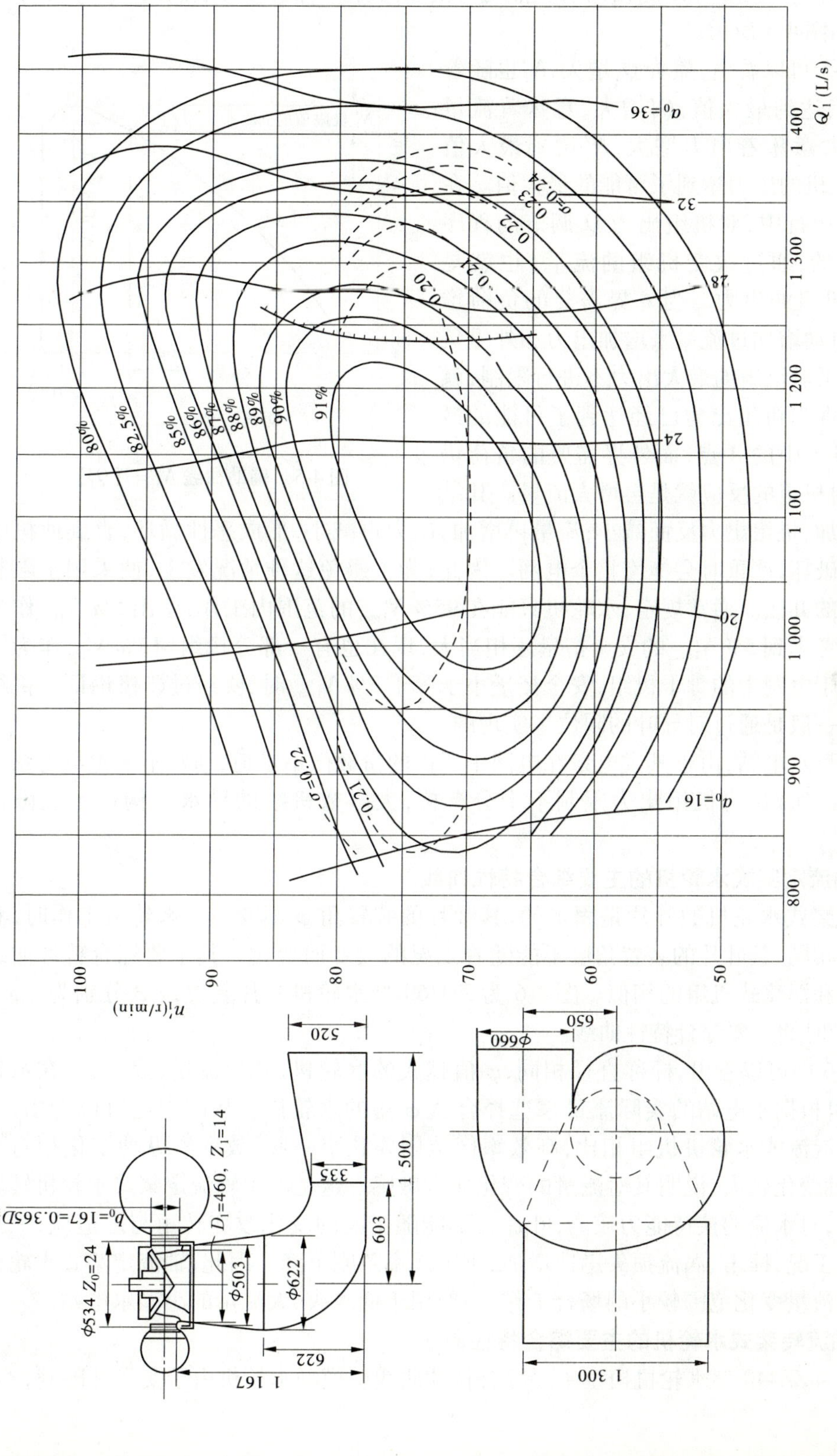

图4-4　HL240 型水轮机的主要综合特性曲线　（单位:mm）

$H_M=4$ m, $P'_{1t}=0.32$, $n'_{1R}=159$ r/min

一系列交点,将每个交点上的 η 及 Q_1'值分别代入式(4-48)中,可计算出对应的 N_1'值,每一个交点可对应一对 Q_1'和 N_1',由所有交点对应的 Q_1'值和 N_1'值,便可绘制出 $N_1'=f(Q_1')$的辅助曲线,如图 4-5 所示。

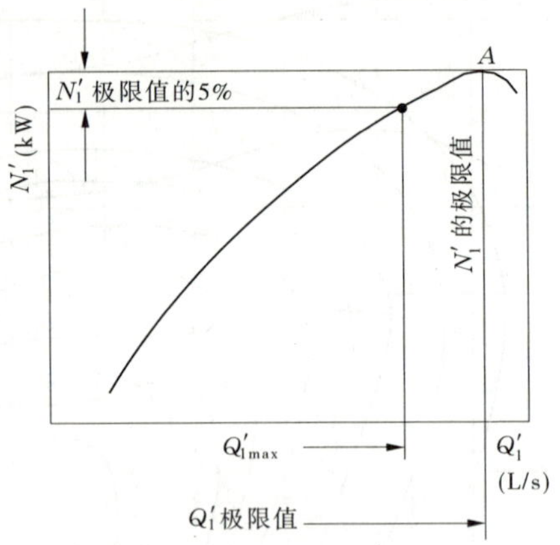

图 4-5　辅助曲线 $N_1'=f(Q_1')$

从图 4-5 可以看出,随着 Q_1'增大,N_1'也随着增大,在 A 点达到最大值,Q_1'增大,意味着流量增大,N_1'增大意味着出力增大,N_1'达到最大值时,就是水轮机的出力达到了可能的最大值。在水电站实际运行中,对机组出力 Q 调节的程序是这样设定的,通过改变机组的流量(也就是 Q_1')来调整机组的出力。当外界需要的负荷增加时,机组自动增加过流量来增加出力和外界负荷平衡。如果对机组的最大出力不进行限制,就有可能会出现当机组出力已经达到了可能的最大值,如图 4-5 中的 A 点,而外界需要的负荷仍在增加,这时机组的反应就是再增大流量。其结果是流量增加,机组出力反而减小;流量再增加,出力再减小,形成恶性循环,直到使机组的运行遭到破坏,严重时会拖垮整个电网。因此,为了避免这种情况发生,便采用了限制水轮机出力的办法。通常规定,水轮机只能在 95% N_{1max}'的范围内工作,留出 5% N_{1max}'作为安全裕量。考虑到 5% N_{1max}'的安全裕量还相当大,现在也有一部分机组留3% N_{1max}'作为安全裕量。对于电网中的骨干机组,安全裕量小于等于 3% N_{1max}'时,要经过严格论证。机组的出力限制一般是通过对导叶的限位来实现的。

一些小型水电站,由于其发电量在电网中所占的份额微不足道,通常不承担电力系统的调频任务。所以,对机组出力限制不十分严格,大多数机组的导水机构也不设限位设施。

(二)轴流定桨式水轮机的主要综合特性曲线

轴流定桨式水轮机的叶片是固定的,其叶片的装置角 φ 不变。在水轮机工作时,和混流式机组相同,其叶片的装置角度不能随着工况的改变而变化。其主要综合特性曲线图中的内容和混流式机组的相似。图 4-6 为 ZD760 型水轮机叶片装置角 φ 分别为 +5°、+10°、+15°时的主要综合特性曲线。

从图 4-6 中可以看出,标称直径相同,φ 值越大的水轮机,其过流量也越大。在水轮机选择时,可根据水电站的实际流量来选择合适 φ 角的水轮机。从图中还可以看出,这种水轮机和混流式水轮机机组相比,高效率区范围要狭窄一些,效率沿纵轴变化相对平缓,而沿横轴变化较大,说明其对流量的变化非常敏感。这是由于轴流定桨式水轮机转轮的叶片较少,对水流的挟持能力较弱,叶片又不能随工况的变化改变转角与之适应,一旦偏离了最优工况,撞击、涡流损失迅速增加,机组效率急剧下降。因此,轴流定桨式水轮机仅适宜于在流量变化范围较小的场合工作,一般用于低水头、大流量的小型水电站。

(三)轴流转桨式水轮机的主要综合特性曲线

图 4-7 为 ZZ440 型水轮机模型主要综合特性曲线。模型水轮机由于受尺寸限制,不

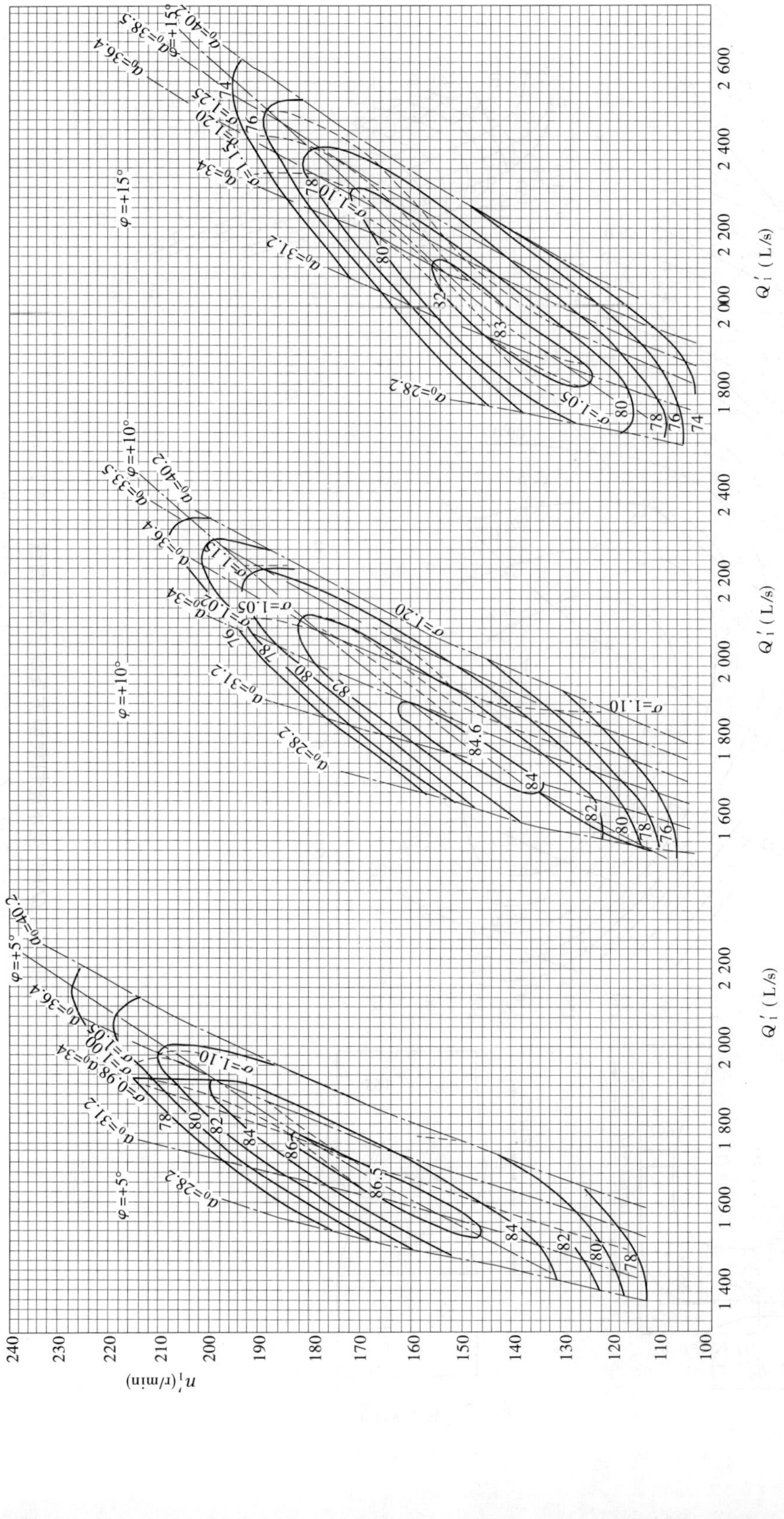

图 4-6　ZD760 型水轮机叶片装置角 φ 分布为 +5°、+10°、+15°时的主要综合特性曲线

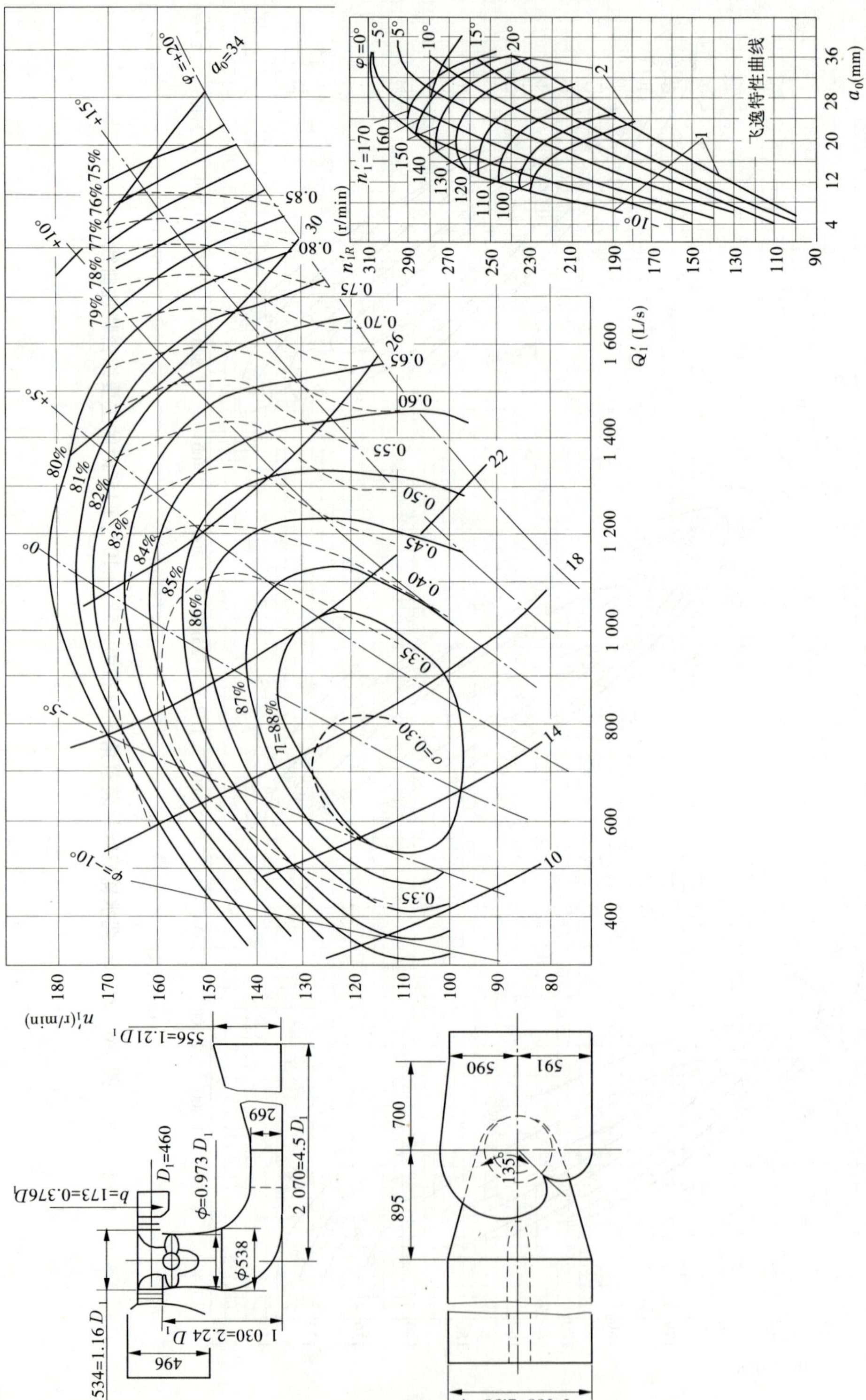

图 4-7 ZZ440 型水轮机模型主要综合特性曲线 （单位：mm）

$H_M=3.5$ mm, $Z_0=32$, $P'_{1t}=0.71$, $n'_{1R}=330$ r/min

太容易做成转桨式,另外由于轴流转桨式水轮机的叶片转动操作控制系统非常复杂,对要达到的模型试验目的来说,必要性也不大。因此,轴流转桨式水轮机的模型试验是依据轴流定桨式转轮来进行的。每次试验时,把转轮叶片固定在一个角度进行试验,就可以得到该角度下轴流定桨式水轮机的主要综合特性曲线。在 $\varphi = -15° \sim +20°$的转角范围内,选择若干个典型转角,如 $\varphi = -15°$、$-10°$、$-5°$、$0°$、…、$+20°$等,依次进行试验,就可以得到若干个对应角度轴流定桨式水轮机的主要综合特性曲线,然后把这些综合特性曲线综合在一起按效率相等、空蚀系数相等的特征点画包络线,就得到了轴流定桨式水轮机的主要综合特性曲线。

在轴流定桨式水轮机主要综合特性曲线图中,具体有等开度线、等效率线、等空蚀系数线和等转角线。其中,等开度线、等效率线和等空蚀系数线的含义和混流式水轮机的综合特性曲线是相同的,为了能判明水轮机在某一个工作范围转轮叶片所处的角度,在轴流转桨式水轮机的主要综合特性曲线中,按5°的间隔列出了水轮机的等转角线。

对轴流转桨式水轮机,也存在有出力限制线,但在其主要综合特性曲线图中并未绘出,这是由于轴流转桨式水轮机具有双重调节功能,转轮叶片可以随着水轮机导叶开度变化而改变其角度,水流基本处于无撞击进口,使水轮机在较高效率区域运行。从图4-7中也可以看出,轴流转桨式水轮机有着比较宽广的高效率工作区,只有当导叶开度和转轮叶片转角很大,也就是机组的流量很大时,水轮机的效率才有明显降低,水轮机的出力尚没有达到95% $N'_{1\max}$,而空蚀系数已经很大了,要么受到水电站厂房开挖深度的限制,要么受到水轮机抗空蚀性能的限制,水轮机不会在接近于5%或3%出力限制线的区域内运行。水轮机的实际出力往往是由允许的空蚀系数来限制的。

以上仅介绍了混流式、轴流定桨式和轴流转桨式三种类型水轮机中各一种型号的主要综合特性曲线。同一轮系(或系列)的水轮机进行水轮机参数和特性换算时,所用的主要综合特性曲线是相同的。轮系不同,主要综合特性曲线也不同。对每一种类型的水轮机,如轴流式、混流式等,又有好多个轮系,每一轮系都有对应着自己的主要综合特性曲线。在有关设计手册中,给出了各种系列水轮机的主要综合特性曲线,在每个主要综合特性曲线的旁边,还给出了该轮系模型水轮机模型试验时过流部件的简图和有关的结构参数,以供用户进行水轮机的对比、选型和绘制有关原型水轮机的特性曲线。在水电站设计中,允许对水轮机的部分过流部件,如蜗壳和尾水管作必要的变更。这样一来,原型水轮机和模型水轮机就不是完全的几何相似,原型水轮机的效率会有所降低。根据经验,对大中型水轮机,由于使用了异型部件,在原有换算结果的基础上,效率还应再减去1% ~ 3%。

第五节　水轮机的选择

水轮机是水电站中最重要的动力设备之一,它关系到水电站的工程投资、安全运行和经济效益等重大问题。因此,在水能规划的基础上,根据水电站的水头和负荷的工作范围、水电站的运行方式,正确进行水轮机选择是水电站设计中的主要任务之一。

一、水轮机选型设计的基本内容

水轮机选型设计包括以下基本内容：

(1)根据水能规划推荐的电站总容量确定机组的台数和单机容量；

(2)选择水轮机的型号及装置方式；

(3)确定水轮机的转轮直径、额定出力、同步转速、安装高程等基本参数；

(4)绘制水轮机的运转特性曲线；

(5)确定蜗壳、尾水管的型式及它们的主要尺寸，以及估算水轮机的重量和价格；

(6)选择调速设备；

(7)结合水电站运行方式和水轮机的技术标准，拟定设备定购技术条件。

二、水轮机选型设计的基本要求

水轮机的选型设计要充分考虑水能，水文，地质，枢纽布置以及水轮机制造、运输、安装、运行维护和电力系统等诸方面的因素，并和水工、电气设计协调，列出水轮机可能的待选方案进行动能经济比较和综合分析，力求选出技术上先进可靠、经济上合理的水轮机，具体的要求可归纳如下：

(1)水轮机有较好的能量特性，在额定水头能保证发出额定出力，额定水头以下的机组受阻容量小，水电站全厂机组平均效率高。

(2)水轮机性能要与水电站的整体运行方式和谐一致，运行稳定，可靠灵活。有良好的抗空蚀性能和抗磨损性能，对多泥沙河流上的电站更应如此。

(3)水轮机的结构设计合理，便于安装、操作、检修与维护。

(4)选择生产实力强、制造技术水平高、合作信誉好的制造厂商，使机组制造、供货、设备的技术要求能得到可靠保证。

(5)考虑适度合理的经济节省原则。

三、水轮机选型设计需要收集和整理的基本资料

水轮机选型设计时需要收集和整理的基本资料有以下几方面。

(一)枢纽工程资料

枢纽工程资料包括河流水能总体规划、开发方式、水文、地质、水库调节性能、枢纽布置、电站类型、厂房型式、工程施工组织、工期安排等。其中水电站的总装机容量、保证出力、径流数据、水质状况、上游特征水位与下泄流量间的关系、下游水位与流量关系、引水渠道特征尺寸与底坡等都是选型设计时要直接使用的主要资料。

(二)电力系统资料

电力系统资料包括电站所在系统负荷构成、负荷规划、电站在系统中担当的角色、系统对电站的特殊要求及与其他电站并列调配运行方式等。

(三)水轮机产品技术资料

水轮机产品技术资料包括国内外水轮机的型谱、产品目录及相关技术特性资料，水轮机生产厂商的技术水平、执行标准、经营状况与信誉等级，国内外正在设计、施工和已经运

行的同类水电站的水轮机选型设计及运行效果等方面的有关资料。

（四）运输及安装条件

了解设备供应地和水电站之间的交通条件、设备的现场装配条件、现场使用专用加工设备的可行性等。

（五）其他

工程投资意向及一些其他特殊要求。

四、确定机组台数和单机容量时要考虑的因素

依据水能计算结果确定电站总装机容量时，不仅要考虑电站设计保证率、保证出力、备用容量、多年平均发电量、水电站年利用小时数等动能参数，还要从宏观上考虑水电站的总投资、年效益等经济指标。除有特殊要求或在小型水电站中受来流条件限制才考虑安装不同型号和不同容量的机组外，一般情况下，同一水电站中希望安装同一型号和相同容量的水轮机。这对电站的设计、建设以及运行与维护都是有利的。下面的讨论是基于安装相同型号和相同单机容量的机组进行的。确定水电站机组台数和单机容量时，还要综合考虑下面的因素。

（一）机组台数与工程建设费用的关系

在水电站的装机容量基本已定的情况下，机组台数增多，单机容量减小。通常大机组单位千瓦耗材少，整体设备费用低；另外，机组台数少，厂房所占的平面尺寸也会减小。因此，较少的机组台数有利于降低工程建设费用。

（二）机组台数与设备制造、运输、安装及枢纽布置的关系

单机容量大，可能会在制造、安装和运输方面增加一定的难度。然而，有些大型或特大型水电站，由于受枢纽平面尺寸的限制，总希望单机容量制造得大些，如葛洲坝、三峡水电站。

（三）机组台数与水电站运行效率的关系

水轮机在额定出力或接近额定出力时，运行效率较高。机组台数不同，水电站的平均效率也不同。图 4-8 中给出了水电站安装 1 台、2 台和 4 台机时单机效率和水电站平均效率的关系。机组台数越少，平均效率越低。但机组台数多到一定程度，再增加台数对水电站运行效率增加的效果就不显著了。通常在系统中担任基荷的水电站，经常满负荷运行，一般选择较少的机组台数。若在系统中担任峰荷且承担调频任务，由于负荷经常变动，为了使每台机都能在高效率区工作，则相应选择较多的机组台数。

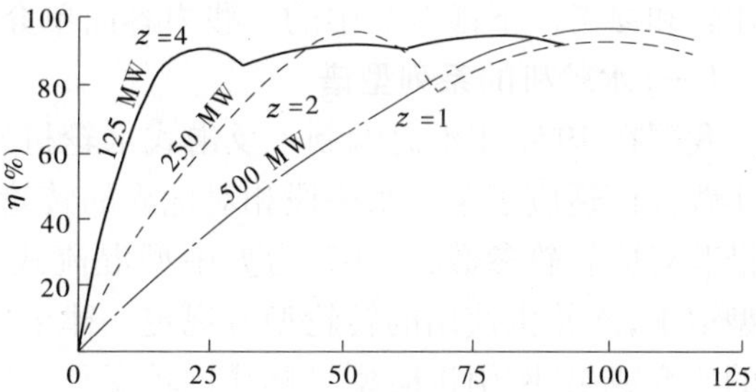

图 4-8　机组台数对效率的影响

另外，机型不同，高效区范围大小也不同。如轴流转桨式水轮机或水斗式水轮机就要比混流式机组高效率区域宽，而轴流定桨式水轮机高效率工作区域最窄。对于高效率工作区较窄的，机组台数应适当多一些。

（四）机组台数与水电站运行维护的关系

机组台数多，单机容量小，运行方式灵活，单台事故所产生的影响小，机组轮换检修容易安排，难度也小。但机组台数多，发生事故的几率也随之增高，同时管理人员多，维护耗材多，运行费用也相应提高。

（五）机组台数与电气主接线的关系

对采用扩大单元的电气主接线方式，机组台数为偶数有利。但由于大型机组主变压器受容量限制，采用单元接线方式，机组台数的单、偶数就无所谓了。

从上面的分析可以看出，在选择水电站机组台数时，要考虑的因素很多，彼此关联，甚至相互制约。因此，在确定机组台数时，要根据具体条件具体分析，进行综合平衡。一般电站机组不应少于 2 台，对于具体的电站，要经过充分的技术、经济分析论证，从而确定出合适的机组台数。

五、水轮机的标准系列

对于水力发电工程，由于各开发河段水力资源的自然条件不同，开发利用的情况不同，所以各水电站的工作水头和应用流量范围也不同。水轮机受自身能量特性、抗空蚀性能及强度条件等限制，适应的水头和流量范围也有一定的限制，像轴流定桨式水轮机对工作流量的适应范围就非常狭窄。如果过分追求水电站的经济、安全和高效运行，就必须有很多种不同类型、不同系列和不同尺寸的水轮机来适应各种水电站的要求，这样一来，不仅使水轮机的型号、品种和数目相当繁杂，而且也增加了科研、设计工作的难度，提高了设备生产费用和制造成本。为了克服这些缺点，同时又能使水轮机基本满足不同自然条件的水电站，水轮机行业在长期生产实践和模型试验的基础上，推荐出一些水轮机的标准系列，尽可能使水轮机的生产达到某种程度的系列化、通用化和标准化。一方面，减少和控制水轮机的系列和每个系列的品种，以便于缩短生产周期和降低生产成本；另一方面，也能够使那些常规的、没有特殊要求的水电站按自己的自然条件和要求选到合适或相对合适的水轮机。

在有关的水电站设计手册中，对水轮机的标准系列进行了规定和汇总，供选择水轮机时比较和参考。下面对其中的一些内容简单介绍如下。

（一）水轮机的系列型谱

我国在 1974 年汇总编制了反击式水轮机暂行系列型谱，型谱中列出的转轮，是经长期实践验证适应于某一水头段相对优秀的转轮。表 4-1 是大中型轴流式水轮机暂行系列型谱及对应转轮参数；表 4-2 为大中型混流式水轮机暂行系列型谱及对应的转轮参数。在型谱中，水轮机使用的转轮型号规定一律采用统一的比转速代号，由于这些转轮都是国外的研究成果，刚引进时型号标注比较混乱。制定型谱时，曾用型号的水轮机已安装在我国的水电站中运行，为了便于对照和查阅相关资料，在型谱中也列出了部分曾用型号。

在水头 9 m 以下，使用轴流定桨式水轮机时，推荐采用我国金华水轮机厂研制的金华一号，也就是 ZD760 型转轮，其相应参数见表 4-3。

表 4-1　大中型轴流式水轮机转轮参数(暂行系列型谱)

适用水头范围 H (m)	转轮型号		转轮叶片数 Z_1	轮毂比 D_b/D_1	导叶相对高度 b_0/D_1	最优单位转速 n'_{10} (r/min)	推荐使用的单位最大流量 Q'_1 (L/s)	模型空蚀系数 σ_M
	使用型号	曾用旧型号						
3 ~ 8	ZZ600	ZZ55,4K	4	0. 33	0. 488	142	2 000	0. 7
10 ~ 22	ZZ560	ZZA30,ZZ005	4	0. 40	0. 400	130	2 000	0. 59 ~ 0. 77
15 ~ 26	ZZ460	ZZ105,5K	5	0. 50	0. 382	116	1 750	0. 6
20 ~ 36(40)	ZZ440	ZZ587	6	0. 50	0. 375	115	1 650	0. 38 ~ 0. 65
30 ~ 55	ZZ360	ZZA79	8	0. 55	0. 350	107	1 300	0. 23 ~ 0. 41

表 4-2　大中型混流式水轮机转轮参数(暂行系列型谱)

适用水头范围 H (m)	转轮型号		导叶相对高度 $\bar{b}_0$	最优单位转速 n'_{10} (r/min)	推荐使用的单位最大流量 Q'_1 (L/s)	模型空蚀系数 σ_M
	使用型号	曾用旧型号				
< 30	HL310	HL365,Q	0. 391	88. 3	1 400	0. 360 *
25 ~ 45	HL240	HL123	0. 365	72. 0	1 240	0. 200
35 ~ 65	HL230	HL263,H_2	0. 315	71. 0	1 110	0. 170 *
50 ~ 85	HL220	HL702	0. 250	70. 0	1 150	0. 133
90 ~ 125	HL200	HL741	0. 200	68. 0	960	0. 100
	HL180	HL622(改型)	0. 200	67. 0	860	0. 085
110 ~ 150	HL160	HL638	0. 224	67. 0	670	0. 065
140 ~ 200	HL110	HL129,E_2	0. 118	61. 5	380	0. 055 *
180 ~ 250	HL120	HLA41	0. 120	62. 5	380	0. 060
230 ~ 320	HL100	HLA45	0. 100	61. 5	280	0. 045

注: * 为装置空蚀系数 σ_s,$\sigma_s = \dfrac{10 - \dfrac{\nabla}{900} - H_s}{H}$。

表 4-3　ZD760 型转轮参数

转轮叶片数 Z_1	4		
导叶相对高度 $\bar{b}_0$	0. 45		
叶片装置角(°)	+5	+10	+15
最优单位转速 n'_{10}(r/min)	165	148	140
最优单位流量 Q'_{10}(L/s)	1 670	1 795	1 965
模型空蚀系数 σ_M	0. 99	0. 99	1. 15

另外,还有一些转轮,虽然达不到上型谱的要求,经过实际应用,效果较为理想,一些相关的手册也向用户作了推荐,如表 4-4 所示。

表 4-4 可供选用的大中型混流式水轮机转轮参数

适用水头范围 H (m)	转轮型号		导叶相对高度 $\bar{b}_0$	最优单位转速 n'_{10} (r/min)	推荐使用的单位最大流量 Q'_1 (L/s)	模型空蚀系数 σ_M
	使用型号	曾用旧型号				
45 ~ 65	HL002	A - 36	0. 250	70. 0	882	
~ 70	HLA112		0. 315	77. 0	1 250	0. 140
80 ~ 120	HL001	A - 12	0. 200	68. 5	890	0. 086
~ 150	HLD06a		0. 224	70. 0	840	0. 055
250 ~ 320	HL006	A - 34	0. 100	61. 5	242	0. 035
250 ~ 400	HL133	HL683	0. 100	61. 0	228	0. 035
240 ~ 450	HL128	F - 8	0. 075	60. 0	188	0. 045

水斗式水轮机目前常用的有两个轮系,其转轮参数见表 4-5。

表 4-5 水斗式水轮机转轮参数

适用水头范围 H(m)	转轮型号		水斗数 Z_1	最优单位转速 n'_{10} (r/min)	推荐使用的单位最大流量 Q'_1 (L/s)	模型空蚀系数 σ_M	备注
	使用型号	曾用旧型号					
100 ~ 260	CJ22	Y_1	20	40	45	8. 66	对 CJ22 适当加厚根部可用至 400 m 水头
400 ~ 600	CJ20	P_2	20 ~ 22	39	30	11. 30	

(二)水轮机转轮尺寸系列

反击式水轮机转轮标称直径 D_1 的尺寸系列规定如表 4-6 所示。

表 4-6 反击式水轮机转轮标称直径 D_1 的尺寸系列 (单位:cm)

25	30	35	(40)	42	50	60	71	(80)	84
100	120	140	160	180	200	225	250	275	300
330	380	410	450	500	550	600	650	700	750
800	850	900	950	1 000					

注:( )中的数字仅适用于轴流式水轮机。

(三)水轮发电机标准同步转速

水轮发电机的标准同步转速与磁极对数有关,如表 4-7 所示。

表 4-7　磁极对数与标准同步转速关系

磁极对数 P	3	4	5	7	8	9	10	12	14
同步转速 n（r/min）	1 000	750	600	428.6	375	333.3	300	250	214.3
磁极对数 P	16	18	20	22	24	26	28	30	32
同步转速 n（r/min）	187.5	166.7	150	136.4	125	115.4	107.1	100	93.8
磁极对数 P	34	36	38	40	42	44	48	50	
同步转速 n（r/min）	88.2	83.3	79	75	71.4	68.2	62.5	60	

除特别小的水电站外，水轮机和发电机是同轴连接的，所以水轮机的转速必须和发电机的同步转速一致。

（四）水轮机系列应用范围图

对每个系列的水轮机，都有着对应的适应工作水头范围。标称直径不同，水轮机的出力范围也不同。通过归纳整理，可以绘制成水轮机系列应用范围总图，系列应用范围总图分大型和中、小型水轮机两种情况。

图 4-9 为中、小型水轮机的系列应用范围总图。在该图中，基本上是以平行四边形划定了不同的区域，平行四边形的上、下两边为出力界线，左、右两边为适用水头范围。只要依据水电站的水头范围和单机出力，就可从该图中找出对应的转轮型号。对水轮机行业来说，虽然制定标准系列有许多优点，但和保护知识产权、提倡竞争存在着某种程度上的冲突。我国自 1974 年制定了水轮机暂行系列型谱以来，到目前没有再进行完善和补充，这就是其中的原因之一。因此，在选择水轮机时，一定要了解行业信息和最新动态，广泛收集资料。另外，对于如水轮机标称直径的标准系列，在当前市场经济条件下，水轮机并不是批量生产的产品，一些水轮机生产厂家并不严格按照标准转轮系列的尺寸生产，这在老电站的改造中尤为常见。

六、确定水轮机型号及主要参数的基本方法

水轮机的选型设计通常和水电站的设计过程同步进行，水电站的设计大致可分为五个阶段，即任务书阶段、可行性研究阶段、初步设计阶段、技术设计阶段（一般又把初步设计和技术设计合为一个阶段，称为扩大初设）和施工设计阶段。对于不同的设计阶段，水轮机选型设计所做的工作深度也不同。

在水轮机选型设计中，确定水轮机型号及主要参数的方法有多种，具体使用哪种方法，与工程的建设体制、工程的规模、技术观念和水平、工程设计的不同阶段、工程的重要程度，甚至和工程设计人员的习惯等多种因素有关。下面仅作一般性的归纳。

（一）用系列型谱（或标准系列）结合主要综合特性曲线法

根据水电站的水头段查系列型谱或标准系列选出合适的水轮机型号，然后结合该系

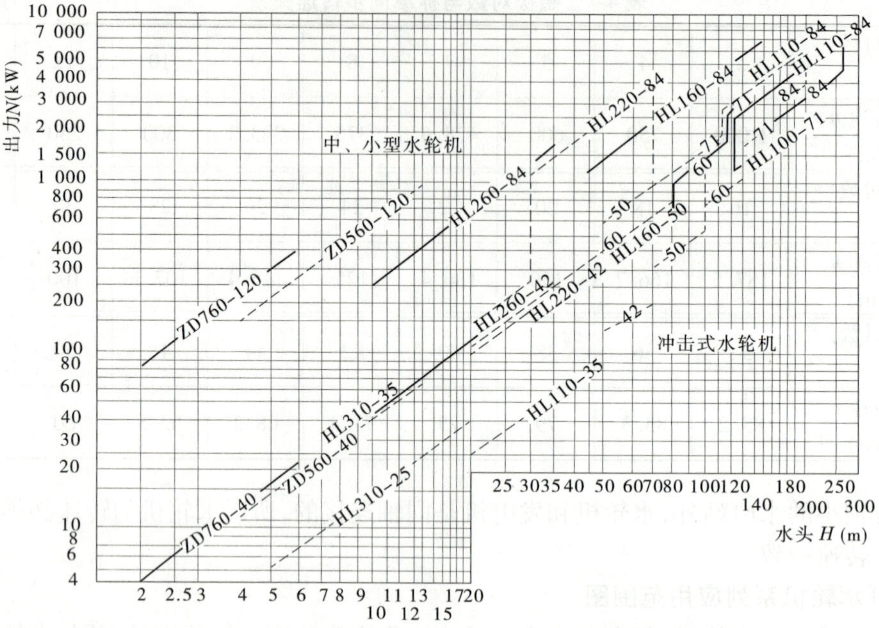

图 4-9 中、小型水轮机系列应用范围总图

列水轮机的综合特性曲线换算出原型机的各种参数。如果在该水头段有几种型号入选，要根据计算结果、不同型号的特点和适用性等进行综合比较，从中选出相对较优的水轮机。该方法普遍用于大、中型水电站的水轮机选型设计，精度能基本满足工程设计的最终要求，其缺陷是受标准系列的局限性、时效性制约，有时难以获得符合工程条件的最佳设计效果。

（二）专题研究法

对于特别重要的工程或特大型水力发电工程（如我国的葛洲坝、小浪底、三峡水电站等），为了避免第一种方法的缺陷，根据水电站的水头段、枢纽布置、制造技术等相关的其他因素，参考现有的标准系列和实际应用成果，拟定水轮机比转速的范围，专门设计出不同型号的水轮机模型转轮进行反复的试验研究，从中选出最适合该工程的模型，再依据最终选定的模型机组的综合特性曲线和工作参数，换算成该工程原型机的特性和工作参数。这种方法的优点是针对性强、设计效果好，其缺陷是进行研究耗费的时间长，所需的费用也很高。

（三）查系列应用范围图法

依据水电站的水头范围和单机出力，在系列应用范围总图中查出对应的型号。对于每一种型号（轮系），都有一张系列应用范围图与之对应，如图 4-10 所示。在应用时，根据设计水头和单机的额定容量，即可在图中查出对应的原型机转轮直径和转速。当水头和出力的坐标点正好落在斜线上时，说明上、下两种直径和转速都可用，为了使水轮机的容量有所富裕，一般应选用较大的直径。

在每种系列应用范围图的旁边还给出了 $h_s = f(H)$ 关系曲线，根据设计水头即可查出对应的 h_s 值，h_s 代表水轮机装置地点的海拔高度为零时的水轮机允许最大吸出高，而实

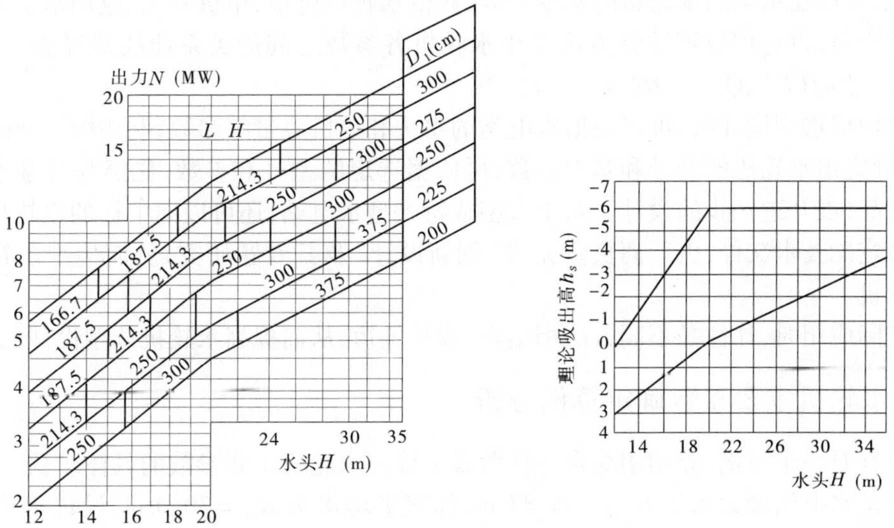

图 4-10　转桨式水轮机(ZZ440)应用范围图

际上水轮机装置地点的海拔高度▽都大于零，因此对图中查出的吸出高要进行修正，实际的水轮机吸出高为

$$H_s = h_s - \frac{\nabla}{900} \tag{4-49}$$

对混流式机组，空蚀系数的变化范围不大，$h_s = f(H)$线为一条，根据水头查取 h_s 后，再按式(4-49)计算即可。而对于轴流转桨式水轮机，在水头和出力变化时，空蚀系数 σ 值的变化范围较大，因此在应用范围图中绘出了两条 $h_s = f(H)$ 线，应用时，可按设计水头和额定出力的坐标点在斜方格中的比例位置，在两条 $h_s = f(H)$ 线之间按相同比例定出对应的 h_s 值，再用式(4-49)确定出吸出高。

用查系列应用范围图法选择水轮机的型号和主要参数非常简便，但结果不是很精确，故多用于河流梯级规划、任务书及工程的可行性研究阶段。

(四)套用法

套用法也称类比法。这种方法是直接套用条件相近、已建成且运行效果良好的水电站的水轮机设计资料。该方法大大简化了设计工作，加快了设计进度。但由于工程条件的多样性和复杂性，两个工程之间总会或大或小地存在着一些差别，应用该方法时，应分析拟建电站和已建成电站的具体条件，必要时进行适当的修改，切忌生搬硬套。该法多用于小型水电站的设计或工程设计的前期阶段。

(五)直接查产品样本法

对于小型水电站，特别是小(2)型水电站，由于工程规模和机组额定容量较小，整体设计都比较简单，同类和相近的已有设计也较多，可依据电站的水头和单机容量直接查设备生产厂家的产品样本，确定水轮机的型号和主要参数，再参考同类和相近的设计加以验证即可。

(六)统计分析法

统计分析法建立在对已建水电站的生产、设计、运行等大量资料的统计分析的基础上，经过汇集已建水电站水轮机的基本参数，获得水轮机机型、单机容量、应用水头等诸参数的分类资料，再运用数理统计方法作出水轮机各参数之间的关系曲线或经验公式，如 $n_s=f(H)$、$n_1'=f(H)$、$Q_1'=f(H)$、$\sigma=f(n_s)$ 等。

在水轮机选型设计时，可以根据水电站的水头和单机容量等参数，利用统计曲线或经验公式，确定出水轮机的型号和基本参数；再依据选定的型号和参数，比照与其基本吻合的现有产品，展开进一步的设计。对于大型或特大型水电站，还可以向中标的水轮机厂商提出设备定购技术文件，由厂商负责完成"创新设计"及其专题研究，从而生产出符合要求的水轮机。

在实际应用时，往往是不同方法相结合，取长补短，从而提高水轮机选型设计的水平。

七、水轮机主要参数确定算例分析

下面针对一个算例，介绍用综合特性曲线来确定水轮机主要参数的具体步骤。

已知某水电站最大水头 $H_{max}=35.87$ m，加权平均水头 $H_{av}=30.0$ m，设计水头 $H_r=28.5$ m，最小水头 $H_{min}=24.72$ m，水轮机的额定出力 $N=17\ 750$ kW，水电站的海拔高度 $\nabla=240.0$ m，最大允许吸出高 $H_s\geqslant-4$ m。

根据水电站的工作水头范围，在反击式水轮机系列型谱表中查得 HL240 型水轮机和 ZZ440 型水轮机都可使用。这样就需要将两种水轮机都列入比较方案，并对其主要参数分别进行计算。

（一）HL240 型水轮机方案主要参数的计算

1. 确定水轮机的转轮直径

由 $N=9.81H_rQ\eta$ 和 $Q_1'=\dfrac{Q}{D_1^2\sqrt{H_r}}$ 可得

$$D_1=\sqrt{\frac{N}{9.81Q_1'H_r^{3/2}\eta}} \tag{4-50}$$

在本例中，给出的是水轮机的额定出力，而在实际设计中，已知的往往是发电机的额定出力，即单机容量 N_d，水轮机的出力为

$$N=\frac{N_d}{\eta_d}$$

η_d 为发电机的效率，对大中型水轮发电机，$\eta_d=96\%\sim99\%$；对中小型水轮发电机，$\eta_d=90\%\sim96\%$。

在式(4-50)中，Q_1' 和 η 为未知量，Q_1' 可从对应于 HL240 型水轮机的主要综合特性曲线图 4-4 上查取。具体的方法为，用 HL240 型水轮机的最优单位转速 n_{10}' 在主要综合特性曲线上作一水平线，通常 Q_1' 取该水平线和 5% 出力限制线交点处的值，即限制工况时的 Q_1' 值。从图 4-4 上可以看出，Q_1' 不取最优单位流量 Q'_{10} 的原因是该点的 Q_1' 有可能对应的就是水轮机的额定出力即设计工况点，额定出力是水轮机在该电站的最大出力，水轮机工作时的正常出力只能小于等于额定出力，水轮机在 70% ~100% 额定出力的范围工作的机会较多。如果取 Q_{10}' 为计算的 Q_1'，当水轮机在额定出力工作时效率最高，而在低于额定出力工作时，便逐渐进入了低效率区。如果 Q_1' 取限制工况时的值，当水轮机以额定出力

工作时，效率虽不算最高，但效率比最高效率低得有限；当水轮机以稍低于额定出力工作时，则刚好进入了高效率区。另外，选取稍大的 Q_1'，可以使水轮机具有较小的直径。如果经论证水轮机绝大多数时间都是在设计工况点工作，这时可考虑将设计工况点定在最优工况点。

由于转轮直径尚未确定，原型水轮机的效率 η 目前尚不能求出。通常计算时，可根据经验初步选取，待确定了 D_1 之后再作校核。虽然限制工况点处的模型效率为 $\eta_M=90.4\%$，但由于在该点处原型水轮机的效率要高于模型水轮机，所以初步假定原型水轮机在该工况点的效率为 92%。

则由式（4-50）可得出：$D_1=3.23$ m。

计算出的转轮直径应该符合水轮机转轮的标准尺寸系列。通常是选用比计算值稍大的标准直径作为水轮机的标称直径。查表 4-6，取与之接近而偏大的标准直径 $D_1=3.3$ m。

2. 效率修正值的计算

由图 4-4 中可查得 HL240 型水轮机在最优工况下的最高效率 $\eta_{M\max}=92.0\%$，模型转轮直径 $D_{1M}=0.46$ m，则原型水轮机的最高效率 $\eta_{\max}$ 可采用式（4-33）计算

$$\eta_{\max}=1-(1-\eta_{M\max})\sqrt[5]{\frac{D_{1M}}{D_1}}$$
$$=1-(1-0.92)\sqrt[5]{\frac{0.46}{3.3}}=0.946=94.6\%$$

考虑到制造水平的差异，根据水轮机的标称直径，凭经验取 $\varepsilon=1\%$，如果原型水轮机所使用的蜗壳和尾水管与模型试验时采用的型式不同，则意味着原型水轮机使用了异型部件。凭经验知，原型水轮机的实际效率要比计算值低，由于使用异型部件的原因，还要再减去一个 ε' 值。在该例中，认为原型水轮机所采用的蜗壳和尾水管与模型水轮机的相似，故取 $\varepsilon'=0$，则效率修正值由下式计算

$$\Delta\eta=\eta_{\max}-\eta_{M\max}-\varepsilon-\varepsilon' \tag{4-51}$$

代入数据可得

$$\Delta\eta=0.946-0.92-0.01-0=0.016$$

水轮机在限制工况（也即设计工况）点的效率应为

$$\eta=\eta_M+\Delta\eta=0.904+0.016=0.92$$

与原来的假定值相符。

3. 确定水轮机的转速

根据式（4-19），可得出计算原型水轮机转速的公式

$$n=\frac{n_1'\sqrt{H}}{D_1} \tag{4-52}$$

在式（4-52）中，原型水轮机的单位转速应取最优单位转速，即

$$n_{10}'=n_{10M}'+\Delta n_1' \tag{4-53}$$

由表 4-2 查出，HL240 模型水轮机的最优单位转速 $n_{10}'=72$ r/min，同时由于

$$\frac{\Delta n_1'}{n_{10M}'}=\sqrt{\frac{\eta_{\max}}{\eta_{M\max}}}-1=\sqrt{\frac{0.946}{0.92}}-1=0.014<0.03$$

可不予修正，因此取原型水轮机的最优单位转速和模型机的最优单位转速相同，即取 $n'_{10}=72$ r/min。

式(4-52)中的水头可以用设计水头 H_r，但如果希望水轮机在加权平均水头附近工作时处于高效率区，式(4-52)中的水头也可以用加权平均水头 H_{av} 代入。当设计阶段加权平均水头未知时，有人也提议用算术平均水头。则水轮机转速的计算值为

$$n = \frac{n'_{10}\sqrt{H_{av}}}{D_1} = \frac{72\sqrt{30}}{3.3} = 119.5(\text{r/min})$$

查表4-7选用与之接近而偏大的发电机标准同步转速，取 $n=125$ r/min。发电机的转速越高，磁极对数就越少。在这里选择偏大级别的标准同步转速，目的是在相同容量下使发电机具有较小的尺寸和重量，有可能降低设备造价和减小水电站厂房的平面尺寸。但转速偏离计算值太多，也有可能使水轮机的正常工作范围偏离高效率区。

4. 确定水轮机的吸出高

由水轮机的设计工况，可在图4-4上查出相应的空蚀系数，从而得出水轮机吸出高的计算值。

根据选到的 $D_1=3.3$ m、$n=125$ r/min 和水轮机的设计水头 $H_r=28.5$ m，可计算出在设计工况点水轮机的最大单位流量 $Q'_{1\max}$ 和相应的单位转速 n'_{1r}。

根据式(4-50)得

$$Q'_{1\max} = \frac{N}{9.81D_1^2H_r^{3/2}\eta} = \frac{17\ 750}{9.81\times3.3^2\times28.5^{3/2}\times0.92} = 1.19(\text{m}^3/\text{s})$$

$$Q_{\max} = Q'_{1\max}D_1^2\sqrt{H_r} = 1.19\times3.3^2\times\sqrt{28.5} = 69.18(\text{m}^3/\text{s})$$

$$n'_{1r} = \frac{nD_1}{\sqrt{H_r}} = \frac{125\times3.3}{\sqrt{28.5}} = 77.3(\text{r/min})$$

由 $Q'_{1\max}$ 和 n'_{1r} 可在图4-4中查得对应的空蚀系数为 $\sigma=0.195$，从图3-16中可查出空蚀系数的修正值 $\Delta\sigma=0.04$，由此可求得水轮机的吸出高为

$$H_s = 10.0 - \frac{\nabla}{900} - (\sigma+\Delta\sigma)H_r$$

$$= 10.0 - \frac{240}{900} - (0.195+0.04)\times28.5 = 3.04(\text{m})$$

5. 检验计算

1）水轮机出力检验计算

当 $n'_{1r}=77.3$ r/min，$Q'_{1\max}=1.19$ m³/s 时，对应的模型机效率为 $\eta_M=0.91$，原型机效率 $\eta=0.91+0.016=0.926$，水轮机出力为

$$N = 9.81\times28.5\times69.18\times0.926 = 17\ 910(\text{kW}) > 17\ 750\ \text{kW}$$

说明水轮机发出额定出力时对应的单位流量并不是 $Q'_{1\max}=1.19$ m³/s。如果要求出对应水轮机额定出力时的单位流量，即设计工况点的单位流量 Q'_{1r}，则存在一个试算的问题。具体的方法就是给定一个 Q'_1，得出一个原型机的效率 η，当计算出来的水轮机的出力 N 和额定出力 N_r 之间有 $|N-N_r|<\varepsilon$ 时，可认为给定的单位流量 Q'_1 就是设计工况点的单位流量 Q'_{1r}。对于本例题通过试算知：$Q'_{1r}=1.18$ m³/s。由于 $Q'_{1r}=1.18$ m³/s <

1.24 m^3/s,说明当设计水头为 28.5 m 时,水轮机在限制工况的出力要大于水轮机的额定出力,这是由于选定的水轮机标准直径大于计算直径的缘故。

水轮机的设计工况点处于出力限制线左侧,和前面介绍的希望设计工况点落在出力限制线上的设想不一致。对于这种情况,在实际的水轮机选型设计时,通常有两种处理方法:其一是计算出来的设计工况点距出力限制线很近,认为基本实现了目标,不需要进行调整;其二是计算出来的设计工况点距出力限制线较远,则要考虑对有些设计参数进行调整。设计水头实际上是选型设计中的一个计算值,在小范围内是可以变动的。如果通过微调设计水头仍达不到预定目的,还可以考虑和水轮机制造厂家协商,看是否有采用非标准直径的可能。

2)水轮机的吸出高检验

计算出的吸出高 $H_s = 3.04\ m > -4\ m$,满足电站要求。

值得说明的是,在计算吸出高时,用的是设计水头 H_r,而在水轮机实际运行时,工作水头是在最大水头和最小水头之间变化的。满足水轮机不发生翼形空蚀的吸出高也在变化。另外,在推导计算吸出高计算公式时,并没有考虑间隙空蚀、局部空蚀和空腔空蚀的影响。因此,计算出的吸出高是否要再减去一个值作为安全裕量,需根据所设计水电站的实际情况通过技术经济比较来确定。

3)工作范围的检验计算

在最大水头 $H_{max} = 35.87$ m 时,有

$$n'_{1min} = \frac{nD_1}{\sqrt{H_{max}}} = \frac{125 \times 3.3}{\sqrt{35.87}} = 68.9(r/min)$$

在最小水头 $H_{min} = 24.72$ m 时,有

$$n'_{1max} = \frac{nD_1}{\sqrt{H_{min}}} = \frac{125 \times 3.3}{\sqrt{24.72}} = 82.97(r/min)$$

在 HL240 型水轮机的主要综合特性曲线图上,分别画出 $Q'_{1max} = 1.19\ m^3/s$, $n'_{1min} = 68.9$ r/min 和 $n'_{1max} = 82.97$ r/min 为常数的直线,如图 4-11 所示,这些直线所围成的阴影部分,就是水轮机的工作范围。

可以看出水轮机的工作范围基本处于特性曲线的高效率区,说明 HL240 型水轮机,对于该算例当确定 $D_1 = 3.3$ m, $n = 125$ r/min 时,其工作范围还是比较合适的。如果水轮机的工作范围严重偏离综合特性曲线的高效率区,则需要调整所选定的 D_1 或 n,重新进行校验计算。

(二)ZZ440 型水轮机方案主要参数的计算

1. 转轮直径 D_1 的计算

转轮直径 D_1 的计算公式和式(4-50)相同,其中 N 和 H_r 均同前。对于 Q'_1 值,可由表 4-1 中查得该型号水轮机在限制工况下的 $Q'_1 = 1.65\ m^3/s$,在正常工作区空蚀系数的变化范围为 0.38~0.65。对于允许的吸出高为 $[H_s] = -4$ m 时,可以反推出对应的模型水轮机空蚀系数为

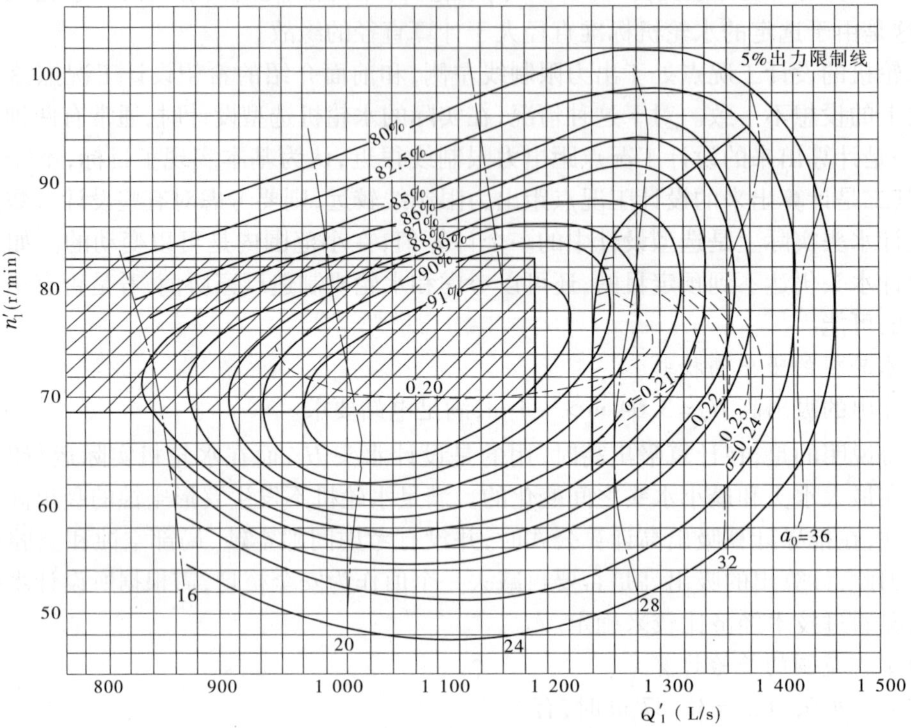

图 4-11　HL240 型水轮机工作范围检验

$$\sigma = \frac{10.0 - \frac{\nabla}{900} - [H_s]}{H_r} - \Delta\sigma$$

$$= \frac{10.0 - \frac{240}{900} + 4.0}{28.5} - 0.04 = 0.44$$

虽然 ZZ440 型水轮机正常工作范围对应的模型机空蚀系数上限达到 $\sigma = 0.65$(限制工况为 $\sigma = 0.72$),但为了满足本算例对吸出高的限制,初步选取设计工况点对应模型机的空蚀系数为 $\sigma = 0.44$。对应最优单位转速 $n_{10}' = 115$ r/min。可在 ZZ440 型水轮机主要综合特性曲线图中查得初定的设计工况点($n_{10}' = 115$ r/min,$\sigma = 0.44$)对应的单位流量为 $Q_1' = 1.205$ m^3/s,对应的模型效率为 $\eta_M = 86.2\%$,初步假定在设计工况点水轮机的效率为 89.5%。

将以上各值代入式(4-50)得

$$D_1 = \sqrt{\frac{17\,750}{9.81 \times 1.205 \times 28.5^{3/2} \times 0.895}} = 3.32(\text{m})$$

查标准转轮尺寸系列,选用与它接近的直径 $D_1 = 3.3$ m。

2. 效率修正值的计算

对轴流转桨式水轮机,叶片在不同转角 φ 时的最大效率可用式(4-34)进行计算,即

$$\eta_{\varphi\max} = 1 - (1 - \eta_{\varphi M\max})\left(0.3 + 0.7\sqrt[5]{\frac{D_{1M}}{D_1}}\sqrt[10]{\frac{H_M}{H_r}}\right)$$

已知 $D_{1M}=0.46\ \text{m}$、$H_M=3.5\ \text{m}$、$D_1=3.3\ \text{m}$、$H_r=28.5\ \text{m}$，代入上式则得

$$\eta_{\varphi\max} = 1 - (1 - \eta_{\varphi M\max})\left(0.3 + 0.7\sqrt[5]{\frac{0.46}{3.3}}\sqrt[10]{\frac{3.5}{28.5}}\right)$$

$$= 1 - 0.683(1 - \eta_{\varphi M\max})$$

叶片在不同转角 φ 时的 $\eta_{\varphi M\max}$ 可自图 4-7 上查得，由此便可应用上式计算得相应于该转角 φ 时的水轮机最高效率 $\eta_{\varphi\max}$，并将计算结果列于表 4-8。

当选取制造工艺影响的效率修正值 $\varepsilon=1\%$ 和不考虑异型部件的影响时，便可计算得不同转角 φ 时的效率修正值为

$$\Delta\eta_{\varphi} = \eta_{\varphi\max} - \eta_{\varphi M\max} - 1\%$$

将 $\Delta\eta_{\varphi}$ 的计算结果亦同时列入表 4-8 中。

表 4-8　ZZ440 型水轮机效率修正值计算表　　（%）

项目	叶片转角					
	-10°	-5°	0°	+5°	+10°	+15°
$\eta_{\varphi M\max}$	84.9	88.0	88.8	88.3	87.2	86.0
$\eta_{\varphi\max}$	89.7	91.8	92.4	92.0	91.3	90.4
$\eta_{\varphi\max}-\eta_{\varphi M\max}$	4.8	3.8	3.6	3.7	4.1	4.4
$\Delta\eta_{\varphi}$	3.8	2.8	2.6	2.7	3.1	3.4

由图 4-7 查得在最优工况模型的最高效率为 $\eta_{M\max}=89\%$，由于最优工况很接近于 $\varphi=0°$ 的等转角线，采用效率修正值 $\Delta\eta_{\varphi}=2.6\%$，这样便可得出原型水轮机的最高效率为

$$\eta_{\max} = 0.89 + 0.026 = 0.916 = 91.6\%$$

已知在初选的设计工况（$n'_{10}=115\ \text{r/min}$，$Q'_1=1\ 205\ \text{m}^3/\text{s}$）模型的效率为 $\eta_M=86.2\%$，而该点处于 $\varphi=+10°$ 与 $\varphi=+15°$ 两等角线之间，用内插法可求得该点的效率修正值为 $\Delta\eta_{\varphi}=3.22\%$，由此可求得在该工况下水轮机的效率为

$\eta=0.862+0.032\ 2=0.894\ 2=89.42\%$　（与原来假定的效率 $\eta=89.5\%$ 相近）

3. 转速的计算

由于

$$\frac{\Delta n'_1}{n'_{10M}} = \sqrt{\frac{\eta_{\max}}{\eta_{M\max}}} - 1 = \sqrt{\frac{0.916}{0.89}} - 1 = 0.014\ 5 < 0.03$$

所以不考虑 n'_{10} 的修正，由此可计算出水轮机的转速为

$$n = \frac{n'_{10}\sqrt{H_{av}}}{D_1} = \frac{115 \times \sqrt{30.0}}{3.3} = 190.87(\text{r/min})$$

选用与之接近而稍偏大的同步转速 $n=214.3\ \text{r/min}$。

4. 确定水轮机的吸出高 H_s

在标称直径 $D_1=3.3\ \text{m}$，转速 $n=214.3\ \text{r/min}$ 的情况下

$$Q'_{1max}=\frac{N}{9.81D_1^2H_r^{3/2}\eta}$$

$$=\frac{17\ 750}{9.81\times3.3^2\times28.5^{3/2}\times0.894}=1.22(m^3/s)$$

$$n'_{1r}=\frac{nD_1}{\sqrt{H_r}}=\frac{214.3\times3.3}{\sqrt{28.5}}=132.47(r/min)$$

在新的设计工况点($n'_{1r}=132.47$ r/min,$Q'_{1max}=1.22$ m^3/s),由图 4-7 可查得对应的空蚀系数为$\sigma=0.42$,则水轮机的吸出高为

$$H_s=10.0-\frac{240}{900}-(0.42+0.04)\times28.5=-3.38(m)$$

5. 检验计算

1)水轮机的吸出高检验计算

由 $H_s=-3.38$ m >-4 m,满足算例对吸出高的要求。

2)工作范围的检验计算

在 $H_{max}=35.87$ m 时

$$n'_{1min}=\frac{214.3\times3.3}{\sqrt{35.87}}=118.08(r/min)$$

在 $H_{min}=24.72$ m 时

$$n'_{1max}=\frac{214.3\times3.3}{\sqrt{24.72}}=142.24(r/min)$$

在图 4-7 上分别画出 $n'_{1min}=118.08$ r/min、$n'_{1max}=142.24$ r/min 和 $Q'_{1max}=1.22$ m^3/s 为常数的线,如图 4-12 所示,围成的阴影部分即为水轮机的工作范围。从图 4-12 中可以看出,水轮机的工作范围有些偏上,仅包括了部分高效率区。

3)水轮机的出力检验计算

在 Q'_{1max} 和 n'_{1r} 交点处,模型效率约为 86.05%,通过内插,知效率修正值 $\Delta\eta=2.95\%$,则该工况点处对应的原型水轮机效率为 $\eta=89\%$,水轮机的出力为

$$N=9.81D_1^2H^{3/2}Q'_{1max}\eta$$

$$=9.81\times3.3^2\times28.5^{3/2}\times1.22\times0.89=17\ 649(kW)$$

由于 $N<17\ 750$ kW,不满足水轮机额定出力的要求,但比算例要求的水轮机额定出力小的很有限,可以通过适当增大 Q'_{1max} 值或 H_r 值,用试算的方法来提高水轮机的出力,直到满足要求为止。从上述确定两种型号水轮机主要参数的过程中可以看出,要使计算结果和设计目标一致,有时要通过反复调整和试算才能实现。

(三)两种方案的分析比较

为了便于分析比较,将两种方案的有关参数列于表 4-9 中。从对照表中可以看出,两种不同机型在同样水头下同时满足额定出力时,HL240 方案具有效率高、工作范围广、空蚀系数小、安装高程较高等优点,这可以提高水电站的年发电量和减少厂房的开挖量;而 ZZ440 方案的优点为水轮机的转速较高,可以选用较小尺寸的发电机以节省水电站的机电投资,另外较小的发电机尺寸有可能会减小水电站厂房的平面尺寸。经综合考虑,认为

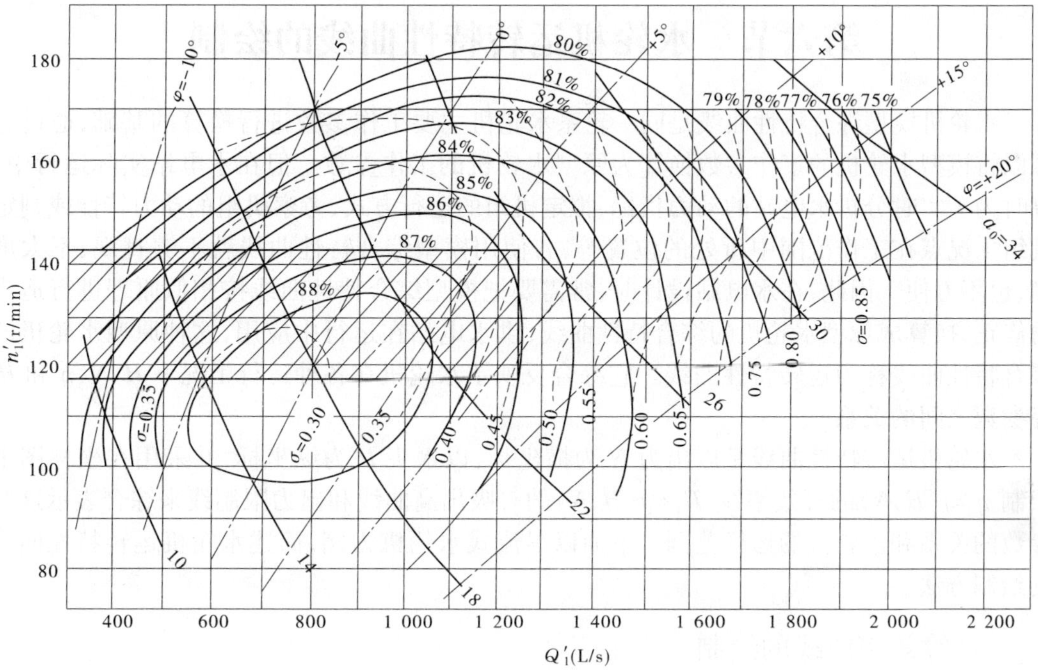

图 4-12　ZZ440 型水轮机工作范围检验

初步选用 HL240 方案较为有利。在技术设计阶段，还需要计算出各方案的动能指标和经济指标，进一步进行分析比较，选出相对合理的方案。

表 4-9　水轮机方案参数对照表

项目			HL240	ZZ440
模型水轮机参数	推荐使用的水头范围	(m)	25～45	20～36
	最优单位转速 n'_{10}	(r/min)	72	115
	最优单位流量 Q'_{10}	(L/s)	1 100	800
	最高效率 $\eta_{M\max}$	(%)	92	89
	空蚀系数 σ		0.195	0.42
原型水轮机参数	工作水头范围	(m)	24.72～35.87	24.72～35.87
	转轮直径 D_1	(m)	3.3	3.3
	转速 n	(r/min)	125	214.3
	最高效率 $\eta_{\max}$	(%)	94.6	91.6
	额定出力 N	(kW)	17 750	17 750
	最大引用流量 $Q_{\max}$	(m^3/s)	69.18	70.9
	吸出高 H_s	(m)	3.04	-3.38
工作范围			较广	较窄

第六节　水轮机运转特性曲线的绘制

水轮机模型综合特性曲线是同一轮系水轮机主要工作参数进行换算的基础，通过它可以将模型水轮机的工作参数换算为原型水轮机的工作参数。但在水电站实际运行中，有时为了实时分析水电站的动力指标、拟定机组的运行方式、考察机组的动力特性或判定机组工况点在工作范围中所处的位置等，若使用模型综合特性曲线就不够直观、不太准确、也不方便。因此，在水电站设计时，常需要把模型综合特性曲线按相似原理进行适当的修正，换算成原型水轮机的综合特性曲线，供水电站在运行中应用，这种原型水轮机的综合特性曲线称为运转特性曲线。它综合反映了水轮机在各种运行工况下 H、N、η 和 H_s 等参数之间的关系。

水轮机运转特性曲线是以出力 N 为横坐标，以水头 H 为纵坐标，并采用在坐标图上绘制 $\eta=f(H,N)$ 的等效率线、$H_s=f(H,N)$ 的等吸出高曲线和出力限制线来综合表示这些参数的关系和水轮机的运行范围。下面以混流式水轮机为例，简述水轮机运转特性曲线的绘制方法。

一、等效率曲线的绘制

等效率曲线可按下列方法步骤进行绘制：

(1) 在水轮机工作水头范围以内可取 4～6个水头(其中包括 H_{max}、H_r、H_{min} 在内)。

(2) 对于每个水头，在等效率曲线计算表(如表 4-10)中列出 H_i、n'_{1i}、N 等中间计算公式或参数；

(3) 在相应的水轮机主要综合特性曲线上，作以各水头下的 n'_{1M} 为常数的水平线和等效率线相交，记下各交点的 Q'_{1M} 值和 η_M 值并将其列入表中。

(4) 依次根据各交点的 Q'_{1M} 和 η_M 值及是否需要修正，得出对应的 Q'_1、η 和 N，并将其也列入表中。

(5) 依据表中的数值，绘制每个水头下的 $\eta=f(N)$ 曲线，如图 4-13(a)所示。

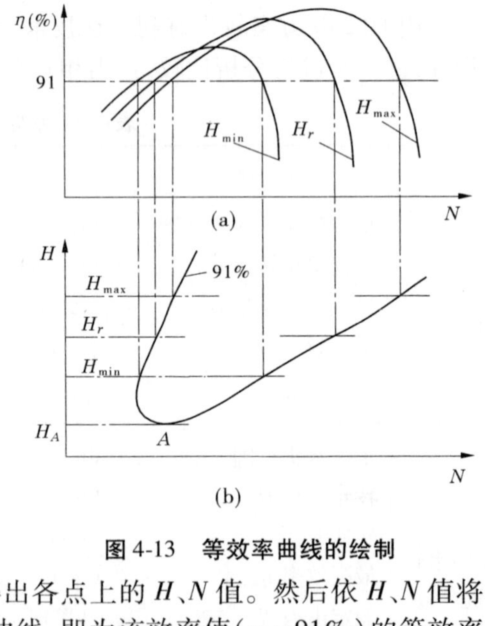

图 4-13　等效率曲线的绘制

(6) 在等效率曲线图上，以某一效率(如 $\eta=91\%$)为常数作水平线，它与诸曲线相交得出各点上的 H、N 值。然后依 H、N 值将各点落在 $H\sim N$ 坐标图上，并把它们连成光滑的曲线，即为该效率值($\eta=91\%$)的等效率曲线，如图 4-13(b)所示。同样亦可得出其他效率值的等效率曲线。

二、出力限制线的绘制

水轮机在运行中，其出力要受到发电机额定出力和 5% 出力限制线的限制，因此在水轮机运转特性曲线上也必须反映这种限制。

发电机额定出力(N_d)的限制表现在水轮机的特性曲线上就是水轮机额定出力($N_r=N_d/\eta_d$)的限制。而水轮机的额定出力为一定值,所以在 $H\sim N$ 坐标图上为一垂直线,如图 4-14 所示。

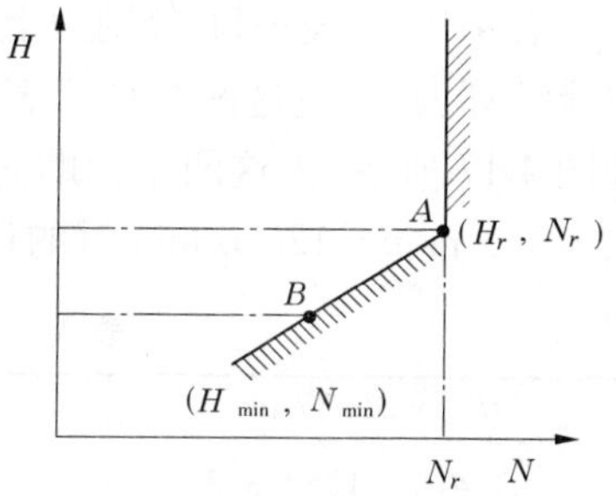

图 4-14　水轮机的出力限制线

水轮机的设计水头理论上是水轮机发出额定出力时最小的一个水头。因此,当 $H\geqslant H_r$ 时,水轮机的工作受额定出力的限制,其限制线如上所述为一垂直线;当 $H<H_r$ 时,由于效率的降低,水轮机的工作受到5%限制线的限制,这可在计算表中专门辟出一栏,对5%出力限制线的各点分别予以计算。对于设计工况点恰好在5%出力限制线上的情况,计算出最小水头 H_{min}时相应于5%出力限制线上的最小出力 N_{min},然后在 $H\sim N$ 坐标图中以 $A(H_r, N_r)$点和 $B(H_{min}, N_{min})$点连成直线,即得出当 $H<H_r$ 时的出力限制线,如图 4-14 所示。当设计工况点在5%出力限制线左侧时,水轮机能够发出额定出力的最小水头要比设计水头 H_r 小,5%出力限制线和水轮机额定出力限制线的交点不再是图中所示的 A 点,实际的5%出力限制线应按各交点的计算结果连线。

三、等吸出高曲线的绘制

等吸出高曲线可按下列方法步骤进行绘制:

(1)在相应的主要综合特性曲线上,作以各水头下的 n'_{1M}为常数的水平线,它与等空蚀系数线也分别相交于许多点,记下各点的 η_M、σ_M 值和 Q'_{1M} 值并将其列入等吸出高曲线计算表(如表 4-11)中。

(2)由已知的 η_M、σ_M 和 Q'_{1M}及是否需要修正,得出对应的 Q'_1,再计算出对应的 N 值,并将其也列入表 4-11 中。

(3)由公式 $H_s=10.0-\dfrac{\nabla}{900}-(\sigma_M+\Delta\sigma)H$ 计算出各 σ_M 值时相应的吸出高 H_s,并列入表 4-11 中。

(4)根据表 4-11 中对应的 H_s 和 N 作各水头下的 $H_s=f(N)$辅助曲线,如图 4-15(a)所示。

(5)在 $H_s=f(N)$的辅助曲线上,作某一 H_s(例如 $H_s=-3$ m)为常数的水平线,便可得出各交点上的 H、N 值,然后依 H、N 值将各点落在 $H\sim N$ 坐标图上,并连成光滑曲线,便可得出 $H_s=f(H,N)$的等吸出高曲线,如图 4-16(b)所示。同样,亦可得出 H_s 为其他值时的等吸出高曲线。

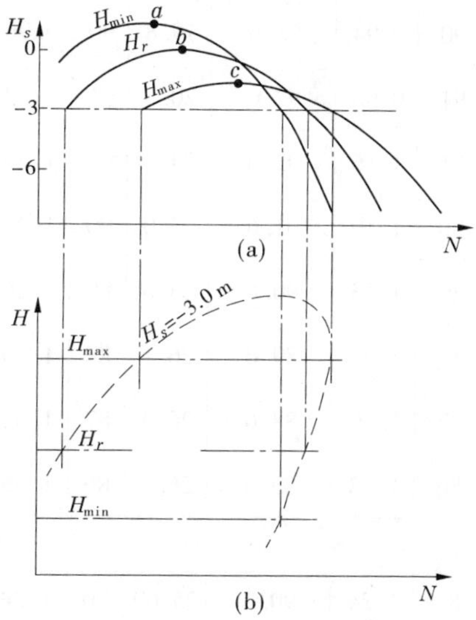

图 4-15　等吸出高曲线的绘制

由此可以看出,等吸出高曲线给出了水轮机在工作范围内各种运行工况下的最大允许吸出高 H_s 值。

轴流式水轮机运转特性曲线的绘制方法和混流式水轮机的基本相同，不再赘述。

表4-10和表4-11分别为上节算例中HL240型水轮机等效率曲线计算表和等吸出高曲线计算表，通过这两个计算表，可绘制出$\eta=f(N)$和$H_s=f(N)$辅助曲线，如图4-16(a)和图4-17所示，由这两个辅助曲线，按前面介绍的方法，便可最终绘制出HL240型水轮机$D_1=3.3$ m、$n=125$ r/min时的运转特性曲线，如图4-16(b)所示。

表4-10　HL240型水轮机等效率曲线计算表

$H_{max}=35.87$ m $n_1'=\frac{nD_1}{\sqrt{H}}=\frac{125\times3.3}{\sqrt{35.87}}$ $=68.9$(r/min) $N=(9.81D_1^2H\sqrt{H})Q_1'\eta$ $=22.95Q_1'\eta$(MW)				$H=32$ m $n_1'=\frac{125\times3.3}{\sqrt{32}}$ $=72.9$(r/min) $N=19.34Q_1'\eta$(MW)				$H_r=28.5$ m $n_1'=\frac{125\times3.3}{\sqrt{28.5}}$ $=77.3$(r/min) $N=16.25Q_1'\eta$(MW)				$H_{min}=24.72$ m $n_1'=\frac{125\times3.3}{\sqrt{24.72}}$ $=83.0$(r/min) $N=13.13Q_1'\eta$(MW)			
η_M (%)	Q_1' (m^3/s)	$\eta=\eta_M+\Delta\eta$(%)	N (MW)	η_M	Q_1'	η	N	η_M	Q_1'	η	N	η_M	Q_1'	η	N
86	0.80	87.6	16.1	86	0.79	87.6	13.4	85	0.79	86.6	11.4	82.5	0.83	84.1	9.2
87	0.84	88.6	17.1	87	0.84	88.6	14.4	86	0.83	87.6	11.8	85	0.94	86.6	10.7
88	0.86	89.6	18.0	88	0.88	89.6	15.3	87	0.88	88.6	12.7	86	0.98	87.6	11.3
89	0.91	90.6	18.9	89	0.92	90.6	16.1	88	0.92	89.6	13.4	87	1.02	88.6	11.9
90	0.94	91.6	19.8	90	0.96	91.6	17.0	89	0.96	90.6	14.1	88	1.06	89.6	12.5
91	0.98	92.6	20.8	91	1.00	92.6	17.9	90	1.00	91.6	14.9	89	1.10	90.6	13.1
91	1.16	92.6	24.7	91	1.20	92.6	21.5	91	1.06	92.6	15.9	90	1.15	91.6	13.8
90	1.19	91.6	25.0	90	1.24	91.6	22.0	91	1.22	92.6	18.4	90	1.24	91.6	14.9
89	1.23	90.6	25.6	89	1.26	90.6	22.1	90	1.25	91.6	18.6	89	1.27	90.6	15.1
88	1.27	89.6	26.1	88	1.30	89.6	22.5	89	1.28	90.6	18.8	88	1.31	89.6	15.4
87	1.30	88.6	26.4	87	1.32	88.6	22.6	88	1.34	89.6	19.1	87	1.34	88.6	15.6
86	1.33	87.6	26.7	86	1.35	87.6	22.9	87	1.36	88.6	19.2	86	1.36	87.6	15.7
5%出力限制线上的点															
88.7	1.24	90.3	25.69	90	1.24	91.6	22.0	90.4	1.24	92.0	18.5	89.8	1.25	91.4	15.0

在水电站设计和运行过程中，为分析机组的特性或分析特定工作参数之间的关系，还需要由水轮机模型的综合特性曲线绘制出在某个水头下的$\eta=f(N)$及$N=f(Q_1')$等曲线，这些曲线统称为水轮机的工作特性曲线。另外，有时为了确定整个电站的运行方式，还需要绘制出水电站所有水轮机的总运转特性曲线。所谓水轮机的总运转特性曲线就是将单个机组的运转特性曲线按横坐标叠加而成的。

表 4-11　HL240 型水轮机等吸出高曲线计算表

H(m)	n_1' (r/min)	σ	Q_1'(m^3/s)	N(MW)	$\sigma+\Delta\sigma$	$(\sigma+\Delta\sigma)H$	H_s(m)
35.87	68.9	0.22	0.79	16.00	0.26	9.33	0.44
		0.21	0.91	19.80	0.25	8.97	0.76
		0.21	1.29	26.20	0.25	8.97	0.76
		0.22	1.35	26.70	0.26	9.33	0.44
		0.23	1.37	26.90	0.27	9.68	0.05
32.0	72.9	0.22	0.79	13.60	0.26	8.32	1.41
		0.21	0.84	14.70	0.25	8.00	1.73
		0.20	0.87	15.50	0.24	7.68	2.05
		0.20	1.28	22.00	0.24	7.68	2.05
		0.21	1.32	22.40	0.25	8.00	1.73
		0.22	1.37	22.90	0.26	8.32	1.41
28.5	77.3	0.22	0.81	11.30	0.26	7.41	2.32
		0.21	0.85	12.10	0.25	7.13	2.60
		0.20	0.95	14.00	0.24	6.84	2.89
		0.20	1.29	18.80	0.24	6.84	2.89
		0.21	1.33	19.10	0.25	7.13	2.60
		0.22	1.35	19.30	0.26	7.41	2.32
24.72	83.0	0.22	0.91	10.60	0.26	6.43	3.30
		0.21	1.03	12.40	0.25	6.18	3.55
		0.21	1.21	14.40	0.25	6.18	3.55
		0.22	1.26	14.80	0.26	6.43	3.30
		0.23	1.30	15.20	0.27	6.67	3.06

值得说明的是，目前大中型水电站和部分小型水电站，均实现了水电站运行的自动化或实行少人值班的微机监控，水电站按预先设定的方式运行，少数水电站还实现了包括水库、水电站群及水电站厂内局部的最优化方式运行。通过事先编制程序和数据处理，有关水轮机的实时工作特性及工作参数都可以在计算机屏幕上显示或从存储器中调出，电站运行人员无须再从水轮机的特性曲线上查取或换算。

第七节　蜗壳的型式及主要尺寸确定

一、蜗壳的型式及适用场合

蜗壳是水流流经反击式水轮机的第一个部件，也是水轮机尺寸最大的部件之一，有时蜗壳尺寸的大小直接决定着水电站厂房平面尺寸的大小。蜗壳的功用是能形成一定的环量，具有合理的断面尺寸、形状和强度，保证在蜗壳内有较小的水力损失，使水流进入导水机构时撞击小、流量均匀并成轴对称进水。

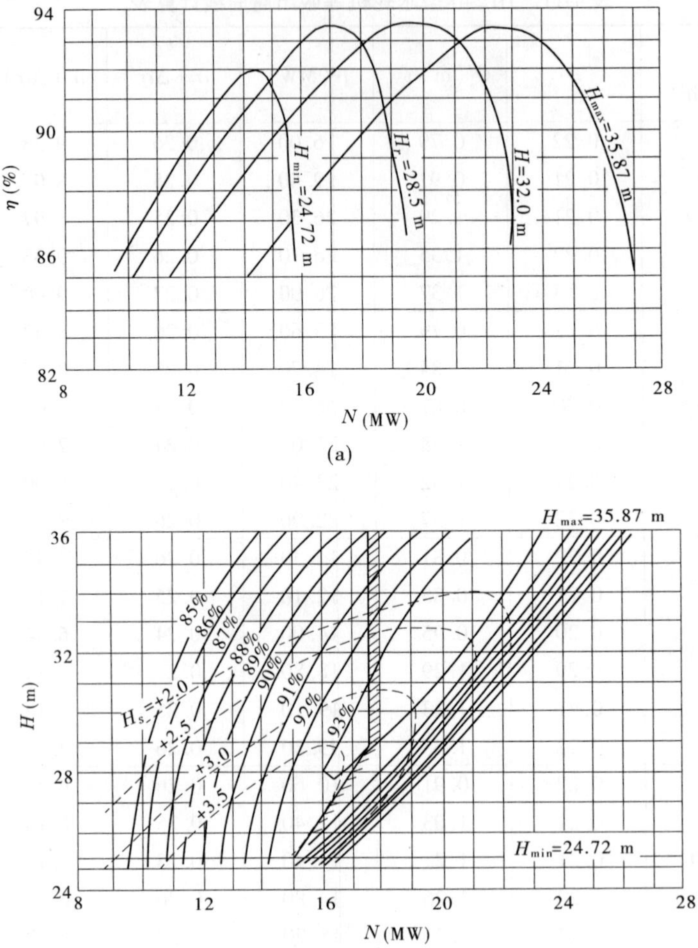

(b)

图 4-16　HL240 型(D_1 = 3.3 m, n = 125 r/min)水轮机特性曲线

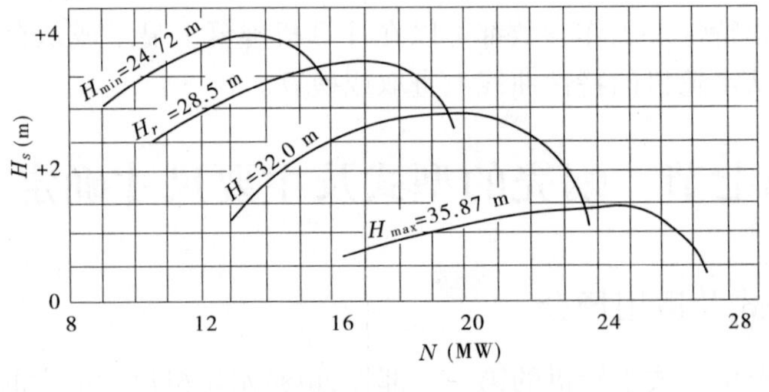

图 4-17　$H_s = f(N)$ 辅助曲线

对于安装反击式水轮机的大中型水电站，按照水轮机的型式、水头和流量的不同，蜗壳的型式也有所不同。当工作水头 $H > 40$ m 时，蜗壳通常采用钢板焊接或由钢材铸造而

成，统称为金属蜗壳，外形如图 4-18（a）所示。这种蜗壳多用于中高水头的混流式水轮机。蜗壳在座环外缘包围的角度称为蜗壳的包角（也就是蜗壳鼻端到蜗壳进口断面的包角），包角越大，水流进入座环时的对称性和均匀性越好。金属蜗壳的包角较大，一般为 345°左右（由于金属蜗壳尾部（也称鼻端）的结构尺寸及座环蝶边连接上的要求，包角不能达到 360°），也称为全蜗壳。

为了改善金属蜗壳的受力状态，其断面采用接近于圆形的断面，在接近鼻端，由于和座环蝶形边光滑过渡及焊接上的需要，断面形状接近于椭圆形。如果将金属蜗壳自鼻端每隔一定角度的断面全部旋转到蜗壳的进口处，如图 4-19（a）所示，则可看出金属蜗壳断面变化的情况。金属蜗壳的特点是适用水头高、水力性能好，但由于其包角较大，平面外形尺寸相对也较大。

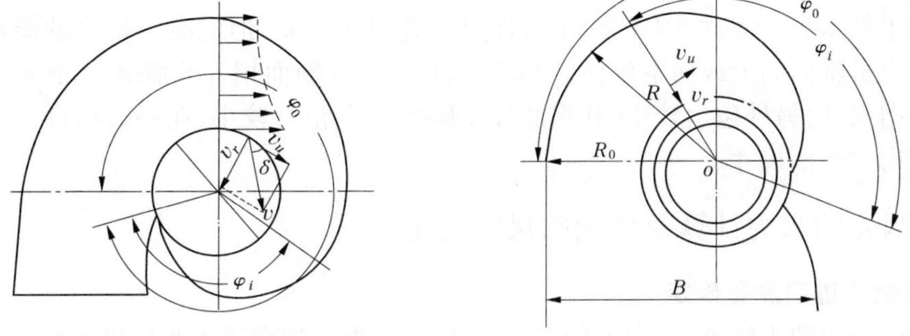

(a)金属蜗壳　　　　(b)混凝土蜗壳

图 4-18　蜗壳外轮廓形状及包角示意图

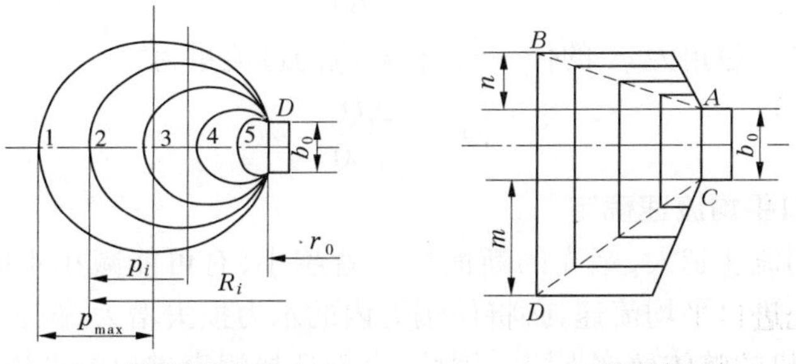

(a)圆形断面　　　　(b)梯形断面

图 4-19　蜗壳的断面形状

一般当工作水头 $H<40$ m 时，多采用钢筋混凝土浇筑成的蜗壳，简称混凝土蜗壳，平面轮廓如图 4-18（b）所示，断面形状变化如图 4-19（b）所示。为了施工上的方便，混凝土蜗壳通常做成梯形断面，即多边形断面，如图 4-20 所示。

梯形断面又分为上伸式、下伸式及对称式等几种形状。下伸式的断面形状比较常用，因为这样可以减小水下部分混凝土的体积，有利于导水机构接力器和其他辅助设备的布置；上伸式只有在下游水位变动较大，尾水管形状特殊时才使用。混凝土蜗壳的包角一般为 180°～270°，也称为半蜗壳，如图 4-18（b）所示。混凝土蜗壳有时也用于工作水头大

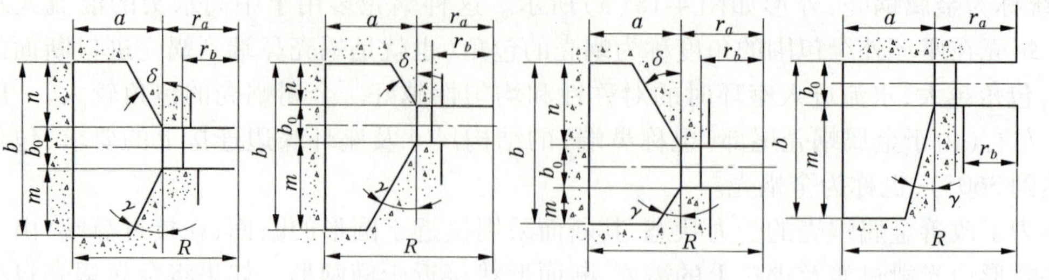

(a)对称T形　(b)下伸T形　(c)上伸T形　(d)T形

图4-20　混凝土蜗壳的断面形状

于40 m的情况，目前最高用到80 m。当应用水头高于40 m时，为防止渗漏和作为磨损的保护层，需要在蜗壳内壁做钢板衬砌，钢板的厚度一般为10～16 mm。混凝土蜗壳的特点是适用于低水头、大流量的场合，水力性能比金属蜗壳差，但混凝土蜗壳的断面在一定范围内可以沿轴向向上或向下延伸，做成窄长形的。在断面相等的情况下，比圆形断面有较小的径向尺寸，另外包角较小，其平面外轮廓尺寸也相对较小，在一定程度上可以减小水电站厂房的平面尺寸。

二、蜗壳的水力计算及外轮廓尺寸确定

（一）蜗壳进口流量确定

对于已选定的水轮机，最大流量Q_{max}为已知，根据由蜗壳进入水轮机座环的水流要求均匀轴对称的原理，蜗壳进口断面流量和蜗壳包角φ_0有关，则蜗壳的进口流量为

$$Q_c = \frac{\varphi_0 Q_{max}}{360°} \tag{4-54}$$

对于由鼻端算起包角为φ_i的任一断面，对应的过流量为

$$Q_i = \frac{\varphi_i Q_{max}}{360°} \tag{4-55}$$

（二）蜗壳进口平均流速确定

蜗壳进口平均流速越大，蜗壳的断面尺寸就越小，有可能减小水电站厂房的平面尺寸。但过大的蜗壳进口平均流速，必将使蜗壳内的水力损失增大，减弱了水流能量的有效转换程度，使水轮机的整体效率下降。因此，合理选择蜗壳进口的平均流速非常重要。蜗壳进口平均流速v_c可用下式表示

$$v_c = K\sqrt{H_r} \tag{4-56}$$

式中　K——流速系数。

根据试验及实践的统计资料，金属蜗壳的流速系数K值可由水轮机的设计水头H_r在图4-21推荐的曲线3上查得。对于混凝土蜗壳，进口平均流速v_c值可在图4-22上依据设计水头H_r直接查取。

（三）对蜗壳内水流运动规律的假定

蜗壳进口平均流速确定以后，依据蜗壳的进口流量可以得出蜗壳的进口面积。为了使蜗壳满足轴对称均匀进水的要求，并且尽量减少水流在蜗壳内的水力损失，就必须研究

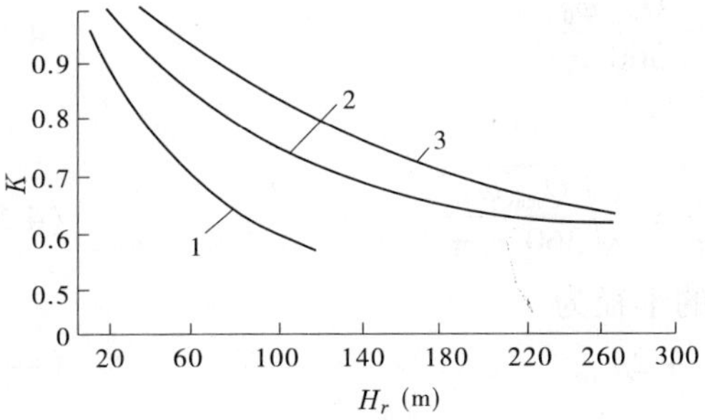

图 4-21　金属蜗壳的流速系数与设计水头的关系

1—1960 年以前国内生产的产品 K 值统计曲线；

2—1960 年至 1970 年间国内生产的产品 K 值的统计曲线；

3—推荐曲线

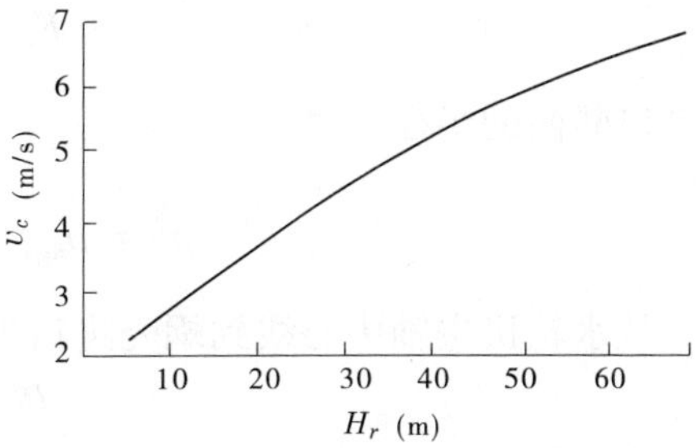

图 4-22　混凝土蜗壳进口断面平均流速

水流在蜗壳内的运动规律，设计出合理的蜗壳中间断面的形状。

目前关于水流在蜗壳中运动规律的说法不一，但多数人认为它基本上是一种有势流动。假定水流的黏性很小，可忽略其内在的摩擦损失；假定蜗壳内壁光滑且无异物，水流自身不旋转，在蜗壳内不作功；假定水流的运动是轴对称运动。

基于以上假定，水流在蜗壳内做无旋转有势轴对称运动，从而满足等速度矩定理，即

$$v_u r = C \tag{4-57}$$

式中　v_u——速度的切向分量；

r——水流质点到水轮机轴心的距离；

C——常数。

水流在蜗壳中速度的变化规律如图 4-21 所示，另外要求蜗壳满足轴对称进水要求，因此认为在同半径上的 v_u 相等。实践表明，按式(4-57)的水流运动规律来设计蜗壳的断面可获得比较满意的结果。

水轮机蜗壳是水轮机的一个主要部件，根据蜗壳内部水流运动规律精确设计蜗壳断面尺寸的工作比较烦琐，通常是由水轮机制造厂家的水轮机设计人员来完成的。作为水电站的设计人员，主要是了解水轮机及其各主要部件的工作特性，结合水电站的具体情况，选择合适的水轮机，并依据水轮机的外形尺寸，合理确定水电站厂房的相关尺寸。在施工设计阶段，蜗壳的准确断面尺寸由供货厂商提供。在水电站设计的前期资料不全的情况下，可按简化方法来确定蜗壳的外轮廓尺寸，以满足初步确定水电站厂房平面尺寸的需要。

用简化方法确定蜗壳的尺寸是假定蜗壳各断面水流速度圆周分量 v_u 不变，且等于蜗壳进口断面的平均流速 v_c。

以下仅按照假定 $v_u = v_c = C$ 的计算方法确定蜗壳尺寸，对于需要水电站设计人员按照假定 $v_u r = K$ 来确定蜗壳尺寸的情况，可参考其他相关书籍进行计算。

(四)金属蜗壳的外轮廓尺寸确定

蜗壳自进口到鼻端均认为是按标准的圆形由大到小变化的。对于进口断面

$$F_c = \frac{Q_c}{v_c} = \frac{Q_{\max}\varphi_0}{360°v_c} \tag{4-58}$$

则进口断面的半径

$$\rho_c = \rho_{\max} = \sqrt{\frac{F_c}{\pi}} = \sqrt{\frac{Q_{\max}\varphi_0}{360°v_c\pi}} \tag{4-59}$$

从水轮机主轴中心线到蜗壳进口外边缘的半径为

$$R_{\max} = r_a + 2\rho_{\max} \tag{4-60}$$

对于中间任一断面,流量为

$$Q_i = \frac{\varphi_i}{360°}Q_{\max} \tag{4-61}$$

断面半径

$$\rho_i = \sqrt{\frac{Q_{\max}\varphi_i}{360°v_c\pi}} \tag{4-62}$$

式中 φ_i——自蜗壳鼻端起算至计算断面的角度。

从主轴中心到该断面的外缘半径

$$R_i = r_a + 2\rho_i \tag{4-63}$$

式中 r_a——水轮机座环的固定导叶外半径。

将蜗壳各计算断面的外缘连接起来,便可得到蜗壳平面的单线图,如图4-18(a)所示的外轮廓线。

用上述方法得出的蜗壳各断面,没有考虑蜗壳断面和水轮机座环蝶边的实际连接方式,相当于用蜗壳各断面圆(实际上蜗壳各断面不是标准的圆形)和座环的固定导叶外缘相切,从而得出该断面蜗壳外缘的半径。可以看出,用这种简化方法确定出来的蜗壳各断面面积及形状和按式(4-57)计算出来的结果存在着一定的差别,从而使确定出来的蜗壳外轮廓尺寸也存在差别。但通过比较,用不同方法确定出来的蜗壳外轮廓间的差别很小,在水电站厂房的前期设计阶段,并不影响确定水电站厂房平面尺寸的精度。

(五)混凝土蜗壳的外轮廓尺寸确定

确定混凝土蜗壳的断面尺寸,首先要假设蜗壳自进口到鼻端各断面的变化规律。通常蜗壳断面的变化规律有两种形式:其一为顶角和底角按直线变化,如图4-23(a)所示;其二为顶角和底角按抛物线变化,如图4-23(b)所示。

在选择这些断面形式(见图4-20)的尺寸时应注意符合下列条件:

(1)当 $m=0$ 或 $n=0$ 时,取比值 $b/a=1.5\sim1.85$。

(2)当 $m\neq0$ 及 $n\neq0$ 时,如果 $m>n$,取 $(b-n)/a=1.2\sim1.85$;如果 $m\leqslant n$,取 $(b-m)/a=1.2\sim1.85$,此时比值 $b/a=(m+b_0+n)/a$ 应不大于2.0~2.2。如果有缩小机组间距的要求,可取较大的值。

(3)角度 δ 可选 $20°\sim30°$,通常取 $\delta=30°$。

(4)对于角度 γ,当 $m\leqslant n$ 时,$\gamma=20°\sim35°$;当 $m>n$ 时,$\gamma=10°\sim20°$;当 $n=0$ 时,$\gamma=10°\sim15°$。

下面以图4-23(a)所示直线变化规律为例,说明由几何关系计算断面面积及推算对

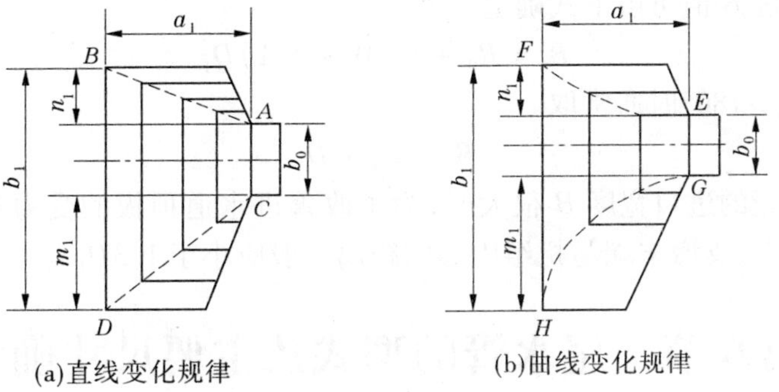

图 4-23　混凝土蜗壳断面的变化规律

应角度的过程。

进口断面面积由几何关系可知

$$F_1 = a_1 b_1 - \frac{1}{2} n_1^2 \tan\delta - \frac{1}{2} m_1^2 \tan\gamma \tag{4-64}$$

式中，$b_1 = m_1 + n_1 + b$。

水轮机导叶高度在机组选定后为已知值，b_1/a_1 可在 1.5～1.85 的范围内选取，需要蜗壳外轮廓尺寸小一点时取较大值。m_1 和 n_1 的关系可根据布置上的需要选取，如取 $n_1 = 0$、$m_1 = n_1$（对称型）、$m_1 = 2n_1$ 等，代入式(4-64)后右端只有一个未知量，而根据蜗壳进口平均流速和流量的关系知

$$F_1 = \frac{Q_{\max}\varphi_0}{360° v_c}$$

代入式(4-64)便可依次求出 a_1、b_1、n_1、m_1 各值，则从水轮机主轴到蜗壳进口的外边缘半径为

$$R_0 = r_a + a_1 \tag{4-65}$$

式中　r_a——座环固定导叶外缘半径。

对于中间的第 i 个断面

$$R_i = r_a + a_i \tag{4-66}$$

其中 a_i 自行给定，其余 b_i、m_i 和 n_i 则根据几何关系由进口已知的 b_1、m_1 和 n_1 求出。则

$$F_i = a_i b_i - \frac{1}{2} m_i^2 \tan\gamma - \frac{1}{2} n_i^2 \tan\delta = \frac{Q_{\max}\varphi_i}{360° v_c} \tag{4-67}$$

可计算出 i 断面所对应的蜗壳包角 φ_i。根据 φ_i（$i = 1$、$2\cdots$，φ_1 也即蜗壳进口断面的包角 φ_0）依次作出水轮机轴心的射线，在射线上截取对应于 φ_i 的 R_i，光滑连接各点便可得到混凝土蜗壳外缘的轮廓线，如图 4-24 所示。有时为了便于作图，也可以根据计算出的 φ_i 和 R_i，绘制 $\varphi_i = f(R_i)$ 曲线，按特殊角绘制外轮廓单线图。

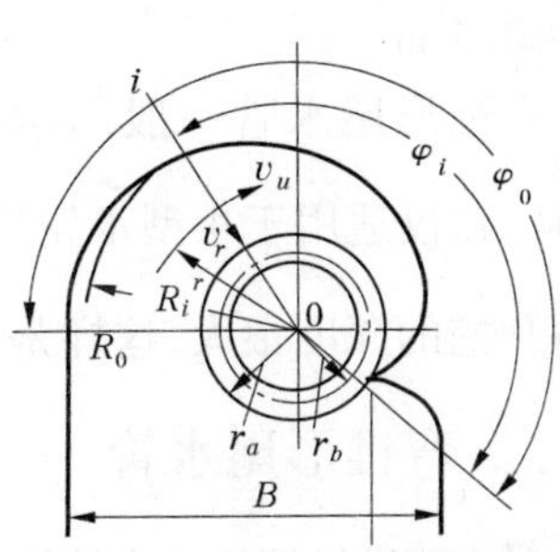

图 4-24　蜗壳外轮廓单线图

图中蜗壳宽度 B 值可由下式确定

$$B = R_0 + (1.0 \sim 1.1)D_1 \tag{4-68}$$

蜗壳包角 $\varphi_0 > 180°$时通常取

$$B = R_0 + D_1$$

当混凝土蜗壳的进口宽度 B 很大时，为了改善进水道顶板的受力条件，可在进口段中间增设中间支墩，支墩末端与机组中心的距离一般应小于 $1.3D_1$。

第八节　尾水管的型式及主要尺寸确定

尾水管是反击式水轮机过流通道的最后一个部件，转轮出口的水流通过尾水管将流速逐渐减小后排入下游，因而尾水管的型式和尺寸对转轮出口动能的恢复有很大的影响，这种影响具体以尾水管的动能恢复系数 η_ω 来衡量。在水电站设计中，尾水管的型式和尺寸在很大程度上还影响着厂房基础开挖深度和下部混凝土块体的尺寸。增大尾水管的尺寸可以提高水轮机的效率和过水能力，但使水电站的工程量和投资增大。因此，合理地选择尾水管的型式和尺寸在水电站设计中有着重要的意义。

尾水管的型式有很多种，目前一般工程上常用的有直锥形、弯锥形和弯肘形三种型式的尾水管，前两种适用于小型水轮机，后一种适用于大中型水轮机。现将它们的形状和各部位主要尺寸的选择分述如下。

一、直锥形尾水管

图 4-25 所示为一竖轴水轮机的直锥形尾水管。图中 D_3 为尾水管的进口直径，它与转轮的下环相衔接；D_5 为尾水管的出口直径，它与出口流速 v_5 有关，当减小 v_5 时可以提高动能恢复系数 η_ω，但减小到一定程度时，根据试验 η_ω 提高得很少，反而会使尾水管的长度增加，所以一般将出口流速控制在 $v_5 = (0.235 \sim 0.7)\sqrt{H}$；$L$ 为尾水管的长度，θ 为尾水管的锥角，为了减少挖方，一般合理的$\dfrac{L}{D_3} = 3 \sim 4$，相应的 $\theta = 12° \sim 14°$，锥角 θ 过大会引起脱流。为了保证尾水管排出的水流在尾水渠中能够畅通，尾水渠的尺寸（见图 4-25）应不小于下列数值：$h = (1.1 \sim 1.5)D_3$；$B = (1.2 \sim 1.0)D_3$；$C = 0.85B$。

同时，为了保证尾水管的工作，其出口应淹没在下游水位以下，淹没深度 b_2 应不小于 0.3 ~ 0.5 m。

直锥形尾水管一般用钢板制作，其结构简单、性能良好，动能恢复系数可达 0.8 ~ 0.85。它仅适用于小型水轮机，因为对大中型水轮机来说，如果采用$\dfrac{L}{D_3} = 3 \sim 4$，会造成水电站开挖的深度很大，这样是不经济的。

二、弯锥形尾水管

对小型卧轴混流式水轮机，为了布置上的方便，多采用弯锥形尾水管，如图 4-26 所示。

这种尾水管是由一等直径的 90°弯管和一直锥管组成的。由于弯管中流速较大，同

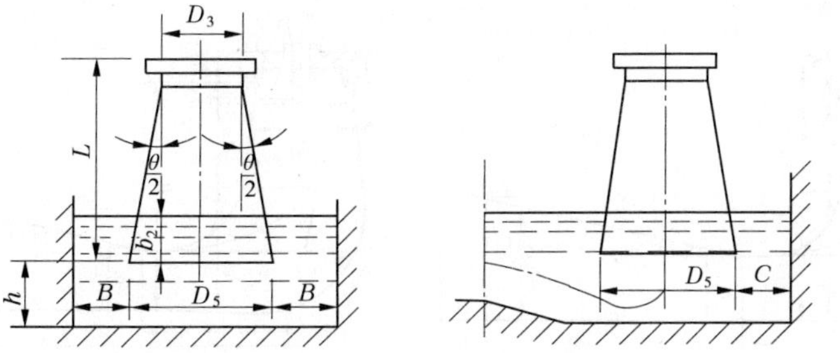

图 4-25　直锥形尾水管和尾水渠

时在转弯后流速分布也不均匀，所以水力损失很大。直锥管的型式与尺寸确定和上面直锥形尾水管完全一样。这种尾水管的动能恢复系数一般为 $\eta_\omega=0.4\sim0.6$。

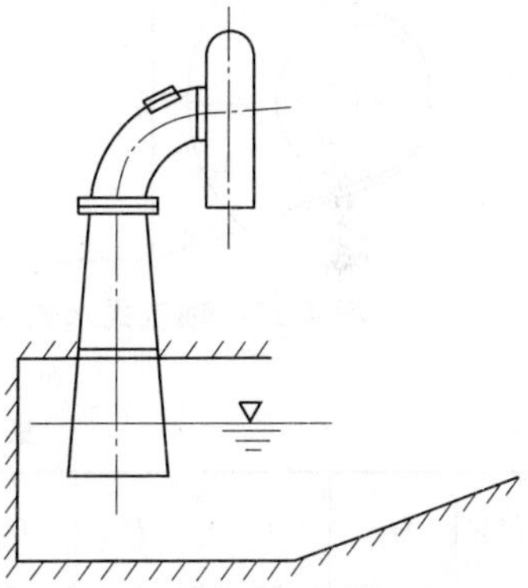

图 4-26　弯锥形尾水管

三、弯肘形尾水管

对于大中型水轮机，为了减小水电站厂房的开挖深度，几乎全部采用弯肘形尾水管。图 4-27 为轴流式水轮机的尾水管，图 4-28 为混流式水轮机的尾水管。

弯肘形尾水管由直锥管、肘管和水平扩散管三部分组成，肘管进口是圆形断面，和直锥管相接；肘管出口是矩形断面，和水平扩散管相接；肘管中间各断面则由圆形逐渐变为矩形。弯肘形尾水管增加了水流转弯及流速不均匀分布所造成的附加水头损失，所以弯肘形尾水管的动能恢复系数 η_ω 较直锥形尾水管低。

轴流式水轮机的弯肘形尾水管和混流式水轮机的弯肘形尾水管没有原则上的区别，轴流式水轮机的尾水管的进口和转轮室出口相接，混流式水轮机的尾水管的进口和转轮出口相接。单纯从能量观点看，混流式水轮机过流能力比轴流式小，尾水管的高度可以取得小一些，但由于混流式水轮机的叶片不能转动，在非设计工况下，转轮出口的水流会产生旋转而形成涡带，发生空腔空蚀。为了保证机组安全运行，混流式水轮机尾水管的高度反而需要取得较大一些，使涡带作用不到肘管底部，从而减弱由此而引起的厂房振动。

由于弯肘形尾水管内的水流运动非常复杂，到目前为止，还找不到一种满意的理论计算方法。因此，一般均是通过模型试验来确定弯肘形尾水管的最优尺寸。对于标准型号的水轮机转轮，通过试验，都配有水力性能良好的标准化尾水管。在水电站设计时，可根据所选择的水轮机，使用对应推荐的尾水管来确定相关的尺寸，具体参见表 4-12。表中水轮机 ZZ440、HL160、HL240 是新型号，其他为旧型号，数据是对应转轮直径 $D_1=1.0$ m 时而言的。当转轮直径不同时，可按直径的比例进行换算。

由于肘管是尾水管中水头损失影响最严重的部分，因而其尺寸不允许轻易变更。通过试验研究，四号肘管（试验序号）效果良好，所以一般推荐采用四号肘管，其尺寸和型式如表 4-13 和图 4-29 所示，表中所给尺寸仍是按 $D_1=1.0$ m 时计算出来的，对其他直径，可按几何相似条件换算。

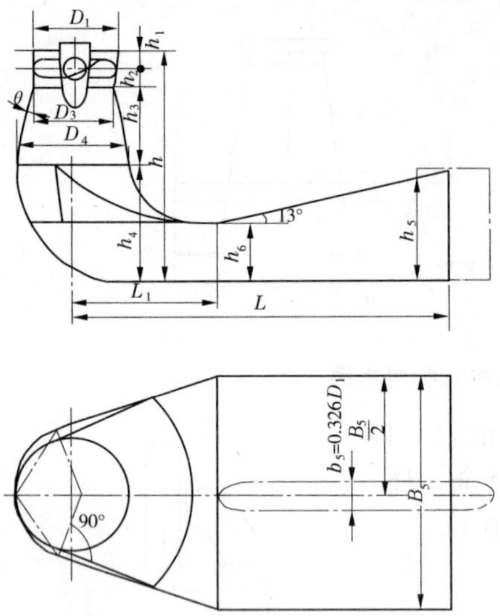

图 4-27　轴流式水轮机尾水管

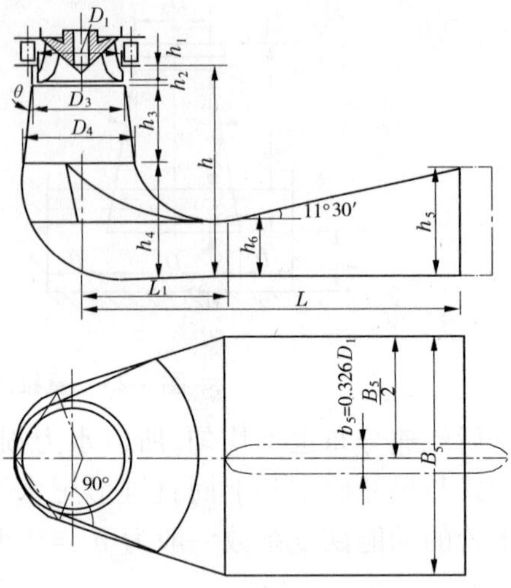

图 4-28　混流式水轮机尾水管

表 4-12　标准系列弯肘形尾水管尺寸　　（单位：m）

型号	D_1	h	L	B_5	D_4	h_4	h_6	L_1	h_5	应用范围
Z_1	1. 000	1. 915	3. 500	2. 200	1. 100	1. 100	0. 550	1. 417	1. 000	低比速轴流式水轮机（ZZ577，ZZ440）
Z_3	1. 000	2. 300	4. 500	2. 380	1. 170	1. 170	0. 584	1. 500	1. 200	中比速轴流式水轮机（ZZ440，ZZ510）
Z_5	1. 000	2. 300	4. 500	2. 500	1. 230	1. 230	0. 617	1. 590	1. 200	中比速混流式水轮机（HL82，HL160）
Z_5	1. 000	2. 500	4. 500	2. 500	1. 230	1. 230	0. 617	1. 590	1. 200	中、高比速轴流式水轮机（ZZ510，ZZ592）
Z_6	1. 000	2. 500	4. 500	2. 740	1. 352	1. 352	0. 670	1. 750	1. 310	中、高比速混流式水轮机（HL160，HL82，HL211，HL240）
Z_6	1. 000	2. 700	4. 500	2. 740	1. 352	1. 352	0. 670	1. 750	1. 310	高比速轴流式水轮机（ZZ592）
Z_8	1. 000	2. 300	4. 500	2. 170	1. 040	1. 040	0. 510	1. 410	0. 937	低比速混流式水轮机（HL533，HL246）

表 4-13　四号标准肘管系列尺寸　（单位：m）

型号	D_4	h_4	B_4	L_4	h_6	a	R_6	a_1	R_7	a_2	R_8
Z_1	1.100	1.100	2.200	1.417	0.550	0.395	0.940	1.205	0.660	0.087	0.634
Z_3	1.170	1.170	2.380	1.500	0.584	0.422	1.000	1.275	0.703	0.093 4	0.677
Z_5	1.230	1.230	2.500	1.590	0.617	0.446	1.060	1.350	0.745	0.097 7	0.710
Z_6	1.352	1.352	2.740	1.750	0.670	0.487	1.160	1.478	0.815	0.107	0.782
Z_8	1.040	1.040	2.170	1.410	0.510	0.369	0.879	1.135	0.640	0.080	0.590

设计水电站厂房时，有时需要对尾水管的尺寸作局部的变动，通常这些变动应取得水轮机制造厂家的同意。下面介绍一些变动的方式及产生的相关影响。

尾水管出口宽度 B_5 较大（如大于 10 m）时，可在扩散段内加单支墩或多支墩（多支墩会引起较大的水头损失，最好不用）。

扩散段的底板一般是水平的，但有时机组的安装高程过低或尾水管过长，为了减小厂房基础的开挖量，可将尾水管的扩散段整体向上倾斜，倾角可采用 6°～12°。试验证明，当倾角在这个范围内时，对尾水管的动能恢复不会带来过大影响；当倾角超过该范围时，则会造成出水不利、损失增加。

有时由于厂房布置上的需要（如副厂房设在下游侧等），可人为加长扩散段（$L-L_1$）的长度，扩散规律不变，这样不仅增加了 h_5，也相应增加了出口段宽度 B_5。试验表明，水轮机效率会有所增加。

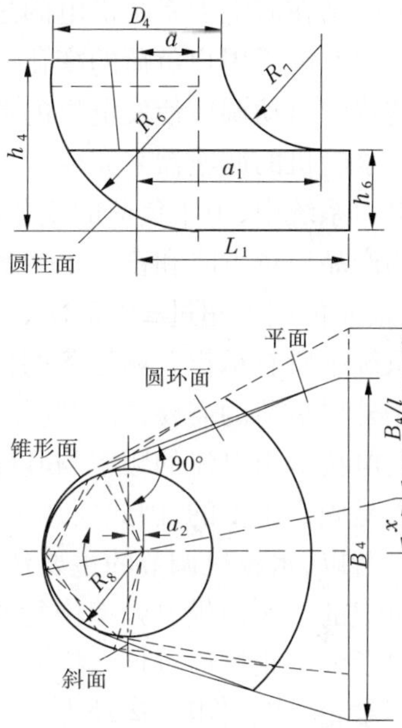

图 4-29　四号尾水管肘管

对于大中型反击式水轮机，由于蜗壳的尺寸很大，厂房机组段的长度在很大程度上取决于蜗壳的宽度，而蜗壳的宽度在机组中心两边是不对称的。若采用对称的尾水管，尾水管的宽度有可能会超过蜗壳较窄一面的宽度，就有可能会增大机组段的长度。为了避免这种情况，尾水管往往也采用不对称的布置，使其向蜗壳进口侧的一面偏移，如图 4-29 中虚线所示。

对于地下式厂房的水电站，为了保持岩石的稳定，尾水管常采用窄而深的断面，即加大深度减小宽度。例如，取 $h=3.5D_1$，$B_5=(1.32\sim2.0)D_1$，试验证明，这样的尾水管不会影响动能指标和引起压力脉动，并可达到标准尾水管（$h=2.6D_1$）的性能。

另外，对于多泥沙河流上的水电站，转轮叶片易于磨损或空蚀。为了便于检修水轮机转轮，有时可以将尾水管直锥管加高，并在中间做一活节，检修时先卸下螺栓，移开活节，将转轮从下部取出而不必起吊上面的设备和部件。加长尾水管的直锥段，通常会对尾水管的综合性能有利。

其他的改变方式不再一一赘述。

第五章 水轮机调速器

第一节 水轮机调节的基本概念

水电站在向电力系统供电的过程中,除保证供电的可靠性外,还应保证电压和电流频率的稳定。由于用户负荷的变化,系统供电的电压和频率也随之发生变化,此时发电机的励磁装置将自动调节使发电机的端电压恢复并保持在规定的许可范围以内,而频率的调节则由水轮机的调速器来完成。

电力系统中,由于负荷的变化而引起的频率过大变化将会严重影响供电质量,使电力用户的产品质量下降和正常生产遭受破坏。因此,我国规定电力系统的频率应保持在50 Hz,其偏差值应不超过±0.5 Hz,对大电力系统的频率偏差值应不超过±0.2 Hz。这样就要求系统中所有承担调频任务的机组,在系统负荷变化时能迅速改变其输入的能量,使之适应于外界负荷的需要,并同时使电力系统的频率恢复和保持在上述允许范围以内。

发电机输出电流的频率与其磁极对数 p 和转速 n 有关。对一定的发电机来说,其磁极对数是固定不变的,因此要调节发电机的电流频率就需要调节机组(也就是水轮机)的转速。所以,水轮机调节的主要任务是迅速改变机组出力使之适应于外界负荷的变化,以保证机组的转速即供电频率恢复或保持在允许范围以内。

要了解水轮机通过什么样的途径来完成上述调节任务,就首先需要分析机组运动的情况。水轮发电机组的运动方程式为

$$M_t - M_g = J\frac{\mathrm{d}\omega}{\mathrm{d}t} \tag{5-1}$$

式中 M_t——水轮机的主动力矩;

M_g——发电机的阻抗力矩;

J——机组转动部分的转动惯量;

ω——角速度;

t——时间。

对一定的机组来说,J 为一常数。当 $M_t = M_g$ 时,$\frac{\mathrm{d}\omega}{\mathrm{d}t} = 0$,$\omega$ = 常数,机组的转速保持稳定。

当电力系统的负荷变化时,发电机的阻抗力矩 M_g 也发生变化,这样便破坏了原有的平衡,可能出现下列两种情况:

(1)当外界负荷减小时,M_g 减小,使 $M_t > M_g$,则机组出现了剩余能量,造成机组加速旋转,$\frac{\mathrm{d}\omega}{\mathrm{d}t} > 0$,机组转速上升。

(2)当外界负荷增加时，M_g 增大，使 $M_t < M_g$，则机组出现了不足能量，造成机组减速旋转，$\frac{d\omega}{dt} < 0$，机组转速下降。

上述两种情况都会造成机组的转速变化而导致电网频率的变化。对电力系统的工作来说，在正常情况下，用户的负荷是必须保证的，因此就要求改变水轮机的主动力矩 M_t，迅速地适应于新的发电机阻抗力矩 M_g，重新使 $M_t = M_g$，达到新的平衡，转速恢复到原来数值。

而水轮机主动力矩 M_t 的关系式为

$$M_t = \frac{\gamma Q H \eta}{\omega} \tag{5-2}$$

式中水的重度 γ 是常数，角速度 ω 是基本不变的被调参数，要改变水头 H 和效率 η 在技术上是很难做到的，而且也是不经济的。因此，改变 M_t 最好和最有效的办法就是通过改变水轮机的过水流量 Q 来实现。对反击式水轮机，可通过改变导叶的开度，对冲击式水轮机，可通过改变针阀的行程来改变过流断面面积，以达到改变流量而改变 M_t 的目的。

随着负荷的变化，水轮机相应地改变导叶开度(或针阀行程)，使机组转速恢复并保持为额定转速的过程称为水轮机调节。进行此调节的装置，称为水轮机的调速器。它是以转速的偏差为依据来实现导叶开度改变的，根据水力发电自身的特点，水轮机调速器应满足以下特殊要求：

(1)操作功率大。对大中型水电站，通过水轮机导叶的流量较大，有的甚至水头也比较高，要改变导叶的开度，就必须给导水机构以强大的操作功。这就要求调速器必须也要有合适的放大元件、强大的执行元件和外来能源。

(2)调节时间和调节规律可根据需要改变。在导叶关闭或开启的过程中，压力水管中同时会产生水击压力，水轮机的主动力矩和发电机的阻抗力矩不平衡，也会引起转速发生变化。因此，要求调速器附设必要的控制机构，可以根据实际情况来调整导叶的调节时间和调节规律，以免引起水击压力和机组转速发生过大的变化。

(3)操作灵活。水轮发电机组具有启动速度快、能适应负荷变化的特点，具有一定库容的水电站，通常承担电力系统的峰荷或作为电力系统的事故备用和担任调频任务。调速器应可以保证机组快速启动、快速调整负荷并在发生事故时紧急停机。

(4)双重调节。对轴流转桨式水轮机，要求调速器在调节导叶开度的同时也能够调节转轮叶片的转角；对水斗式水轮机，在调节针阀行程的同时，也能够调节折流板的转动。因此，要求调速器有双重调节功能。

随着电力系统容量的扩大和水电站自动化程度的提高，调速器已经成为了水电站厂级自动化及保护系统中的一个重要综合自动装置，这就要求水轮机调速器的功能不断扩大和不断完善，除具备常规的开机、关机、负荷调整、事故关机等基本功能外，还应该具有诸如快速自动同期、网络通信、遥控、负荷分配及参与水电站经济运行等功能。

第二节　调速器的类型及工作原理

一、水轮机调速器的类型

水轮机调速器大致可分为机械液压调速器、电气液压调速器和微机调速器三种类型。早期的水轮机调速器是利用测速元件直接操作水轮机执行机构的直接作用式小型调速器。在20世纪30年代,出现了用液压元件进行功率放大且功能相当完善的机械液压调速器。这种调速器的信号测量、信号综合、信号反馈等均是由机械环节来完成的。目前我国一些没有完成改造的小型水电站,少数还使用着这种类型的老式调速器。

在20世纪80年代,随着电子及液压技术的进步,电气液压调速器开始普及。电气液压调速器和机械液压调速器的最大区别就在于用电气环节代替了信号采集、综合及反馈等机械环节,用电气液压转移器将电气部分传输来的直流电流按比例转变成机械位移,驱动液压机构动作,而且提高了调速器的灵敏度,调节规律也更合理。目前我国仍有一部分水电站正在使用这种类型的调速器。

20世纪80年代以来,世界上一些发达国家,在计算机技术普及和发展的基础上,研制出了微机调速器。微机调速器和电气液压调速器的区别主要在于微机调速器用工业控制计算机取代了电气液压调速器所用的电子调节器,赋予了调速器更多的控制功能,可以更方便地实现更高的控制策略。与电气液压调速器相比,微机调速器具有如下一些明显的优点:

(1)便于采用先进的调节控制技术,保证水轮机调节系统具有优良的静、动特性,不仅实现电气液压调速器的PID(比例—积分—微分)调节规律,而且可以实现状态反馈控制、预测控制、自适应控制、模糊控制、人工智能控制、最优化控制、变参数控制、变结构控制等,以保持水轮机调节系统处于最佳的运行状态。

(2)软件灵活性大,提高性能和增加功能主要通过软件来实现。如机组的开、停机规律的实现,并网时除测频自动同期外,还可测量相位、水头、功率等。

(3)硬件集成度高、体积小、可靠性高,操作简单,便于维护。执行元件既可以是电气液压随动系统,也可以用步进电机取代电气液压随动系统。

(4)便于直接与厂级或系统级上位计算机相连接,实现全厂或电站群的综合控制,从而提高水电站的自动化水平。

总之,微机调速器是水轮机调速器今后的发展方向和应用的主流产品。我国自20世纪90年代开始研制微机调速器,目前已有多个研究机构和生产厂家可以生产出功能基本完善、性能稳定的微机调速器。我国的一些大型水电站及改造和新建水电站,已陆续投入使用了这种类型的调速器。

二、调速器的基本工作原理

水轮机调速器与水轮发电机组构成了水轮机的调节系统,调速器通常由测量、综合、放大、执行和反馈等元(部)件组成,机组是被调节的对象。它们的相互关系可简化为如

图 5-1 所示。机组的转速信号(被调节参数)送至测量元件,测量元件把频率信号转换为位移或电压信号,然后与给定信号综合,确定频率偏差的方向,并根据偏差情况,按一定的调节规律发出调节指令。调节指令被放大后,送到执行元件去操作导水机构。导水机构的导叶转动改变进入水轮机的过流量,使机组的出力(或转速)发生变化。而反馈元件又把导叶开度变化的信息返回加法器(图中的⊗),和最新的测量信号、给定信号进行综合,判定调节过程是否完成,如未完成则进行新一轮的调节。

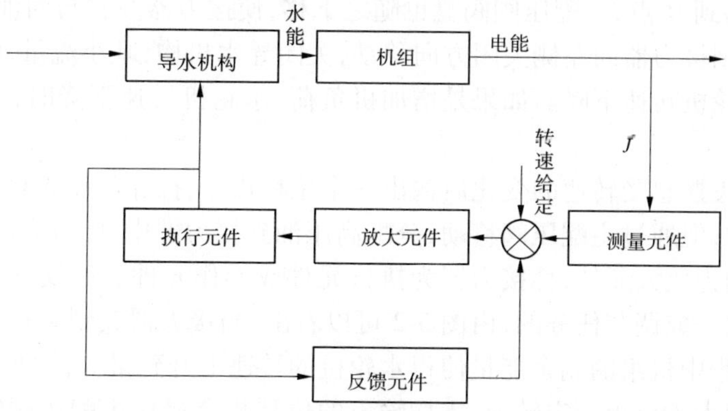

图 5-1　自动调节方框图

水轮机调速器的结构比较复杂,不同类型的调速器,其结构上的差异也比较大。但在完成调节的主要任务,即调节机组流量、改变机组出力(或转速)方面的工作原理都很相似,为了直观起见,下面仅以机械液压调速器为例,加以简化,以便简单地说明调节系统的基本工作原理,如图 5-2 所示。

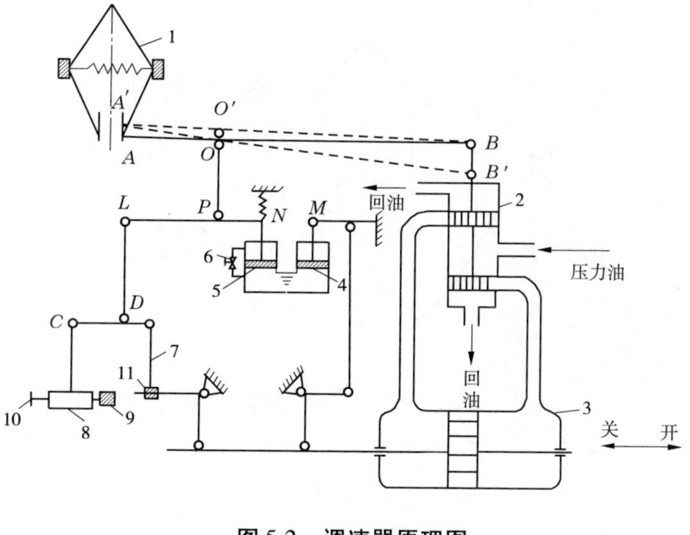

图 5-2　调速器原理图

1—飞摆;2—主配压阀;3—接力器;4、5—活塞;6—节流孔;
7—硬反馈;8、9、10—变速机构;11—移动滑块

图中离心飞摆 1 为感受元件,它随着飞摆电动机而旋转,其转速与水轮机组的转速同

步。当水轮机组以稳定的转速工作时,飞摆转速也相应稳定,其下端点在图示 A 点位置,主配压阀 2 上的活塞杆上端点位于 B 点位置,主配压阀两阀盘封堵住通向接力器 3 两端的油口,接力器活塞两侧腔内油压平衡,活塞静止不动。

当机组甩去部分负荷时,主动力矩大于发电机的阻抗力矩,剩余能量引起机组转速上升,飞摆转速也随之增高,由于飞摆上端固定,飞摆离心力随转速升高而增加,所以飞摆摆锤向外扩张,使飞摆下端由 A 点升至 A′点。杠杆 AOB 绕 O 点转动到 A′OB′的位置,主配压阀端点 B 下移到 B′点,主配压阀阀盘也随之下移,使接力器左腔与回油路相通,右腔与压力油路相通,则接力器向左侧关闭方向移动,关闭导水机构,减小流量,降低了水轮机的主动力矩,使水轮机转速下降。如果是增加机负荷,水轮机转速下降时,上述动作过程向相反方向进行。

可以看出,飞摆感受转速的变化后输出一个位移指令,操作配压阀移动。这个移动力作的功是很小的,但通过主配压阀移动,分配高压油到接力器中,则可完成很大的操作功。所以称主配压阀为放大元件,称接力器为执行元件或操作元件。但仅这三个元件动作的调节系统是无法完成调节任务的,由图 5-2 可以看出,当接力器关到和机组甩负荷出力相适应时,关闭过程中机组的剩余能量使得水轮机的转速上升到最大值,如图 5-3 所示。由于机组实际转速大于机组额定转速,飞摆输出的位移指令操作主配压阀继续向关闭方向移动,形成过调节。当转速回落到给定值时,机组出力又低于系统负荷的要求,即机组主动力矩小于阻抗力矩,机组转速就会进一步回落,当机组转速小于机组额定转速时,飞摆位移指令操作主配压阀使接力器向开启方向动作。当出力上升到给定值时,转速达到最低点,接力器继续开启,转速开始回升,形成调节的波动、循环振荡过程,不能稳定下来。

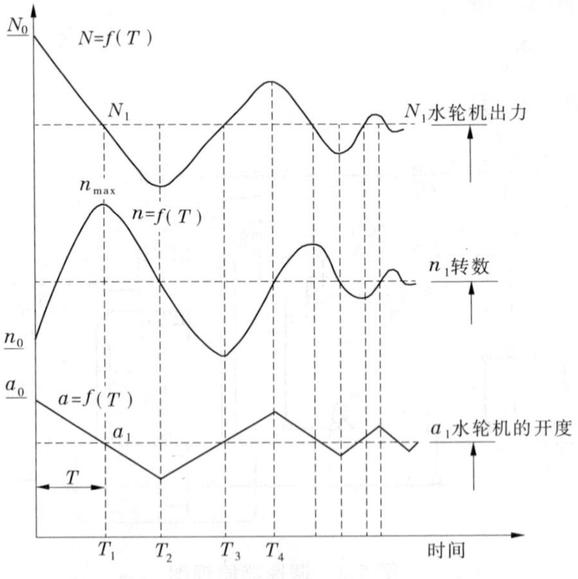

图 5-3　部分甩负荷时水轮机调节过程中 N、n 及 a 的变化情况

为了改善调节系统的过调节和不稳定,需要设置反馈元件,如图 5-2 中 4 ~ 7 的部件。通过反馈元件,当接力器向左侧关闭、活塞杆左移时,使 P 点上移,O 点则上移到 O′点,从

而使杠杆 AOB 处于 $A'OB'$ 的位置，主配压阀回到中间位置，停止向接力器供油，接力器的移动随即停止，从而改善过调节现象，使后一个循环的调节波动幅值小于前一个循环的调节波动幅值，逐渐趋于稳定，各参数的波动过程线如图 5-3 所示。

三、调速器的静、动特性曲线

机组负荷发生变化时，转速产生偏差，调速器动作，改变导叶的开度，使负荷达到新的平衡，转速得到恢复。在这一系列过程中，调节系统有两种状态，一种是调节前和调节后的稳定状态；另一种是从调节开始到调节终了各相关参数随调节时间变化的过渡状态。前一种状态可以用调节系统的静特性来描述，后一种状态可以用调节系统的动特性来描述。

（一）调节系统的静特性

调节系统的静特性是指机组转速与出力的关系，如图 5-4 所示。在图 5-4(a)中，机组转速与出力的关系为一条与横轴平行的直线，这表示不管负荷如何变化，在调节前后的稳定状态，机组转速均保持为额定转速 n_0 不变，这种调节称为无差调节。

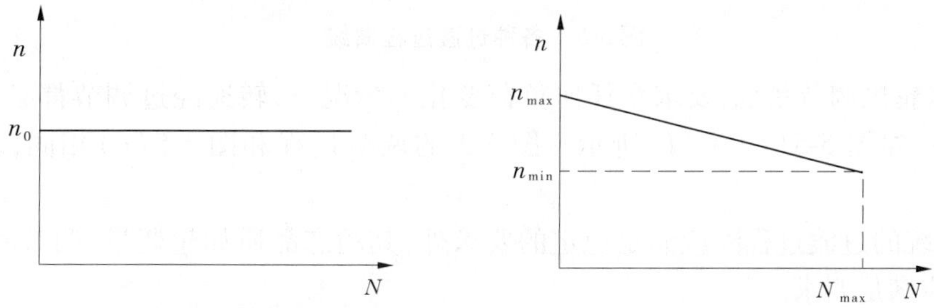

(a)无差静特性　　(b)有差静特性

图 5-4　调节系统的静特性

在图 5-4(b)中，静特性曲线有一定的倾斜度，意味着机组从一个稳定状态过渡到另一个新的稳定状态，机组的出力不同，对应的转速也不同，这种调节称为有差调节。

无差调节只能用于单台机组运行的情况，对于并列运行的机组，应采用有差调节。因为当系统负荷变化时，各机组反应先后和动作快慢不一样，无差调节不能将变化的那部分负荷有针对性地进行分配，并且在稳定状态也会发生负荷在机组间自动转移的现象。

并列运行的机组，必须用有差调节。不同的机组，采用不同的调差率。对应给定的系统总负荷或负荷变化量，各机组所承担的负荷量是明确的，从而使总负荷得到合理分配。调差率可用下式计算

$$e_p = \frac{n_{max} - n_{min}}{n_0} \times 100\% \qquad (5\text{-}3)$$

式中　n_{max}——机组的最大稳定转速，对应于空载工况；

n_{min}——机组的最小稳定转速，对应于最大负荷工况；

n_0——机组额定转速。

e_p 的范围为 0% ~8%，e_p =0% 的情况即为无差调节。

（二）调节系统的动特性

调节系统的动特性是指过渡过程中转速等可调参数随时间的变化关系，常以 $n=f(t)$（或 $\omega=f(t)$）的动特性曲线来表示，过渡过程中的动特性曲线理论上可以有多种形式，如图 5-5所示。

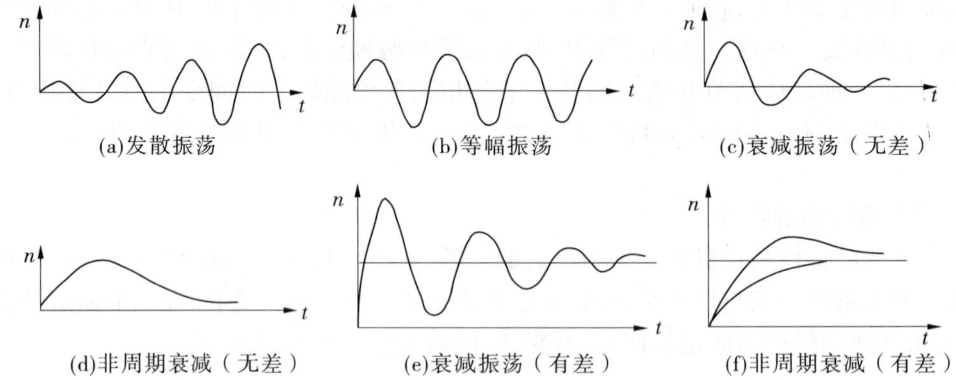

图 5-5　各种过渡过程曲线

对于水轮机调节系统，要求在任何负荷变化的情况下，转速经过调节都必须达到绝对稳定状态，如图 5-5（c）~（f）所示。图 5-3 的调节过程和图 5-5（e）相同，均为有差调节。

调节系统的过渡过程除应满足稳定的要求外，其动态品质如超调量、调节时间、振荡次数等，也应满足要求。

第三节　调速器的主要设备及选择

一、调速器的主要设备

调速器的主要设备包括调速柜、油压设备和接力器三部分。中小型水轮机调速器的这三部分通常组成一个整体，也称为组合式调速器，如图 5-6 所示。组合式调速器结构紧凑，便于布置和安装，运行上也比较方便。大型水轮机调速器的油压设备和接力器尺寸均较大，采用分体式，如图 5-7 所示。

调速柜也称为调速器的控制柜，它通常将测量元件、放大元件、反馈元件集成在一起，具有数据采集和数据处理功能。如果是微机调速器，其中还装有微型计算机。调速柜的面板上设置有按钮和键盘，在水轮机安装和检修期间，用于调整相关参数。水轮发电机组正常运行时，调速器自动工作，改变运行方式以及开机或关机等操作通常是通过中控室控制台上的按钮或计算机键盘来完成的，而无须在调速柜上直接操作。

油压设备是供给调速器压力油能源的设备，由压力罐、回油箱、油泵、输油管及附件组成。

油罐中油的比例占 30% ~40%，高压空气的比例占 60% ~70%，额定工作油压有的

图 5-6　组合式调速器

图 5-7　分体式调速器

电站为 2. 5 MPa，有的电站为 4. 0 MPa。调速器工作时的高压油来自油罐，低压侧的油通过回油管路进入回油箱。随着压力油罐内的油位降低，对于额定油压为 2. 5 MPa 的电站，当油压降到正常工作油压 2. 3 ~2. 7 MPa 的下限时，油泵自动启动，将回油箱中的油泵入压力油罐，油压达到工作油压上限时，油泵停止工作。

接力器是调速器的执行元件，调速功的大小不仅和调速器的工作油压有关，还和接力器活塞的面积有关。为了工作平稳和获得较大的调速功，大、中型水电站每台机组通常设置有两个或两个以上的接力器。

二、调速设备的选择

（一）调速器的系列

在微机调速器出现以前，我国曾制定了反击式水轮机调速器的系列型谱，如表 5-1 所示。表中的型号由三部分组成，各部分用短横线分开。

第一部分用来表明调速器的基本特性和类型，采用汉语拼音的第一个字母：大型（无代号），中型带油压装置（Y）；机械液压型（无代号），电气液压型（D）；单调（无代号），双调（S）；调速器（T），通流式调速器（TT）。

第二部分的阿拉伯数字，对于中小型调速器是指最高工作油压下的主接力器工作容量（kg · m），对于大型调速器是指主配压阀的直径（mm）；字母 A、B、C、D…表示改型标记。

第三部分表示调速器的额定油压，也采用阿拉伯数字。为简便起见，对接力器工作容量为 25 kg/cm^2（约 2. 5 MPa）及以下者不加表示，而对额定油压较高者则用油压数值表示。

型号示例：

表 5-1　反击式水轮机调速器系列型谱

类型		型式			
		压力油箱式			通流式
		大型	中型	小型	特小型
单调节调速器	机械液压式	YT－100	YT－1800 YT－3000	YT－300 YT－600 YT－1000	TT－35 TT－75 TT－150 TT－300
	电气液压式	DT－80 DT－100 DT－150	YDT－800 YDT－3000		
双调节调速器	机械液压式	ST－100 ST－150			
	电气液压式	DST－80 DST－100 DST－150 DST－200			

(1)YT－3000,表示中型带油压装置的机械液压单调节型调速器,其接力器工作容量为 3 000 kg·m (29 419.95 N·m)。

(2)DST－100A－40,表示大型电气液压双调节型调速器,主配压阀直径为 100 mm,经第一次改型后的产品,额定工作油压为 40 kg/cm^2(约 4.0 MPa)。

微机调速器出现以后,虽然已在我国的许多水电站投入使用,也是今后新建水电站的首选产品,但微机调速器在我国还处于不断的发展完善阶段,目前我国还没有制定出统一的标准系列和相应详细的技术标准,各生产厂家对型号的标注还不完全统一。因此,在选择微机调速器时,要求对当时微机调速器的现状有足够的了解。

(二)调速器选择的一般原则

调速器选择的一般原则有以下几点:

(1)根据水轮机的出力和水头等有关参数,对小型机组,确定出所需的调速功;对大、中型机组,确定出接力器的直径和容量、主配压阀的直径及压力油箱(罐)的总容积,从而选出相应的调速器。

(2)对于大型水电站及中小型水电站中容量相对较大、在小电网中担任调频任务、单机带孤立负荷的运行方式、对电能品质要求较高或在系统中有较大冲击负荷的电站,应选择调节品质好、自动化程度高的调速器。

(3)当机组引水管道较长,有可能在压力管道内产生较大水击压力的情况下,宜选择调节规律较好的调速器,以减小水击压力。

(4)对于容量较小、在系统中地位不重要、经常承担基荷的机组,宜选用调节方式简单、性能稳定、价格便宜的调速器,以节省投资。

(5)选择调速器应考虑和相关设备的功能匹配和协调,避免高端产品和低端产品结合,导致通信不畅,利用率不高,造成不必要的浪费。

调速器的调速功计算,主配压阀、接力器及油压装置的计算与选择,可参阅相关设计手册,在此不再赘述。

第二篇 水电站输水系统

第六章 水电站进水口

第一节 进水口的功用和要求

水电站进水口位于水电站引水系统的首部。其功用是按照发电要求将水引入水电站的引水道。进水口应满足下述基本要求:

(1)要有足够的进水能力。在任何工作水位下,进水口都能引进发电必需的流量。因此,在枢纽布置中必须合理安排进水口的位置和高程。进水口要求水流平顺并有足够的断面尺寸,一般按水电站的最大引用流量 Q_{max} 设计。

(2)水质要符合要求。不允许有害泥沙和各种有害污物进入引水道和水轮机。因此,进水口要设置拦污、防冰、拦沙、沉沙及冲沙等设备。

(3)水头损失要小。进水口位置要合理,进口轮廓平顺,流速较小,尽可能减小水头损失。

(4)可控制流量。进水口须设置闸门,以便在出现事故时紧急关闭,截断水流,避免事故扩大,也为引水系统的检修创造条件。对于无压引水式电站,引用流量的大小也由进口闸门控制。

(5)满足水工建筑物的一般要求。进水口要有足够的强度、刚度和稳定性,结构简单,施工方便,造型美观,便于运行、维护和检修。

由于进水口后连接的引水方式、水流流态和所处的位置不同,进水口的型式也不相同。按水流条件分,水电站进水口分为有压进水口和无压进水口两大类。

第二节 有压进水口

有压进水口的特征是:进水口高程设在水库死水位以下,以引进深层水为主,整个进水口处于有压状态,其后接有压隧洞或压力管道。适用于坝式、有压引水式、混合式水电站。有压进水口通常由进口段、闸门段和渐变段组成。

一、有压进水口的类型及适用条件

(一)隧洞式进水口

隧洞式进水口布置在水库岸边的山体中。闸门安装在从山体开挖的竖井中,井壁一

般要进行衬砌,竖井的顶部布置启闭机和操纵室,如图 6-1 所示。渐变段之后接隧洞洞身。这种布置的优点是:由于充分利用了围岩的作用,结构比较简单,钢筋混凝土工程量较小;同时不受风浪和冰冻的影响,地震影响也较小,比较安全可靠。缺点是竖井之前的隧洞段不便检修,竖井开挖也较困难。这种进水口适用于工程地质条件较好,岩体比较完整,山坡坡度适宜,易于开挖平洞和竖井的情况。

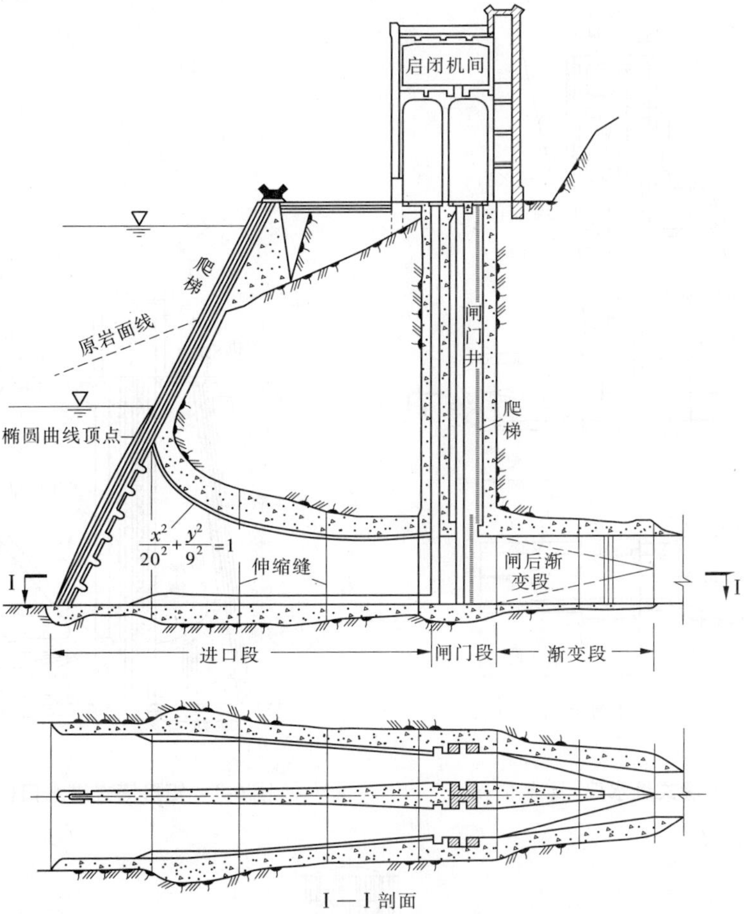

图 6-1　隧洞式进水口

(二)墙式进水口

墙式进水口的进口段、闸门段和闸门竖井均布置在山体之外,形成一个紧靠在山岩上的单独墙式建筑物,如图 6-2 所示。墙式建筑物承受水压力及山岩压力,要求有足够的稳定性和强度。有时可将墙式结构连同闸门槽依山做成倾斜的,以减小或免除山岩压力,同时使水压力部分或全部传给山岩承受。这种进水口适用于地质条件差,山坡较陡,不易开挖竖井的情况。

(三)塔式进水口

塔式进水口的进口段和闸门段形成一个矩形塔式结构,独立在水库之中,塔顶设操纵平台和启闭机室,用工作桥与岸边或坝顶相连,如图 6-3 所示。塔身是直立的悬臂结构,要承受水压力和风浪压力，在地震区还要承受地震惯性力和地震水压力，需对其进行抗倾、抗滑稳定和结构应力计算，要求有足够的强度和稳定性，同时要求地基坚固。塔式进水口也可环向进水形成一个圆形塔式结构，然后将水引入塔底的竖井中，如图 6-4 所示。塔式进水口适用于洞口附近地质条件较差或地形平缓不宜采用洞式进水口的情况，当地材料坝的坝下涵管也常采用塔式进水口。

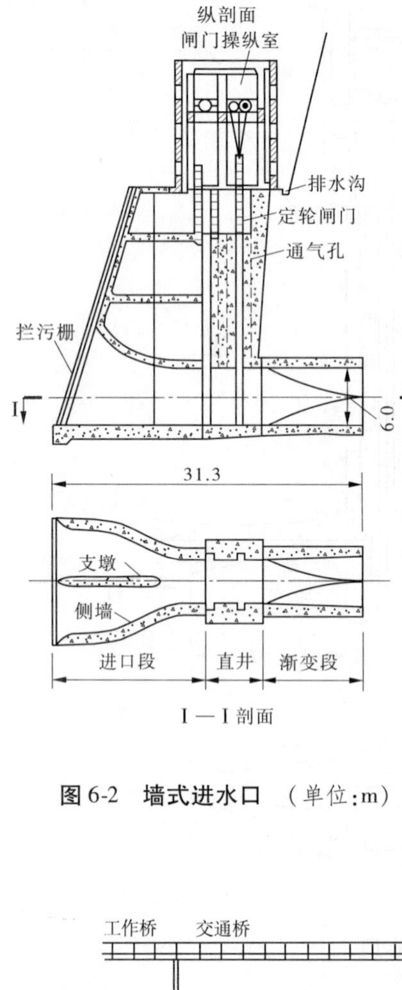

图 6-2　墙式进水口　（单位：m）

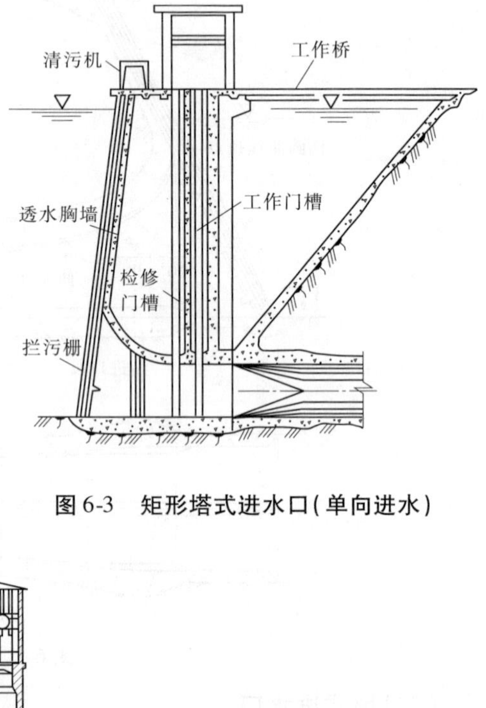

图 6-3　矩形塔式进水口（单向进水）

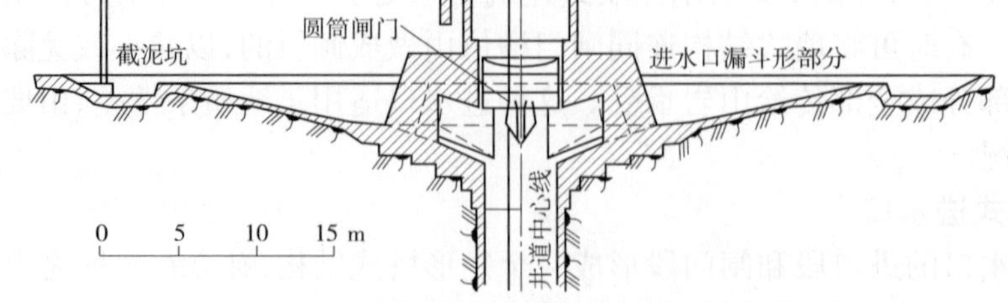

图 6-4　圆形塔式进水口（环向进水）

（四）坝式进水口

坝式进水口布置在坝体的上游面上，并与坝内压力管道连接。坝式进水口的进口段和闸门段常合二为一，将检修闸门和工作闸门布置在喇叭口的过渡段内；同时，将拦污栅等布置在伸向上游水库中的悬臂结构上，如图6-5所示，以尽量缩短进水口长度，不过分削弱坝体。坝式进水口适用于混凝土重力坝的坝后式厂房、坝内式厂房和河床式厂房。

二、有压进水口的位置、高程及轮廓尺寸

（一）有压进水口的位置

水电站有压进水口在枢纽中的位置，应尽量使水流平顺、对称，不发生回流和旋涡，不出现淤积，不聚集污物，泄洪时仍能正常进水。进水口后接压力隧洞，应与洞线布置协调一致，选择地形、地质及水流条件均较好的位置。

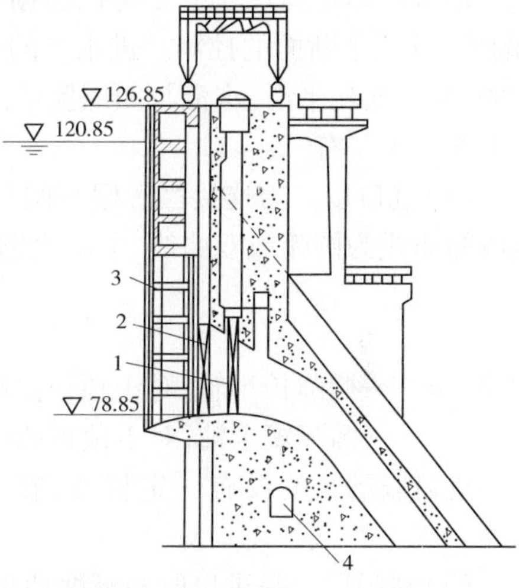

图6-5　坝式进水口　（单位：m）

1—事故闸门；2—检修闸门；3—拦污栅；4—廊道

（二）有压进水口的高程

有压进水口顶部高程应保证在上游最低运行水位时仍有足够的淹没深度（见图6-6），以进水口前不出现漏斗式吸气旋涡为原则。因为漏斗式吸气旋涡会带入空气，吸入漂浮物，引起噪音和振动，减小过水能力，影响水电站的正常发电。

《水利水电工程进水口设计规范》（SL 285—2003）建议，防止出现漏斗式吸气旋涡的临界淹没深度可按下面经验公式估算

$$S = Cv\sqrt{H} \tag{6-1}$$

式中　H——闸门孔口净高，m；

v——闸门断面平均速度，m/s；

C——系数，对称进水时取0.55，边界复杂和侧向进水时取0.73；

S——闸门顶低于最低水位的临界淹没深度，m。

由于影响旋涡产生的因素很多，有些因素无法定量估算，对于重要工程建议用模型试验来研究确定临界淹没深度。经验表明，完全不产生旋涡是困难的，关键是不应产生漏斗式吸气旋涡。如已建水电站在运行中发现吸气旋涡，则应采取在出现吸气旋涡的水面下设置防涡梁、板和防涡栅等措施加以消除。

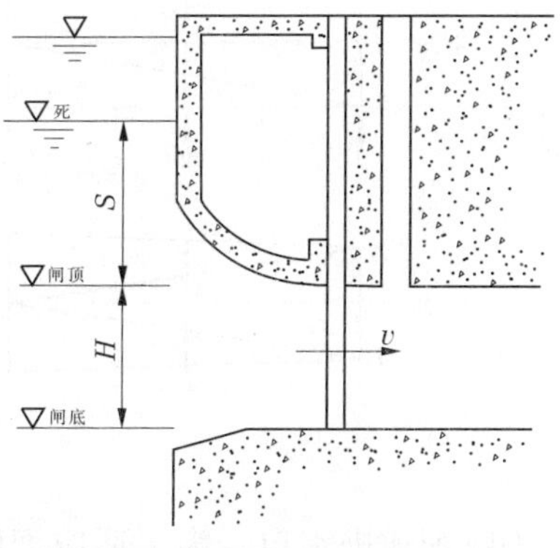

图6-6　有压进水口淹没深度

在满足进水口前不出现漏斗式吸气旋涡及引水道内不产生负压的前提下，进水口的高程应尽可能抬高，以改善结构的受力条件，降低闸门、启闭设备及引水道的造价，也便于进水口的维护和检修。

有压进水口底部高程应高于设计淤沙高程。如果这个要求无法满足,则应在进水口附近设排沙孔,以保证进水口不被淤沙堵塞。进水口的底部高程通常在水库设计淤沙高程以上 0.5 ~1.0 m,当设有排沙设施时,应根据排沙情况而定。

有压进水口启闭机室高程应高于水库最高洪水位,以防止启闭设备在洪水期被淹没。

(三)有压进水口的轮廓尺寸

进水口的轮廓尺寸主要受拦污栅断面(矩形)、闸门段断面(矩形)和隧洞过水断面(圆形)这三个断面的控制。进水口的轮廓就是使这三个断面能平顺地连接起来,使水流平顺,流速变化平滑,水流与四周侧壁之间无负压及涡流。进口流速不宜太大,一般控制在 1.5 m/s 左右。

(1)进口段。为连接拦污栅与闸门段的矩形断面喇叭体型。进口段一般为平底,两侧收缩曲线为圆弧或双曲线,上唇收缩曲线一般为椭圆,如图 6-1 所示。椭圆曲线方程为

$$\frac{x^2}{a^2}+\frac{y^2}{b^2}=1 \tag{6-2}$$

式中　a——椭圆长半轴,对于顶板曲线约等于闸门处的孔口高度 H;

b——椭圆短半轴,对于顶板曲线,可取 $H/3$。

进口段的长度没有一定标准,在满足工程结构布置与水流顺畅的条件下,尽可能紧凑。

(2)闸门段。是进口段和渐变段的连接段,闸门及启闭设备布置在此段。闸门段一般为矩形,事故闸门净过水面积为(1.1 ~1.25)×隧洞面积,检修闸门孔口与此相等或稍大。门宽 B 等于洞径 D,门高略大于洞径 D。

闸门段的体型主要取决于所采用的闸门、门槽型式及结构条件,其长度应满足闸门及启闭设备布置需要,并考虑引水道检修通道的要求。

(3)渐变段。是矩形闸门段到圆形隧洞的过渡段。通常采用圆角过渡,如图 6-7 所示。圆角半径 r 可按直线规律从零变为隧洞半径 R。渐变段的长度一般为隧洞直径的 1.5 ~2.0 倍,侧面收缩角以 6°~8°为宜,一般不超过 10°。

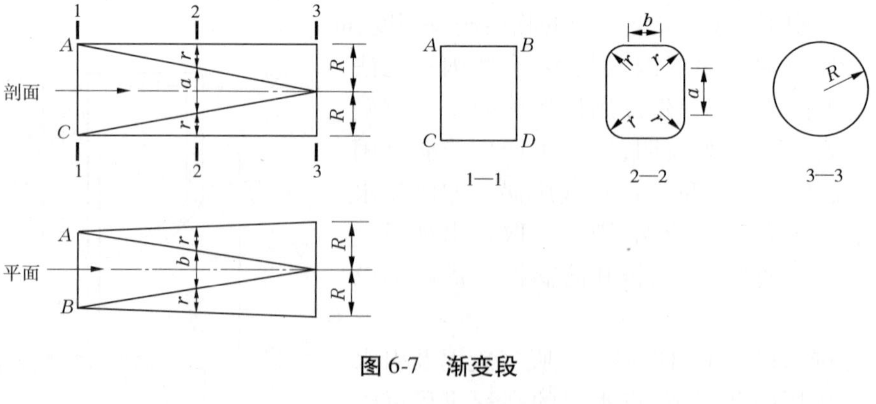

图 6-7　渐变段

(4)坝式进水口。为了适应坝体的结构要求,坝式进水口的长度要缩短,进口段与闸门段常合二为一。

坝式进水口为矩形喇叭口状,水头较高时,喇叭开口较小,以减小闸门尺寸及孔口对

坝体结构的影响；水头较低时，喇叭开口较大，以降低水头损失。喇叭口的形状一般由试验确定，以不出现负压、旋涡且水头损失最小为原则。

坝式进水口的渐变段长度一般取引水道直径的1.0～1.5倍。

进水口的中心线可以是水平的，也可以是倾斜的，视与压力管道连接的条件而定。

三、有压进水口的主要设备

有压进水口主要设置拦污设备、闸门及其启闭设备、通气孔及充水阀等。

（一）拦污设备

拦污设备的功用是防止河道及水库中漂浮的漂木、树枝、树叶、杂草、垃圾、浮冰等有害污物随水流进入进水口，同时不让这些漂浮物堵塞进水口，以免影响机组正常运行。主要拦污设备为进口处的拦污栅。

1.拦污栅的布置及支承结构

拦污栅的立面布置可以是倾斜的或垂直的。隧洞式进水口和墙式进水口的拦污栅常布置成倾斜的，倾角为60°～70°，如图6-1和图6-2所示。这种布置的优点是过水断面大，易于清污。塔式进水口的拦污栅可以布置为倾斜的或垂直的，取决于进水口的结构形状。坝式进水口的拦污栅一般布置成垂直的，如图6-5所示。

拦污栅的平面形状可以是平面的或多边形的，前者结构简单，便于机械清污，后者可增大过水面积。隧洞式进水口和墙式进水口一般采用平面拦污栅，如图6-1和图6-2所示。塔式进水口和坝式进水口的拦污栅则平面的或多边形的均可采用，图6-8为多边形拦污栅。

拦污栅通常由钢筋混凝土框架结构支承，拦污栅框架由柱墩及横梁组成，柱墩的间距一般不大于2.5 m，墩（柱）侧面留槽，拦污栅片插在槽内，上、下两端分别支承在两根横梁上，承受水压时相当于简支梁。横梁的间距一般不大于4 m，间距过大会加大栅片的横断面，过小会减小净过水断面，增加水头损失。拦污栅框架顶部应高出需要清污时的相应水库水位。

2.拦污栅栅片及栅条

拦污栅由若干块栅片组成，每块栅片的宽度一般不超过2.5 m，高度不超过4 m，栅片像闸门一样插在支承结构的栅槽中。栅片顶部设有吊环，必要时可一片片提起检修。栅片的结构如图6-9所示。其矩形边框由角钢或槽钢焊成，纵向的栅条常用扁钢制成，上下两端焊在边框上。为了固定栅条的位置并增加其侧向稳定性，沿栅条的长度方向等距设置几道带有槽口的横隔板，栅条背水的一边嵌入该槽口并加焊。

栅条的厚度及宽度由强度计算确定，通常厚8～12 mm，宽100～200 mm。栅条的净距b大，拦污效果差，水头损失小；相反b小，拦污效果好，水头损失大。因此，栅条的净距应保证通过拦污栅的污物不会卡在水轮机过流部件中。对混流式水轮机可取$b = D_1/30$，对轴流式水轮机可取$b = D_1/20$，对冲击式水轮机可取$b = d/5$，其中D_1为转轮标称直径，d为喷嘴直径。但最大净距不宜超过200 mm，最小净距不宜小于50 mm。栅条的截面形状直接影响水流通过拦污栅时的水头损失，栅条截面型式如图6-10所示。

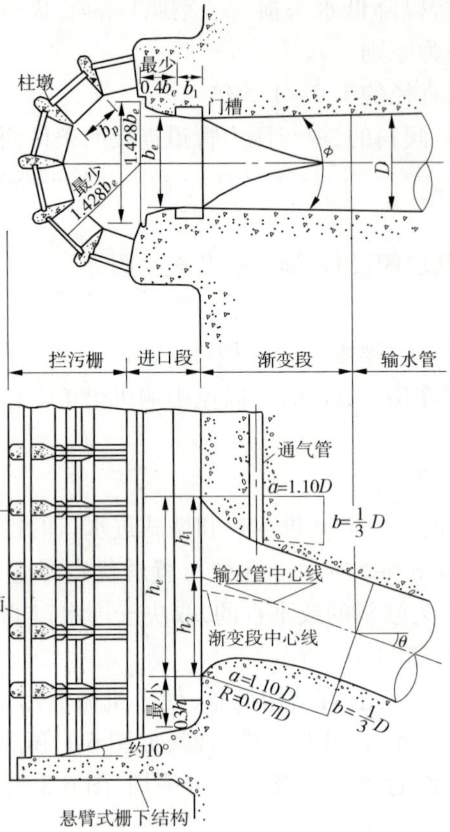

图 6-8　多边形拦污栅

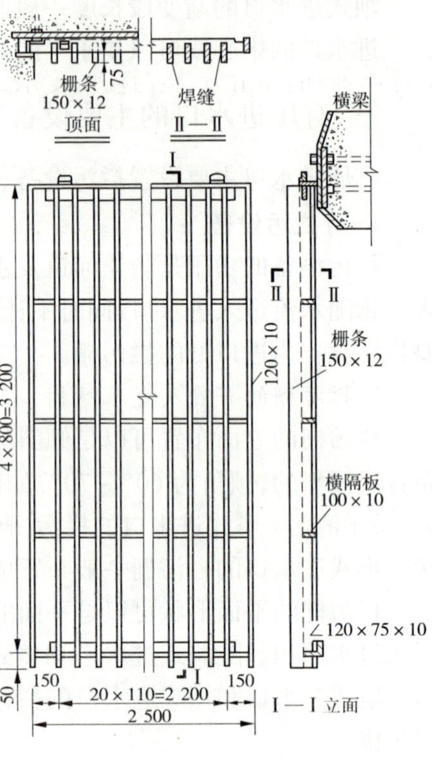

图 6-9　栅片的结构

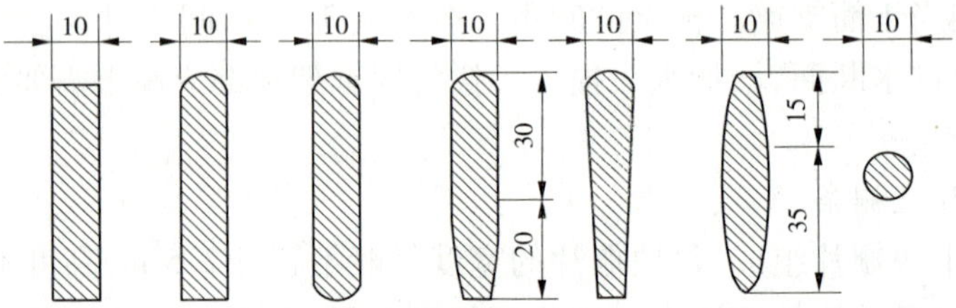

图 6-10　拦污栅栅条截面型式　（单位：mm）

3. 拦污栅设计

拦污栅与进水口之间的距离不小于引水道洞径或管道直径，以保证水流平顺。

拦污栅的总高度决定于库水位及清污要求。对于不要求经常清污的大型水库，拦污栅框架的顶部高程可做在汛前水位以上，以便每年能有机会清理和维修拦污栅。对漂浮物多，需要经常清污的电站，则拦污栅的顶部高程应高于清污的最高水位。

拦污栅断面尺寸由过栅流速来决定。过栅流速是指扣除柱墩、横梁及栅条等各种阻水断面后按净面积计算出的流速。拦污栅总面积小则过栅流速大，水头损失大，漂浮物对拦污栅的撞击力大，清污亦困难；拦污栅面积大则会增加造价，甚至布置困难。为便于清污，过栅流速以不超过1.0 m/s为宜。当河流污物很少或加设了粗栅、拦污浮排后，拦污栅前污物很少，而水电站引用流量较大时，过栅流速可适当加大。

拦污栅及支承结构的设计荷载有水压力、清污机压力、清污机自重、漂浮物（浮木及浮冰等）的冲击力、拦污栅及支承结构的自重等。拦污栅设计的水压力指的是拦污栅在可能堵塞情况下栅前栅后的压力差，一般可取4～5 m均匀水压力进行设计。

拦污栅栅片上下两端支承在横梁上，栅条相当于简支梁，设计荷载确定后就可求出所需的截面尺寸。栅片的荷载传给上下两根横梁，横梁受均布力，横梁、柱墩按框架结构设计。

4.拦污栅的清污及防冻

拦污栅被污物堵塞后水头损失明显增大，因此拦污栅必须及时清污，以免造成额外的水头损失。堵塞不严重时清污方便，堵塞过多则过栅流速增大，污物被水压力紧压在栅条上，清污困难，有时会造成被迫停机或压坏拦污栅的事故。

清污方式有人工清污和机械清污两种。人工清污是用齿耙扒掉拦污栅上的污物，一般用于小型水电站的浅水、倾斜拦污栅。大中型水电站常用清污机来机械清污，如图6-11所示。

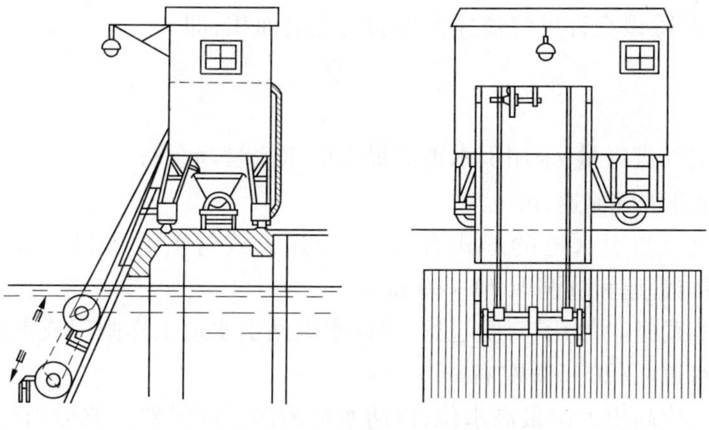

图6-11　清污机工作图

拦污栅吊起清污的方法可用于污物不多的河流，结合拦污栅检修进行，也用于污物（尤其是漂浮的树枝）较多、水下清污困难的情况。这种情况下可设两道拦污栅，一道吊出清污时，另一道可以拦污，以保证水电站正常运行。

在严寒地区要防止拦污栅封冻。如冬季仍能保证全部栅条完全处于水下，则水面形成冰盖后，下层水温高于0 ℃，栅面不会结冰。如栅条露出水面，则要设法防止栅面结冰。一种方法是在栅面上通过50 V以下电流，形成回路，使栅条发热；另一种方法是将压缩空气用管道通到拦污栅上游面的底部，从均匀布置的喷嘴中喷出，形成自下向上的夹气水流，将下层温水带至栅面，并增加水流紊动，防止栅面结冰。

（二）闸门及其启闭设备

为了控制水流，进水口必须设置闸门。闸门可分为事故闸门和检修闸门。

事故闸门的作用主要是当机组或引水道发生事故时，迅速切断水流，以防事故扩大。事故闸门通常悬挂于孔口上方，事故时要求在动水中快速关闭（1 ~ 2 min）。闸门要求在静水中开启，即先用充水阀向门后充水，待闸门前后水压基本平衡后再开启闸门。由于引水道末端阀门会漏水，特别是水轮机导叶漏水量较大，所以事故闸门应能在 3 ~ 5 m 水压下开启。事故闸门一般为平板门。启闭设备采用固定式卷扬启闭机或油压启闭机，每个闸门配置一套，以便随时操作闸门。闸门操作应尽可能自动化，并能吊出检修。

检修闸门设在事故闸门上游侧，当检修事故闸门及其门槽时用以堵水。检修闸门一般采用平板闸门，中小型电站也可以采用叠梁。检修闸门要求在静水中启闭，可以几个进水口共用一套检修闸门，用移动式或临时启闭设备启闭，平时检修闸门存放在储门室内。

（三）通气孔及充水阀

1. 通气孔

通气孔设在有压进水口的事故闸门之后，其作用是当引水道充水时用以排气，当事故闸门紧急关闭放空引水道时，用以补气以防引水道内出现有害真空。若闸门为前止水布置，可利用事故闸门竖井兼作通气孔；若闸门为后止水布置，则必须设专门的通气孔。通气孔内设爬梯，兼作进人孔。

通气孔的面积取决于事故闸门关闭时的进气量，进气量的大小一般取引水道的最大引用流量，进气量除以允许进气流速即得通气孔的面积，即

$$A = \frac{Q_a}{v_a} \tag{6-3}$$

式中 Q_a——空气进气量，采用引水道的最大引水流量，m^3/s；

v_a——允许进气流速，m/s。

允许进气流速与引水道的形式有关，对于露天式管道进水口，一般取进气流速为 30 ~ 50 m/s，坝内管道和隧洞取 70 ~ 80 m/s。

根据工程实践经验，为了简便起见，建议水电站引水道工作闸门或事故闸门后的通气孔面积可取引水道面积的 5% 左右。

通气孔顶端应高出上游最高水位，以防水流溢出。同时要采取适当措施，防止通气孔因冰冻堵塞，并防止大量进气时危害运行人员或吸入周围物件。

2. 充水阀

充水阀的作用是开启闸门前向引水道充水，平衡闸门前后水压，以便在静水中开启闸门，从而减小闸门启闭力。充水阀的尺寸可根据充水容积、下游漏水量及要求的充水时间来确定。

充水阀可安装在专门设置的连通闸门前后水道的旁通管上，但较常见的是直接将充水阀设置在平板门上，利用闸门拉杆启闭。闸门关闭时，在拉杆及充水阀重量的共同作用下，充水阀关闭；开启闸门前，先将拉杆吊起 200 mm 左右，这时充水阀开启（闸门门体未提起），开始向引水道充水，充水完毕，再提起闸门。

坝式进水口设旁通管，管的上游通至上游坝面，下游通至事故闸门之后，旁通管穿过坝体廊道，并在廊道内设充水阀。

第三节　无压进水口及沉沙池

一、无压进水口

无压进水口内水流为明流,以引进表层水为主,进水口后一般接无压引水道,如图6-12所示。无压进水口适用于无压引水式电站,起着控制水量与水质的作用,并保证使发电所需水量以尽可能小的水头损失进入渠道。

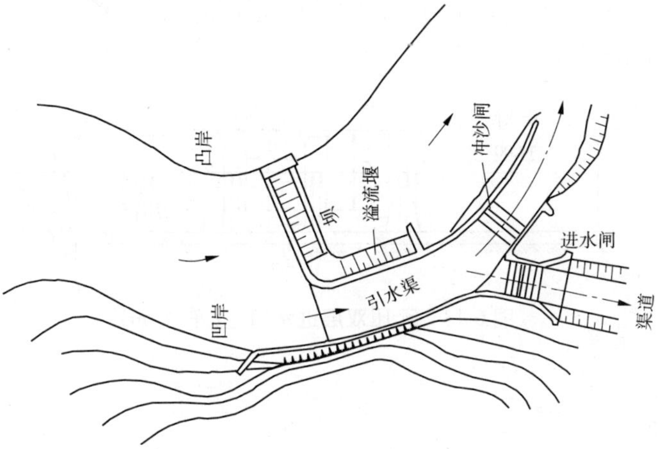

图6-12　无压进水口平面布置示意图

(一)进水口位置

无压进水口上游无大水库,河中流速较大(尤其是洪水期),泥沙、污物等可顺流而下直抵进水口前。平面上的回流作用常使漂浮物堆积于凸岸,立面上的环流作用则将底层泥沙带向凸岸,而使上层清水流向凹岸。因此,进水口应布置在河流弯曲段凹岸,以引进河流上层清水,减轻泥沙和冰凌的危害。同时,还要尽可能使水流平顺,水头损失小。

(二)拦污设施

无压进水口一般均设拦污栅或浮排以拦截漂浮物。当树枝、草根等污物较多时,常设粗、细两道拦污栅,当河中漂木较多时,可设胸墙拦阻漂木。

(三)拦沙、沉沙、冲沙设施

进水口应能防止粒径大于0.25 mm的有害泥沙进入引水道,以免淤积引水道,降低过流能力,以及磨损水轮机转轮和过流部件。在无压进水口前常设拦沙坎,截住沿河底滚动的推移质泥沙,并通过冲沙底孔或廊道排至下游。进水口内常设沉沙池,沉积悬移质泥沙中的有害泥沙,再利用冲沙廊道或排沙机械将其清除。

图6-13为一双层进水口,上层清水进入渠道,推移质泥沙则堆积在进水口前,通过定期打开底孔冲沙廊道将其冲走。分水墙用来分隔水流,以形成较大的流速。冲沙廊道中的水流流速一般要达到4～6 m/s才能有效地冲沙。

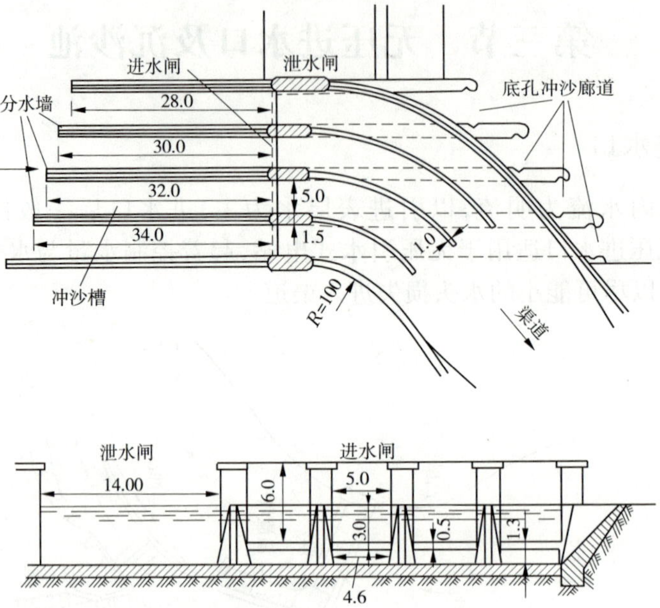

图 6-13　无压双层进水口　（单位:m）

二、沉沙池

沉沙池的基本原理是加大过水断面并通过分流墙或格栅形成均匀的低速区,减小水流挟沙能力,使有害泥沙沉积在池内,而让清水进入引水道。沉沙池内水流平均流速一般为0.25～0.70 m/s,视有害泥沙粒径而定。水流流出沉沙池前,挟带的有害泥沙应能沉入池底,这就要求沉沙池有足够的长度。沉沙池的过水断面和长度要通过专门计算及试验来确定。

沉沙池内沉积的泥沙要及时排除。可采用冲沙廊道冲沙,冲沙方式分连续冲沙、定期冲沙及机械排沙三种。

定期冲沙的沉沙池,当泥沙淤积到一定深度时,关闭沉沙池后进入引水渠的闸门,打开冲沙道的闸门,降低池中水位,向原河道中冲沙。为了不影响发电,可将沉沙池做成数个并列的沉沙道,定期轮换冲沙。机械排沙是用挖泥船等排除沉积的泥沙。

第七章　水电站引水建筑物

第一节　引水建筑物的功用与要求

水电站引水建筑物的功用是集中河段落差，形成水头，并将进入进水口的水流按发电要求引入水力发电机组，将发电后的水流（通常称为尾水）排向下游河道。按水流条件分，水电站引水建筑物可分为无压引水及有压引水两大类。

无压引水建筑物的特点是具有自由水面，引水道承受的水压不大，适用于无压引水式水电站。在结构型式上，无压引水建筑物中最常用的是渠道，较少的情况下也使用无压隧洞。当水库水位变化很小，沿线地形平缓，岸坡稳定时，适合采用渠道。渠道常沿山坡等高线布置，受地形及地质条件制约，其长度和开挖工程量较大，且运行期要经常维护、修理，但由于在地表面施工，因而比较方便，中小型电站常采用渠道引水。某些特殊情况下，如崎岖的山坡等，可能无法沿着不规则的等高线布置引水道，则对较深的峡谷可采用渡槽越过，对较浅的峡谷用倒虹吸穿越，对山岭用无压隧洞穿过。

有压引水建筑物的特点是引水道内为压力流，承受的水压力较大，适用于有压引水式水电站。有压隧洞是最常用的结构型式，它可以利用岩体承受内水压力和防止渗漏。特殊情况下，有压引水道可采用压力管道。埋藏在岩体中的隧洞是造价比较昂贵但运行可靠的建筑物，使用年限长，维护工作量小，不受地表地形、气温及泥沙污物的影响。水管只在少数情况下用来集中落差，多数用来作为压力前池或调压室之后的压力管道。

引水建筑物应满足下列要求：

（1）有足够的输水能力。有压引水建筑物很容易满足此要求，无压引水建筑物也应能随时输送发电所需的流量，并有适应流量变化的能力。

（2）水质符合要求。对有压引水建筑物，只需在进水口处防止有害的污物及泥沙进入建筑物，以保证水质要求。对于无压引水渠道，则不仅要在渠首采取适当措施，还要在渠道沿线采取措施，以防止山坡上的污物及泥沙随暴雨涌入渠道，在渠末压力前池处还要再次采取拦污、防沙及排沙措施。

（3）运行安全可靠。对于有压引水建筑物的压力隧洞来说，除非发生特殊的事故，一般运行是安全可靠的。但对于无压引水建筑物的引水明渠，则运行中应满足防冲、防淤、防渗漏、防草、防凌等功能要求。渠道内水流速度要小于不冲流速而大于不淤流速。渠道的渗漏要限制在一定范围内，过大的渗漏不仅造成水量损失，而且会危及渠道安全。渠道中长草会增大水头损失，降低过水能力，在易长草季节，维持渠道中的水深大于 1.5 m 及流速大于 0.6 m/s 可抑制水草的生长。渠道中加设护面既可减小糙率，又可防渗、防冲、防草，有利于维护边坡稳定，保证电站出力，但工程造价增加。在严寒季节，水流中的冰凌会堵塞进水口的拦污栅。为了防止冰凌的生成，可暂时降低水电站出力，使渠道流速小于

0.45 ~0.60 m/s,并迅速形成冰盖。为了保护冰盖,渠内流速应限制在 1.25 m/s 以下,并防止过大的水位变动。

(4)结构经济合理,便于施工及运行。整个引水工程应通过技术经济比较,选择经济合理的方案,并便于施工和运行。

第二节　渠　道

水电站渠道可当做引水渠,为无压引水式水电站集中落差,形成水头,并向机组输水,也可用做尾水渠,将发电用过的水排入下游河道。尾水渠道通常很短,以下主要讨论引水渠道。

水电站的引水渠道与一般灌溉和供水渠道不同。电网中一天负荷变化很大,水电站一般起调峰作用,引用流量随负荷变化而变化,通常将水电站的引水渠道称为动力渠道,它位于无压进水口或沉沙池之后。

一、渠道类型

根据其水力特性,引水渠道可分为非自动调节渠道和自动调节渠道两种类型。

(一)非自动调节渠道

渠顶大致平行渠底,渠道的深度沿途不变,在渠道末端的压力前池中设泄水建筑物(溢流堰),如图 7-1 所示。

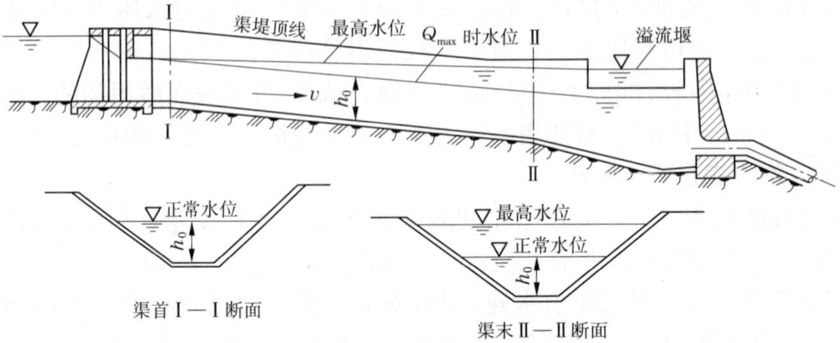

图 7-1　非自动调节渠道

当水电站的引用流量等于渠道设计流量时,水流处于均匀流状态,水面线平行渠底,渠内为正常水深,压力前池水位略低于溢流堰顶(一般为 3 ~5 cm);当水电站引用流量小于渠道设计流量时,水面线为壅水曲线,水位超过溢流堰顶后,开始溢流;当水电站引用流量为零时,通过渠道的全部流量均经溢流堰泄向下游。渠道末端的顶部高程应高于全部流量下泄时的渠末水位。为了减少无益弃水,应根据电站负荷的变化,运用渠首闸门的开度调节入渠流量。

这种渠道的优点是渠顶能随地形而变化,当渠道较长、底坡较陡时,工程量比较小。溢流堰可限制渠末的水位,保证向下游供水。其缺点是当下游无用水要求而进口闸门又不能及时关闭时,则造成大量无益弃水。对于渠道线路较长、地面纵坡较陡的电站或电站停止运行后仍需向下游供水的情况，广泛采用此种类型的渠道。

（二）自动调节渠道

渠顶高程沿渠道全长不变，而且高出渠内可能的最高水位，渠道断面向下游逐渐加大，渠末不设泄水建筑物，如图7-2所示。

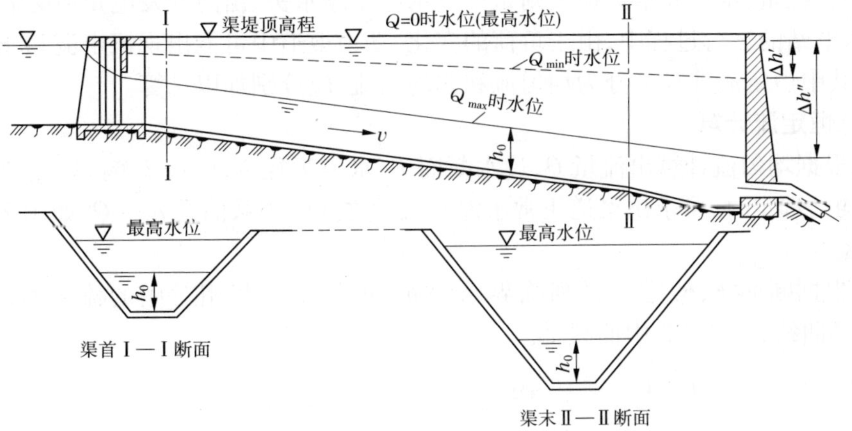

图7-2　自动调节渠道

当水电站的引用流量等于渠道设计流量时，水流处于均匀流状态，水面线平行于渠底，水深为正常水深h_0；当水电站引用流量小于渠道设计流量时，水流为非均匀流，水面形成壅水曲线；当水电站的引用流量为零时，渠道内水位是水平的；当水电站引用流量大于渠道设计流量时，渠道内为降水曲线。

这种渠道在最高水位和最低水位之间有一定的容积，从而在一定程度上起到了自动调节的作用，为水电站适应负荷变化创造了条件。

由于渠道顶部高程沿渠线相等，故工程量较大。只有在渠线较短，地面纵坡较缓，进口水位变化不大，而且下游没有其他部门用水要求的情况下，采用此种类型的渠道才可能是经济合理的。

二、渠道路线选择

引水渠道路线选择是引水式水电站规划设计的重要任务，应根据确定的引水高程和水电站厂房位置，选择一条从进水口至压力前池的渠道中心线。在进行线路选择时主要考虑沿线的地质和地形条件，一般应选择在岩体稳定性较好、渗透性和风化较弱的区域。在下列情况下不宜选择无压引水渠道方案：

（1）山坡不稳定；

（2）山坡过陡；

（3）渠道以上的山坡有不稳定的山体，或常有石块滚落下来；

（4）有可能发生雪崩；

（5）气候严寒，冰冻期较长，渠中水流有冰冻的可能。

在遇到这些问题时，可采取相应的工程措施，如将渠道局部封闭等。

三、渠道水力计算

渠道水力计算的目的是根据渠道的设计流量来选择合理的渠道断面，并计算在此断面下，水电站在不同运行情况时的渠道水位变化、水头损失和流速。渠道的断面尺寸决定着渠道的工程量，水位和水头损失则是计算水电站净水头、出力和发电量所必需的。

在水电站的运行过程中，由于负荷的变化，动力渠道中可能出现恒定流和非恒定流两种流态，其中恒定流计算又分为均匀流和非均匀流，应分别加以计算。

（一）恒定流计算

（1）根据均匀流计算出流量 Q、过水断面 F、水力半径 R、底坡 i、糙率 n 之间的关系。当 i 、F 均已选定时，可求出渠道正常水深与流量之间的关系曲线 $h_n \sim Q$，如图 7-3 中的曲线①所示。

（2）根据断面 F，假定一系列临界水深 h_c，可算得与其相对应的流量 Q，从而作出 $h_c \sim Q$关系曲线，即图 7-3 中曲线②。

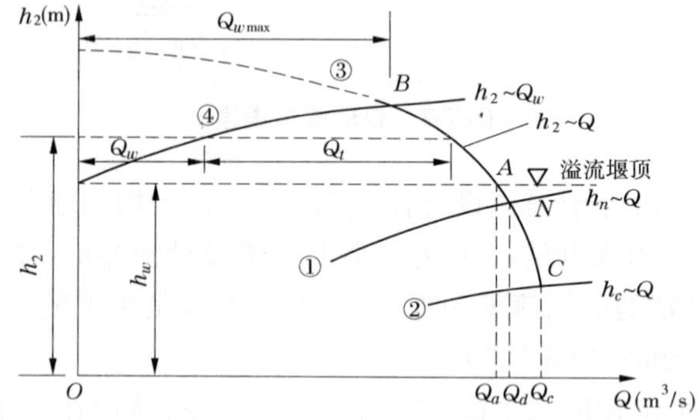

图 7-3　渠末水深与流量关系

（3）非均匀流计算的目的是确定水面曲线。对于给定的渠首设计水深 h_1（即水库为设计低水位、闸门全开下的渠首水深），利用水力学中非均匀流水面曲线的计算方法可求出渠道通过不同流量时渠末水深 h_2，绘出 $h_2 \sim Q$ 关系曲线，即图 7-3 中曲线③。

（4）根据渠末溢流堰的实际尺寸，按堰流公式可以得出渠末水深 h_2（等于堰顶至渠底的高度 h_w 加上堰上水头）与溢流流量 Q_w 的关系曲线 $h_2 \sim Q_w$，即图 7-3 中曲线④。

这几条曲线的关系及意义如下：

曲线①与曲线③的交点 N 表示 $h_1 = h_2$，渠内发生均匀流。此时的流量相应于渠道的设计流量 Q_d。

若水电站引用流量大于 Q_d，$h_2 < h_n$，渠中出现降水曲线，且随着流量的增加 h_2 迅速减小。h_2 的极限值是临界水深 h_c，即曲线②与曲线③的交点 C。此时的流量 Q_c 为给定渠首水深 h_1 下渠道的极限过水能力。一般取水电站的最大引用流量 Q_{max} 为渠道的设计流量 Q_d，这样可使渠道经常处于壅水状态工作，以增加发电水头；同时避免出现因流量增加不多而水头显著减小的现象；还可使渠道的过水能力留有余地，以防止渠道淤积、长草或实际糙率大于设计采用值时，水电站出力受阻（即发不出额定出力）。

水电站引用流量小于 Q_{max}（即 Q_d）时，渠中出现壅水曲线，渠末水位随流量减小而上升；当水电站引用流量等于 Q_a 时，即曲线③与堰顶高程线的交点 A 处，$h_2=h_w$，刚好不溢流，此时 h_2 为无弃水下的渠末最高水位；当水电站引用流量更小时，$h_2>h_w$，溢流堰发生溢流。令水轮机的引用流量为 Q_t，溢流流量为 Q_w，则通过渠道的流量为 Q_t+Q_w，渠末水位 h_2 可由图 7-3 中查出；当水电站停止运行（$Q_t=0$）时，通过渠道的流量全部由溢流堰溢走，相应于曲线③与曲线④的交点 B，这就是溢流堰在恒定流情况下的最大溢流流量 Q_{wmax}，相应水位为恒定流下渠末最高水位。

当水库水位在一定范围内变化时，渠首水深 h_1 也要发生变化，可取几个典型 h_1 进行非均匀流计算，得出相应的 $h_2\sim Q$ 曲线，进行综合分析。

（二）非恒定流计算

非恒定流计算的目的是研究水电站负荷变化时渠道中水位和流速的变化过程。计算内容包括：

（1）水电站突然丢弃负荷时渠道涌波计算，求出渠道沿线的最高水位，用以确定堤顶高程。

（2）水电站突然增加负荷时渠道涌波计算，求得最低水位，以确定压力管道进口高程。在任何情况下，压力管道进口不得露出水面。

（3）水电站按日负荷图工作时，渠道中水位及流速变化过程计算，以研究水电站的工作情况。

四、渠道断面尺寸

引水渠道一般在山坡上采用挖方、回填或半挖半填的方式修建，其断面形状也多种多样，如梯形、矩形等，以梯形最为常见，如图 7-4 所示。边坡坡度取决于地质条件及衬砌的情况。在岩石中开凿出来的渠道边坡可近于垂直而成为矩形断面。在选择断面型式时，应尽力满足水力最有利断面，即过水面积 F 一定时湿周最小的断面，可以证明，这时水力半径 R 为水深的一半。在实际应用中，常由于技术或经济的原因，不得不放弃这种最有

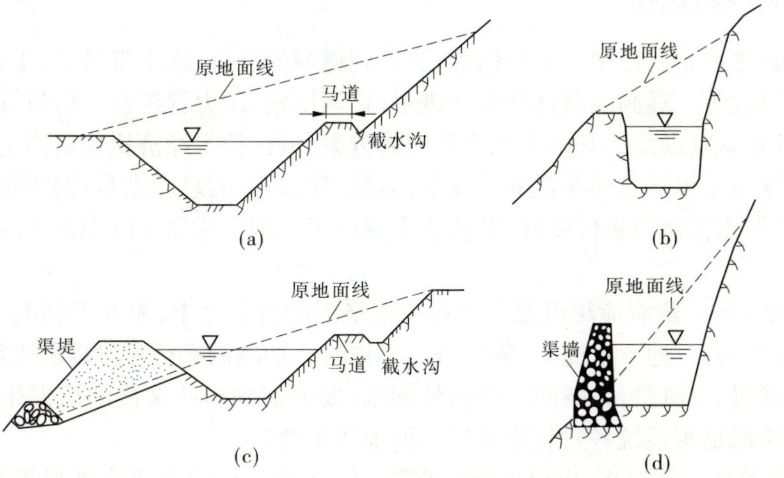

图 7-4　主要渠道断面型式

利的断面。例如,当边坡平缓时,按最有利断面求出的底宽常常太小,不便于安排施工机械。又如,在深挖方中的渠道,减小宽度而增加深度可以减小“空”挖方(即在渠道水位以上的挖方)。同时,要考虑施工、技术方面的要求,确定合理实用断面。

确定引水渠道断面尺寸时,首先要满足防冲、防淤、防草等技术条件,拟定几个可能的方案,经过动能经济比较,选出最优方案。经过动能经济计算后,得到的渠道断面 F_e 称为经济断面。

工程实践表明,渠道的经济流速 v_e 为 1.5 ~ 2.0 m/s,则 $F_e = Q_{max}/v_e$,粗略估算渠道尺寸时可作为参考。

第三节　隧　洞

发电隧洞是最常见的水电站引水建筑物之一。从功用上来分,发电隧洞分为引水隧洞和尾水隧洞;根据隧洞的工作条件,又可分为有压隧洞和无压隧洞。发电引水隧洞多数是有压的,尾水隧洞则以无压隧洞居多。发电隧洞有时还可与导流、泄洪隧洞相结合。

一、隧洞的特点

与渠道相比,隧洞有以下特点:

(1)可以采用较短的路线,可以避开沿线地表不利的地形及地质条件。

(2)有压隧洞可适应水库水位的大幅度变化及引用流量的迅速变化。

(3)可以利用岩石抗力承受部分内水压力,以降低造价。

(4)不受地表气候的影响及避免地表对水质的污染。

(5)对地质条件、施工技术及机械化的要求较高,造价较高,工期较长。

随着施工技术及设备的不断完善,以及隧洞衬砌设计理论的不断提高,隧洞将得到越来越广泛的应用。

二、隧洞线路选择

隧洞线路选择是设计中的重要内容,关系到隧洞的造价、施工难易、施工安全、工程进度和运用可靠性等。隧洞线路选择要和进水口、调压室、压力管道及厂房位置结合起来综合考虑,必须在认真勘测的基础上拟定不同的方案,进行技术经济比较后确定。

在满足水电站枢纽总体布置的前提下,隧洞线路布置的总原则是:洞线短、弯道少,沿线的工程地质、水文地质条件要好,并便于布置施工平洞。隧洞选线中需考虑的主要因素有以下方面:

(1)地质条件。隧洞应尽可能布置在完整坚固的岩层之中,避开不利的地质区,如岩体软弱、山岩压力大、地下水充沛、岩石破碎等地带。如隧洞必须穿过软弱夹层或断层,则尽可能正交通过。在运行中隧洞总会向外漏水,要考虑到岩体被浸湿后发生崩滑的可能性。要统筹考虑输水系统各建筑物及厂房的地质条件。

(2)地形条件。隧洞进、出口处地形宜陡,进、出口段应尽量垂直地形等高线,其洞顶围岩厚度应不小于 1.0 倍开挖洞径,洞身的埋藏深度应满足洞顶以上围岩重量大于洞内静水压力的要求。拟利用围岩抗力时，围岩厚度不应小于3.0倍开挖洞径。要利用山谷等有利地形布置施工支洞。

(3)施工条件。对于长隧洞，洞线选择时还应考虑设置施工支洞问题，以便于增加施工工作面，有利于改善施工条件，加快施工进度。有压隧洞要设0.3%～0.5%的纵坡，以利施工排水及放空隧洞。

(4)水力条件。洞线尽可能直，少转弯；必须转弯时弯曲半径一般大于5倍洞径，转角不宜大于60°，以使水流平顺，减小水头损失。

(5)枢纽总体布置。选择洞线时，应与大坝、进水口、调压室和厂房等统一考虑。有时还应考虑发电洞、导流洞、泄洪洞、灌溉洞互为利用的因素。

三、隧洞水力计算

无压隧洞的水力计算与渠道相同，以下只讨论有压隧洞的水力计算。有压隧洞的水力计算包括恒定流及非恒定流两种。

(1)恒定流计算。目的是研究隧洞断面、引用流量及水头损失之间的关系，以便确定隧洞尺寸。

(2)非恒定流计算。目的是求出隧洞沿线各点的最大、最小内水压力值，分别用以设计隧洞衬砌及确定隧洞高程。首先求出调压室内的最高、最低水位，水库最高水位与调压室内的最高水位的连线即为隧洞的最大内水压力坡降线，据此确定隧洞衬砌的设计水头；水库最低水位与调压室的最低水位的连线即为隧洞的最小内水压力坡降线。隧洞顶各点高程应在最小内水压力坡降线之下，并有1.5～2.0 m的压力余幅，以保证洞内不出现负压，如图7-5所示。当隧洞末端无调压室时，其非恒定流计算即为水击计算。

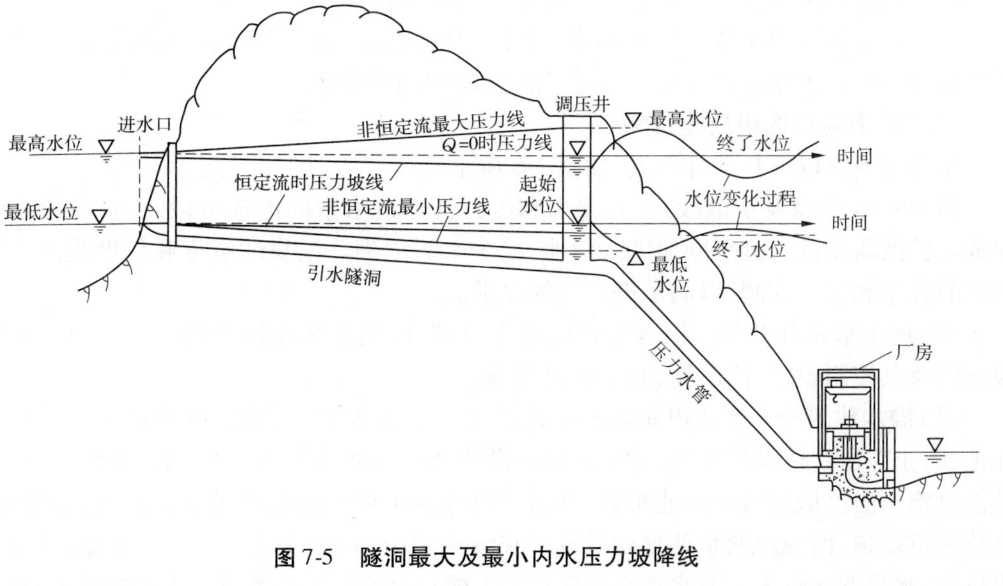

图7-5　隧洞最大及最小内水压力坡降线

要避免在隧洞中出现时而无压时而有压的不稳定工作状态。

四、隧洞断面尺寸

常见的隧洞断面型式有圆形、城门洞形、马蹄形及高拱形四类。有压隧洞常采用圆形断面。对于无压隧洞，地质条件良好时通常为城门洞形，洞顶和两侧围岩不稳定时采用马蹄形，洞顶岩石很不稳定时采用高拱形。

发电隧洞的断面尺寸应根据动能经济计算来选定，对不太重要的工程，常采用经济流速控制。根据经验，有压隧洞的经济流速 v_e 一般在 4 m/s 左右，求出 Q_{max}/v_e 值，即可求得经济断面。

第四节 压力前池与日调节池

一、压力前池

压力前池设置在引水渠道或无压隧洞的末端，是水电站无压引水建筑物与压力管道的连接建筑物，是无压引水系统中的平水建筑物。

（一）压力前池的作用

（1）加宽和加深渠道以满足压力管道进水口的布置要求。

（2）平稳水压、平衡水量。当机组负荷发生变化时，引用流量的改变使渠道中的水位产生波动，由于前池有较大的容积，可减小渠道水位波动的振幅，稳定发电水头。另外，前池还可起到暂时补充不足水量和容纳多余水量的作用，适应水轮机流量的改变。

（3）均匀分配流量并加以必要的控制。从渠道中引来的水经过压力前池能够均匀地分配给各压力管道，管道进口设有控制闸门。

（4）宣泄多余水量。当水电站停机时，向下游供水。

（5）拦阻污物和泥沙。压力前池设有拦污栅，拦沙、排沙及防凌等设施，防止渠道中漂浮物、冰凌、有害泥沙进入压力管道，保证水轮机正常运行。

（二）压力前池的组成建筑物

压力前池由以下几部分组成，如图 7-6 所示。

（1）前室（池身及扩散段）。是渠末和压力管道进水室间的连接段，由扩散段和池身组成。扩散段保证水流平顺地进入前池，减少水头损失。池身的宽度和深度受压力管道进口的数量和尺寸控制，以满足进水室的要求。

（2）进水室及其设备。指压力管道进水口部分，通常采用压力墙式进水口。进口处设闸门及其控制设备、拦污栅、通气孔等设施。

（3）溢水建筑物。当水电站以较小的流量工作或停机时，多余的水量由溢水建筑物泄走，防止前池水位漫过堤顶，并保证向下游供水。溢水建筑物一般包括溢流堰、陡槽和消能设施。溢流堰应紧靠前池布置，其型式可分为正堰和侧堰两种，堰顶一般不设闸门，水位超过堰顶，前池内的水就自动溢流。我国常采用侧堰，其优点是简单可靠，缺点是前沿较长，水位变化较大。泄水建筑物应能在上游最高水位下宣泄进入渠道的最大流量。

（4）放水和冲沙设备。从引水渠道带来的泥沙将沉积在前室底部，因此在前室的最

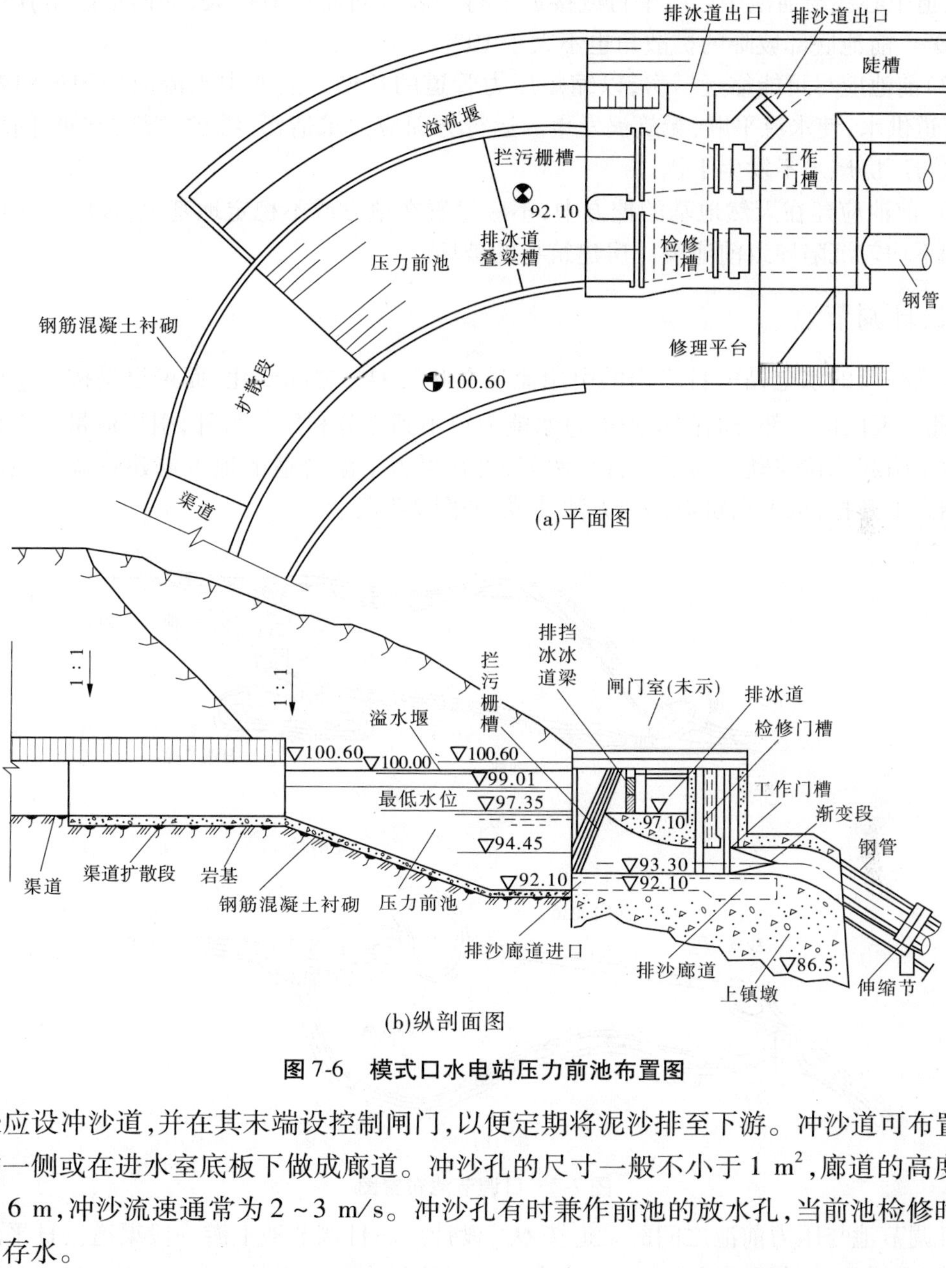

(a)平面图

(b)纵剖面图

图 7-6　模式口水电站压力前池布置图

低处应设冲沙道,并在其末端设控制闸门,以便定期将泥沙排至下游。冲沙道可布置在前室的一侧或在进水室底板下做成廊道。冲沙孔的尺寸一般不小于 1 m^2,廊道的高度不小于 0.6 m,冲沙流速通常为 2 ~ 3 m/s。冲沙孔有时兼作前池的放水孔,当前池检修时用来放空存水。

(5)拦冰和排冰设备。排冰道只有在北方严寒地区才设置,排冰道的底板应在前池正常水位以下,并用叠梁门进行控制。

(三)压力前池的布置

压力前池的布置与引水道线路、压力管道、水电站厂房及本身的溢水建筑物等有密切联系。因此,应根据地形、地质和运行条件,结合整个引水系统及厂房布置进行全面和综合的考虑。其具体布置原则如下:

(1)前池的整体布置应使水流平顺、水头损失最少,以提高水电站的出力和电能。尽量使渠道中心线与前池中心线平行或接近平行。前室断面逐渐扩大，平面扩散角 β 不宜大于 10°。前池底部坡降的扩散角也不大于 10°。

（2）前池应尽可能靠近厂房，以缩短压力管道的长度。前池中水流应均匀地向各条压力管道供水，使水流平顺，无旋涡发生。运行方面应力求清污、维护、管理方便，同时应使泄水与厂房尾水不发生干扰。

（3）前池应建在天然地基的挖方中，不应设置在填方或不稳定地基上，以防由于山体滑坡和不均匀沉陷导致前池及厂房建筑物的破坏。

二、日调节池

担任峰荷的水电站一日之内的引用流量在 0 与 Q_{max} 之间变化，而渠道是按 Q_{max} 设计的，因此一天内的大部分时间渠道的过水能力得不到充分利用。另外，引用流量的变化会在渠道中引起水位波动。为了进行日调节，可在渠道下游合适的地方修建日调节池。它可以用人工开挖，也可用筑堤围建方法建成，如图 7-7 所示。

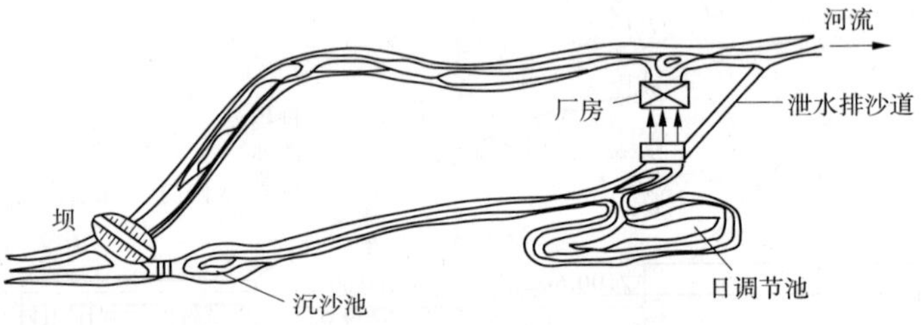

(a)

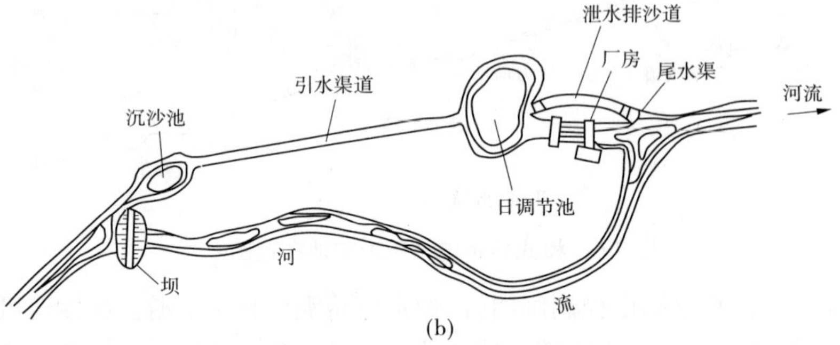

(b)

图 7-7　日调节池布置图

日调节池与压力前池之间的渠道按 Q_{max} 设计。而日调节池上游一段渠道按日平均流量设计，这样渠道断面可以减小。当水电站引用流量大于日平均流量时，不足的水量可从日调节池中获取，日调节池中水位随之下降；当水电站引用流量小于日平均流量时，日调节池储蓄部分水量，池中水位回升，这样可减少前池水位的剧烈波动。因此，在一定条件下设置日调节池，可降低渠道的投资和改善水电站的运行条件。

第八章　水电站压力管道

第一节　压力管道的功用及类型

一、压力管道的功用

压力管道是从水库或引水道末端的压力前池或调压室,将发电所需用水在有压的状态下引入水轮机的输水管。压力管道坡度陡,布置靠近发电厂房,同时需要承受较大的水压力,一旦管道失事将危及厂房,因此其安全性和经济性受到特别的重视,对材料、工艺等有不同于一般水工建筑物的特殊要求。

压力管道的主要荷载是内水压力。管道管壁应力和管道的装机容量与管道内径 D(m)和承受的水压 H(m)紧密相关,两者的乘积 HD 值是标志压力管道规模及其技术难度的重要特征值。目前,国内工程中,压力管道 HD 值最大的是天荒坪抽水蓄能电站,HD 值达到了 2 842 m^2;国外工程中,日本的葛野川 2 号工程压力管道 HD 值达到了 4 720 m^2。

二、压力管道的类型

压力管道根据其结构及布置形式,主要分为明管、地下埋管、坝身管道和钢衬钢筋混凝土管几种类型。

(一)明管

压力管道露天敷设,整个管道暴露在空气中。根据管道材料的不同,常分为以下两种。

1. 钢管

直径较大的钢管由钢板卷制焊接而成,广泛应用于中、高水头工程。高水头、小流量的小管径管道若采用钢板卷制焊接,会有较大的制作难度,可采用无缝钢管。

2. 钢筋混凝土管

钢筋混凝土管具有管道造价低,无腐蚀,经久耐用的优点。但管壁承受拉应力的能力差,一般用于低水头的小型工程中。

(二)地下埋管

当受地形、地质条件限制不宜布置明管时,可将压力管道布置在地下岩体中,形成地下埋管。根据岩体情况,埋管可有以下几种处理方式:不衬砌、锚喷或混凝土衬砌、钢衬混凝土衬砌。

(三)坝身管道

坝式水电站厂房紧靠坝体布置,压力管道穿过坝身,成为坝身管道。

（四）钢衬钢筋混凝土管

当压力管道的*HD*值较大，管壁需要承受较大的应力时，为节省钢材，同时减小钢管制作安装的难度，可将钢管外包钢筋混凝土，形成钢衬钢筋混凝土管，由钢衬和钢筋混凝土共同承担荷载。

回填管（沟埋管）、土坝下埋管和木管、铸铁管等已很少或仅在小型水电站中应用。

第二节　压力管道的布置及供水方式

一、压力管道的布置

（一）布置原则

压力管道的布置直接影响到水电站枢纽的总体布置、工程造价、施工难易及运行的安全可靠与经济性。因此，布置时应与其他水工建筑物统一考虑，前后兼顾，同时遵循如下原则：

（1）管道线路应尽量短而直，以减小工程量，降低造价，减小水头损失，降低水击压力，改善机组运行条件。

（2）管路沿线应有良好的地质条件，无活动性地质构造。明管的镇、支墩必须布置在坚实的基础上，避开可能产生滑坡或崩塌的地段，以防止因沉陷、滑动造成管道的损坏。当个别地段不能避开山洪坠石、雪崩危害时，应当有切实可行的防护措施。地下埋管宜穿越岩质良好的岩层，避开山岩压力大、地下水位高和涌水量大的地段。

（3）明管线路应尽量减少起伏波折，并且不应布置在山水集中的谷地，以免基础遭冲刷浸蚀而破坏。

（4）明管线路倾角应满足施工及安装的要求。地下埋管倾角过大不便于施工，过小则出渣困难；坝身管道选线时，应尽量减少与大坝施工的干扰。

（二）引进方式

压力管道与厂房的相对位置主要取决于整个厂区枢纽布置中各建筑物的布置情况，压力管道引进厂房的方式有以下三种。

1. 正向引进

管道轴线与厂房纵轴线垂直，如图8-1（a）、（b）所示。这种方式的优点是管线短，水流平顺，水头损失小；缺点是当明管道破裂时，高压水流直冲厂房，会对厂房和人员构成危害。因此，这种方式多在中、低水头的水电站中采用。当用于高水头的水电站时，应考虑防护措施，如设挡水墙等。

2. 侧向引进

管道轴线与厂房纵轴线平行，如图8-1（c）、（d）所示。这种方式的优点是减小了明管道破裂时高压水流对厂房和人员的威胁。缺点是管线较长，水头损失增加；由于压力管道布置时通常垂直于等高线，这就造成了厂房纵轴也垂直于等高线布置，使厂房开挖量增加。这种方式适用于中、高水头的水电站。

3. 斜向引进

斜向引进介于正向引进和侧向引进两种方式之间，管道轴线与厂房纵轴线斜交成一定角度，如图 8-1(e)所示。当受限于地形、地质条件和厂房布置要求，不适宜采用正向引进或侧向引进时可采用这种方式，多用于分组供水和联合供水的水电站。

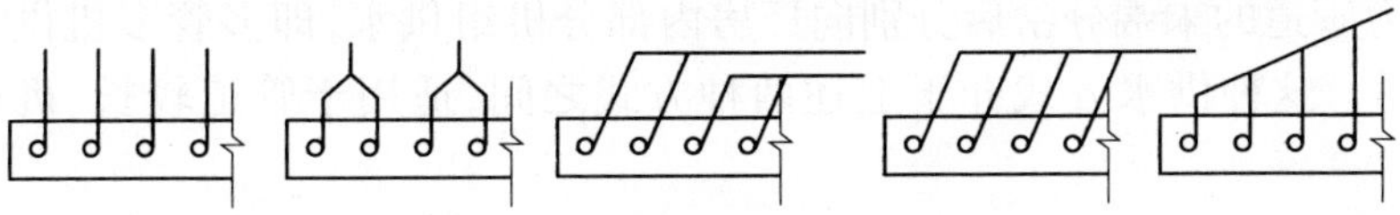

图 8-1　管道引进厂房的方式

二、供水方式

压力管道向厂房内多台机组供水的方式有以下几种。

(一)单元供水

一条压力管道只向一台机组供水，即单管单机供水，如图 8-2(a)、(f)所示。这种方式的优点是：管道水流顺畅，水头损失小；管道检修或事故时不影响其他机组运行；一般可以不设机组前的控制阀门；无分岔管，管道易于制作。缺点是：管道平面布置所占尺寸大，工程量大，造价高。这种供水方式适用于水头低而流量大、管道长度较短的水电站。

(二)联合供水

在一条压力管道的末端分岔后分别向厂房内全部机组供水，即单管多机供水，如图 8-2(d)、(e)所示。这种方式的优点是：节省了管道工程量，降低造价。缺点是：需要设

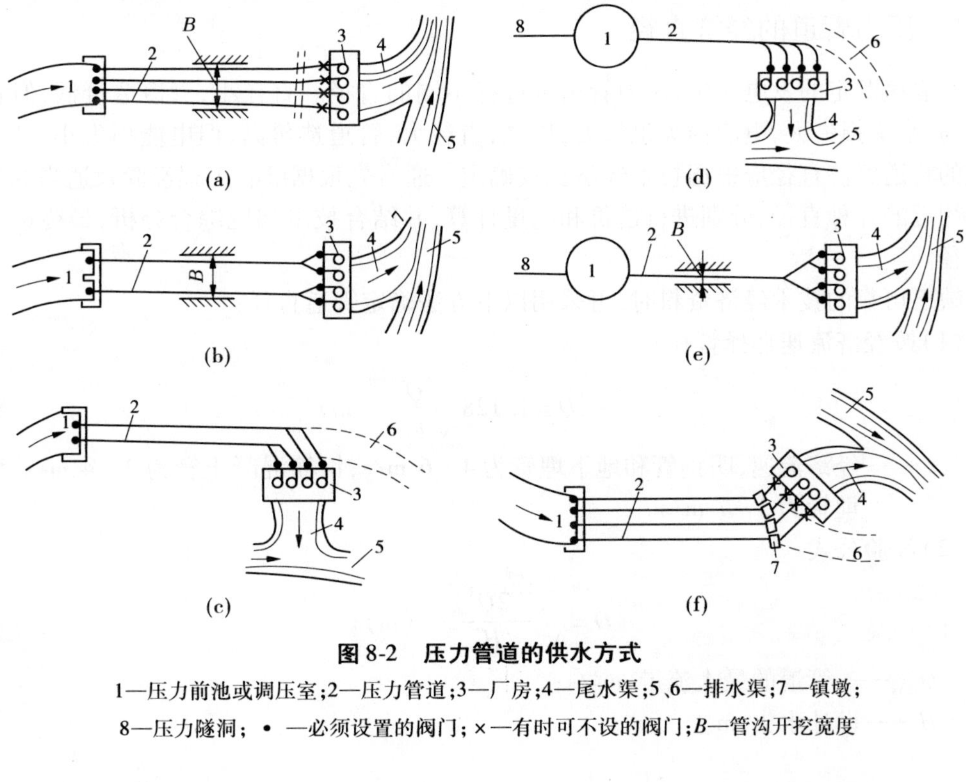

图 8-2　压力管道的供水方式

1—压力前池或调压室；2—压力管道；3—厂房；4—尾水渠；5、6—排水渠；7—镇墩；8—压力隧洞；•—必须设置的阀门；×—有时可不设的阀门；B—管沟开挖宽度

置受力与结构均很复杂的分岔管;水头损失较大;为保证机组检修时互不影响,需在每台机组前设控制阀门;当总管事故或检修时,所有机组都将停止运行,若电站装机容量占系统比重大,将影响系统的稳定。这种供水方式适用于水头高、管道长的水电站。

(三)分组供水

一条压力管道的末端分岔后分别向厂房内部分机组供水,即多管多机供水,如图 8-2(b)、(c)所示。这种供水方式介于上述两种方式之间,适用于管道较长、机组台数多的电站。

第三节 压力管道的水力计算和经济直径的确定

一、压力管道的水力计算

压力管道的水力计算包括水头损失计算和水锤计算,主要成果有:①正常工作情况最高压力线;②特殊工作情况最高压力线;③最低压力线,用于确定水电站的工作水头和压力管道管线布置。

水头损失包括沿程水头损失和管道进水口段、拦污栅、门槽、渐变段、弯段、分岔管等处的局部水头损失,具体计算方法可按《水力学》或设计手册中相应公式计算。

水锤计算是调节保证计算的主要内容,主要用于确定水轮机调速器的启闭时间及压力管道中的最大内水压力和最小内水压力,其计算必须与机组转速变化计算配合进行,计算工况应根据电站在电力系统的运行情况确定。具体水锤计算方法在本书第九章叙述。

二、压力管道的经济直径

为输送既定的发电流量,压力管道可选择不同的直径。直径小,管道造价低,但管中流速高,水头损失大,电能损失也就大;反之,直径大,管道造价高,但电能损失小。因此,合理的管道经济直径应根据技术经济比较确定。通常先根据已有工程经验及适当的公式选择相近的几种直径,分别进行造价和电量计算,并结合技术问题综合分析,最终选定最优直径。

缺乏可靠的技术经济资料时,可采用以下方法确定管道直径:

(1)按经济流速选择管径

$$D = 1.128\sqrt{\frac{Q}{v_e}} \quad (\mathrm{m}) \tag{8-1}$$

式中 v_e——经济流速,明钢管和地下埋管为 4 ~ 6 m/s,钢筋混凝土管为 2 ~ 4 m/s,坝内埋管为 3 ~ 7 m/s。

(2)经验公式

$$D = \sqrt[7]{\frac{5.2Q_{\max}^3}{H}} \quad (\mathrm{m}) \tag{8-2}$$

式中 $Q_{\max}$——管道的最大流量,$\mathrm{m^3/s}$;

H——设计水头,m。

第四节　钢管的材料、容许应力和管身构造

一、钢管的材料

(一)钢材

压力钢管长期承受较高的内水压力和水锤冲击等动力,属于压力容器类结构,故对所用钢材有严格的要求。

1. 钢材性能基本要求

钢材应有良好的机械力学性能和工艺性能,符合国家现行相关标准的规定。

具有良好的机械力学性能是指钢材的屈服强度 σ_s 和抗拉强度 σ_b、塑性指标(伸长率 δ 和断面收缩率 ψ)、常规冲击韧性 a_k、断裂韧性值等都尽量高。但强度和塑韧性之间是有矛盾的,钢材强度增大时,屈强比即 σ_s/σ_b 随之提高,其塑韧性和焊接性能往往降低。对压力管道这样的容器,良好的塑韧性能够使结构应力趋于均匀,减少应力集中,提高承载力,防止脆断,增加安全性,有利于冷加工成型和焊接。因此,材料选择必须兼顾各个力学性能指标。

钢材的工艺性能主要是切割、冷弯、焊接等性能,要求冷弯时的塑性变形、冷作强化和冷脆等限于容许范围内,可焊性好,焊接工艺简单,焊缝和热影响区不产生裂纹,无残余应力,具有不低于母材的机械性能。

为了使钢材性能达到要求,必须选择适宜的钢种,并保证其化学元素成分含量符合相关规范的要求。

钢材选定后,必须对钢材和焊接材料进行材质检验、可焊性试验,以保证使用材料的质量。

2. 钢材的选用

选用钢材需要考虑管道规模、布置形式、运行环境条件、材料的力学特性和工艺特性及经济性等诸多因素。钢管管壁、支承环、岔管加强构件等主要受力构件应采用镇静钢。国内广泛使用的钢种有碳素结构钢 Q235 的 C、D 级、低合金高强度结构钢 Q345 和 Q390 的 C、D、E 级,以及强度稍高的用钢板,如 16MnR、15MnVR、15MnNbR 等。

其他受力构件,如明管支座滚轮等可采用 Q235 碳素结构钢,35、45 优质碳素结构钢以及 ZG270～500、ZG310～570 碳素铸钢等。

3. 钢材的处理

同样的材料,通过采用不同的热处理方式可以得到不同的性能。热处理还可以改善冷加工后的钢材性能和焊接性能。有关规范规定,对厚板、强度较高的钢材和低温焊接时,焊前要预热。

钢材焊接区金属在焊后冷却时的收缩受到相邻基体金属的限制,焊缝金属受到弹性拉伸,从而形成焊接结构残余应力,对结构的承载能力构成威胁。因此,对厚板和形状特殊的管节,应在卷板和焊接后作消除残余应力处理。消除残余应力处理方法有热处理和爆炸法两种。热处理是通常使用的方法,随着钢管规模的增大,对庞大的焊接

钢结构件进行整体或局部热处理，在技术上将遇到极大的困难，经济上也要付出高昂的代价。爆炸消除残余应力技术的发展始于20世纪80年代初，其原理是借助爆炸冲击波动量使焊缝金属产生塑性变形从而达到消除应力的目的，具有不受设备尺寸限制、也不受结构复杂性制约、成本低廉、操作简单的特点，其消应效果与热处理方法相当，尤其适用于超大结构件的消除应力处理。我国的隔河岩电站、三峡电站压力钢管即采用了爆炸法消除残余应力。

(二)防腐蚀材料

压力钢管内壁会被泥沙磨蚀或因水的化学作用而发生电化学腐蚀，明钢管外壁会因氧化而锈蚀。为延长钢管使用寿命，需采取适当的防腐措施。钢管防腐措施主要有金属热喷涂、涂料涂装保护及热喷金属加涂料封闭等，另外还可采取电化学保护与涂料联合的防腐措施。

涂料涂装是目前普遍采用的钢管防腐措施，一般涂装二三层，并根据不同的环境条件选择不同的涂料。经常处于干燥大气中的钢管外壁，可采用醇酸或氯化橡胶涂料；经常处于潮湿或干湿交替环境中的钢管外壁，宜采用环氧沥青或氯化橡胶涂料；钢管内壁宜采用聚氨酯沥青或环氧沥青涂料。

热喷金属能有效地延长保护周期，适用于防腐要求较高的钢管。常用的热喷金属材料包括锌、铝、稀土铝及锌铝合金等。在大中型工程中，热喷金属加涂料的防腐方案得到普遍采用，热喷金属涂层再加上涂料的封孔和屏蔽作用，可大大提高防腐质量，是一种较好的长效防腐方案。

不论采取何种防腐措施，对于钢板表面均要进行除锈预处理，达到规定的清洁度和粗糙度要求后，才能进行涂装。

二、容许应力

水电站钢管大都按容许应力设计，即要求在各种荷载组合下，管壁的最大应力不超过容许值。容许应力[σ]常以钢材屈服强度的百分比表示，根据不同的荷载组合、不同的管壁部位，其取值是不相同的，具体取值见表8-1。

表8-1　钢管容许应力[σ]

应力区域		膜应力区		局部应力区			
荷载组合		基本	特殊	基本		特殊	
产生应力的内力		轴力		轴力	轴力和弯矩	轴力	轴力和弯矩
容许应力	明钢管	$0.55\sigma_s$	$0.7\sigma_s$	$0.67\sigma_s$	$0.85\sigma_s$	$0.8\sigma_s$	$1.0\sigma_s$
	地下埋管	$0.67\sigma_s$	$0.9\sigma_s$				
	坝内埋管	$0.67\sigma_s$	$0.8\sigma_s$ $0.9\sigma_s$				

试用的新钢材、弯管、岔管或特别重要的部位，为保证安全，[σ]需适当降低。对屈强比较大($\sigma_s/\sigma_b>0.7$)的钢材，应以 $\sigma_s=0.7\sigma_b$ 计算容许应力。钢衬钢筋混凝土管由钢衬和钢筋混凝土共同承担荷载，管中钢衬可按钢材的屈服强度 σ_s 取[σ]值。

三、管身构造

明钢管和埋管钢衬管管身一般由钢板卷制焊接而成，平行管轴线的焊缝为纵缝，垂直管轴线的焊缝为环向焊缝(横缝)。钢管纵缝一般在工厂焊接，焊接好的管段运至现场用环向焊缝连接，各管段的纵缝须错开，相邻管节纵缝弧线错距应大于300 mm，并避开横断面垂直轴线和水平轴线上应力较大的部位。环向焊缝的间距不应太小，对直管段不宜小于500 mm，以免焊缝效应互相影响。钢管安装完毕后，圆度偏差不应大于5D/1 000，且不超过40 mm。为了减小水头损失和便于制作，管道转弯半径不宜小于管径的3倍。弯管段相邻管节转折角不宜大于10°，转折角过大，水流条件会变差。弯管首尾应为半节，使相邻管节在接缝处的相贯线形状相同。直径改变的渐变圆锥管，锥顶角不宜大于7°，在立面上宜倾斜，保持底坡一致，以便排空积水。

明管和岔管宜做水压试验，试验压力值应不小于1.25倍正常工作情况的最高内水压力。其目的是：①以超载内压暴露结构缺陷，检查结构整体安全度；②在缓慢加载条件下，缺陷尖端发生塑性变形，使缺陷尖部钝化与卸载后产生预应力；③焊接残余应力和不连续部位的峰值应力，水压试验时可能达到屈服，退压后得以削减。对重要的钢管还要做必要的原型观测，以监视管道运行状态，预测异常情况，并积累资料。为此，施工时需埋设测量压力、流量和管壁应力等相应的探测设备。

第五节　明钢管的敷设方式、镇墩、支墩和附属设备

一、明钢管的敷设方式

明钢管敷设时需要设置镇墩和支墩加以固定。镇墩用于承受钢管各方向传来的力，将管段的一端固定在地基上，防止任何方向的位移和转角。支墩布置在镇墩之间，用于减小钢管的跨度，支墩仅起支承管身的作用，管身可在支墩上轴向移动。明钢管的敷设方式有以下两种：

(1)连续式：两镇墩间的管身连续敷设，中间不设伸缩节。由于钢管两端固定，温度变化时，管身将产生很大的轴向温度应力，因而需增加管壁厚度和镇墩重量，故只在温度变化小、长度短的明管或分岔处使用。

(2)分段式(见图8-3)：两镇墩间的管段用伸缩节分开，温度变化时管身可沿轴向伸缩，从而减小温度应力，同时，伸缩节也能适应少量的不均匀沉陷或变形。为降低伸缩节内的内水压力和便于安装，伸缩节宜设在靠近镇墩的下游侧。

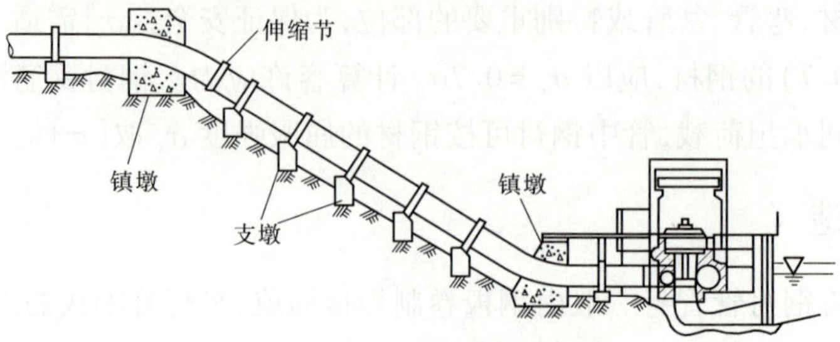

图 8-3 明钢管的分段敷设

二、镇墩和支墩

(一) 镇墩的型式及布置

镇墩是依靠自身的重量固定钢管的,一般用混凝土浇制。按固定钢管的方式,镇墩有以下型式:

(1)封闭式:如图 8-4 所示,钢管埋设在混凝土体中,有利于固定钢管。镇墩表面设置温度筋,钢管周围设环向钢筋和一定数量的锚筋,结构简单,广泛应用于水电站中。

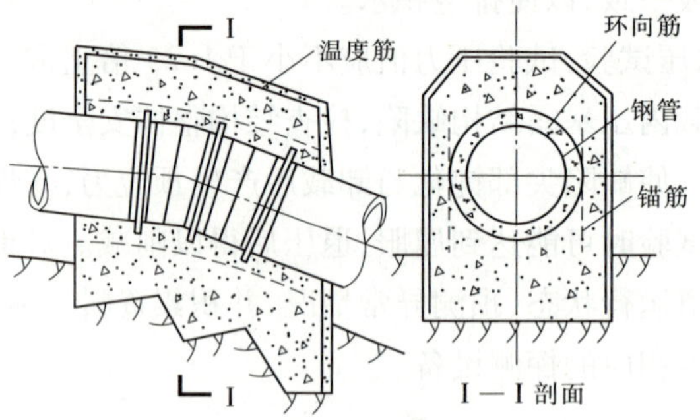

图 8-4 封闭式镇墩

(2)开敞式:如图 8-5 所示,钢管暴露于镇墩表面,靠锚栓固定在混凝土体上。镇墩处的管壁受力不均匀,锚栓施工复杂,其优点是检修维护方便。在我国应用较少。

镇墩一般设在钢管轴线转弯处,镇墩间管段用支墩支承。当钢管直线段大于 150 m 时,宜在其间加设镇墩。若管道纵坡较缓,也可不加镇墩,而将伸缩节置于该管段中部,以减小管身与支墩间摩擦力引起的钢管轴力。

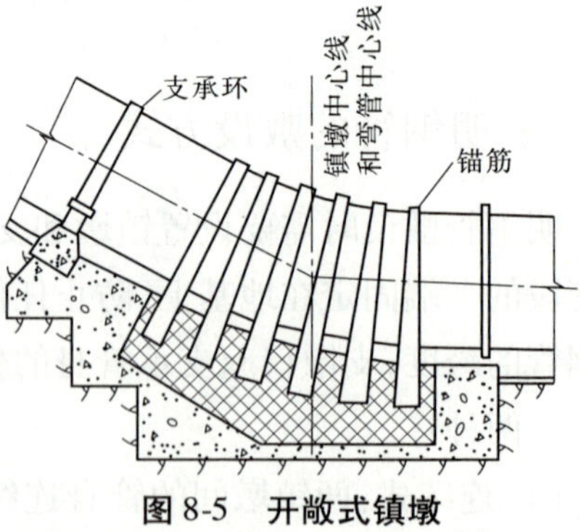

图 8-5 开敞式镇墩

(二) 镇墩的结构分析

镇墩承受明管传递来的轴向力、剪力、弯矩等荷载,其中轴向力 $\sum A_i$ 为主要荷载。镇墩必须以其自重来平衡外荷载,以满足抗滑、抗倾覆稳定及地基承载能力等要求。

镇墩结构分析的内容如下。

1. 作用力分析

求出作用于明钢管和传到墩座上的各种力(表 8-2 列出了作用于管身及墩座上的力

表 8-2　作用在明钢管及墩座上的力

序号	作用力方向	作用力名称	计算公式	作用力符号* 上段 温度 温升	作用力符号* 上段 温度 温降	作用力符号* 下段 温度 温升	作用力符号* 下段 温度 温降	结构受力部位 管壁	结构受力部位 支墩	结构受力部位 镇墩	作用力示意图	说明
1	管轴方向	钢管自重分力	$A_1 = \sum(q_s L) \times \sin\alpha$	+	+	+	+	√		√	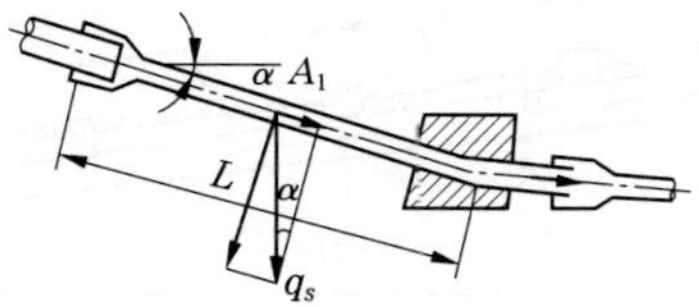	q_s—每米管长钢管自重
2	管轴方向	关闭的阀门及闷头上的力	$A_2 = \frac{\pi D_0^2}{4} P$	±	±	±	±	√		√	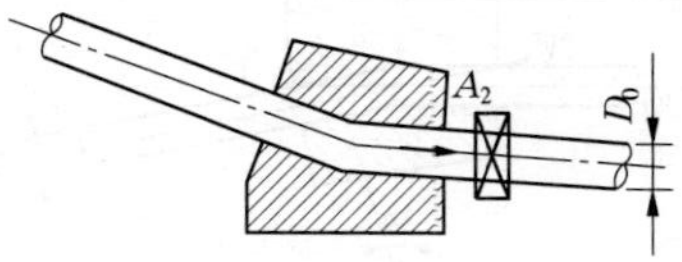	D_0—钢管内径； P—内水压强，阀门全开时，此力不存在
3	管轴方向	弯管上的内水压力	$A_3 = \frac{\pi D_0^2}{4} P$	+	+	−	−	√		√	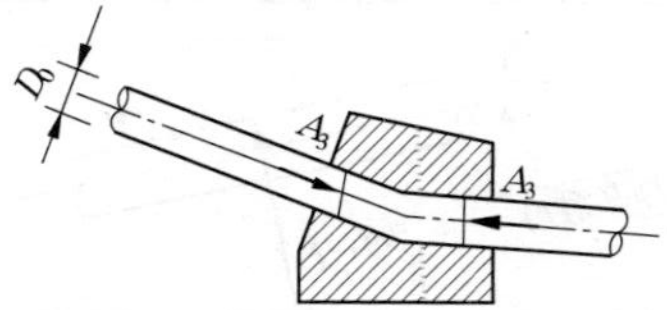	
4	管轴方向	渐缩管的内水压力	$A_4 = \frac{\pi}{4}(D_{01}^2 - D_{02}^2) P$	+	+	+	+	√		√	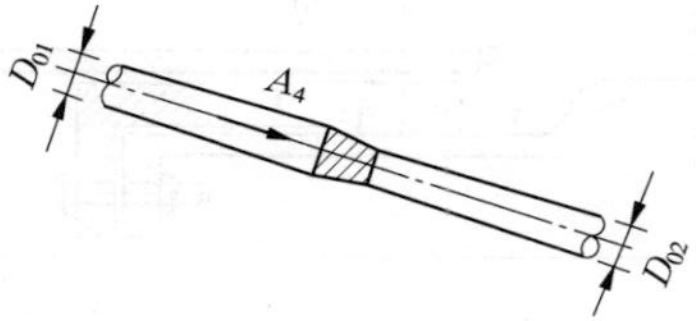	D_{01}、D_{02}—渐缩管最大和最小内径
5	管轴方向	伸缩节端部的内水压力	$A_5 = \frac{\pi}{4}(D_1^2 - D_2^2) P$	+	+	−	−	√		√	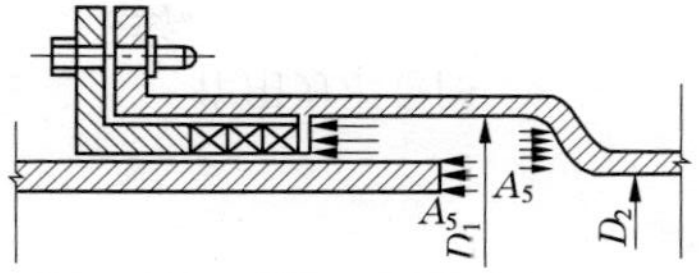	D_1、D_2—套管式伸缩节内套管外径和内径

续表 8-2

序号	作用力方向	作用力名称	计算公式	作用力符号*				结构受力部位			作用力示意图	说明
				上段		下段		管壁	支墩	镇墩		
				温度								
				温升	温降	温升	温降					
6	管轴方向	温度变化时伸缩节止水填料的摩擦力	$A_6=\pi D_1 b_1\times\mu_1 P$	+	−	−	+	√		√	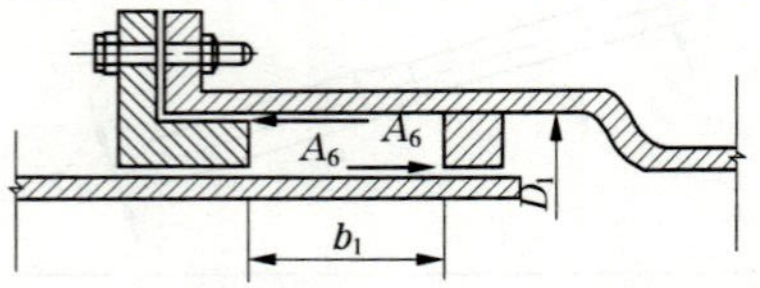	μ_1—伸缩节止水填料与钢管摩擦系数； b_1—填料沿管轴长度
7		温度变化时支座对钢管的摩擦力	$A_7=\sum(qL)\times f\cos\alpha$	+	−	−	+	√	√	√	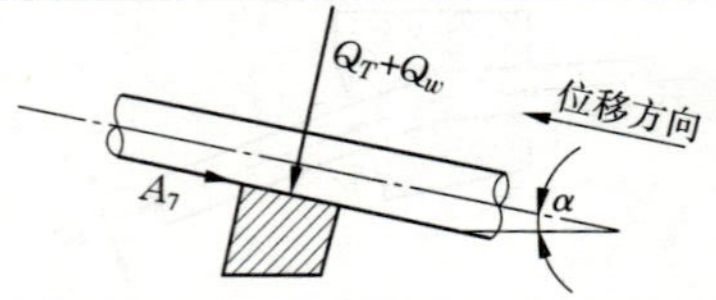	f—支座对管壁的摩擦系数； L—支承环间距
8		弯管中水的离心力的分力	$A_8=\frac{\pi D_0^2}{4}\frac{v_0^2}{g}\times\gamma_w$	+	+	−	−	√		√	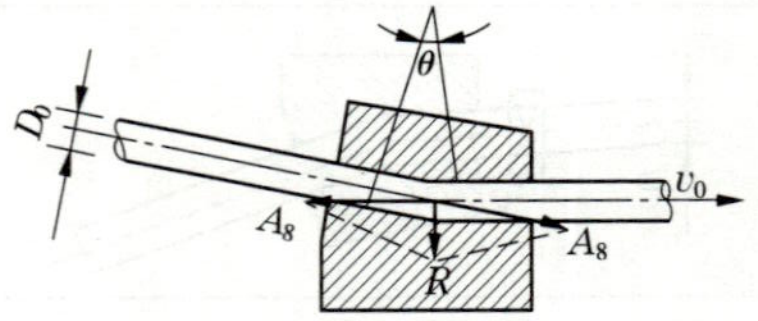	v_0—管中平均流速； R—离心力； A_8—离心力在管轴方向的分力
9	垂直管轴方向	钢管自重分力	$Q_s=q_s L\cos\alpha$					√	√	√	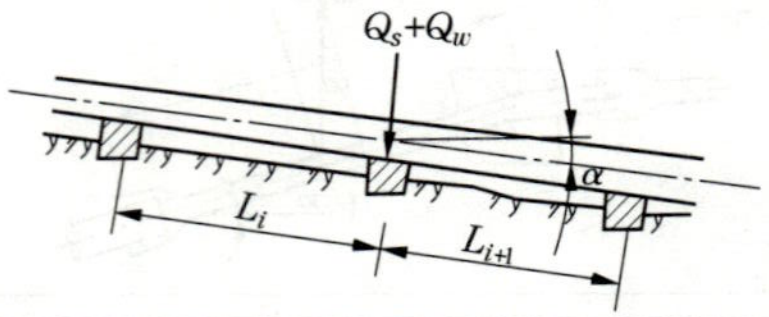	q_s—每米管长钢管自重
10		钢管中水重分力	$Q_w=q_w L\cos\alpha$					√	√	√		q_w—每米管长管内水重
11	径向	内水压力	$P=Hr_w$					√		√	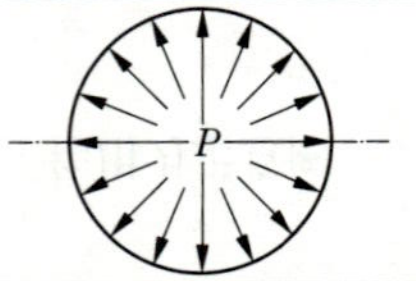	H—水头，算到计算截面钢管中心

注：1. 管轴向作用力符号：+钢管下行方向，−钢管上行方向。
2. 上段指镇墩以上，下段指镇墩以下。

及计算公式),并按照温升情况下钢管充水运行、钢管放空和温降情况下钢管充水运行、钢管放空等进行最不利的组合。

2. 求轴向力分量

设 x 轴水平顺水方向为正,y 轴垂直向下为正,管道轴线交点为坐标原点。如图 8-6 所示,求出轴向力总和在 x 轴和 y 轴上的分力

$$\sum X = \sum X' + \sum X'' = \sum A'\cos\alpha' + \sum A''\cos\alpha'' \tag{8-3}$$

$$\sum Y = \sum Y' + \sum Y'' = \sum A'\sin\alpha' + \sum A''\sin\alpha'' \tag{8-4}$$

3. 拟定镇墩尺寸

镇墩的尺寸应能够将钢管的转弯段完全包住。镇墩上游面为使钢管受力均匀而垂直管轴,管道的外包混凝土厚度不宜小于管径的 0.4 ~0.8 倍。为维护、检修方便,管道底距地面不宜小于 0.6 m。在土基上的镇墩底面常做成水平。镇墩地基应坚实、稳定。在严寒地区,镇墩埋深应在冰冻线以下 1 m,对岩基不小于 0.5 m。地震区应将镇墩较深地埋入地基中并适当加大基础面,同时减小镇墩间距。根据结构上的要求拟定出尺寸后,求出镇墩的重心位置及其重量 G。

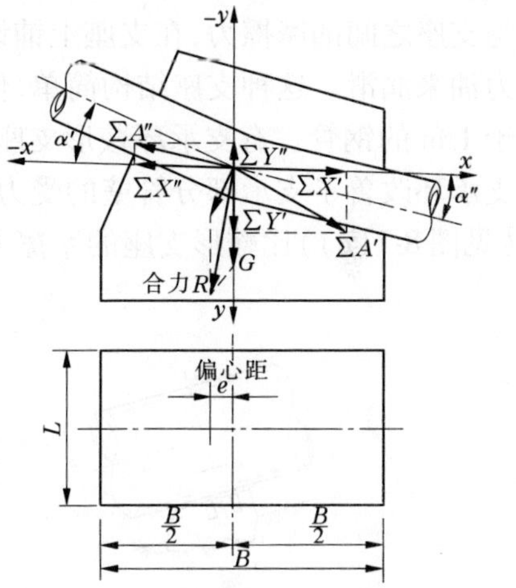

图 8-6　镇墩受力示意图

4. 求合力作用点及偏心距

利用图解法或数解法求 G 及 $\sum A$ 的合力作用点位置及偏心距 e,应保证 e 在镇墩底宽的三分点以内。

5. 抗滑稳定校核

镇墩抗滑稳定应满足下式要求

$$K_c = \frac{(\sum Y + G)f}{\sum X} \geqslant [K_c] \tag{8-5}$$

式中　K_c——抗滑稳定安全系数;

f——镇墩与地基间摩擦系数;

$[K_c]$——抗滑稳定安全系数容许值,见表 8-3。

6. 地基承载能力校核

要求地基上均为压应力,且最大值不超过地基的压应力容许值 $[R]$。可按偏心受压公式计算地基应力

$$\sigma = \frac{\sum Y + G}{BL}\left(1 \pm \frac{6e}{B}\right) \leqslant [R] \tag{8-6}$$

表 8-3　抗滑稳定安全系数容许值 $[K_c]$

建筑物等级	荷载组合	
	基本	特殊
Ⅰ级	1.5	1.3
Ⅱ级	1.4	1.2
Ⅲ级	1.3	1.1

式中符号意义见图 8-6。要求最大值 $\sigma_{max} \leqslant [R]$，最小值 $\sigma_{min} > 0$，即不出现负值。

若经计算不能满足稳定要求，须重新拟定镇墩尺寸，直到满足要求为止。

（三）支墩支座的型式

支墩上的支座按其与管身相对位移的特征，有以下型式。

1. 滑动式支座

钢管由于受力及温度变化而伸缩时，沿支座顶面滑动。滑动式支座又分为无支承环鞍形支座、有支承环鞍形支座和有支承环滑动支座三种。无支承环鞍形支座（见图 8-7（a））是将钢管直接支承在一个鞍形的混凝土支座上，其包角 β 在 90°～120°之间。为了减小管壁与支座之间的摩擦力，在支座上铺设钢板并在接触面上加润滑剂，如石墨；有时也采用压力油来润滑。这种支座结构简单，但支承部分管身受力不均匀，摩擦力大，适用于管径小于 1 m 的钢管。有支承环鞍形支座（见图 8-7（b））是钢管通过支承环安放在鞍形支座上，支承环改善了支承部分管壁的受力，适用于管径不大于 2 m 的钢管。有支承环滑动支座（见图 8-7（c））比鞍形支座的摩擦力更小，适用于管径 1～3 m 的钢管。

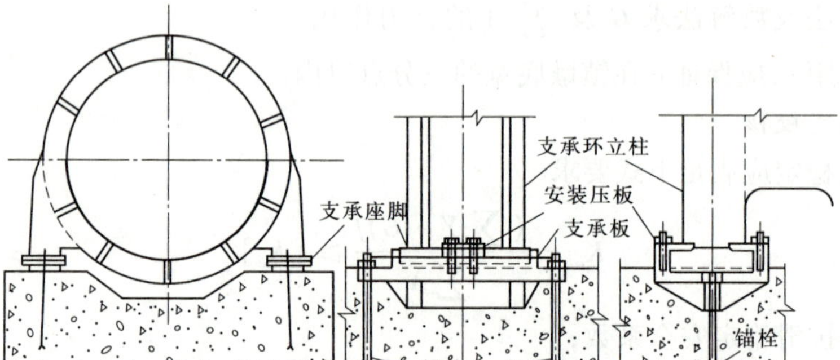

图 8-7　滑动式支座

2. 滚动式支座

如图 8-8 所示，在支承环与支承座之间设置圆柱形辊轴，钢管位移时辊轴滚动，摩擦系数小。常用于垂直荷载较小而管径大于 2 m 的钢管。

3. 摇摆式支座

如图 8-9 所示，在支承环与支承座之间设置摆动的短柱，短柱下端与支承板铰接，上

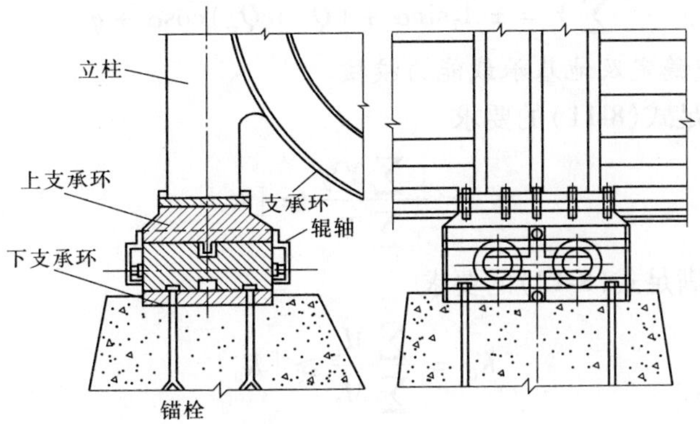

图 8-8　滚动式支座

端以圆弧面与支承环的上托板接触。钢管轴向伸缩时,短柱以铰为中心前后摆动。这种支座摩擦力很小,用于管径大于 2 m 的钢管。

如果地基不够坚硬,或者明钢管外面需包混凝土保护层,可将明钢管敷设在连续的鞍形混凝土垫座上,以减小作用在地基上的压强和管身的弯矩。近年来,国内外有一些特大型的明钢管,由于直径大,用支承环方式支承在支墩上有困难,反而采用鞍形连续垫座。这种管道往往外包厚度薄、不承受内水压力的混凝土保护层。

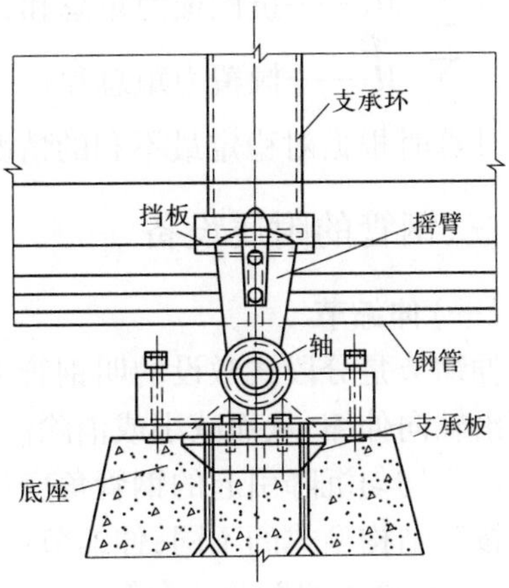

图 8-9　摇摆式支座

(四)支墩的结构分析

支墩承受钢管自重和管内水重的法向分力、钢管与支座间的摩擦力。支墩结构分析的原则与镇墩相似,内容如下。

1. 作用力分析

计算作用在支墩上的力,如图 8-10 所示。

(1)作用在支墩上的钢管自重分力和水重分力分别为

$$Q_s = q_s l\cos a \tag{8-7}$$

$$Q_w = q_w l\cos a \tag{8-8}$$

(2)钢管与支座间的摩擦力 A_7。

(3)支墩自重 q。

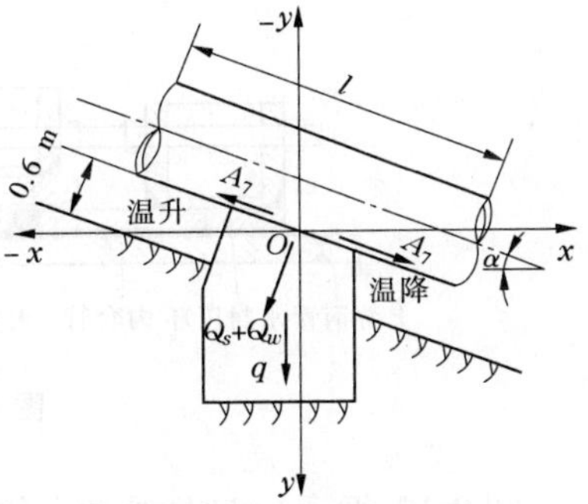

图 8-10　支墩受力图

2. 求水平与垂直分力

以支墩顶面中点为坐标原点,取水平轴 x 顺水流为正,竖轴 y 向下为正,求出各力叠加后的水平分力和垂直分力

$$\sum X = \pm A_7\cos\alpha - (Q_s + Q_w)\sin\alpha \tag{8-9}$$

$$\sum Y = \pm A_7 \sin\alpha + (Q_s + Q_w)\cos\alpha + q \tag{8-10}$$

3. 抗滑、抗倾覆稳定及地基承载能力校核

抗滑稳定应满足式(8-11)的要求

$$K_c = \frac{(\sum Y)f}{\sum X} \geqslant [K_c] \tag{8-11}$$

抗倾覆稳定应满足式(8-12)的要求

$$K_0 = \frac{\sum M_1}{\sum M_2} \geqslant [K_0] \tag{8-12}$$

式中　$[K_c]$—抗滑稳定安全系数容许值；

$[K_0]$——抗倾覆稳定安全系数容许值，设计情况$[K_0]=1.5$，校核情况$[K_0]=1.2$；

$\sum M_1$——抗倾覆力矩总和；

$\sum M_2$——倾覆力矩总和。

计算时根据对稳定最不利的情况用 A_7 的正号或负号。

三、钢管的附属设备

(一) 伸缩节

伸缩节是分段式敷设的明钢管上必设的管道附件，其作用是在温度升高或降低时，钢管可沿轴向伸缩，从而减小或消除温度应力。设置在水轮机前阀门处的伸缩节还可适应微量的不均匀沉降引起的钢管角变位，同时为阀门的拆装提供方便。

按照结构型式的不同，伸缩节可分为以下几种类型：

(1)套筒式伸缩节。套筒式是最常用的伸缩节型式，包括单向滑动套筒式和双向滑动套筒式。

图 8-11 所示为单向滑动套筒式伸缩节，其结构简单，制作、安装、检修较方便，但只能有轴向位移。

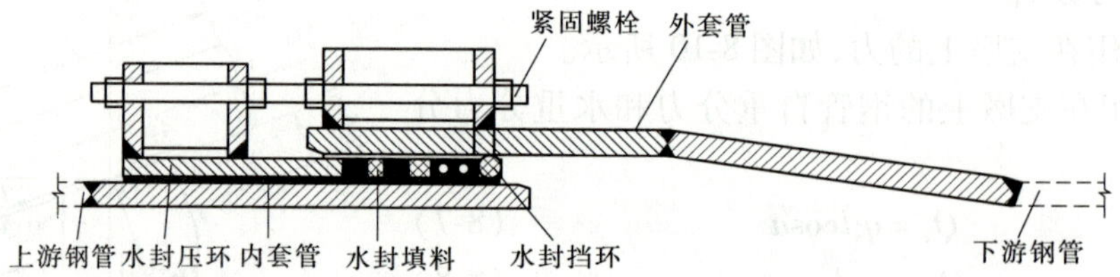

图 8-11　单向滑动套筒式伸缩节

图 8-12 所示为双向滑动套筒式伸缩节，其结构稍复杂，可以有轴向位移，也可以有微小的径向位移，适用于地质条件差的情况或者有径向位移的伸缩沉降缝处的钢管道部位。

伸缩节止水主要靠止水填料，如油浸麻绳、橡皮圈、石棉橡胶绳等，在掺有石墨粉的动物油中浸过后，放入止水套筒中，用压紧环将填料压紧。由于受钢管制作安装精度和止水材料性能的影响，套筒式伸缩节容易产生不同程度的漏水。

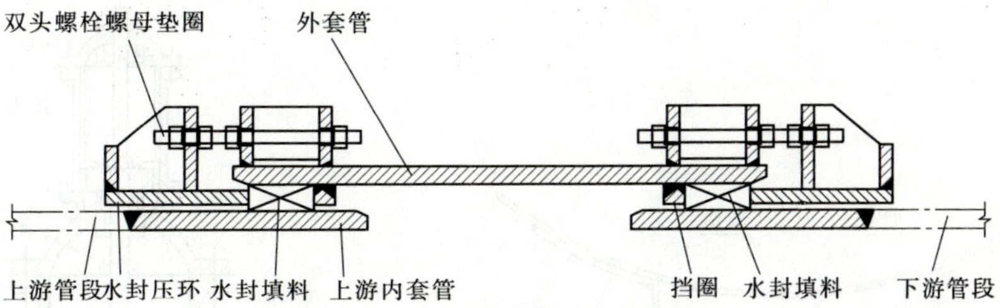

图 8-12　双向滑动套筒式伸缩节

(2)波纹管式伸缩节(见图 8-13)。在火电、化工等行业中运用较多,其制作安装要求高,具有不漏水、运行中免维护的特点。近年来已开始在水电项目中使用,但要在大型电站中使用,需对其结构计算、制作安装作专门的研究。

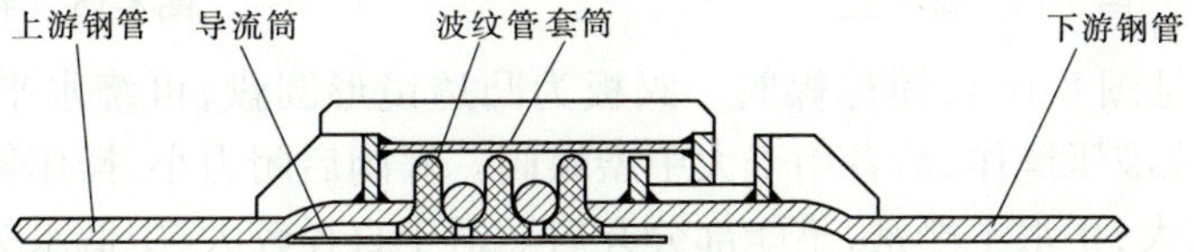

图 8-13　波纹管式伸缩节

近年来,国外在大型抽水蓄能电站大直径压力管道中采用了外接式柔性伸缩节和内接式挠性伸缩节两种新型伸缩节,但国内尚未有应用实例。

伸缩节滑动的长度,除考虑温度变化引起的伸缩外,还应附加大于 50 mm 的裕量。

(二)进人孔

进人孔的作用是进入管道内进行检查、修理或涂装的通道。进人孔一般设在镇墩的上游侧,以便固定缆绳、小车等机具。进人孔间距不大于 200 m,其尺寸通常做成直径大于 45 cm 的圆孔或 45 cm × 50 cm 的椭圆孔,孔上用可拆卸的盖板密封。

(三)排水孔

在钢管的最低处应设排水孔,供检修放空时排除管内积水和泥沙。其构造如图 8-14 所示。

(四)阀门

阀门一般设在紧靠蜗壳进口处,在钢管进口通常设置平板闸门。平板闸门比阀门经济,漏水量小,水头损失小,用于因事故紧急关闭和检修放空水管。阀门的作用是在分组或联合供水时保证某台机组检修不影响其他机组的正常运行,或当调速器、导水叶发生故障时紧急断水防止机组飞逸。单元供水时,若水头较高、管道较长、机组容量较大,也应设置阀门。

(1)平板阀(见图 8-15)。一般用电动或液压操作,止水严密,运行可靠,但外形高,重量大,动作缓慢,启闭力也大,部分开启时易产生空蚀和振动,常用于小直径管道或作为检修阀门。

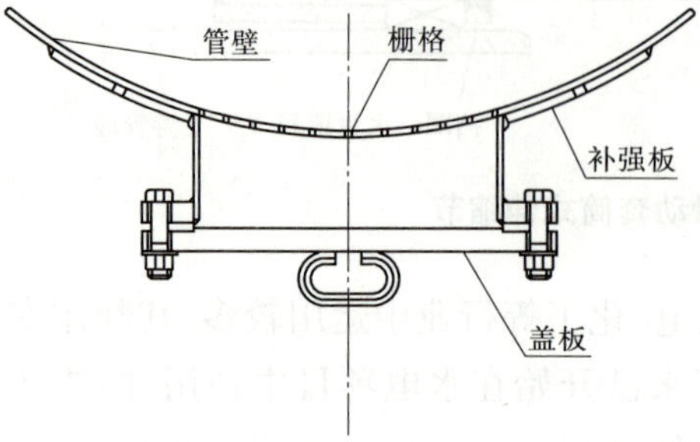

图 8-14 排水孔

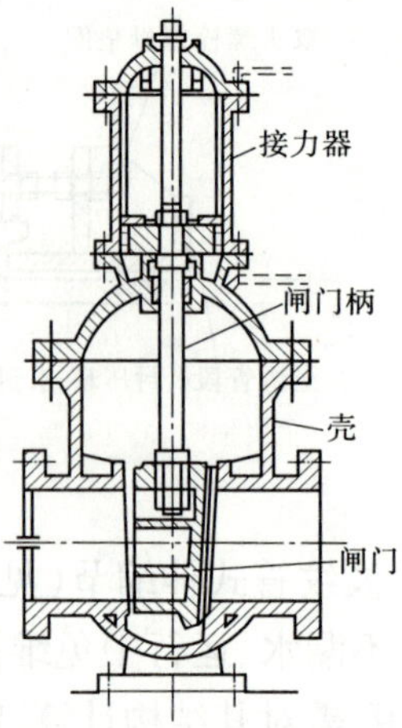

图 8-15 平板阀

(2)蝴蝶阀(见图 8-16),简称蝶阀。阀板为凸透镜形圆盘,可绕水平轴或垂直轴旋转。蝶阀以电动或液压操作,后者用于大中型蝶阀。蝶阀启闭力小,操作便捷,体积小、重量轻,但水头损失大,止水不严密,不能部分开启。适于直径较大、中低水头的情况。为减少漏水,有时在阀体或阀壳四周采用压缩空气的软管(围带)止水。

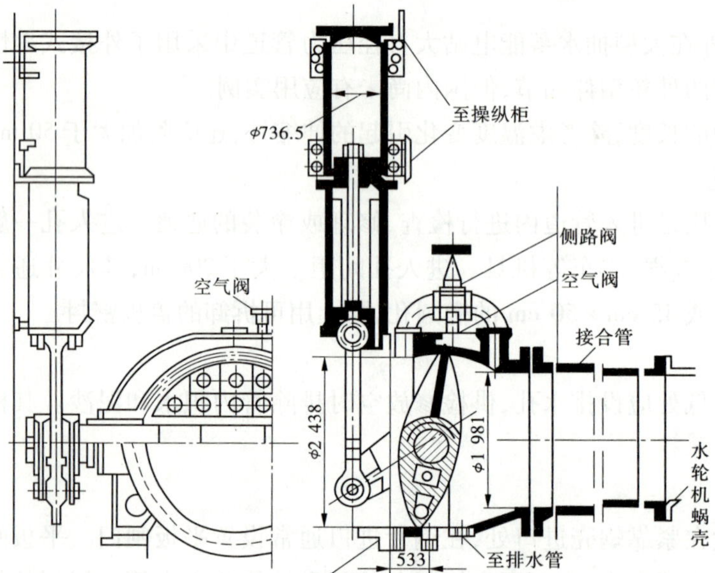

图 8-16 蝴蝶阀

(3)球阀(见图 8-17)。球阀由球形外壳、可转动的圆筒形阀体及其他附件构成。当阀体圆筒的轴线与管道轴线一致时,阀门处于开启状态;若将阀体旋转 90°,使圆筒一侧的球面封板挡住水流通路,则关闭。球形阀水头损失小,止水严密,能承受高压,但价格较贵,适于高水头电站。

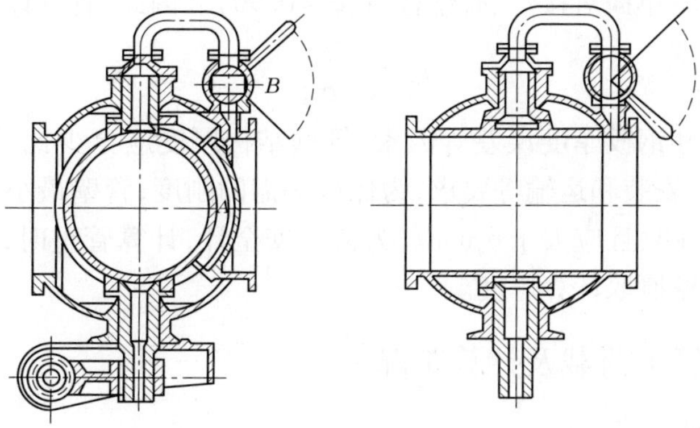

(a)关阀情况　　(b)开阀情况

图 8-17　球阀

第六节　明钢管的管身应力分析及结构设计

一、明钢管管壁厚度的确定

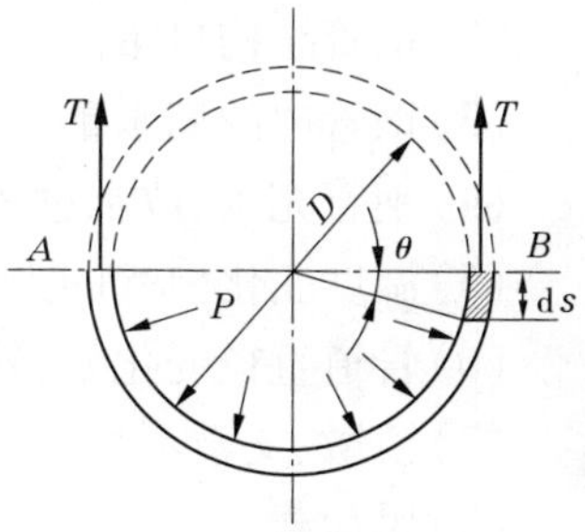

图 8-18　圆管环拉力

在进行钢管应力分析时，须先确定钢管管壁厚度。取单位长度充满内水压力的钢管，沿直径水平切开，移开上半部，取径向均布压力与管壁的环向拉力相平衡，如图 8-18 所示。根据力的平衡条件$\sum Y=0$，得

$$2T = \int_0^{\pi} P\sin\theta \times 1 \times \mathrm{d}s = \int_0^{\pi} \frac{PD}{2}\sin\theta \mathrm{d}\theta = PD$$

因此

$$T = \frac{1}{2}PD$$

管壁环向拉应力

$$\sigma_\theta = \frac{T}{t_0 \times 1} = \frac{PD}{2t_0} = \frac{Pr}{t_0} \tag{8-13}$$

式中　P——内水压力，kPa；

r——钢管内半径，m；

t_0——管壁计算厚度，m。

根据钢管应力应小于材料容许应力$[\sigma]$的条件，可得

$$\sigma_\theta = \frac{Pr}{t_0} = \frac{\gamma Hr}{t_0} \leqslant [\sigma]$$

即

$$t_0 \geqslant \frac{\gamma Hr}{[\sigma]} \tag{8-14}$$

式(8-14)称为锅炉公式。考虑焊缝的强度降低，容许应力应乘以小于 1 的焊缝系数 φ(双

面对接焊时，$\varphi = 0.95$；单面对接焊、有垫板时，$\varphi = 0.90$）。因此，管壁计算厚度

$$t_0 \geqslant \frac{\gamma H r}{\varphi[\sigma]} \tag{8-15}$$

考虑锈蚀、磨蚀和钢板厚度误差等因素，管壁结构厚度应至少比计算值增加 2 mm。此外，考虑制作工艺、安装和运输等要求，为保证必需的刚度，管壁最小厚度（包括壁厚裕量）不宜小于 $D/800+4$，且应大于 6 mm。为偏于安全计，计算管重时，壁厚取结构厚度；强度及稳定校核时，壁厚取计算厚度。

二、作用在钢管上荷载及计算工况

（一）荷载的种类

（1）内水压力。

①正常蓄水位的静水压力；

②正常工作情况最高压力（正常蓄水位、丢弃全负荷）；

③特殊工作情况最高压力（最高发电水位、丢弃全负荷）；

④水压试验内水压力。

（2）钢管结构自重。

（3）钢管内的满水重。

（4）钢管充水、放水过程中，管内部分水重。

（5）温度变化引起的力，对分段敷设的明钢管，即伸缩节和支墩的摩擦力。

（6）管道直径变化处、转弯处及作用在闷头、阀门、伸缩节上的水压力。

（7）镇墩、支墩不均匀沉陷引起的力。

（8）风荷载。

（9）雪荷载。

（10）施工荷载。

（11）地震荷载。

（12）管道放空时通气设备造成的气压差。

（二）计算工况与荷载组合

1. 基本荷载组合

正常运行情况一：②＋（2）＋（3）＋（5）＋（6）＋（7）。

正常运行情况二：①＋（2）＋（3）＋（5）＋（6）＋（7）＋（8）或（9）。

放空情况：（12）。

2. 特殊荷载组合

特殊运行情况：③＋（2）＋（3）＋（5）＋（6）＋（7）。

水压试验情况：④＋（2）＋（3）＋（6）。

施工情况：（2）＋（5）＋（8）或（9）＋（10）。

充水情况：（2）＋（4）。

地震情况：①＋（2）＋（3）＋（5）＋（6）＋（7）＋（11）。

三、管身应力分析

明钢管敷设在一系列支墩上,为了使管壁受力均匀,支座处的管壁常加支承环,为保证钢管的抗外压稳定,有时需在支承环之间加设加劲环,管壁应力计算应选择四个基本计算部位,即跨中断面①—①、支承环旁管壁膜应力区边缘断面②—②;加劲环及其旁管壁断面③—③、支承环及其旁管壁断面④—④,如图 8-19 所示。管身中的应力呈三向应力状态,管壁应力分析时,其计算坐标常取 $xr\theta$ 体系,即管轴线方向为 x 轴,半径方向为 r 轴,管壁切线方向为 θ 轴,如图 8-20 所示。

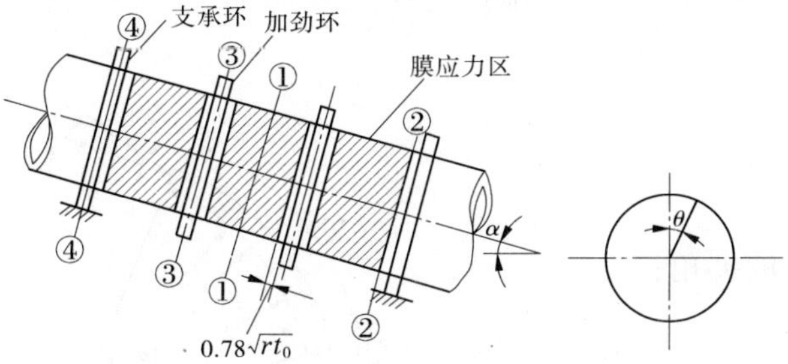

图 8-19　管身应力分析基本部位

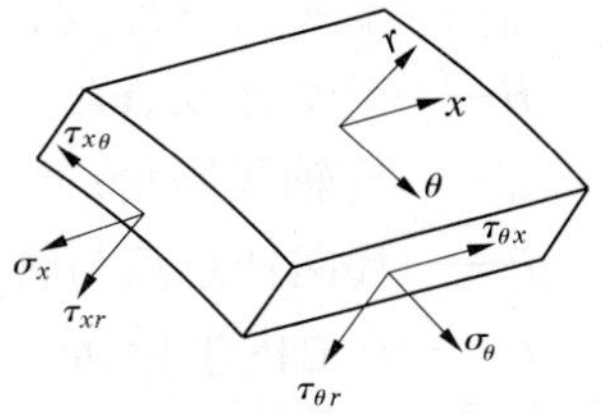

图 8-20　管身应力计算坐标体系

(一)跨中断面①—①的管壁应力

跨中断面的特点是弯矩最大,剪力为零。

1. 径向应力 σ_r

在管道内表面承受内水压力,作用于径向的应力 σ_r 等于该处的内水压强,即 $\sigma_r=-\gamma H$。负号表示为压应力,管壁外表面 $\sigma_r=0$。此力较小,一般计算中可忽略。

2. 环向应力 $\sigma_{\theta 1}$

管壁的环向应力 $\sigma_{\theta 1}$ 主要由内水压力引起。由于通常管轴线有一倾角 α,在管道中心处的水头为 H,则管顶的水头为 $H-r\cos\alpha$,管底的水头为 $H+r\cos\alpha$。设管壁环向任意点与管顶半径的夹角为 θ,则管壁任意点的水头为 $H-r\cos\alpha\cos\theta$,如图 8-21 所示。取一微小管壁,沿圆周长为 $r\mathrm{d}\theta$,沿轴线单位长度上管壁内的环拉力为 T。由图 8-22 可知

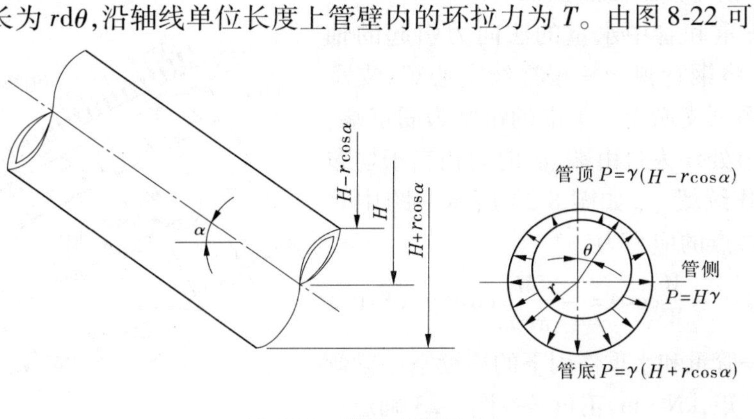

图 8-21　管壁内水压力

$$\sum y = 0$$

$$2T\sin\frac{d\theta}{2} = Prd\theta$$

$$P = \gamma(H - r\cos\alpha\cos\theta)$$

由于 $d\theta$ 很小，$\sin\frac{d\theta}{2} \approx \frac{d\theta}{2}$，所以

$$T = Pr = \gamma r(H - r\cos\alpha\cos\theta)$$

$$\sigma_{\theta 1} = \frac{T}{t_0 \times 1} = \frac{\gamma r}{t_0}(H - r\cos\alpha\cos\theta) = \frac{Pr}{t_0}\left(1 - \frac{r}{H}\cos\alpha\cos\theta\right) \tag{8-16}$$

式中 P——内水压力，kPa；

t_0——管壁计算厚度，m；

H——计算水头，m；

α——管轴线倾角；

θ——环向任意点与管顶半径的夹角；

r——管道内半径，m。

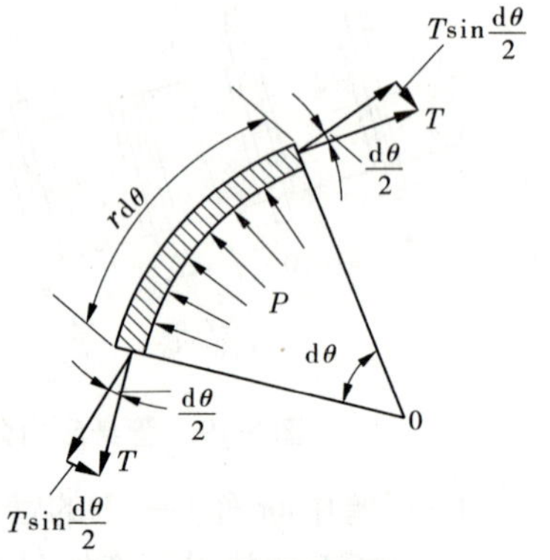

图 8-22 管壁环向应力

当水头较高、管径较小时，式(8-16)中的 $\frac{r}{H}\cos\alpha\cos\theta$ 可忽略不计，则式(8-16)可简化为

$$\sigma_{\theta 1} = \frac{Pr}{t_0} \tag{8-17}$$

3. 轴向应力 σ_x

轴向应力 σ_x 由两部分组成：

(1)由轴向力引起的轴向应力 σ_{x1}

$$\sigma_{x1} = \frac{\sum A}{F} = \frac{\sum A}{2\pi r t_0} \tag{8-18}$$

式中 $\sum A$——作用在钢管上所有的轴向力的总和，kN；

F——钢管横断面面积，m^2。

(2)由管重和管中水重的法向力引起的轴向应力 σ_{x2}。将钢管视为一根连续空心梁，支承在镇墩和一系列支墩上。下端的镇墩为固定端，上端的伸缩节处作为自由端，法向力相当于均布荷载作用在连续梁上，如图 8-23 所示。跨中管壁的 θ 方向各点的应力为

$$\sigma_{x2} = -\frac{M}{W}\cos\theta = -\frac{M}{\pi r^2 t_0}\cos\theta \tag{8-19}$$

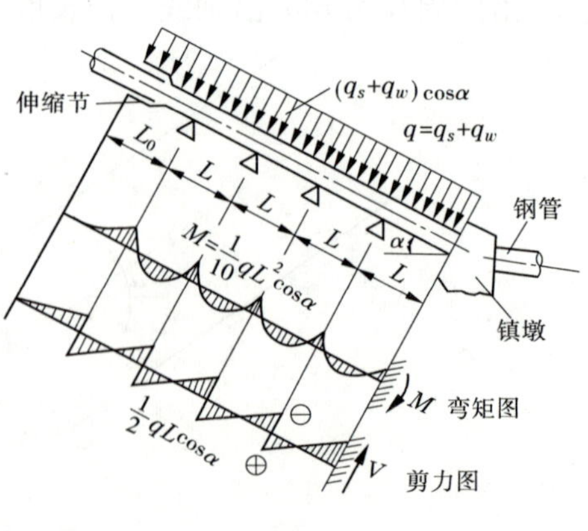

图 8-23 法向力引起的弯矩和剪力

式中 M——管重和水重作用下的连续空心梁弯矩，kN · m，正负号按图 8-23 确定；

W——空心梁的断面模数，$W = \pi r^2 t_0$。

弯矩 M 按多跨连续梁计算。若计算断面在距伸缩节三跨以上,可按两端固结计算,即

跨中　$M = 0.041\ 67QL\cos\alpha$

支座处　$M = -0.083\ 33QL\cos\alpha$

式中　L——支承环间距。

如果同时计入地震力的作用,则

$$\sigma_{x2} = \frac{1}{\pi r^2 t_0}(M_e \sin\theta - M\cos\theta) \tag{8-20}$$

式中　M_e——地震力作用下的连续梁弯矩,$M_e \approx \frac{0.5K_H M}{\cos\alpha}$;

K_H——水平地震荷载系数。

4. 剪应力 $\tau_{x\theta}$

因为跨中不产生剪应力,故 $\tau_{x\theta} = 0$。

(二)支承环旁管壁膜应力区边缘断面②—②的管壁应力

断面②—②靠近支承环,但在支承环影响范围之外,该处有管重和水重的法向分力引起的剪力 V。剪应力是在垂直于 x 轴的平面上,方向沿管壁的切线方向即环向,根据《材料力学》的公式

$$\tau_{x\theta} = \frac{VS_R}{bJ} \tag{8-21}$$

式中　V——管重和水重法向分力作用下的连续梁剪力,kN;

S_R——计算点以上管壁环形截面面积对中和轴的静矩;

b——受剪截面宽度,m,$b = 2t_0$;

J——截面惯性矩,m^4,$J = \pi D^3 t_0/8$。

S_R 的计算如下:

如图 8-24 所示,取一小段管壁 $dF = rd\varphi t_0$,该面积对中和轴的静矩为

$$dS_R = dF \times C = rd\varphi t_0 \times r\sin(90° - \varphi) = r^2 t_0 \cos\varphi d\varphi$$

计算点($\varphi = \theta$)以上管壁面积对中和轴的静矩为

$$S_R = \int_{-\theta}^{\theta} dS_R = 2r^2 t_0 \sin\theta$$

因此

$$\tau_{x\theta} = \frac{V \times 2r^2 t_0 \sin\theta}{2t_0^2 \pi r^3} = \frac{V\sin\theta}{\pi r t_0} \tag{8-22}$$

当 $\theta = 0°$(管顶)和 $\theta = 180°$(管底)时,$\tau_{x\theta} = 0$;当 $\theta = 90°$(管侧)时,$\tau_{x\theta} = \frac{V}{\pi r t_0}$,达最大值。

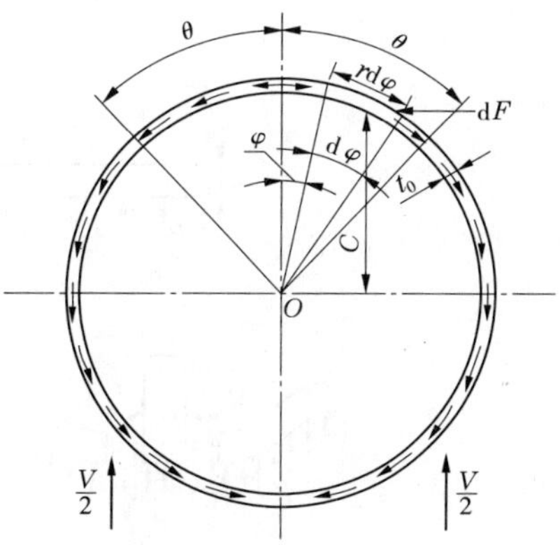

图 8-24　静矩的计算

若同时计入地震力的作用,则剪应力为

$$\tau_{x\theta} = \frac{V\sin\theta - V_e\cos\theta}{\pi r t_0} \tag{8-23}$$

式中　V_e——地震力作用下的连续梁剪力，$V_e \approx \dfrac{0.5K_H V}{\cos\alpha}$；

其他符号含义同前。

$\tau_{x\theta}$的分布如图 8-25 所示，该图为以上各力的综合图。

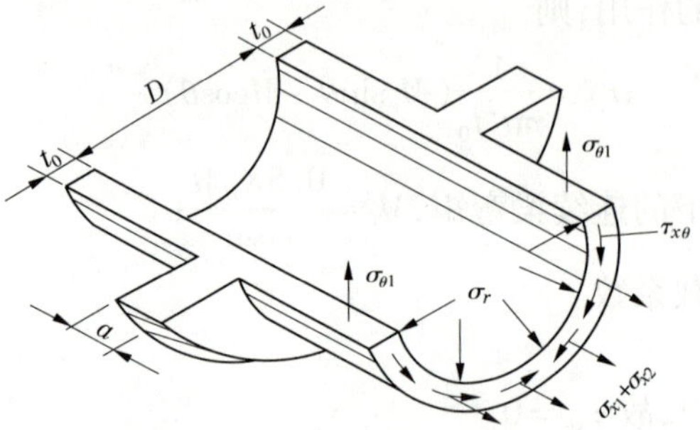

图 8-25　管壁应力分布

断面②—②其他正应力 σ_r、σ_θ、σ_x 的计算均与断面①—①相同，仅 M 的方向与绝对值不同。

（三）加劲环及其旁管壁断面③—③的管壁应力

1. 轴向应力 σ_{x_3}

由于加劲环的存在，管壁在内水压力和管重作用下的径向变形受到了限制，因而产生了局部应力，变形如图 8-26(a)所示。加劲环对管壁约束的影响范围，每侧为 l'。l'又称为等效翼缘宽度，由弹性理论分析可得

$$l' = \frac{\sqrt{rt_0}}{\sqrt[4]{3(1-\mu^2)}} = 0.78\sqrt{rt_0} \tag{8-24}$$

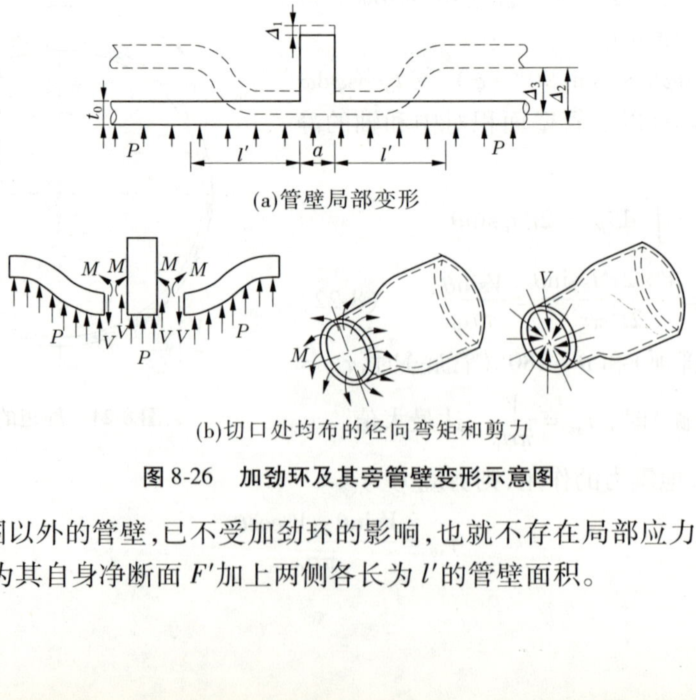

图 8-26　加劲环及其旁管壁变形示意图

对于 l'范围以外的管壁，已不受加劲环的影响，也就不存在局部应力。计算时，加劲环有效断面 F 为其自身净断面 F'加上两侧各长为 l'的管壁面积。

分析时仅考虑内水压力的作用。在内水压力作用下，由于是轴对称，因此管壁圆周上各处的弯矩和剪力值都相等。设想将加劲环和管壁切开，根据变形相容条件可以证明，在切口处存在着均布的径向弯矩 M 和剪力 V，如图 8-26(b)所示。设在内水压力 P 和管壁传来的剪力 V 作用下，加劲环向外径向变位为 Δ_1，加劲环影响范围以外的管壁径向变位为 Δ_2。如果没有 M 和 V 的作用，全部管壁都将有相同的变位 Δ_2；在 M 和 V 的作用下，钢管与加劲环连接处的变位应该与加劲环的变位相同，等于 Δ_1；可以看做 M 和 V 作用下使钢管在断面③—③处发生一个变位 Δ_3，根据连续条件，$\Delta_3 = \Delta_2 - \Delta_1$，同时管壁在 M 和 V 作用下没有角变位。

1）求 Δ_2

在加劲环影响范围以外的管壁径向变位 Δ_2，是由均匀内水压力产生的。Δ_2 为半径的增长，其相对值 Δ_2/r，即管壁的环向应变值 ε，考虑虎克定律后可得

$$\frac{\Delta_2}{r} = \varepsilon = \frac{\sigma_\theta}{E}$$

将 $\sigma_\theta = \dfrac{Pr}{t_0}$ 代入上式可得

$$\Delta_2 = \frac{Pr^2}{Et_0} \tag{8-25}$$

式中　E——钢材弹性模量。

2）求 Δ_1

根据相似的方法推导可以得出

$$\Delta_1 = (Pa + 2V)\frac{r^2}{F'E} \tag{8-26}$$

式中　a——加劲环的宽度，m；

F'——加劲环净截面面积，不包括管壁翼缘，m^2。

3）求 Δ_3

根据弹性理论，M 和 V 之间存在如下关系

$$M = \frac{V}{2k} \tag{8-27}$$

管壁径向变位为

$$\Delta_3 = \frac{3V(1-\mu^2)}{k^3 E t_0^3} \tag{8-28}$$

式中　k——等效翼缘宽度 l' 的倒数，即

$$k = \frac{1}{l'} = \frac{\sqrt[4]{3(1-\mu^2)}}{\sqrt{rt_0}} = \frac{1}{0.78\sqrt{rt_0}}$$

根据连续条件，$\Delta_3 = \Delta_2 - \Delta_1$，将式(8-25)、式(8-26)、式(8-28)代入，得

$$\frac{3V(1-\mu^2)}{k^3 E t_0^3} = \frac{Pr^2}{Et_0} - (Pa + 2V)\frac{r^2}{F'E}$$

再将 $k^2 = \dfrac{\sqrt{3(1-\mu^2)}}{rt_0}$ 代入上式，化简后得

$$V = \frac{P}{k}\beta \tag{8-29}$$

代入式(8-27)得

$$M = \frac{P}{2k^2}\beta \tag{8-30}$$

$$\beta = \frac{F' - at_0}{F' + 2t_0/k} = \frac{F' - at_0}{F} \tag{8-31}$$

式中　F——加劲环有效截面面积,包括管壁等效翼缘。

最后可得局部弯矩 M 产生的管壁局部轴向应力为

$$\sigma_{x3} = \pm \frac{3Pr}{\sqrt{3(1-\mu^2)}\,t_0}\beta = \pm \frac{\sqrt{3}}{\sqrt{1-\mu^2}}\beta\frac{Pr}{t_0}$$

由 $\mu = 0.3$,则

$$\sigma_{x3} = \pm 1.816\beta\frac{Pr}{t_0} \tag{8-32}$$

式中的正号代表管壁内缘受拉,负号代表管壁外缘受压。

2. 剪应力 τ_{xr}

上述剪力 V 在加劲环旁管壁内产生剪应力 τ_{xr},作用方向指向管中心,其值 $\tau_{xr} = 1.5\beta\frac{P}{kt_0}$(管壁中面)或 $\tau_{xr} = 0$(管壁内、外缘)。因其值较小,且管壁综合应力的控制点在管壁内、外缘,故 τ_{xr} 可不计。

3. 环向应力 $\sigma_{\theta 2}$

加劲环净截面除承受径向的均匀内水压力外,还承受外侧径向剪力 $2V$,如图 8-26(b)所示。总环向拉应力为

$$\sigma_{\theta 2} = (Pa + 2V)\frac{r}{F'}$$

将式(8-29)代入上式得

$$\sigma_{\theta 2} = (Pa + \frac{2P}{k}\beta)\frac{r}{F'} = (a + 2l'\beta)\frac{Pr}{F'} \tag{8-33}$$

根据式(8-31)可得

$$F' = \frac{t_0(a + 2l'\beta)}{1 - \beta}$$

将上式代入式(8-33)可得

$$\sigma_{\theta 2} = (1 - \beta)\frac{Pr}{t_0} \tag{8-34}$$

4. 剪应力 $\tau_{\theta x}$

由管重和水重在管壁中引起的剪应力 $\tau_{x\theta}$ 用式(8-22)计算,而 $\tau_{\theta x} = \tau_{x\theta}$。断面③—③的轴向应力 σ_{x1}、σ_{x2} 和剪应力 $\tau_{x\theta}$ 的计算均与断面②—②相同。综合断面③—③各应力的分布,如图 8-27 所示。

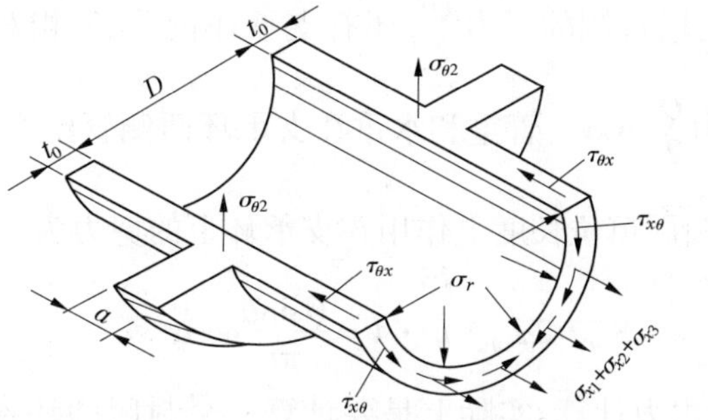

图 8-27　加劲环断面管壁应力分布

(四)支承环及其旁管壁断面④—④的管壁应力

支承环与加劲环从形式上看都是一个套焊在管壁外缘的钢环,因此断面④—④的管壁应力 σ_{x1}、σ_{x2}、σ_{x3}、$\sigma_{\theta 2}$、$\tau_{\theta x}$、$\tau_{x\theta}$、τ_{xr}的计算均与断面③—③相同。但支承环还承担着由于传递管重和水重法向力 Q 给支墩而引起的支承反力,从而在支承环内产生附加应力。随着支承方式和结构的不同,应力状态也不同。

1. 支承环的支承方式

大中型水电站明钢管上的支承环支承方式有侧支承和下支承两种,如图 8-28 所示。图中点画线为支承环有效截面重心轴,它与圆心距离为半径 R,支墩支承点至支承环有效截面重心轴距离为 b,支承反力为$\frac{Q}{2}\cos\alpha$。

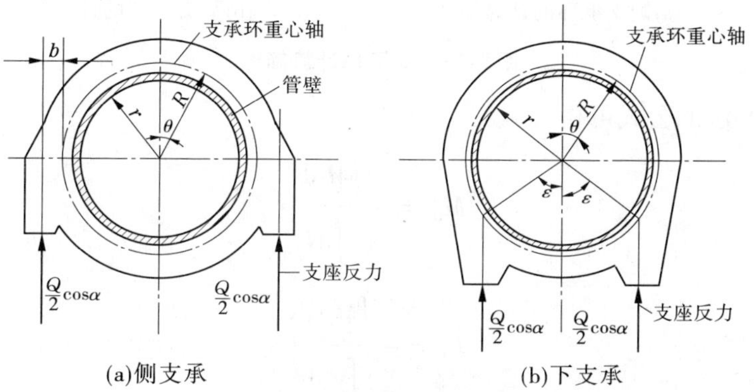

图 8-28　支承环支承方式

2. 支承环内力计算

常采用《结构力学》中的方法进行支承环的内力计算,因为钢管断面是一个对称圆环,是一个三次超静定结构。可用弹性中心法计算支承环上各点的内力。

当采用侧支承时,设支承反力离支承环重心轴距离为 b。根据分析,在设计时常取 $b=0.04R$,使环上最大正弯矩与最大负弯矩接近相等,则钢材的利用最为经济。地下明钢管有时采用下支承,一般 $\varepsilon=30°\sim90°$可能经济些。符号 ε 的意义见图 8-28(b)。

1)侧支承式支承环的内力计算

支承环所承受的荷载主要是管重和水重法向分力产生的剪力(表现为支承环两侧管

壁上的剪应力 $\tau_{x\theta}$)，以及支墩每侧的反力$\frac{Q}{2}$，还有支承环自重，但相对较小。钢管一般都是倾斜布置的，支承反力为$\frac{Q}{2}\cos\alpha$。管重和水重在支承环两侧管壁产生的剪应力为 $\tau_{x\theta}=\frac{Q\sin\theta}{2\pi r t_0}\cos\alpha$。因此，沿管壁圆周单位长度上作用在支承环上的剪力为

$$S_{x\theta}=2\tau_{x\theta}\cdot t_0\cdot 1=\frac{Q\sin\theta}{\pi r}\cos\alpha \tag{8-35}$$

要进行支承环截面的内力计算，实际上是要计算一个封闭圆环各断面上的弯矩 M_R、剪力 T_R 和轴力 N_R。其计算简图如图 8-29(a)所示。利用弹性中心法，将圆环顶部切开加上内力 T_G 和 M_G；由于圆环是对称图形，该处没有剪力。把内力移到弹性中心，令弹性中心处的力矩为 M_0，推力为 T_0。

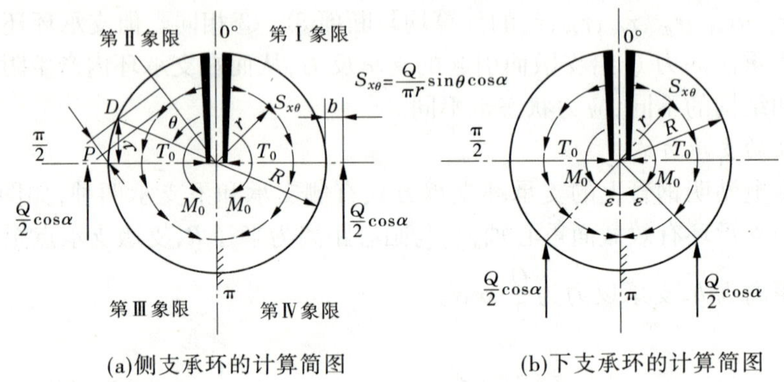

图 8-29 支承环计算简图

由弹性中心法的公式可得

$$M_0=-\frac{\int M_s\mathrm{d}s}{\int\mathrm{d}s} \tag{8-36}$$

$$T_0=-\frac{\int M_s y\mathrm{d}s}{\int y^2\mathrm{d}s} \tag{8-37}$$

式中 M_s——圆环上各点的静定力矩，以顺时针方向为正；

y——弧的纵坐标；

$\mathrm{d}s$——弧长的微分。

求出弹性中心处 M_0 和 T_0 后，即可得到环顶切口处的内力 M_G、T_G，从而推求出封闭圆环(支承环)任一断面上的弯矩 M_R、剪力 T_R 和轴力 N_R。相关计算公式如下

$$N_R=Q\cos\alpha(K_1+B_1K_2) \tag{8-38}$$

$$T_R=Q\cos\alpha(K_5+CK_6) \tag{8-39}$$

$$M_R=QR\cos\alpha\left(K_3+\frac{b}{R}K_4\right) \tag{8-40}$$

式中　$K_1 \sim K_6$、B_1、C——系数，其值可参考 SL 281—2003《水电站压力钢管设计规范》中的计算方法求得；

b——支承点至支承环有效断面重心线的水平距离，m；

R——支承环有效断面重心轴线半径，m。

支承环内力除取决于它的几何尺寸及荷载 Q、$S_{x\theta}$外，还与支点的位置尺寸 b 有关。当 $b=0.04R$ 时，支承环各断面的内力分布情况如图 8-30 所示。

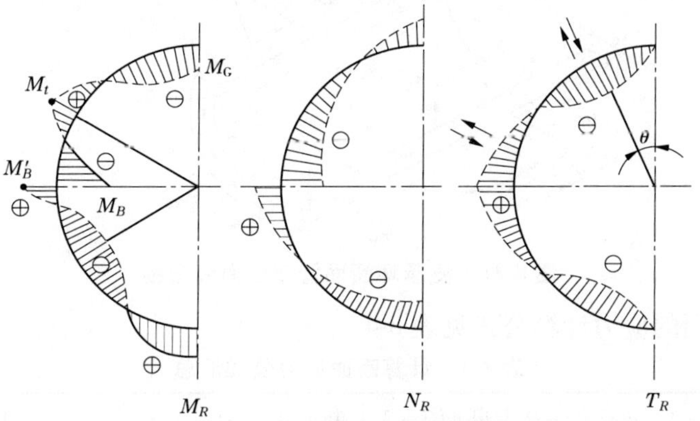

图 8-30　$b=0.04R$ 时支承环内力图

图中弯矩画在受拉一边，正的 M_R 表示支承环外侧受拉，正的 N_R 表示拉力，正的 T_R 使隔离体顺时针旋转。

2）下支承式支承环的内力计算

下支承环支点位置用 ε 角度来确定，如图 8-28(b)所示。仍用弹性中心法计算内力，计算简图如图 8-32(b)所示。同样，可以推求出任一断面上的内力 M_R、T_R 和 N_R 的计算式。不论是侧支承或是下支承，当需要考虑地震时尚需计算横向地震力作用下产生的内力。

当计算出支承环支承反力产生的弯矩 M_R、剪力 T_R 和轴力 N_R 后，它们所产生的应力分别为

正应力
$$\sigma_{\theta 3}=\frac{N_R}{F} \tag{8-41}$$

$$\sigma_{\theta 4}=\frac{M_R Z_R}{J_R}=\frac{M_R}{W_R} \tag{8-42}$$

剪应力
$$\tau_{\theta r}=\frac{T_R S_R}{J_R a} \tag{8-43}$$

式中　M_R——支承环横截面上的弯矩，kN·m；

N_R——支承环横截面上的轴力，kN；

T_R——支承环横截面上的剪力，kN；

Z_R——计算点与重心轴的距离，m；

J_R——支承环有效截面对重心轴的惯性矩，m^4；

W_R——支承环有效截面对重心轴的断面矩，m^3；

S_R——支承环有效截面积上，计算点以外部分截面对重心轴的静矩，m^3；

a——支承环与管壁接触宽度或腹板厚度，m；

F——支承环有效截面面积，包括管壁等效翼缘，m^2。

综合断面④—④各应力方向和分布如图 8-31 所示。

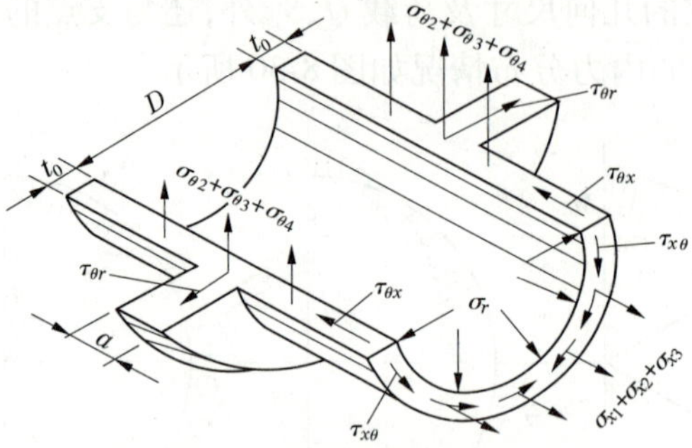

图 8-31 支承环断面管壁应力分布图

所有四个断面的应力计算公式见表 8-4。

表 8-4 计算断面应力公式汇总

断面	断面 1—1	断面 2—2	断面 3—3	断面 4—4	计算公式
纵断面	$\sigma_{\theta1}$	$\sigma_{\theta1}$			$\sigma_{\theta1}=\frac{Pr}{t_0}\left(1-\frac{r}{H}\cos\alpha\cos\theta\right)$
			$\sigma_{\theta2}$	$\sigma_{\theta2}$	$\sigma_{\theta2}=\frac{Pr}{t_0}(1-\beta)$
				$\sigma_{\theta3}$	$\sigma_{\theta3}=\frac{N_R}{F}$
				$\sigma_{\theta4}$	$\sigma_{\theta4}=\frac{M_R Z_R}{J_R}$
				$\tau_{\theta r}$	$\tau_{\theta r}=\frac{T_R S_R}{J_R a}$
			$\tau_{\theta x}$	$\tau_{\theta x}$	$\tau_{\theta x}=\tau_{x\theta}$
横断面	σ_{x1}	σ_{x1}	σ_{x1}	σ_{x1}	$\sigma_{x1}=\frac{\sum A}{2\pi r t_0}$
	σ_{x2}	σ_{x2}	σ_{x2}	σ_{x2}	$\sigma_{x2}=\frac{1}{\pi r^2 t_0}(-M\cos\theta+M_e\sin\theta)$
			σ_{x3}	σ_{x3}	$\sigma_{x3}=\pm\frac{1.816\beta Pr}{t_0}$
		$\tau_{x\theta}$	$\tau_{x\theta}$	$\tau_{x\theta}$	$\tau_{x\theta}=\frac{1}{\pi r t_0}(-V_e\cos\theta+V\sin\theta)$

四、强度校核

由于钢材是一种比较均匀、具有弹塑性性质的金属材料，目前，国内外多采用第四强度理论（畸变能理论）进行强度校核，即各计算点应力应满足下式

$$\sigma = \sqrt{\sigma_x^2 + \sigma_r^2 + \sigma_\theta^2 - \sigma_x\sigma_r - \sigma_x\sigma_\theta - \sigma_r\sigma_\theta + 3(\tau_{xr}^2 + \tau_{x\theta}^2 + \tau_{r\theta}^2)} \leqslant \varphi[\sigma] \tag{8-44}$$

式中　σ_θ、σ_r、σ_x——钢管环向、径向和轴向应力；

$\tau_{x\theta}$、τ_{xr}、$\tau_{r\theta}$——钢管各方向的剪应力。

水电站钢管的σ_r、τ_{xr}及$\tau_{r\theta}$值较小，可以忽略不计。所以，式(8-44)可简化为

$$\sigma = \sqrt{\sigma_x^2 + \sigma_\theta^2 - \sigma_x\sigma_\theta + 3\tau_{x\theta}^2} \leqslant \varphi[\sigma] \tag{8-45}$$

强度计算应分段进行。计算校核点应选在σ_θ、σ_x值较大处，剪应力一般不控制。同一跨内一般采用相同的管壁厚度。正常运行情况钢管受力属于三维应力状态，计算出各种应力后，应按上述方法进行强度校核，各计算点的应力必须满足要求，如果不满足，可调整管壁厚度或支墩间距，直到满足强度要求为止。

五、明钢管的抗外压稳定

水电站压力钢管可能在机组负荷变化过程中产生负水锤，使管道产生负压，或者在钢管放空时由于通气孔失灵而产生真空。钢管在管外大气压力作用下可能失去稳定，管壁被压扁。因此，必须根据钢管处于真空状态时不产生不稳定变形的条件来校验管壁厚度或采取必要措施。

近似把钢管作为一均匀和无限长的圆筒进行分析。取单位长度的圆环来考虑，它承受均匀外压力P_0，当P_0值逐渐增大达到临界值P_{cr}，圆环就会失去稳定；而在P_{cr}作用下，维持一定的变形状态，如图8-32(a)所示。图中实线为圆环变位前的情况，虚线为变位后的情况。设在A点的径向变位为y_A，其他点的变位为y，如图8-32(b)所示。将圆环切出一段弧长，加上内力对圆心取力矩的平衡条件可得到

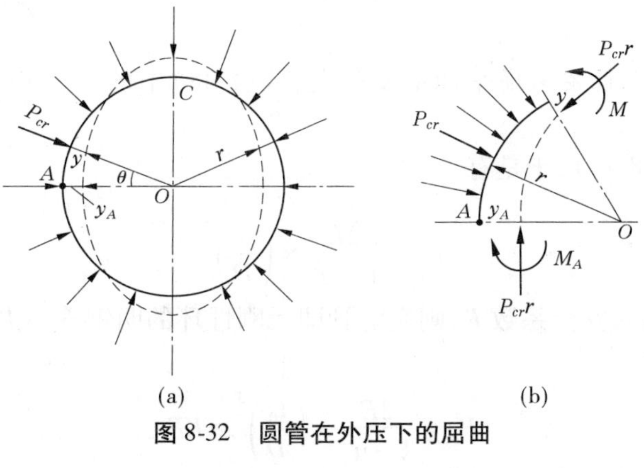

图8-32　圆管在外压下的屈曲

$$M_A - M + P_0r(r - y_A) - P_0r(r - y) = 0$$

因此

$$M = M_A - P_0r(y_A - y) \tag{8-46}$$

考虑变位y值很小，外压力P_0均通过圆心，所以对O点没有力矩。圆环的弯曲方程式为

$$\frac{d^2y}{d\theta^2} + y = -\frac{Mr^2}{EJ} \tag{8-47}$$

将式(8-46)代入,圆环弯曲方程(8-47)可变化为

$$\frac{d^2y}{d\theta^2}+y=-\frac{r^2}{EJ}[M_A-P_0r(y_A-y)]$$

$$\frac{d^2y}{d\theta^2}+y\left(1+\frac{P_0r^3}{EJ}\right)=\frac{-M_Ar^2+P_0r^3y_A}{EJ}$$

式中 r——圆环半径,m;

E——钢材的弹性模量,N/m^2;

J——惯性矩,m^4。

令 $k^2=1+\frac{P_0r^3}{EJ}$,则圆环弯曲方程的通解为

$$y=A\sin k\theta+B\cos k\theta+\frac{-M_Ar^2+P_0r^3y_A}{EJ+P_0r^3}$$

利用边界条件确定 A、B 两个积分常数,在 A 点处 $\theta=0,\frac{dy}{d\theta}=0$;在 C 点处,$\theta=\frac{\pi}{2},\frac{dy}{d\theta}=0$。由此得到:$A=0,B\sin\frac{k\pi}{2}=0$。由于 B 不能为零,所以 $\sin\frac{k\pi}{2}=0$,即 k 应是任意正偶数。因此,圆环不稳定平衡条件是

$$P_0=(k^2-1)\frac{EJ}{r^3}\quad(k\text{ 为正偶数})$$

符合此条件的 P_0 值的最小值,即 $k=2$ 时的 P_0 值是圆环丧失稳定而屈曲的最小外压值,称为临界压力 P_{cr},计算式为

$$P_{cr}=\frac{3EJ}{r^3}\tag{8-48}$$

对长圆筒的薄钢管要考虑平面应变问题,式(8-48)中的 E 应以 $\frac{E}{1-\mu^2}$ 替换,则 $EJ=\frac{E}{1-\mu^2}\times\frac{t_0^3}{12}$,代入式(8-48),于是有

$$P_{cr}=\frac{2E}{1-\mu^2}\times\left(\frac{t_0}{D}\right)^3$$

为安全起见,引入安全系数 K,则光滑管即无刚性环的明钢管不失稳的最小管壁厚度计算公式为

$$P_{cr}=\frac{2E}{1-\mu^2}\times\left(\frac{t_0}{D}\right)^3\geqslant KP\tag{8-49}$$

式中 D——钢管直径,m;

t_0——钢管管壁厚度,m;

P——钢管外压荷载设计值,kPa。

明钢管外压荷载设计值最大为一个大气压强,即 $P=0.1$ MPa,钢材的弹性模量 $E=2.06\times10^5$ MPa,取 $K=2$,略去 μ^2,代入式(8-49),得到无刚性环的明钢管不失稳的条件为

$$t_0\geqslant\frac{D}{130}\tag{8-50}$$

如不能满足抗外压稳定要求,可设置加劲环增加管壁刚度。通常这比增加管壁厚度要经济。

加劲环的刚性应足够大,在设计外压下不应失稳。这时相邻两加劲环之间的光滑管壁因两端已受到刚性约束,在外压作用下,失稳变形的一般形态将不是图 8-32 所示的双波形,而是图 8-33 所示的多波形。发生多波形屈曲所需的外压值比发生双波形屈曲的外压值大。当加劲环间距很小时,其间管壁将完全随加劲环而变形,管壁的临界压力即加劲环的临界压力。当加劲环间距相当大时,远离加劲环的管壁受不到环约束作用,其临界压力与不设刚性环的光滑管相同。加劲环间管壁发生多波形屈曲的临界压力值计算采用米赛斯公式

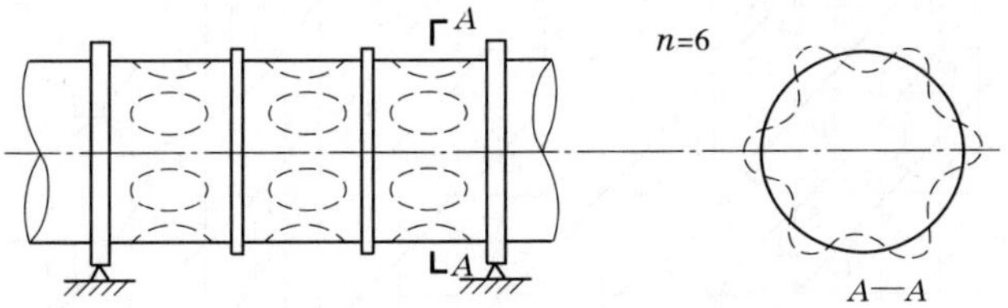

图 8-33　管壁屈曲波形示意图

$$P_{cr}=\frac{Et_0}{(n^2-1)\left(1+\frac{n^2l^2}{\pi^2r^2}\right)^2r}+\frac{E}{12(1-\mu^2)}\times\left(n^2-1+\frac{2n^2-1-\mu}{1+\frac{n^2l^2}{\pi^2r^2}}\right)\left(\frac{t_0}{r}\right)^3 \tag{8-51}$$

$$n=2.74\left(\frac{r}{l}\right)^{0.5}\left(\frac{r}{t_0}\right)^{0.25} \tag{8-52}$$

式中　n——相应于最小临界压力的波数,取计算值相近的整数;

l——加劲环间距,m。

式(8-51)中仅有加劲环的间距,没有加劲环本身的参数,这是因为式(8-51)成立的条件是加劲环本身不失稳。

用式(8-51)计算时应采用 P_{cr} 为最小值时的 n 值,需用试算法。初估时先用式(8-52)求 n,取整数,再用 $n+1$、n、$n-1$ 三个数分别代入式(8-51)求 P_{cr},所得最小值即所求临界荷载。

用式(8-51)计算很繁,可利用根据此式制成的曲线(见图 8-34)直接查求。当管径和管壁厚度一定时,加劲环的间距越小,管壁在外压下屈曲的波数越多,临界压力值越大。

设置加劲环的钢管在外压作用下,必须同时满足两个条件:第一,加劲环不能失稳屈曲;第二,加劲环不失稳时,其横截面的压应力小于材料容许值。

加劲环两侧附近的一段管壁与加劲环一起变形,成为有效翼缘,构成加劲环的一部分。由弹性理论可知,翼缘长度每侧为 $l'=0.78\sqrt{rt_0}$。进行加劲环的临界压力和压应力计算时,都应取其有效截面。

加劲环受外压力 P_0 作用时,要维持弹性稳定的临界压力,可用式(8-48)计算。但每个加劲环必须承受长度为 l 的管段上的全部外压,所以应用式(8-48)时,等号右边除以 l,同时等号左边乘一安全系数 K。加劲环弹性稳定临界压力为

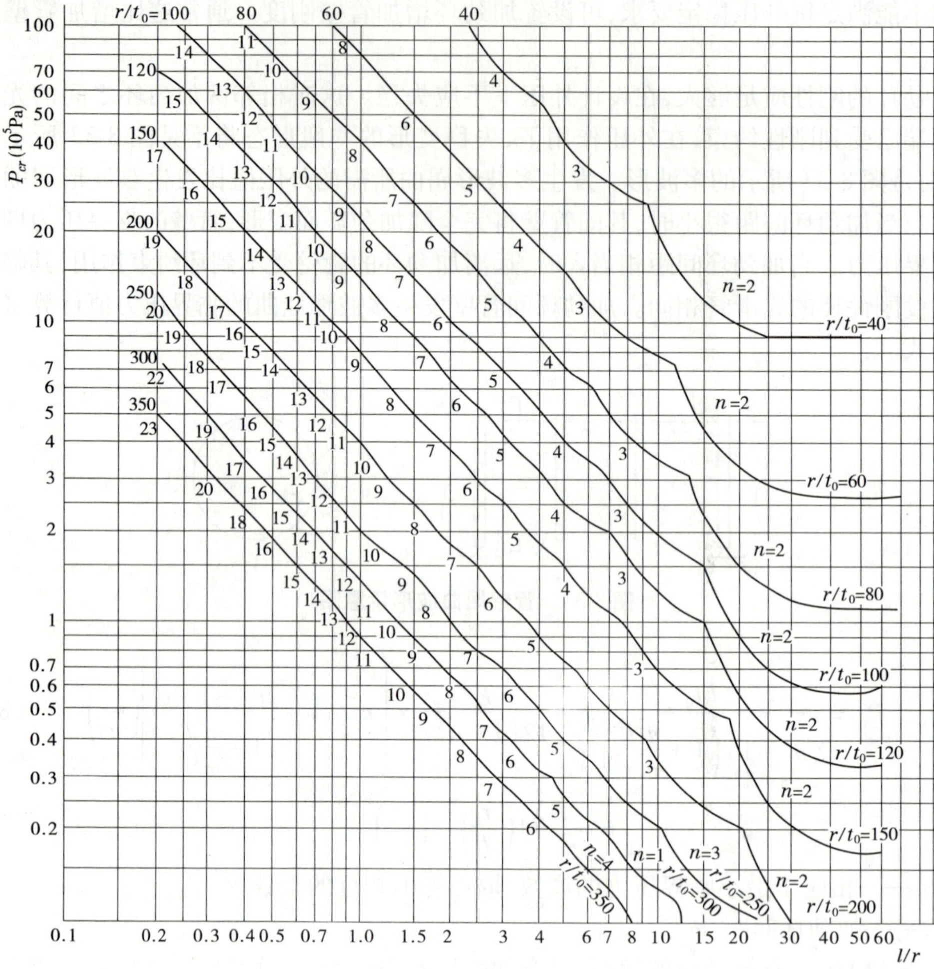

图 8-34　明管临界外压力曲线

$$P_{cr}=KP=\frac{3EJ_R}{R^3 l} \tag{8-53}$$

式中　J_R——计算断面对其自身中和轴的惯性矩，m^4；

R——加劲环的有效截面重心轴处的半径，m；

K——安全系数，可取 $K=2$。

同时，加劲环稳定临界压力还应满足下式要求

$$P_{cr}=KP=\frac{\sigma_s F}{rl} \tag{8-54}$$

式中　F——加劲环有效截面面积，m^2。

取式(8-53)、式(8-54)二式中之小值作为加劲环临界压力值。

最后，总结明钢管抗外压失稳的设计步骤：首先根据已定的光滑管管壁厚度计算其临界压力，如不满足稳定要求，可设置加劲环，此时先根据钢管应具有的临界压力值，由式(8-53)或式(8-54)选定加劲环间距，然后根据加劲环抗外压稳定和横截面压应力小于容许值的条件，计算出加劲环的尺寸。

第七节　分岔管

一、分岔管的功用、特点和要求

采用联合供水或分组供水，即一根管道需要供应两台或更多台机组用水时，需要在主管末端设置分岔管。该分岔管位于厂房上游侧，由于靠近厂房，内水压力较大，水流情况和受力情况都较复杂。

岔管用以分配水流，水流的方向和流态有较大的改变，加上岔管由于受力条件差，要求尺寸尽量小，从而通过岔管的流速较大，因此岔管是引水系统中水头损失较大的地方。岔管处静动水压力最大，又靠近厂房，因此其安全性十分重要。岔管由薄壳和刚度大的加强构件组成，管壁薄，构件尺寸大，有时需锻造，焊接工艺要求高，造价也比较高。

影响岔管水头损失的主要因素有主、支管断面面积之比，流量分配比，主、支管半锥角 α_1、α_2，分岔角 β，岔裆角 γ、钝角区腰线转折角 θ 等，如图 8-35 所示。分叉后流速宜逐步加大。对重要工程的岔管宜做水力学模型试验。岔管应满足以下要求：

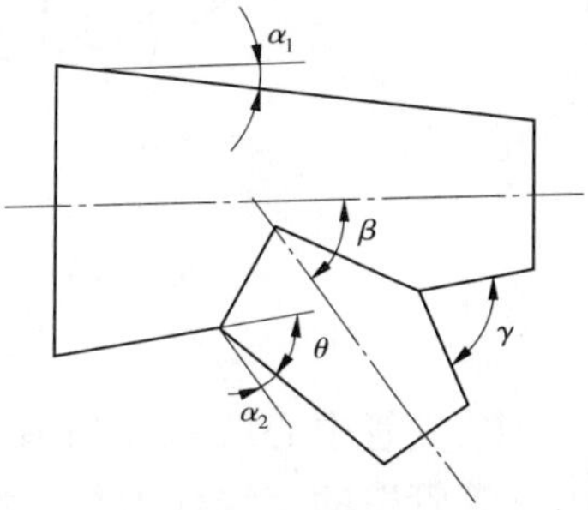

图 8-35　岔管示意图

（1）水流平顺，水头损失小，避免旋涡和振动。试验研究说明，当水流通过岔管各断面的平均流速接近相等，或者水流缓慢加速时，可避免涡流，减少水头损失。分支管宜采用锥管过渡，半锥角一般是 5°～10°。宜采用较小的分岔角 β，常用的范围是 45°～60°。岔裆角 γ 和转折角 θ 也宜采用较小值。

（2）结构合理简单，安全可靠，受力条件好，不产生过大的应力集中和变形。

（3）制作、运输、安装方便。

（4）经济合理。

以上要求常常矛盾，例如，分岔角小对水流有利，但主、支管相互切割的破口大，对结构受力不利，且增加了岔裆处的焊接难度。对低水头电站，应多考虑减小水头损失；对高水头电站，有时为使结构合理简单，可容许水头损失大些。

二、分岔管的布置形式

岔管布置应结合地形、地质条件，与主管线路布置、电站厂房布置协调一致，布置方案应作技术经济比较。

分岔管的典型布置有以下三种：

（1）非对称 Y 形布置，如图 8-36(a)所示。从主管中分出一只较小的岔管，或者两条支管的轴线因故不能作对称布置时，可以用不对称的 Y 形布置。

（2）对称 Y 形布置，如图 8-36(b)所示。用于主管分成两个相同的支管。

（3）三岔形布置，如图 8-36(c)所示。用于主管直接分成三个相同的支管。

若机组台数较多，可采用对称 Y 形－非对称 Y 形或对称 Y 形－三岔形的组合布置。

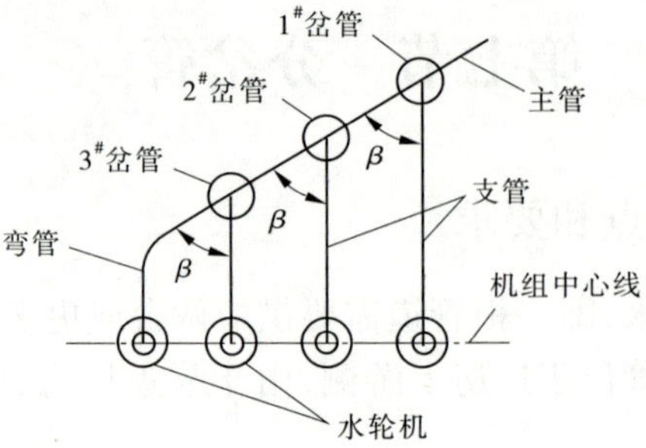

(a)非对称Y形布置

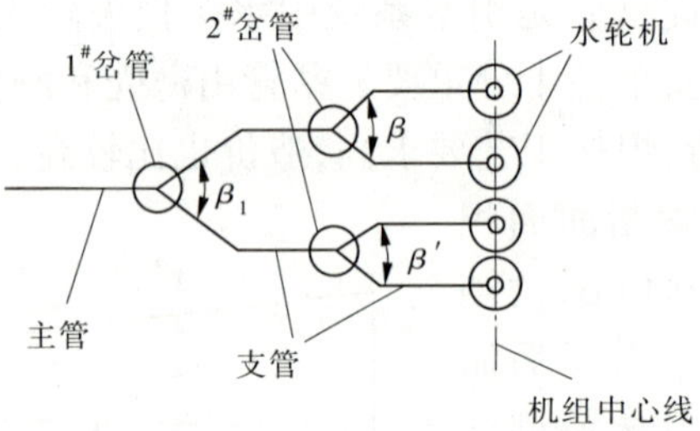

(b)对称Y形布置

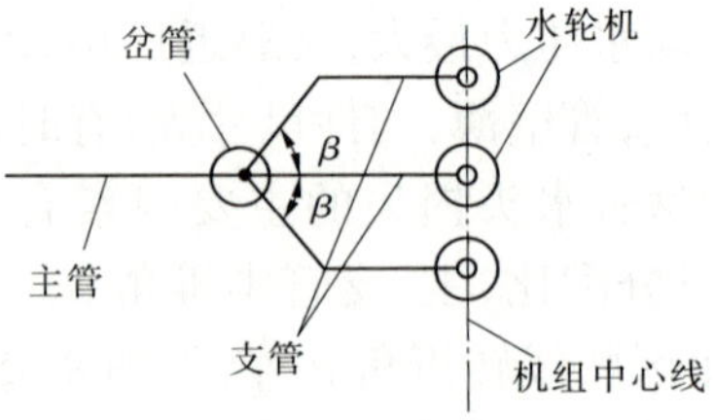

(c)三岔形布置

图 8-36　岔管布置形式

主、支管中心线宜布置在同一平面内,使结构简单。主、支管管壁的交线称为相贯线。由于在相贯线处主、支管互相切割,所以常常需要沿相贯线用构件加强。为了便于加强构件的制造和焊接,希望相贯线是平面曲线。可以证明,相贯线是平面曲线的充要条件是主、支管有一公切球,如图 8-37 所示 。在平面上,公切球为一公切圆,圆心 O 与主管及支管Ⅰ相切于 a、a',与支管Ⅱ相切于 b、b',直线 aa'和 bb'的交点为 D。AD 和 BD 即为相贯线所在的平面,在平面内,相贯线 AD 和 BD 是两个椭圆曲线。

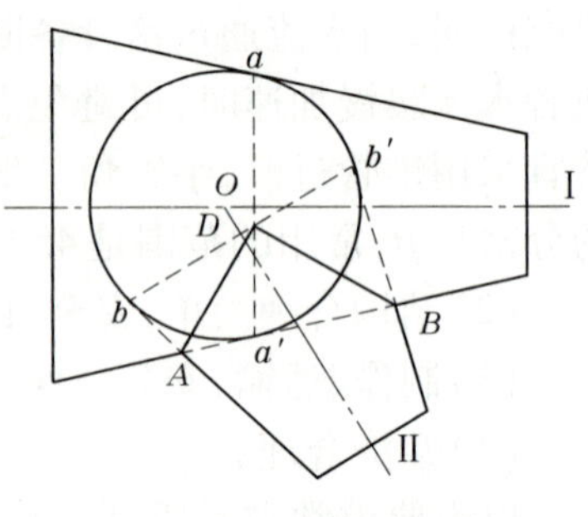

图 8-37　锥管公切球

三、分岔管的结构型式

分岔管按布置形式及所用加强方式,可分为三梁岔管、内加强月牙肋岔管、球形岔管、无梁岔管、贴边岔管和隔壁岔管。

(一)三梁岔管

如图 8-38 所示,在主、支管的相贯线外侧设置 U 形梁和腰梁,组成薄壳和空间梁系的组合结构。三梁岔管的典型布置有对称 Y 形、非对称 Y 形和三岔形。

三梁岔管是国内外普遍采用的管型,可用于大、中型电站。由于加强梁中的应力主要是弯曲应力,材料不能得到充分的利用。对于高内压、大直径钢管,加强梁构件可能很大,会引起选材、制造和运输上的困难。如用于埋藏式岔管,还会增加开挖尺寸。近来,工程上已愈来愈多地用结构上更合理的内加强月牙肋岔管来取代三梁岔管。

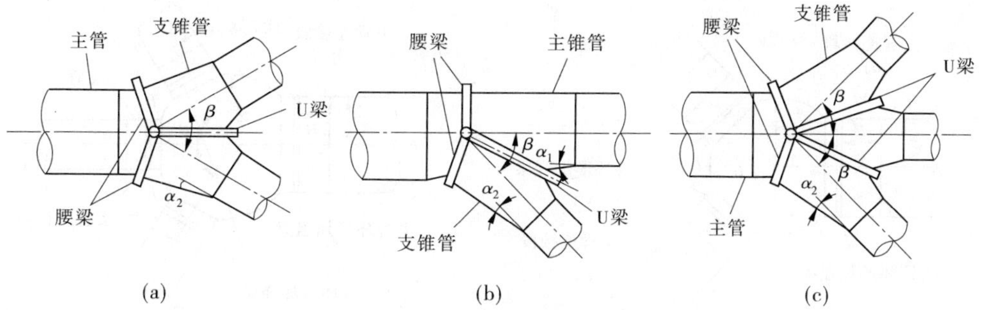

图 8-38　三梁岔管

(二)内加强月牙肋岔管

如图 8-39 所示,由主管扩大段(主锥)和支管缩小段(支锥)组成一个切于同一公切球的圆锥壳,并沿支锥的相贯线内插一月牙状的肋板,焊接在管壁上作为加强构件。月牙肋岔管的典型布置有对称 Y 形、非对称 Y 形两种。

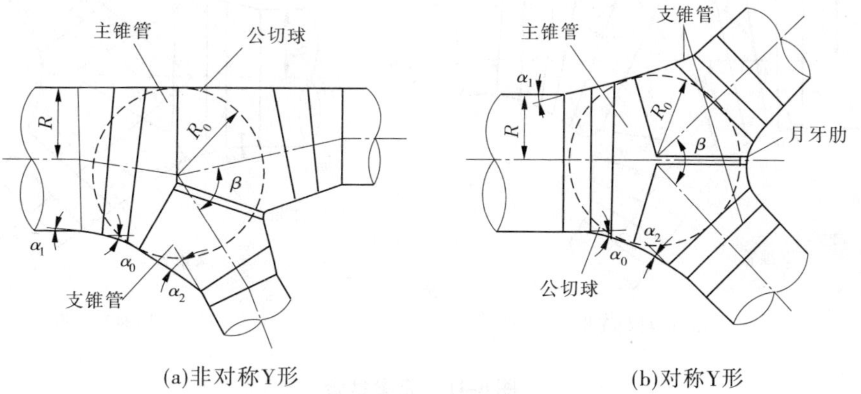

图 8-39　月牙肋岔管

月牙肋岔管是三梁岔管的一种发展,它是用一个嵌入管体内的月牙形肋板来代替三梁岔管的 U 形梁,取消腰梁,而且这样来确定月牙肋的位置和尺寸,使月牙肋接近轴心受拉构件。内加强月牙肋岔管是国内外较新发展起来的型式,已积累了相当多的经验,近年来在我国已基本取代了三梁岔管。

(三)球形岔管

如图 8-40 所示,通过球面壳进行分岔,沿主、支管与球壳交接处的相贯线,设置圆环形加固梁,组成球壳和加固梁的组合结构。球形岔管的典型布置有对称 Y 形和三分岔形。

(四)无梁岔管

如图 8-41 所示,用主管和支管逐渐扩大的锥壳与中心的球壳比较连续平顺地连接,不设置任何加固梁。无梁岔管的典型布置是对称 Y 形和非对称 Y 形,也可布置为三分岔形。

无梁岔管是在球形岔管的基础上发展起来的,是一种有发展前途的岔管型式,可用

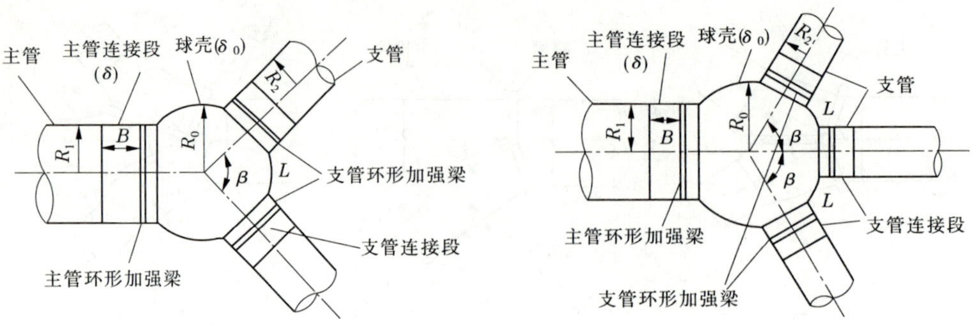

(a)对称Y形　　(b)三分岔形

图 8-40　球形岔管

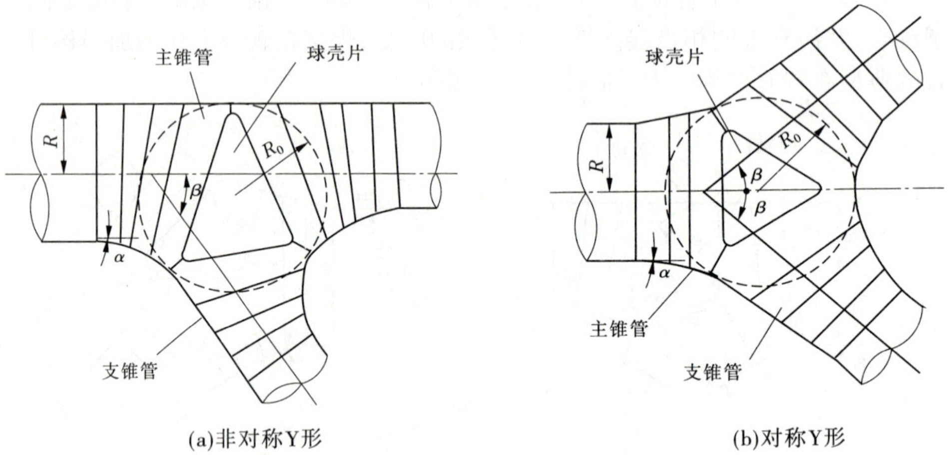

(a)非对称Y形　　(b)对称Y形

图 8-41　无梁岔管

于大、中型地下埋管。我国已在个别中型电站上成功地应用了无梁岔管。

(五)贴边岔管

如图 8-42 所示,在主、支管的相贯线两侧一定范围内的内侧或外侧,设置与管壳紧密贴合的加强板而成。贴边岔管的典型布置是非对称 Y 形。

我国在中压力地下埋管中应用贴边岔管较多,已积累一定的实践经验,*HD* 值最大的已达 990 m^2。应用范围仍以中压力的地下埋管为宜。

(六)隔壁岔管

如图 8-43 所示,由扩散段、隔壁段、变形段组成,各级均为完整的封闭壳体,除隔壁外,无其他加强构件。

隔壁岔管是国外新发展起来的适应性强、流态较优、受力条件较好而不需特大锻件的岔管,但我国尚无实践。

四、分岔管的荷载及结构设计

岔管的荷载及其组合与主管道一样,但是岔管结构自重、满水重、风载、雪载、施工、吊装、负压等次要荷载可以忽略。对于埋藏式岔管，山岩压力由混凝土结构承担，还应校核抗外压稳定。岔管设计中一般可不考虑温度荷载，但对无伸缩节的大型明岔管，应尽量减小安装合龙温度和运行期温度的差值，以降低温度应力。

由于岔管结构复杂，难以精确分析其应力，故岔管的允许应力应比直管段的略予降低。要求岔管处管壁厚度比主、支管管壁厚大，管节要变厚。相邻管节壁厚差值不宜大于 4 mm，以利于焊接和避免应力集中。

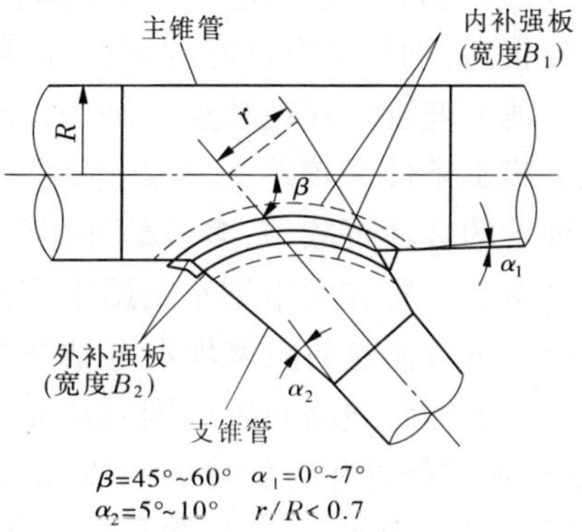

图 8-42　贴边岔管

月牙肋岔管、球形岔管和无梁岔管内部应设置导流板，以减小水力损失及振动。岔管的体型均为上凸、下凹，运行充水时，顶部空气排不出去，开始运行时水夹气，对机组运行不利，所以应在顶部设置排气设备。在最低处应设置排水管，以便检修时排空岔管。

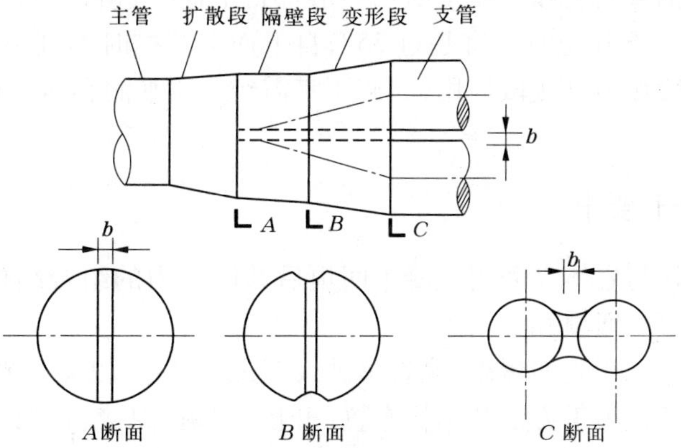

图 8-43　隔壁岔管

第八节　地下埋管

一、地下埋管的特点与布置

地下埋管是埋藏于地层岩石之中的钢管，是由开挖岩洞，安装钢衬，再在岩层与钢衬之间浇筑混凝土而成的。

地下埋管与明管相比，具有一些突出的优点：

(1)布置灵活方便。地下埋管埋设在岩体内部，地质条件优于地表，管线位置选择比较自由，还可缩短管道长度，在不宜布置明管的地方，可布置成地下埋管。

(2)利用围岩承担内水压力，减小钢衬壁厚。不仅坚固的围岩可以承担内水压力，即使地质条件较差，在采取适当措施后，仍可发挥围岩的承载力，以减小管壁厚，降低造价。

(3)运行安全。地下埋管的运行不受外界条件影响,维护简单,围岩的极限承载能力一般很高,钢材又有良好的塑性,因此管道的超载能力很大。

地下埋管也存在缺点。例如,埋管构造比较复杂,施工安装工序多,工艺要求较高而地下施工条件又较差,另外在水压力较高的地方,钢衬可能受很大外压,造成失稳,国内地下埋管的破坏事故中,多数是外压失稳。

地下埋管在大中型水电站中广泛应用。我国已建成的二滩水电站地下埋管直径最大(D=9 m),在建的向家坝水电站埋管直径D达到14.2 m。

地下埋管线路布置原则应从充分利用围岩承载力及防止钢衬外压失稳考虑,选择在地形、地质条件相对优良的地段,最好埋在坚固、完整和覆盖岩层足够的岩体中,使管轴线尽量与岩层构造面垂直,避开成洞条件差、活动断层、地下水位高和涌水量大的地段。钢衬的起始位置应根据内水压力和地质条件,并结合工程布置具体情况确定。地下埋管宜用单管多机方式供水,若管道较短、引用流量较大、机组台数较多、分期施工间隔较长或地质条件不宜开挖大断面洞井,可考虑采用两个或更多管道。

管道有竖井、斜井和平洞三种布置形式。竖井式钢管适用于首部式地下水电站,其压力隧洞最短,开挖、钢管安装和混凝土回填一般都自下而上进行。斜井式钢管应用最多,其坡度当斜井自上而下开挖时不宜超过35°,自下而上开挖时不宜小于45°,否则出渣困难。平洞式钢管一般作为过渡段使用,如调压室需经一段平洞和斜井相连,斜井在进厂前也需转为平洞。

二、构造与施工要求

地下埋管是钢衬与岩体之间用混凝土回填后共同受力的组合结构,其施工程序包括开挖、钢衬安装、混凝土回填和灌浆等。

洞井开挖宜尽量采用光面爆破、预裂爆破或掘进机开挖,以减少岩石松动。钢衬与围岩间的径向净空尺寸视施工方法和结构布置(开挖、回填、焊接、有无锚固加劲构件等)而定。需在管外焊接时,净空尺寸不应小于0.6 m。宜每隔20~30 m设一道加劲环,加劲环距岩壁应至少0.4 m。应避免现场管外焊接,减小加劲环高度,以节省开挖和回填混凝土量。要合理选择施工支洞的高程及平面位置,以利于出渣、钢衬运输和混凝土浇筑,并考虑作为永久性排水洞和观测洞的可能。

钢管在加工厂经钢板划线、切割、卷板、拼焊、探伤、除锈、涂防锈层等工序制成管段,运到洞内定位,用预埋的锚件固定,校正圆度,压缝整平,再焊接安装环缝。

回填混凝土垫层要采用合适的原材料和级配,合理的输送、浇筑和振捣工艺,以保证其均匀密实,与围岩和钢衬密贴。斜管和平管的底部、止水环和加劲环附近须加强振捣。每次浇筑量应满足钢衬稳定要求,否则可在管内架设临时支撑。在地下水丰富的地层施工要设置排水管,将地下水引走,防止水泥浆被冲走而在垫层中出现疏松空洞。

灌浆分回填灌浆、接触灌浆和固结灌浆,视具体情况而定。我国钢管设计规范规定:平洞、坡度小于45°的斜井因顶拱处平仓振捣困难应做顶拱回填灌浆,灌浆压力不小于0.2 MPa,且应在混凝土浇筑后至少14 d才能开始;在结构分析中,若考虑钢衬与围岩联合受力,应做钢衬与混凝土、混凝土与围岩之间的接触灌浆,压力宜为0.2 MPa,且必须在顶拱回填灌浆后至少 14 d 才能进行，并宜在气温最低的季节施工，以减小缝隙值；为提高围岩承载能力，宜对围岩进行固结灌浆，压力不宜小于 0.5 MPa。为便于灌浆，钢衬壁上可预留灌浆孔，且进行保护，灌浆后全部灌浆孔再严密封堵，以防运行时内水外渗。对于高强钢衬，不宜开设灌浆孔，顶拱回填灌浆可采用其他方法，围岩固结灌浆宜在钢管安装前进行。

当外水压力较大时，地下埋管应建立可靠的排水系统，并设置排水洞，必要时可沿管轴线洞建立岩壁或管壁排水系统，以提高钢衬抗外压稳定能力。由于光面地下埋管外压失稳波及范围较大，会给工程带来巨大损失，故光面地下埋管每隔 20～30 m 应设阻止管壁失稳扩展的加劲环。

三、地下埋管承受内压分析

地下埋管由钢管、混凝土衬砌和围岩共同承担内水压力。在承受内压前，如图 8-44 的上半部所示，钢衬与混凝土衬圈之间、混凝土衬圈与岩体之间存在缝隙 Δ，混凝土衬圈外有一层施工爆破造成的岩石破碎区，外围是原来的岩石完整区。管道承受内压后，如图 8-44 的下半部所示，钢衬发生径向位移，使缝隙消失后，继续向混凝土衬圈传递内压，使混凝土内产生环向拉应力，从而在衬圈内产生径向均匀裂纹，内压通过混凝土楔块继续向围岩传递，围岩产生向外的径向位移并形成围岩抗力，使管道在内压下得到平衡。如果缝隙是均匀的，岩石又是各向同性的，那么地下埋管是轴对称组合筒结构，在均匀内压下可按平面应变情况的变位相容条件得出位移和应力解析解。其中最主要的是在已定壁厚的条件下求钢衬环向拉应力 σ_θ，或在已定容许应力的条件下求钢衬计算壁厚 t。

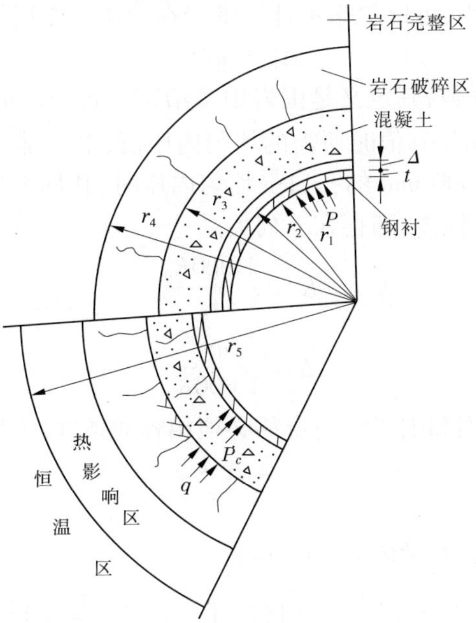

图 8-44　地下埋管在内压作用下传力及变位

(一)钢衬环向拉应力 σ_θ 和壁厚 t

管道各参数如图 8-44 所示,在均匀内水压力 P(N/mm²)作用下,设已开裂的混凝土衬圈与围岩之间的径向接触应力即围岩抗力为 q(N/mm²),则根据衬圈楔块的力的平衡条件,钢衬与衬圈之间的接触应力 P_c(N/mm²)为

$$P_c = \frac{qr_3}{r_2}$$

式中 q——围岩抗力,N/mm²;

r_2——混凝土衬砌内半径,mm;

r_3——混凝土衬砌外半径,mm,即隧洞开挖半径。

钢衬在内压 P 和外压 P_c 作用下的环向拉应力 σ_θ(N/mm²)为

$$\sigma_\theta = (P - P_c)r_1/t$$

式中 r_1——钢管内半径,mm;

t——管壁计算厚度,mm。

钢衬的径向位移 Δ_{st}(离心方向)为

$$\Delta_{st} = \frac{\sigma_\theta r_1}{E'} = \frac{(P - P_c)r_1^2}{E't} \tag{8-55}$$

其中

$$E' = \frac{E}{1 - \mu^2}$$

式中 E——钢材的弹性模量,一般取 2.06×10^5 N/mm²;

μ——钢材的泊松比。

混凝土衬圈的楔块仅在径向受到 P_c 及 q 的作用,在混凝土浇筑质量得到保证的情况下,其径向压缩位移量很小,可以忽略不计。围岩在内压 q 作用下的径向位移 Δ_r 为

$$\Delta_r = q/K$$

式中 K 称为围岩的抗力系数,其定义是围岩中某给定半径(r_3)的圆形孔口在均匀内压作用下,孔周发生 1 mm 径向位移值时所需的均匀内压值,单位是 N/mm²。工程上常用单位抗力系数 K_0,即半径为 1 000 mm 的孔口受均匀内压时,孔周发生 1 mm 径向位移值时均匀内压值。若围岩是线弹性体,则存在下列关系

$$K = \frac{1\,000K_0}{r_3}$$

于是

$$\Delta_r = \frac{qr_3}{1\,000K_0} \tag{8-56}$$

根据钢衬、混凝土衬圈和围岩径向位移必须相容的条件,可以写出

$$\Delta_{st} = \Delta + \Delta_r$$

式中 Δ——缝隙值。

将各表达式代入化简,并考虑 $r_2 \approx r_1$,可得

$$P_c = \left(\frac{Pr_1^2}{E't} - \Delta\right) \Big/ \left[r_1\left(\frac{r_1}{E't} + \frac{1}{1\,000K_0}\right)\right] \tag{8-57}$$

$$q = \left(\frac{Pr_1^2}{E't} - \Delta\right) \Big/ \left[r_3\left(\frac{r_1}{E't} + \frac{1}{1\,000K_0}\right)\right] \tag{8-58}$$

由此可求得钢衬环向拉应力 σ_θ 的计算式，或在给定容许应力$[\sigma]$及焊缝系数 φ 的条件下，求管壁计算厚度的计算式

$$\sigma_\theta = \frac{Pr_1 + 1\,000K_0\Delta}{t + 1\,000K_0 r_1/E'} \quad (\mathrm{N/mm^2}) \tag{8-59}$$

$$t = \frac{Pr_1}{[\sigma]\varphi} + 1\,000K_0\left(\frac{\Delta}{[\sigma]\varphi} - \frac{r_1}{E'}\right) \quad (\mathrm{mm}) \tag{8-60}$$

式(8-60)适用于 $\Delta < [\sigma]\varphi r_1/E'$ 的情况，即承压后钢衬径向位移大于缝隙值 Δ。当 $\Delta \geqslant [\sigma]\varphi r_1/E'$ 时，承压后钢衬径向位移小于缝隙值 Δ，钢衬不与围岩接触，内水压力全部由钢衬承担，此时

$$\sigma_\theta = \frac{Pr_1}{t} \quad (\mathrm{N/mm^2}) \tag{8-61}$$

$$t = \frac{Pr_1}{[\sigma]\varphi} \quad (\mathrm{mm}) \tag{8-62}$$

式(8-55)～式(8-62)是均质围岩中地下埋管在均匀内水压力下钢衬应力、壁厚、位移和围岩抗力、位移的计算式。

钢衬的环向应力值与围岩单位抗力系数 K_0 密切相关，提高围岩单位抗力系数能显著降低钢衬环向应力，因此工程实践中常采用固结灌浆来加固围岩，提高 K_0 值。

（二）缝隙值 Δ

由前可知，地下埋管是钢衬、回填混凝土与围岩共同承担内水压力，钢衬受内压应力分析与缝隙值 Δ 有关。产生缝隙的原因很多，影响较大的是施工缝隙 Δ_0、钢管冷缩缝隙 Δ_s、围岩冷缩缝隙 Δ_R，总的缝隙值 Δ 为

$$\Delta = \Delta_0 + \Delta_s + \Delta_R$$

(1)施工缝隙 Δ_0：由混凝土及灌浆浆液收缩及施工不良造成的，大小因施工方法及施工质量而异，如管外混凝土填筑密实，且接缝灌浆良好，Δ_0 可取 0.2 mm。

(2)钢管冷缩缝隙 Δ_s：也称钢衬的温度缝隙，其值取决于钢衬起始(竣工时)温度和运行时温度之差。

$$\Delta_s = (1+\mu)\alpha_s \Delta t_s r_1$$

式中　μ——钢材的泊松比，取 0.3；

α_s——钢材线膨胀系数，取 1.2×10^{-5}/℃；

Δt_s——钢管起始(竣工时)温度和最低运行温度之差，起始温度相应于 $\sigma_\theta=0$、$\Delta=\Delta_0$ 状态，无资料时可近似用平均地温，最低运行温度可近似用最低水温；

r_1——钢管内半径，mm。

(3)围岩冷缩缝隙 Δ_R：指围岩降温冷缩形成的缝隙，按下式计算

$$\Delta_R = \alpha_d \Delta t_R r_1 \Delta_R'$$

式中　α_d——围岩膨胀系数；

Δt_R——洞壁表面岩石起始温度与最低温度之差，无资料时可近似用平均地温与最低三个月的平均水温之差；

Δ_R'——围岩破碎区相对半径影响系数，可按表 8-5 查取；

r_4——围岩破碎区外半径，mm，坚硬完整基岩，可取 $r_4=r_3$，破碎软弱基岩，可取 $r_4=7r_1$，中等岩石基岩 r_4 采用内插法取值；

r_3——混凝土衬砌外半径，mm，即隧洞开挖半径。

表 8-5　围岩破碎区相对半径影响系数 Δ_R'

r_4/r_1	1	2	3	5	7	9	10	11
Δ_R'	0	0.838 9	1.460	2.312	2.822	3.089	3.151	3.170

（三）围岩承载能力

围岩是地下埋管承载结构的一部分，设计中应研究工程地质条件，分析围岩情况，充分利用围岩的承载力，以达到经济安全的目的。因此，在地下埋管设计中还应对围岩承载力进行校核。关于埋管围岩承载力的分析方法有以下三种。

1. *最小覆盖厚度方法*

埋管顶部基岩净厚度 H_d 不得小于管道混凝土衬圈外直径的 3 倍（见图 8-45），即

$$H_d \geqslant 6r_3 \tag{8-63}$$

满足此条件时，内压产生的岩体径向位移和无限大岩体的已很接近。这一规定，不考虑内压大小和岩体的其他条件，显然是不够完善和不够合理的。

2. *抗上抬方法*

要求上覆岩体的重量大于或等于内水压产生的上抬力，图 8-45 中阴影部分岩体与周围岩体间的抗剪能力作为额外的安全储备。表达式为

$$H_d \geqslant \frac{q}{\gamma_d \cos\alpha} \tag{8-64}$$

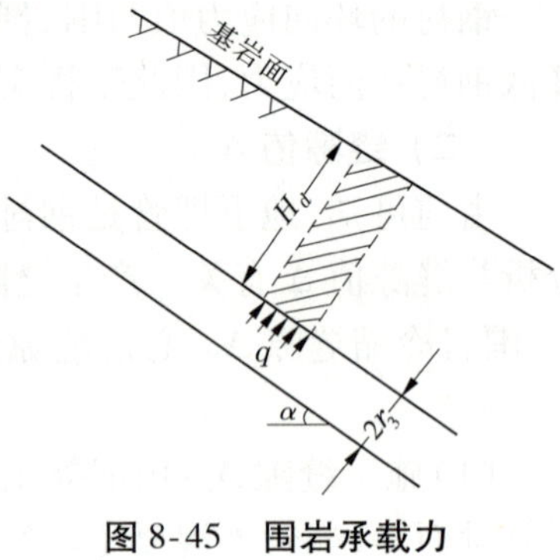

图 8-45　围岩承载力

式中　q——围岩分担的最大内压，N/mm^2；

γ_d——岩石重度，N/mm^3；

α——埋管轴线与水平线的夹角。

世界各国有很多水电站地下埋管按上述标准要求围岩覆盖厚度，但也有很多电站埋管突破了这个规定。认为抗上抬方法是偏于安全的。

对竖井或 $\alpha>60°$ 的陡井，此法不再适用，但可用考虑围岩摩擦力的侧推平衡原则分析围岩水平覆盖厚度。因内摩擦系数小于 1，水平覆盖厚度应大于最小垂直覆盖厚度。

对于不衬砌或透水混凝土衬砌的压力隧洞，工程中常采用雪山准则或挪威准则，其基础也是抗上抬原理，是为了防止因内水压使岩体产生水力劈裂而引起渗漏。有钢衬的地下埋管用此准则分析可能过于严格。

3. *有限元分析方法*

有限元分析方法可用于分析地下埋管围岩的承载力和稳定性，能考虑不同岩体、河谷形状和地质构造等的影响，只是要求知道岩体的力学特性、地应力值等参数，而这些参数往往很难得到，尤其是在设计阶段。

四、地下埋管的抗外压稳定分析

地下埋管承受内压的潜在安全度相当高，但管道放空时所受外压力的值可能远大于大气压力。因此，地下埋管钢衬在外压作用下失稳的问题甚至比内压问题更需注意。

钢衬的外压荷载主要有：①地下水压力，应根据勘测资料并计及水库蓄水和引水系统渗漏、排水措施等因素确定，较稳妥的方法是按最高地下水位线来确定外水压力值，但常比实际值偏高；②钢衬与混凝土之间的接缝灌浆压力，一般为 0.2 MPa；③回填混凝土时流态混凝土的压力，其值取决于一次浇筑混凝土的高度，最大可能值等于混凝土重度乘以流态混凝土高度。埋管稳定设计的计算工况和荷载组合应视具体情况，参照设计规范采用。

埋管钢衬与混凝土之间存在初始均匀缝隙 Δ，如图 8-46(a)所示，当外压达到明管的最小临界压力时，钢衬发生屈曲；但其挠度即径向变位达到 Δ 时，钢衬屈曲波峰即与混凝土接触而受到其抗力，变形不再发展。如果此时钢衬内最大应力未达到材料屈服强度，则钢衬在此外压下可保持新的稳定状态，不丧失其使用性能，并不失稳。如果外压值继续增加到一定程度，钢衬将发生更多波形的屈曲，其应力值也相应增加，一直达到材料屈服值。如外压继续增加，钢衬将发生塑性流动而导致大变形，从而丧失其使用性能。工程上，钢衬应力达到屈服强度时的状态称为失稳，相应的外压力为临界压力。

上述钢衬在外压下的屈曲变形只是钢衬屈曲的一种可能形式。另外一种可能形式如图 8-46(b)所示。在外压作用下，钢衬圆周上有可能出现几个初始波，但随着荷载的增加，钢衬将首先在某个薄弱部位屈曲，从而减小了其他部位的管壁发生屈曲的可能。因此，这是一种局部屈曲。当外压增加到屈曲后的钢衬的最大纤维应力达到材料屈服强度时，认为即是失稳状态，相应的外压力为临界压力。

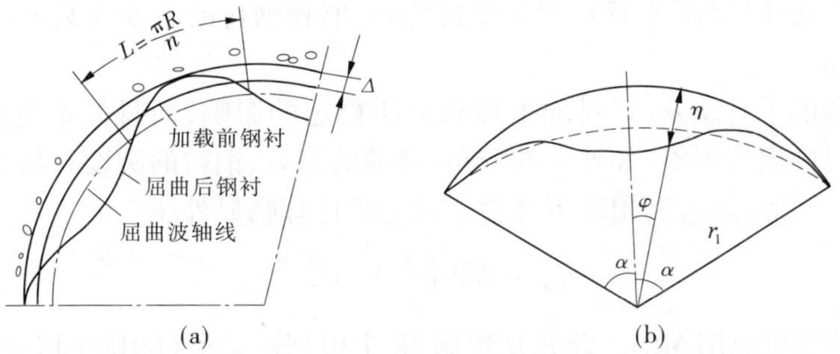

图 8-46　钢衬外压屈曲波形

不论哪一种屈曲状态，都是以钢衬的最大纤维应力达到屈服强度作为钢衬失稳的判据。而钢衬的屈曲应力又与钢衬和混凝土间的初始缝隙值有关。所以，管道钢衬的临界压力必然与材料的屈服强度和初始缝隙值直接有关。这是管道与明钢管外压力失稳的重要区别。

(一) 光面钢衬临界压力计算

国内外实际工程的地下埋管失稳破坏和模型试验失稳破坏的实例说明，第二种屈曲形式比较符合实际。根据第二种屈曲形式，阿姆斯图兹推导了求临界压力的公式，阿氏公式算出的临界压力值较低，计算结果也比较接近模型试验值。因此，我国钢管设计规范推荐阿氏公式作为主要计算公式。

阿氏推导计算公式的主要原理如下：屈曲波由三个半波组成，两个半波向外，一个半波向内，如图 8-46(b)所示。根据内外力平衡和曲梁变形方程，建立钢衬屈曲后的外力与变位的关系。屈曲后钢衬与混凝土开始脱离($\varphi=\alpha$)处，钢衬位移 η、转角 $d\eta/d\varphi$ 及弯矩 M 均为 0。同时使考虑初始缝隙值 Δ 和钢衬受均匀压缩后的钢衬周向变形量与钢衬局部屈曲后的周向变形量一致。弯矩最大值发生在屈曲波中点 $\varphi=0$ 处，该点钢衬纤维应力达到屈服强度 σ_s 时的外压力即为临界压力。对于光面管，阿氏公式为

$$\left(E'\frac{\Delta}{r_1}+\sigma_N\right)\left[1+12\left(\frac{r_1}{t}\right)^2\frac{\sigma_N}{E'}\right]^{3/2}=3.46\frac{r_1}{t}(\sigma_{s0}-\sigma_N)\left[1-0.45\frac{r_1(\sigma_{s0}-\sigma_N)}{tE'}\right] \tag{8-65}$$

$$P_{cr}=\frac{\sigma_N}{\frac{r_1}{t}\left[1+0.35\frac{r_1(\sigma_{s0}-\sigma_N)}{tE'}\right]} \tag{8-66}$$

其中
$$\sigma_{s0}=\frac{\sigma_s}{\sqrt{1-\mu+\mu^2}}$$

式中　P_{cr}——临界外压，N/mm^2；

σ_N——管壁屈曲部分由外压引起的平均应力，N/mm^2；

σ_s——钢材屈服强度，N/mm^2；

Δ——缝隙，包括施工缝隙 Δ_0、钢管冷缩缝隙 Δ_s、围岩冷缩缝隙 Δ_R 及围岩塑性压缩缝隙 Δ_p，其中 Δ_p 的计算见相关规范。

计算时先由式(8-65)求 σ_N，再由式(8-66)求 P_{cr}。求 σ_N 时需要试算。为了方便，已将阿氏公式制成曲线(见图 8-47)，根据钢衬的 σ_s 值和钢衬的主要参数 r_1/t 和 Δ/r_1 即可直接查得 P_{cr} 值。

阿氏公式考虑了 r_1、t、σ_s 等对地下埋管外压稳定的影响，而且假定缝隙值 Δ 均匀分布。还有些难以确定的因素，如外压的分布、缝隙的分布、钢衬的圆度和局部缺陷等，没有包括在公式中。因此，还可利用以下经验公式初步计算临界外压

$$P_{cr}=620\left(\frac{t}{r_1}\right)^{1.7}\sigma_s^{0.25} \tag{8-67}$$

其中 P_{cr} 和 σ_s 的单位均用 MPa。此式是根据 38 个模型试验资料用回归分析方法建立的，这些资料出自不同时期不同国家的试验，有很好的相关性(相关系数 0.977)，因此有较可靠的基础。由于此式所依据的试验资料客观上包含了影响钢管外压稳定的各种随机因素，故在一定程度上综合反映了上述因素的影响。

(二)加劲环式钢衬临界压力计算

加劲环式钢衬的外压稳定分析，包括加劲环和加劲环间管壁两个部分的稳定分析。

1. 加劲环自身的稳定计算

加劲环稳定计算，按理也可利用埋藏式光面管公式，仅需按环的有效截面对截面特性作适当修改，同时要把相邻两环间的全部外压作为环的外压。但因加劲环嵌固在混凝土

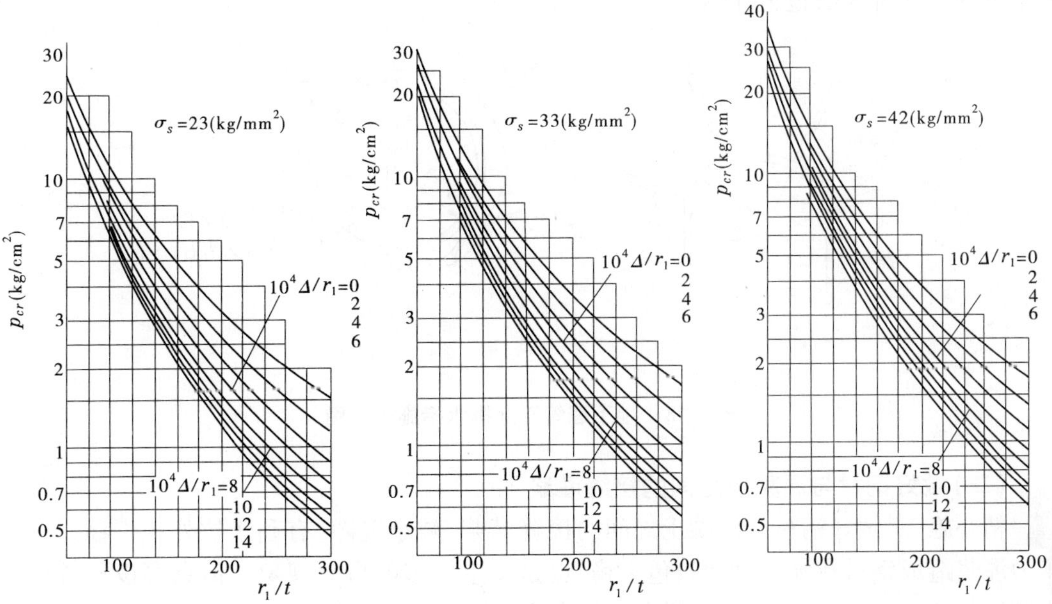

图 8-47 阿氏公式埋管临界压力曲线

注:由于阿氏公式的历史原因,该图计量单位未执行法定计量单位。

内,变形时受约束大,像光面管壁那样脱离混凝土而向内屈曲的可能性不大,所以我国是按强度条件,即钢衬在外压作用下加劲环内平均压应力不超过材料屈服强度的条件来计算临界压力的

$$P_{cr} = \frac{\sigma_s F}{r_1 l} \tag{8-68}$$

式中 F——加劲环有效截面面积(包括管壁等效翼缘),mm²;

l——加劲环间距。

2. *加劲环间管壁的稳定*

管道的加劲环间管壁的抗外压稳定,是空间问题,迄今尚无完善的计算方法。但由于在工程实用的加劲环间距内,环间管壁失稳时屈曲波数一般较多,波幅较小,管壁与混凝土间的缝隙对屈曲变形的约束不大,在缺乏较好的计算理论之前,仍可用带加劲环的明管计算公式即米赛斯公式计算临界外压 P_{cr},安全系数略予降低。

加劲环式钢衬抗外压失稳的设计步骤是:根据设计外压力荷载值,算出管壁不失稳所需的加劲环间距,然后根据间距设计加劲环的断面。

五、防止地下埋管钢衬外压失稳的措施

(一)设排水措施

地下埋管钢衬的失稳事故多发生在地下水作用的情况下,采取有效的排水措施,降低地下水压力,是防止钢衬失稳的根本办法。排水措施较多,在管外围岩中设排水廊道、排水孔,以及在钢衬外围设排水孔、排水管都是比较广泛采取的有效措施。图 8-48 为工程

中常见的管外排水措施布置图。

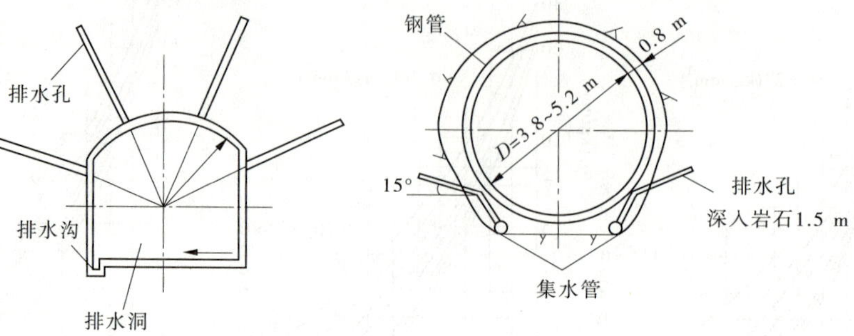

图 8-48　地下埋管管外排水措施布置图

(二)做好钢衬与混凝土之间的接缝灌浆

精心施工,做好钢衬与混凝土之间的接缝灌浆,减小缝隙,有利于抗外压失稳。但是压力灌浆造成钢衬在施工时期鼓包失稳,也是发生较多的事故现象。但只要设计合理并避免灌浆超压,这类事故是可以避免的。流态混凝土外压下的钢衬稳定,可以用控制浇筑层高度和采用临时支撑等措施解决。

第九节　坝身管道

一、混凝土坝身管道的特点、类型和布置

混凝土坝体压力管道是埋设在坝体内或固定在坝面上,并与坝体成为一体的压力输水管道。其特点是结构紧凑简单,引水长度短,水头损失小,机组调节保证条件好,造价低,运行管理集中方便,但是管道安装会干扰坝体施工,坝内埋管空腔削弱坝体,使坝体应力恶化。

对于混凝土坝坝后式水电站,采用坝体压力管道输水和坝后式厂房,往往是较经济合理的布置方式,也是应用非常广泛的传统方式。此外,随着混凝土坝上游面压力管道和下游面压力管道的应用,混凝土坝坝后式水电站采用坝体管道也愈加普遍。混凝土坝体压力管道按布置方式可分为三种:坝内埋管、上游坝面管道、下游坝面管道。

二、坝内埋管

坝内埋管的特点是管道穿过混凝土坝体,全部埋在坝体内。

(一)坝内埋管的布置

坝内埋管在坝体内的布置原则是:尽量缩短管道的长度;减少管道空腔对坝体应力的不利影响,特别要减少管道引起的坝体内拉应力区的范围和拉应力值;减少管道对坝体施工的干扰;有利于管道本身的安装和施工。

在立面上,坝内埋管有三种典型的布置形式:

(1)倾斜式布置:管轴线与下游坝面近于平行并尽量靠近下游坝面,如图8-49所示。其优点是进水口位置较高,承受水压小,有利于进水口的各种设施布置;管道纵轴与坝体内较大的主压应力方向平行,可以减轻管道周围坝体的应力恶化;管道位置高,因此与坝体施工的干扰相对较少。缺点是管道较长,弯段多,水头损失大。此外,管道与下游坝面间的混凝土厚度较小,对坝体承受内水压力不利。工程中,这种布置方式应用最普遍。

(2)平式和平斜式布置:管道布置在坝体下部,如图8-50所示。优缺点与倾斜式布置相反。对于拱坝,坝体厚度不大,而管径较大时,常采用这种布置方式。

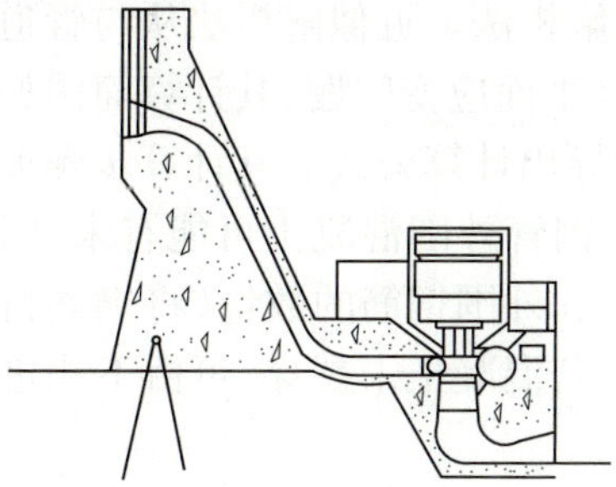

图8-49　倾斜式布置

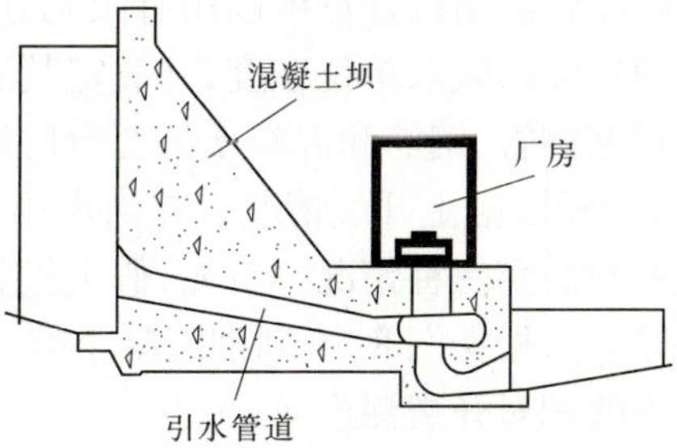

图8-50　平斜式布置

(3)竖直式布置:管道的大部分竖直布置,如图8-51所示。这种布置通常适用于坝内厂房,或者为了避免钢管安装对坝体施工的干扰,在坝体内预留竖井,后期在井内安装钢管。缺点是管道曲率大,水头损失大,管道空腔对坝体应力不利。

在平面上,坝内埋管最好布置在坝段中央。这样,管外两侧混凝土较厚,且受力对称。通常在这种情况下,厂坝之间有纵缝,厂房机组段间横缝与坝段间的横缝相互错开,如图8-52(b)所示。坝与厂房之间不设纵缝而厂坝连成整体时,由于二者横缝也必须在一条直线上,管道在平面上不得不转向一侧布置,这时钢管两侧外包混凝土厚度不同,如图8-52(a)所示。

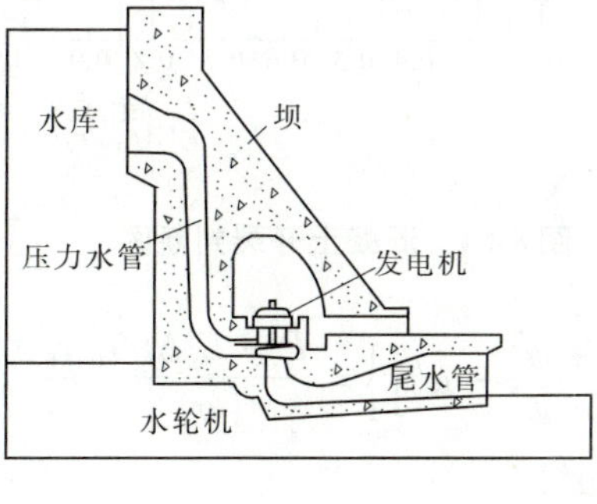

图8-51　竖直式布置

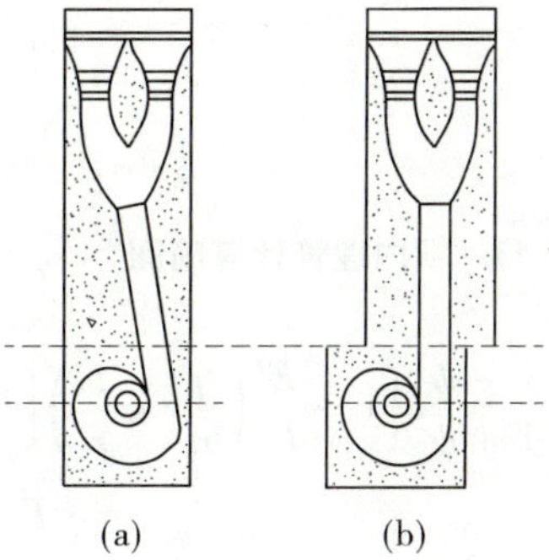

图8-52　管道在坝内的平面布置

坝内埋管(以及其他型式的坝体管道)采用坝式进水口,其布置和设施必须满足进水口的所有要求。进水口的拦污栅一般布置在坝体悬臂上以增加过水面积,检修闸门及工作闸门槽通常布置在坝体内,紧接门槽后是由矩形变为圆形的渐变段,然后接管道的上水平段或上弯段；有时渐变段可与上弯段合并，渐变段直接连接斜直段。进水口位于坝体内，过水断面较大，宜做成窄高型，渐变段要尽量短，以便较快过渡到圆形断面，这样有利于闸门结构及坝体应力。应注意保证通气孔的必要面积和出口高程及合理位置，以免进气时产生巨大吸入气流，影响通气孔出口附近设备及运行人员安全。应使进口处充水阀和旁通管面积适当，以免过大时从通气孔向外溢水和喷水，影响厂坝之间电气设备的正常运行，以及过小时不能正常补气和排气。

（二）坝内埋管的结构计算

坝内埋管的结构计算可以用有限元方法或近似解析法。近似解析法从与管道轴线方向垂直的平面内截取单位厚度，并假定其属于轴对称平面应变问题，其计算简图如图 8-53 所示。根据钢管、钢筋和混凝土的变形协调关系，推导出计算公式。其计算步骤如下：

（1）判断混凝土开裂情况。在内水压力作用下，钢管外围混凝土可能有未开裂、开裂但未裂穿和裂穿三种情况。首先，假定钢管的壁厚 t 和外围钢筋的数量（将钢筋折算成连续的壁厚 t_3），根据图 8-54 判别混凝土的开裂情况。若混凝土未裂穿，可由下式进一步推求混凝土的相对开裂深度 $\psi = r_4/r_5$。

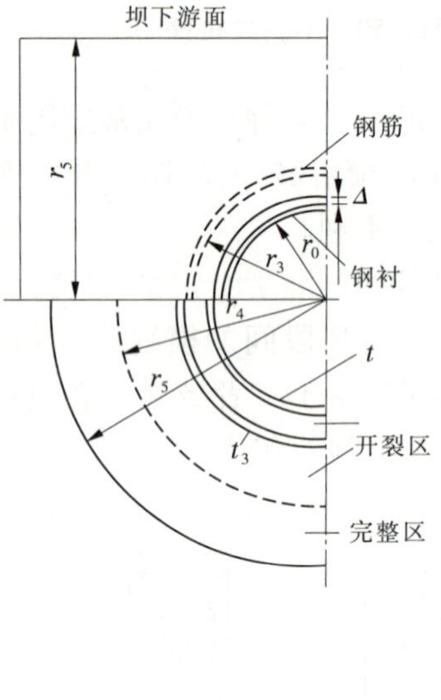

图 8-53　坝内埋管计算简图

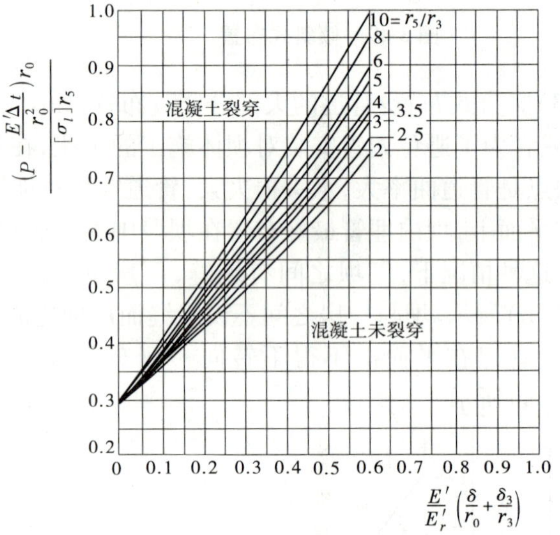

图 8-54　混凝土开裂判断图

$$\psi \frac{1-\psi^2}{1+\psi^2}\left\{1+\frac{E'}{E'_c}\left(\frac{t}{r_0}+\frac{t_3}{r_3}\right)\left[\ln\left(\psi\frac{r_5}{r_3}\right)+\frac{1+\psi^2}{1-\psi^2}+\mu'_c\right]\right\}=\frac{P-E'\Delta t/r_0^2}{[\sigma_l]}\frac{r_0}{r_5} \qquad (8\text{-}69)$$

$$E' = E_s/(1-\mu^2)$$

$$E'_c = E_c/(1-\mu_c^2)$$

$$\mu'_c = \mu_c/(1-\mu_c)$$

式中　P——内水压强；

r_0、r_3——钢管和钢筋层半径；

E_s、μ——钢材的弹性模量和泊松比；

E_c、μ_c——混凝土的弹性模量和泊松比；

$[\sigma_l]$——混凝土的容许拉应力；

Δ——钢管与混凝土间的缝隙。

式(8-69)中的ψ有双解，取其小值。若$\psi < r_0/r_5$，表示混凝土未开裂；若$\psi > 1$，则混凝土已裂穿。ψ用试算求解，也可查压力钢管设计规范中的曲线。

(2)计算各部分应力。

①混凝土未开裂。混凝土分担的内水压强

$$P_1 = \frac{P - \dfrac{E'\Delta t}{r_0^2}}{1 + \dfrac{E't}{E'_c r_0}\left(\dfrac{r_5^2 + r_0^2}{r_5^2 - r_0^2} + \mu'_c\right)} \tag{8-70}$$

混凝土内缘的环向应力

$$\sigma_c = \frac{P_1(r_5^2 + r_0^2)}{r_5^2 - r_0^2} \tag{8-71}$$

钢筋的环向应力

$$\sigma_3 = \frac{E_s}{E_c}\sigma_c \tag{8-72}$$

钢管的环向应力

$$\sigma_1 = \frac{(P - P_1)r_0}{t} \tag{8-73}$$

②混凝土未裂穿。混凝土部分开裂，钢筋的环向应力

$$\sigma_3 = \frac{E'}{E'_c}\frac{r_s}{r_3}[\sigma_l]\left\{m\left[\ln\left(\psi\frac{r_s}{r_3}\right) + n\right]\right\} \tag{8-74}$$

$$m = \psi\frac{1 - \psi^2}{1 + \psi^2}$$

$$n = \frac{1 + \psi^2}{1 - \psi^2} + \mu'_c$$

钢管的环向应力

$$\sigma_1 = \frac{\sigma_3 r_3}{r_0} + \frac{E't}{r_0} \tag{8-75}$$

③混凝土裂穿。此时混凝土不能参与承载，钢管传给混凝土的内水压强

$$P_1 = \frac{P - \dfrac{E'\Delta t}{r_0^2}}{1 + \dfrac{r_3}{t_3}\dfrac{t}{r_0}} \tag{8-76}$$

钢管的环向应力

$$\sigma_1 = \frac{(P - P_1)r_0}{t} \tag{8-77}$$

钢筋的环向应力

$$\sigma_3 = \frac{P_1}{t_3} r_0 \tag{8-78}$$

上述计算为内水压力作用下的应力计算。此外,坝体荷载也会在孔口周围产生附加环向应力,应将这两种作用产生的环向应力叠加,再进行配筋计算。如果求出的钢筋数量不超过并接近假定的钢筋数量,则认为满足要求。否则应重新假定钢筋数量,再进行上述计算,直到满意为止。

(三)坝内埋管钢衬的抗外压稳定性

坝内埋管钢衬抗外压失稳分析的原理和方法与地下埋管钢衬相同。坝内埋管钢衬的外压荷载主要有外水压力、施工时的流态混凝土压力和灌浆压力。施工期临时荷载不宜作为设计控制条件,应靠加设临时支撑、控制混凝土浇筑高度等工程措施来解决。钢衬所受外水压力来源于坝体渗流水压力,渗流水压力可假定沿管轴线直线变化。

为安全计,钢衬最小外压力不小于 0.2 MPa。钢衬上游段承受的内压值小,管壁薄,但钢衬外渗流水压大,是抗外压失稳的重点。应该在钢衬首端采取阻水环等防渗措施,并在阻水环后设排水设施,这样可以比较有效地降低钢衬外渗压。接缝灌浆可减小缝隙,也有利钢衬抗外压稳定。坝内埋管钢衬在放空时外压失稳的事故比较少见。

三、上游坝面管道

上游坝面管道的特点是管道的大部分位于上游坝面坝体外,仅厂房前较短的一段穿过坝体,如图 8-55 所示。

上游坝面管道坝体外的部分位于水库内,应考虑管内充水和放空两种受力情况。放空时,管外为库水压力,一般会使管壁受压,不产生大的环向拉应力。机组运行,管内充水时,内外压力基本是平衡的。因此,上游坝面管道受力条件好,而且可以不用钢衬。但由于管道固定在坝体上,坝体的变形会引起管道内产生局部拉应力。如果减小管道嵌入坝体的深度,可以减小拉应力。

未设钢衬的管道应配置环向钢筋和纵向钢筋。实践说明,未设钢衬的直立段的水平施工缝容易漏水,应采取有效的止水措施。设钢衬的管道,其特点是埋设深、承压高,钢衬外的渗透水压大,因此管道放空时钢衬抗外压稳定问题需要注意。

上游坝面管道的优点是布置方便,管道与坝体施工干扰少,管道受力条件好,可节省钢材。但是管道大部分位于水库内,检修困难。坝内钢管部分位于坝底高应力区,对结构不利,而且坝体浇筑初期即需埋入钢管。

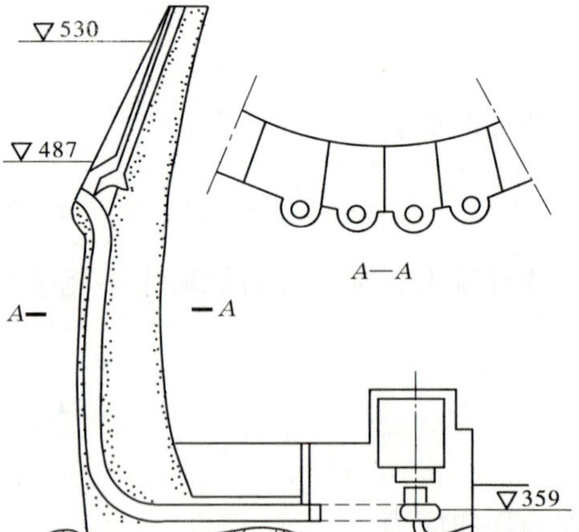

图 8-55　上游坝面管道

四、下游坝面管道

为了解决钢管安装与坝体混凝土浇筑的

矛盾,一些大型坝后式水电站将钢管布置在混凝土坝的下游坝面上,形成下游坝面管道,或称为坝后背管。下游坝面管道除进水口后一小段管道穿过坝体外,主要部分沿坝下游面铺设,如图 8-56 所示。

与坝内埋管相比,坝后背管有如下优点:便于布置;减少管道空腔对坝体的削弱,有利于坝体安全;坝体施工不受管道施工与安装的干扰,可以提高坝体施工的质量,并加快进度,提前发电;管道可以随机组的投产先后分期施工,有利于合理安排施工进度,且减少投资积压,机组台数较多时,效益更为显著。

这种管道的缺点是:由于上弯段以上的坝内埋管加长,斜管段向下游平移,使厂房向下游移动,增加了厂坝轴线的距离,增加了工程量。此外,混凝土坝下游面上常常要布置施工栈桥和施工机械,对管道施工有一定干扰。

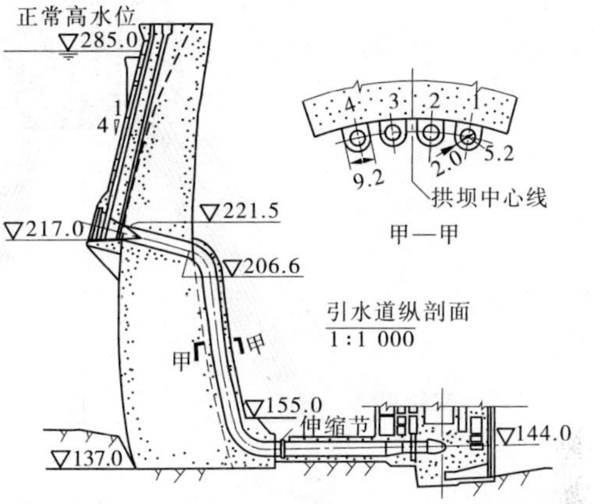

图 8-56　下游坝面管道

坝后背管是较新型的布置形式,对于较轻型混凝土高坝和大直径管道优势明显,一些高混凝土坝坝后式厂房的电站都选用了这种布置。

坝后背管有两种结构型式:下游坝面明钢管和下游坝面钢衬钢筋混凝土管。

(一)下游坝面明钢管

钢管自坝体穿出后,连接上弯管,上弯管锚固在坝体上,是下游坝面管的上固定端,然后经伸缩节接明钢管。明钢管支承在下游坝面的支座上,其布置、构造与一般的明钢管相似。钢管斜直段以下连接下弯管,下弯管锚固在坝体上,是下游坝面管的下固定端,然后进入厂房与蜗壳连接。巴西和巴拉圭合建的伊泰普电站采用这种结构型式,如图 8-57 所示,该电站最大水头 H 为 128 m,钢管直径 D 为 10.5 m。

混凝土坝下游坝面明钢管现场安装工作量小,进度快,与坝体施工干扰小。但当钢管直径和水头很大时,会引起钢管材料和工艺上的技术困难。敷设在下游坝面上的明管一旦失事,水流直冲厂房,后果严重。

(二)下游坝面钢衬钢筋混凝土管

管道是内衬钢板外包钢筋混凝土的组合结构,用坝下游面的键槽及锚筋与坝体固定。钢衬与外包混凝土之间不设垫层,紧密结合,二者共同承受内水压力等荷载。这种管道结构的优点是:

(1)管道位于坝体外,允许管壁混凝土开裂,使钢衬和钢筋可以充分发挥承载作用。

(2)利用钢筋承载,减小了钢板厚度,避免了采用高强钢板、厚钢板引起的技术和经济问题。

(3)环向钢筋接头是分散的,工艺缺陷不会集中,因此可以避免钢管材质及焊缝缺陷引起的集中破裂口带来的严重后果。

(4)减少外界因素对管道破坏的可能性,在严寒地区有利于管道防冻。

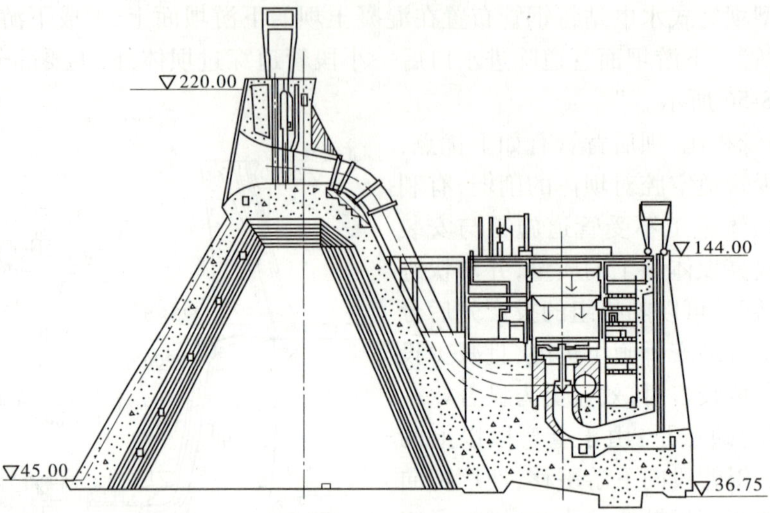

图 8-57 伊泰普水电站

我国李家峡水电站(见图 8-58)、三峡电站、东江水电站以及紧水滩水电站等,都采用了下游坝面钢衬钢筋混凝土管道的形式。

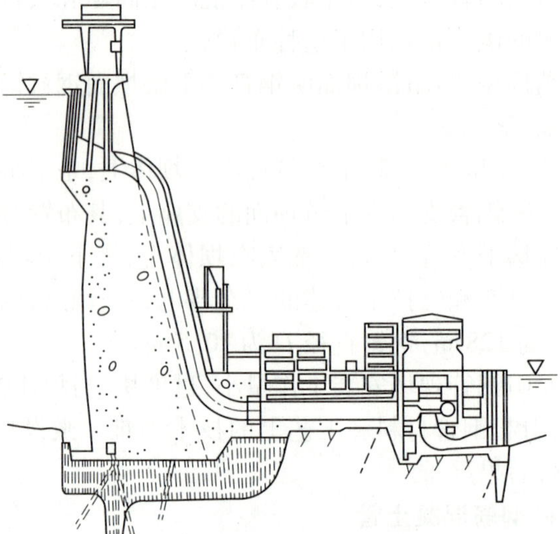

图 8-58 李家峡水电站

下游坝面钢衬钢筋混凝土管与明管比较,增加了管壁混凝土工程量,而且管道结构比较复杂,施工安装工序多,但若能合理安排,不致干扰坝体施工,也不会额外延长工期。

第九章　水电站的水锤及调节保证计算

第一节　水电站不稳定工况

一、概念

由于电能不能以其本身的方式进行存储，电能的生产、分配和消费必须在同一时间进行，因此电力系统中从发电到用电是一个均衡的系统。一旦某一环节（常常是消费环节）发生变化，系统的均衡性被破坏，就需要重新调整，达到新的均衡。电力系统有诸多类型的电站，水电站与其他类型电站比较，具有运行灵活的特点，因此水电站在电力系统中经常担任调峰、调频任务，经常投入运行、退出运行或进行负荷调整，以保证电力系统的均衡性。

电力系统处于均衡状态时，水电站稳定运行，水轮机的出力与负荷相平衡，机组转速不变，水电站有压引水系统（压力隧洞、压力管道、蜗壳及尾水管）中水流处于恒定流状态。但当电力系统的负荷发生较大范围的变化或发生事故，需要进行上述投入运行、退出运行或进行负荷调整操作时，水轮机出力与发电机负荷之间的平衡遭到破坏，机组转速就会发生变化（机组退出运行的停机操作除外）。水电站的调速器感应到转速的变化后，即迅速调节导叶开度，改变水轮机的引用流量，以改变水轮机的出力，使其与发电机负荷达到新的平衡状态，机组转速恢复到原来的额定转速。

在此调整过程中，水轮机流量的变化会在压力管道中产生水锤现象，导致水轮机水头的变化和水轮机效率的变化，这种由于负荷的变化而引起导水叶开度、水轮机流量、效率、水头、机组转速以及出力的变化，称为水电站的不稳定工况。

二、表现形式

水电站不稳定工况的表现可以归纳为三种现象。

（一）机组转速变化

水电站在不稳定工况时会引起机组转速发生较大变化。这是由于电力系统中负荷的变化是瞬时发生的，但水轮机出力不能立即与负荷相适应。这是由于调速系统的惯性，不可能将水轮机的导叶或针阀在瞬时调整到与变化后的负荷相适应的开度，调整往往需要一定的时间。在这段调整时间内，水轮机出力和发电机负荷之间的平衡被破坏，可能出现能量过剩或能量不足，导致了机组转速的变化。当丢弃负荷时，在水轮机导叶关闭、出力逐渐减小的调整过程中，产生的剩余能量将转化为机组转动部分的动能，使机组转速升高。相反，增加负荷时，水轮机调整过程中的能量不足将由机组动能补充，从而使机组转速降低。

(二)压力管道的水锤

为了适应负荷变化或由于事故原因,而突然启闭水轮机导叶时,进入水轮机的流量和流速迅速改变,水流具有的较大惯性和水体的可压缩性,将使压力管道、蜗壳及尾水管中的压力随之变化,这种变化是交替升降的一种波动,这种现象称为水锤。图 9-1、图 9-2 所示的水电站有压引水系统和无压引水系统,丢弃负荷时,导叶关闭,流量、流速减小,在压力管道和蜗壳中将引起压力上升,尾水管中则造成压力下降;增加负荷时,导叶开启,流量、流速增大,在压力管道和蜗壳内引起压力下降,在尾水管中则引起压力上升。

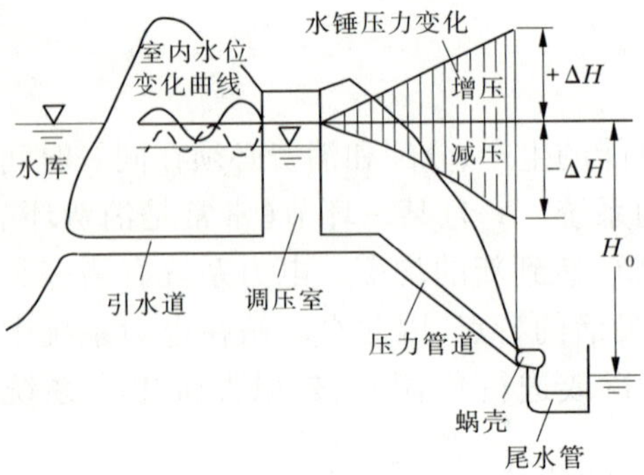

图 9-1　水电站有压引水系统

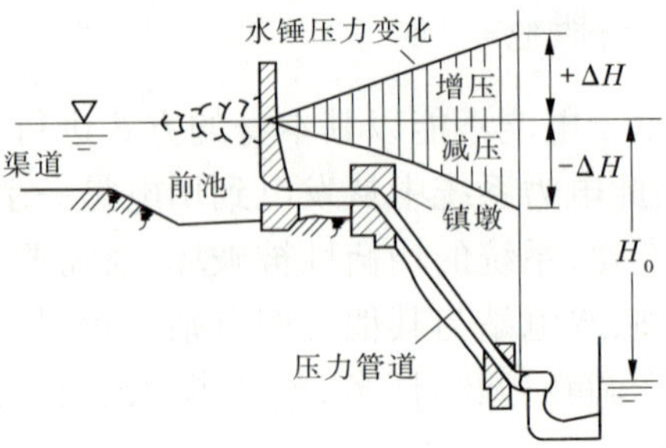

图 9-2　水电站无压引水系统

(三)调压室水位波动或压力前池的波浪增减

如图 9-1 所示的水电站有压引水系统,丢弃负荷时,流量减小,由于惯性,需要调压室先储存水量,调压室水位首先升高,之后水流的惯性和水库与调压室之间存在的水位差,将引起调压室发生水位波动现象。增加负荷时同样也可引起调压室水位波动现象,但波动方向相反。如图 9-2 所示的无压引水系统,在负荷变化时,也需要压力前池在丢弃负荷时先储存水量或在增加负荷时补充水量,并由于引水渠道和边界的存在,会在压力前池发生波浪增减现象。

水电站的不稳定工况是相对于稳定工况的一个瞬变现象,是水电站前一个稳定工况和后一个稳定工况之间的过渡过程。这个过程虽然很短,但发生的频率比较高,有关参数变化的量值可能比较大,如果设计或运行不当,不但影响机组本身和水力系统,同时也会影响到电力系统的供电质量和运行方式。如机组转速的变化将影响电力系统的供电频率;压力管道中的水锤现象将影响整个引水系统,特别是压力管道的设计,同时也将影响机组的运行状态和效率;调压室水位波动或压力前池的波浪增减现象将影响调压室或压力前池的设计。因此,水电站的不稳定工况,特别是以上三种表现所引起的机组转速的变化、水锤压力的量值、调压室或压力前池的波动水位高低,需要引起设计、运行等技术人员的足够重视。

以上三种表现中,调压室的水位波动现象将在第十章调压室研究,压力前池的波浪增减现象已经在第七章中介绍。本章主要研究水电站不稳定工况产生的压力管道的水锤现象和机组转速变化现象,第二节至第五节重点介绍压力管道中的水锤现象的基本知识、基本理论和计算方法,考虑到水锤压力和机组转速变化率的计算在水电站中称为调节保证计算,是水电站设计的重要内容,因此本章第六、七节介绍调节保证计算的概念、机组转速变化率的计算、计算条件的选择以及改善调节保证的措施。

第二节　水锤现象及研究水锤的目的

一、水锤现象

在《水力学》中已经学习了一些关于水锤的基本知识:水锤发生的条件是管道中流量、流速发生急剧变化,同时,发生水锤的内在因素是水体的可压缩性及管壁的弹性。水锤现象的后果是管道中(对于水电站,还将包括蜗壳及尾水管)的压力急剧变化,这种变化是交替的升高和降低,是一种波动,如同锤子作用于管壁,有时还伴随轰轰的响声和振动,因而称为水锤。

下面以管道材料、管壁厚度、管道直径沿管长不变的简单管为例,说明水锤现象的传播过程及其实质。如图9-3所示为一简单管,管长为L,管端静水头为H_0。稳定运行时,管内流速为v_0,水体密度为ρ_0,管道直径为d_0,不计管道摩阻损失。当管道末端阀门突然关闭(关闭时间$T_s=0$)时,假定水锤波的传播速度为a,按时段L/a分析管道内的水锤现象如下:

(1)$t=0\sim L/a$。当阀门突然关闭后,由于管道中水流的惯性和水体的可压缩性,管道中水体不会在同一时间同时停止运动,在dt_1时段内,仅紧靠阀门处管段dx_1中的水体首先发生变化,流速v_0变为零,水体被压缩,密度增至$\rho_0+\Delta\rho$,管壁膨胀,管径增大为$d_0+\Delta d$,压力上升为$H_0+\Delta H$。这些变化使得管道腾出了空间,得以容纳dx_1以上管段仍以v_0速度流来的部分水体。也就是说,在dt_1时段内,dx_1管段以上仍未受到水锤的影响。之后依次再经dt_2、dt_3…时段,在dx_2、dx_3…管段中流速、压力将相继发生同样的变化,如图9-3(a)所示。

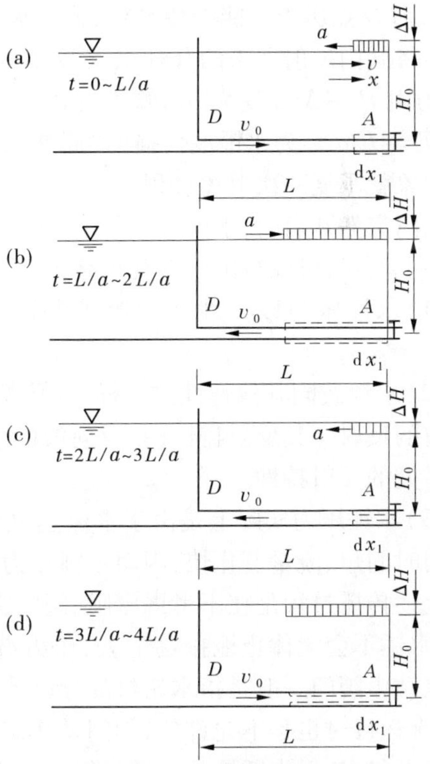

图9-3　阀门突然关闭的水锤现象

这样,一段接一段地将阀门关闭的影响向上游传播,压力增加如同波一样自阀门A处沿管逐渐向上游传播,这就是水锤波,其传播速度称为水锤波速a。变化的压力ΔH称为水锤压力,使压力增加的为增压波,使压力降低的为降压波。经过L/a时间,水锤波达到管道进口处,此时,整个水管的流速v_0降为零,压力上升为$H_0+\Delta H$。

(2)$t=L/a\sim 2L/a$。当$t=L/a$时,水锤波将传至水库D点处,由于D点右端管道内

压力为 $H_0+\Delta H$,左端水库为 H_0,因此管道中的水体不能保持平衡,在 ΔH 压差作用下将流向水库。在 $t=L/a$ 后的 dt_1 时段内,首先是紧靠水库 dx_n 管段内发生变化,流速由 0 变为 $-v_0$,压力由 $H_0+\Delta H$ 变为 H_0;管壁直径及水体密度随着水锤压力的消失恢复至原状 d_0 和 ρ_0。同理,经 dt_2、dt_3…时段,在相应 dx_{n-1}、dx_{n-2}…管段中将发生同样的变化,直到 $t=2L/a$ 时刻,管道中除流速与初始状态方向相反外,压力、管径、水体密度均恢复到初始状态,如图 9-3(b)所示。此时,水锤波在管中传播一个来回的时间,称之为"相",相长 $t_r=2L/a$。上述管道压力的变化说明,水锤波在水库处发生反射,从管道传来的升压波被水库反射为大小相等的降压波,反射特点是"等值异号"反射,即反射波与入射波的数值相同,均为 $|\Delta H|$,但符号相反。

(3)$t=2L/a\sim3L/a$。当 $t=2L/a$ 时,水锤波传播到阀门处 A 点,管道中的水流由于惯性继续流向水库。但由于阀门已关闭,在此时段内,首先是紧靠阀门的 dx_1 管段内发生变化,流速将由 $-v_0$ 变为 0,压力由 H_0 变为 $H_0-\Delta H$,管道直径减小为 $d_0-\Delta d$,水体密度变小为 $\rho_0-\Delta\rho$。这样,依次传到 dx_2、dx_3、…、dx_n 管段,如图 9-3(c)所示。可以看出,当阀门完全关闭时,从水库传来的降压波仍反射为大小相等的降压波,说明水锤波在阀门处的反射特点是"等值同号"反射,即反射波与入射波的数值和符号不变。

(4)$t=3L/a\sim4L/a$。当 $t=3L/a$ 时,水锤波又回到水库处 D 点,由于管道压力比水库低 ΔH,则 D 点压力不能维持平衡,因此水流又开始从水库以流速 v_0 向阀门方向流动,这时水库将阀门反射回来的降压波又反射为升压波,到 $t=4L/a$ 时,管道流速将由 0 变为 v_0,压力由 $H_0-\Delta H_0$ 变为 H_0,管道直径、水体密度都恢复到初始状态,如图 9-3(d)所示。因此,$T=4L/a$ 称为水锤波传播的"周期",一个周期为两个相,即 $T=2t_r$,每经一个周期,水锤现象就重复一次上述过程。

阀门突然开启时,水锤现象与上述情况相反。

综上所述,可以得出以下几点结论:

(1)水锤压力以弹性波的形式沿管道传播。传播速度的大小对水锤压力将产生影响。

(2)水锤波同其他弹性波一样,在传播过程中,在外部条件发生变化处,即边界处要发生波的反射。其反射特性(指反射波的数值及方向)决定于边界处的物理特性,需要研究边界处的反射特性。

(3)水锤压力实际上是由于水流速度变化而产生的惯性力。当突然启闭阀门时,由于启闭时间短、流量变化快,因而水锤压力往往较大,而且整个变化过程是较快的。

上述传播过程是在不考虑摩阻、阀门突然瞬间动作情况下,实际上,由于水力摩阻的存在,水锤不会无休止地振荡下去,压力波因摩擦损失而衰减,在一定时段内逐渐消失。在水电站中阀门一般是指水轮机的导叶或针阀,不可能进行突然关闭或开启,除非发生事故,正常运行时也是不允许的,阀门动作总有一定的时间历时,此时的水锤现象及传播过程要复杂得多,但水锤波的传播规律和边界的反射规律依然适用。

二、研究水锤的目的

水锤现象是水电站共有的、经常发生的现象,有压引水系统的内水压力由静水压力和

水锤压力两部分组成,每一个水电站的设计都应对水锤现象进行计算、校核。研究水锤现象的目的可以归纳为以下几方面:

(1)计算有压引水系统的最大内水压力。以此作为设计或校核压力管道、蜗壳和水轮机强度的依据。

(2)计算有压引水系统的最小内水压力。以此作为压力管道线路布置、防止压力管道中产生负压和校核尾水管内真空度的依据。

(3)研究水锤现象和机组运行的关系,计算丢弃负荷和增加负荷时的机组转速变化率,并检验其是否在允许范围内,选择水轮机调速器合理的调节时间和调节规律,保证水锤压力和转速变化不超过规范规定的容许值。

(4)研究减小水锤压力及机组转速变化率的措施。

(5)明钢管的水锤现象可能引起明钢管的振动,应加以研究。

第三节　水锤基本理论

一、水锤的传播速度

(一)传播速度的一般公式

水锤波在管道中的传播速度(简称波速),对水锤压力的分析与计算将产生重要影响,因而是一个重要的参数。它的大小与管道的布置形式、材料、直径、厚度以及水的弹性模量等有关。

根据水流的连续方程和动量定理,考虑水体的可压缩性和管壁的弹性后,可推导出水锤波的传播速度为

$$a = \frac{\sqrt{E_w \dfrac{g}{\gamma}}}{\sqrt{1 + \dfrac{2E_w}{Kr}}} \quad (\text{m/s}) \tag{9-1}$$

式中　E_w、γ——水的体积弹性模量和重度,一般情况下,$E_w = 2.06 \times 10^3$ MPa,$\gamma = 9.8$ kN/m^3;

g——重力加速度;

r——管道的半径,m;

K——抗力系数。

(二)不同管道的抗力系数及传播速度

在上述波速的一般公式中,管道的布置方式和材料不同,其抗力系数的表达方式和数值不同,相应的波速也不同。下面是几种常用管道布置形式的抗力系数。

1. 明钢管

$$K = K_s = \frac{E_s \delta_s}{r^2} \tag{9-2}$$

此时,波速公式可写为

$$a = \frac{1\,435}{\sqrt{1 + \frac{DE_w}{E_s\delta_s}}} \quad (\mathrm{m/s}) \tag{9-3}$$

式中 K_s——明钢管的抗力系数；

E_s——钢材的纵向弹性模量（钢衬 $E = 2.06 \times 10^5$ MPa，铸铁 $E = 0.98 \times 10^5$ MPa）；

δ_s——钢管管壁厚度；

D——管道内径，$D = 2r$。

由式(9-3)可以看出，水锤波的波速将随着管道弹性模量的增加、直径的减小、管壁厚度的增加而增大。即管道刚性越大，如较厚的小直径钢管，水锤波在其内的传播速度越快，极限的情况是当 $E_s \to \infty$ 时，水锤波的波速即为声波在水中的传播速度（随温度和压力的升高而加大，一般取 1 435 m/s）。管道的刚性越小，如较薄的大直径钢管，水锤波在其内的传播速度越慢。如果管道是橡皮管，水锤波的速度慢到可以做试验观察。

2. 埋藏式钢管

对于如图 9-4 所示的埋藏式钢管，钢管内径为 r_1，混凝土衬砌的内径和外径分别为 r_1（钢管厚度忽略不计）、r_2，衬砌内环向钢筋圈的半径为 r_f，其抗力系数将由钢管、混凝土衬砌、衬砌中的环向钢筋以及围岩的抗力系数组成，即

$$K = K_s + K_c + K_f + K_r \tag{9-4}$$

式中 K_s——钢管的抗力系数，可用式(9-2)计算，用钢管内径 r_1 代替式(9-2)中的钢管内径 r，即

$$K_s = \frac{E_s\delta_s}{r_1^2} \tag{9-5}$$

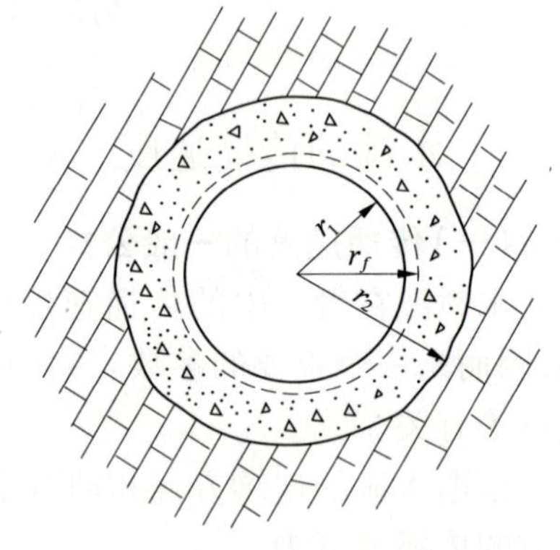

图 9-4 埋藏式钢管断面示意图

K_c——混凝土的抗力系数，如果混凝土已经开裂，忽略其径向压缩，抗力系数近似为 0，如果混凝土未开裂，用 E_c、μ_c 分别表示混凝土的弹性模量和泊松比，则其抗力系数可用下式计算

$$K_c = \frac{E_c}{(1 - \mu_c^2) r_1} \ln \frac{r_2}{r_1} \tag{9-6}$$

K_f——环向钢筋的抗力系数，若用 f 表示每厘米长管道中钢筋的截面面积，则抗力系数可用下式计算

$$K_f = \frac{E_s f}{r_1 r_f} \tag{9-7}$$

K_r——围岩的抗力系数，若用 K_0 表示岩石的单位抗力系数，r_2 为围岩的内径，则可用下式计算围岩的抗力系数

$$K_r = \frac{100K_0}{r_2} \tag{9-8}$$

3. 岩体中的不衬砌隧洞

岩体中的不衬砌隧洞的抗力系数可用式(9-8)计算。

应当指出,由于难以获取基础数据或基础数据精度不够,波速的计算一般只能近似确定。事实上,波速对水锤压力的影响在开度开始变化的第一相末比较大,以后逐渐减小。因此,对于我们关注的最大水锤压力来说,大多数电站的最大水锤压力出现在开度变化终了时刻,此时没有必要过分追求水锤波速的精度。而对于最大水锤压力出现在开始第一相末的高水头电站,水锤波速对最大水锤压力影响较大,应尽可能准确地计算波速,或选择偏于安全(偏小)的波速。在缺乏资料的情况下,露天钢管的水锤波速可近似地取1 000 m/s,埋藏式钢管可近似地取1 200 m/s,钢筋混凝土管可取900~1 200 m/s。

二、水锤基本方程

(一)基本方程

水锤是压力管道中的非恒定流,应满足水流的运动方程及连续方程。因此,求解水锤压力的基本方程应为运动方程及连续方程。

如图9-5所示,水电站压力管道将水流从上游水库(或调压室或压力前池)引入水轮机,忽略管道的倾斜度,假定管道是水平的,管道的材料、壁厚、直径沿管长不变。x 表示管道上某断面的坐标,以管道末端阀门端为原点,指向上游为正。管道上任意断面的水头和流速分别用 H、v 表示,则 H、v 是时间 t 和坐标 x 的函数。

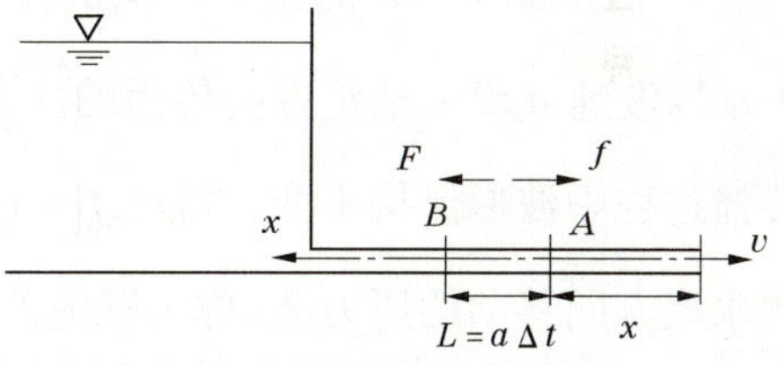

图9-5　水锤计算示意图

当机组负荷变化时,压力管道内产生水锤现象,其运动方程为

$$\frac{\partial v}{\partial t}-g\frac{\partial H}{\partial x}-v\frac{\partial v}{\partial x}+\frac{f}{2d}v|v|=0 \tag{9-9}$$

式中　f——达西-威斯巴赫(Darcy-Weisbach)系数;

　　d——管道直径。

将管道材料及水体当做弹性体考虑,其连续方程为

$$\frac{\partial H}{\partial t}-\frac{a^2}{g}\frac{\partial v}{\partial x}-v\frac{\partial H}{\partial x}=0 \tag{9-10}$$

式中　a——水锤波的波速。

由于流速 v 与波速 a 相比数量较小,式(9-9)中 $v\frac{\partial v}{\partial x}$ 项与 $\frac{\partial v}{\partial t}$ 项比较是微量,式(9-10)中 $v\frac{\partial H}{\partial x}$ 项与 $\frac{\partial H}{\partial t}$ 项比较是微量,均可忽略。如果不计及水力摩阻损失,式(9-9)、式(9-10)可简化为

$$g\frac{\partial H}{\partial x}=\frac{\partial v}{\partial t} \tag{9-11}$$

$$\frac{\partial H}{\partial t}=\frac{a^2}{g}\frac{\partial v}{\partial x} \tag{9-12}$$

式(9-11)和式(9-12)组成一组双曲线型偏微分方程,也称波动方程,它们是求解水锤问题的基本方程组。根据偏微分方程理论,其通解可以用波函数的形式表示如下

$$\Delta H = H - H_0 = F\left(t - \frac{x}{a}\right) + f\left(t + \frac{x}{a}\right) \tag{9-13}$$

$$\Delta v = v - v_0 = -\frac{g}{a}\left[F\left(t - \frac{x}{a}\right) - f\left(t + \frac{x}{a}\right)\right] \tag{9-14}$$

式中　H_0、v_0——稳定运行时的水头和流速，即初始水头和流速；

ΔH——压力水头的变化值，即水锤压力；

Δv——流速的变化值；

F、f——波函数。

可以看出：

(1)波函数 F 和 f 的量纲与水头 H 的量纲相同，故称为压力波。

(2)假若 A、B 是管道上相距 L 的两个断面，如果 t 时刻 A 断面的波函数为$F\left(t - \frac{x}{a}\right)$，则当 $t + \Delta t(\Delta t = L/a)$ 时刻 B 断面的波函数 $F\left(t + \Delta t - \frac{x+L}{a}\right) = F\left(t - \frac{x}{a}\right)$。因此，$F\left(t - \frac{x}{a}\right)$ 表示以波速 a 沿 x 轴正方向传播的压力波，即逆水流方向移动的压力波，也称逆流波，在传播过程中波形保持不变；同理，$f\left(t + \frac{x}{a}\right)$ 表示以波速 a 沿 x 轴负方向传播的压力波，即顺水流方向移动的压力波，称为顺流波，在传播过程中波形保持不变。

(3)任何断面任何时刻的水锤压力值等于两个方向相反的压力波之和，而流速值为两个压力波之差再乘以 $-g/a$。

(4)波函数 F 和 f 可由初始条件和边界条件确定。因此，能否真实地反映初始条件和边界条件的实际情况，决定了求解水锤问题的精度。

(二)水锤计算的连锁方程

理论上，只要给出不同时刻不同地点的波函数数值或数学表达式，即可根据式(9-13)、式(9-14)求得相应时刻相应地点的压力和流速值。事实上，获取波函数 F 和 f 是困难的。但此二式说明了波函数传播的性质、相邻两断面间水头和流速的关系，因而可利用管道上下游的边界条件推导出水锤连锁方程，进而计算管道上各断面的压力和流速变化过程。

当水锤波向上游逆水流传播时，若已知断面 A 在时刻 t 的压力为 H_t^A，流速为 v_t^A，由式(9-13)和式(9-14)消去波函数 f 后，即可得断面 A 的压力和流速关系

$$H_t^A - H_0 - \frac{a}{g}(v_t^A - v_0) = 2F\left(t - \frac{x}{a}\right)$$

$\Delta t = L/a$ 时刻后，波函数传播至断面 B，此时，可写出断面 B 的压力和流速关系

$$H_{t+\Delta t}^B - H_0 - \frac{a}{g}(v_{t+\Delta t}^B - v_0) = 2F\left(t + \Delta t - \frac{x+L}{a}\right)$$

根据波函数 F 在传播过程中波形不变的性质，即 $F[(t+\Delta t) - (x+L)/a] = F(t - x/a)$，由上述二式消去波函数 F，可得连锁方程的逆行波方程

$$H_{t+\Delta t}^B - H_t^A = \frac{a}{g}(v_{t+\Delta t}^B - v_t^A) \tag{9-15}$$

同理,当水锤波向下游顺水流传播时,根据波函数 f 在传播过程中波形不变的性质,可得出连锁方程的顺行波方程

$$H_{t+\Delta t}^{A} - H_{t}^{B} = -\frac{a}{g}(v_{t+\Delta t}^{A} - v_{t}^{B}) \tag{9-16}$$

式(9-15)和式(9-16)即为水锤连锁方程。

引入水锤压力相对值:$\xi_i = \dfrac{\Delta H}{H_0} = \dfrac{H - H_0}{H_0}$,管道流速相对值:$\nu = \dfrac{v}{v_0}$,令管道特性常数

$$\rho = \frac{av_0}{2gH_0} \tag{9-17}$$

则上述水锤连锁方程可用相对值来表示

$$\xi_{t}^{A} - \xi_{t+\Delta t}^{B} = 2\rho(\nu_{t}^{A} - \nu_{t+\Delta t}^{B}) \tag{9-18}$$

$$\xi_{t}^{B} - \xi_{t+\Delta t}^{A} = -2\rho(\nu_{t}^{B} - \nu_{t+\Delta t}^{A}) \tag{9-19}$$

连锁方程给出了水锤波在一个时段内通过两个断面的压力和流速的关系。据此可一个时段接一个时段地求解管道各断面的压力和流速,从而掌握管道各断面的压力和流速变化过程。

三、起始和边界条件

应用水锤基本方程或连锁方程计算水电站压力管道中水锤时,首先要确定起始条件和边界条件。

(一)起始条件

水电站发生水锤现象时,管道中水流由稳定工况的恒定流变为不稳定工况的非恒定流,因此恒定流的终了时刻即为非恒定流的开始时刻。于是起始条件为:

当 $t=0$ 时,管道中任何断面的流速为稳定运行时的流速,且没有水锤压力,如果不计水头损失,则起始条件可表达为

$$v = v_0 \tag{9-20}$$

$$H = H_0 \tag{9-21}$$

(二)边界条件

水电站压力管道或整个引水系统中常见的边界有管道进口、封闭端、分岔管、调压室、水轮机,其边界条件分述如下。

1. 管道进口

管道进口一般指水库或压力前池。由于水库面积大,水位变化比较慢,在水锤计算中不计风浪的影响,认为水库水位为不变的常数是足够精确的。

压力前池的水位变化情况与渠道的调节类型有关。非自动调节渠道,水位变化较小,一般只有几米。自动调节渠道的前池水位变化虽大,但与管道中水锤的变化相比,还是缓慢的。因此,在水锤计算中也可认为前池水位不变。

因此,管道进口边界条件为

$$H_p = H_0 \tag{9-22}$$

2. 封闭端

若某一机组尚未装机,端部用闷头封死,称为封闭端,又称闷头,其边界条件相当于导

叶完全关闭的机组或阀门

$$Q_p = 0 \tag{9-23}$$

3.分岔管

分岔断面属于各岔管的共同断面,应保持压力相等,即

$$H_{p1} = H_{p2} = H_{p3} = \cdots = H_{pn} \tag{9-24}$$

分岔处的流量应符合连续条件,即

$$\sum Q = 0 \tag{9-25}$$

4.调压室

调压室可以认为是断面较大的分岔管,其边界条件为:调压室内有自由水面,因而隧洞、调压室与压力管道的交点处压力相同,同为调压室水面的静水压力,即

$$H_{ps} = H_{py} = H_{pt} \tag{9-26}$$

式中,下标 s、y、t 分别表示隧洞Ⅰ、压力管道Ⅱ与调压室,下同。

同时满足流量连续条件

$$Q_{sp} = Q_{yp} + Q_{tp} \tag{9-27}$$

5.水轮机

水电站压力管道出口边界为水轮机,水轮机分冲击式和反击式,两种型式的水轮机对水锤的影响不同。

1)冲击式水轮机

冲击式水轮机的喷嘴是一个带针阀的孔口,可以看做一个孔口。设喷嘴全开时断面面积为 ω_{max},流量系数为 φ_0,水头为 H_0,根据《水力学》中孔口出流规律,最大引用流量为

$$Q_{max} = \varphi_0 \omega_{max} \sqrt{2gH_0}$$

发生水锤后某一时刻,喷嘴断面面积为 ω 时,阀门处产生水锤压力 ΔH,水头变为 $H_0 + \Delta H$,流量系数变为 φ,则引用流量为

$$Q = \varphi\omega \sqrt{2g(H_0 + \Delta H)}$$

以上两式相除得

$$\frac{Q}{Q_{max}} = \frac{\varphi\omega \sqrt{2g(H_0 + \Delta H)}}{\varphi_0 \omega_{max} \sqrt{2gH_0}}$$

引入:相对开度 $\tau = \omega/\omega_{max}$;相对水锤压力 $\xi = \Delta H/H_0$;压力管道相对流量和相对流速 $q = \frac{Q}{Q_{max}} = \frac{Fv}{Fv_{max}} = \nu$($F$ 为压力管道面积)。忽略不同开度时流量系数的微小差值,即 $\varphi \approx \varphi_0$,则有

$$\nu = q = \tau \sqrt{1 + \xi} \tag{9-28}$$

当 $\xi \leqslant \frac{1}{2}$ 时,式(9-28)可写为

$$\nu = q = \tau\left(1 + \frac{1}{2}\xi\right) \tag{9-29}$$

2)反击式水轮机

反击式水轮机的过流能力不仅与水头 H、导叶开度 a 有关,还与转速 n 有关,而且不

能用一个简单或复杂的表达式表示，一般用运转特性曲线表示，求解水锤问题比较复杂。

为了简化计算，常假定压力管道出口边界条件为冲击式水轮机，求得水锤压力的近似值。

四、水锤波的反射特性

第二节水锤现象已述及，水锤波在边界处要发生反射，以保持在该处压力或流量的连续。这些边界主要指管道特性变化处，如管道末端阀门、管道进口 、分岔、变径处。当入射波到达这些管道特性变化处之后，一部分以反射波的形式折回，一部分以透射波的形式继续向前传播。

反射波与入射波的比值称反射系数，以 r 表示。透射波与入射波的比值称透射系数，以 s 表示，则两者的关系为

$$s - r = 1 \tag{9-30}$$

（一）管道末端阀门的反射

我们已经知道，阀门突然关闭的水锤现象中，阀门的反射特点为同号等值反射，即反射系数 $r=1$。当阀门没有完全关闭，而是有一定开度时，就不能对水锤波进行完全反射。此时，水锤波在管道末端的反射特性取决于管道末端的出流规律。

如果管道末端装有冲击式水轮机，阀门相对开度为 τ，设有一水锤入射波 f 传到阀门后发生反射，产生一反射波 F 折回。在入射波未达到的时刻，不产生水锤压力，有

$$\xi_0 = 0$$

根据冲击式水轮机喷嘴的出流规律 $\nu = \tau\sqrt{1+\xi} \approx \tau\left(1+\frac{1}{2}\xi\right)$，得

$$\nu_0 = \tau$$

根据基本方程（9-14）得

$$F - f = -\frac{a}{g}(v - v_0) = -\frac{av_{\max}}{g}\left[\tau\left(1+\frac{1}{2}\xi\right) - \tau\right] = -\frac{av_{\max}}{2g}\tau\xi$$

根据基本方程（9-13），阀门处的水锤压力为入射波与反射波的叠加，即

$$\Delta H = H_0\xi = F + f$$

以上二式相加可得反射波 F 的表达式，相减可得入射波 f 的表达式，按反射系数定义，可得阀门反射系数为

$$r = \frac{F}{f} = \frac{1-\rho\tau}{1+\rho\tau} \tag{9-31}$$

式中，$\rho = \dfrac{av_0}{2gH_0}$，为管道特性常数。

由此，已知管道特性常数和任意时刻的开度时，可利用式（9-31）确定阀门在任意时刻的反射系数。而且，根据式（9-31）可以得出阀门的反射规律如下：

（1）当 $\rho\tau > 1$ 时，$-1 < r < 0$，阀门处发生异号减值反射，反射波与入射波符号相反，量值减小；

（2）当 $\rho\tau = 1$ 时，$r = 0$，反射波到阀门处不反射，完全透射；

(3)当 $\rho\tau<1$ 时,$0<r<1$,阀门处发生同号减值反射,反射波与入射波符号相同,量值减小;

(4)当 $\rho\tau=0$ 时,$r=1$,阀门处发生同号等值反射,即为完全关闭的阀门。

(二)管径变化处的反射

如图 9-6 所示是一变径管,静水头为 H_0,发生水锤时,1、2 两管的流速分别为 v_1、v_2,水锤波传播速度分别为 a_1、a_2,水锤入射波 F_1 从 1 管传来,在变径处发生反射,反射波为 f_1,透射波为 F_2,根据基本方程(9-13)和基本方程(9-14)及水流在管径变化处的连续性,可推导出管径变化处的反射系数

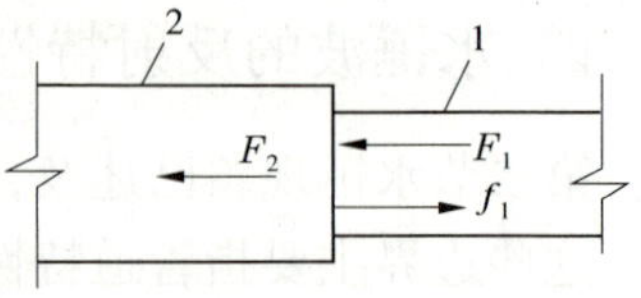

图 9-6 管径变化处的反射

$$r=\frac{\rho_2-\rho_1}{\rho_1+\rho_2} \tag{9-32}$$

式中,$\rho_1=\dfrac{a_1v_1}{2gH_0}$,$\rho_2=\dfrac{a_2v_2}{2gH_0}$。

r 为正表示反射是同号的,其结果是使 1 管中水锤压力的绝对值增大;r 为负表示反射是异号的,其结果是使 1 管中水锤压力的绝对值减小。

若 2 管断面趋近于零,则 $\rho_2\to\infty$,$r=1$,为同号等值反射,反射后 1 管的水锤压力增大一倍,相当于管道末端阀门完全关闭的情况。若 2 管断面为无限大,则 $v_2=0$,$\rho_2=0$,$r=-1$,为异号等值反射,相当于水库处的情况。

(三)管道分岔处的反射

如图 9-7 所示的分岔管,入射波 F_1 从 1 管传来,在分岔处发生反射,反射波为 f_1,透射波为 F_2 和 F_3,根据基本方程(9-13)和基本方程(9-14)及水流的连续性,可导出反射系数为

$$r=\frac{\rho_2\rho_3-\rho_1\rho_2-\rho_3\rho_1}{\rho_1\rho_2+\rho_2\rho_3+\rho_3\rho_1} \tag{9-33}$$

式中 $\rho_i=\dfrac{a_iQ}{2gH_0A_i}$,下标 i 为管道序号 1、2、3;

Q——总管流量;

A——管道断面面积。

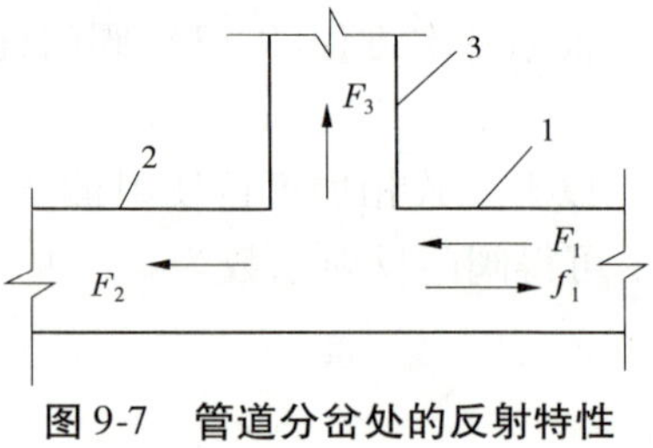

图 9-7 管道分岔处的反射特性

五、水锤的类型

(一)直接水锤和间接水锤

1. 直接水锤

当水轮机导叶开度的调节时间 $T_s\leqslant 2L/a$ 时,导叶动作产生的水锤波在管道中传播至水库,再经水库反射到阀门的时间为一个相长 $2L/a$。即水库处异号反射回来的水锤波到达管道末端水轮机之前,导叶开度变化已经终止,管道末端的最大水锤压力没有受到上游反射波的影响,只受开度变化直接引起的水锤波的影响,这种水锤称为直接水锤。阀门突然关闭($T_s=0$)时的水锤现象,即为典型的直接水锤。

2. 间接水锤

与直接水锤相反，若水轮机导叶开度的调节时间 $T_s > 2L/a$ 时，导叶动作前一阶段产生的水锤波经管道传至水库，再由水库异号反射至管道末端时，导叶动作尚未结束，管道末段水锤压力尚未达到最大值，此后，由于水库异号反射回来的水锤波已经到达阀门处，管道末端的最大水锤压力受到上游反射波的影响，这种水锤称为间接水锤。根据基本方程，管道末端的水锤压力是向上游传播的水锤波 F 和水库反射回来的异号水锤波 f 叠加的结果，由于两个水锤波符号相反，有相互抵消的作用，因此间接水锤的水锤压力小于直接水锤的水锤压力。

（二）第一相水锤和极限水锤

发生间接水锤时，各水锤波的相互消减、增加过程十分复杂，水锤压力难以求解，但由于间接水锤是水电站中经常发生的水锤现象，因而是工程上主要的研究对象。间接水锤压力的最大值更是工程上最为关注的。埃列维（Allievi）曾详尽研究了阀门直线关闭规律下的水锤压力变化过程，根据其研究结果，工程上根据最大水锤压力的出现时间将间接水锤划分为第一相水锤和极限水锤两种类型。下面说明开度直线启闭规律，并以水电站甩负荷，水轮机导叶关闭为例，定性分析管道末端断面产生两种水锤的原因和过程。

1. 开度直线启闭规律

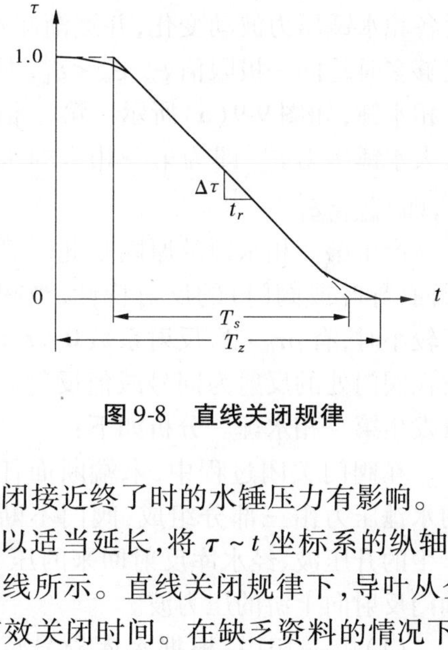

图 9-8　直线关闭规律

水轮机导叶的启闭规律与调速系统的特性有关，一般来讲，水轮机导叶开度在关闭时并非是直线变化的，实际的关闭规律大致是开始一段接近水平，中间匀速关闭大致为直线，在接近关闭终了的最后一段为较缓的向后延伸的曲线，导叶开度从全开（$\tau_0 = 1.0$）到全关（$\tau = 0$）的全部历时为 T_z，如图 9-8 实线所示。开始由于调节机构的惯性，关闭的速度极慢，造成曲线接近水平。该段对起始流速的扰动比较小，造成的水锤压力很小，对水锤计算没有多大实际意义。接近关闭终了的曲线段，导叶的关闭速度又逐渐减慢，因而只对导叶关闭接近终了时的水锤压力有影响。

为了简化计算，常取导叶关闭过程的直线段加以适当延长，将 $\tau \sim t$ 坐标系的纵轴 τ 移向水平段的末端，得到直线关闭规律，如图 9-8 虚线所示。直线关闭规律下，导叶从全开（$\tau_0 = 1.0$）到全关（$\tau = 0$）的历时为 T_s。T_s 称为有效关闭时间。在缺乏资料的情况下，可近似取 $T_s = (0.6 \sim 0.95) T_z$。

直线关闭规律任意时刻 t 的开度 τ_t 可表达为

$$\tau_t = 1 - \frac{t}{T_s} \tag{9-34}$$

由于一个相长 $t_r = \dfrac{2L}{a}$，则第 n 相末的开度 τ_n 可表示为

$$\tau_n = 1 - \frac{n t_r}{T_s} = 1 - n \frac{2L}{aT_s} \tag{9-35}$$

开度在一个相内的变化 $\Delta\tau$ 可表示为

$$\Delta\tau = \tau_{n+1} - \tau_n = -\frac{t_r}{T_s} = -\frac{2L}{aT_s} \tag{9-36}$$

同理,导叶直线规律开启时任意时刻 t 的开度 τ_t 可表达为

$$\tau_t = \frac{t}{T_s} \tag{9-37}$$

开启时第 n 相末的开度 τ_n 可表示为

$$\tau_n = \frac{nt_r}{T_s} = n\frac{2L}{aT_s} \tag{9-38}$$

开启时开度在一个相内的变化 $\Delta\tau$ 可表示为

$$\Delta\tau = \tau_{n+1} - \tau_n = \frac{t_r}{T_s} = \frac{2L}{aT_s} \tag{9-39}$$

2. 第一相水锤

导叶直线关闭时,如图 9-9(c)所示,如果管道末端断面第一相末水锤压力 ξ_1^A 最大,以后各相水锤压力波动变化,并逐渐减小,相数足够多时趋向一极限值 ξ_m^A,$\xi_m^A < \xi_1^A$,即称为第一相水锤,如图 9-9(a)所示。第一相水锤的最大水锤压力 $\xi_{\max}^A$ 即为第一相末的水锤压力 ξ_1^A,即 $\xi_{\max}^A = \xi_1^A$。

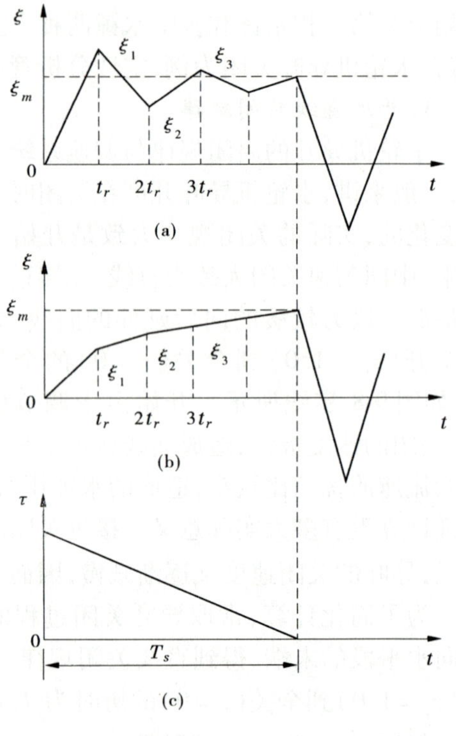

图 9-9　直线关闭时的两种水锤类型

产生第一相水锤的原因是此时管道末端断面(导叶或阀门)的反射特性,当阀门的开度较小时,有 $\rho\tau_0 < 1$,反射系数 $0 < r < 1$,水锤波在阀门处的反射为同号减值反射。此时即可发生第一相水锤。分析如下:

在阀门关闭过程中,末端断面任意时刻的水锤压力由三部分组成:阀门不断关闭所产生的升压波、经水库反射回来的压力波、经阀门反射向上游的压力波。

(1)第一相中,根据水库异号反射的特性,升压波到达水库后反射回来的等值降压波还未到达阀门处,因此该处水锤压力即是阀门关闭所产生的升压波的一部分,在第一相末达到 ξ_1^A。

(2)第二相末,水库传来的等值降压波到达阀门处,由于此时阀门处具有同号减值反射的特性,则在该处反射仍为较小的降压波,两个降压波之和将超过第二相中由于阀门关闭所产生的升压波,因而第二相末的水锤压力 $\xi_2^A < \xi_1^A$。

(3)第三相末,由于第二相中阀门同号反射回去的降压波经水库异号反射为升压波

返回阀门，在阀门处又反射为升压波，两个升压波与阀门关闭产生的升压波共同作用，使阀门处的水锤压力又开始升高，使得 $\xi_3^A > \xi_2^A$。由于阀门处的反射为减值反射，第三相末的压力升高一般不会超过第一相末的水锤压力，即 $\xi_3^A < \xi_1^A$。

同理可分析以后各相的水锤压力将环绕某一 ξ_m^A 值上下波动，并在相数足够多时趋于极限值 ξ_m^A。

由于最大水锤压力出现在第一相末，$\xi_1^A > \xi_m^A$，故称此类水锤为第一相水锤。

3. 极限水锤

如果管道末端断面的水锤压力逐渐增大，在相数足够多时趋于一极限值 ξ_m^A，或在某一相之后环绕极限值 ξ_m^A 上下波动，可能超过极限值 ξ_m^A，但相差不大。最大水锤压力出现在第一相以后的某一相，一般在接近最末一相时，因此称为极限水锤或末相水锤，如图 9-9(b)所示。由于最大水锤压力与极限值 ξ_m^A 相差不大，取 $\xi_{max}^A = \xi_m^A$。

产生极限水锤的原因同样是此时管道末端断面（导叶或阀门）的反射特性，若阀门的开度较大，有 $\rho\tau_0 > 1$，反射系数 $-1 < r < 0$，水锤波在阀门处的反射为异号减值反射。此时即可发生极限水锤。分析如下：

在阀门关闭过程中，管道末端断面处任意时刻的水锤压力仍由上述三部分组成。

第一相末，由于水库反射回的降压波还未到达阀门处，该处水锤压力只是阀门关闭所产生的升压波，即 ξ_1^A。第二相末，水库传来的降压波到达阀门处，因阀门处为异号减值反射，则在该处反射为升压波，它和第二相中阀门继续关闭产生的升压波共同作用，使第二相阀门处的水锤压力继续升高，使 $\xi_2^A > \xi_1^A$。在以后各相，只要 $\rho\tau > 1$，水锤压力即会逐渐增加，趋近某一极限值 ξ_m^A。

由于关闭过程中开度逐渐减小，经过一段时间后，即会出现 $\rho\tau < 1$ 的情况，此时阀门处的反射特性与第一相水锤时相同，为同号减值反射，水锤压力的变化也将出现与第一相水锤相似的变化，即水锤压力此时到达最大值，然后围绕 ξ_m^A 上下波动。因此，极限水锤的最大水锤压力可能出现在第一相以后的任何一相，也就是第一相水锤以外的水锤统称为极限水锤。

（三）水锤类型汇总

综上所述，首先根据导叶调节时间的长短将水锤分为直接水锤和间接水锤，调节时间较短，即 $T_s \leqslant 2L/a$ 时，产生直接水锤，调节时间较长，即 $T_s > 2L/a$ 时，产生间接水锤。当导叶按直线规律启闭时，根据最大水锤压力出现的时间，可将间接水锤分为第一相水锤和极限水锤，两者可根据参数 $\rho\tau_0$ 的大小近似判别。近似地，$\rho\tau_0 < 1$ 时为第一相水锤，$\rho\tau_0 > 1$ 时为极限水锤。

水锤类型可汇总如下：

$$
\text{水锤}\begin{cases}\text{直接水锤}(T_s \leqslant 2L/a) \\ \text{间接水锤}(T_s > 2L/a)\begin{cases}\text{第一相水锤}(\rho\tau_0 < 1) \\ \text{极限水锤}(\rho\tau_0 > 1)\end{cases}\end{cases}
$$

直线启闭规律时

对水锤类型分类后，即可通过判定水锤类型，根据不同类型水锤采用不同的计算公式或方法进行计算，特别是计算水锤压力最大值。水锤类型比较准确的判别见下一节。

第四节 水锤计算的解析法

由于求解基本方程和波函数的困难，水锤压力（特别是间接水锤）的计算比较复杂。常用的求解方法有解析法、数值分析法。本节主要介绍解析法。

解析法主要采用数学的方法，引入一些符合实际的假定，直接建立水锤压力或最大水锤压力的计算公式，简单易行，物理概念清楚，可直接得出结果，对理解水锤概念和估算水锤压力非常有用。但解析法不能考虑摩阻，不能处理复杂边界条件，甚至要求直线启闭规律，求得的结果一般是最大水锤压力的近似值。由于解析法的限制，本节主要介绍管径、管壁材料和厚度沿管长不变的简单管的水锤压力计算。最后介绍如何将较为复杂的压力管道进行简化，利用解析法求解水锤压力的方法。

工程中最为关注的是最大水锤压力。水锤压力最大值（包括最大负水锤压力）通常发生在管道末端断面。因此，本节讨论的均为管道末端断面的水锤压力和最大水锤压力。

一、直接水锤

对于直接水锤，为了求解最大水锤压力，可在反射波到达管道末端前列出管道末端的基本方程，此时由于波函数 $f(t+x/a)=0$，则可得

$$\Delta H = H - H_0 = F\left(t - \frac{x}{a}\right)$$

$$\Delta v = v - v_0 = -\frac{g}{a}F\left(t - \frac{x}{a}\right)$$

从以上二式中消去 $F(t-x/a)$ 即得计算直接水锤压力的公式

$$\Delta H = H - H_0 = -\frac{a}{g}(v - v_0) \tag{9-40}$$

式中 v_0——起始流速，即负荷变化前稳定流时的流速，可以是开度全开时的最大流速 $v_{\max}$，也可以是其他开度对应的流速；

v——导叶或阀门动作结束时的流速，通常是未知的。

将式(9-40)用相对值表示

$$\xi H_0 = -\frac{av_{\max}}{g}\left(\frac{v}{v_{\max}} - \frac{v_0}{v_{\max}}\right) = -\frac{av_{\max}}{g}(\nu - \nu_0)$$

引入水轮机（冲击式）的边界条件：$\nu = \tau\sqrt{1+\xi}$，注意到起始时刻 $\xi_0 = 0$，$\nu_0 = \tau_0\sqrt{1+\xi_0} = \tau_0$，则有

$$\xi = -\frac{av_{\max}}{gH_0}(\nu - \nu_0) = -2\rho(\tau\sqrt{1+\xi} - \tau_0)$$

上式可变为

$$\tau\sqrt{1+\xi} = \tau_0 - \frac{\xi}{2\rho} \tag{9-41}$$

式(9-41)说明，只要已知起始开度 τ_0 和终了开度 τ，即可求解直接水锤压力。例如，当电站甩全负荷，导叶或阀门从全开($\tau_0=1$)至完全关闭($\tau=0$)时，则有

$$\xi = 2\rho \tag{9-42}$$

当导叶或阀门从某一起始开度 τ_0 至完全关闭($\tau=0$)时，则有

$$\xi = 2\rho\tau_0 \tag{9-43}$$

由直接水锤计算公式可以看出：

(1)管道内流速减小，$v-v_0<0$，水锤压力 ΔH 为正，即当电站甩负荷，水轮机导叶或阀门关闭，开度减小时，产生正水锤；当管道内流速增大，$v-v_0>0$，ΔH 为负，即当电站增加负荷，水轮机导叶或阀门开启，开度增大时，产生负水锤。

(2)直接水锤压力值的大小与流速变化($v-v_0$)的绝对值和管道的水锤波速 a 有关，而与开度变化的速度、变化规律及管道长度无关。

(3)直接水锤压力值一般较大，水电站中应当避免发生直接水锤。例如，一般压力管道的经济流速为 4~6 m/s，如果电站突然甩负荷，导叶在 $2L/a$ 的时间内完全关闭($T_s\leqslant 2L/a$)，或突然关闭($T_s\leqslant 0$)，取管道中起始流速 $v_0=4$ m/s，$a=1\ 000$ m/s，终了流速 $v=0$，则由此造成的最大压力升高值为：$\Delta H=-\dfrac{a}{g}(v-v_0)=-1\ 000(0-4)/9.81=407.7$(m)，这是一个相当大的压力。

(4)由式(9-41)和式(9-42)可以看出，发生直接水锤时，起始开度 τ_0(或流速)越大，水锤压力升高越大，相对最大值为 2ρ，即最大值为 $2\rho H_0$。上例中，若电站导叶全开($\tau_0=1$)时最大流速为 $v_{max}=6$ m/s，此时电站甩全负荷，起始流速 $v_0=6$ m/s，此时最大压力升高值为 $2\rho H_0$，相当于 600 m 水头。因此，水电站大开度运行时更应避免发生直接水锤。

二、任意启闭规律的间接水锤

对于图 9-5 所示的管道，将 A 断面向下游推至阀门处，将 B 断面向上游推至水库管道进口处，则水锤波从阀门 A 处传至水库 B 处的时间为 $t=L/a$，再返回阀门 A 的时间为 $2t=t_r=2L/a$，即一个相长。

由于前述水锤连锁方程没有对启闭规律提出限制，可以用于求解任意启闭规律下的间接水锤。这里，利用连锁方程的相对表达式(9-18)和式(9-19)推求阀门 A 处各相水锤压力如下。

(一)阀门关闭时正水锤压力

(1)列出 $0\sim t$ 时段水锤波从阀门 A 到水库 B 点的连锁方程

$$\xi_0^A-\xi_t^B=2\rho(\nu_0^A-\nu_t^B)$$

根据初始条件：$t=0$ 时，$\xi_0^A=0$；

根据边界条件：水库管道进口 B 点，$\xi_t^B=0$；

阀门 A 点装设冲击式水轮机，$\nu_0^A=\tau_0\sqrt{1+\xi_0^A}=\tau_0$。

以上代入连锁方程得

$$2\rho(\nu_0^A - \nu_t^B) = 0$$

$$\nu_0^A = \nu_t^B = \tau_0$$

(2)列出 $t \sim 2t$ 时段水锤波从水库 B 到阀门 A 的连锁方程

$$\xi_t^B - \xi_{2t}^A = -2\rho(\nu_t^B - \nu_{2t}^A)$$

将 B 点边界条件 $\xi_t^B = 0$ 和 A 点边界条件 $\nu_{2t}^A = \tau_{2t}\sqrt{1 + \xi_{2t}^A}$ 以及(1)中所得 $\nu_t^B = \tau_0$ 代入上式得

$$-\xi_{2t}^A = -2\rho(\tau_0 - \tau_{2t}\sqrt{1 + \xi_{2t}^A})$$

因 $2t = t_r$ 为一个相长，这里用 1 表示第一相末代替 $2t$，得到方程

$$\tau_1\sqrt{1 + \xi_1^A} = \tau_0 - \frac{\xi_1^A}{2\rho} \tag{9-44}$$

若管道特性常数和第一相末的开度已知，即可利用式(9-44)计算第一相末的水锤压力。

(3)列出 $2t \sim 3t$ 时段水锤波从阀门 A 到水库 B 的连锁方程

$$\xi_{2t}^A - \xi_{3t}^B = 2\rho(\nu_{2t}^A - \nu_{3t}^B)$$

由 B 点的边界条件得 $\xi_{3t}^B = 0$，上式可改写成

$$\frac{\xi_{2t}^A}{2\rho} = \tau_{2t}\sqrt{1 + \xi_{2t}^A} - \nu_{3t}^B$$

所以

$$\nu_{3t}^B = \tau_{2t}\sqrt{1 + \xi_{2t}^A} - \frac{\xi_{2t}^A}{2\rho}$$

(4)写出 $3t \sim 4t$ 时段水锤波从水库 B 到阀门 A 的连锁方程

$$\xi_{3t}^B - \xi_{4t}^A = -2\rho(\nu_{3t}^B - \nu_{4t}^A)$$

将边界条件 $\xi_{3t}^B = 0$、$\nu_{4t}^A = \tau_{4t}\sqrt{1 + \xi_{4t}^A}$ 和(3)中所得 $\nu_{3t}^B = \tau_{2t}\sqrt{1 + \xi_{2t}^A} - \frac{\xi_{2t}^A}{2\rho}$ 代入上式，并用 2 代替 $4t$ 表示第二相末，得

$$\tau_2\sqrt{1 + \xi_2^A} = \tau_0 - \frac{\xi_1^A}{\rho} - \frac{\xi_2^A}{2\rho} \tag{9-45}$$

若第二相末的开度已知，即可在求得第一相末水锤压力的前提下，利用式(9-45)计算第二相末的水锤压力。

同理可以推出以后各相末水锤压力方程。第 n 相末的水锤压力方程为

$$\tau_n\sqrt{1 + \xi_n^A} = \tau_0 - \frac{1}{\rho}\sum_{i=1}^{n-1}\xi_i^A - \frac{\xi_n^A}{2\rho} \tag{9-46}$$

利用式(9-44)～式(9-46)，可以依次解出各相末阀门 A 处的水锤压力，得出水锤压力随时间的变化关系。

(二)阀门开启时负水锤压力

当阀门或导叶开启时，管道中的流速增加，压力降低，产生负水锤，同样是阀门 A 处的负水锤压力最大。压力降低的相对值用 $y = \frac{H_0 - H}{H_0}$ 表示，用同样的方法可得出各相末阀

门 A 处负水锤压力的一组方程。注意，推导过程中阀门处边界条件为 $\nu_t^A=\tau_t^A\sqrt{1-y_t^A}$，求出 y_t^A 本身为负值。

$$\tau_1\sqrt{1-y_1^A}=\tau_0+\frac{y_1^A}{2\rho} \tag{9-47}$$

$$\tau_2\sqrt{1-y_2^A}=\tau_0+\frac{1}{\rho}y_1^A+\frac{y_2^A}{2\rho} \tag{9-48}$$

$$\vdots$$

$$\tau_n\sqrt{1-y_n^A}=\tau_0+\frac{1}{\rho}\sum_{i=1}^{n-1}y_i^A+\frac{y_n^A}{2\rho} \tag{9-49}$$

对上述阀门关闭或开启时关于水锤压力的方程(9-44) ~ 方程(9-46)或方程 (9-47) ~ 方程(9-49)，需要说明以下几点：

(1)方程基于简化后的基本方程，没有考虑管道摩阻的影响，因此只适用于可忽略摩阻的情况或精度要求不高的情况。

(2)阀门处的边界条件采用了冲击式水轮机孔口出流的过流特性，因此方程只适用于冲击式水轮机，不能用于反击式水轮机或仅用于精度不高的估算。

(3)方程是在任意启闭规律下推导的，可以用来分析直线或非直线启闭规律的水锤压力，特别是非直线启闭规律对水锤压力的影响。

(4)方程可以求解管道末端阀门处各相末的水锤压力及其变化过程，也可求得水锤压力的最大值。

(5)在求解极限水锤的最大水锤压力时，需要求解多个一元二次方程，计算过程烦琐，并可由于误差积累导致计算精度不高。例如，当阀门关闭时间为 $T_s=5$ s，相长 $t_r=0.5$ s 时，需要求解 10 个一元二次方程。

三、直线启闭规律的间接水锤

当阀门采用直线规律启闭时，间接水锤根据最大水锤出现的时间可以分为第一相水锤和极限水锤两种类型。此时，可根据任意启闭规律间接水锤的计算方程(9-44) ~ 方程(9-46)和方程(9-47) ~ 方程(9-49)，求出两类水锤的最大水锤压力或其简化公式。下面以阀门关闭为例推导，阀门开启情况同理可得。

(一)第一相水锤

如果判定是第一相水锤，可直接解方程(9-44)或方程(9-47)，求得 ξ_1^A 或 y_1^A。考虑到通常水锤压力不会或不允许超过静水头的50%，即 $\xi<0.5$，其高次项可忽略不计，因此可将根式 $\sqrt{1+\xi}$ 按级数展开并取前两项，可得

$$\sqrt{1+\xi}\approx 1+\frac{\xi}{2}$$

这样，方程(9-44)可简化为

$$\tau_1\left(1+\frac{\xi_1^A}{2}\right)=\tau_0-\frac{\xi_1^A}{2\rho}$$

整理得 $$(1+\rho\tau_1)\xi_1^A = 2\rho(\tau_0-\tau_1) = -2\rho\Delta\tau$$

式中，$\tau_1=\tau_0+\Delta\tau$，根据直线关闭规律，在一相内阀门开度的变化值为 $\Delta\tau=-\dfrac{2L}{aT_s}$，令 $\sigma=-\rho\Delta\tau=\dfrac{Lv_{\max}}{gH_0T_s}$，$\sigma$ 称为管道特性常数，代入上式可解得第一相末水锤压力为

$$\xi_1^A = \frac{2\sigma}{1+\rho\tau_0-\sigma} \tag{9-50}$$

同理可得阀门开启时第一相末负水锤压力为

$$y_1^A = \frac{2\sigma}{1+\rho\tau_0+\sigma} \tag{9-51}$$

（二）极限水锤

根据方程（9-44）~方程（9-46），可列出关于第 n 相和第 $n+1$ 相末的水锤压力方程

$$\tau_n\sqrt{1+\xi_n^A} = \tau_0 - \frac{\xi_n^A}{2\rho} - \frac{1}{\rho}\sum_{i=1}^{n-1}\xi_i^A$$

$$\tau_{n+1}\sqrt{1+\xi_{n+1}^A} = \tau_0 - \frac{\xi_{n+1}^A}{2\rho} - \frac{1}{\rho}\sum_{i=1}^{n}\xi_i^A$$

极限水锤的最大值发生在第一相以后的任一相，一般发生在相数足够多的末相，假定发生在相数足够多时，则有 $\lim\limits_{n\to\infty}\xi_n^A=\lim\limits_{n\to\infty}\xi_{n+1}^A=\xi_m^A$。

将上面第 n 相和第 $n+1$ 相末的水锤压力方程相减、取极限，得

$$(\tau_{n+1}-\tau_n)\sqrt{1+\xi_m^A} = \Delta\tau\sqrt{1+\xi_m^A} = -\xi_m^A/\rho$$

再引入 $\sigma=-\Delta\tau\rho$，可得极限水锤的方程

$$\sigma\sqrt{1+\xi_m^A} = \xi_m^A \tag{9-52}$$

解得

$$\xi_m^A = \frac{\sigma}{2}\left(\sigma+\sqrt{\sigma^2+4}\right) \tag{9-53}$$

当水锤压力 $\xi_m^A\leqslant 0.5$ 时，利用 $\sqrt{1+\xi_m^A}\approx 1+\xi_m^A/2$，可得到极限水锤的简化公式

$$\xi_m^A = \frac{2\sigma}{2-\sigma} \tag{9-54}$$

同理可得阀门开启时极限负水锤压力的方程、公式以及简化公式为

$$\sigma\sqrt{1-y_m^A} = y_m^A \tag{9-55}$$

$$y_m^A = \frac{\sigma}{2}\left(\sqrt{\sigma^2+4}-\sigma\right) \tag{9-56}$$

$$y_m^A = \frac{2\sigma}{2+\sigma} \tag{9-57}$$

四、水锤计算汇总及类型判别

（一）计算公式汇总

所有直接水锤、间接水锤压力方程或计算公式汇总见表 9-1。

表 9-1　管道末端断面水锤压力计算公式汇总表

阀门启闭	水锤类型	开度		计算公式	近似公式
		起始	终了		
关闭	直接水锤	τ_0	τ_k	$\tau_k\sqrt{1+\xi}=\tau_0-\frac{1}{2\rho}\xi$	$\xi=\frac{2\rho(\tau_0-\tau_k)}{1+\rho\tau_k}$
		τ_0	0	$\xi=2\rho\tau_0$	$\xi=2\rho\tau_0$
		1	0	$\xi=2\rho$	$\xi=2\rho$
	间接水锤	τ_0	0	$\xi_m=\frac{\sigma}{2}(\sigma+\sqrt{\sigma^2+4})$	$\xi_m=\frac{2\sigma}{2-\sigma}$
		τ_0		$\tau_1\sqrt{1+\xi_1}=\tau_0-\frac{1}{2\rho}\xi_1$	$\xi_1=\frac{2\sigma}{1+\rho\tau_0-\sigma}$
		1		$\tau_1\sqrt{1+\xi_1}=\tau_0-\frac{1}{2\rho}\xi_1$	$\xi_1=\frac{2\sigma}{1+\rho\tau_0-\sigma}$
		τ_0		$\tau_n\sqrt{1+\xi_n}=\tau_0-\frac{1}{\rho}\sum_{i=1}^{n-1}\xi_i-\frac{1}{2\rho}\xi_n$	$\xi_n=\frac{2(n\sigma-\sum_{i=1}^{n-1}\xi_i)}{1+\rho\tau_0-n\sigma}$
开启	直接水锤	τ_0	τ_k	$\tau_k\sqrt{1-y}=\tau_0+\frac{1}{2\rho}y$	$y=\frac{2\rho(\tau_k-\tau_0)}{1+\rho\tau_k}$
		τ_0	1	$\sqrt{1-y}=\tau_0+\frac{1}{2\rho}y$	$y=\frac{2\rho(1-\tau_0)}{1+\rho}$
		0	1	$\sqrt{1-y}=\frac{1}{2\rho}y$	$y=\frac{2\rho}{1+\rho}$
	间接水锤	τ_0	1	$y_m=\frac{\sigma}{2}(\sqrt{\sigma^2+4}-\sigma)$	$y_m=\frac{2\sigma}{2+\sigma}$
		τ_0	1	$\tau_1\sqrt{1-y_1}=\tau_0+\frac{1}{2\rho}y_1$	$y_1=\frac{2\sigma}{1+\rho\tau_0+\sigma}$
		0	1	$\tau_1\sqrt{1-y_1}=\frac{1}{2\rho}y_1$	$y_1=\frac{2\sigma}{1+\sigma}$
		τ_0	1	$\tau_n\sqrt{1-y_n}=\tau_0+\frac{1}{\rho}\sum_{i=1}^{n-1}y_i+\frac{1}{2\rho}y_n$	$y_n=\frac{2(n\sigma-\sum_{i=1}^{n-1}y_i)}{1+\rho\tau_0+n\sigma}$

(二)水锤类型判别

比较第一相水锤和极限水锤的两个近似公式式(9-50)和式(9-54)可以看出,当$\rho\tau_0<1$时,$\xi_1^A>\xi_m^A$;当$\rho\tau_0>1$,$\xi_1^A<\xi_m^A$,这与前述两种水锤产生原因的定性分析所得的判别条件相符。但是仅用$\rho\tau_0$大于还是小于1作为判别水锤类型的条件是近似的。水锤的类型不仅与$\rho\tau_0$有关,还与σ有关。两类水锤的较为准确的判别条件或分界线应在两者相等的情形。令$\xi_m^A=\xi_1^A$,联立未经简化的方程(9-44)和方程(9-52)求解,推导过程中消去ξ_1^A和ξ_m^A,可求得两类水锤较为准确的判别条件为

$$\sigma=\frac{4\rho\tau_0(1-\rho\tau_0)}{1-2\rho\tau_0} \tag{9-58}$$

同样，令 $\xi = \xi_1^A$，联立直接水锤和第一相水锤的方程(9-43)和方程(9-44)，消去 ξ 和 ξ_1^A，可推导直接水锤和第一相水锤的判别条件为

$$\sigma = \rho\tau_0 \tag{9-59}$$

显然，式(9-58)、式(9-59)均是关于 $\rho\tau_0$ 和 σ 的表达式，如果以 $\rho\tau_0$ 为横坐标、σ 为纵坐标建立坐标系，则式(9-58)在此坐标系中为一条曲线，表示了极限水锤和第一相水锤的分界线，式(9-59)在此坐标系中则为一条直线，表示第一相水锤和直接水锤的分界线，如图 9-10 所示。由此，可根据 $\rho\tau_0$ 和 σ 值，利用图 9-10 判别水锤类型，Ⅰ区为极限正水锤；Ⅱ区为第一相正水锤；Ⅲ区为直接水锤；Ⅳ区为极限负水锤；Ⅴ区为第一相负水锤。

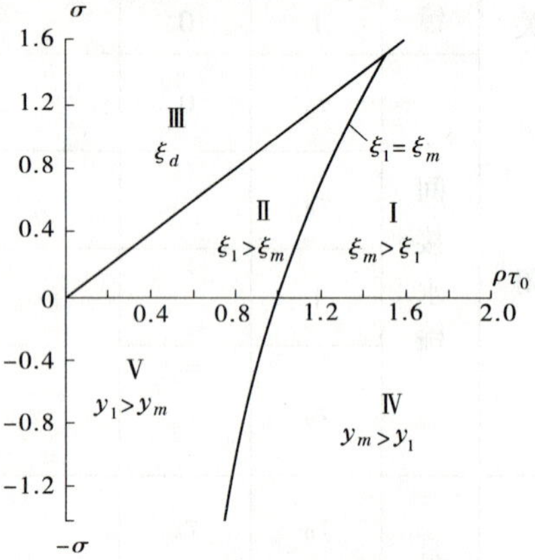

图 9-10 水锤类型

在实际中，往往采用较为简单的判别方法：水轮机导叶开度的调节时间 $T_s \leqslant 2L/a$ 时，发生直接水锤；水轮机导叶开度的调节时间 $T_s > 2L/a$ 时，发生间接水锤。

同时，由于水电站所发生的水锤一般满足 $\xi < 0.5$，则按前述定性分析和近似公式所得的判别条件已具有较高的精度，可以按此条件判别。即 $\rho\tau_0 < 1$ 时，常发生第一相水锤；当 $\rho\tau_0 > 1$ 时，常发生极限水锤。当 $\rho\tau_0$ 接近 1 时，可利用 σ 值复核水锤类型。

根据此简化判别条件，发生第一相水锤的条件是 $\rho\tau_0 < 1$，对于丢弃全部负荷阀门关闭的情况，如果发生第一相水锤，需满足 $\rho\tau_0 = \tau_0 a v_{max}/(2gH_0) < 1$，其中 $\tau_0 = 1$，若 $a = 1\ 000$ m/s，$v_{max} = 5$ m/s，则要求 $H_0 > 250$ m，故在丢弃全部负荷的情况下，只有高水头电站才有可能出现第一相水锤，因此第一相水锤是高水头电站的水锤特征。相对地，极限水锤是中低水头电站的水锤特征。

五、开度因素对水锤压力的影响

解析法求解水锤压力的过程告诉我们，水锤压力不仅与管道特性常数 ρ 和 σ（也就是参数：静水头 H_0、管道长度 L、管道流速 v_{max}、水锤波波速 a、调节时间 T_s 等）有关，与导叶或阀门的开度也有很大关系，导叶的起始开度、终了开度以及开度的变化规律等都对水锤压力有一定的影响。

（一）起始开度对水锤压力的影响

水电站可能在各种不同的负荷情况下运行，不一定满负荷运行，因此发生水锤的起始开度 τ_0 可能有各种数值。当机组满负荷运行时，起始开度 $\tau_0 = 1$；当机组只担任部分负荷运行时，$\tau_0 < 1$。

设阀门从全开到全关的有效关闭时间为 T_s，假定采用直线启闭规律，则阀门从任一起始开度 τ_0 至全关所用的时间为 $t = \tau_0 T_s$。起始开度越小，所用关闭时间越短，越容易发生直接水锤。当 $t = \tau_0 T_s \leqslant \dfrac{2L}{a}$，即 $\tau_0 \leqslant \dfrac{2L}{aT_s} = \dfrac{\sigma}{\rho}$ 时，发生直接水锤，$\xi = 2\rho\tau_0$。

假定,将直接水锤、第一相水锤和极限水锤的计算公式(9-43)、式(9-50)和式(9-54)绘制在 $\xi \sim \tau_0$ 坐标系中(见图9-11),图中的曲线和分界点说明了起始开度对水锤压力的影响。

极限水锤 $\xi_m^A = \dfrac{2\sigma}{2-\sigma}$ 只与 σ 有关,而与 τ_0 无关,图中 ξ_m^A 是一根平行于 τ_0 轴的水平线;

第一相水锤 $\xi_1^A = \dfrac{2\sigma}{1+\rho\tau_0-\sigma}$ 随着 τ_0 的减小而增大,在图中表示为一条递减曲线;

直接水锤 $\xi_d^A = 2\rho\tau_0$,为一通过坐标轴原点、斜率为 2ρ 的直线。

第一相水锤和极限水锤相交于:$\left(\dfrac{1}{\rho},\dfrac{2\sigma}{2-\sigma}\right)$;直接水锤和第一相水锤相交于:$\left(\dfrac{\sigma}{\rho},2\sigma\right)$。

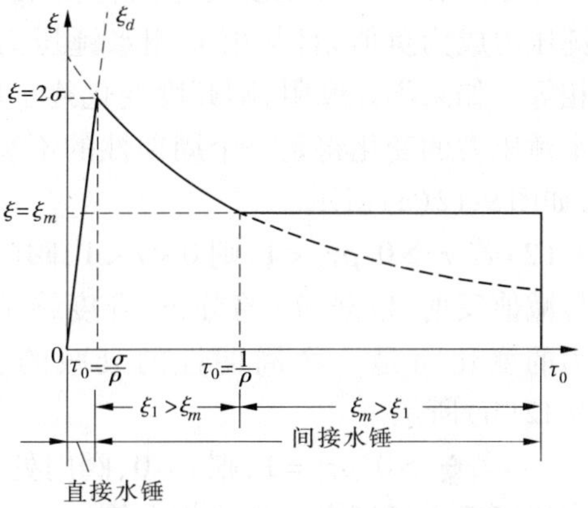

图9-11　起始开度对水锤压力的影响

因此,可得出以下结论:

(1)当起始开度较大,$\tau_0>1/\rho$,即 $\rho\tau_0>1$ 时,$\xi_m>\xi_1$,最大水锤压力发生在阀门关闭的终了,即极限水锤。

(2)当起始开度 $\sigma/\rho<\tau_0<1/\rho$ 时,$\xi_1>\xi_m$,最大水锤压力发生在第一相末。

(3)当起始开度较小,$\tau_0<\sigma/\rho$ 时,发生直接水锤。

(4)令 $\tau_k=\sigma/\rho$ 为临界开度,则当阀门起始开度为临界开度时,将发生电站可能发生的最大直接水锤,最大值为 2σ。但是,一般水轮机存在一个空转开度 τ_x,在空转开度下水轮机不带负荷,也不存在事故关机问题。因此,如水轮机空转开度大于临界开度,则在任何起始开度情况下甩负荷,阀门开度关至零所用的时间均大于一个相长,不可能发生直接水锤,只有当空转开度 τ_x 小于临界开度时,才可能发生直接水锤和最大直接水锤。空转开度与水轮机的型式有关,混流式水轮机 $\tau_x=0.08\sim0.12$,转桨式水轮机 $\tau_x=0.07\sim0.10$,定桨式水轮机 $\tau_x=0.20\sim0.25$。

(二)终了开度对水锤压力的影响

在水轮机导叶或阀门开度变化终了后,水锤不会立即消失,可能需要一个过程。例如,关闭终了后的正水锤可能经阀门反射为负水锤,该负水锤是否超过阀门开启时的压力降低?如果是,就可能会对压力管道的设计产生影响。因此,有必要关注阀门开度关闭终了后的水锤变化。

很明显,阀门开度终了后的水锤变化与阀门处的反射特性有关。若终了开度为 τ_c,则此时阀门反射特性可按式(9-31)写为

$$r=\frac{1-\rho\tau_c}{1+\rho\tau_c}\tag{9-60}$$

以阀门关闭为例,根据此式分析开度变化终了后的水锤变化如下:

(1)若 $\tau_c=0$,即终了时阀门在第 n 相全部关闭,此时,反射系数 $r=1$,即阀门处为同

号等值反射。那么,第 n 相阀门关闭终了的升压波即经水库反射为等值降压波返回阀门后,将再经阀门反射为等值的降压波折向水库,阀门处的两个降压波和一个升压波的作用将使第 $n+1$ 相水锤压力成为负值,且与第 n 相水锤压力的绝对值相等。如果不计摩阻,则开度变化终了后,阀门处水锤压力的变化将是一个周期性的不衰减的振荡,如图 9-12(a)所示。

(2)若 $\tau_c>0,\rho\tau_c<1$,则 $0<r<1$,阀门处发生同号减值反射,根据(1)的分析,开度终了后水锤压力的变化将是一个周期性的衰减的振荡,如图 9-12(b)所示 。

(3)若 $\tau_c>0,\rho\tau_c=1$,则 $r=0$,阀门处不反射,开度终了后水锤压力的变化将在第 $n+1$ 相消失,如图 9-12(c)所示。

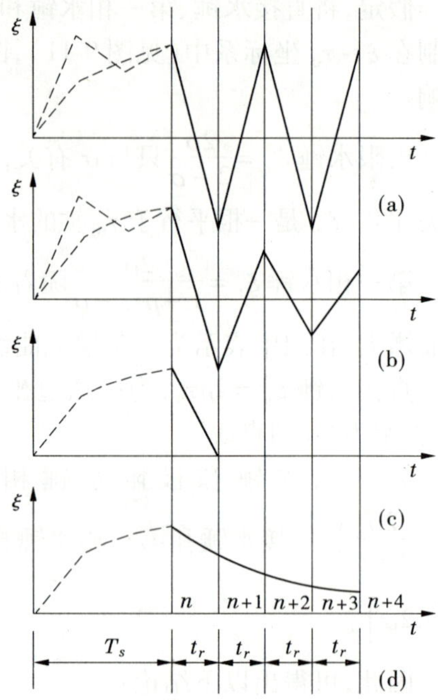

图 9-12　开度变化终了后的水锤变化

(4)若 $\tau_c>0,\rho\tau>1$,则 $-1<r<0$,阀门处发生异号减值反射,那么,第 n 相阀门关闭终了的升压波即经水库反射为等值降压波返回阀门后,将再经阀门反射为较小的升压波折向水库,因此阀门处第 $n+1$ 相水锤压力与第 n 相水锤压力同号,为正压,但比第 n 相水锤压力值小。以后各相水锤压力均遵循此规律,逐渐减小,如图 9-12(d)所示。

需要说明的是,终了开度对开度变化过程中的水锤没有影响,仅对开度变化终了后的水锤产生影响。

(三)开度变化规律对水锤压力的影响

解析法已经告诉我们,开度变化规律将对水锤压力产生影响。直线启闭规律下可以将水锤分为第一相水锤和极限水锤,利用不同的公式计算,而对于非直线启闭规律,发生间接水锤时则根据方程(9-44)~方程(9-46)或方程(9-47)~方程(9-49)逐相求解。开度的变化规律不同,水锤压力及其变化过程可能不同。为了指导水电站运行实践,需要研究阀门的启闭规律对水锤压力的影响。

图 9-13(a)绘出了三种不同的关闭规律,三种规律都具有相同的关闭时间,图 9-13(b)同时绘出了与之相应的三种水锤压力变化过程线。

由图 9-13 可以看出,曲线Ⅰ为直线关闭规律,对应的水锤压力最小;曲线Ⅱ表示开始阶段关闭速度较快,则此时水锤压力迅速上升到最大值,而后关闭速度减慢,水锤压力逐渐减小;曲线Ⅲ的规律与曲线Ⅱ相反,关闭速度是先慢后快,而水锤压力是先小后大,其最大水锤压力在三种关闭规律中最大。

因此,可以得知:

(1)一般来讲,关闭规律Ⅰ较为合理,最不利的是规律Ⅲ。

(2)水锤压力的上升速度随阀门关闭速度的加快而加快,最大压力出现在关闭速度较快的那一时段末尾。由此,可以利用这一特点,通过调速器或针阀等设备,对不同的电站采用不同的启闭规律。如在高水头电站中常发生第一相水锤,最大水锤出现较早,可以采取先慢后快的非直线关闭规律,以降低第一相水锤值;在中低水头电站中常发生极限水锤,可采取先快后慢的非直线关闭规律,以降低极限水锤值。

因此,采取比较合理的启闭规律,可以作为减小水锤压力和解决调节保证问题的措施之一。

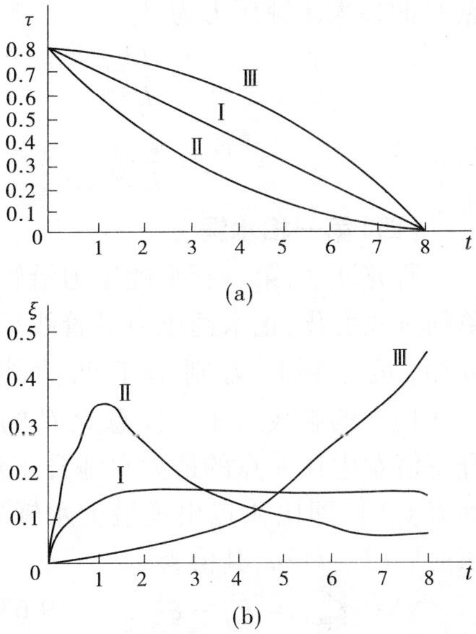

图 9-13　关闭规律对水锤压力的影响

六、沿管线的水锤压力

以上讨论了管道末端 A 点(阀门或导叶处)的水锤压力。在进行压力管道强度设计时,不仅需要管道末端的水锤压力,而且需要管道沿线各点的最大正水锤压力和最大负水锤压力,一方面进行管道的强度设计,另一方面检验管道内部是否有发生真空的可能,作为布置管线或进行管道稳定校核的依据。

水锤类型不同,沿管线各点的最大(或最小)水锤的分布也是不同的。分类讨论如下。

(一)T_{s0}的直接水锤

阀门动作时间 $T_s=0$,阀门在瞬间突然启闭,此时,阀门动作产生的水锤波从阀门末端开始向上游传播,所到之处即产生与阀门处相同的水锤压力。因此,这种情况沿管线各点的最大(或最小)水锤压力是相同的,如关闭时均为 $\xi_d^A=2\rho\tau_0$。

(二)$0<T_s\leqslant\frac{2L}{a}$的直接水锤

以阀门关闭为例讨论,阀门开启情况类似。当发生阀门有一定的调节时间的直接水锤时,阀门动作产生的水锤波从阀门末端开始向上游传播,阀门不断动作使得阀门处水锤压力不断增大,直到 $t=T_s\leqslant\frac{2L}{a}$阀门动作结束,阀门处水锤压力达到最大。最末时刻阀门动作产生的水锤波在向上游传播的过程中,所到之处即产生与阀门处相同的最大水锤压力,直到该水锤波与经水库反射回来的最初时刻阀门动作产生的水锤波在断面 D 相遇,断面 D 之前的管道受到水库反射波的影响,其最大水锤压力小于 $\xi_d^A=2\rho\tau_0$,越靠近水库的断面,受反射波的影响越大,其最大水锤压力越小,水库进口处水锤压力为 0,水库进口处与断面 D 之间为直线变化,如图 9-14 所示。可以求得断面 D 与水库之间的距离为$\frac{aT_s}{2}$。

(三)极限水锤

研究证明,当发生极限水锤时,管道沿线各点的最大水锤压力呈直线规律,如图 9-15 中实线所示。当根据解析法求得管道末端阀门 A 处的最大水锤压力 ξ_m^A 和 y_m^A 后,则任意

点 C 的最大水锤压力为

$$\xi_{\max}^{C} = \frac{l}{L}\xi_{m}^{A} \tag{9-61}$$

和

$$y_{\max}^{C} = \frac{l}{L}y_{m}^{A} \tag{9-62}$$

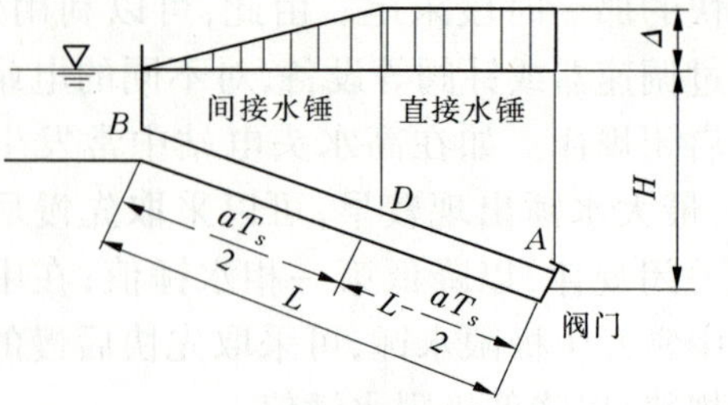

图 9-14 $0<T_s\leqslant\frac{2L}{a}$ 时沿管线最大水锤压力

(四)第一相水锤

研究证明,第一相水锤压力沿管线不是简单的直线变化,正水锤压力沿管线呈上凸曲线分布,负水锤压力则呈下凹曲线分布,如图 9-15中的虚线所示。任意点 C 的最大水锤升压值发生在 A 点的最大水锤升压传到 C 点时,即比 A 点出现最大水锤升压滞后 $(L-l)/a$,其值为

$$\xi_{\max}^{C} = \xi_{\frac{2L}{a}}^{A} - \xi_{\frac{2L}{a}-\frac{2l}{a}}^{A} \tag{9-63}$$

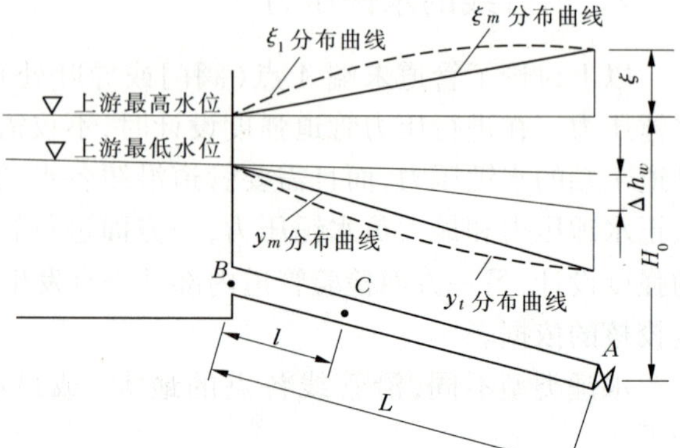

图 9-15 沿管线最大水锤压力分布图

式中 $\xi_{\frac{2L}{a}}^{A}$ 为第一相末 A 点的水锤压力,即 ξ_1^A,可利用式(9-44)或直接用简化公式(9-50)求得;$\xi_{\frac{2L}{a}-\frac{2l}{a}}^{A}$ 为第一相终了前 $2l/a$ 秒时 A 点的水锤压力,可用第一相水锤公式(9-44)求得,只需用 $\tau_{t_r-\frac{2l}{a}}$ 代替式中的 τ_1 即可。

式(9-63)可近似表达为

$$\xi_{\max}^{C} = \frac{2\sigma}{1+\rho\tau_0-\sigma} - \frac{2\sigma_{AC}}{1+\rho\tau_0-\sigma_{AC}} \tag{9-64}$$

式中:$\sigma=\frac{Lv_{\max}}{gH_0T_s}$;$\sigma_{AC}=\frac{(L-l)v_{\max}}{gH_0T_s}=\frac{l_{AC}v_{\max}}{gH_0T_s}$。

式(9-64)第二项相当于管长为 $L-l$ 时第一相末 A 点的水锤压力,或者说,相当于水库移至 C 点第一相末 A 点的水锤压力,则 C 点最大水锤压力为原管道第一相末 A 点的水锤压力与水库移至 C 点第一相末 A 点的水锤压力之差。

对于第一相负水锤,任意点 C 的最大水锤降压为

$$y_{\max}^{C} = y_{\frac{2l}{a}}^{A} \tag{9-65}$$

式中 $y_{\frac{2l}{a}}^{A}$ 为阀门开启 $2l/a$ 时 A 点的负水锤压力,可用第一相负水锤方程式(9-47)求解,用 $\tau_{\frac{2l}{a}}$ 代替式中的 τ_1 即可。$y_{\frac{2l}{a}}^{A}$ 相当于管长为 l,阀门移至 C 点时第一相负水锤压力。式(9-65)可近似表示为

$$y_{\max}^{C} = \frac{2\sigma_{BC}}{1+\rho\tau_0-\sigma_{BC}} \tag{9-66}$$

式中，$\sigma_{BC}=\dfrac{l_{BC}v_{\max}}{gH_0T_s}$。

绘制沿管线水锤压力分布图时，应根据管线的布置情况，选择几个代表性的断面，求出各断面上的最大正、负水锤压力。当丢弃负荷时可不计管路的水头损失，在上游最高静水位上绘制水锤压力分布图；当增加负荷时，必须计算开启终了时管路的水头损失与流速水头，在上游最低水位线以下，考虑水头损失、流速水头与负水锤压力，绘制水锤压力分布图。

七、复杂管道的水锤

前面已经讨论了较多的简单管道的水锤问题。简单管道要求管道直径、管壁厚度和管壁材料均不随管长而变化，即保持管道的特性不变。但在实际工程中，更多的是较为复杂的管道，复杂管道主要有以下三种情况：

(1)管道不分岔，但管道直径、管壁厚度和管壁材料至少有一项沿管道变化，一般是随水头增加自上而下逐段改变，这种复杂管道称为串联管。

(2)在分组供水和联合供水中经常遇到的管道后段有分岔，这种复杂管道称为并联管。

(3)末端装有反击式水轮机的管道，后段接有蜗壳和尾水管，此时，应考虑蜗壳和尾水管的影响，而且其过流特性与孔口出流不一样，流量不仅与作用水头有关，而且与水轮机的机型和转速有关。

复杂管道中水锤波的传播更为复杂，水锤压力也更难计算，下面分别讨论三种复杂管道利用简单管道水锤理论近似求解的方法。

(一)串联管水锤的简化计算

如图9-16所示的串联管，由 L_1、L_2、…、L_n 段组成，由于各管段管道直径、管壁厚度和材料不同，其内水流的流速和水锤波的波速不同，分别为：v_1,a_1；v_2,a_2；…；v_n,a_n，因此管道特性的常数 ρ 和 σ 逐段变化，不能利用简单管的方法直接求解。在实用中常把串联管转化为等价的简单管来求解，称为等价水管法。等价水管法将串联管转化为简单管的原则为：管长不变、相长不变和管中水体动能不变，即等价后的管道应满足管长、相长和管中水体动能等与原管相同。

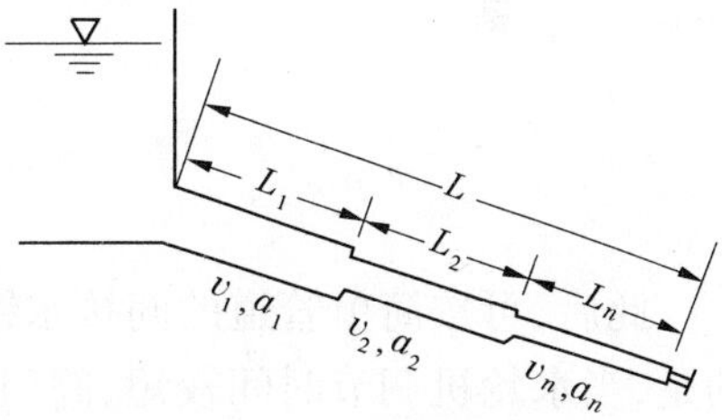

图9-16　串联管示意图

下面我们根据以上三原则对图9-16所示的管道进行简化计算。

(1)管长不变。等价管的总长应为

$$L=\sum_{i=1}^{n}L_i \tag{9-67}$$

(2)相长不变。因为相长涉及到水锤波在管道中传播一个来回所需要的时间，应保持不变。根据相长不变的要求，水锤波按平均波速由末端断面传到水库进口断面 B 所需的时间等于水锤波在各段传播时间的总和，即

$$\frac{L}{a_m} = \frac{L_1}{a_1} + \frac{L_2}{a_2} + \cdots + \frac{L_n}{a_n} = \sum_{i=1}^{n} \frac{L_i}{a_i}$$

由此可得等价管的加权平均波速为

$$a_m = \frac{L}{\sum_{i=1}^{n} \frac{L_i}{a_i}} \tag{9-68}$$

(3)管中水体动能不变。根据此要求有

$$\frac{1}{2}mv_m^2 = \frac{1}{2}m_1v_1^2 + \frac{1}{2}m_2v_2^2 + \cdots + \frac{1}{2}m_nv_n^2 = \sum_{i=1}^{n} \frac{1}{2}m_iv_i^2$$

由于 $mv_m^2 = \gamma ALv_m \dfrac{Q}{A} = \gamma Lv_m Q$,类似地 $m_iv_i^2 = \gamma L_iv_iQ$,因此有

$$Lv_m = L_1v_1 + L_2v_2 + \cdots + L_nv_n = \sum_{i=1}^{n} L_iv_i$$

式中:m、A 分别为等价管中水体质量和等价管过流断面面积;m_i 为串联管各管段中水体质量;Q 为管道中的流量。

由此可得等价管的加权平均流速为

$$v_m = \frac{\sum_{i=1}^{n} L_iv_i}{L} \tag{9-69}$$

利用等价管的三个参数,可得等价管的管道特性常数为

$$\rho_m = \frac{a_mv_m}{2gH_0} \tag{9-70}$$

$$\sigma_m = \frac{Lv_m}{gH_0T_s} \tag{9-71}$$

$$t_r = \frac{2L}{a_m} \tag{9-72}$$

此后,可按简单管道的间接水锤计算公式求出复杂管道的间接水锤压力。需要注意的是,当水轮机调节时间较短,阀门处产生直接水锤时,串联管的不同特性将来不及影响阀门,此时可采用靠近阀门处的管段的特性常数和水力参数进行计算。

(二)分岔管的水锤压力计算

如图 9-17 所示的分岔管,管道除管径和管壁厚度沿管轴线变化外,主管道 1 分成 2、3、4 三个岔管段,此时水锤压力计算比串联管更复杂。分岔管的水锤计算方法之一是截肢法。即选取总长为最长的一根支管,如图 9-17(a)中的支管 4,将其余的支管截掉,变成图 9-17 (b)所示的串联管。选取最长支管进行计算,是由于管道越长,水锤压力越大。对于所得的串联管,用各管段中实际流量求出各管段的流速,再用加权平均的方法求出等价管中的平均流速、水锤波平均波速以及管道特性常数,最后采用简单管的公式相应地求出水锤压力。

截肢法适用于压力管道的主管较长、支管较短(例如支管长度为主管的 10% 以内)的情况,此时计算结果误差不大,否则误差就大。

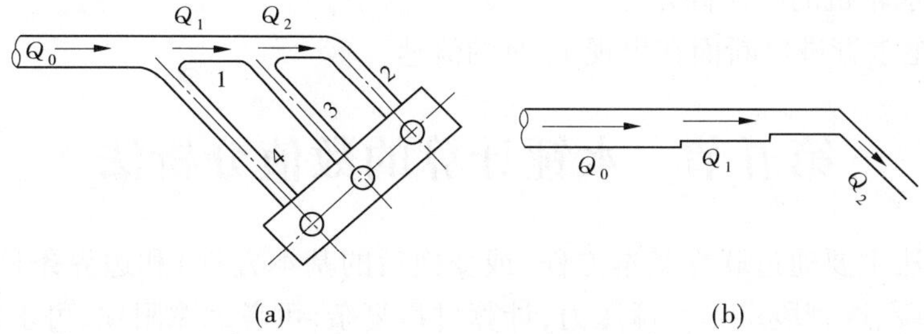

图 9-17　分岔管的截肢法

工程上也有采用合肢法的,即将并列的管道合在一起,形成一个串联管道,然后按串联管的简化方法简化为简单管。

(三)蜗壳、尾水管水锤压力计算

反击式水轮机的过流部件蜗壳和尾水管是压力管道的延续部分,其中的水流现象十分复杂。而水锤基本方程主要假定之一是水流为一元流,显然这一假定对蜗壳和尾水管是不合适的,因此蜗壳和尾水管中的水锤计算一般只能用近似方法。

首先将蜗壳、尾水管视做压力管道的延续部分,并假想把导叶移至尾水管的末端(较为准确的应移至蜗壳的末端)。这样把压力管道、蜗壳和尾水管组合为一串联管,再将该串联管简化为等价简单管进行计算。

设压力管道、蜗壳及尾水管的长度、平均流速和水锤波速分别为 L_T、v_T、a_T;L_c、v_c、a_c;L_b、v_b、a_b,则等价管的长度、平均流速和水锤波速分别为

$$L = L_T + L_c + L_b$$

$$a_m = L/\left(\frac{L_T}{a_T} + \frac{L_c}{a_c} + \frac{L_b}{a_b}\right)$$

$$v_m = (L_T v_T + L_c v_c + L_b v_b)/L$$

于是可求出等价管的特性系数 ρ_m、σ_m,从而求出管道末端最大水锤压力 ξ 值。然后以管道、蜗壳、尾水管三部分水体动能为权,将水锤压力值 ξ 进行分配,求出压力管道、蜗壳末端和尾水管进口的水锤压力。

压力水管末端最大水锤压力上升相对值为

$$\xi_T = \frac{L_T v_T}{(L_T + L_c + L_b) v_m}\xi \tag{9-73}$$

蜗壳末端最大水锤压力上升相对值为

$$\xi_c = \frac{L_T v_T + L_c v_c}{(L_T + L_c + L_b) v_m}\xi \tag{9-74}$$

尾水管在导叶或阀门之后,水锤现象与压力管道相反,其进口处压力下降相对值为

$$y_b = \frac{L_b v_b}{(L_T + L_c + L_b) v_m}\xi \tag{9-75}$$

求出尾水管的负水锤压力后,应校核尾水管进口处的真空度 H_r,以防水流中断。

$$H_r = H_s + y_b H_0 + \frac{v_b^2}{2g} < 8 \sim 9\ \text{m} \tag{9-76}$$

式中　H_s——水轮机的吸出高；

v_b——尾水管进口断面在出现 y_b 时的流速。

第五节　水锤计算的数值分析法

数值分析法主要通过联立基本方程(或变换后的基本方程)和边界条件,利用数值分析的方法逐时段、逐管段求解水锤压力,计算过程复杂,可考虑摩阻项,可求解复杂边界条件、任意启闭规律下管道上各点的水锤压力及变化过程,精度较高。由于计算机的普及应用,目前该方法已经成为一种普遍使用的方法。

水锤计算的数值分析法的思路或步骤如下:

(1)将两个基本方程的偏微分形式转变为全微分形式,实际上是两个全微分形式的特征线方程,将此特征线方程写成有限差分形式。

(2)把压力管道和时间分段形成 $x \sim t$ 坐标系下的网格,在网格内沿两个特征线进行积分,可以得到管道上某断面在时刻 t 的两个水头和流量的表达式, 在已知前一时段管道上各断面的水头和流量时,可求解后一时段管道上网格内部断面的水头和流量。

(3)引入边界条件,可以求解管道上边界断面的水头和流量。

(4)编写程序,利用计算机计算。

由于该法利用特征线方程来求解,最后编程利用计算机计算,因此也称为特征线法,也有文献直接称为计算机法或电算法。

一、特征线方程

对于基本方程(9-9)和基本方程(9-10),改 x 坐标轴以向下游为正,并令:运动方程

$$L_1 = \frac{\partial v}{\partial t} + g\frac{\partial H}{\partial x} + v\frac{\partial v}{\partial x} + \frac{f}{2d}v|v| = 0$$

连续方程

$$L_2 = \frac{\partial H}{\partial t} + \frac{a^2}{g}\frac{\partial v}{\partial x} + v\frac{\partial H}{\partial x} = 0$$

以上两式有两个自变量 x、t,两个因变量 H、v,是一组拟线性双曲型偏微分方程组,不能直接积分求解。根据偏微分方程理论,双曲型偏微分方程有两簇特征线,沿特征线,偏微分方程可转化为全微分方程,特征线法即根据此特点来求解。

因 $L_1 = 0$、$L_2 = 0$,对于任何实数 λ,可作如下线性组合

$$L_1 + \lambda L_2 = 0$$

为了将上式转化为全微分形式,并求得相应的 λ 值,将 L_1、L_2 代入上式,并将有关 H、v 的项分别组合在一起得

$$\lambda\left[\left(v + \frac{g}{\lambda}\right)\frac{\partial H}{\partial x} + \frac{\partial H}{\partial t}\right] + \left[\left(v + \frac{a^2\lambda}{g}\right)\frac{\partial v}{\partial x} + \frac{\partial v}{\partial t}\right] + \frac{f}{2d}|v|v = 0 \tag{9-77}$$

由于水头 H 和流速 v 随管道断面的不同、时间的不同而改变,可以表达为位置坐标 x 和时间坐标 t 的函数,即有

$$H = H(x,t) \quad 和 \quad v = v(x,t)$$

根据全导数的概念，将 H、v 分别求全导数可得

$$\frac{\mathrm{d}H}{\mathrm{d}t} = \frac{\partial H}{\partial x}\frac{\mathrm{d}x}{\mathrm{d}t} + \frac{\partial H}{\partial t} \tag{9-78}$$

$$\frac{\mathrm{d}v}{\mathrm{d}t} = \frac{\partial v}{\partial x}\frac{\mathrm{d}v}{\mathrm{d}t} + \frac{\partial v}{\partial t} \tag{9-79}$$

分别将式(9-78)、式(9-79)与式(9-77)两个中括号项比较发现，如果满足

$$v + \frac{g}{\lambda} = v + \frac{a^2}{g}\lambda = \frac{\mathrm{d}x}{\mathrm{d}t} \tag{9-80}$$

式(9-77)即可转化为全微分方程

$$\lambda\left(\frac{\partial H}{\partial x}\frac{\mathrm{d}x}{\mathrm{d}t} + \frac{\partial H}{\partial t}\right) + \left(\frac{\partial v}{\partial x}\frac{\mathrm{d}x}{\mathrm{d}t} + \frac{\partial v}{\partial t}\right) + \frac{f}{2d}|v|v = 0$$

$$\lambda\frac{\mathrm{d}H}{\mathrm{d}t} + \frac{\mathrm{d}v}{\mathrm{d}t} + \frac{f}{2d}|v|v = 0 \tag{9-81}$$

根据式(9-80)，可得

$$\lambda = \pm\frac{g}{a}, \quad \frac{\mathrm{d}x}{\mathrm{d}t} = v \pm a$$

由于流速 v 与波速 a 比较相对很小，可将上式中的流速 v 忽略，并将两个特征值 λ 分别代入全微分方程(9-81)，可得两组方程：

$\lambda = +\dfrac{g}{a}$时

$$\frac{\mathrm{d}x}{\mathrm{d}t} = +a \tag{9-82}$$

$$\frac{g}{a}\frac{\mathrm{d}H}{\mathrm{d}t} + \frac{\mathrm{d}v}{\mathrm{d}t} + \frac{f}{2d}|v|v = 0 \tag{9-83}$$

$\lambda = -\dfrac{g}{a}$时

$$\frac{\mathrm{d}x}{\mathrm{d}t} = -a \tag{9-84}$$

$$-\frac{g}{a}\frac{\mathrm{d}H}{\mathrm{d}t} + \frac{\mathrm{d}v}{\mathrm{d}t} + \frac{f}{2d}|v|v = 0 \tag{9-85}$$

式(9-82)和式(9-84)在 $x \sim t$ 坐标系中表示斜率为 $\pm a$ 的两簇直线，分别成为正向特征线 C^+ 和反向特征线 C^-，如图9-18中的直线 PA 和 PB。式(9-83)和式(9-85)称为特征方程。以上两组方程说明：在正向特征线 C^+ 上，特征方程(9-83)成立，可将方程(9-83)沿 C^+ 特征线积分；在反向特征线 C^- 上，特征方程(9-85)成立，可将方程(9-85)沿 C^- 特征线积分。

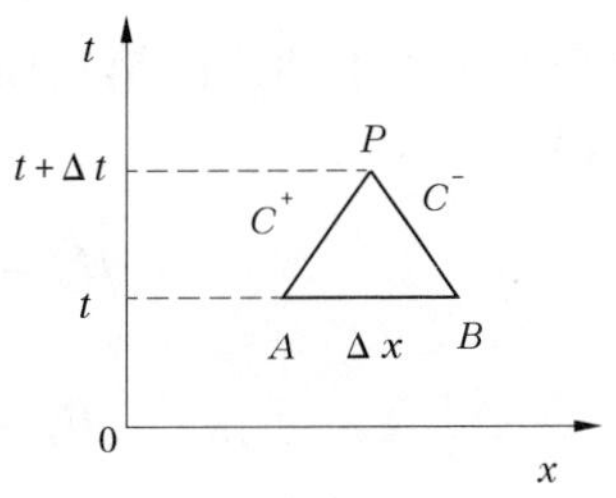

图 9-18　$x \sim t$ 坐标系的特征线

由此可分析特征线法的求解过程。在图9-18所示的 $x \sim t$ 坐标系中，任何一点都对应于一个位置坐标和一个时间坐标。如果已知 A、B 两点坐标 x、t 以及其在时刻 t 的水头 H_A、H_B 和流速 v_A、v_B，过 A 点作出 C^+ 特征线，过 B 点作出 C^- 特征线，两特征线相交于 P 点，P 点在管道上的位置坐标介于 A、B 两点之间，时间坐标在 A、B 两点之后，如 $t+\Delta t$。P 点在时刻 $t+\Delta t$ 的水头 H_P 和流速 v_P 未知。为了求得 P 点在时刻 $t+\Delta t$ 的 H_P、v_P，将特征方程(9-83)沿正向特征线从 A 到 P 积分可得一个关于 H_P、v_P 的方程，将特征方程(9-85)沿反向特征线从 B 到 P 积分可得又一个关于 H_P、v_P 的方

程，由两个方程即可求得 P 点在时刻 $t+\Delta t$ 的 H_P、v_P。为了求解坐标系中各点的 H_P、v_P，还需要将以上两组方程写成差分形式，划分网格，然后逐点逐时段求解。

二、差分方程

（一）网格划分

建立 $x\sim t$ 坐标系，原点为水库管道进口处，x 轴以向下游为正。将管道分为 N 等份，每等份长度为 $\Delta x=\dfrac{L}{N}$，为了使得划分的网格便于画出特征线，取时间步长为 $\Delta t=\dfrac{\Delta x}{a}=\dfrac{L}{Na}$，此时，每一网格的两条对角线即为两个特征线。如图 9-19 中的 C^+ 和 C^-。

（二）差分方程

对于如图 9-19 所示的网格，由于在正向特征线 C^+ 上积分 $\mathrm{d}t=\dfrac{\mathrm{d}x}{a}$，将方程(9-83)的前两项乘以 $\dfrac{a\mathrm{d}t}{g}$，后一项乘以 $\dfrac{\mathrm{d}x}{g}$，然后沿正向特征线 C^+（即网格对角线 AP）积分，积分中将流速 v 以流量 Q 代替（$v=Q/A$，A 为管道的断面面积），可得

$$\int_{H_A}^{H_P}\mathrm{d}H+\frac{a}{gA}\int_{Q_A}^{Q_P}\mathrm{d}Q+\frac{f}{2gdA^2}\int_{x_A}^{x_P}|Q|Q\mathrm{d}x=0 \tag{9-86}$$

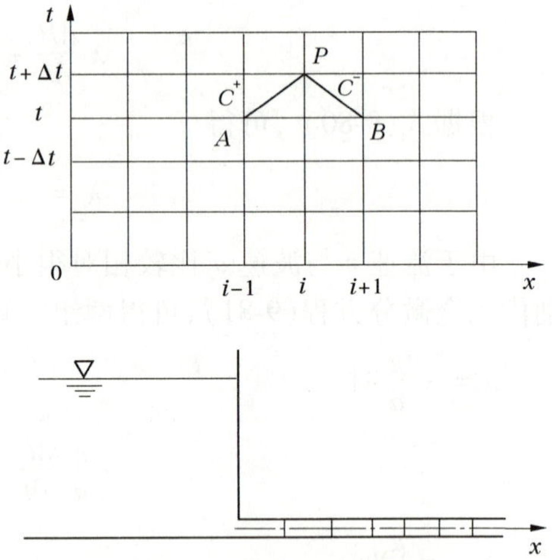

图 9-19　特征线法网格图

同理，将方程(9-85)沿反向特征线 C^-（即网格对角线 BP）积分，注意此时 $\mathrm{d}t=-\dfrac{\mathrm{d}x}{a}$，可得

$$\int_{H_B}^{H_P}\mathrm{d}H-\frac{a}{gA}\int_{Q_B}^{Q_P}\mathrm{d}Q+\frac{f}{2gdA^2}\int_{x_B}^{x_P}|Q|Q\mathrm{d}x=0 \tag{9-87}$$

对于以上两式的第三项，近似取流量 Q 为前一时段已知 A 点或 B 点的流量，则积分可得

$$H_P-H_A=-\frac{a}{gA}(Q_P-Q_A)-\frac{f\Delta x}{2gdA^2}|Q_A|Q_A \tag{9-88}$$

$$H_P-H_B=\frac{a}{gA}(Q_P-Q_B)+\frac{f\Delta x}{2gdA^2}|Q_B|Q_B \tag{9-89}$$

由以上两式求出 H_P 并整理可得

C^+：
$$H_P=H_A+\frac{a}{gA}Q_A-\frac{f\Delta x}{2gdA^2}|Q_A|Q_A-\frac{a}{gA}Q_P=C_A-BQ_P \tag{9-90}$$

C^-：
$$H_P=H_B-\frac{a}{gA}Q_B+\frac{f\Delta x}{2gdA^2}|Q_B|Q_B+\frac{a}{gA}Q_P=C_B+BQ_P \tag{9-91}$$

式中

$$B=\frac{a}{gA} \tag{9-92}$$

$$C_A = H_A + \frac{a}{gA}Q_A - \frac{f\Delta x}{2gdA^2}|Q_A|Q_A \tag{9-93}$$

$$C_B = H_B - \frac{a}{gA}Q_B + \frac{f\Delta x}{2gdA^2}|Q_B|Q_B \tag{9-94}$$

B、C_A、C_B 通常为可以求得的已知数，有下标 A 或 B 的是与前一时段的有关的数值，如果已知的话，利用式(9-90)和式(9-91)可以求解出网格上未知点 P 的水头 H_P 和流量 Q_P。

从图 9-19 的网格上可以看出，如果起始时刻 $t=0$ 时管道各断面的水头 H 和流量 Q 已知，即可利用式(9-90)和式(9-91)求出 $t=\Delta t$ 时段网格内部各结点的水头 H 和流量 Q。但对于边界网格由于只有一个特征线 C^+ 或 C^-，只有一个特征线方程可以利用，无法求解两个未知数，此时，就需要另一个关于边界点水头 H 和流量 Q 的关系式，一般是边界条件，才能与特征线方程联立来求解网格边界点（如管道进口和管道末端断面）的水头 H 和流量 Q。

三、边界条件

第二节已经介绍了几种常用的边界条件，利用特征线法时可将边界条件与边界网格对应的特征线方程联立，即可求得边界点水头 H 和流量 Q。当边界为水库时，可将水库边界条件式(9-22)与 C^- 特征线方程联立；当边界为封闭端、阀门时，可将其相应的边界条件式(9-23)、式(9-28)与 C^+ 特征线方程联立。这里主要介绍电站有调压室和反击式水轮机时，边界条件的建立。

(一)调压室

对于如图 9-20 所示具有调压室的引水系统，引水道Ⅰ的末端断面可以建立一个 C^+ 特征线方程，压力管道Ⅱ可以建立一个 C^- 特征线方程，共有 5 个未知数，包括调压室底部的 P 点的压力 H_P，调压室计算时段的水位 z_p 以及Ⅰ、Ⅱ管和进出调压室的流量 Q_{sp}、Q_{yp}、Q_{tp}，还需建立三个方程。

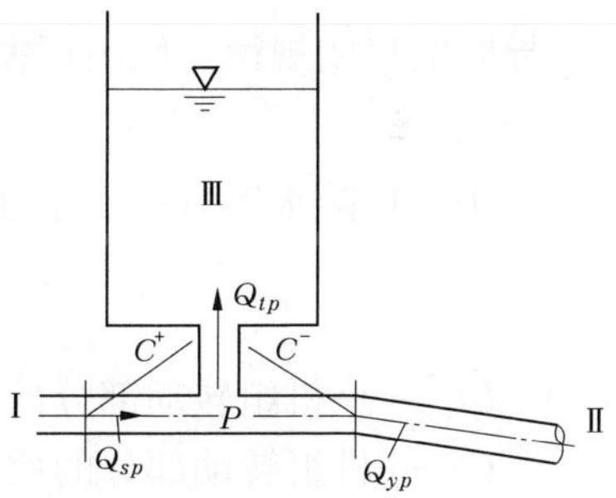

图 9-20　调压室边界条件

第一个应为调压室的水流连续边界条件式(9-27)；

第二个为压力相等条件式(9-26)，若忽略水体的惯性水头，认为调压室的底部压力由静压水头和损失两部分组成，式(9-26)中 H_{pt} 为

$$H_{pt} = z_p + \alpha Q_{tp}|Q_{tp}| \tag{9-95}$$

第三个为水面速度条件，认为调压室中水体为刚性，则有

$$\frac{\mathrm{d}z_p}{\mathrm{d}t} = \frac{Q_{tp}}{F} \tag{9-96}$$

式中　F——调压室的断面面积。

利用上面三个边界条件和两个特征线方程联合可求得 5 个未知量。因此，特征线法不但可以更为精确地求解压力管道中的水锤，同时还可获得调压室的水位波动值。

(二)水轮机

冲击式水轮机边界条件简单，利用其边界条件（孔口出流条件）与末端的 C^+ 特征线

方程联立即可求解,不再赘述。这里主要介绍反击式水轮机的边界条件。

反击式水轮机具有蜗壳和尾水管,并以导水叶调节流量。其过流能力不仅与水头 H、导叶开度 a 有关,还与转速 n 有关,而转速又和力矩有关,涉及力矩方程;而且反击式水轮机常处于管路中间,上有压力管道、蜗壳,下有尾水管甚至尾水隧洞。当发生水锤时,蜗壳中的水锤压力与压力管道中的水锤压力符号相同,尾水管中的水锤压力则由于其在导叶之后而与压力管道和蜗壳的水锤压力符号相反,两者的水锤波传播过程非常复杂,对水轮机的出流和压力管道中的水锤压力均会产生影响。

如图 9-21 是一反击式水轮机及与之相连的压力管道、蜗壳和尾水管。P、S 是上游管道末端断面和下游尾水管的开始断面。由连续条件可知

$$Q_P = Q_S \tag{9-97}$$

过流量 Q_P 可表示为

$$Q_P = Q_1'D_1^2\sqrt{H_P - H_S} \tag{9-98}$$

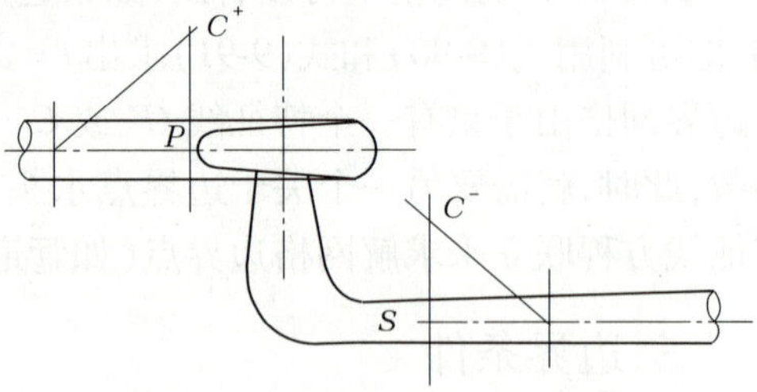

图 9-21　反击式水轮机边界条件

式中　Q_1'——水轮机的单位流量;

D_1——水轮机的标称直径。

水轮机的单位流量 Q_1'需由水轮机的特性曲线确定,它是导叶开度 τ 和单位转速 n_1'的函数,即

$$Q_1' = f(\tau, n_1') \tag{9-99}$$

导叶的启闭规律一般由厂家给定,单位转速可表达为

$$n_1' = nD_1/\sqrt{H_P - H_S} \tag{9-100}$$

由于转速随水锤过程发生变化,可由以下转速方程确定

$$\frac{GD^2}{365}n\frac{\mathrm{d}n}{\mathrm{d}t} = \Delta N \tag{9-101}$$

式中　GD^2——机组转动部分的飞轮力矩,$\mathrm{t \cdot m^2}$;

G——机组转动部分的质量;

D——转动部分的惯性直径;

ΔN——不平衡出力,kW。

利用上面的补充条件,即可求解反击式水轮机的水锤压力。

四、编程计算

水锤计算的数值分析法非常方便利用计算机编程计算。为了编程方便,常在特征线方程式(9-90)和式(9-91)及常数式(9-92)、式(9-93)、式(9-94)中,将水头和流量的下标 A、B、P 用下标 $i-1$、$i+1$、i 代替,转化为以下形式

C^+:
$$H_i = C_A - BQ_i \tag{9-102}$$

C^-:
$$H_i = C_B + BQ_i \tag{9-103}$$

$$C_A = H_{i-1} + \frac{a}{gA}Q_{i-1} - \frac{f\Delta x}{2gdA^2}|Q_{i-1}|Q_{i-1} \tag{9-104}$$

$$C_B = H_{i+1} - \frac{a}{gA}Q_{i+1} + \frac{f\Delta x}{2gdA^2}|Q_{i+1}|Q_{i+1} \tag{9-105}$$

由式(9-102)和式(9-103)消去 Q_i，可直接求出 H_i

$$H_i = (C_A + C_B)/2 \tag{9-106}$$

然后可由式(9-102)和式(9-103)任意一式求得 Q_i。

对下标作以上变换后非常方便利用任何一种计算机语言编程计算。如图 9-22 是一

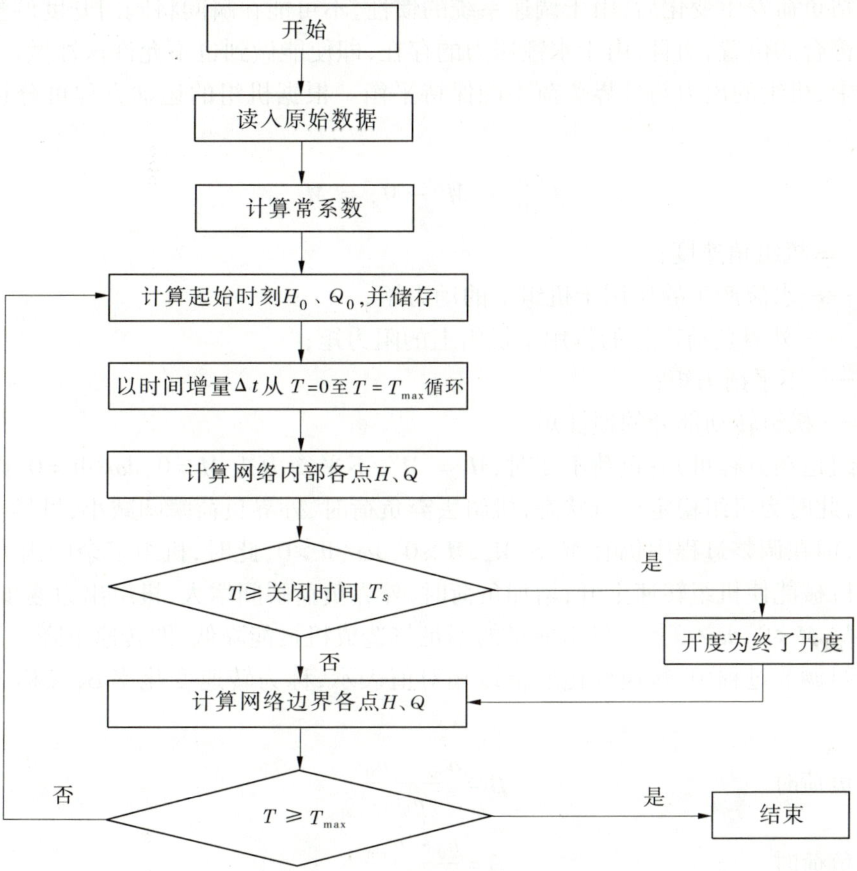

图 9-22　数值分析法计算框图

个简单管道的计算机计算框图。程序一般需要两个循环，一个是在 j 时段中，对各断面进行循环计算，可由 $j-1$ 时段计算的 $i-1$、$i+1$ 断面的水头 H_{i-1}、H_{i+1} 和流量 Q_{i-1}、Q_{i+1}，求解 j 时段 i 断面的水头 H_i 和流量 Q_i，即可求得 j 时段网格内各断面的水头和流量，引入边界条件后，也可求解网格边界点的水头和流量。另一个循环是对计算时段的循环，若需要计算的总时间为 T_{max}，阀门动作时间为 T_s，按 $\Delta t = \frac{\Delta x}{a}$ 分成多个时段后，从起始时段开始，一个接一个时段地进行上一个循环计算，直到达到计算时间 T_{max}，即可求解网格上所有点，也就是管道上各断面在各时段的水头和流量。

第六节 调节保证计算

一、调节保证计算的概念

(一)转速变化率

水电站负荷发生变化后，由于调速系统的惯性，不可能在瞬间将阀门开度调整到与外界负荷相符合的位置，而且，由于水锤压力的存在，即使能做到也不允许这样做。因此，在调整过程中，机组的出力与外界负荷不能保持平衡。根据机组的运动方程可分析机组转速的变化。

$$J\frac{d\omega}{dt} = M_t - M_g = M \tag{9-107}$$

式中 ω——机组角速度；

M_t——水流产生的作用于机组上的动力矩；

M_g——外界负荷产生的作用于机组上的阻力矩；

M——不平衡力矩；

J——机组转动部分的惯性矩。

由机组运动方程可知：负荷不变时，$M_t = M_g$，不平衡力矩 $M = 0$，$d\omega/dt = 0$，因此转速保持不变，此时为机组稳定运行状态；机组丢弃负荷时，外界负荷瞬间减小，虽然机组出力逐渐下降，但在调整过程中仍有 $M_t > M_g$，$M > 0$，$d\omega/dt > 0$，此时，机组多余的出力(能量)即转化为机械能使机组转速上升；增加负荷时，外界负荷瞬间增大，机组出力逐步提高，使得 $M_t < M_g$，$M < 0$，$d\omega/dt < 0$，机组能量的不足将造成机械能降低，即转速下降。

在机组调节过程中，转速变化通常以相对值表示，称为转速变化率 β，又称为暂态不均衡率。

丢弃负荷时
$$\beta = \frac{n_{max} - n_0}{n_0} \tag{9-108}$$

增加负荷时
$$\beta = \frac{n_0 - n_{min}}{n_0} \tag{9-109}$$

式中 n_0——机组额定转速；

n_{max}——丢弃负荷后的最高转速；

n_{min}——增加负荷后的最低转速。

(二)调节保证的概念

在水轮机调节过程中，水锤压力的变化和转速的变化往往是一对矛盾，如调节时间 T_s 越长，水锤压力越小，但较长的调节时间将使调节过程中不平衡力矩越大，因而转速变化率越大；反之，如调节时间越短，水锤压力越大，但转速变化率会越小。水锤压力过大会加大水电站引水系统的投资，并影响机组的运行稳定性，转速变化率过大会增加机组的造价，并影响供电质量，因此必须对两者加以限制，不允许超过规范规定的容许值。

工程上把水锤压力和转速变化率的计算称为调节保证计算，其任务是根据水电站过

流系统的特性,合理地选择导叶的调节时间和调节规律,保证水锤压力和转速变化率均在容许范围之内。具体可归纳为以下几方面:

(1)选择导叶合理的调节时间和调节规律,保证水锤压力和转速变化率不超过规范规定的允许值。

(2)计算丢弃负荷和增加负荷时转速变化率,并检验其是否在允许的范围内;或者相反,在给定转速变化率和调节时间的情况下,计算必需的 GD^2 值。

(3)计算有压引水系统的最大、最小内水压力。检验水锤压力是否在允许范围之内;判断是否需要设置调压室等平水设施。

(4)研究减小水锤压力及机组转速变化率的措施。

调节保证计算应包括如下主要内容:

(1)丢弃负荷情况:① 转速的最大升高值;②压力管道和蜗壳内的最大压力升高值;③压力管道和尾水管内的最大压力降低值。

(2)增加负荷情况:①转速的最大降低值;② 压力管道内的最大压力降低值。

二、调节保证计算标准

调节保证计算标准,是指水锤压力和转速变化率在技术经济上合理的允许值,一般在技术规范中规定。但是,这些标准往往是在一定时期和一定技术水平及经济条件下制定的,应用时应结合具体情况加以确定。

(一)转速变化率容许值

限制机组转速过大的变化主要是为了保证机组正常运行和供电的质量。在丢弃全负荷的情况下,主要是防止机组强度破坏、振动和由于过速引起过电压而造成发电机电气绝缘的损坏。目前对丢弃全部负荷时机组转速上升的容许值争论较多。考虑到目前国内机组的设计、制造、运行等情况,其容许值 β_{max} 可按以下情况考虑:

当机组容量占电力系统总容量的比重较大,且担负调频任务时,宜小于45%。

当机组容量占电力系统总容量的比重不大或担负基荷时,宜小于55%;对斗叶式水轮机,宜小于30%。

当大于上述值时,应有所论证。

(二)水锤压力容许值

1. 压力升高

水锤压力的最大升高值的限制主要根据技术经济要求确定,目前规范规定引水系统末端(蜗壳末端或冲击式水轮机管道末端)的水锤压力应满足:

当 $H_0 > 100$ m 时,$\xi_{max} = 0.15 \sim 0.30$;

当 $H_0 = 40 \sim 100$ m 时,$\xi_{max} = 0.30 \sim 0.50$;

当 $H_0 < 40$ m 时,$\xi_{max} = 0.50 \sim 0.70$;

当设置调压室或折流板时,$\xi_{max} \leqslant 0.02$。

而且,压力升高的采用值不应小于正常蓄水位时的10%。

2. 压力降低

在压力引水系统的任何位置均不允许产生负压,且应有 2 ~ 3 m 水柱高的余压,以保证管道尤其是钢管的稳定和防止水柱分离。

尾水管进口的允许最大真空度为 8 m 水柱高。

三、机组转速变化率计算

机组转速变化率的计算一般是在如下假定的基础上获得的：

(1) 遵循能量守恒定律，机组调节过程中，机组出力变化引起的多余或不足能量全部与机组旋转机械能进行转换，不考虑摩擦等其他形式的能量转换。如丢弃负荷的多余能量全部用来使机组转速升高。

(2) 水轮机的导叶呈直线规律变化。

(3) 不考虑水锤压力对出力的影响。

(4) 不考虑机组效率变化、转速变化以及过流特性的影响。

在以上假定下水轮机出力与时间的关系呈直线变化，由于以上假定与工程存在差异，特别是水锤压力对出力的影响，使得水轮机出力与时间的关系并非直线关系，因此由以上假定获得的转速变化率公式多为近似公式。下面介绍几个近似公式。

(一) 苏联 Л. М. з(列宁格勒金属工厂)公式

当机组丢弃全部负荷时，水轮机的出力与时间一般呈上凸曲线，如图 9-23 中实线所示，但在以上假定下水轮机的出力与时间呈直线变化，如图 9-23 中虚线所示。

丢弃负荷后在关闭时间 T_{s1} 内产生的能量为 E，此能量 E 未从发电机输出，为多余的能量，将全部转化为机组转动部分的动能，使其转速增加，因此有

$$E = \int_0^{T_{s1}} N\mathrm{d}t = \frac{102N_0T_{s1}}{2} = \frac{1}{2}J(\omega_{\max}^2 - \omega_0^2) \tag{9-110}$$

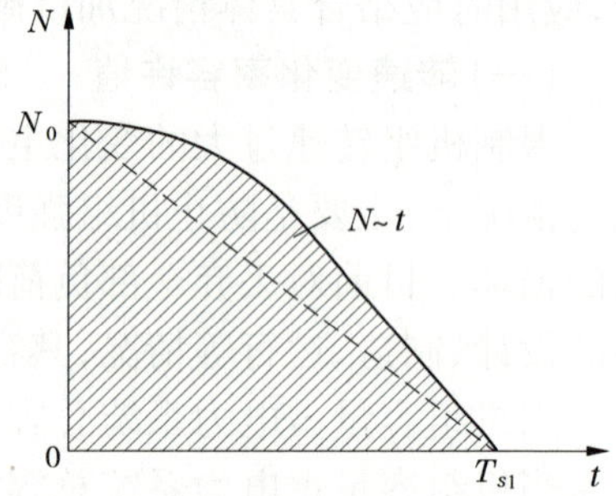

图 9-23　丢弃负荷时出力与时间关系

式中　T_{s1}——导叶关闭至空转的时间，对于冲击式和混流式水轮机 $T_{s1} = 0.9T_s$，对于轴流式水轮机 $T_{s1} = 0.7T_s$；

102——转换系数，由出力 N_0 的千瓦数变为 kg · m/s；

N_0——机组丢弃负荷前的出力，kW；

J——惯性矩，$J = \sum m_i r_i^2 = \sum \frac{G_i D_i^2}{4g} = \frac{GD^2}{4g}$，$G$ 为转动部分的质量(t)，D 为转动部分的惯性直径(m)，如果以 kg 计，$J = 1\,000\frac{GD^2}{4g}$(kg · m · s²)；

ω_0——机组额定角速度，$\omega_0 = \frac{\pi n_0}{30}$，$n_0$ 是机组的额定转速(r/min)；

$\omega_{\max}$——机组最大角速度，$\omega_{\max} = \frac{\pi n_{\max}}{30}$。

式(9-110)可变化为

$$\frac{102N_0T_{s1}}{2} = \frac{GD^2\pi^2}{7.2g}n_0^2\beta(\beta + 2) = \frac{GD^2\pi^2}{7.2g}n_0^2(\beta^2 + 2\beta)$$

解上式并去掉不合理的根得

$$\beta = \sqrt{1 + \frac{365N_0T_{s1}}{n_0^2GD^2}} - 1$$

为了考虑水锤压力的影响，在上式中增加水锤压力影响修正系数f，其值根据图9-24的曲线查得。因此，转速变化率公式为

丢弃负荷时

$$\beta = \sqrt{1 + \frac{365N_0T_{s1}f}{n_0^2GD^2}} - 1 \quad (9\text{-}111)$$

增加负荷时

$$\beta = 1 - \sqrt{1 - \frac{365N_0T_{s1}f}{n_0^2GD^2}} \quad (9\text{-}112)$$

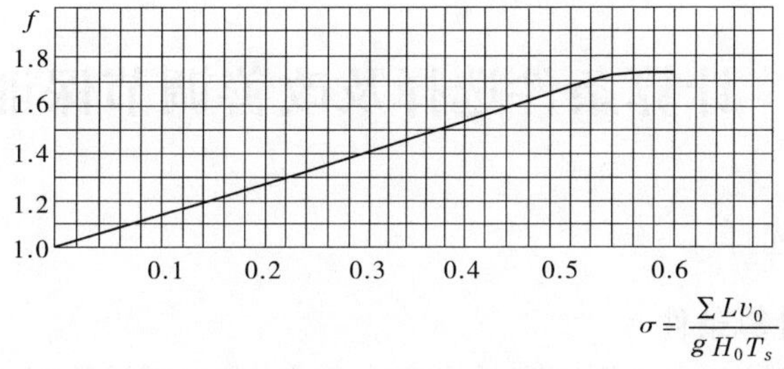

图9-24　水锤修正系数

(二)长江水利委员会公式

水电站突丢负荷后，由于调速系统惯性的影响，导叶一般经过一小段迟滞时间以后才开始关闭动作。长江水利委员会提出了考虑此迟滞时间的近似公式。设导叶关闭的迟滞时间为T_c，机组转速经历T_c和升速时间T_n（T_n定义为水轮机出力自N_0降到零时的历时）后达到最大值n_{max}，如图9-25所示。

丢弃负荷后多余能量为$N \sim t$曲线所包围的面积，其值为

$$E = 102\left(N_0T_c + \frac{1}{2}N_0T_nf\right) \quad (9\text{-}113)$$

式中　T_c——调节迟滞时间，$T_c = T_A + 0.5\delta T_a$，$T_A$是导叶不动作时间，电调调速器取0.1 s，机调调速器取0.2 s，δ是调速器残留不均衡度，一般为0.02～0.06，T_a为机组时间常数(s)，$T_a = \frac{n_0^2GD^2}{365N_0}$；

T_n——升速时间，$T_n = (0.9 - 0.000\,63n_s)T_s$，$n_s$为比转速；

f——水锤影响系数，可根据管道特性系数从图9-26中查出。

认为机组剩余能量全部转化为机组转动部分的动能，使转速升高，则有

$$102\left(N_0T_c + \frac{1}{2}N_0T_nf\right) = \frac{1}{2}J(\omega_{max}^2 - \omega_0^2)$$

解得

$$\beta = \sqrt{1 + \frac{365N_0}{n_0^2GD^2}(2T_c + T_nf)} - 1 \quad (9\text{-}114)$$

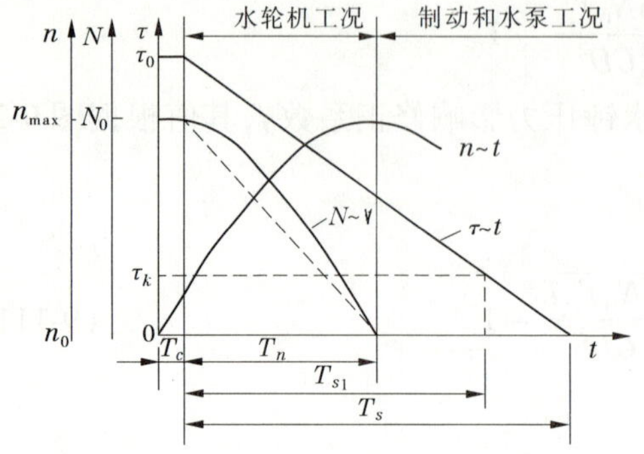

图 9-25 $N \sim t$ 曲线

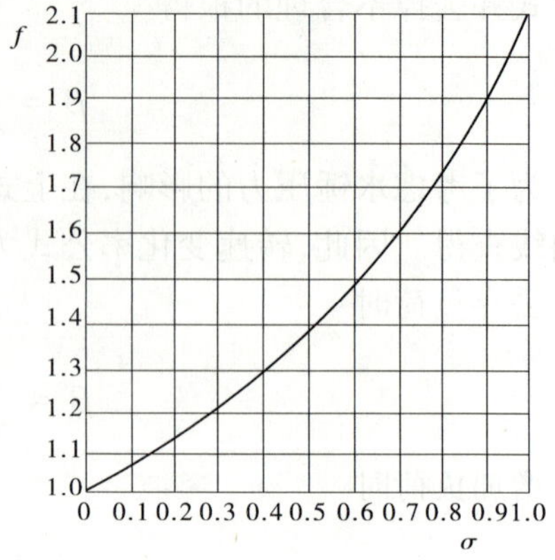

图 9-26 水锤修正系数

第七节 计算条件选择及改善调节保证的措施

一、计算条件选择

(一)水锤压力计算条件

为求得压力管道最大内水压力和最小内水压力,在水锤计算时,应选取静水压力与水锤压力叠加后最不利的控制工况。

管道中的最大内水压力一般控制在以下工况:

(1)上游最高水位时电站丢弃负荷。上游最高水位是指正常运行时电站能够发电的最高水位,如设计洪水位,此时由于管道中的静水压力较高,虽然电站流量和水锤压力都不是最大值,但叠加的结果可能成为控制工况。

(2)上游正常蓄水位时电站丢弃负荷。上游正常蓄水位是电站经常性的工作水位,此时静水压力和水锤压力可能都不是最大值,仍需计算两者叠加的结果。

(3)设计水头下电站丢弃负荷。该工况相当于水轮机在额定转速下发足额定出力时上游水库最低水位下丢弃负荷。此时,管道中的静水压力较低,但电站的流量和水锤压力较大。

以上三种工况的丢弃负荷的程度,一般按丢弃全负荷考虑,经论证也可按丢弃部分负荷考虑。当压力管道为单元供水时,一般按丢弃全负荷考虑;当压力管道为集中供水或联合供水时,若与管道连接的所有机组由一个回路出线,则应按这些机组同时丢弃全负荷考虑;若这些机组由两个或两个以上回路出线,则应根据具体情况分析而定。

计算最大内水压力时水锤压力与静水压力叠加时不考虑管道水头损失,如果无调压室或调压室能够完全反射水锤压力,在水库静水位上叠加水锤压力;如果调压室不能完全反射水锤压力,应在调压室最高涌浪上叠加水锤压力。

管道中的最小内水压力一般控制在以下两种工况:

(1)上游最低水位时,由管道供水的全部机组除一台外均在满发,未带负荷的一台机组投入运行，由空转增荷至满发。根据规范规定，若系统有特殊运行要求，可根据具体情况确定增荷程序。水锤压力与静水压力叠加时应按不利情况考虑，并考虑管道水头损失。没有调压室时，在水库库水位上扣除水头损失后叠加水锤压力；有调压室，且能够完全反射水锤压力时，在调压室稳定运行水位上扣除水头损失后叠加水锤压力；如果调压室不能完全反射水锤压力，应在调压室最低涌浪上扣除水头损失，再叠加水锤压力。

(2)上游最低水位时电站丢弃负荷。上游最低水位一般为水库死水位，此时由压力管道供水的全部机组全部丢弃负荷情况下，导叶关闭终了后的正水锤经水库或调压室反射而成的负水锤可能是最大的负水锤。没有调压室时，在水库死水位上扣除水头损失后叠加水锤压力；有调压室时，无论调压室是否能够完全反射水锤压力，应在该工况调压室第二振幅上扣除水头损失后叠加水锤压力。

(二)转速上升率控制工况

转速上升率通常控制在设计水头下水电站丢弃全负荷的工况。

二、改善调节保证的措施

当水锤压力和转速变化率的计算结果不能满足规范要求时，应研究改善调节保证的措施。这里根据极限水锤压力近似计算公式(9-54)和管道特性常数来分析减小水锤压力和转速变化率的措施。由近似公式 $\xi_m^A = \dfrac{2\sigma}{2-\sigma}$ 可知，水锤压力 ξ_m^A 是管道特性常数 σ 的递增函数，随 σ 的增加而增加，随 σ 减小而减小。由 $\sigma = \dfrac{Lv_{max}}{gH_0T_s}$ 可知，减小 σ 也即减小水锤压力的措施有：减小 L 和 v_{max}，增大 T_s。因此，分析改善调节保证的措施如下。

(一)缩短压力管道的长度 L

缩短压力管道长度，可使从进水口反射回来的水锤波能够较早地回到压力管道末端，从而减小水锤压力值，是一个非常有效的措施。通过布置管线来缩短压力管道长度非常有限，还会遇到各种地形地质条件。在较长的引水系统中，设置调压室可大大缩短压力管道的长度，有效减小水锤压力。但调压室是一个庞大的水工建筑物，需要进行经济比较后确定。有关调压室的内容将在下一章详细讨论。

(二)减小压力管道中的流速 v_{max}

减小流速可减小压力管道中单位水体的动量，从而减小水锤压力。但是水电站在运行中要求流量是一定的，要降低流速势必要加大管径，增加管道造价。因此，用加大管径的办法降低水锤压力，往往是不经济的。但在一定条件下，如果适当加大管径后可免设调压室，还是比较合理的。

(三)延长有效的关闭时间 T_s

延长有效的关闭时间 T_s，可使管道内水体动量的变化率减小，从而降低水锤压力。但增大 T_s 会使机组转速变化率 β 值增加，甚至超过允许值。此时，可采取以下措施：

(1)反击式水轮机设置减压阀(空放阀)。在蜗壳的进口附近装设减压阀，如图9-27所示。在关闭过程中，导叶按照保证转速变化率不超过允许值所要求的关闭时间 T_s 关闭，同时受到同一调速器控制的减压阀及时打开，向下游泄放部分流量。导叶完全关闭时,减压阀的流量达最大值,以后减压阀逐渐地关闭。压力管道整个泄水历时为 T,应按此时间计算水锤压力,水锤压力可以大大减小。

减压阀在机组增加负荷时不起作用。它构造复杂,造价较高,需增加厂房尺寸。但是在水头较高、机组台数不多的水电站,设置减压阀有可能省掉调压室,可在技术、经济上获得明显效益。

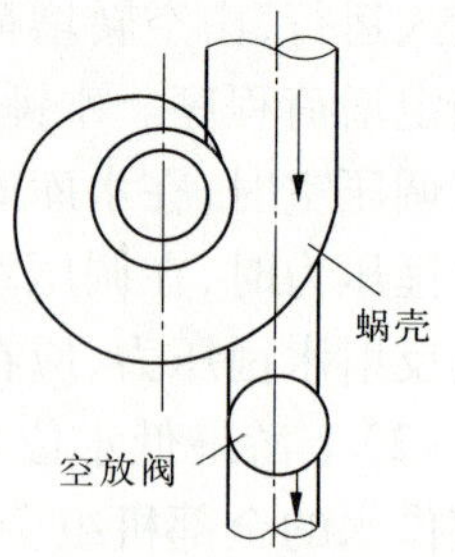

图 9-27　减压阀装置示意图

(2)冲击式水轮机装置偏流器(折流器)。在喷嘴出口装置偏流器,丢弃负荷时,它能以较快速度在 1 ~ 2 s 内动作,将射流偏折,离开转轮,防止机组转速变化过大。针阀以较慢速度关闭,延长管道泄水时间,从而减小水锤压力。偏流器在增加负荷时不起作用。它构造简单,造价便宜,且无须增加厂房尺寸,在水斗式水轮机的机组中经常采用。

(3)设置水阻器。水阻器是一种利用水阻消耗能量的设备,它与发电机母线相连,用调速器操作。当机组丢弃负荷时,调速器使水阻器投入,用水阻器代替机组原有的负荷,将机组原来输入系统的功率消耗于水阻器之中,然后调速器在一个较长时间内将水轮机导叶逐渐关闭。此方法适用于小型电站不设调压室的情形。

(四)选择合理的调节规律

开度变化规律对水锤压力的影响较大,采用合理的关闭规律能有效地降低水锤压力。可根据电站水头的大小以及水锤的类型,采用分段调节曲线,调整不同时段的时间和调节速度,尽可能降低水锤压力。例如,高水头电站的最大水锤压力通常出现在调节过程开始阶段,可采用先慢后快的调节规律,以提高终了阶段的水锤压力,降低开始阶段的水锤压力。中低水头电站的最大水锤压力常出现在调节过程终了,可采取先快后慢的关闭规律,以提高开始阶段的水锤压力,降低终了阶段的水锤压力。需要特别指出的是,选择合理的调节规律是一个非常经济有效、值得推荐的措施。

第十章　调压室

第一节　调压室的功用、要求及设置条件

调压室是在较长压力水道上修建的具有较大断面的平水建筑物。在引水式电站布置中，如果压力水道的总长度较大，水锤压力较大，不满足调节保证的要求，采取其他措施又不能解决问题，在压力水道上设置调压室是一种极其有效和安全可靠的技术措施。位于厂房上游的调压室将上游压力水道分成两段：调压室上游段为有压引水道，下游段为压力管道。根据地形、地质条件和水电站布置情况，调压室可以是高出地面的塔式结构，称为调压塔，如图10-1(a)所示；也可以是从山体中开挖出来的井式结构，称为调压井，如图10-1(b)所示。我国湖南镇、狮子滩、官厅、流溪河、密云等水电站设置的是调压井，镜泊湖、南湾等水电站设置的是调压塔。

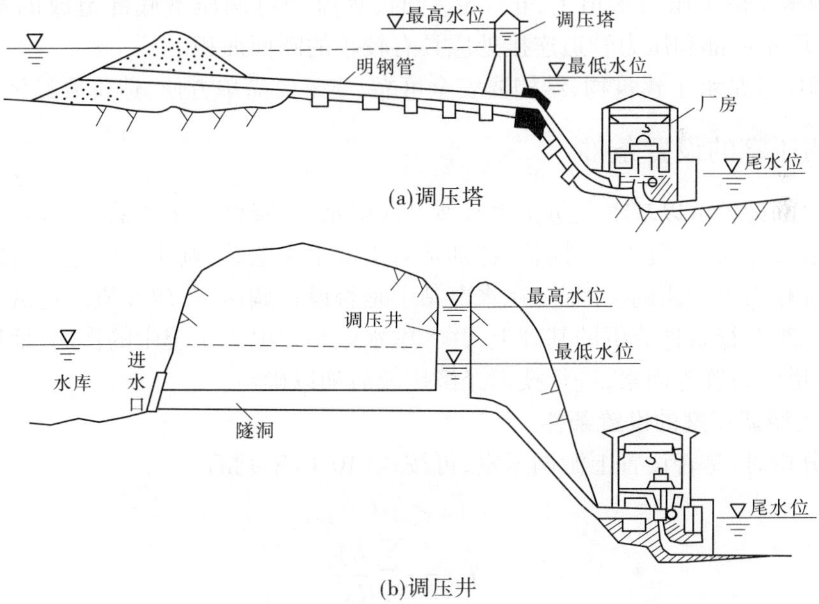

图10-1　调压室示意图

一、调压室的功用

由于调压室具有扩大的断面和自由水面（除气垫式外），可以对水锤波进行反射，从而起到如下四个方面的作用：

(1)基本避免了引水道中的水锤压力。设置调压室后，在压力管道的顶端存在自由水面，如果调压室断面足够大，就能中断水锤波的传播，从而保护其上游的引水道不受影

响。即使调压室不能全部截断水锤波的传播(即水锤波在调压室处作不完全反射),也可显著降低引水道中的水锤压力,从而大大降低有压水道的造价,并保证其安全。

(2)减小压力管道内的水锤压力。由于水轮机的关闭不是瞬时完成的,调压室与水轮机距离较近,在水轮机尚未全部关闭前,调压室即将水锤波反射成符号相反的压力波,抵消由于水轮机关闭产生的水锤波,从而减小了压力管道中的水锤压力。

(3)改善机组运行条件及供电质量。水电站在运行过程中,负荷经常有波动,当负荷发生变化时,机组将作出相应的反应和调节,靠近厂房的调压室可以以一定的容积临时蓄水或放水,迅速适应机组用水的变化,可使机组的反应迅速及时,更快地恢复稳定,从而改善机组运行条件,获得更佳的调节质量。

二、调压室的基本要求

根据其功用,调压室应满足以下基本要求:

(1)调压室应尽量靠近厂房,以尽快反射水锤波。

(2)调压室应有自由水面和足够的底面积,以保证水锤波的充分反射。

(3)调压室的工作必须是稳定的,在负荷变化时,调压室中水体的波动应该迅速衰减并达到新的稳定状态,以保证机组稳定运行。

(4)调压室位于压力水道上,正常运行时,水流经过调压室底部造成的水头损失要小,为此调压室底部和压力管道连接处应具有较小的断面面积。

(5)调压室是水工建筑物,结构要安全可靠,施工要简单方便,造价要经济合理。

三、调压室的设置条件

调压室的设置可以基本上防止水锤波进入引水道,降低引水道的设计压力和造价,但调压室一般尺寸大,投资大,工期长,特别是对于低水头电站,调压室的造价可能占整个引水系统造价相当大的比例。因此,在水电站中是否设置调压室,应在机组过流系统调节保证计算和机组运行条件分析的基础上,并考虑水电站在电力系统中的作用、地形及地质条件、压力管道的布置等因素,进行技术经济比较后加以确定。

(一)上游调压室的设置条件

初步分析时,是否设置上游调压室,可按式(10-1)来判断

$$T_w > [T_w] \tag{10-1}$$

$$T_w = \frac{\sum L_i v_i}{gH_P}$$

式中 T_w——压力水道中水流惯性时间常数,s,它表示在水头 H_P 作用下不计水头损失时,压力水道内水流速度从 0 增大到 v 所需的时间,显然,T_w 越大,水锤压力的相对值也越大,对机组调节过程的影响也越大;

L_i——压力水道及蜗壳和压力尾水道各分段长度,m;

v_i——压力水道各分段内流速,m/s;

H_P——水轮机设计水头,m;

$[T_w]$——T_w 的允许值,一般取 2 ~4 s,$[T_w]$的取值随电站出力在电力系统中的作

用而异,当水电站单独运行或机组容量在电力系统中所占的比重超过50%时,宜取小值(2 s),当水电站机组容量在电力系统中所占比重小于10%～20%时,可取大值。

(二)下游调压室的设置条件

下游调压室的作用是缩短尾水道的长度,减小甩负荷时尾水管中的真空度,防止水柱分离。下游调压室的设置条件是以尾水管内不产生液柱分离为前提,其设置必要性可按式(10-2)作初步判断

$$L_w > \frac{5T_s}{v_{w0}}(8 - \frac{\nabla}{900} - \frac{v_{wj}^2}{2g} - H_s) \tag{10-2}$$

式中　L_w——尾水道长度,m;

T_s——水轮机导叶关闭时间,s;

v_{w0}——稳定运行时压力尾水道中的流速,m/s;

v_{wj}——尾水管入口处的流速,m/s;

H_s——水轮机吸出高,m;

∇——机组安装高程,m。

通过调节保证计算,机组丢弃全部负荷时,尾水管内的最大真空度不宜大于8 m水柱,在高海拔地区应作高程修正

$$H_v = \Delta H - H_s - \phi\frac{v_{wj}^2}{2g} > -(8 - \frac{\nabla}{900}) \tag{10-3}$$

式中　H_v——尾水管内的绝对压力水头,m;

ΔH——尾水管入口处的水锤压力值,m;

ϕ——考虑最大水锤真空与流速水头真空最大值之间相位差的系数,对于末相水锤$\phi = 0.5$,对于第一相水锤$\phi = 1.0$。

第二节　调压室的工作原理及基本方程

一、调压室的工作原理

图10-2为一具有调压室的水电站。当水电站以某一固定出力运行时,水轮机引用流量Q_0保持不变,通过整个压力水道的流量均为Q_0,调压室的稳定水位比上游水位低h_{w0},h_{w0}是Q_0通过引水道时造成的水头损失。

水电站突然丢弃负荷时,水轮机导叶很快关闭,引用流量很快变成零,压力管道中的水流很快停止流动,而引水道中的水流由于惯性力的作用继续流向调压室,引起室中水位上升,引水道始末两端水位差减小,引水道中的水流流速将逐渐减小。当调压室水位上升至水库水位时,引水道始末两端的水位差等于零,但其中水流由于惯性力的作用仍继续流向调压室,使室中水位继续升高,直至引水道中流速等于零,此时调压室水位达到最高点。由于调压室水位高于水库水位,在引水道始末两端又形成新的水位差,水流由调压室流向水库,调压室中水位开始下降。当调压室水位下降至水库水位时,引水道始末两端的水位

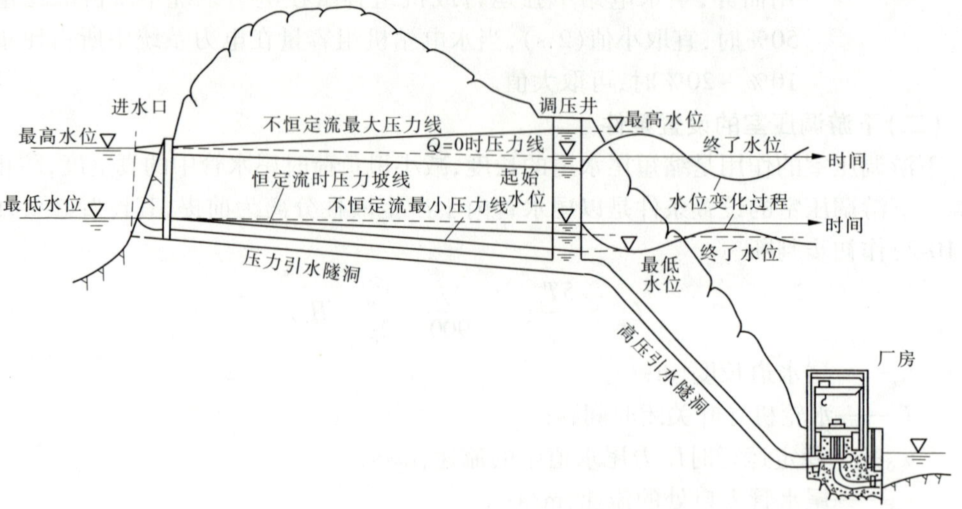

图 10-2　引水道中的压力坡线和调压室中的水位波动线

差等于零，但调压室中水流由于惯性力的作用仍继续流向水库，使室中水位继续下降，直至引水道中的流速等于零，此时调压室水位达到最低点。由于水库水位高于调压室水位，引水道中的水流又流向调压室，调压室水位又开始回升，如此反复，形成了调压室中水位的上下波动，由于摩阻力的作用，最后使调压室水位稳定在水库水位的高程上。水电站突然丢弃负荷时调压室水位波动过程见图 10-2 中对应最高库水位的波动线。

水电站增加负荷时，调压室水位波动过程与丢弃负荷时相反。水轮机流量增加，但引水道中的水流由于惯性力的作用尚不能立即满足负荷变化的要求，需要调压室供给一部分水量，从而引起调压室水位的下降，增大了库室间的水位差，引水道中的流速随之增大。当调压室水位降到最低点时，引水道中的流量等于水轮机的流量，因库室间水位差较大，引水道中的流速继续增大，使得引水道中的流量继续增加并超过了水轮机的需要，多余流量进入调压室，调压室水位开始回升，达到最高点后在室库水位差的作用下引水道中水流由调压室流向水库，调压室水位下降，如此反复就形成了调压室水位的上下波动。由于摩阻力的作用，波动逐渐衰减，最后稳定在一个新的水位上，此水位与库水位之差为水流以水轮机引用流量通过引水道时的水头损失。水电站增加负荷时调压室水位波动过程见图 10-2 中对应的最低库水位的波动线。

由此可见，“引水道—调压室”系统中水流的运动与压力管道中的水锤现象虽然同属非恒定流，但两者水流演变的过程却有很大的差别：前者表现为大量水体的往复运动，周期长、衰减慢。引水道中压力坡线的变化完全受调压室水位波动的控制，其压力变化值比水锤压力值要小得多。调压室水位波动的衰减和消失要几百秒钟，而压力管道中水锤波的衰减和消失一般 6 ~ 20 s 即可完成。一般情况下，调压室水位达到最高点或最低点之前，水锤波已大大衰减甚至消失，两者的最大值不会同时出现。在初步估算时可将调压室水位波动和水锤分开计算，当调压室底部的压力变化较快或水轮机调节时间较长时，水锤压力虽小但延续时间长，需将调压室水位波动和水锤联合计算。

研究调压室水位波动现象并进行水力计算的主要目的如下：

(1)求解调压室中可能出现的最高、最低涌波水位及其变化过程,从而确定调压室的顶部高程、底部高程、压力管道进口高程、引水道的设计内水压力及布置高程。

(2)根据水位波动稳定的要求,确定调压室所需的最小断面面积。

二、调压室的基本方程

图 10-3 所示为一具有调压室的有压引水系统,当水轮机以 Q_0 稳定工作时,引水道中的流速 v_0 保持不变,调压室水位亦稳定在比水库水位低 h_{w0} 的高程上。

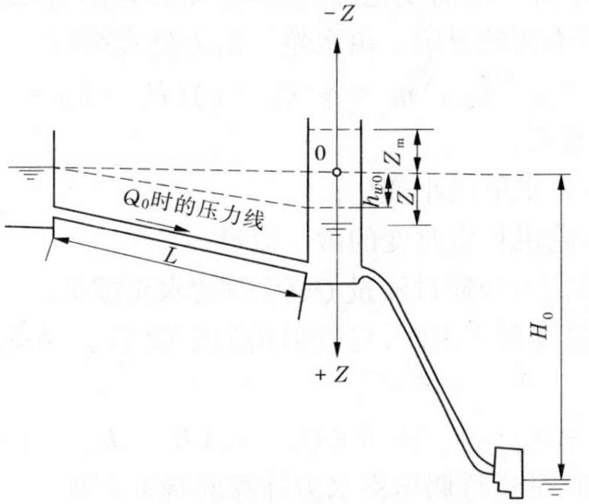

图 10-3　压力引水系统示意图

当水轮机的引用流量发生变化时,调压室中水位及引水道中流速均发生变化。根据"引水道—调压室"中水流的运动规律及水轮机出力方程,可以建立以下方程。

(一)水流连续方程

水流为非恒定流时,引水道中的流量 fv 不等于水轮机的引用流量,其差值是引起调压室水位波动的原因。根据水流连续定律,负荷变化后水轮机所需流量 Q 等于引水道供给的流量加上调压室供给的流量,即

$$Q = fv + F\frac{\mathrm{d}Z}{\mathrm{d}t} \tag{10-4}$$

式中　f——引水道的断面面积;

v——引水道中的流速;

F——调压室的断面面积;

Z——以水库静水位为基准的调压室涌波,向下为正,向上为负。

(二)水流动力方程

非恒定流情况下,引水道中的水头损失 h_w 不等于调压室水位与库水位之间的差值,它是引水道水流产生流速变化的原因。假设引水道和水体无弹性变形及水流在调压室中无摩擦阻力,根据牛顿第二定律,引水道中水体质量与其加速度的乘积等于该水体所受的力,即

$$Lf\frac{\gamma}{g}\mathrm{d}v = f\gamma(Z - h_w)\,\mathrm{d}t$$

由此可得水流的动力方程

$$Z = h_w + \frac{L}{g}\frac{dv}{dt} \tag{10-5}$$

式中 h_w——引水道中通过流量 Q 时的水头损失；

L——引水道的长度。

（三）等出力方程

调压室的微小水位波动将引起水轮机水头的变化，从而引起水轮机出力的变化，而机组的负荷不能随调压室水位波动而变化，因此调速器必须随着水头的变化相应地改变水轮机的流量，以适应负荷不变的要求。由水轮机出力公式可得

$$\gamma Q_0(H_0 - h_{w0} - h_{wm0})\eta_0 = \gamma(Q_0 + q)(H_0 - h_{w0} - x - h_{wm})\eta$$

式中 H_0——水电站静水头；

x——调压室水位发生的微小变化；

q——调速器使水轮机相应改变的微小流量；

h_{wm}、h_{wm0}——压力管道中通过流量 Q、Q_0 时的水头损失。

当水轮机水头和流量变化不大时，可近似地假定效率 η 保持不变，即 $\eta = \eta_0$，由此可得等出力方程

$$Q_0(H_0 - h_{w0} - h_{wm0}) = (Q_0 + q)(H_0 - h_{w0} - x - h_{wm}) \tag{10-6}$$

式(10-4)～式(10-6)是进行调压室水力计算的基本方程。

第三节 调压室的基本布置方式及类型

一、调压室的基本布置方式

按照调压室与厂房相对位置的不同，调压室有以下四种基本布置方式。

（一）上游调压室

调压室在厂房上游的引水道上，如图10-4(a)所示，适用于厂房上游引水道较长的情况，这种布置方式应用最广泛。

（二）下游调压室

当厂房下游具有较长的尾水道时，有时还需在尾水道设置下游调压室，以减小尾水道中的水锤压力，特别是防止丢弃负荷时产生过大的负水锤，如图10-4(b)所示，因此下游调压室应尽可能靠近厂房。

（三）上、下游双调压室系统

当厂房的上、下游均有较长的压力水道时，需在厂房的上、下游均设置调压室而形成上、下游双调压室系统，用以减小水锤压力和改善机组的运行条件，如图10-4(c)所示。

丢弃全部负荷时，上、下游调压室的工作互不影响，可分别求出调压室的最高、最低水位。当增加负荷或丢弃部分负荷时，两个调压室的水位都将发生变化，任一个调压室水位的变化均将引起水轮机流量新的改变，从而影响另一个调压室水位的变化，两个调压室水位变化的相互制约和相互诱发，使整个压力水道的水力现象大为复杂。特别是当引水道

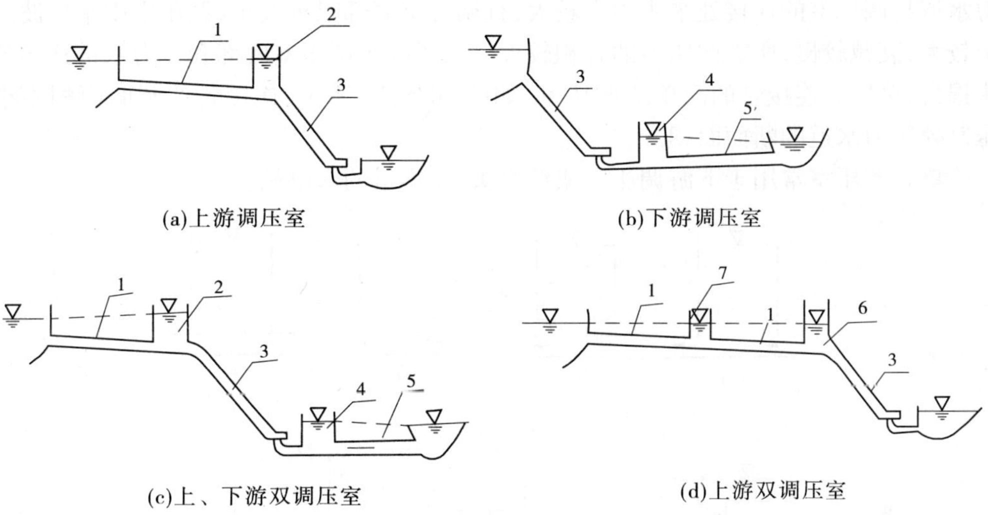

1—压力引水道;2—上游调压室;3—压力管道;4—下游调压室;
5—压力尾水道;6—主调压室;7—副调压室

图 10-4　调压室的布置方式

和尾水道的特性接近时,可能发生共振。因此,设计上、下游双调压室时,不能只限于推求调压室水位波动的第一振幅,而应求出波动的全过程来研究波动的衰退情况。

(四)上游双调压室系统

在上游较长的有压引水道中,有时需设置两个调压室而形成上游双调压室系统,如图 10-4(d)所示。靠近厂房的调压室对于反射水锤波起主要作用,称为主调压室;靠近上游的调压室用以反射越过主调压室的水锤波,改善引水道的工作条件,帮助主调压室衰减水位波动,称为副调压室。副调压室愈接近主调压室,所起的作用愈大,反之愈小。调压室水位波动的稳定由两个调压室共同承担,增加一个调压室的断面可以减小另一个调压室的断面,但两个调压室所需的断面之和大于只设置一个调压室时所需的断面。当引水道中有施工竖井可以利用时,采用双调压室方案可能是经济的。

上游双调压室系统一般用于电站扩建,原调压室容积不够而增设副调压室,或因结构、地质等原因,设置副调压室以减小主调压室的尺寸。

上游双调压室系统水位的波动非常复杂,相互制约和相互诱发的作用很大,整个波动并不呈简单的正弦曲线。因此,应合理选择两个调压室的位置和断面,使水位波动能较快地衰减。

除上述四种基本布置方式外,如有必要,可采用两条或三条引水道合用一个调压室,或两个竖井共用一个储水室等形式。

二、调压室的基本类型

(一)简单式调压室

简单式调压室为一垂直或倾斜的横断面不变的井筒,如图 10-5(a)所示,其结构型式简单,由于调压室底部与压力水道的连接断面大,能充分地反射水锤波。但在正常运行时压力水道与调压室的连接处水头损失较大，且调压室底部阻抗较小，调压室中水位波动的振幅较大，衰减较慢，所需调压室的容积较大。为了减小调压室底部和压力水道连接处的水头损失，可用有连接管的简单式调压室，如图 10-5(b)所示，连接管的断面面积不小于调压室处压力水道的断面面积。

简单式调压室常用于下游调压室或低水头、小容量的水电站。

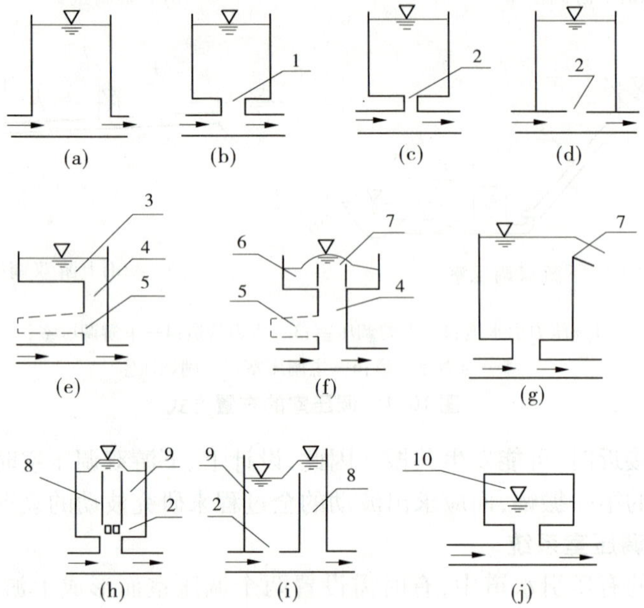

图 10-5 调压室的基本类型

(a)、(b)简单式；(c)、(d)阻抗式；(e)、(f)水室式；(g)溢流式；(h)、(i)差动式；(j)气垫式

1—连接管；2—阻抗孔；3—上室；4—竖井；5—下室；6—储水室；

7—溢流堰；8—升管；9—大室；10—压缩空气

(二)阻抗式调压室

阻抗式调压室是在简单调压室的结构基础上改进而成的，如图 10-5(c)、(d)，连接管或阻抗孔的面积小于调压室处压力水道的断面面积。面积较小的连接管或阻抗孔减小了正常运行时的水头损失，对进出调压室的水流起一定的阻力作用，使该处水流能量损失增大，能减小水位波动的振幅，降低调压室的高度，并加速波动的衰减。如果连接管或阻抗孔过小，会影响调压室反射水锤波的效果，使水锤波不能完全反射，而且增加负荷时还会影响调压室迅速向压力管道供水。因此，设计时必须选择合适的连接管或阻抗孔，可通过模型试验确定。

阻抗式调压室适用范围较广，在我国采用较多。

(三)水室式调压室

水室式调压室由垂直或倾斜的竖井及其上、下两端扩大断面的储水室组成，如图 10-5(e)所示，过去称为双室式。上室限制水位上升并供丢弃负荷时蓄水用，在正常运行时是空的，底部高程一般在最高水库水位以上。下室限制水位下降并在机组增加负荷时供水用,正常运行时大部分充水,顶部高程由水库最低水位控制,底部高程在调压室最低水位以下。上、下室的底部有不小于1%的坡度倾向竖井,以便放空水流,下室顶部做成背向竖井的不小于1.5%的斜坡,当室内水位上升时,便于空气从下室逸出。竖井连接上、下室压力水道,断面较小,井中水位升降很快。

上、下室可与竖井分别组合,上室可以设溢流堰,如图10-5(f)所示。实际工程中采用竖井与上室组合的多,用双室组合的少。

水室式调压室适用于高水头和水位变幅较大的水电站。

(四)溢流式调压室

为了限制调压室水位的上升,在调压室顶部设置溢流堰而成溢流式调压室,如图10-5(g)所示。水电站丢弃负荷时,调压室水位迅速上升,达到溢流堰顶后开始溢流泄水,限制了水位的进一步升高,有利于机组的稳定运行。溢流式调压室水位波幅小,波动衰减快,但下降的幅度无法限制,且须设泄水道来宣泄弃水。

溢流式调压室适用于在调压室附近可经济、安全地布置泄水道的水电站。

(五)差动式调压室

差动式调压室是由大室和升管(两个直径不同的同心圆筒)组成的,如图10-5(h)、(i)所示。升管(内圆筒)顶部有溢流口,底部以阻抗孔与外面的大室相通。差动式调压室综合吸收了阻抗式、溢流式调压室的特点,但结构较为复杂。

差动式调压室适用于地形和地质条件不允许设置大断面调压室的中高水头水电站,不论常规或抽水蓄能电站都可以采用。

(六)气垫式调压室

顶部封闭、室中一部分充水,水面以上充满压缩空气的调压室称为气垫式调压室,如图10-5(j)所示。在水位波动过程中,调压室中的压缩空气压缩或膨胀导致气体压力增大或减小,促使水流减速或加速,从而减小调压室水位的涨落幅度。气垫式调压室不受地形条件的限制,布置灵活,能尽量靠近厂房,可大大减小水锤压力,比较充分地反射水锤波,对电站运行有利。但水位波动稳定条件较差,需要较大的稳定断面和容积,对地质条件要求较高,还需配置空气压缩机以定期向空气室补气,增加了运行费用。

气垫式调压室适用于水头高、地质条件好的引水式地下水电站,可省去通气竖井、上井公路。在表层地质地形条件不适于做常规调压室或通气竖井较长、造价较高的情况下,气垫式调压室是一种可供选择的型式,且水头越高,经济性越好,其典型布置如图10-6所示。这种调压室在挪威获得了广泛的应用。

在上述基本型式的基础上,实践中还可以结合每个水电站的工程实际,将不同型式调压室的特点组合在一个调压室中,形成混合式调压室,如图10-7(a)、(b)所示的阻抗上室式等、差动上室式等,或对现有的调压室进行改进,如图10-7(c)所示。如我国古田二级龙亭电站采用的是差动溢流式调压室,鲁布革水电站采用的是差动上室式调压室。

应用中结合工程规模、运行要求及地形、地质条件等,根据各种调压室的特点及适用条件,经技术经济比较后合理选择。

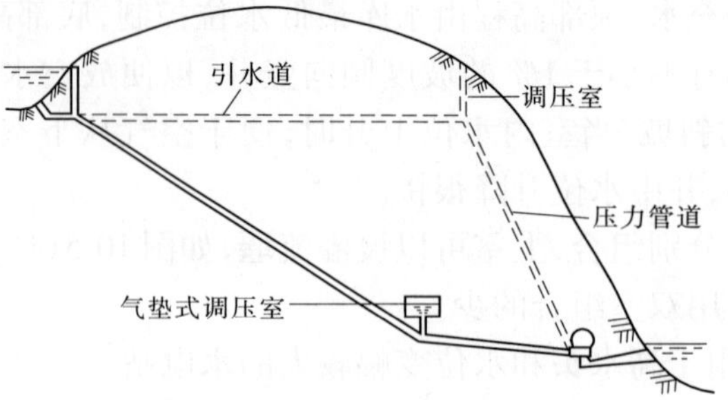

图 10-6　气垫式调压室与常规调压室布置比较图

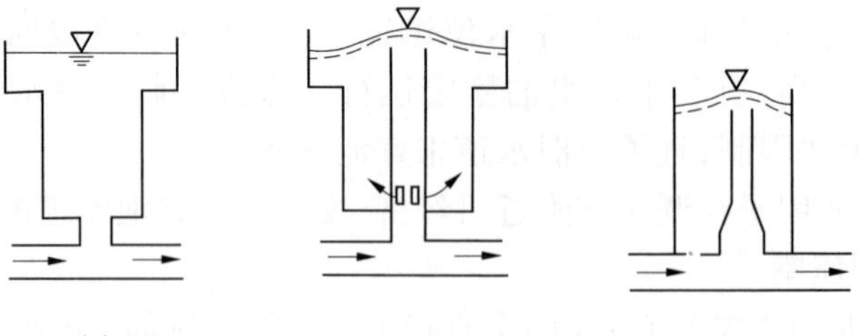

图 10-7　混合式调压室

第四节　简单式和阻抗式调压室水位波动计算的解析法

调压室水位波动计算常用的方法有解析法和数值积分法。解析法计算简单、概念清晰，可直接求出调压室最高、最低水位，但在公式推导中引入了各种假定，精度较差，且不能求出调压室水位波动的全过程，仅适用于简单式和阻抗式调压室丢弃全部负荷的情况，可在初步拟定调压室尺寸时采用。

一、丢弃全负荷工况

丢弃全负荷后水轮机流量 $Q=0$，连续方程(10-4)变为

$$fv + F\frac{\mathrm{d}Z}{\mathrm{d}t} = 0 \tag{10-7}$$

若考虑水流进出调压室由于转弯、收缩和扩散引起的水头损失 K，则动力方程(10-5)化为

$$Z = h_w + K + \frac{L}{g}\frac{\mathrm{d}v}{\mathrm{d}t} \tag{10-8}$$

式中：$h_w = \alpha v^2 = h_{w0}(\frac{v}{v_0})^2$，$K = K_0(\frac{Q}{Q_0})^2 = K_0(\frac{v}{v_0})^2$，其中 α 为引水道水头损失系数，K_0 为 Q_0 进出调压室所引起的水头损失。

令 $y=\frac{v}{v_0}$，则 $v = yv_0$，$\mathrm{d}v = v_0\mathrm{d}y$，将以上关系代入式(10-8)，两边除以 h_{w0}，并令 $\eta = \frac{K}{h_{w0}}$(η 为阻抗系数)，得

$$\frac{Z}{h_{w0}} = (1+\eta)y^2 + \frac{Lv_0}{gh_{w0}}\frac{\mathrm{d}y}{\mathrm{d}t} \tag{10-9}$$

将 $v = yv_0$ 代入式(10-7)，并将式(10-7)和式(10-9)中的 $\mathrm{d}t$ 消去，得

$$\frac{Z}{h_{w0}} = (1+\eta)y^2 - \frac{Lfv_0^2}{2gFh_{w0}}\frac{\mathrm{d}(y^2)}{\mathrm{d}Z} \tag{10-10}$$

令 $S = \frac{Lfv_0^2}{2gFh_{w0}}$，具有长度因次，用以表示"引水道—调压室"系统的特性系数。再令 $X = \frac{Z}{S}$，$X_0 = \frac{Z_0}{S} = \frac{h_{w0}}{S}$，即 $Z = XS$，$\mathrm{d}Z = S\mathrm{d}X$，代入式(10-10)，得

$$\frac{X}{X_0} = (1+\eta)y^2 - \frac{\mathrm{d}(y^2)}{\mathrm{d}X} \tag{10-11}$$

式(10-11)为变量 X 和 y^2 的一阶线性微分方程，积分后得

$$y^2 = \frac{(1+\eta)X+1}{(1+\eta)^2X_0} + C\mathrm{e}^{(1+\eta)X}$$

当波动开始 $t=0$ 时，$v=v_0$，即 $y=1$，$Z=h_{w0}$，$X=X_0$，代入上式，得积分常数

$$C = \frac{\eta(1+\eta)X_0 - 1}{(1+\eta)^2X_0}\mathrm{e}^{-(1+\eta)X_0}$$

则式(10-11)的最后解答为

$$y^2 = \frac{(1+\eta)X+1}{(1+\eta)^2X_0} + \frac{\eta(1+\eta)X_0 - 1}{(1+\eta)^2X_0}\mathrm{e}^{-(1+\eta)(X_0-X)} \tag{10-12}$$

由式(10-12)可以得到调压室涌波 Z 和引水道中的水流流速 v 之间的关系，但不能确定 Z 及 v 与时间 t 的关系，因此不能求出水位波动过程。

(一)最高涌波 Z_m 的计算

要求涌波的最大值 Z_m，只需求出 $X_m = \frac{Z_m}{S}$ 即可。当水位达到最高时 $v=0$，即 $y=0$，代入式(10-12)得

$$1 + (1+\eta)X_m = [1 - (1+\eta)\eta X_0]\mathrm{e}^{-(1+\eta)(X_0-X_m)}$$

对上式两边取对数得

$$\ln[1+(1+\eta)X_m] - (1+\eta)X_m = \ln[1-(1+\eta)\eta X_0] - (1+\eta)X_0 \tag{10-13}$$

式中 X_m 的符号以静水位为基准，静水位以下为正，静水位以上为负。

对于简单式调压室，附加阻抗可以忽略不计，即 $\eta=0$，则式(10-13)化为

$$\ln(1+X_m) - X_m = -X_0 \tag{10-14}$$

式(10-13)、式(10-14)分别适用于阻抗式、简单式调压室丢弃全负荷的工况。

以上的推导均是在丢弃全负荷即流量减至0的前提下完成的，如流量不是减小至0，则不能应用式(10-13)、式(10-14)求解 Z_m，可用数值积分法求解。由式(10-13)、式(10-14)经试算求出 X_m 后即可求出 $Z_m = X_mS$。Z_m 值亦可根据 X_0 由图10-8中曲线 A 查出 X_m 值进而得到。

(二)波动第二振幅 Z_2 的计算

由调压室水位波动过程可知，全弃负荷后调压室水位升至最高后开始下降，下降的最

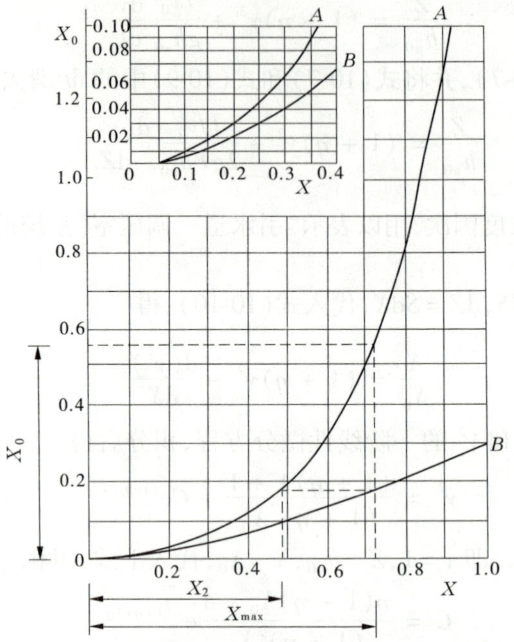

图 10-8　简单式调压室丢弃负荷时最高涌波计算图

低值 Z_2 称为第二振幅。第二振幅时的调压室水位有可能低于机组启动时所造成的最低下降水位,需要验算。验算水位最低值的目的在于核算压力管道顶部是否暴露于空气中,以免将空气吸入水流。当调压室水位达到最高水位下降时,引水道中的水由调压室向水库流动,各类阻抗均与丢弃负荷时相反,故 h_w 和 K 的开始符号变为负值,用相同的方法加以推导后得

$$\ln[1-(1+\eta)X_m]+(1+\eta)X_m=\ln[1-(1+\eta)X_2]+(1+\eta)X_2 \quad (10\text{-}15)$$

对于简单式调压室 $\eta=0$,则式(10-15)化为

$$X_m+\ln(1-X_m)=X_2+\ln(1-X_2) \quad (10\text{-}16)$$

式中:$X_2=\dfrac{Z_2}{S}$,求出 X_m 后即可根据式(10-15)或式(10-16)求出 X_2,进而求得第二振幅 $Z_2=X_2S$。

应用式(10-15)和式(10-16)时,要特别注意 X_m 的符号为负、X_2 的符号为正。简单式调压室的 X_2 值也可从图 10-8 中由曲线 A、B 求得。沿横坐标找出相应的 X_m 值并引垂线与曲线 B 相交,再由交点引水平线与曲线 A 相交,其交点的横坐标即 X_2 的值。

二、增加负荷工况

当突然增加负荷时,水位波动的最大降低值 Z_{min} 不能由波动微分方程直接积分得到,只能在某些假定下求出近似解。

设水电站的流量由 mQ_0 增至 Q_0,m 为增荷系数,$m<1$,对于简单式调压室,水位波动的最低涌波 Z_{min} 可由 Vogt(福格特)近似公式求得

$$\frac{Z_{\min}}{h_{w0}} = 1 + (\sqrt{\varepsilon} - 0.275\sqrt{m} + \frac{0.05}{\varepsilon} - 0.9)(1 - m)(1 - \frac{m}{\varepsilon^{0.62}}) \tag{10-17}$$

式中：$\varepsilon = \frac{Lfv_0^2}{gFh_{w0}^2} = \frac{2S}{h_{w0}} = \frac{2}{X_0}$，为无因次系数，表示“引水道—调压室”系统的特性。

由图 10-9 可根据 m 和 ε 值用查图的方法求 $\frac{Z_{\min}}{h_{w0}}$，进而得到 $Z_{\min}$，$m=0$ 相当于增加全负荷的工况。

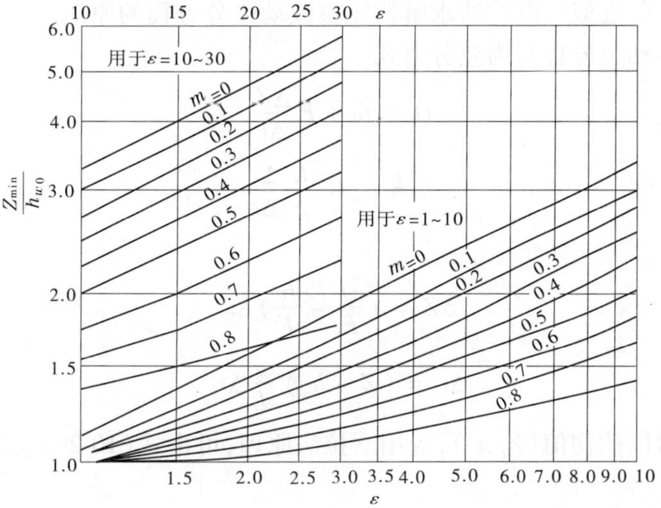

图 10-9　简单式调压室增加负荷时最低涌波计算图

比较丢弃全负荷时的第二振幅 Z_2 和增加负荷时的最低涌波 $Z_{\min}$，取最大值作为调压室的最低涌波来进行调压室最低下降水位的验算。

第五节　调压室水位波动计算的数值积分法

调压室水位波动计算的数值积分法可逐时段求解调压室水位波动幅值，不仅能求出最高涌波、最低涌波及波动的全过程，而且可以针对各种工况、各种边界条件进行分析计算。通过调压室水位波动过程可以了解水位波动衰减的速率和调节的品质，对于较重要的工程、特别是调压室后期的技术设计阶段，用数值积分法来求解水位波动问题是不可或缺的。由于计算的工作量很大，而且只有在调压室尺寸及有关参数完全确定后才能进行，所以一般常用数值积分法对选定方案进行复核。数值积分法按求解实现的途径可分为图解法、列表法、电算法。

一、数值积分法计算原理

调压室水流连续方程（10-4）和动力方程（10-5）的求解可视为有初值问题的常微分方程求解，最常用的求解方法是数值积分法。

数值积分法对波动微分方程求解的原理是将时间轴划分为一系列小的时段 Δt，用有限差商来代替方程(10-4)和方程(10-5)中的微商,将基本方程化为有限差分方程。调压室水位波动过程中引水道中的流速 v、水头损失 h_w、水位涌波值 Z 均是时间 t 的函数,但由于时段 Δt 很小,可假设在时段 Δt 内 v 和 Z 保持不变,仅在时段末有一增量 Δv、ΔZ,即 Z 和 v 的变化是"阶梯式"的。计算各时段的变化量 Δv、ΔZ,由已知初始条件 (Z_0, v_0),可逐时段求出在 Δt_1、Δt_2、…、Δt_n 末对应的近似值 (Z_1, v_1)、(Z_2, v_2)、…、(Z_n, v_n)。根据求解 Δv、ΔZ 精度的不同,数值积分法有一阶近似的欧拉法、二阶近似的欧拉中点法和四阶近似的龙格－库塔法等。

下面介绍用一阶近似的欧拉法求解调压室波动微分方程的原理。

将连续方程和动力方程写为差分形式

$$Q = fv + F\frac{\Delta Z}{\Delta t} \tag{10-18}$$

$$Z = h_w + \frac{L}{g}\frac{\Delta v}{\Delta t} \tag{10-19}$$

则有

$$\Delta Z = \left(\frac{Q}{F} - \frac{fv}{F}\right)\Delta t \tag{10-20}$$

$$\Delta v = (Z - h_w)\frac{g}{L}\Delta t \tag{10-21}$$

若已知某一时段的初值 $(Z_t$、$v_t)$,应用欧拉法原理,可由式(10-20)、式(10-21)计算本时段的增量

$$\Delta Z_{t+\Delta t} = \left(\frac{Q}{F} - \frac{fv_t}{F}\right)\Delta t \tag{10-22}$$

$$\Delta v_{t+\Delta t} = (Z_t - h_w)\frac{g}{L}\Delta t \tag{10-23}$$

则本时段末(下时段初)的水位波动幅值和引水道流速分别为

$$Z_{t+\Delta t} = Z_t + \Delta Z_{t+\Delta t} \tag{10-24}$$

$$v_{t+\Delta t} = v_t + \Delta v_{t+\Delta t} \tag{10-25}$$

在已知初始条件 (Z_0, v_0) 的情况下,由式(10-22)～式(10-25)即可逐步求出 (Z_1, v_1)、(Z_2, v_2)、…、(Z_n, v_n)。

二、调压室水位波动计算的图解法

(一)图解法的基本原理

图解法是用作图的方法求解调压室波动微分方程,其原理是一阶近似的欧拉法。若令 $A = \frac{Q}{F}\Delta t$, $\alpha = \frac{f}{F}\Delta t$, $\beta = \frac{g}{L}\Delta t$, 当计算时段 Δt 选定后, A、α、β 均为常数。式(10-20)、式(10-21)可化为

$$\Delta Z = A - \alpha v \tag{10-26}$$

$$\Delta v = \beta(Z - h_w) \tag{10-27}$$

一般来说,Δt 取得愈小,结果愈精确,但 Δt 太小,不仅加大计算工作量,而且会因图

解不便而使误差增大，通常希望从开始作图经过 8 ~ 10 个 Δt 后，水位达到最大值。因此，可取 $\Delta t = \frac{T}{25} \sim \frac{T}{30}, T = 2\pi \sqrt{\frac{LF}{gf}}$，为不计摩阻损失的调压室水位波动周期。

选定时段 Δt 后，以引水道的起始流速 v_0 代入式(10-26)，可求出第一时段末的调压室水位变量 ΔZ_1，近似地以 $Z_1 = \Delta Z_1 + h_{w0}$ 代入式(10-27)，可以求出第一时段末引水道的流速变量 Δv_1。令 $v_1 = v_0 - \Delta v_1$ 代入式(10-26)，可求出第二时段末调压室的水位变量 ΔZ_2，再根据式(10-27)求出第二时段末引水道的流速变量 Δv_2，以此类推可求出整个波动过程。

(二)简单式调压室丢弃负荷时的图解计算

简单式调压室涌浪图解过程最简单，可作为分析较为复杂情况的基础。

图解坐标系的横坐标轴表示引水道中水流流速 v，从原点向左(由水库流向调压室)为正，向右(从调压室流向水库)为负；纵坐标轴表示调压室水位 Z，向下为正，向上为负，横坐标轴相当于静水位，如图 10-10 所示。

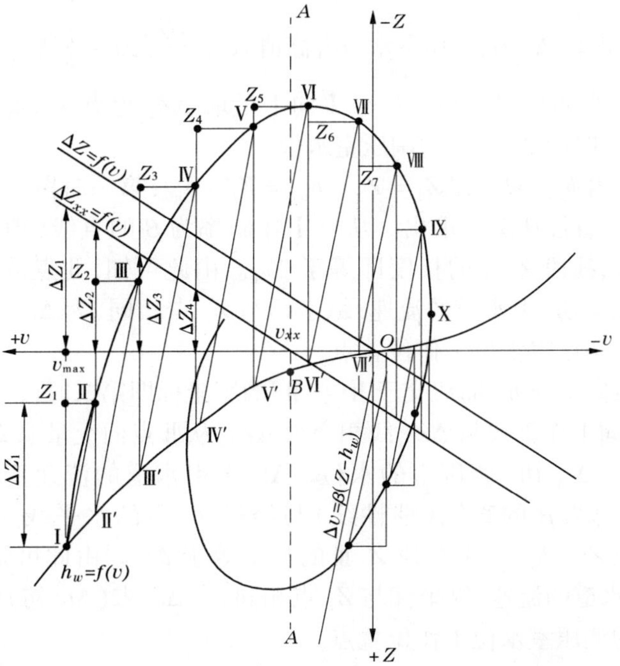

图 10-10　简单式调压室丢弃负荷时的水位波动图解

图解开始前，还要作以下辅助线：

(1)引水道水头损失曲线。水头损失 $h_w = \sum\xi\frac{v^2}{2g} + \frac{Lv^2}{C^2R} + \frac{v^2}{2g} = cv^2 = f(v)$ 是一条抛物线，第一项为进水口、弯道等局部损失，第二项为引水道的沿程损失，第三项为调压室底部的流速水头(可根据具体情况取舍)。假定几个 v 值，求出相应的 h_w，对应于正 v 的正 h_w 绘在第三象限；对应于负 v 的负 h_w 绘在第一象限。绘出这条曲线后，只要知道 v_n，即可确定相应的 h_{wn}。

(2)惯性线 $\Delta v=\beta(Z-h_w)$。选定 Δt 后，β 值已知，Δv 和 $(Z-h_w)$ 之间呈线性关系。该线是通过原点、斜率为 β 的一簇直线。

(3)$\Delta Z=A-\alpha v$ 线。该线为斜率为 $-\alpha=-\frac{f}{F}\Delta t$ 的直线，当丢弃全负荷时水轮机的流量 $Q=0$，则 $\Delta Z=-\alpha v$ 线通过原点，如图 10-10 中的 $\Delta Z=f(v)$ 线。通常，当丢弃负荷时，水轮机仍空转，空转流量为 Q_{xx}，引水道中相应的流速为 v_{xx}，则 $\Delta Z_{xx}=\frac{Q_{xx}}{F}\Delta t-\frac{f}{F}\Delta tv$ 为通过横轴上 v_{xx} 点与 $\Delta Z=f(v)$ 线平行的直线（见图 10-10）。作出 $\Delta Z=A-\alpha v$ 线后，在任何时段，只要知道引水道中的流速 v，就可以从该线上直接量取在本时段中调压室水位的变化值 ΔZ，叠加在时段起始水位上，即为时段末了时的调压室水位。

若起始时刻引水道中的流速为 $v_{\max}$，相应的水头损失为 h_{w0}，则调压室水位处于库水位以下 h_{w0}，调压室的水位工作位置点可在图解坐标系中用点Ⅰ表示，如图 10-10。

假定丢弃负荷后水轮机的流量变为 Q_{xx}，调压室水位开始上升，引水道中的水流流速随着调压室水位升高而减小，但因计算时段 Δt 很小，可近似地假定在该时段中流速不变，等于 $v_{\max}$，故在第一时段 Δt 内，调压室水位升高值 $\Delta Z_1=\frac{Q_{xx}}{F}\Delta t-\frac{f}{F}\Delta tv_{\max}$，它等于直线 $Z_{xx}=f(v)$ 上与 $v_{\max}$ 相对应的点的纵坐标。从点Ⅰ向上量取 ΔZ_1 得点 Z_1，此点的纵坐标即为第一时段 Δt_1 末（第二时段 Δt_2 初）的调压室水位。

第一时段 Δt_1 内 $h_{w1}\approx h_{w0}$，$\Delta Z_1=Z_1-h_{w1}=Z_1-h_{w0}$，第一时段末引水道的流速变化 $\Delta v_1=\beta(Z_1-h_{w1})$ 可直接从图中求出。从点Ⅰ作斜率为 β 的直线（惯性线）与经过 Z_1 点的水平线交于点Ⅱ，线段 Z_1Ⅱ的长度即等于 Δv_1。由此可知，Ⅱ点的横坐标为第一时段 Δt_1 末（第二时段 Δt_2 初）引水道的流速；纵坐标与 Z_1 点相同，为 Δt_1 末调压室水位，所以Ⅱ点为第二时段的调压室水位工作位置点。

由点Ⅱ作垂线向下与 h_w 曲线交于Ⅱ′。Ⅱ′的纵坐标即第二时段 Δt_2 初引水道的水头损失 h_{w2}。由点Ⅱ向上作垂线与 ΔZ_{xx} 线相交得 ΔZ_2，从Ⅱ点向上量取 ΔZ_2 得点 Z_2，此点的纵坐标即为 Δt_2 末（Δt_3 初）调压室的水位。Δt_2 中引水道的流速变化为 $\Delta v_2=\beta(Z_2-h_{w2})$，从Ⅱ′点作斜率为 β 的直线（惯性线）与经过 Z_2 点的水平线交于Ⅲ点，由于线段Ⅱ′Z_2 的长度等于 (Z_2-h_{w2})，则线段 Z_2Ⅲ的长度等于 Δv_2。由此可知，Ⅲ点的横坐标为 Δt_2 末（Δt_3 初）引水道的流速；纵坐标与 Z_2 点相同，为 Δt_2 末（Δt_3 初）的调压室水位，所以Ⅲ点为第三时段的调压室水位工作位置点。

重复以上步骤可求出以后各时段末的调压室水位工作位置点Ⅳ、Ⅴ、Ⅵ等。

连接点Ⅰ、Ⅱ、Ⅲ…可以得到调压室水位与引水道流速的关系曲线，如波动是逐渐衰减的，该曲线是一条向 B 点收敛的螺旋形曲线，B 点是丢弃负荷后的最终稳定状态点（水轮机空转），如图 10-10 所示，由图可以得出调压室的最高、最低涌波值。

由于 Δt 已知，由图 10-10 中调压室水位与引水道流速的关系曲线可得到各时段末调压室水位及引水道流速，即可绘出调压室水位与时间的关系曲线及引水道流速与时间的关系曲线。

（三）简单式调压室增加负荷的图解计算

增加负荷的图解计算与丢弃负荷时的计算原理是一样的，也采用相同的坐标系和三条辅助曲线，不过 $\Delta Z=f(v)$ 线要根据水轮机增荷后的流量 Q_k 来绘制，如图 10-11 中的 $\Delta Z_k=f(v)$ 线。如负荷增至满发，则此线平移至通过横轴 v_{max} 处，如图 10-11 中的 $\Delta Z=f(v)$ 线。

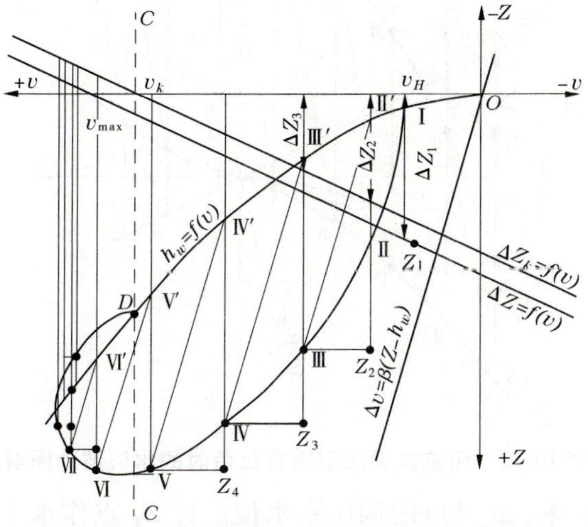

图 10-11　简单式调压室增加负荷时的水位波动图解

若负荷变化前的水轮机的引用流量为 Q_H，引水道中相应的流速为 v_H，在开始时刻，调压室的水位在点Ⅰ。Δt_1 末，水位降落 ΔZ_1，它等于 $\Delta Z_k=f(v)$ 线对应于 v_H 点的纵坐标。自Ⅰ点向下量取 ΔZ_1 即得 Δt_1 末调压室的水位点 Z_1。通过点Ⅰ引平行于 $\Delta v=\beta(Z-h_w)$ 的直线，与过 Z_1 点的水平线相交得点Ⅱ。点Ⅱ所对应的横坐标即为 Δt_1 末引水道的流速，其相应的水头损失为点Ⅱ′的纵坐标。经点Ⅱ作垂线与 $\Delta Z_k=f(v)$ 线相交，得 ΔZ_2，从点Ⅱ向下量取 ΔZ_2 得 Δt_2 末的水位点 Z_2。

依此类推，可求出以后各时段末的水位工作位置点Ⅲ、Ⅳ、Ⅴ…。连接点Ⅰ、Ⅱ、Ⅲ…即得调压室中水位与引水道中流速关系曲线，如图 10-11 所示。如波动是衰减的，则该螺旋状曲线趋近于 D 点，D 点代表 $v=v_k$ 时调压室中水位的稳定状态。

（四）阻抗式调压室的图解计算

阻抗式调压室的图解计算方法与简单式调压室基本相同，只是在基本方程中要考虑阻抗损失的影响，在水头损失曲线中还应包括阻抗损失 k，总水头损失为

$$\sum h=h_w+k \tag{10-28}$$

$\sum h$ 曲线的纵坐标是 h_w 和 k 两曲线纵坐标之和，式(10-27)可化为

$$\Delta v=\beta(Z-\sum h) \tag{10-29}$$

图解之前，要绘出 $h_w=f(v)$ 曲线、$k=f(v)$ 曲线以及两者之和的总水头损失 $\sum h=f(v)$ 曲线，如图 10-12 所示。

若丢弃负荷前水轮机引用流量为 Q_{max}，引水道中相应的流速为 v_{max}，调压室水位起始点位置可由 v_{max} 及 $h_w=f(v)$ 曲线定出，即图 10-12 中的点Ⅰ（此时 $k=0$）。当水轮机的流量突然减至 0 后，过点Ⅰ作垂线，上与 $\Delta Z=f(v)$ 线相交可量得调压室水位在第一时段 Δt_1 内的上升值 ΔZ_1，下与 $\sum h=f(v)$ 线相交并可得到点Ⅰ′。从Ⅰ点向上量取 ΔZ_1，得 Z_1 点，

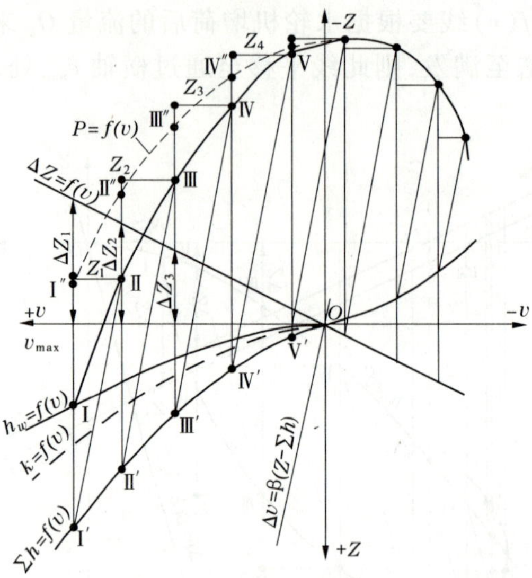

图 10-12　阻抗式调压室丢弃负荷时的水位波动图解

Z_1 点的纵坐标即为 Δt_1 末（Δt_2 初）的调压室水位。过 Z_1 点作水平线，过Ⅰ′点作平行于 $\Delta v = f(Z - \sum h)$ 的斜线，两者交于点Ⅱ，线段 Z_1Ⅱ的长度即为 Δv_1。点Ⅱ的横坐标即为 Δt_2 末（Δt_3 初）引水道流速，纵坐标即为 Δt_2 末（Δt_3 初）的调压室水位，则点Ⅱ为第二时段调压室水位的工作位置点。

同法求出点Ⅲ、Ⅳ…。连接点Ⅰ、Ⅱ、Ⅲ…即得调压室的 $Z \sim v$ 曲线，如图 10-12 所示，该螺旋状曲线趋近于原点。由此可以确定调压室水位波动的最高、最低涌浪值及 Z 和 v 随时间的变化过程线。

水位上升时，由于阻抗作用，引水道末端所承受的水头等于调压室水位产生的静水头加阻抗损失水头，即等于 $Z + k$。在Ⅰ、Ⅱ、Ⅲ…各点上增加相应的孔口阻抗水头 k 值，即可获得Ⅰ″、Ⅱ″、Ⅲ″…各点，如在Ⅰ点之上加上Ⅰ与Ⅰ′之间的距离得Ⅰ″。连接Ⅰ″、Ⅱ″、Ⅲ″…各点可得引水道末端（调压室底部）的压力变化曲线，如图 10-12 中虚线所示。

增加负荷时，水轮机的起始流量为 Q_H，引水道中相应的流速为 v_H。增荷后，水轮机流量为 Q_{max}，在引水道的流量增至 Q_{max} 前，不足的流量必须由调压室补充，阻抗的水头损失按 $k = \zeta \dfrac{(v_{max} - v)^2}{2g} = f(v)$ 计算，式中 ζ 为水流流出阻抗孔时的阻抗系数，v 为水位波动时引水道中水流流速。当 $v = 0$ 时，$k = \zeta \dfrac{v_{max}^2}{2g}$；当 $v = v_{max}$ 时，$k = 0$。

图解之前，绘出 $h_w = f(v)$ 曲线、$k = f(v)$ 曲线和两者之和的总水头损失 $\sum h = f(v)$ 曲线，如图 10-13 所示。增加负荷时，阻抗的作用是限制室内水位下降的，所以 $k = f(v)$ 曲线在横坐标轴以上。由于在调压室水位下降过程中，h_w 为正值，k 为负值，故 $\sum h = h_w + k = f(v)$ 曲线的纵坐标实际为 $h_w = f(v)$ 和 $k = f(v)$ 两曲线纵坐标之差，如图 10-13 中的Ⅰ′Ⅱ′Ⅲ′…线。惯性线、$h_w = f(v)$ 和 $\Delta Z = f(v)$ 曲线同前。

阻抗式调压室在增荷时的图解法与简单式调压室增加负荷时一样。图 10-13 中经过点Ⅰ、Ⅱ、Ⅲ…的曲线表示调压室的水位及引水道流速变化，经过点Ⅰ‴、Ⅱ‴、Ⅲ‴…的曲线

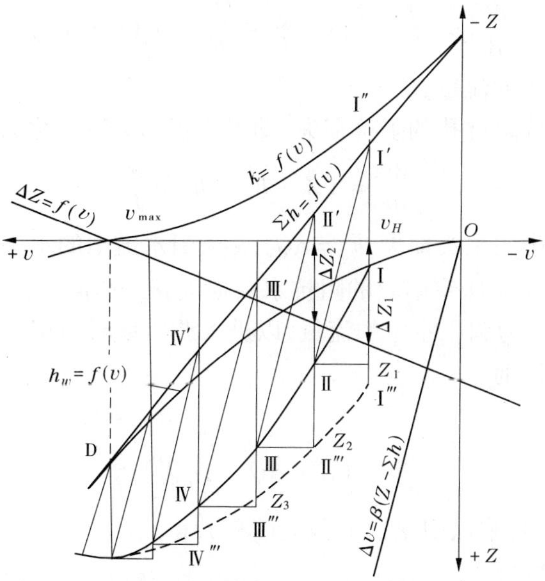

图 10-13　阻抗式调压室增加负荷时的水位波动图解

(用虚线表示)为引水道末端的压力变化曲线。

三、调压室水位波动的电算法

应用一阶近似的欧拉法求解波动微分方程,计算简单,但是精度较低。在实用上,当要求更高精度时,可选用标准的四阶龙格－库塔法。

(一)龙格－库塔法概述

对于形如$\frac{dy}{dx}=f(x,y)$的一阶微分方程,具有四阶精度的龙格－库塔法的求解公式为

$$\left.\begin{aligned}\Delta y_{n+1}&=(K_1+2K_2+2K_3+K_4)/6\\K_1&=hf(x_n,y_n)\\K_2&=hf(x_n+h/2,y_n+K_1/2)\\K_3&=hf(x_n+h/2,y_n+K_2/2)\\K_4&=hf(x_n+h,y_n+K_3)\end{aligned}\right\}\tag{10-30}$$

式中　h——计算步长。

龙格－库塔法的基本思想是设法计算出$f(x,y)$在某些点上的函数,然后对这些函数值作线性组合,构造近似计算公式,再将近似公式和精确解的泰勒展开式相比较,使前面的若干项吻合,从而获得达到一定精度的数值计算公式。其优点是精度高,每次计算y_{n+1}只用到计算结果y_n,但需要多次计算$f(x,y)$的值,工作量较大,可以利用计算机强大的计算功能编程实现,且计算过程中可以随时改变步长,具有快速、精确、应用方便等特点。

(二)调压室水位波动的电算法数学模型

为减少求解过程中的未知量,方便已知条件的输入,可将连续方程和动力方程化为实用形式。连续方程(10-4)可化为

$$\frac{\mathrm{d}Z}{\mathrm{d}t}=\frac{Q}{F}-\frac{fv}{F}=\frac{Q}{F}-\frac{Q_y}{F}=f_1(t,Z,Q_y) \tag{10-31}$$

式中　Q_y——引水道中的流量，$Q_y=fv$。

如考虑调压室底部阻抗孔的阻抗损失，动力方程(10-5)可化为

$$\frac{\mathrm{d}v}{\mathrm{d}t}=(Z-h_w-h_{wt})\frac{g}{L} \tag{10-32}$$

式中　h_w——引水道中的水头损失，$h_w=\alpha Q_y^2$，α 为引水道中的水头损失系数；

h_{wt}——水流进出调压室引起的阻抗水头损失，$h_{wt}=\eta Q_t^2$，η 为调压室阻抗水头损失系数，Q_t 为调压室中的流量，以进入调压室时为正；

其他符号含义同前。

式(10-32)可化为

$$\frac{\mathrm{d}v}{\mathrm{d}t}=(Z-\alpha Q_y^2-\eta Q_t^2)\frac{g}{L} \tag{10-33}$$

将式(10-33)两边各乘以引水道的截面面积 f，得

$$\frac{\mathrm{d}Q_y}{\mathrm{d}t}=(Z-\alpha Q_y|Q_y|-\eta Q_t|Q_t|)\frac{fg}{L}=f_2(t,Z,Q_y) \tag{10-34}$$

式(10-33)中，Q 为水轮机引用流量，$Q=Q_t+Q_y$，若已知出流变化规律，则 $Q=f(t)$ 已知。

式(10-33)、(10-34)可用四阶精度的龙格－库塔公式来求解

$$\left.\begin{aligned}\Delta Z_{t+\Delta t}&=(K_1+2K_2+2K_3+K_4)/6\\K_1&=\Delta tf_1(t,Z_t,Q_{y(t)})\\K_2&=\Delta tf_1(t+\Delta t/2,Z_t+K_1/2,Q_{y(t)}+L_1/2)\\K_3&=\Delta tf_1(t+\Delta t/2,Z_t+K_2/2,Q_{y(t)}+L_2/2)\\K_4&=\Delta tf_1(t+\Delta t,Z_t+K_3,Q_{y(t)}+L_3)\end{aligned}\right\} \tag{10-35}$$

$$\left.\begin{aligned}\Delta Q_{y(t+\Delta t)}&=(L_1+2L_2+2L_3+L_4)/6\\L_1&=\Delta tf_2(t,Z,Q_{y(t)})\\L_2&=\Delta tf_2(t+\Delta t/2,Z_t+K_1/2,Q_{y(t)}+L_1/2)\\L_3&=\Delta tf_2(t+\Delta t/2,Z_t+K_2/2,Q_{y(t)}+L_2/2)\\L_4&=\Delta tf_2(t+\Delta t,Z_t+K_3,Q_{y(t)}+L_3)\end{aligned}\right\} \tag{10-36}$$

在已知初始条件($Z_0,Q_{y(0)}$)的情况下，由式(10-24)、式(10-25)、式(10-35)、式(10-36)即可逐步求出($Z_1,Q_{y(1)}$)、($Z_2,Q_{y(2)}$)、…、($Z_n,Q_{y(n)}$)。

根据上述原理可编制计算程序进行调压室水位波动的计算。

第六节　水室式、溢流式和差动式调压室的水位波动计算

一、水室式和溢流式调压室

如前所述，水室式调压室适用于高水头和水位变幅较大的水电站。水电站水头高则要求调压室的稳定断面小，因此竖井可以采用较小的直径；水库的工作深度大则要求调压

室具有较大的高度，如采用水室式调压室，只需增加竖井高度即可。

由于结构本身的特点，水室式调压室宜于做成井式结构，其上、下室可做成各种形式。有试验表明：细而长的下室工作不够灵敏，下室应尽量做成粗而短的形式或对称布置在引水道的两侧。

图 10-14 为奥地利 Acbensee 水电站水室式调压室，上室呈长槽形，在岩石中开挖而成，因岩石较好，顶部不加衬砌。上室有进出口与外部相通，作为交通与通气用。上室的轴线和引水道的轴线不在一个铅直面上，交角 27°30′。盲肠形的下室具有圆形横断面，其轴线与引水道垂直，这样对结构较为有利；下室分两段，对称布置在引水道的两侧，这样既减小了下室的长度又使水流对称。

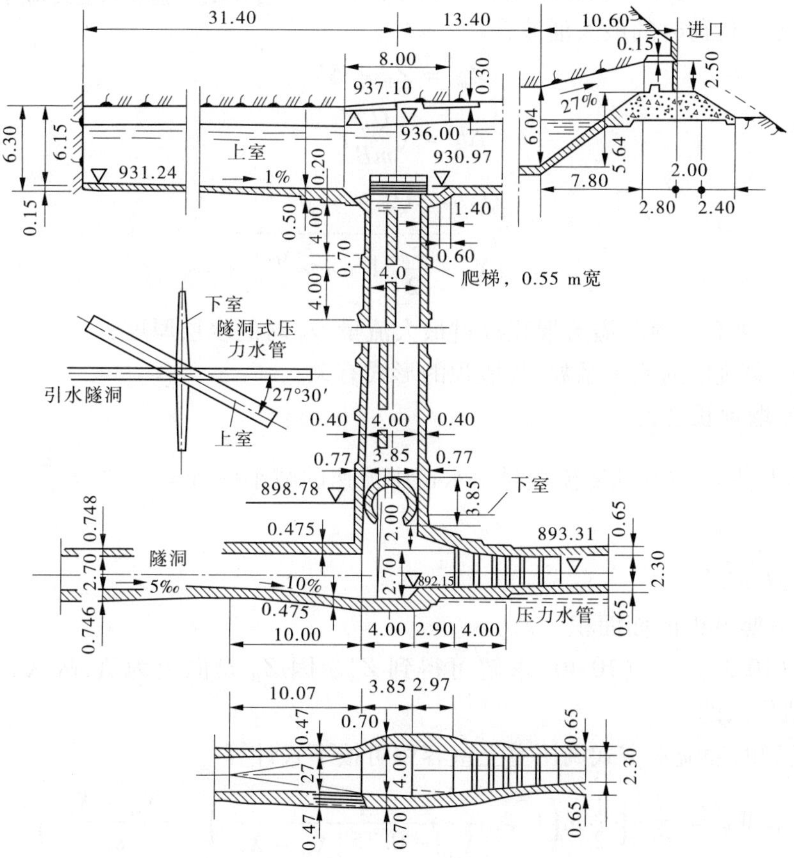

图 10-14　奥地利 Acbensee 水电站水室式调压室　（单位：m）

水室式调压室常在上室中设置溢流堰而成溢流水室式调压室，如图 10-15 所示，丢弃负荷时，水位迅速上升，达到溢流堰后开始溢流，溢流出的水进入上室。由于上室容积较大，且水流重心较高，在最高水位附近保持一段时间后，水位开始缓慢地下降，上室的水可经溢流堰底部的排水孔返回竖井。由于上室的水量绝大部分是经溢流堰流出的，且最高水位受溢流堰限制，因此在相同的条件下，设置溢流堰比不设溢流堰的水室式调压室的上室容积有所减小。

水室式调压室用竖井断面来保证室内水位波动的稳定，在满足波动衰减的条件下，竖井断面应尽量减小，将大部分的容积集中于上室和下室。若竖井横断面无限小，而上室容积集中于水位的最大升高 Z_{max} 处，下室容积集中于水位的最大降低 Z_{min} 处，这种水室式调压室称为"理想化"调压室。它是进行计算时的一个简化，竖井断面愈小，上室和下室的断面愈大，则愈接近理想化。

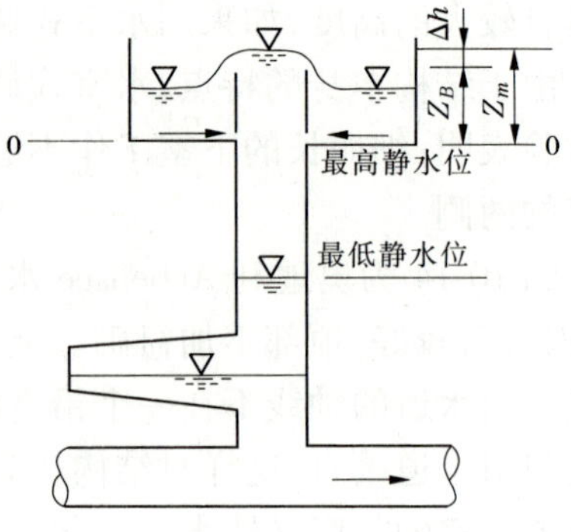

图 10-15　溢流水室式调压室示意图

如上室底部与上游最高静水位在同一高程（见图 10-15 中的 0—0 线），上室设溢流堰，堰顶高出静水位 Z_B，则丢弃负荷时的最大涌波：

$$Z_m = Z_B - \Delta h \tag{10-37}$$

$$\Delta h = \left(\frac{Q_B}{mB}\right)^{2/3} \tag{10-38}$$

$$Q_B = yQ_0 = yv_0 f \tag{10-39}$$

$$y = \sqrt{X_B + \frac{\varepsilon_B}{2}\left[1 - e^{\frac{2}{\varepsilon_B}(X_B - 1)}\right]} \tag{10-40}$$

式中　Δh——丢弃负荷时溢流堰顶溢过最大流量 Q_B 时的水层厚度；

m——溢流堰的流量系数，与堰顶的形式有关；

B——堰顶长度；

y——竖井水位升到溢流堰时引水道中流速的减小率，$y = \frac{v}{v_0}$；$X_B = \frac{Z_B}{h_{w0}}$；

$\varepsilon_B = \frac{Lfv_0^2}{gF_s h_{w0}^2}$；

F_s——竖井的断面面积。

联立式（10-37）～式（10-40）求解可得到 Z_m。因 Z_B 是向上为负，故式（10-40）中的 X_B 是以负值代入的。

若 Z_m 已知，溢流水室式调压室上室容积可按下式计算

$$W_B = \frac{Lfv_0^2}{gh_{w0}}\left[\frac{1}{2}\ln\left(1 + \frac{y^2}{|X_m| - 0.15|X_m - X_B|}\right) - \frac{|X_m - X_B|}{\varepsilon_B}\right] \tag{10-41}$$

如上室无溢流堰，则水室式调压式上室容积可近似地按下式计算

$$W_B = \frac{Lfv_0^2}{2gh_{w0}}\ln\left(1 - \frac{h_{w0}}{Z_m}\right) \tag{10-42}$$

在应用时，应注意 Z_m 的符号，因 Z_m 是向上的，故应以负值代入。

当水电站的流量由 mQ_0 增至 Q_0 时，下室容积按下式计算

$$W_H = \frac{Lfv_0^2}{2gh_{w0}}\ln\left[\frac{X'_m - 1}{X'_m - m^2}\left(\frac{\sqrt{X'_m} + 1}{\sqrt{X'_m} - 1} \cdot \frac{\sqrt{X'_m} - m}{\sqrt{X'_m} + m}\right)^{\frac{1}{\sqrt{X'_m}}}\right] \tag{10-43}$$

式中，$X'_m = \dfrac{Z_{\min}}{h_{w0}}$。

如所采用的上室容积比所计算的 W_B 小，则上室应设外部泄水道，使多余的水量沿斜坡向下游排泄。对于溢流式调压室，溢出的水量全部泄走，则泄水道的断面过水流量应按 Q_B 设计，$Q_B = yQ_0$。

以上三式是在理想化调压室的假定基础上得出的，实际上，上室的容积在最高涌波水位以下，下室容积在最低涌波水位以上。同时竖井也有一定的容积，在设计时应先根据以上各式确定调压室的初步尺寸，再用数值积分法加以校核。

水室式调压室水位波动的图解法与简单式调压室区别不大，但作图时要考虑调压室沿高度采用不同的断面面积。在竖井内，由于断面较小，水位升降迅速，计算时段应选得小些，上、下室的计算时段则应选择大些。由于断面和选择的时段不同，上室、竖井、下室各段的 Δv 和 ΔZ 辅助曲线具有不同的斜率。图解时，水位在竖井内时，用竖井的 Δv 和 ΔZ 线，水位进入上室或下室时，用上室或下室的 Δv 和 ΔZ 线。

溢流式调压室在增加负荷时的图解方法与简单式调压室相同。但在丢弃负荷时，水位开始溢流后的图解计算还需利用堰顶的溢流深度与引水道流速的关系曲线。

二、差动式调压室

差动式调压室丢弃负荷时的水位变化如图 10-16 所示，开始升管水位迅速上升，升管与大室间形成水位差，有部分流量 Q_1 经阻抗孔口流入大室，大室水位亦缓慢上升，但总落后于升管水位，如图 10-16(a)所示；升管水位超过其顶部时，大量水溢入大室，如图 10-16(b)所示，此时大室水位由于有升管顶部和底部两部分的流量进入，故以较快的速度上升，最后与升管水位齐平而达到最高水位，如图 10-16(c)所示；然后升管水位迅速下降，大室水位高于升管水位，有流量 Q_1 经阻抗孔口流回升管，如图 10-16(d)所示，最后大室水位与升管水位齐平而达到最低水位，如图 10-16(e)所示。此后水位又回升、下降，直至稳定。在正常运行时，升管和大室二者水位是相同的，负荷变化时升管和大室经常保持有水位差，差动式由此而得名。

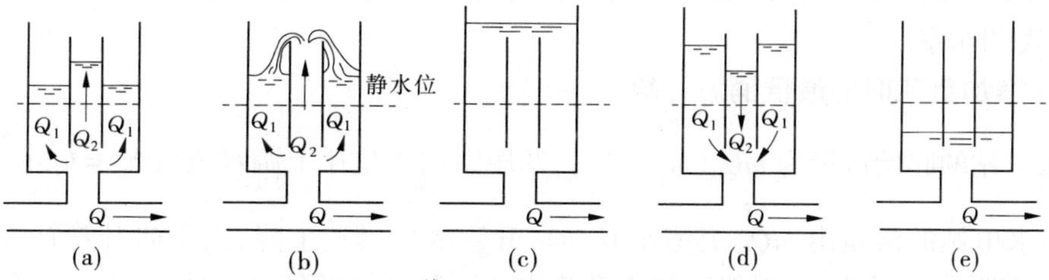

图 10-16　差动式调压室水位变化示意图

差动式调压室水位波动的衰减是由大室和升管共同保证的，因而升管直径可以做得小些，但为了充分反射水锤波，一般取升管直径等于引水道直径，大室的断面通常由波动的衰减需要决定。经过合理设计的差动式调压室，应使大室和升管具有相同的最高水位和相同的最低水位，这种调压室称为“理想”差动式调压室，如图 10-16 所示。

图 10-17 为我国湖南镇水电站的差动式调压室。升管与大室分开布置，相距 40 m，大

室直径 18.5 m，用阻力洞与引水隧洞相连，阻力洞直径 3.5 m，升管直径 7.8 m，与引水隧洞直径相同。升管与大室顶部在地面用溢流槽相连。这种结构型式能适应当地地形特点，升管布置在岩石中，可省去较难施工的支撑结构，并充分利用岩石的弹性抗力；大井的布置较灵活，可以避开隧洞和破碎的岩石，因升管在大井之外，大井断面可相应缩小。

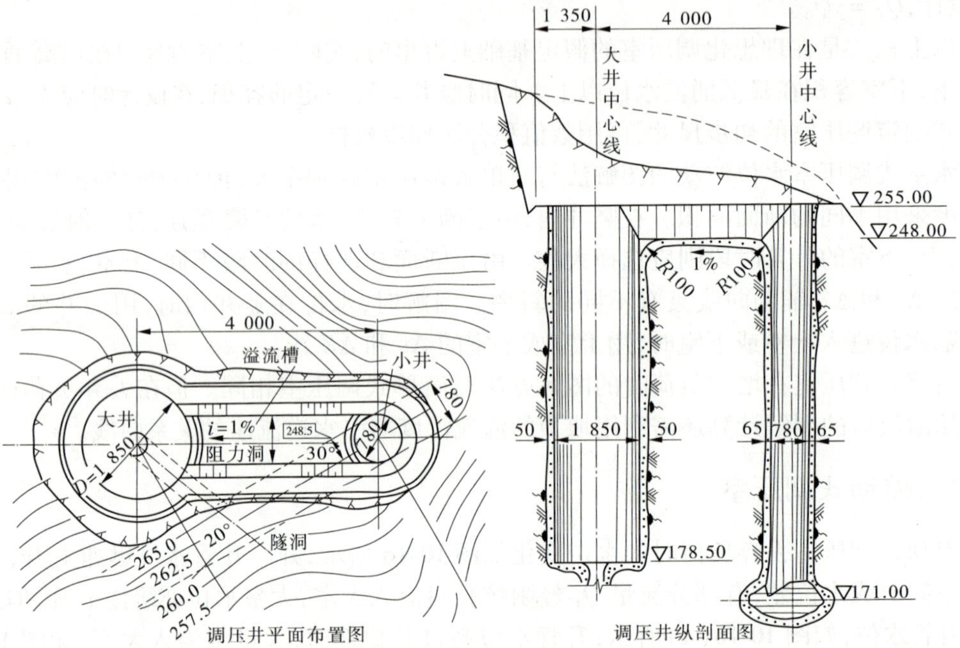

图 10-17　湖南镇差动式调压室　（单位：cm）

差动式调压室水位波动的最高涌波、最低涌波与大室面积、升管面积、阻抗孔口的大小和流量系数、溢流口高程等因素有关，在设计时应考虑到这些参数相互的影响。例如，选择大室断面面积太大或阻抗孔口太小，当升管停止溢流后，大室水位仍未达到升管顶部，不能充分发挥大室的作用；若选择大室断面面积太小或阻抗孔口太大，大室过早蓄满，升管被淹没，从而失去升管限制水位上升的作用。因此，合理的差动式调压室应是“理想”差动式调压室。

（一）增加负荷时的最低涌波计算

当水电站的起始流量为 $mQ_0(m<1)$ 时，调压室内水位比上游水位低 $h_w = h_{w0}\left(\frac{mQ_0}{Q_0}\right)^2 = m^2h_{w0}$，当水电站的流量由 mQ_0 突增至 Q_0 时，升管水位迅速下降，大室向升管补水。由于升管水位下降非常迅速，可近似地假定升管水位下降到最低值 $Z_{\min}$ 时，大室水位和压力水道的流量均未来得及变化，此时大室流入升管的流量应为 $Q_0 - mQ_0$，则

$$Q_0 - mQ_0 = \varphi_H w\sqrt{2g(Z_{\min} - m^2h_{w0})} \tag{10-44}$$

$$w = \sqrt{\frac{Q_0^2}{2gh_{w0}\eta_H\varphi_H^2}} \tag{10-45}$$

$$\eta_H = \frac{\dfrac{Z_{\min}}{h_{w0}} - m^2}{(1-m)^2} \tag{10-46}$$

式中　φ_H——水流由大室流入升管的孔口流量系数，可初步选择一个数值，而后由模型试验验证，初步计算时可按 $\varphi_H=0.8$ 计算；

w——阻抗孔口的面积，一般按增加负荷的要求确定；

η_H——水流由大室流入升管（或压力水道）的孔口阻抗系数。

设全部流量 Q_0 经过孔口从大井流向升管所需的水头为 $\eta_H h_{w0}$，对"理想"差动式调压室，大室与升管的最低水位相同，在阻抗孔尺寸满足上述条件时，最低涌波计算公式如下

$$\frac{Z_{\min}}{h_{w0}} = 1 + \left(\sqrt{0.5\varepsilon_1 - 0.275\sqrt{m}} + \frac{0.1}{\varepsilon_1} - 0.9\right)(1-m)\left(1 - \frac{m}{0.65\,\varepsilon_1^{0.62}}\right) \tag{10-47}$$

$$\varepsilon_1 = \frac{\dfrac{Lfv_0^2}{g(F_r+F_p)h_{w0}^2}}{1 - \dfrac{F_r/(F_r+F_p)}{2\left[1-\dfrac{2}{3}(1-m)\right]}} \tag{10-48}$$

式中　F_r——升管断面面积；

F_p——大室断面面积。

对于突然增加全负荷情况，水电站的流量由 0 增至 Q_0，$m=0$。

（二）丢弃负荷时的最高涌波计算

当水电站突然丢弃全负荷后，升管水位迅速上升。假定升管开始溢流时，大室水位和压力水道流量尚未改变，则压力水道流量 Q_0 的一部分 Q_B 经升管顶部溢入大室，另一部分 Q_c 在水头（$h_{w0}-Z_m$）的作用下经阻抗孔流入大室，若水由升管经阻抗孔流入大室的孔口阻抗系数为 η_c，则

$$Q_c = \varphi_c w\sqrt{2g(h_{w0}-Z_m)} \tag{10-49}$$

$$Q_0 = \varphi_c w\sqrt{2g\eta_c h_{w0}} \tag{10-50}$$

式中　φ_c——水流由升管进入大室的孔口流量系数，应由设计提出要求经模型试验确定，初步计算时可按 $\varphi_c=0.6$ 计算；

w——阻抗孔口的面积；

η_c——水流由升管进入大室的孔口阻抗系数，$\eta_c=\dfrac{Q_0^2}{\varphi_c^2 w^2\times 2gh_{w0}}$

式（10-49）和式（10-50）相除得

$$\frac{Q_c}{Q_0} = \sqrt{\frac{h_{w0}-Z_m}{\eta_c h_{w0}}} \tag{10-51}$$

由此得溢流量

$$Q_B = Q_0 - Q_c = Q_0\left(1 - \sqrt{\frac{h_{w0}-Z_m}{\eta_c h_{w0}}}\right) \tag{10-52}$$

由溢流量可求出升管顶部溢流层的厚度

$$\Delta h = \left(\frac{Q_B}{mB}\right)^{2/3} \tag{10-53}$$

式中　m——升管顶部的溢流系数，对于薄壁圆环形溢流堰，建议 m 采用 1.75 ~ 1.85，对于宽顶堰，建议采用 1.55 左右；

B——升管顶部溢流前沿的长度。

则升管顶部在静水位以上的高度 $Z_B = Z_m - \Delta h$。

对于“理想”差动式调压室，按大室水位升到 Z_m 时压力水道流速为 0 来确定大室容积

$$W = \frac{Lfv_0^2}{2gh_{w0}} \cdot \frac{\ln\left[1 + \dfrac{1}{-X_m - 0.15(X_B - X_m)}\right]}{1 - \dfrac{0.3 - X_m}{0.3 - 2X_m} \cdot \dfrac{\dfrac{F_r}{F_r + F_p}}{1 - \dfrac{2}{3}\sqrt{\dfrac{1 - X_m}{\eta_c}}}} \tag{10-54}$$

式中：$X_m = \dfrac{Z_m}{h_{w0}}$；$X_B = \dfrac{Z_B}{h_{w0}}$；$F_r$ 为升管断面面积；F_p 为大室断面面积。

以上各式中，Z 的符号永远取静水位以上为负，静水位以下为正，而且大室断面面积 F_p 和升管断面面积 F_r 之和必须满足波动衰减要求。

上列各式说明了调压室各参数之间的关系，在解决实际问题时可假定一些参数来求另一些参数。为了使差动式调压室接近为“理想”的，必须经过试算。

差动式调压室的尺寸按以上公式初步确定以后，再用数值积分法校核。

第七节　引水道—调压室系统的工作稳定性

一、调压室水位波动的稳定问题

增加负荷或丢弃部分负荷后，电站继续运行，调压室水位的变化将影响发电水头的大小，调速器为了维持恒定的出力，随调压室水位的升高或降低，将相应地减小或增大水轮机的流量，这会进一步激发调压室水位的变化。例如，机组负荷增加激发调压室水位下降，室水位的降低使水轮机的工作水头减小，调速器为保持出力不变将引用流量调大，这样将再次激发室水位的下降，这种相互激发的作用，可能使调压室水位波动逐渐增大，而不是逐渐衰减。因此，调压室的水位波动有两种情况：一是动力稳定，振幅趋近于常数，或随时间而衰减趋近于零；二是动力不稳定，即波动的振幅随时间而增大。

如果在调节过程中出现调压室水位长时间波动、振幅不衰减的现象，对水轮机和电力系统的安全运行都是极端不利的，在设计调压室时，必须保证在发生各种负荷变化时调压室内的水位波动能够迅速衰减平息，避免出现不稳定现象。

二、小波动的稳定条件

调压室水位波动可分为两类:大波动与小波动。大波动的振幅较大,由较大的负荷变化引起,如在紧急情况下切断或启动一台机组,或机组出力有大幅度的增减;小波动的振幅较小,由较小的负荷变化或外界其他因素引起。若电站装有自动调节机构,微小负荷变化可能带来不稳定问题:即不衰减的小波动或大波动。

1904 年德国 HEIMBACH 水电站发生了调压室水位波动不稳定的现象,此后托马(Thoma)教授对该现象进行了研究,提出了著名的调压室波动的衰减条件,即托马稳定条件。

调压波的小波动稳定具有纯理论解,是在严格的基本假定下导出的,这些假定包括:

(1)波动为无限,以使微分方程线性化,从而容易得到解析解。

(2)电站单独运行,不受其他电站影响。

(3)机组的效率和出力保持不变。

(4)调压室与引水道直接连接,不考虑调压室底部流速水头的影响。

当水轮机在恒定状态下运行时,电站静水头为 H_0,引水道中的流量为 Q_0(相应流速为 v_0),引水道中水头损失为 h_{w0}($h_{w0}=cQ_0^2$ 或 $h_{w0}=\alpha v_0^2$,c、α 为水头损失系数),压力管道中的水头损失为 h_{wm0}($h_{wm0}=c'q^2$ 或 $h_{wm0}=\alpha' v'^2_0$,c'、α'为水头损失系数)。现假定电网负荷突然增加一个微小值,各因素均将有所变动:引水道中的流量、流速分别增加 ΔQ、Δv,调压室水位下降 Z,压力管道中流量增加 Δq 等,则

$$Q = Q_0 + \Delta Q, \quad v = v_0 + \Delta v, \quad \cdots$$

由动力方程(10-5)可得

$$\frac{L}{fg}\frac{\mathrm{d}Q}{\mathrm{d}t} + cQ^2 = cQ_0^2 + Z \tag{10-55}$$

将 $Q=Q_0+\Delta Q$ 代入式(10-55),可得

$$\frac{L}{fg}\frac{\mathrm{d}\Delta Q}{\mathrm{d}t} + c(Q_0^2 + 2Q_0\Delta Q + \Delta Q^2) = cQ_0^2 + Z$$

ΔQ^2 认为是高阶微量可略去,则上式可化为

$$\frac{L}{fg}\frac{\mathrm{d}\Delta Q}{\mathrm{d}t} + 2cQ_0\Delta Q = Z \tag{10-56}$$

式(10-56)为分析调压室水位波动的一个基本方程,含有$\frac{\mathrm{d}\Delta Q}{\mathrm{d}t}$、$\Delta Q$ 及 Z 等函数。利用水量平衡条件,可将 ΔQ 以$\frac{\mathrm{d}Z}{\mathrm{d}t}$和 Z 表达,从而可将式(10-56)化为 Z 的二阶线性微分方程。

由水流连续方程(10-4)可知,引水道中增加的流量 ΔQ,将进入调压室中抬高其水面和使压力管道中的流量增加 Δq,即

$$\Delta Q = -F\frac{\mathrm{d}Z}{\mathrm{d}t} + \Delta q \tag{10-57}$$

式中,调压室水面下降时 Z 值为正。

如果将 ΔQ 及$\frac{\mathrm{d}\Delta Q}{\mathrm{d}t}$以 Z 表示后代入式(10-56)消去 ΔQ,又将出现一个新的变量 Δq,可用等出力方程将 Δq 也以 Z 表达。

在恒定运行时,水轮机的流量为 Q_0,水头为 $H_0-h_{w0}-h_{wm0}$;在暂态过程中,流量为 $Q_0+\Delta q$,水头为 $H_0-h_{w0}-Z-h_{wm}$。压力管道中的瞬时水头损失 h_{wm} 用下式表示

$$\frac{h_{wm}}{h_{wm0}}=\frac{(Q_0+\Delta q)^2}{Q_0^2}=\frac{Q_0^2+2Q_0\Delta q+\Delta q^2}{Q_0^2}\approx 1+2\frac{\Delta q}{Q_0}$$

Δq^2 为高阶微量可略去,即

$$h_{wm}=h_{wm0}\left(1+2\frac{\Delta q}{Q_0}\right)$$

在暂态过程中,水轮机的流量和水头的乘积为

$$\begin{aligned}&(Q_0+\Delta q)\left(H_0-h_{w0}-Z-h_{wm0}-2h_{wm0}\frac{\Delta q}{Q_0}\right)\\&=Q_0(H_0-h_{w0}-h_{wm0})+\Delta q(H_0-h_{w0}-h_{wm0})+\\&\quad Q_0\left(-Z-2h_{wm0}\frac{\Delta q}{Q_0}\right)+\Delta q\left(-Z-2h_{wm0}\frac{\Delta q}{Q_0}\right)\end{aligned}$$

上式右端最后一项为高阶微量,可以略去,得

$$\begin{aligned}&(Q_0+\Delta q)\left(H_0-h_{w0}-Z-h_{wm0}-2h_{wm0}\frac{\Delta q}{Q_0}\right)\\&=Q_0(H_0-h_{w0}-h_{wm0})+\Delta q(H_0-h_{w0}-h_{wm0})+\\&Q_0\left(-Z-2h_{wm0}\frac{\Delta q}{Q_0}\right)\end{aligned}\tag{10-58}$$

将式(10-58)带入等出力方程(10-6)的右端,两边相消后,得

$$\Delta q(H_0-h_{w0}-h_{wm0})=Q_0\left(Z+2h_{wm0}\frac{\Delta q}{Q_0}\right)$$

则

$$\Delta q=\frac{Q_0}{H_0-h_{w0}-3h_{wm0}}Z=\frac{Q_0}{H_1}Z\tag{10-59}$$

式中 $H_1=H_0-h_{w0}-3h_{wm0}$,将式(10-59)代入式(10-57)中,得

$$\Delta Q=\Delta q-F\frac{\mathrm{d}Z}{\mathrm{d}t}=\frac{Q_0}{H_1}Z-F\frac{\mathrm{d}Z}{\mathrm{d}t}\tag{10-60}$$

取导后

$$\frac{\mathrm{d}\Delta Q}{\mathrm{d}t}=\frac{Q_0}{H_1}\frac{\mathrm{d}Z}{\mathrm{d}t}-F\frac{\mathrm{d}^2Z}{\mathrm{d}t^2}\tag{10-61}$$

将式(10-60)、式(10-61)代入式(10-56)中,得

$$\frac{L}{fg}\left(\frac{Q_0}{H_1}\frac{\mathrm{d}Z}{\mathrm{d}t}-F\frac{\mathrm{d}^2Z}{\mathrm{d}t^2}\right)+2cQ_0\left(\frac{Q_0}{H_1}Z-F\frac{\mathrm{d}Z}{\mathrm{d}t}\right)-Z=0$$

整理后得

$$\frac{\mathrm{d}^2Z}{\mathrm{d}t^2}+\left(\frac{2cfgQ_0}{L}-\frac{Q_0}{FH_1}\right)\frac{\mathrm{d}Z}{\mathrm{d}t}+\frac{fg}{FL}\left(1-\frac{2h_{w0}}{H_1}\right)Z=0\tag{10-62}$$

式(10-62)为一常系数二阶线性微分方程,解答的稳定性要求

$$\frac{2cfg}{L}-\frac{1}{FH_1}>0 \tag{10-63}$$

$$1-\frac{2h_{w0}}{H_1}>0 \tag{10-64}$$

由式(10-63)可得

$$F>\frac{L}{2cfgH_1}=\frac{Lf}{2\alpha gH_1}=\frac{Lf}{2\alpha g(H_0-h_{w0}-3h_{wm0})} \tag{10-65}$$

即调压室的断面面积必须大于式(10-65)右端所示的值,这就是著名的托马稳定条件,$F_{th}=\dfrac{Lf}{2\alpha g(H_0-h_{w0}-3h_{wm0})}$为调压室临界稳定断面面积,常称为托马断面或稳定断面。托马稳定条件是以孤立水电站小波动的稳定性确定调压室断面面积的,是核算调压室工作稳定性最基本的公式。

将 $H_1=H_0-h_{w0}-3h_{wm_0}$ 代入式(10-64)可得

$$\frac{H_0}{3}>h_{w0}+h_{wm0}$$

即为了使调压室水面振荡趋于稳定,不论调压室的断面大小如何,压力水道中的总水头损失不得达到或超过毛水头的1/3,这一条件通常能够自动满足。如果总水头损失达到毛水头的1/3,当水轮机进水阀门关小,希望通过减小流量而减小出力时,因流量缩减而恢复的水头增高值将使出力并不降低,这样是无法完成调节任务的。

三、大波动的稳定性

小波动的基本方程均可简化为线性问题处理,但对于大波动,基本方程不能线性化,因此要作出严格的理论解是困难的。要比较深入地了解大波动的稳定问题,首先按托马断面初定调压室尺寸,然后利用数值积分法如电算法或图解法求解各种工况下的波动过程,求出水位随时间的变化过程再研究确定。

研究表明,如调压室中水位小波动不能稳定,则大波动必定不能衰减,即大波动所要求的稳定断面要大。为了保证大波动的稳定,可在小波动稳定断面的基础上乘以一个安全系数。对于上游调压室,其所需的横截面面积按下式计算

$$F=KF_{th}=K\frac{Lf}{2g\left(\alpha+\frac{1}{2g}\right)(H_0-h_{w0}-3h_{wm0})} \tag{10-66}$$

式中　K——系数,一般可采用1.0~1.1,选用 $K<1$ 时应有足够可靠的论证。

当调压室底部无连接管时,用 c 代替式(10-66)中的$(c+\frac{1}{2g})$。

以上调压室稳定断面的计算是针对上游或下游单调压室的。对于上下游双调压室系统、上游双调压室、气垫式调压室,其稳定断面的计算不宜直接使用上述公式,应通过专门论证确定。

四、影响波动稳定的主要因素

托马稳定条件是在一些假定的基础上推导的，在水电站实际运行中，这些假定都是近似的，应用时必须根据水电站的实际情况对各影响因素进行具体分析，下面分别讨论影响调压室波动稳定的一些主要因素。

（一）水电站水头的影响

从式(10-66)可以看出，水电站的水头愈小，要求的稳定断面愈大。因此，中低水头水电站多采用简单式或差动式调压室；高水头水电站要求的稳定断面较小，调压室尺寸常受波动振幅控制，多采用水室式或阻抗式调压室。

（二）压力水道中糙率的影响

引水道的糙率愈大，水头损失系数 α 愈大，F_{th}愈小（虽然 H_1 随糙率的增大而减小，有使 F_{th}增大的趋势，但其影响远不如 α 显著）；压力管道中糙率越大，对稳定越有利。为了安全，计算 F_{th}时应采用引水道可能的最小糙率，采用压力管道中可能的最大糙率。

（三）调压室位置的影响

因 $H_1 = H_0 - h_{w0} - 3h_{wm0}$，在引水路线不变的情况下，调压室愈靠近厂房，压力管道愈短，H_1 值愈大，所需的 F_{th}愈小，有利于波动的衰减。因此，应使调压室尽量靠近厂房。

（四）调压室底部流速水头的影响

对有连接管的调压室，调压室底部流速水头将对波动稳定起着有利的影响。从调压室动力方程可以看出，对引水道而言，流速水头的作用与水头损失相似，相当于加大了摩阻损失，但对于水轮机来说，并不减小其有效水头，因此，托马断面公式可以修正为

$$F_{th} = \frac{Lf}{2g\left(\alpha + \frac{1}{2g}\right)\left(H_0 - h_{w0} - 3h_{wm0} + \frac{v_0^2}{2g}\right)} \tag{10-67}$$

引水道的直径越大，长度越短，流速水头的影响越显著。

在实际运行中，调压室底部三通管处的水流状态是不稳定的，尤其当调压室水位较低和连接管直径较大时更为显著，因此考虑全部流速水头可能是不安全的。若调压室底部和引水道的连接处断面较大（像简单式调压室那样），则不应考虑流速水头的影响。

（五）水轮机效率的影响

在前面的推导中，假定水轮机的效率 η 为常数，实际上，水轮机的效率随着水头和流量的变化而变化，对于单独运行的水电站，当调速器保持出力为常数时，建议按下式计算 F_{th}

$$F_{th} = \frac{Lf(1 + \Delta)}{2\alpha g[H_1 - 2h_{wm0}(1 + \Delta)]} \tag{10-68}$$

式中 Δ——水轮机效率变化的无因次系数，其值为

$$\Delta = \frac{H_0}{\eta_0} \frac{\left[\frac{\partial \eta}{\partial H}\right]_0}{\left[\frac{\partial \eta}{\partial Q}\right]_0}$$

η_0——恒定工况下对应于静水头 H_0 和流量 Q_0 时的水轮机效率；

$\left[\frac{\partial \eta}{\partial H}\right]_0$、$\left[\frac{\partial \eta}{\partial Q}\right]_0$——水头为 H_0、流量为 Q_0 时水轮机效率随水头、流量的变化率。

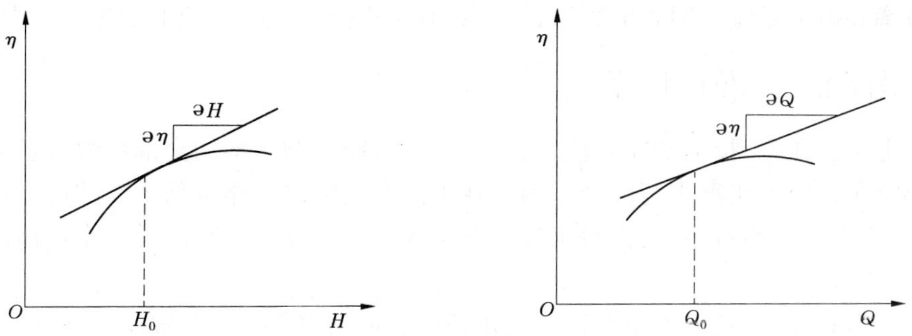

图 10-18　水轮机效率特性曲线

根据水轮机综合特性曲线，可以绘制出力为常数的 $\eta = f(H)$、$\eta = f(Q)$ 关系曲线，如图 10-18 所示，$\left[\frac{\partial \eta}{\partial H}\right]_0$、$\left[\frac{\partial \eta}{\partial Q}\right]_0$ 可由图中特性曲线求得，相当于对应于稳定工况点(H_0,Q_0)各效率曲线的斜率。效率变化对稳定断面的最不利影响发生在 $\eta = f(H)$ 关系曲线中最高效率区的左边(η 随 H 增加而增加)，$\eta = f(Q)$ 关系曲线中最高效率区的右边(η 随 Q 增加而减小)。

由于调压室的稳定断面 F_{th} 取决于水电站在最低水头运行和满负荷运行工况，在该工况下，如果在效率水头曲线的左边或效率流量曲线的右边，都对波动衰减不利。

(六)电力系统的影响

对于单独运行的水电站，当调压室水位变化而引起出力变化时，只能依靠该电站水轮机调速器的调节使出力保持不变。如果水电站在系统中运行，则可由系统中各电站的机组共同保证系统出力为常数，因此可减小该电站本身流量变化的幅度，有助于调压室水位波动的稳定。

托马稳定条件虽有各种近似假定，目前仍不失为调压室设计的一个重要准则，在设计调压室时应根据具体情况，进行具体分析。

第八节　调压室水力计算条件

进行调压室水力计算之前，需先确定水力计算的条件。应根据水电站和压力水道的实际情况，选择可能出现的最不利情况作为计算条件，使调压室在确保安全的前提下最经济合理。

一、水位波动的稳动性计算

为使求得的稳定断面满足各种运行工况的要求，由式(10-65)可知，调压室的临界断面应按水电站在正常运行中可能出现的最小水头 H_{min} 计算，上游的最低水位一般为死水位，但如电站有初期发电和战备发电的任务，这种特殊最低水位也应加以考虑。

引水系统的糙率是无法精确预测的，只能根据经验在可能变化的范围内，根据不同的设计情况，选择偏于安全的数值。计算调压室的临界断面时，引水道应选用可能的最小糙率（使 α 值最小），压力管道应选用可能的最大糙率（使 h_{wm0} 值最大）。至于流速水头、水轮机的效率和电力系统等因素的影响，一般只有在充分论证的基础上才加以考虑。

二、最高涌波水位的计算

对于上游调压室，按上游库水位为正常蓄水位，同一调压室的全部机组满负荷运行时瞬间丢弃全负荷时的工况进行设计。由于特大洪水时输电线路全部中断的可能性是存在的，为了安全和运行留有余地，需按水库校核洪水位时全部机组瞬间丢弃全负荷的工况进行校核。

对于下游调压室，按厂房下游设计洪水位时，同一调压室的全部 n 台机组由 $n-1$ 台增至 n 台或全部机组由 2/3 负荷突增至满载作为设计工况。按厂房下游校核洪水位时相应的工况进行校核，并复核设计洪水位时同一调压室的全部机组瞬时丢弃全部负荷的第二振幅。

三、最低涌波水位的计算

对于上游调压室，按上游死水位时，同一调压室的全部 n 台机组由 $n-1$ 增至 n 台或全部机组由 2/3 负荷突增至满载作为设计工况，此外尚须复核死水位时瞬时丢弃全部负荷的第二振幅，以检验其是否低于增荷时的最低涌波水位。

对于下游调压室，按同一调压室的全部机组在满负荷运行及相应下游尾水位时瞬间丢弃全负荷时的工况进行设计。

计算调压室涌波，丢弃负荷时引水道和尾水道的糙率应取最小值，增加负荷时应取最大值。

对于丢弃负荷的情况，经论证后，明确不存在丢弃全负荷的可能性，则可按部分丢弃负荷进行涌波计算。

在实际运行中，有的调压室水位波动周期很长，上一工况未稳定而下一工况接着出现（如增荷过程中的甩负荷、甩负荷后增加负荷等），可能出现对涌波的最不利组合，涌波幅值超过上述计算工况下的涌波幅值，此时需要对涌波叠加情况进行复核。如果不满足要求，在设计中应根据实际可行的运行工况，研究拟定多台机组连续开机的时间间隔、分级增荷幅度、全部机组丢弃负荷后重新开机的时间限制等合理的运行要求，对无法控制的工况（如增荷过程中的甩负荷），则应根据实际需要修改调压室尺寸。

简单式调压室水体振荡的周期长，进行涌波计算时不计水锤的影响；对于阻抗式和差动式调压室，只要阻抗孔口选择得当，水锤对涌波的影响也不大；对于气垫式调压室，由于水锤波对气态方程和水面波动方程的影响较为显著，故应与压力管道水锤联合分析进行计算。

计算出调压室的最高涌波和最低涌波之后，应当同水锤压力沿管线的分布进行叠加。根据调压室对水锤波的反射是否充分，有不同的叠加方法。一般认为，简单式、水室式、差动式调压室连接管的面积大于或等于引水道横截面面积，能够充分反射水锤波，阻抗式或连接管的面积小于引水道横截面面积的调压室不能充分反射水锤波。

第九节　调压室结构布置及设计原理

初步选定调压室位置和型式,并经水力计算拟定调压室的主要尺寸后,便可进行具体结构布置和应力计算,并绘制施工详图。

调压室的塔式结构是在地面上修建的钢筋混凝土塔体,多为薄壁圆筒结构,犹如给水用的水塔。调压塔暴露在地面之上,抗震性能差,受温度和风荷载的影响大,只有在厂房附近找不到修建调压井的合适地点(如地形不适合或岩石质量太差等)时才采用。塔式结构主要荷载为内水压力和风雪作用力,结构计算可按水塔的计算方法进行,并要重视温度和地震的影响。井式结构是在地下开挖成的圆井或廊道,井壁用钢筋混凝土或锚杆钢筋网混凝土衬砌。有时也可利用厂房附近的地形,修建半塔半井式结构,即一部分在地面以下采用井式结构,一部分在地面以上采用塔式结构,如图 10-19 所示。

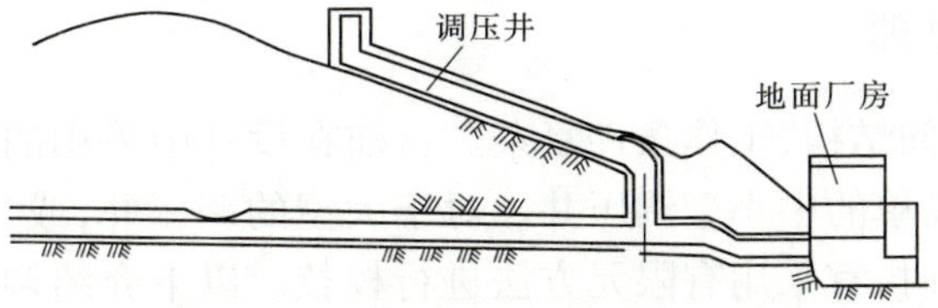

图 10-19　岗南水电站简单式调压室

井式结构比露天建筑的塔式结构经济方便,因而应用广泛。调压室的主体常做成圆形。本节主要讨论圆形调压井结构。

圆形调压井的主体结构由直井(大室)井壁、直井底板、连接段和顶板(如果有)等组成,如有阻抗孔则阻抗孔设于连接直井和引水道的连接段中,差动式调压井还有升管和各种联系构件。对于引水道和直井直接相通没有连接段的情况,宜将整条引水道穿过调压井,在隧洞壁上开设孔口与直井相通。调压井的结构计算基本上可看成是圆筒和圆板的计算问题。计算内力时,先分别计算,然后再考虑整体作用。

一、荷载及其组合

调压井所承受的主要荷载有以下几种:

(1)内水压力:取决于调压井的最高和最低水位,水面高程由调压井水力计算确定。

(2)外水压力及上托力:取决于井外地下水位高低和排水效果。

(3)灌浆压力:发生在施工灌浆期,其数值取决于灌浆时所用的压力。为了使岩石和衬砌能联合工作,增加围岩抗力,减轻衬砌的负担并防止渗漏,对衬砌与围岩间的缝隙要进行接缝灌浆,对围岩要进行固结灌浆。

(4)岩石或回填土的主动压力:在计算直井井壁衬砌时,宜计及围岩的弹性抗力以减小应力和节约工程量。当围岩破碎、厚度不足或衬砌完建后围岩仍有向井内滑动的倾向时,要考虑围岩或回填土的主动压力,此时不再计入围岩弹性抗力。

(5)内水及衬砌自重:后者一般影响很小,特别是直井部分,往往忽略不计,底板、连接段可计入自重。

(6)温度应力、收缩应力和地震力:温度应力是由于温度变化而产生的应力;收缩应力是在施工期间,由于混凝土凝固收缩所产生的应力;调压井直井是埋在地下的结构,地震力一般不起控制性作用,除差动式调压室升管和调压塔外,一般不予考虑,只有当地震烈度超过Ⅶ度时才考虑,并作为校核荷载。

根据上述荷载同时存在的可能性,进行最不利情况的荷载组合,主要有以下三种工况:

(1)正常运行工况:最高内水压力 + 温度应力 + 围岩弹性抗力;

(2)施工工况:灌浆压力 + 岩石或回填土的主动压力 + 温度及收缩应力;

(3)检修情况:最高外水压力 + 上托力 + 岩石或回填土主动压力。

工况(1)通常是最不利的荷载组合,配筋计算多由此决定。工况(2)、(3)一般可以不考虑,如底板的上托力很大时,常采取排水措施降低井外水位,以减小底板所受的上托力和降低外水压力来保证山坡稳定。

二、结构设计原理

调压井为地下空间结构,工作条件复杂。目前在设计中采用的计算方法主要是结构力学法,适用于结构简单的中小型调压井。对于大型的调压井,或当调压井受力较复杂、围岩地质或结构复杂时,宜采用有限元方法进行校核。以下介绍调压井结构计算的结构力学法。

(一)计算的基本假定

(1)直井衬砌是一个整体,每段圆筒断面上下一致,沿高度方向外半径不变。

(2)直井及底板相对厚度较小,可用薄板和薄壳理论求解。

(3)岩石为各向同性均匀弹性介质,当衬砌受内水压力向外产生径向变形时,岩石产生的弹性抗力与其变形成正比。

(4)直井与岩石紧密接触,二者之间的摩擦力能够维持衬砌自重,故井筒底部的垂直变位为零。

(5)底板在井壁传来的径向力作用下所产生的径向变形与井壁的挠曲变形相比很小,可忽略不计。

(二)应力计算

1. 直井

直井井壁衬砌是浇筑在基岩上与岩壁紧密相连的埋设在岩石中的圆筒,常分段浇筑,各浇筑段间留有水平收缩缝,如图 10-20 所示,或整体浇成而不留缝,段与段之间留收缩缝时要设置止水。进行应力计算时,假定直井衬砌为底部固结顶部自由的长圆筒,用弹性力学的方法求解。

2. 底板

底板与直井大多做成刚接,如图 10-21(a)中的固定式,也可做成铰接,如图 10-21(b)所示。铰接处需设止水且内力较大,故很少采用。简单式调压井底板为一周边固结的实心圆板,其下部为基岩,当底板向下变形时应考虑基岩的弹性抗力,向上变形时则不考虑。有连接管的阻抗式、差动式或具有连接管的其他类型调压井,引水道在底板下通过,底板部分与岩石直接接触,部分架空,为一周边固结的中空圆板,应力分布复杂。圆形和环形底板板厚与直径相比小于1/10时可以看做薄板,按薄板理论进行计算。

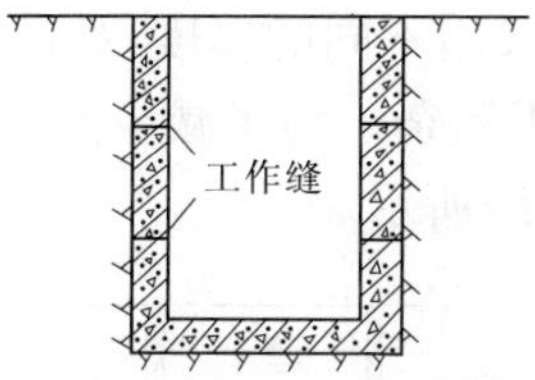

图 10-20　直井衬砌示意图

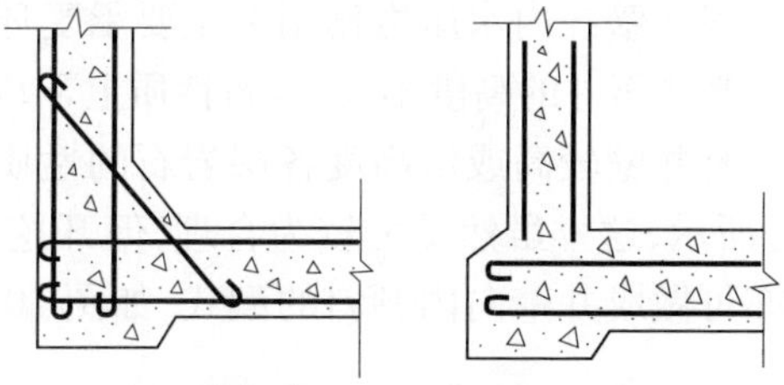

(a)固定式　(b)铰接式

图 10-21　直井和底板的连接方式

按上述方法分别计算出直井井筒和底板刚接处两者的固端弯矩后,将弯矩的不平衡值按二者在该处的抗挠刚度进行分配,分配力矩与固端弯矩之和,即为最终的边界力矩。同理可求出井筒和底板在刚接处的边界剪力,从而求得沿筒身及底板弯矩和剪力的分布。

3. 顶板及其他

历史上曾有水电站因石块从调压室落入而引起水轮机导叶被卡住的事故,调压室顶部应做好运行安全保护措施。为了防寒和防止山坡上的石块及杂物落入调压室中,有时在调压井上部设顶板,即顶盖。顶板的结构布置有圆平顶板和球形顶板两种型式,如图10-22所示。对于直径不大的调压室,可用圆形的平顶板,有时还利用差动式调压室升管的突出部分作为支撑。当调压井直径较大时,可用球形顶板以减小弯矩,改善受力条件,但施工复杂。

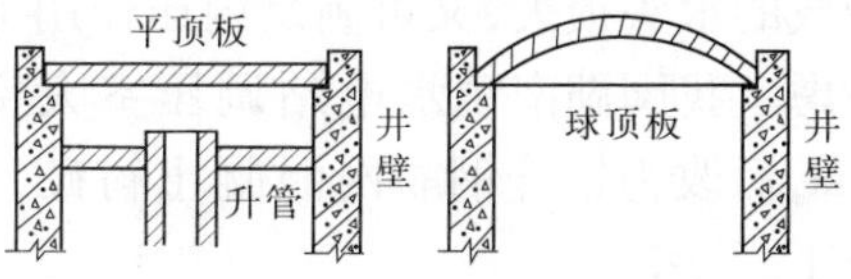

(a)圆平顶板　(b)球形顶板

图 10-22　顶板结构型式示意图

顶板所承受的荷载为自重及上面的回填土重,有时把事故快速闸门布置在调压井内,把闸门的启闭机放在顶板上面,这时顶板还要承受启闭机设备及启门力等荷载。平顶板多简支在井壁上,可作为一简支圆板计算;球形顶板按球壳进行计算。

调压室内升管、闸门槽(若闸门设在调压室内)、通气孔等容易削弱调压室结构,应注意布置的合理性,同时对关键部位的结构尺寸、构造措施及钢筋配置应予以加强,以确保建筑物的安全。在寒冷地区修筑的调压室有防冻要求,应防止结冰以免影响调压室的作用及结构工作状态。

(三)直井井壁设计

直井井壁设计常采用以下步骤:

(1)初估直井衬砌厚度,可近似地取0.05~0.1倍的调压井直径,一般衬砌厚度为50~100 cm或更大些。

(2)按最高内水压力并考虑井壁与围岩的联合作用,求出井壁中的环向拉力。

(3)按环向拉力配置环向钢筋。

(4)根据井壁结构尺寸、钢筋量和环向拉力,计算混凝土和钢筋的应力。要求混凝土拉应力不超过其极限抗拉强度,否则要加厚衬砌或增加钢筋。

(5)按井壁力矩配纵向钢筋。由于井壁的力矩在底部较大,向上迅速减小,所以底部配筋较密，上部配筋较疏，但通常有一定数量的钢筋直达井顶，作为环向钢筋的架立筋或作为分布钢筋。

因井壁在内水压力作用下主要承受环向拉应力，还应进行混凝土抗裂校核。

当调压井的高度不大，岩石性质上下均匀时，井壁衬砌可用同一厚度，如图 10-23(a)所示。若井壁较高或沿高度各层岩石的性质相差较大，可采用不同的厚度，如图 10-23(b)、(c)所示，这样虽然受力较为合理，但开挖量大，应力分析复杂。为了减少开挖和回填，有时亦可做成井壁向内倾斜的型式，如图 10-23(b)中的虚线所示。

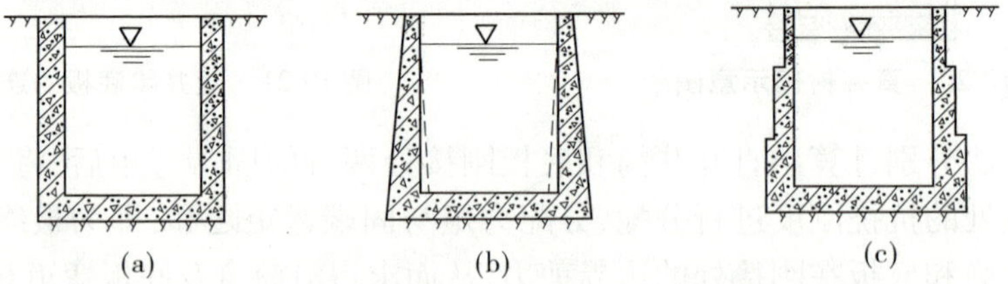

图 10-23　调压井衬砌型式示意图

以上有关直井衬砌的内容，都是针对刚性的钢筋混凝土井壁衬砌而言的，钢筋混凝土衬砌是过去应用最多的一种结构，经验较多。目前国内已有半柔性结构的锚杆钢筋网混凝土衬砌，具有加强围岩整体稳定性与良好的抗裂性能、防渗性能，既能减小因糙率影响造成的水头损失，又可满足内压作用下的限裂要求，可在围岩条件好的调压式结构中予以考虑。我国湖南镇水电站调压室大室直径 19.5 m，原为双层的钢筋混凝土衬砌，厚度 1 m，后改为锚杆钢筋网混凝土衬砌，厚度 50 cm，节省了大量混凝土和钢筋，还方便了施工。

第三篇　水电站厂房

第十一章　引水式地面厂房布置设计

第一节　厂房的功用及类型

一、厂房的功用

水电站厂房是水力发电系统的中枢，是水电站的主要建筑物之一，是将水能转化为电能的综合工程设施。

水电站厂房中安装水轮机、水轮发电机和各种辅助设备，将水能转化为电能。水轮发电机发出的电能，经变电器、开关站等输入电网送往用户。因此，水电站厂房是水工建筑物、机械及电气设备的综合体，又是运行人员进行生产和活动的场所。其功用是通过一系列工程措施，将水流平顺地引入水轮机，完成能量转换，并成为可供用户使用的电能；将各种必需的机电设备安置在恰当的位置，创造良好的安装、检修及运行条件，为运行人员提供良好的工作环境。

从水电站厂房的功用可以看出，厂房要满足主、辅设备及其联络的线、缆和管道布置的要求及安装、运行、维修的需要，以保证发电质量；从结构的稳定、强度、防渗防潮、防火防爆，到运行过程中的防噪隔音、通风照明，以及保证各种设备的安全运转和运行人员工作条件的安全、方便、舒适等，都应充分考虑。因此，在厂房的设计、施工、安装和运行中，需要各专业人员通力协作。水工建筑专业的技术人员主要从事厂房建筑物的设计、施工与运行管理，应与机械及电气设备专业，甚至包括建筑、暖通、给排水等专业技术人员密切合作，对结构施工、设备安装、运行管理、交通条件、环境保护等各方面的因素进行综合比较，优化布置和设计。

二、厂房的分类

水电站厂房类型划分方法很多。

根据机组工作特点可分为常规机组厂房、贯流式机组厂房、抽水蓄能机组厂房、潮汐电站厂房。按机组主轴的装置方式可分为立式（竖轴）机组厂房和卧式（横轴）机组厂房。

根据水电站厂房结构及布置特点可分为地面式厂房和地下式厂房。厂房位于地面以上的为地面式厂房，包括河床式、坝后式、露天式、引水式或混合式地面厂房等；厂房位于地面以下的为地下式厂房，坝内式、半地下式、窑洞式厂房等属于地下式厂房。地面式厂房按构造形式的不同，又可分为户内式、封闭式、露天式厂房。最常用的户内式厂房的上部结构与一般工业厂房类似，有门及窗户与大气相通。封闭式厂房的上部结构除对外通道外，是封闭的建筑。露天式厂房机组上面用金属罩盖住，主厂房上方设有供安装与检修主要设备使用的门架式吊车，没有屋顶和墙壁等围护结构。

根据厂房与挡水建筑物的相对位置及其结构特征，可分为引水式、坝后式和河床式三种基本类型。

由于水电站的开发方式、枢纽布置、水头、流量、装机容量、水轮发电机组型式及水文、地质、地形等条件的不同，加上政治、经济、技术、生态及国防等因素的影响，厂房的布置方式也各不相同。水电站厂房类型的选择应综合考虑以上具体条件，经过技术经济比较综合确定。

本章将以引水式地面立式机组厂房为例，重点介绍厂房内部的组成、设备布置、结构布置、尺寸确定、厂区布置等水电站厂房布置设计的一般规律。

第二节　厂房的组成

为了恰当安置机电设备，并使其高效、正常运转，厂房建筑物在设备、空间、结构等方面都有一定的要求。为了对水电站厂房的组成有一个全面的、整体的认识，本节将从不同角度介绍水电站厂房的组成。

一、从设备组成的系统划分

水电站厂房内的设备可划分为五大系统：

(1)水流系统。水能转换为机械能的一系列过流设备主要是水轮机及其进出水设备，包括压力管道、进水阀、引水室(蜗壳)、水轮机、尾水管及尾水闸门等。

(2)电流系统。发电、变电、配电的电气一次回路系统，包括发电机及其中性点引出线、母线、发电机电压配电设备(户内开关室)、主变压器和高压配电装置(户外高压开关站)等。

(3)电气控制设备系统。控制水电站运行的电气设备，即电气二次回路系统，包括机旁盘、励磁设备系统、中央控制室、各种控制及操作设备，如各种互感器、表计、继电器、控制电缆、自动及远动装置、通信及调度设备等。

(4)机械控制设备系统。主要有水轮机的调速设备(接力器、油压装置及操作柜)，阀门(如蝴蝶阀或球阀)的控制设备，其他各种闸门、减压阀、拦污栅等操作控制设备。

(5)辅助设备系统。为了安装、检修、维护、运行所必需的各种电气及机械辅助设备，包括：

①起重设备：厂房内外的桥式起重机、门式起重机、闸门启闭机等；

②厂用电系统：包括厂用变压器、厂用配电装置、直流电系统；

③油系统：电站用透平油及绝缘油的存放、处理、流通设备；

④气系统：高低压压气设备、储气筒、气管等；

⑤水系统：包括供水系统的技术、生活、消防用水的供水设备以及排水系统的渗漏和检修排水设备，如水泵、水管、集水井等；

⑥其他：包括各种电气和机械修理室、实验室、工具间、通风设备、采暖设备等。

以上五大系统应相互协调配合，共同发挥作用。

二、从设备布置和运行要求的空间划分

从设备布置和运行要求的空间可将水电站厂房划分为四部分：

(1)主厂房。是指由主厂房构架及其下的厂房块体结构形成的建筑物(含装配场)，内部装有实现水能转换为电能的水轮发电机组和主要控制及辅助设备，并提供安装、检修的设施和场地。它是水电站厂房的主要组成部分。

(2)副厂房。是为了安置各种运行控制和检修管理等附属设备以及运行管理人员工作和生活在主厂房周围(如上游侧、下游侧、端部)所建的房屋。

(3)主变压器场。是装设主变压器的地方，一般布置在主厂房旁边。水电站水轮发电机发出的电能需通过主变压器升压后，再经输电线路送给用户。

(4)高压开关站(户外配电装置)。为了按需要分配功率及保证正常工作和检修，发电机和变压器之间以及变压器与输电线路之间有不同的电压的配电装置。发电机侧的配电装置通常设在厂房内，而其高压侧的配电装置一般布置在户外，称高压开关站，内装设高压开关、高压母线和保护设施，高压输电线由此将电能输送给电力用户。

主厂房和副厂房形成的建筑物习惯上也称为厂房。主变压器场和高压开关站有时也称为变电站(所)。水电站主厂房、副厂房、主变压器场和高压开关站及厂区交通等组成水电站厂区枢纽建筑物，一般称厂区枢纽。

图 11-1 给出了以上四部分及各部分的组成。

三、从水电站厂房的结构组成划分

(1)水平面上可分为主机室和安装间，如图 11-2 所示。主机室是运行和管理的主要场所，水轮发电机组及辅助设备布置在主机室内。一台机组所占用的空间组成一个机组段，主机室由各机组段组成。安装间是水电站机电设备卸货、拆箱、安装、检修时使用的场地，一般在主机室的端部，也可设在主机室中间。

(2)垂直面上，根据工程习惯主厂房以发电机层楼板面为界，分为上部结构和下部结构，如图 11-3 所示。

①上部结构。与工业厂房相似，是混凝土排架和维护结构，基本上是板、梁、柱结构系统。布置有发电机励磁、机组操作控制系统、量测系统及起重设备等。

②下部结构。除发电机层楼板外，均为大体积混凝土结构，包括机墩、风罩、蜗壳外围

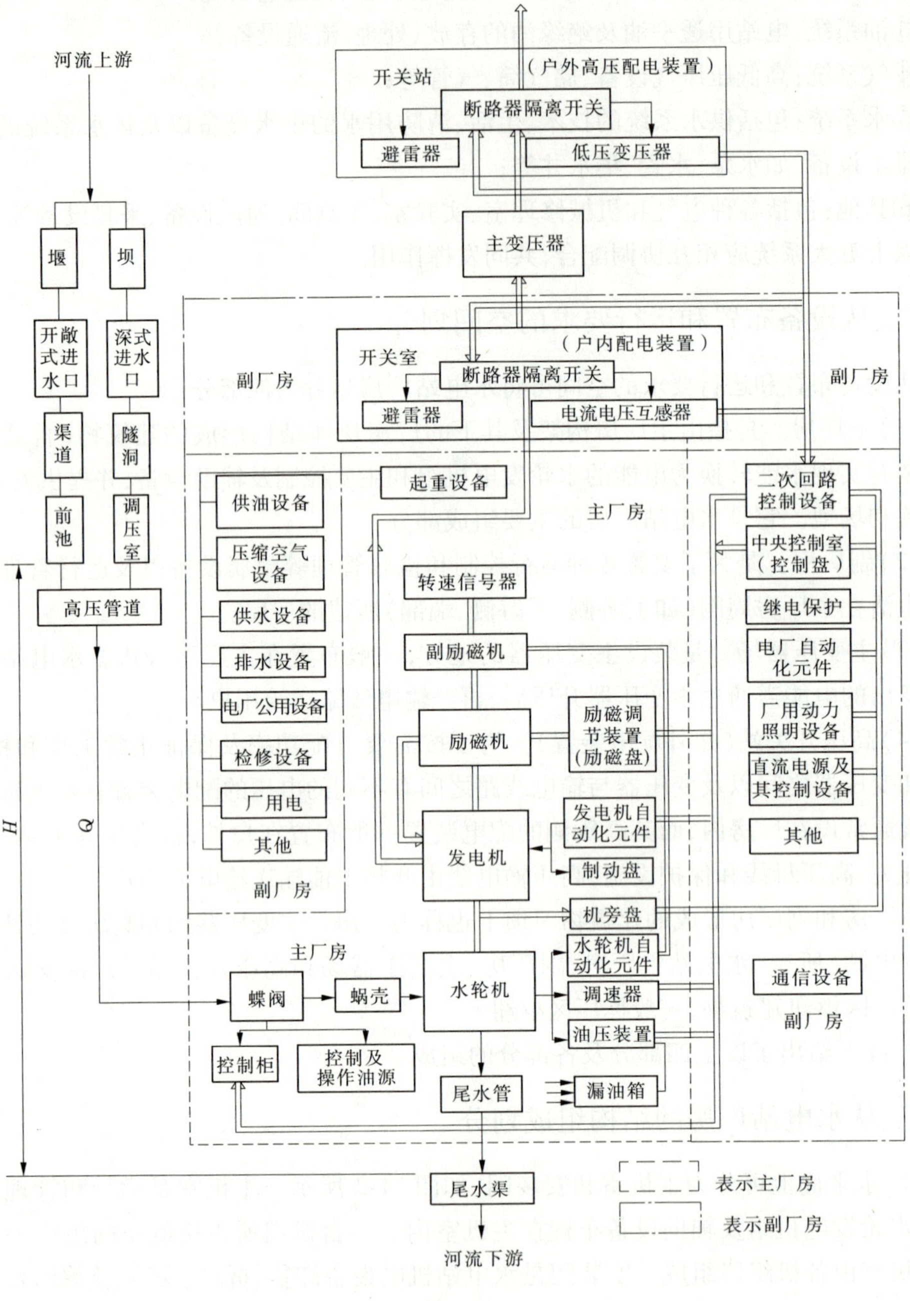

图 11-1　水电站厂房的组成

混凝土、尾水管外围混凝土、防水墙（底墙）、尾水管闸墩及平台、集水井、基础底板等。内部主要布置过流系统，是厂房的基础。在高程上一般可分为发电机层、水轮机层、蜗壳层和尾水管层，有的还设有蝶阀层等。

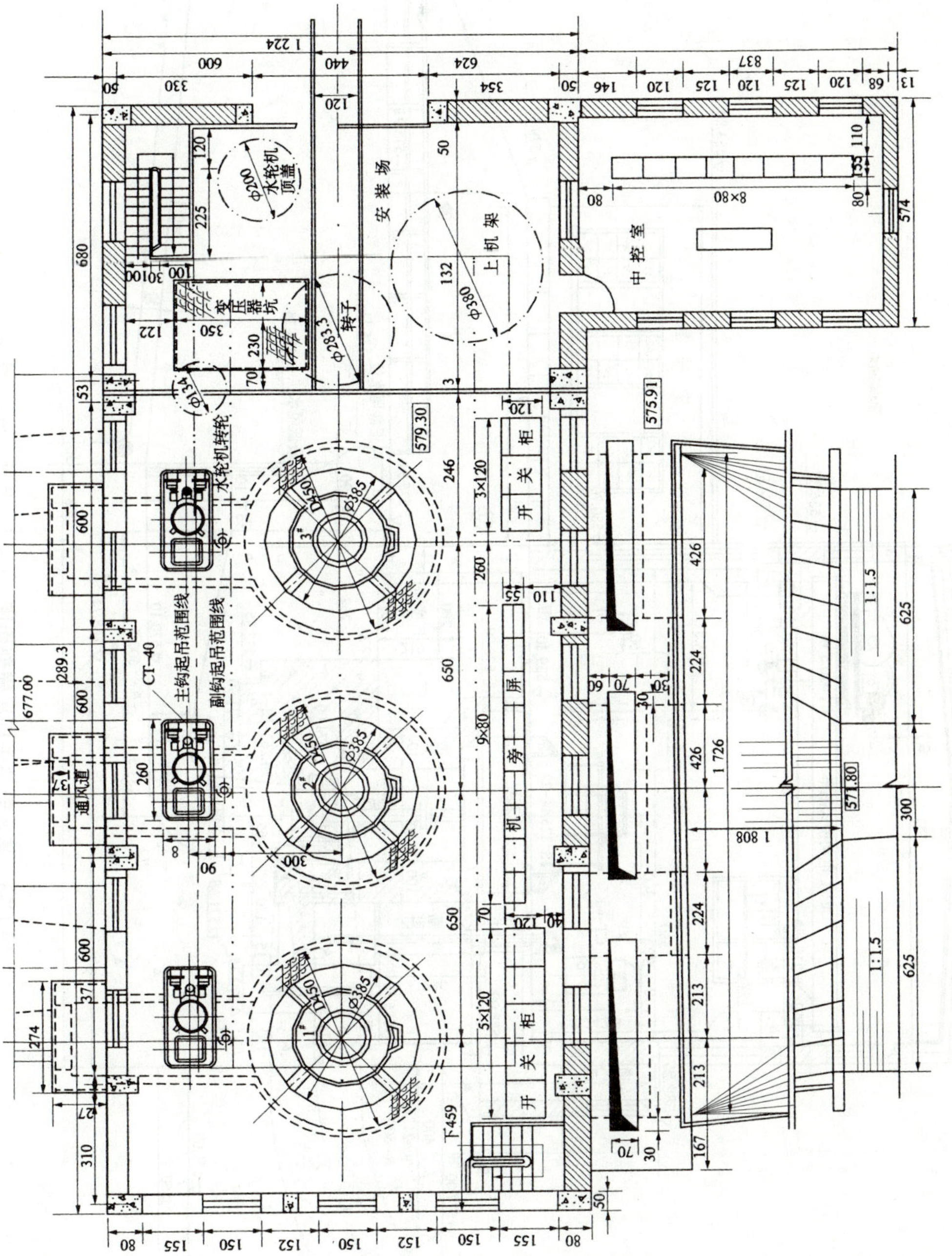

图 11-2　某水电站发电机层平面图（单位：尺寸，cm；高程，m）

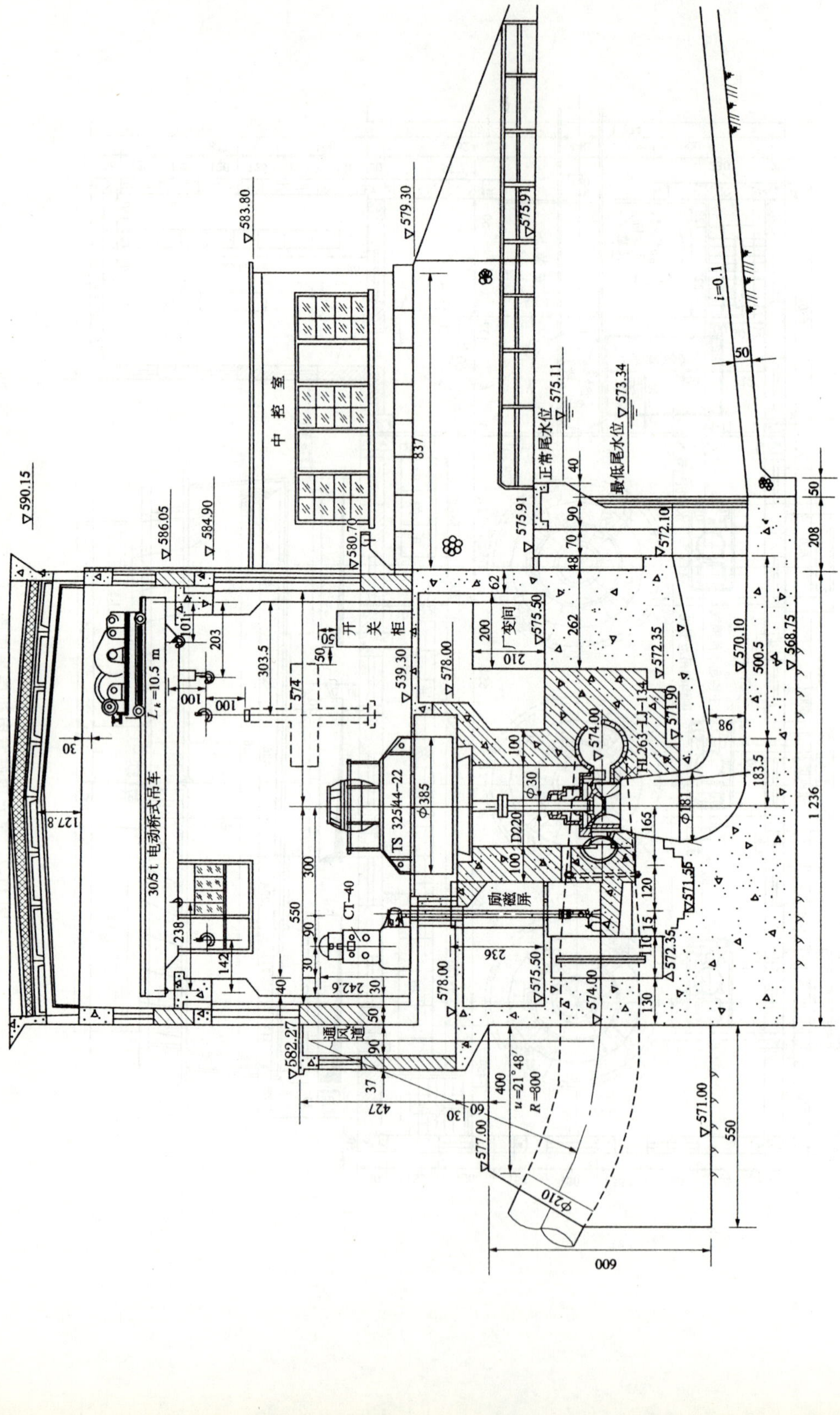

图 11-3 某水电站主厂房横剖面图 （单位：尺寸，cm；高程，m）

第三节　水流系统设备的布置

水流系统包括压力管道、进水阀、引水室(蜗壳)、水轮机、尾水管及尾水闸门等,它们一般布置在厂房水轮机层以下下部块体结构中,其形状和尺寸可能会影响厂房的尺寸。特别是中、低水头的电站,各种机电设备中,水流系统设备的尺寸相对较大,常对厂房的尺寸起控制作用。水流系统的主要设备及主要控制设备的基本内容已经在第一篇中作了详细介绍,本节主要介绍这些设备的布置。

一、水轮机及其控制设备

水轮机台数及型号选定后,有关水轮机的各项技术资料应由制造厂家提供。水轮机的安装高程是厂房的控制性标高,应考虑气蚀因素和厂址的地形、地质条件,计算确定。具体计算方法见第一篇。其中设计下游尾水位一般取一台机组满发时的尾水位。若电站建成后下游河床可能会被冲刷而导致下游水位降低,设计下游尾水位也应降低。在平面上应根据厂区布置和主厂房的位置初步拟定机组间距、厂房纵轴线,然后根据厂家提供的水轮机尺寸和安装高程进行平面布置。

水轮机的控制设备为调速器,每台机组装设一套,根据电力系统要求自动调整机组的出力,同时使机组保持一定的额定转速。调速器一般由下列三部分组成:调速器柜、作用筒(接力器)、油压装置。

调速器的三部分之间用管路联系,布置应相互协调。如果是金属蜗壳,则因蜗壳上游断面($+Y$ 方向)尺寸最小,作用筒多布置在机座的上游侧,调速器柜和油压装置也相应布置在发电机的上游侧。如果是混凝土蜗壳,作用筒的布置不受蜗壳尺寸的限制,可在机组周围选择任何合适位置布置调速器的三部分。

二、压力管道和进水阀

压力管道接近厂房时,应变为水平布置,以便于布置分岔段和渐变段。此水平段的中心线高程应与水轮机安装高程相同,以便在进入厂房后布置进水阀和与引水室的蜗壳相连接。高水头电站为减小水锤压力,有时要装设调压阀。调压阀一般安装在压力管道末端蜗壳旁。厂房内装设调压阀时,厂房的平面尺寸可能会增加。

当水电站机组采用联合供水和分组供水时,每台机组前应装设进水阀(或称主阀),以保证任意一台机组检修时,其他机组可以正常运行。阀门应能在动水中快速关闭,若水轮机发生事故,可迅速切断水流,防止事故扩大。通常中低水头电站采用蝴蝶阀,高水头电站采用球阀。

主阀的上游或下游常设伸缩节,以方便其拆装,并使受力条件明确。主阀下游设空气阀,放空时补气,充水时排气,正常运行时在内水压力作用下关闭。为了在检修水轮机时能将主阀后进水管和蜗壳中的水放空,通常在紧靠主阀下游钢管的底部装设通往尾水管或集水井的排水管,并装设控制阀门。为方便主阀的安装和维护,主阀上下游应有足够的空间,净宽一般为 4 ~ 5 m,称为主阀室。主阀室上下游均应设排水沟、管,以便排除漏水和检修时的积水。主阀重量较大,需要起重设备进行安装、检修。

主阀的布置有两种,一是布置在厂房内的上游侧,二是布置在厂房外的廊道中,其控制设备则就近布置。厂内布置时可利用厂房内的桥吊来安装、检修主阀,因而要求主阀位于桥吊工作范围之内,并在水轮机层和发电机层相应位置设置主阀吊孔。这种布置比较紧凑,运行管理方便,但可能会增加主厂房的宽度,而且一旦主阀破坏,水流会淹没主厂房,因此必须安全可靠。主阀布置在主厂房外的廊道中,可避免以上问题的发生,适用于高水头的地下厂房。但这种布置方式需要为安装、检修主阀设置专门的起重设备和通道,使得主阀的运输、安装、检修、维护不很方便。对于具体电站应根据具体情况,经技术经济比较确定其布置方式。

三、蜗壳

根据电站水头的高低,蜗壳可采用金属蜗壳和钢筋混凝土蜗壳。

中、高水头电站的混流式水轮机一般采用金属蜗壳,其尺寸由水轮机制造厂提供,初步设计阶段可根据第一篇的方法初步拟定。金属蜗壳的内圈焊接在座环的上下环上,上半部通常用弹性垫层与上面的混凝土隔开。金属蜗壳外围应有一定的混凝土厚度,以承受作用在钢管上的不均衡力,并防止振动。外包混凝土的厚度可先根据经验估算,再进行验算。对于中型机可取 1 m 左右。为检修方便,蜗壳上应设进人孔。进人孔一般靠近蜗壳进口断面的顶面或侧面,或设在主阀下游明钢管上部,从水轮机层地板向下开孔进入,也可根据具体情况设在其他位置。一般进人孔的直径为 60 cm,进人孔通道尺寸不小于 1 m×1 m。

低水头水电站厂房可采用钢筋混凝土蜗壳,由于内水压力全部由钢筋混凝土承担,钢筋混凝土的厚度应满足结构受力要求,由结构计算确定。蜗壳放空检修时蜗壳和进水管中积水的排水管一般设在进口处底部并通向尾水管。蜗壳进人孔常设在前半段。

四、尾水管及尾水闸门

尾水管多采用弯肘形和直锥形,大、中型水电站常采用弯肘形,小型水电站多采用直锥形。尾水管的具体尺寸也由水轮机制造厂家提供,初步设计时可根据第一篇介绍的方法初步拟定。尾水管一般为混凝土结构,仅在直锥段上设有钢衬。直锥段的顶端与水轮机基础环相接,尾水管的出口潜没于尾水中。尾水管上也应设检修用的进人孔。因直锥段有钢衬,进人孔常设在此部位。当上游有主阀时,可由主阀室进入主阀室地板,由此通向尾水管进人孔,必要时设置台阶。如果主厂房内不设主阀,则进人孔可设在下游侧,由水轮机层沿竖井向下至进人孔高程后,水平进入尾水管。尾水管的排水管进口应设在尾水管的最低点,末端通入集水井,排水管上设控制阀门。

尾水闸门设置在尾水管的出口,机组检修时,将主阀及尾水闸门关闭,抽去积水,以便检修时进入。当机组较长时间调相运行而尾水位高于转轮时,也需关闭主阀(或导叶)及尾水闸门,排去部分积水,使转轮出露水面。尾水闸门一般为平板闸门,一般水电站只设 1~2 套,可数台机组共用一套闸门,轮流检修使用。平时将闸门存入专门的门库或放置在尾水闸墩上,运用时沿尾水平台吊至指定地点。尾水闸门启闭机的型式可根据起重量的大小选择门式起重机、桥式吊车、移动绞车或电动葫芦等。

第四节 发电机及其支承结构

发电机是实现机械能向电能转化的主要电气设备。在高水头电站各种机电设备中，发电机的尺寸最大，其型式、尺寸和布置对主厂房的布置和平面尺寸常起控制作用。

一、发电机类型

水轮发电机按其轴线可分为立式布置和卧式布置两类，大中型水电站一般均采用立式(竖轴)水轮发电机组。卧式布置通常用于小型机组和贯流式机组。立式水轮发电机根据其推力轴承与转子的相对位置可分为悬式和伞式两大类。

(一)悬式发电机

如图 11-4 所示，推力轴承位于转子上方，支承在上机架上。悬式发电机转动部分(包括发电机转子、水轮机转轮、大轴和作用于转轮上的水压力)的重量，通过推力轴承(推力轴承由推力头、镜板、轴瓦以及支承结构等组成)传递给上机架，上机架传递给定子外壳，定子外壳再把力传递给机座，整个机组好像在上机架上悬挂着一样，因此称为悬式发电机。

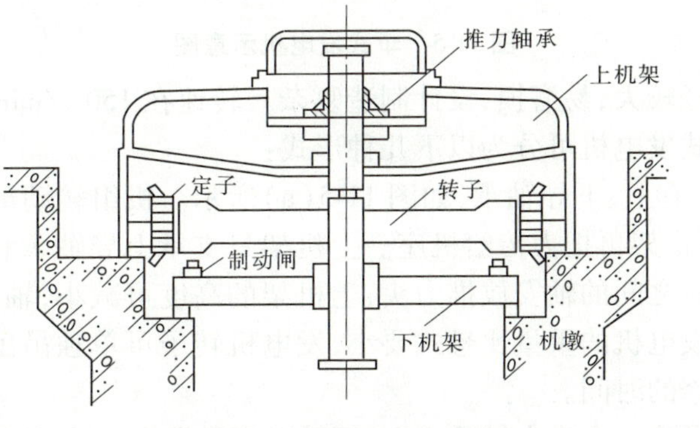

图 11-4 悬式发电机示意图

下机架的作用是支承下导轴承和制动闸，下导轴承的作用是防止发电机轴的径向摆动。当机组停机时，制动闸将转子顶起，以防烧毁推力轴承。制动闸反推力、下导轴承自重等通过下机架传给机座。

悬式发电机的优点是推力轴承磨损小，装配方便，且因其支承点较高，运行较稳定。因此，转速在 150 r/min 以上的发电机多做成悬式的。但悬式发电机上机架尺寸大，机组高大，消耗钢材多。

(二)伞式发电机

如图 11-5 所示，伞式发电机推力轴承位于转子下方，设在下机架上。整个发电机像把伞，推力头像伞柄，转子像伞布，故称伞式发电机。

伞式发电机的优点是上机架轻便，可降低机组和厂房高度，节省钢材，检修方便。其

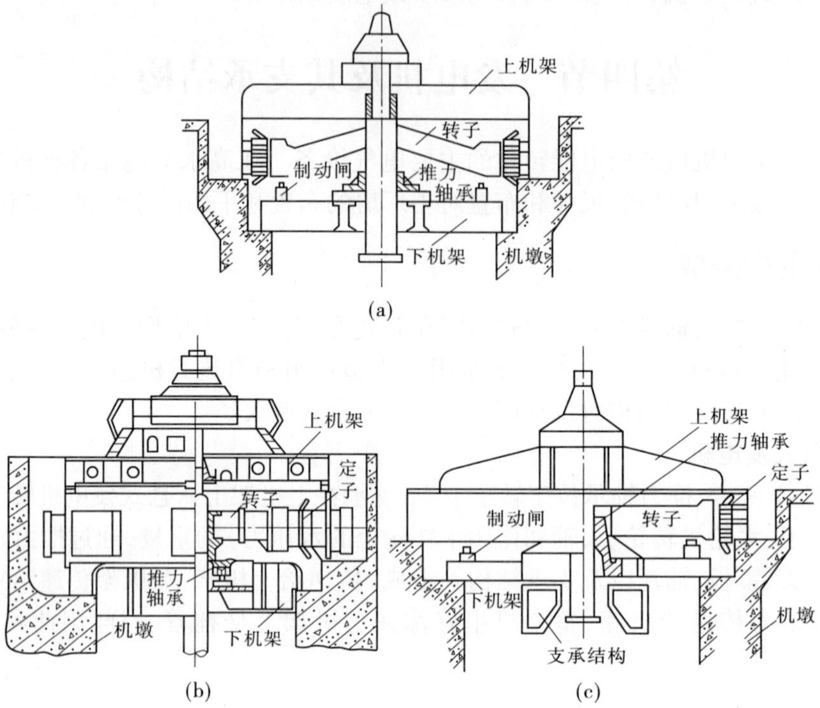

图 11-5　伞式发电机示意图

缺点是推力轴承直径较大,易磨损,设计制造复杂。转速在 150 r/min 以下的大容量机组多做成伞式的。伞式发电机可分为以下几种形式:

(1)普通伞式。有上、下导轴承,如图 11-5(a)所示。机组转动部分的重量通过推力轴承传给下机架,下机架再把力传给机座。上机架只支承上导轴承和励磁机定子。由于利用水轮机和发电机之间的轴安放推力头,上机架的高度可减小,轴长可缩短,因而降低了厂房高度。伞式发电机的重量比悬式要小,发电机转子可单独吊出,不需卸掉推力头,从而缩短了安装检修的时间。

伞式发电机转子重心在推力轴承之上,运转时容易发生摆动,应用范围受到限制。对于大容量、低转速的发电机,由于转子直径大、高度小、重心低,多做成伞式。

(2)半伞式。有上导轴承,无下导轴承,如图 11-5(b)所示。此种形式的发电机通常将上机架埋入发电机层地板以下。

(3)全伞式。无上导轴承,有下导轴承,如图 11-5(c)所示。机组转动部分的重量通过推力轴承的支承结构传到水轮机顶盖上,通过顶盖传给水轮机座环。这种发电机的上机架仅支承励磁机定子,结构简单,尺寸小。下机架只支承下导轴承和制动闸的反作用力,结构尺寸也较小。这种传力方式进一步缩短了发电机的轴长,减小了转子的重量,同时也降低了厂房的高度。

二、发电机的励磁系统

励磁系统的作用是向发电机转子线圈供给直流电流以形成磁场。一般每台发电机都设各自独立的励磁系统。励磁系统包括励磁机和励磁盘。

(1)励磁机。目前,水轮发电机的励磁方式有直流发电机励磁和静电可控硅励磁两种。直流发电机励磁又分两种,一种是采用与水轮发电机同轴的励磁机的直接励磁,另一种是采用其他发电机的非直接励磁。静电可控硅励磁是将发电机输出电流的一部分经可控硅整流、降压后送回发电机作为励磁电流。这种励磁方式可省去励磁机,有利于降低厂房高度,但要增加几块励磁盘和励磁变压器。大型水轮发电机多采用这种励磁方式。

(2)励磁盘。它是装设水轮发电机励磁回路的控制设备和自动调整装置的配电盘,其作用是控制和调整水轮发电机的励磁电流。每台发电机一般有 3 ~5 块励磁盘,一般布置在发电机层的上游侧或下游侧。

三、发电机的支承结构

机座(或称机墩)是发电机的支承结构,其作用是将发电机支承在预定位置上,并为机组的运行、维护、安装和检修创造条件。机座中间的空腔称为机坑、定子坑或水轮机井。立式机组的机座承受水轮发电机组的全部动、静荷载,有垂直荷载(转动及非转动部分的重量、水推力等)及扭矩(正常扭矩及短路扭矩)。这些荷载通过机座传到下部大体积混凝土。因此,为保证机组正常运行,要求机座具有足够的强度和刚度,保证弹性稳定;同时要求具有良好的抗振性能,动力作用下振幅小,自振频率高(以免与机组发生共振)。机座一般为钢筋混凝土结构,常见的形式有以下几种:

(1)块体机座。块体机座发电机层以下除预留有水轮机井及必要的通道外,全部为块体混凝土,机组直接支承在块体混凝土上。图 1-3 所示的厂房即采用了块体机座的形式。这种机座的强度及刚度很大,抗振性能也好,但混凝土用量大,大型机组特别是大型伞式水轮发电机可考虑采用这种形式。

(2)圆筒式机座。圆筒式机座的结构型式为厚壁钢筋混凝土圆筒,其壁厚在 1 m 以上。内壁为圆形的水轮机井,外部形状可是圆形,也可是八角形,如图 11-6 所示。为便于安装、检修,机井内径应大于水轮机转轮直径,小于发电机转子直径,并考虑下机架支承等要求,一般为 1.3 ~1.4 倍的转轮直径。也可根据经验,按以下方法确定机墩内径 D_c:

悬式发电机　　$D_c \leq D_i - (0.6 \sim 1.5)$

伞式发电机　　$D_c \geq (1.3 \sim 1.5) D_1$

式中　D_i——水轮发电机定子内径,m;

D_1——水轮机转轮标称直径,m。

圆筒式机座的优点是刚度较大,抗压、抗振、抗扭性能较好,结构简单,施工方便。我国大中型电站采用较多。其缺点是水轮机井空间狭小,水轮机的安装、维修、维护不方便。

(3)环梁立柱式机座。由布置在机组周围的 4 根或 6 根立柱以及固结于立柱顶部的环形梁组成,发电机坐落在环形梁上,立柱底部固结在蜗壳上部混凝土上,并将荷载传到下部块体结构,如图 11-7 所示。此种机座的优点是混凝土用量省,水轮机顶盖处宽敞,立柱间净空便于设备的布置、机组出线、安装与维修。缺点是机座刚度小,抗振、抗扭性能较圆筒式差,噪声较大,一般用于中小型机组。

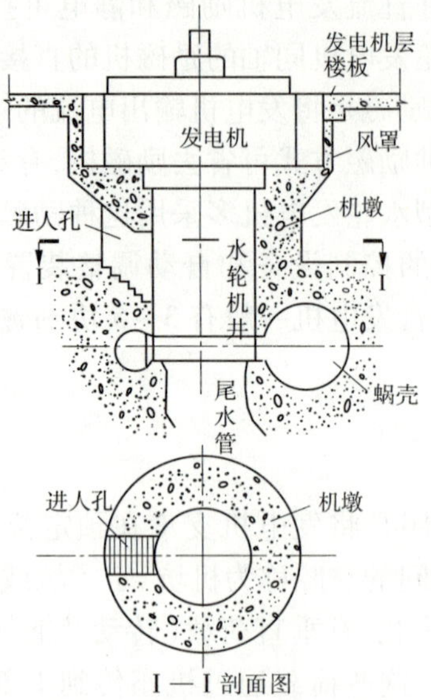

图 11-6 圆筒式机座示意图

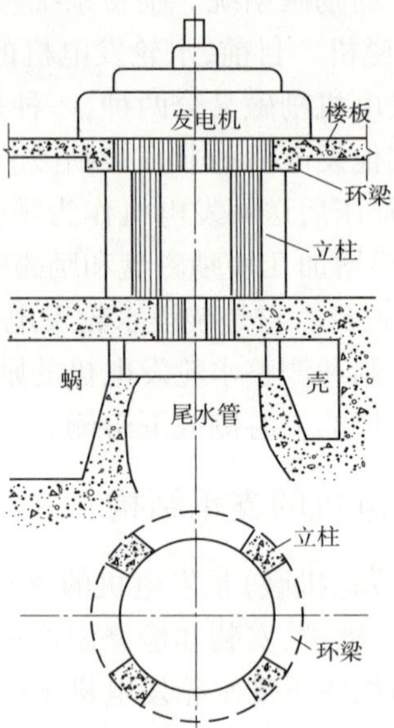

图 11-7 环梁立柱式机座示意图

(4)平行墙或构架式机座。机座由两纵向平行墙或两个纵向平行梁(由下部柱子支承)及其间的两根横梁组成。发电机支承在上部墙或梁上,并将荷载经蜗壳外围混凝土传至下部块体结构,如图 11-8 所示。这种机座的优点是构架下面的空间便于布置管路和辅助设备,机组安装、检修都较方便,而且施工简单,节约材料,造价低。缺点是刚度更小,仅适用于小型机组。

(5)钢机座。采用钢结构制成发电机机座并将荷载传至水轮机顶盖、座环或蜗壳外围混凝土上。这种机座的优点是发电机与水轮机直接配套,结构紧凑,安装方便迅速,减少了复杂的钢筋混凝土工程,缺点是钢材用量较多,我国尚未采用。

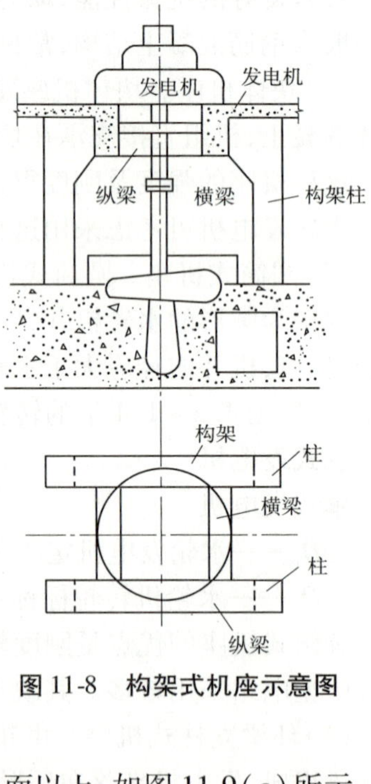

图 11-8 构架式机座示意图

四、发电机的布置形式

根据发电机与发电机层楼板的相对位置关系,常见的发电机的布置形式有开敞式、埋入式、半岛式。

(1)开敞式布置。发电机定子完全出露于发电机层地面以上,如图 11-9(a)所示。此种布置因其占用较多的发电机层地板空间,显得拥挤,同时水轮机层高度小,引出线布置较为不便,因而在大型机组中不多见,适用于容量较小的机组。

(2)埋入式布置。又可分为上机架埋入布置与定子埋入布置两种。单机容量在 100 MW 以上的大型机组常采用上机架埋入布置,即发电机定子及上机架全部埋设在发电机层楼板之下,发电机层只留有励磁机。这样要增加一些厂房的高度,但发电机层较宽敞,检修场地大,利于各种控制设备和辅助设备的布置,有可能减小厂房的宽度。发电机层与水轮机层之间高度大,可增设夹层布置发电机引出线及电气设备。单机容量数万千瓦的机组,常把发电机定子埋入发电机层楼板下机坑内,为定子埋入布置,如图11-9(b)所示。此种布置上机架外露,占用发电机层部分空间,但便于检修悬式发电机的推力轴承、观察发电机上导轴承油位和测量机架摆度。

(3)半岛式布置。仅在机组一侧(上游侧或下游侧)设有水轮机层和发电机层,如图11-9(c)所示。这种布置由于厂房内场地狭小,设备拥挤,安装、检修不便,采用不多。

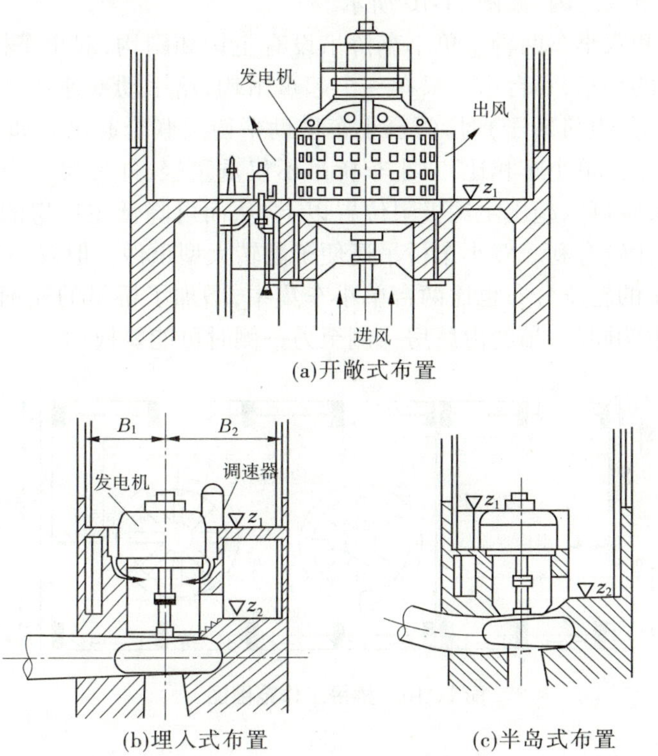

图11-9　发电机的布置方式

第五节　辅助设备的布置

辅助设备是机组安装和机组正常运行所必需的,对厂房的布置和尺寸也有一定的影响。本节主要介绍起重设备、油系统、气系统、水系统及其布置特点。

一、起重设备

(一)桥吊及其工作范围

为了安装和检修机组及其辅助设备,厂房内要装设专门的起重设备。起重设备的型式和吊运方式对厂房上部结构和尺寸影响较大，正确选择起重设备和吊运方式，可减小其宽度或高度。

最常见的起重设备是桥式起重机（简称桥吊）。桥吊由横跨厂房的桥吊大梁、大梁顶部的小车、驱动操纵机构和提升机构等组成。桥吊大梁支承在吊车梁上，吊车梁支承在主厂房上下游侧的钢筋混凝土排架柱上。桥吊大梁可在吊车梁上沿主厂房纵向行驶，桥吊大梁上的小车可沿大梁在厂房内横向移动，这样桥吊上的两个吊钩就可以达到主厂房的绝大部分范围。起重机产品目录上可查出的两个吊钩在各方向上的极限位置，桥吊大梁、小车、吊钩移动的范围即构成了吊车的工作范围。厂房内所有被起吊的设备起吊中心均应在起重机的工作范围之内，如图 11-10 所示。

桥吊有单小车和双小车两种。单小车桥吊设有主钩和副钩，双小车桥吊设有两台可以单独或联合运行的小车，每台小车只有一个起重吊钩，藉手动变速作主钩和副钩使用，当吊运最重部件（如发电机转子）时，两台小车借助平衡梁联合起吊。如图 11-11 所示是单小车桥吊构造图。与单小车相比，双小车桥吊不仅重量轻、外形尺寸小，而且用平衡梁吊运带轴转子时，大轴可以超出主钩极限位置以上，从而可降低主厂房的高度，对地下式厂房或坝内式厂房比较有利。双小车桥吊还便于翻转大型重件。但双小车桥吊每台小车活动范围较小，大车的轮压分布也比两台单小车集中，增加了桥吊的耗钢量，用平衡梁吊大件时，要求两台主钩同步，吊物由厂房一侧至另一侧时可能要换钩。

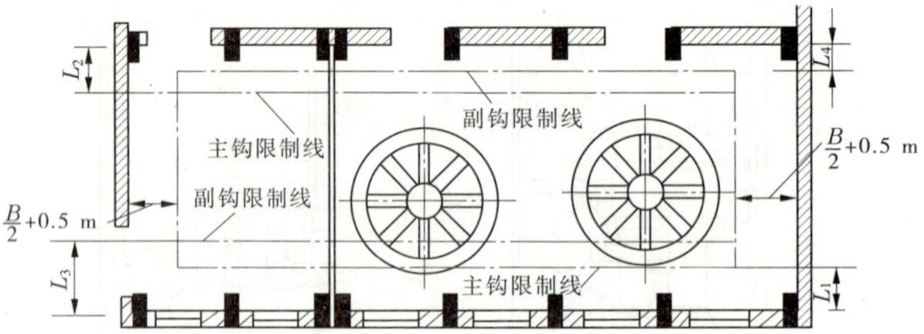

图 11-10　桥吊工作范围图

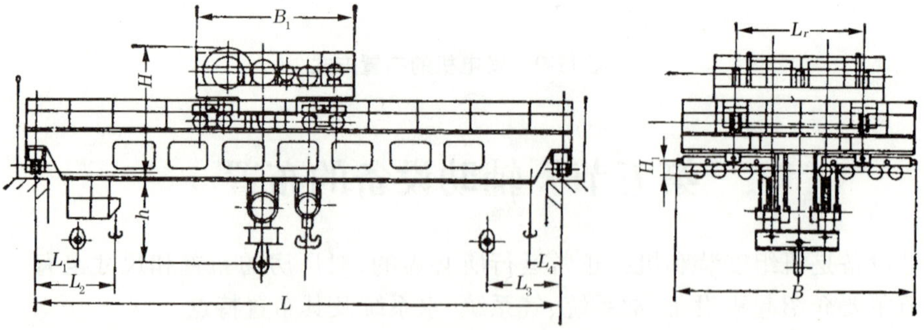

图 11-11　单小车桥吊构造图

（二）桥吊的起重量和台数

桥吊的选择取决于最大起重量以及水电站厂房的类型和机组台数等。

桥吊的最大起重量取决于所吊运的最重部件。最重部件可能是发电机转子、水轮机转轮或主变压器。一般为发电机转子,悬式发电机的转子需带轴吊运,伞式发电机的转子可带轴吊运,也可不带轴吊运。对于低水头电站,最重部件也可能是带轴或不带轴的水轮机转轮。少数情况下,最重部件为主变压器(主变压器需要在厂内检修时)。

当起重量小于100 t,机组台数少于4台时,一般采用一台单小车桥吊,多于5台时可选用两台单小车桥吊。起重量大于100 t,机组台数少于4台时,采用一台双小车桥吊或单小车桥吊;多于5台时,因机组安装、检修时吊运任务繁重,可选用两台单小车桥吊,或采用一台双小车桥吊,另设一台起重量较小的单小车桥吊辅助吊运。

与采用一台双小车桥吊相比,采用两台桥吊可能降低主厂房高度,且机动灵活。除吊运最重部件时需两台桥吊联合工作外,平时两台桥吊可单独工作,加快安装及检修速度。但采用两台桥吊会因增加一台桥吊和增加厂房长度而使工程投资增加。因此,桥吊的台数最终应根据技术经济比较决定。

(三)桥吊跨度

桥吊跨度是指桥吊大梁两端轮子的中心距。选择桥吊跨度时应综合考虑下列因素:

(1)桥吊跨度要与主厂房下部块体结构的尺寸相适应,使主厂房构架直接坐落在下部块体结构的一期混凝土上。

(2)满足发电机层及安装间布置要求,使主厂房内主要机电设备均在主、副钩工作范围之内,以便安装和检修。

(3)尽量采用起重机制造厂家所规定的标准跨度,便于初步设计时根据产品目录获取有关资料。必要时,也可向厂家提供所需要的跨度,厂家根据工程需要制造相应跨度的起重机。

二、油系统

水电站油系统的作用有两个:一是供给机组轴承的润滑油和操作用的压力油,称为透平油,其作用是润滑、散热及传递能量;二是供给变压器、油开关等电气设备的绝缘油,其作用是绝缘、散热及灭弧。两种油的性质不同,作用不同,应有两套独立的油系统。

油系统主要由以下几部分组成:

(1)油库。接受和贮存油的地方,油库设有油罐。油库要特别注意防火,大于100 t时油库应设在厂外。透平油的用油设备均在厂内,故透平油库一般布置在厂内,只有在油量很大时才在厂外另设贮存新油的油库。主变压器和开关站用绝缘油,且用量较大,所以绝缘油库常布置在厂外主变压器和开关站附近。

(2)油处理室。设有油泵和滤油机,有时还有油再生装置。油处理室一般设在油库旁。透平油与绝缘油常合用油处理室。相邻水电站可合用一套油处理设备。

(3)补给油箱。一般设在主厂房的吊车梁下。当设备中的油有消耗时,补给油箱自流补给新油。当不设补给油箱时,可利用油泵补给新油。

(4)废油槽。在每台机组的最低点设废油槽,收集漏出的废油。

(5)事故油槽。当变压器、油开关、油库发生燃烧事故时迅速将油排走,以免事故扩大。油可排入事故油槽中或直接排入下游河道。事故油槽应布置在便于充油设备排油的位置,并便于灭火。

(6)油管。油的输送通道,一般布置在水轮机层。

三、气系统

水电站厂房压缩空气系统为用气设备提供压缩空气,根据压缩空气压力的高低分为高压压缩空气系统和低压压缩空气系统。

(1)高压压缩空气系统。油压装置和空气开关用气为高压。厂房中调速器压力油箱中约有2/3的体积为压缩空气,以保证调速器用油时无过大的压力波动,额定气压为2.5 MPa或4 MPa或6 MPa。配电装置如空气断路器的灭弧和操作用气,以及开关和少油断路器的操作用气,额定气压为2~5 MPa。

(2)低压压缩空气系统。发电机停机时用压缩空气进行机组制动;调相运行时需向水轮机顶盖下充以压缩空气以压低尾水管中的水位;蝴蝶阀关闭时,需将压缩空气通入阀上的空气围带,使其膨胀而减少漏水;机组检修时供各种风动工具使用;闸门及拦污栅有时需用压缩空气防冻清污。低压压缩空气额定气压为0.5~0.8 MPa。

压气系统由空气压缩机(空压机)、储气筒、输气管、测量控制组件等组成,厂房内需设专用压气机室布置压气系统。因空压机噪声大,压气机室应远离中央控制室,一般布置在水轮机层、安装间的下面,并满足防火防爆要求。储气筒一般与压气机室布置在一起,当储气筒特别大时,也可移至场外。

用气设备若远离厂房(如高压开关站及进水口),则可在该处另设压气系统,厂房内高低压系统均要设置。

四、水系统

水系统可分为供水系统和排水系统。

(一)供水系统

水电站厂房内的供水系统包括技术供水、生活供水、消防供水。

技术供水包括冷却及润滑用水,如发电机的空气冷却器、机组导轴承和推力轴承的油冷却器、水润滑导轴承、空气压缩机气缸冷却器、变压器的冷却设备用水等。耗水量最大的是发电机和变压器的冷却用水,可达技术用水的80%左右,要求水质清洁、不含对管道和设备有害的化学成分。

消防用水要求水流能喷射到建筑物的最高部位,水量一般为15 L/s。消防用水可从上游压力管道、下游尾水渠或生活用水的水塔取水,并且应设置两个水源。

生活用水根据工作人员的多少确定。

一般供水系统是从压力管道取水、上游水库取水、下游取水或地下水源取水。供水系统由水源、供水设备、水处理设备、管网和测量控制组件组成。管路应尽可能靠近机组,以缩短管线并减少水头损失。供水泵房应布置在水轮机层或以下的洞室内。为保证水质,用水管把水引向过滤设备,经过滤后再分配用水。

供水方式常取决于水电站的水头,可采用以下几种:

(1)自流供水。适用于水头在12~60 m之间的水电站,但当水头大于40 m时需要减压设备。坝后式厂房从水库引水,引水式厂房从压力水管引水。

(2)水泵供水。当水电站的水头太低(水压力不够)或太高(需要减压设备)时,采用水泵供水方式。

(3)混合式供水。如果水电站的水头变化较大,高水头时可采用自流方式供水,低水头时采用水泵供水。

(二)排水系统

排水系统可分为渗漏排水系统和检修排水系统。

厂房内能自流排往下游的水(如发电机冷却用水等)均自流排往下游,不能自流排向下游的用水和渗水,包括厂房内的生活用水,技术用水,各种部件、阀门和其他设备的渗漏水或建筑物伸缩缝与沉陷缝的渗漏水,均需引入集水井,再用水泵排到下游,此系统称为渗漏排水系统。

机组检修时常需要排空蜗壳和尾水管,为此需设检修排水系统。检修时,将检修机组前蝴蝶阀或进水闸门关闭,将蜗壳及尾水管中的水自流经尾水管排往下游。当蜗壳和尾水管中的水位等于下游尾水位时,关闭尾水闸门,利用检修排水泵将余水排走。检修排水可采用下列几种方式:

(1)集水井。各尾水管与集水井之间以管道相连,并设阀门控制,尾水管的积水可自流排入集水井,再用水泵排走。

(2)排水廊道。在厂房最低处沿纵轴线设廊道,各尾水管的积水直接排入廊道,再以水泵排走。由于廊道体积大,尾水管中积水排除迅速,可缩短检修时间。

(3)分段排水。在每两台机组之间设集水井和水泵,担负两台机组的检修排水。适用于容量不大的电站。

(4)移动水泵。检修某台机组时,临时移动水泵装在该处进行排水。适用于容量不大的电站。

渗漏集水井和检修集水井可布置在安装间下层、厂房一端、尾水管之间或厂房上游侧。集水井的底部高程要足够低,以便自流集水。每个集水井至少设两台水泵,水泵宜采用深井水泵。渗漏集水井一台工作泵、一台备用泵,应能自动操作,集水井设置水位报警信号装置。检修集水井的两台水泵均为工作泵,可不考虑自动操作。水泵集中布置在集水井上面的水泵房内,其电动机安装要高,防潮防淹。

渗漏排水系统和检修排水系统一般分开设置,对中型水电站,经论证可考虑两系统合并,但必须在两系统管路和集水井之间设逆止阀,只允许集水井中的水通过水泵向下游排水,而尾水不得倒灌,以免淹没厂房。

第六节　主厂房各层间的布置

水电站主厂房是安装水轮发电机组及其辅助设备的场所,厂房内部布置应根据机电布置,设备安装、检修及运行要求结合水工结构布置统一考虑。

一、发电机层的布置

发电机层和水轮机层布置设备最多。发电机层为安放水轮发电机组及辅助设备和仪表表盘的场地，也是运行人员巡回检查机组、监视仪表的场所。主要设备除发电机外，还有调速系统的调速器柜及油压装置、机旁盘、励磁盘、蝶阀孔、楼梯、吊物孔、交通道及起重设备等，如图 11-2所示。

(1)调速器柜及油压装置。调速系统设备有调速器柜、油压装置和接力器。调速器柜及油压装置一般布置在发电机层，应与布置在水轮机层的接力器位置相适应，尽可能靠近机组，避免跨机组段布置，并在吊车的工作范围之内。电液调速器的电器柜一般和机旁盘布置在一起。

(2)机旁盘。包括机组自动操作盘、机电保护盘、量测盘、动力盘等，每台机组 3 ~ 5 块。为便于运行人员在机组启动时能观察到盘上的仪表，一般尽可能靠近调速器柜，并在厂房的同一侧，靠近上游墙或下游墙(但不能紧靠墙，至少应有 80 cm 的空间)。当主机室空间有限时，可将动力盘与其他盘分开而另行布置在水轮机层或其他适当位置。如果机组测温仪表不多，可将测温仪表布置在发电机上机架上，不另设测温盘。

(3)励磁机和励磁盘。励磁机根据其励磁方式可布置在发电机转子轴顶，也有与转子轴相连接的单独布置。励磁盘为控制励磁机运行而设置，常布置在发电机近旁。如果发电机层拥挤，也可布置在水轮机层，但需要防潮通风设备。

(4)吊物孔和蝶阀孔。主机室和安装场内吊车起吊范围内应设供安装、检修的吊物孔，以沟通上下层之间的运输，一般布置在既不影响交通又不影响设备布置的地方，其大小与吊运设备的大小相适应，平时用铁盖板盖住。如果水轮机前装设蝴蝶阀，其检修一般在发电机层的安装间内进行，这就需要在与其相应部位的发电机层及水轮机层预留蝶阀吊孔，以方便安装和检修。此时，蝶阀孔可兼作吊物孔，仅需在安装场设吊物孔。

(5)交通。水轮发电机组上、下游侧应留 2 ~ 2. 5 m 的过道，各种设备之间也必须为运行人员巡视和检修留 1. 5 ~ 2. 0 m 的距离。此外，为便于运行人员到水轮机层巡视、操作、及时处理事故，由发电机层到水轮机层每隔一段距离需要设置一个楼梯，一般两台机组设置一个，至少在主厂房的两端各设一个。

(6)起重设备及其工作范围。发电机层平面设备布置应考虑在吊车主、副钩的工作范围内，以便楼面所有设备都能由厂内吊车起吊。

二、水轮机层的布置

水轮机层是指发电机层以下、蜗壳大块混凝土以上的空间。该空间除布置有发电机的机墩外，还常布置调速器的接力器、水力机械辅助设备(如油、气、水管路)、电气设备(如发电机引出线、中性点引出线、接地装置、灭磁装置等)、厂用电的配电设备，如图 11-12 所示。

(1)调速器的接力器。在平面上常布置在蜗壳最小断面处，与水轮机顶盖连在一起，在垂直方向上应位于调速器柜的下方，以便于其间管路的连接。

(2)电气设备的布置。发电机引出线和中性点侧都装有电流互感器，一般安装在风

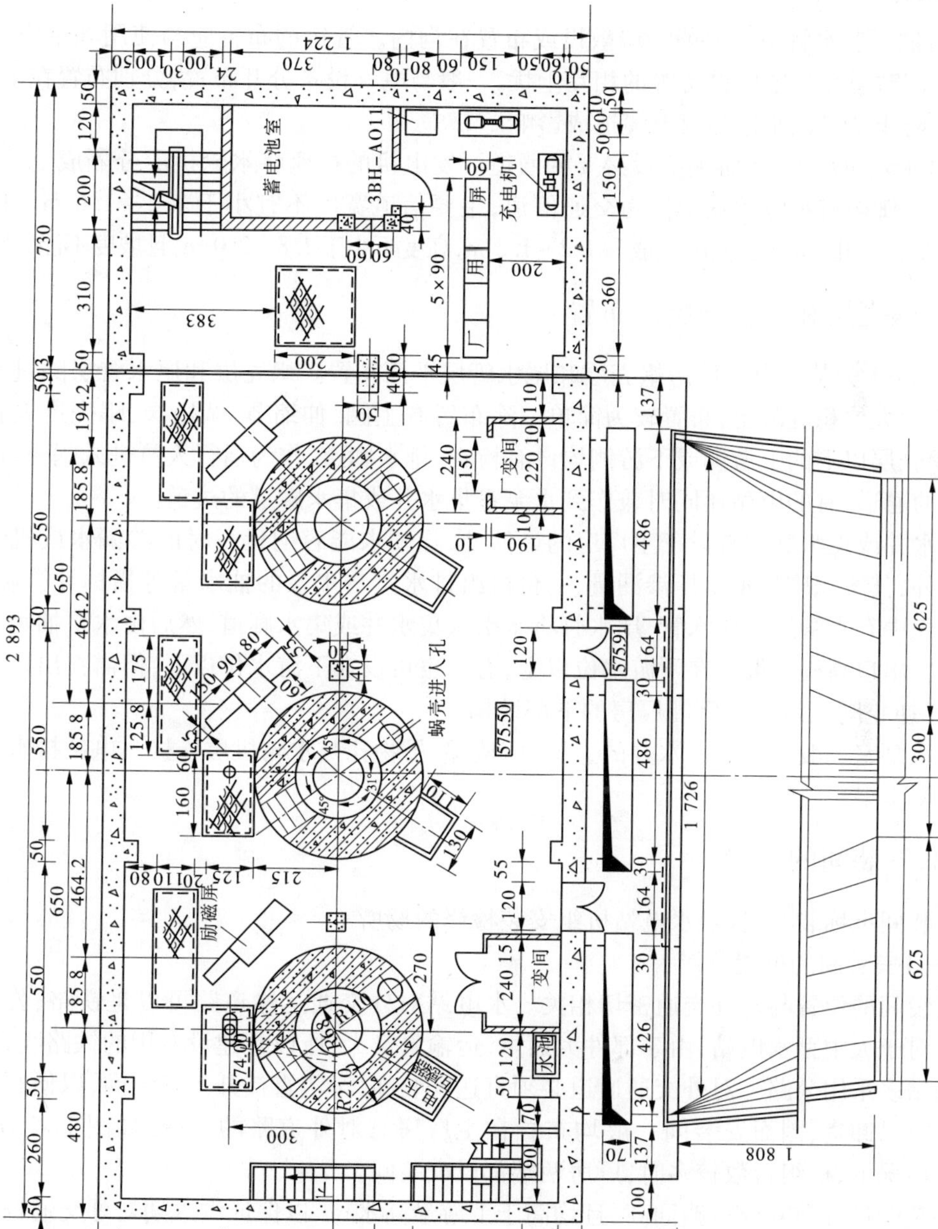

图 11-12　水电站厂房水轮机层平面布置图　（单位：尺寸，cm；高程，m）

罩外壁或机座外壁上。当该层空间超过 8 ~ 10 m 时,可考虑在其间增加出线层,布置发电机引出线及其他电气设备。小型水电站一般不设专门的出线层,引出母线敷设在水轮机层上方,而各种电缆架设在其下方。水轮机层比较潮湿,对电缆不利,发电机引出母线要加装保护网。

(3)油、气、水管道。一般沿墙敷设或布置在沟内。管道的布置应与使用和供应地点相协调,同时避免与电气设备等的相互干扰,一般与电气设备分开布置,分别布置在上、下游侧,以防止油、气、水渗漏对电缆造成影响。

(4)水轮机层上、下游侧应设必要的通道。发电机的机座将水轮机层分隔成上、下游侧走廊,走廊应有足够的宽度作为交通信道,主要信道宽度不宜小于 1.2 ~ 1.6 m。机座壁上要设进人孔,进人孔宽度一般为 1.2 ~ 1.8 m,高度不小于 1.8 ~ 2.0 m,且坡度不能太陡。

三、蜗壳层和尾水管层的布置

图 11-13 为某水电站厂房蜗壳层和尾水管层平面布置。蜗壳层和尾水管层除过水部分外,均为大体积混凝土,布置较为简单。除布置有主阀、伸缩节、调压阀、蜗壳进人孔等外,在蜗壳层以下的上游侧或下游侧均设有检查、排水廊道,作为运行人员进入蜗壳、尾水管检查的通道,有的电站还同时兼作到水泵室集水井或集水廊道的过道。

集水井或集水廊道常设于主厂房的最低处,除要求能容纳运行时的渗漏水或机组检修排水外,其容积应根据全厂渗漏量、一台机组排水量与水泵的抽水量等指标计算确定。一般蜗壳中有水管通向尾水管,尾水管将水引入集水井或集水廊道,然后由水泵抽水向下游排出。出口高程一般设在下游水位以上,有时也可设在下游水位以下,但需在出口处装单向阀(逆止阀),以防水倒灌厂房的下部结构。

排水泵室一般布置在集水井的上层,由楼梯、吊物孔与水轮机层连接。电站排水都通向下游尾水渠。

四、安装间的布置

安装间也称装配场,是水电站机组安装检修的场所。

(一)安装间的位置

安装间的位置与对外交通密切相关。水电站对外交通运输道路可以是铁路、公路或水路。对于大中型水电站,由于部件大而重,运输量又大,所以常建设专用的铁路线,中小型水电站多采用公路。对外交通通道必须直达安装间,车辆直接开入安装间,以便利用主厂房内桥吊卸货,因而安装间一般均布置在主厂房有对外道路的一端,如图 11-2 所示。在特殊情况下,机组台数较多时,厂房两端都设安装间。

安装间最好与对外道路同高,且均高于下游最高水位,以保证洪水期对外交通畅通无阻。安装间最好也与发电机层同高,以充分利用场地,安装、检修工作方便。

(二)安装间的面积

安装间应与主厂房同宽以便桥吊通行,所以安装间的面积就决定了它的长度。当机组台数在 4 ~6 台以下时,安装间的面积可按一台机组扩大性检修的需要确定,一般考虑放置四大件,即发电机转子、发电机上机架、水轮机转轮、水轮机顶盖,其余较小或较轻部

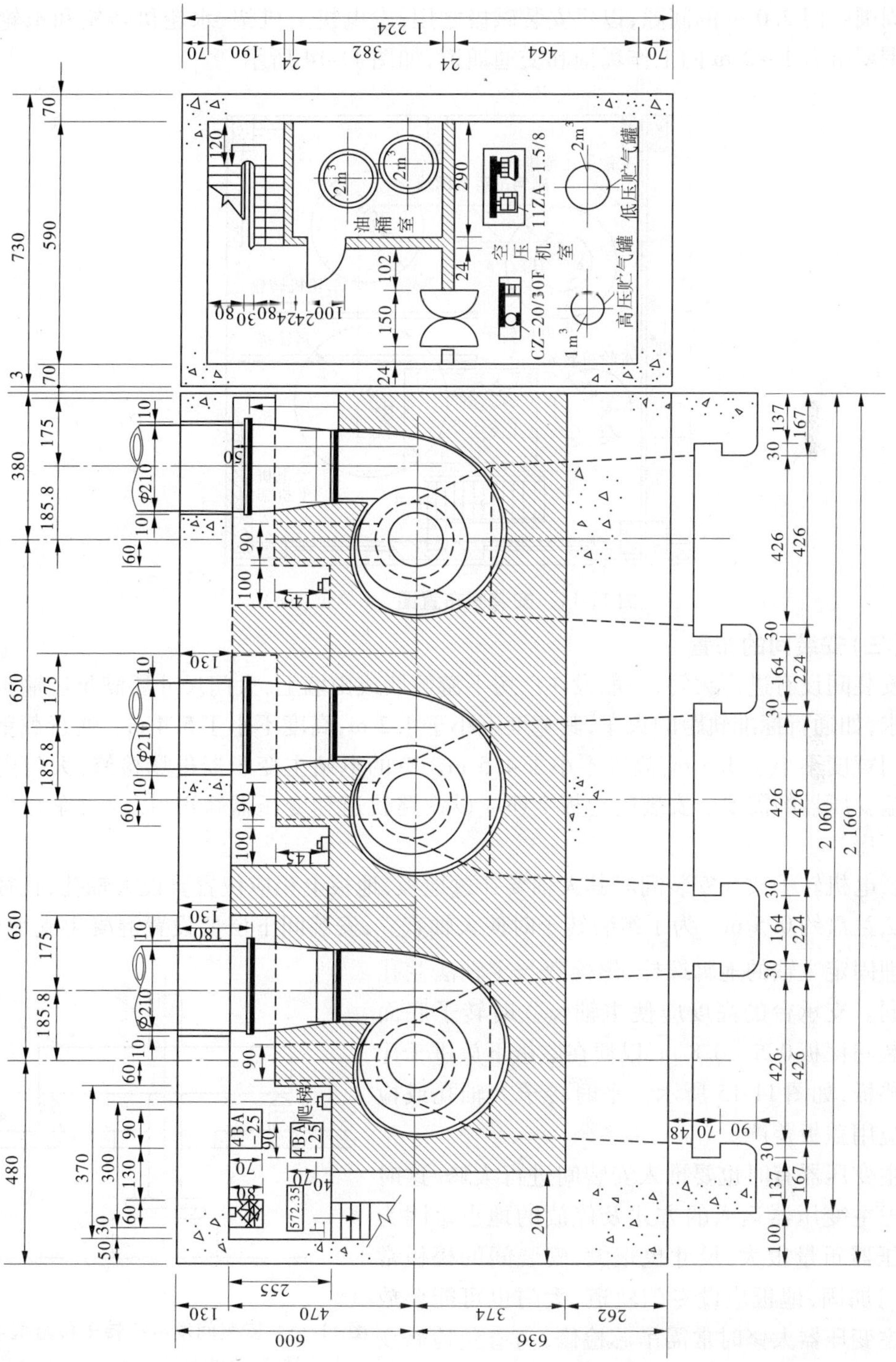

图11-13　水电站厂房蜗壳层和尾水管层平面布置图　（单位：尺寸，cm；高程，m）

件可堆置于发电机层地板上。四大件要布置在主钩的工作范围内,其中发电机转子应全部置于主钩起吊范围内,且周围应有必要的工作空间和运输工具的通行空间。如发电机转子周围应留 2.0 m 的间隙,以供安装磁极之用;发电机上机架、水轮机转轮和水轮机顶盖周围要留有 1 ~2 m 的工作场地和交通通道,如图 11-14 所示。

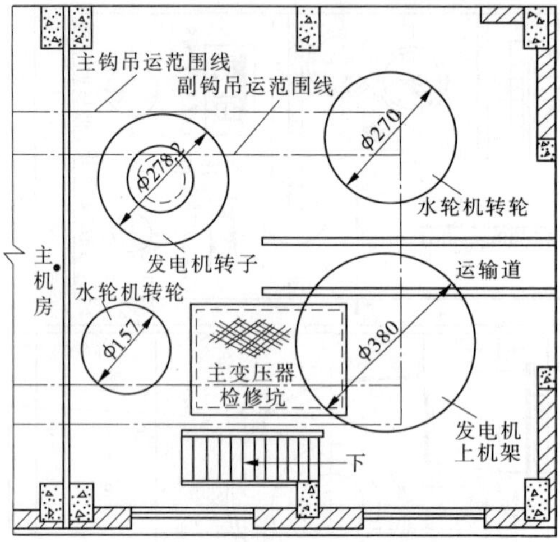

图 11-14 安装间布置图 (单位:cm)

(三)安装间的布置

安装间设有进厂大门,一般设在厂房下游侧墙或山墙上,大门尺寸要满足运输车辆进厂要求,如通行标准轨距的火车,其宽度不小于 4. 2 m,高度不小于 5. 4 m。通行载重汽车的大门宽度不小于 3. 3 m,高度不小于 4. 5 m。有的电站主变压器进场检修,大门尚须满足运输变压器的需要。安装间地板上还应设铁路轨道和变压器轨道,以便火车和变压器进入厂房。

发电机转子放在安装间时其大轴要穿过地板,地板上相应位置要设大轴孔,孔径大于大轴法兰盘约 0. 5 m。为了组装转子时使大轴直立,安装间下层要设置混凝土支承台,台上预埋固定主轴的地脚螺栓,螺栓数与主轴法兰孔数相同。支承台的高度应使主轴竖立时转子底面距安装间楼板 0. 5 ~0. 8 m,以便在磁极下放进千斤顶和垫板,如图 11-15 所示。平时转子大轴孔或检修坑应用盖板盖严。

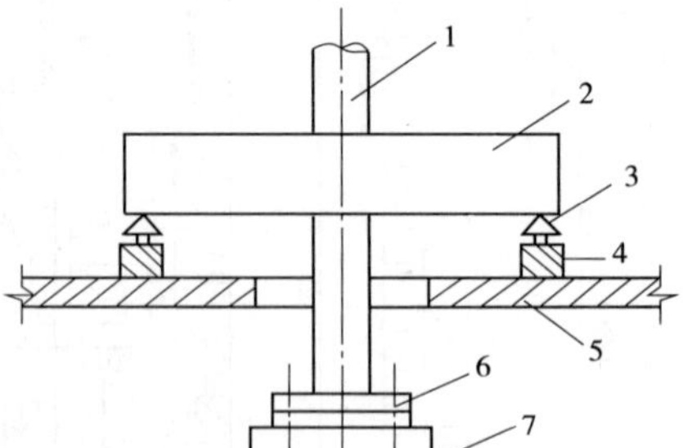

图 11-15 安装间发电机转子检修坑示意图

1—主轴;2—发电机转子;3—千斤顶;4—垫木
5—安装间楼板;6—法兰盘;7—支承台

主变压器有时也要推入安装间进行大修,这时要考虑主变压器运入的方式及停放的地点。因为主变压器重量很大,尺寸也很大,安装间的楼板常要专门加固,地板应设专门轨道,大门也可能要放大。主变压器大修时常需吊芯检修,为避免检修变压器而增加厂房高度,一般在安装间上设尺寸相当的变压器坑,先将整个变压器吊入坑内,再吊铁芯,铁芯吊出后离安装间楼板高度不小于0.2 m。变压器坑的尺寸应比变压器拆去散热器后的外形尺寸每侧各大0.25 m,由于变压器检修与机组检修一般不同时进行,因此变压器坑的位置可与四大部件的位置重叠。平时坑口上应用有足够刚度的盖板盖严。近几年推广的强迫油循环水冷式变压器,尺寸和起吊高度大为减小,可减小对厂房高度的影响。目前,大型变压器常做成钟罩式,检修时将吊芯改为吊罩,起重量和起吊高度大为减小,安装间不再设变压器坑。主变压器吊装如图 11-16 所示。如果可以在主变压器场露天检修,也不用再设变压器坑。

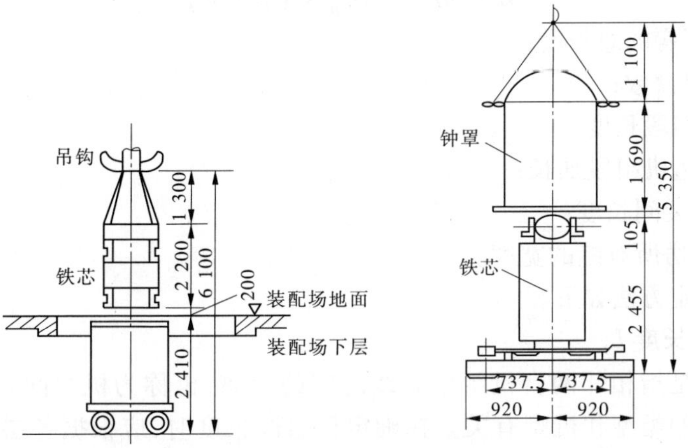

(a)检修变压器吊出铁芯　(b)检修钟罩式变压器吊起钟罩

图 11-16　主变压器吊装示意图　(单位:mm)

安装间要安排运货台车停车的位置和堆放试重块或设置试重地锚的位置。厂房内的桥吊在安装完成后或大修后要进行静荷及动荷试验。静荷试验时,桥吊要吊起的荷载为起重量的125%,动荷试验时为起重量的110%,并反复吊起放下。试重块常由钢筋混凝土块组成,体积很大,常堆放在安装间的试重块坑内,也可放在厂外。当桥吊起重量很大时,可采用铸铁试重块以减小体积。桥吊起重量大于150 t时,试重块体积过于庞大,难寻合适之处堆放。此时可在安装间下设置地锚或利用大轴承台的地脚螺栓(它们必须能承受的向上拉力不小于桥吊起重量的110%),并在地锚和桥吊主钩之间加设测力器,进行静荷试验,拉力能达到起重量的110%即为合格,不再进行动荷试验。

安装间最好坐落在基岩上,若基岩埋藏较深,则可利用开挖的空间布置空压机室、油处理室、水泵室等。

第七节　主厂房的轮廓尺寸

水电站主厂房布置设计就是确定主厂房的轮廓尺寸,即主厂房的长度、宽度和高度,其中长度和宽度称为厂房的平面尺寸。主厂房的轮廓尺寸的确定原则是在满足设备布置和安装、维护、运行、管理的前提下,尽量减小厂房尺寸,以降低造价。对于装设反击式水轮机的电站,主厂房的轮廓尺寸取决于主机组、蜗壳、尾水管的平面尺寸,辅助设备布置,主要设备安装、检修和运行管理的要求，以及厂房结构布置的要求。对于装设冲击式水轮机的电站，影响厂房尺寸的因素主要是转轮外壳、喷嘴个数和尺寸以及发电机尺寸等。本节主要介绍装设反击式水轮机水电站的轮廓尺寸的确定方法。

一、主厂房的长度

主厂房的长度由主机间和安装间的长度确定，而主机间的长度则主要取决于机组台数、机组段的长度和边机组段的加长。因此，主厂房的长度可以表达为

$$L = nL_0 + \Delta L_{边} + L_{安} + L_{缝} \tag{11-1}$$

式中 L——主厂房的总长度；

n——机组台数；

L_0——机组段长度；

$\Delta L_{边}$——边机组段加长；

$L_{安}$——安装间长度；

$L_{缝}$——厂房所有缝的宽度。

各部分的确定方法如下。

(一)机组段长度 L_0

机组段长度是指相邻两台机组中心线之间的距离，也称为机组间距，如图 11-17 所示。它与水电站的类型和机型有关。在确定机组段长度时，应根据各层主要设备(如发电机及其风罩、蜗壳、尾水管等)的纵向尺寸，综合考虑各层的布置要求，包括机组附属设备、主要交通通道以及结构等的布置要求来确定。

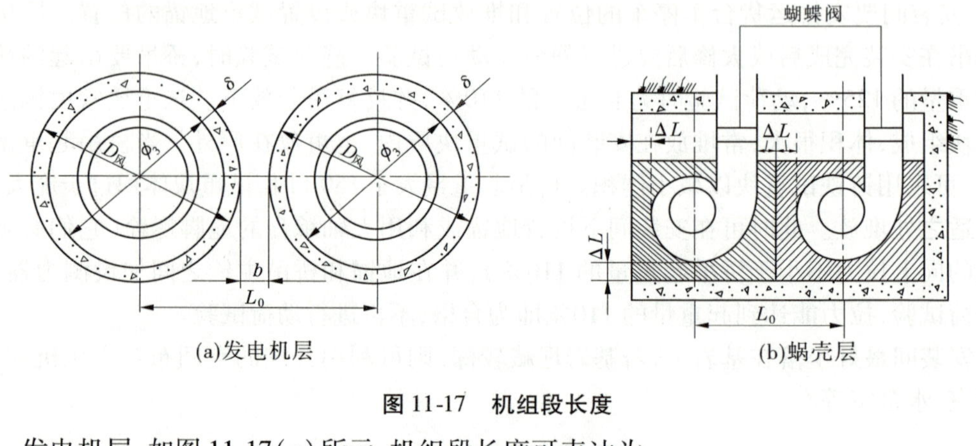

图 11-17 机组段长度

发电机层：如图 11-17(a)所示，机组段长度可表达为

$$L_0 = D_{风} + b = \phi_3 + 2\delta + b \tag{11-2}$$

式中 $D_{风}$——发电机风罩外径；

ϕ_3——发电机风罩内径；

δ——风罩壁厚；

b——相邻两风罩外缘之间通道的宽度，一般取 1.5 ~ 2.0 m，两台机组之间布置楼梯时，取 3 ~ 4 m。

为了减小机组间距,最好不将调速器、油压装置和楼梯等布置在两台机组中间。

蜗壳层:如图 11-17(b)所示,蜗壳平面尺寸确定后,机组段长度可表达为

$$L_0 = L_w + 2\Delta L \tag{11-3}$$

式中　L_w——蜗壳在厂房纵向的尺寸;

ΔL——蜗壳外围的混凝土结构厚度,至少取 0.8 ~ 1.0 m,大型机组可达 2 m。

尾水管层:与蜗壳层类似,尾水管宽度确定后,机组段长度可表达为

$$L_0 = B + 2\Delta L \tag{11-4}$$

式中　B——尾水管的宽度;

ΔL——尾水管边墩的混凝土厚度,至少取 0.8 ~ 1.0 m,大型机组可达 2 m。

某些情况(尤其是低水头电站)下,尾水管的平面尺寸可能控制了机组段长度,此时,可将尾水管做成不对称形状。

机组段长度应满足各层的最大需要,因此取以上三层计算的最大值作为机组段长度。从国内已建水电站机组段长度的统计资料可以得出各种厂房机组段长度与水轮机转轮直径的比值范围如下:坝后式厂房为 4.0 左右,河床式厂房为 3.0 ~ 3.8,引水式(岸边式)厂房为 4.4 ~ 4.6。小容量水电站机组周围由于设备布置的缘故,可达 6.0 以上。

(二)边机组段加长 $\Delta L_{边}$

一般主厂房的一端是安装间,另一端的机组称为边机组。如果安装间在主厂房的中部,则主厂房两端的机组都是边机组。由于边机组外侧有主厂房的端墙,为了使机组设备和辅助设备处于桥吊工作范围内,边机组段需要在机组段长度的基础上加长 $\Delta L_{边}$。

如果安装间在厂房左端,则右端边机组段应按桥吊吊装发电机转子的要求加长,要求机组中心线在吊钩或平衡梁(采用两台桥吊吊装时)的工作范围之内,并有 0.2 ~ 0.3 m 的安全距离;如果安装间在厂房右端,则左端边机组段应按桥吊吊装主阀(如果有主阀)的要求加长,要求主阀中心线在吊钩的工作范围之内,并有 0.2 ~ 0.3 m 的安全距离。如图 11-18 所示。

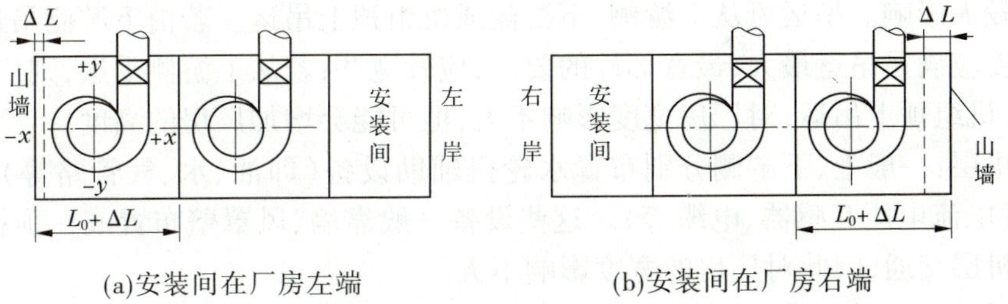

图 11-18　边机组段加长示意图

一般边机组段加长取 $\Delta L_{边} = (0.1 \sim 1.0)D_1$,$D_1$ 为水轮机的标称直径。安装间在厂房左端时取较小值,安装间在厂房右端时取较大值。

(三)安装间长度 $L_{安}$

安装间的宽度一般与主厂房相同,按前述对安装间布置的要求,安装间的长度一般取

$L_{安}=(1.0\sim1.5)L_0$。高水头混流式水轮机和悬式发电机采用偏小值，低水头轴流式水轮机和伞式发电机以及贯流式机组采用偏大值。多机组电站，安装间面积可根据需要增大或加设副安装间。

(四)厂房缝的宽度 $L_{缝}$

主厂房中主机间与安装间之间应设缝，每台机组或每数台机组也应设缝，若主厂房设缝的数目为 n'，缝宽为 b'，可知主厂房所有缝的宽度。

二、主厂房的宽度

确定主厂房宽度时，应以机组中心线为界，将厂房宽度分为上游侧宽度 B_u 和下游侧宽度 B_d，如图 11-19 所示。厂房上游侧宽度 B_u 和下游侧宽度 B_d 也应分别考虑各层的布置要求确定。

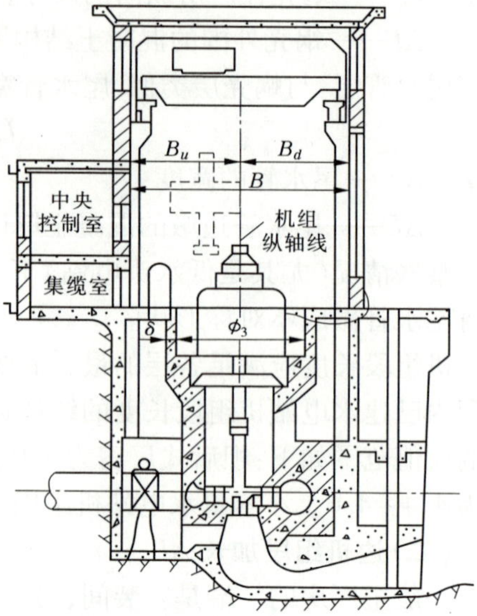

图 11-19 主厂房宽度示意图

发电机层：上、下游侧宽度一般由发电机层风罩外缘直径和其上、下游的空间要求确定，可分别表达为

$$B_u = D_{风} + A_u \qquad (11\text{-}5)$$

$$B_d = D_{风} + A_d \qquad (11\text{-}6)$$

式中 A_u、A_d——发电机层风罩外缘至上游侧墙、下游侧墙的宽度，应考虑发电机层主要交通通道、附属设备的布置、吊运方式以及运行管理方便等因素确定。

首先发电机层交通应畅通无阻。一般主要通道宽 2 ~ 3 m，次要通道宽 1 ~ 2 m。发电机层的辅助设备一般有调速器柜、机旁盘以及主阀吊孔等，这些设备应布置在恰当位置，周围应有一定的空间，以便于运行人员观察和操作。如机旁盘前应留有 1 m 宽的工作场地，机旁盘后应有 0.8 ~ 1 m 宽的检修场地。最大部件(如转子带轴)的吊运方式对厂房宽度也有较大影响。吊运可从上游侧、下游侧或机组顶上吊运。若由下游侧吊运，则厂房下游侧宽度应满足吊运最大、最宽部件的要求，应较宽些；若从上游侧吊运，则厂房上游侧较宽；若从机组顶上吊运，对厂房宽度影响不大，但可能会增加厂房的高度。

水轮机层：一般上、下游侧分别布置水轮机辅助设备(即油、水、气管路等)和发电机辅助设备(电流电压互感器、电缆等)。这些设备一般靠墙、风罩壁布置或在顶板布置，不影响水轮机层交通，因此对厂房的宽度影响不大。

蜗壳层：宽度一般由蜗壳的尺寸、结构要求、附属设备布置以及交通等要求确定，上、下游侧宽度可表达如下

$$B_u = L_{wu} + \Delta L + A_f \qquad (11\text{-}7)$$

$$B_d = L_{wd} + \Delta L \qquad (11\text{-}8)$$

式中 L_{wu}、L_{wd}——蜗壳在厂房横向上游侧、下游侧的尺寸；

ΔL——蜗壳外围的混凝土结构厚度，至少取 0.8 ~ 1.0 m，大型机组可达 2 m；

A_f——主阀室宽度，当电站压力管道装有主阀时，其上、下游应有足够的空间以便

于安装和维护，主阀室净宽一般为 4 ~ 5 m。

另外，蜗壳层还布置有检查廊道、进人孔等，要保持交通通畅。

各层的上、下游侧宽度确定后，厂房的上游侧宽度和下游侧宽度应取各层上、下游侧宽度的最大值，即

$$B_u = \max(B_u) \tag{11-9}$$

$$B_d = \max(B_d) \tag{11-10}$$

则主厂房总宽度为

$$B = B_u + B_d \tag{11-11}$$

主厂房总宽度的确定应与吊车跨度的选择同步考虑，当主厂房总宽度基本确定后，可选用厂家产品目录中满足主厂房宽度要求的标准跨度，此时，一般需要适当调整主厂房的宽度；也可向厂家提供所需要的跨度，厂家根据工程需要制造相应跨度的桥吊，此时则不必调整主厂房宽度。

主厂房的长度和宽度是厂房的平面尺寸，一般来讲，中、低水头电站的机组段长度由下部块体结构中水轮机蜗壳的尺寸控制，高水头电站由于单机流量小，可能由发电机风罩外径及其周围辅助设备和通道的尺寸决定。

三、主厂房的各层高程

水电站厂房的各层高程中，水轮机安装高程是控制性高程。安装高程确定以后，就可以依据结构和设备的布置要求确定其他各层高程，向下依次可确定主阀室底板高程、尾水管底板高程、主厂房基础开挖高程等，向上依次可确定水轮机层地面高程、发电机层地面高程以及吊车轨顶高程、屋顶大梁底高程和厂房顶高程。水轮机安装高程 Z_a 在第一篇中已详细介绍，不再赘述，本节主要介绍其他几个高程的确定方法和考虑因素。主厂房的各层高程如图 11-20 所示。

（一）主阀室底板高程 ∇_F

机组前压力管道上装有主阀时，为便于主阀的安装、检修和维护，主阀室不仅要有一定的宽度，在高度上也应便于工作人员在钢管下面工作，一般取钢管底部至主阀室底板的高度 h_1 为一人的高度 1.7 ~ 1.8 m。因钢管中心线与安装高程同高，若压力钢管直径为 D，则主阀室底板高程可表达为

$$\nabla_F = Z_a - D/2 - h_1 \tag{11-12}$$

（二）尾水管底板高程 ∇_{WD}

对于立式水轮机，安装高程在导叶中心线上，因此从水轮机安装高程 Z_a 向下减去导叶高度 b_0 的一半，再减去尾水管的高度 h_2，即为尾水管底板高程 ∇_{WD}，可表达为

$$\nabla_{WD} = Z_a - b_0/2 - h_2 \tag{11-13}$$

（三）主厂房基础开挖高程 ∇_K

若尾水管底板混凝土厚度为 ΔL（根据地基性质和尾水管结构型式而定），则主厂房基础开挖高程 ∇_K 可表达为

$$\nabla_K = \nabla_{WD} - \Delta L \tag{11-14}$$

ΔL 应根据地基性质、电站大小和尾水管结构型式而定，初步设计阶段，小型电站或岩

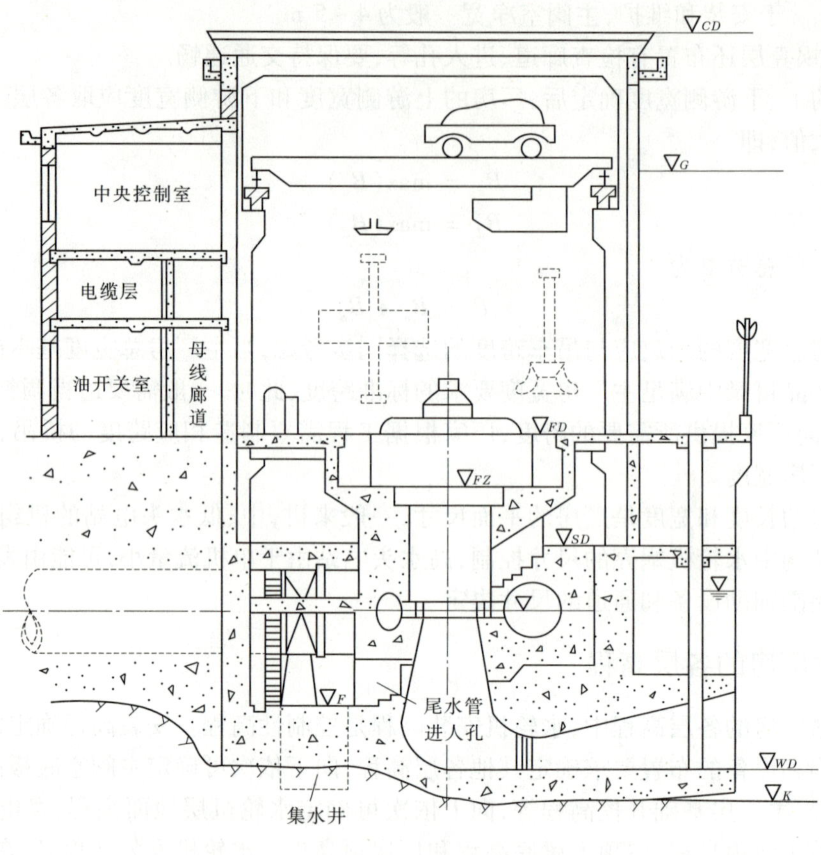

图 11-20　主厂房的各层高程示意图

质基础取 1 ~2 m,大中型电站或土基取 3 ~4 m。

(四)水轮机层地面高程∇_{SD}

水轮机层地面高程一般由蜗壳尺寸及其顶部混凝土厚度决定,原则是要保证蜗壳顶部混凝土的强度和设备(如接力器)的布置。从水轮机安装高程 Z_a 向上加上蜗壳从安装高程向上的最大尺寸 ρ 和蜗壳顶部混凝土层厚度 h_3,可得水轮机层地面高程。可用下式表示

$$\nabla_{SD} = Z_a + \rho + h_3 \tag{11-15}$$

蜗壳从安装高程向上的最大尺寸 ρ 一般在进口断面,对于金属蜗壳,为其进口断面半径;对于混凝土蜗壳,则为进口断面在水轮机安装高程以上的高度。蜗壳顶部混凝土层厚度应根据结构计算确定,在结构设计时进行复核。初步设计阶段可根据国内外已建水电站的经验采用,一般至少取 0.8 ~1.0 m,大型机组可取 2 ~3 m。水轮机层地面高程一般取 100 mm 的整数倍。

(五)发电机装置高程∇_{FZ}

发电机装置高程是指发电机定子基础板高程,即机座顶面高程。一般考虑如下因素:

(1)当机组选定(特别是当采用套用机组时)时,从水轮机层至该装置高程的高度应

满足选定机组的主轴长度要求。机组选定后,该高度未经厂家同意,一般不能随意增加或缩短。

(2)应满足发电机支承结构机座的结构和布置要求。机座一般布置有进人孔,进人孔高度 h_4 至少取 1.8 m,一般取 1.8～2.0 m,进人孔顶部厚度 h_5 应满足机座混凝土结构的强度要求,一般为 1.0 m 左右。这样发电机装置高程可表达为

$$\nabla_{FZ} = \nabla_{SD} + h_4 + h_5 \tag{11-16}$$

(六)发电机层地面高程∇_{FD}

发电机层地面高程一般考虑如下因素:

(1)要保证水轮机层发电机出线和油、气、水管道的布置要求。

水轮机层净高 h_6 一般不小于 3.5～4.0 m。如果发电机层楼板面与水轮机层地面之间加设出线层,则出线层底面到水轮机层地面净高也不宜少于 3.5 m。即有

$$\nabla_{FD} = \nabla_{SD} + h_6 \tag{11-17}$$

(2)要考虑发电机布置方式和选定机组或套用机组发电机主轴长度的影响。

如果发电机采用开敞式布置,则发电机层地面高程∇_{FD}即为发电机装置高程∇_{FZ},即有

$$\nabla_{FD} = \nabla_{FZ} \tag{11-18}$$

如果采用定子埋入式布置,则发电机层地面高程∇_{FD}应在发电机装置高程∇_{FZ}的基础上加定子高度 h_7,即有

$$\nabla_{FD} = \nabla_{FZ} + h_7 \tag{11-19}$$

如果采用上机架埋入式布置,则不仅应加上定子高度 h_7,还应再加上上机架的埋入深度 h_8,即有

$$\nabla_{FD} = \nabla_{FZ} + h_7 + h_8 \tag{11-20}$$

如果是套用机组或选定机组主轴长度是定值,还应满足主轴长度的要求。

(3)要满足水电站厂房设计规范要求的防洪标准,保证下游设计洪水不淹厂房。

大中型水电站厂房应将发电机层地面设在下游设计洪水位∇_{HW}以上,并根据厂房等级有一定的防洪超高 Δh,一般为 0.5～1.0 m,则有

$$\nabla_{FD} = \nabla_{HW} + \Delta h \tag{11-21}$$

该条件并不是在任何情况下均必须满足的。有的河流洪水期与枯水期水位相差悬殊,山区河流尤其是如此,因而在这种情况下将发电机层地面设在下游设计洪水位以上是不经济的。这样不仅会增加厂房下部结构部分的混凝土工程量,而且机组主轴增长,既增加金属的消耗,又给机组运行稳定性带来不利。这时,可将发电机层地面布置在下游设计洪水位以下。但厂房窗台下的墙体应采用混凝土防渗,沿进厂的交通道路应设防水墙,厂房大门和对外的交通口应设置临时性插板以挡洪水;或者将安装间地面高出发电机层地面并高于洪水位,仅作主机间的墙体防渗。

发电机层地面高程应选用满足上述要求的最大值。

(七)安装间高程∇_A

一般情况下,安装间高程∇_A 应尽量与发电机层地面高程和对外交通道路高程∇_J 同高,即

$$\nabla_A = \nabla_{FD} = \nabla_J \tag{11-22}$$

但当水电站的下游设计洪水位过高时，可将发电机层地面设在下游设计洪水位以下，这时安装间地面高程可以有以下几种方案：

（1）可将主厂房大门做成挡水闸门，洪水时将大门关闭，断绝对外运输，值班人员可由高处的通道进入厂房。也可在安装间上专门划出一块货车停车卸货处，此停车处高于安装间而与对外交通道路同高。这时安装间场面不能充分利用，而厂房的高度可能取决于卸货的要求。

（2）安装间与发电机层同高，低于下游设计洪水位。对外交通道路在靠近厂房处下坡，在低于下游设计洪水位处至主厂房的路边筑挡水墙。这种方式可保持对外交通通畅，但下游水位很高时挡水墙的工程量太大。

（3）安装间与对外交通道路同高，均高于发电机层。此时，洪水期对外交通可保持通畅，但安装间与发电机层相邻部分的场面不能充分利用，安装间可能因之要稍加长些，同时桥吊的安装高程将取决于在安装间处吊运最大部件的要求，整个主厂房将加高。

（八）桥吊轨顶高程∇_G

桥吊轨顶高程∇_G（或桥吊的安装高程）是影响主厂房上部结构高度的重要因素。确定的原则是吊车应能在不影响其他机组运行的情况下，安全地将所起吊的最大和最长部件（一般是发电机转子带轴或水轮机转轮带轴或主变压器）运送到指定位置（安装间或机组）。因此，在运送过程中要使这些部件与固定的机组、设备、墙、柱、地面之间保持一定的安全距离，一般水平净距0.3 m，垂直净距0.6～1.0 m（如采用刚性夹具，垂直净距可减小为0.25～0.5 m），以免由于挂索松弛或吊件摆动而碰坏设备或墙柱。根据此要求，桥吊轨顶高程∇_G可用下式表示

$$\nabla_G = \nabla_{FD} + h_7 + h_8 + h_9 + h_{10} + h_{11} \tag{11-23}$$

式中 h_7——运送线路上最高固定设备的高度（如从机组上方通过，当发电机采用开敞式布置时，为定子高度和上机架高度之和，采用定子埋入式布置时，为上机架的高度，采用上机架埋入式布置时为0，变压器在安装间检修时也为0）；

h_8——吊运部件与固定的机组或设备间的垂直净距；

h_9——最大吊运部件的高度；

h_{10}——吊运部件与吊钩间的距离，取决于吊运部件的起吊方式和挂索、卡具的特点；

h_{11}——主钩最高位置（上极限位置）至轨顶面距离，可由起重机主要参数表查出。

大型水电站机组台数较多，为降低主厂房的高度，同时为避免设置一台吊车起重量太大，常设两台吊车来吊装发电机转子和水轮机转轮。此时，用平衡梁作连接构件，水轮机轴用法兰连接于平衡梁上，而发电机转子轴可穿过平衡梁孔，用锁定装置固定于平衡梁上。因此，装有两台吊车可以降低轨顶高程，从而降低整个厂房的高度，但厂房长度可能因此而增加几米。此外，起重量必须考虑平衡梁的重量，通常起重量约增加10%。

（九）厂房顶高程∇_{CD}

吊车轨顶高程确定以后，厂房顶高程应根据厂房顶结构型式和尺寸确定，并应满足起重机部件安装与检修、厂房吊顶和照明设施布置等要求。可表达为

$$\nabla_{CD} = \nabla_G + h_{12} + h_{13} + h_{14} \tag{11-24}$$

式中　h_{12}——起重机轨顶至小车顶面的净空尺寸,可以从起重机主要参数表查出;

h_{13}——小车顶与屋面大梁或屋架下弦底面的净距,为检修吊车需要此净距一般取 0.5 m,当采用肋形结构或屋架时,$h_{13}=0.2\sim0.3$ m,小车可在两根屋架间或两根大梁间进行检修,当采用整片屋面厚板时,可在装配场上方留出小车检修用的空间或在厂顶预留吊孔,而不必过多地抬高厂房的高度;

h_{14}——屋面大梁的高度、屋面板厚度、屋面保温防水层的厚度之和。

第八节　副厂房

一、副厂房的组成

水电站副厂房由辅助生产车间、辅助设备房间、必要的技术管理和生活用房组成。各房间的面积和内部布置取决于电站装机容量、机组台数、电站在电力系统中的作用等因素。大型水电站的副厂房,按性质可分为三类:直接生产副厂房、检修试验副厂房、间接生产副厂房。

直接生产副厂房布置各种与电能生产直接相关的设备,如配电装置、运行控制设备和辅助设备,并通过电缆或管道与主厂房、变压器场及高压开关站相连接。如中央控制室及集缆室(又称电缆夹层或中央控制室下层)、发电机电压配电装置室(又称开关室,有很多小间或成套配电装置柜)、继电保护室、载波通信室(有的大型电站还有微波通信室、无线电通信室)、蓄电池室、储酸室和充电机室等,这些室是运行所需,必须设置。近十几年建设的水电站还有巡回检测装置室和电子计算机室。

检修试验副厂房布置各种检修、试验设备和仪表等,如机械修理车间、电器修理车间、工具间、油化验室、水化验室、高压实验室、仪表电器实验室等。这类房间不一定全部需要,设计时应调查研究,按具体情况决定取舍。

间接生产副厂房主要是生产管理的辅助用房,包括管理办公用房和生活用房等,如办公室、会议室、值班室、休息室、浴室、厕所等。

由于水电站的型式及规模各异,所需副厂房的数量与尺寸也不同,即使容量相近的水电站厂房,其副厂房的尺寸也可能相差甚远。表 11-1 给出了一般中型水电站副厂房的大致组成,其中有些房间可以安排在主厂房内。厂内面积有限时,部分检修试验用房及辅助用房可移至厂外。大多数直接生产用房的内部布置还要满足为保证机电或控制设备安全运行的各种特殊要求。

二、副厂房主要房间的布置设计原则和要求

(一)中央控制室

中央控制室(简称中控室)是电站的神经中枢,是整个水电站运行、控制和监护的中心。中控室是运行值班人员工作的场所,布置有控制盘、直流盘、继电保护盘和信号盘、厂用盘、自动调频盘等。

中控室的布置原则是便于电站的控制、监视并迅速消除故障。中控室的位置选择应

考虑如下几方面：

表 11-1　副厂房房间及参考面积　（单位：m^2）

类别	副厂房名称	装机容量		
		20 万～130 万 kW	10 万～20 万 kW	2.5 万～10 万 kW
直接生产副厂房	中央控制室	90～130	65～90	35～65
	继电保护盘室	80～120	50～80	30～60
	电缆室	90～130	65～90	35～65
	蓄电池室	2×55	45	45
	储酸室及其套间	1×55 2×15 1×20	15	12
	蓄电池的通风机室	20～25	15～20	10～15
	充电机室	30～35	30～35	15～20
	计算机室	20～25	15～20	10～15
	巡回检测装置室	25～30	25～30	25～30
检修试验副厂房	继电保护实验室	40～45	40～45	40～45
	精密仪器实验室	30～35	30～35	25～30
	测量表计实验室	35～40	30～35	25～30
	高压实验室	40～45	35～40	25～35
	电工修理间	25～35	25～35	25～35
	机械修理间	60～100	40～60	40～60
	电气工具间	20	15	15
	油化验室	10～20	10～20	10～20
间接生产副厂房	交接班室	20～25	20～25	15～20
	运行分场	30～40	20～30	20～30
	检修分场	30～40	20～30	20～30
	水工分场	25～35	25～35	25～35
	总工程师室	20～25	20～25	20～25
	厂长室	25	20	15
	生产技术科	25～30	25～30	20～25
	会议室	35～50	35～50	20～35
	资料室	25～35	25～35	25～35
	厕所、盥洗室	10～15	10～15	10～15

(1)中控室应尽量靠近主机房,便于值班人员观察主机房的情况,处理故障和事故时来往方便、迅速。因此,一般布置在发电机层的中部,机组台数较少时也可布置在端部。高程上可与发电机层同高,也可高于发电机层,如三峡水电站中控室比主机房高约6.8 m。

(2)中控室应具有良好的工作环境,要求宽敞明亮、干燥舒适、安静,室内温度、湿度适当,无噪声干扰,以保证仪表的灵敏度和准确性及值班人员较为舒适地工作。因此,中控室的位置应便于自然通风和采光,光线均匀柔和,避免阳光直射至仪表盘面并有防西晒的隔热遮阳措施。中控室最好用玻璃作隔音墙隔开,既便于观察,又收到隔声效果。中控室不宜布置在主变压器场的下层或尾水平台上,因为出现的噪声和振动将会影响继电保护设备的整定值,并使值班人员过度疲劳和注意力分散。必须布置在尾水平台上时应采取有效措施,避免或尽可能减小机组振动的影响。

中控室面积根据电站规模、性质和对电站的要求而定。单机容量在100 MW以上的水电站(如刘家峡、丹江口、凤滩等),中控室面积为(20~35)m^2 ×机组台数;单机容量在36 MW以上的水电站(例如石泉、八盘峡、双牌、富春江等),中控室面积大体为(20~32)m^2 ×机组台数;单机容量在36 MW以下的水电站,中控室和继电保护室大都合二为一,其面积为(20~45)m^2 ×机组台数。中控室室内净高一般为4~4.5 m,如包括间接照明的吊顶在内,应为5.5~6.0 m。

(二)集缆室

集缆室又称电缆夹层,布置在中控室和继电保护盘室的下层,面积等于或稍小于中控室。室内只有电缆和电缆吊架,布置简单,室内净高一般为2~2.5 m,以工作人员能站立工作为宜。该层汇集来自主厂房和变电站的各种操作电缆,然后通往中控室的控制盘、操作盘。集缆室安全出口一般不少于两个,并应做好防潮设计。

(三)继电保护盘室

继电保护盘室布置在中控室附近,在开关站距主厂房较远,尤其在两者高程相差很大情况下,可将输电线路保护盘室布置在开关站。

(四)发电机电压配电装置室

发电机电压配电装置室,又称低压开关室,主要布置发电机电压母线和发电机电压断路器等设备,通常这些设备成套地集成于一个金属柜中,称为开关柜。这些开关柜布置在高度为4~5 m、宽度为6~8 m的房间中。低压开关室的布置应尽量缩短发电机引出线,减小电能损耗。一般布置在主变压器与发电机之间、与主变压器同侧、与发电机层同高程的副厂房内。

开关室一般不设窗户,要满足通风、防潮、防火、防爆的要求。通向防爆间隔的通道净宽不小于1.2 m,高度不小于1.9 m。通道上不应有裸露的电气设备、导体和电缆封端。开关室长度小于7 m时,可只设一个出口;长度超过7 m时,须两端设出口;长度超过60 m或通向防爆间隔通道长度大于40 m时,宜设三个出口。开关室的门应朝外开,两个出口相距不宜超过30 m。开关室不应布置在浴室或厕所下面。耐火等级不应低于2级。采用自然通风,当不能满足温度要求或发生事故排烟困难时,可考虑增设机械通风装置。

(五)通信室及远动装置室

当输电电压在 110 kV 以上时,为了电站与系统调度中心联系,由系统调度中心指挥电站运行,专设载波电话通信室、自动电话交换机室、微波或其他无线电通信室和远动装置室等。在远离城市的深山区建设的电站,可能要求设立卫星通信设备。这些房间应毗邻于中控室且位于同一高程,室内最小高度为 3.2 ~3.5 m。要求防尘、防震,避免过大的噪声,不应与蓄电池室或强电设备邻近。微波或其他无线电通信室,应在其屋顶或附近设无线或微波发射塔。

(六)直流设备室

直流设备室一般包括蓄电池室、储酸室及其套间、充电机室、通风机室等。这些房间作为整套布置在一起,一般布置在副厂房的一端,并靠近用电设备,以缩短直流配电盘的电缆长度。不允许布置在中控室、配电装置室(开关室)和通信室的上方,以免酸性残液渗到下面房间。其要求如下:

(1)蓄电池室向厂房内电气设备提供直流电源,并作为备用电源。采用人工照明,不设窗户,避免硫酸气产生的氢气在阳光直晒下引起爆炸。门窗、墙壁、顶棚、蓄电池台架和调配池均应用耐酸材料铺设,地面和墙裙用白色瓷砖(缝中填耐酸砂浆)或采用耐酸性沥青地面,并有适当的排水坡度,设单独出入口和单独排风系统。装机 250 MW 及以上的需设两套蓄电池室,两套分开单独布置,以免发生事故相互影响,面积 40 ~50 m^2/间。要设套间(4 m^2)和储酸室(10 m^2)。门应朝外开,以确保安全。

(2)储酸室储存电池所用的酸类,应尽量靠近蓄电池室。为了防止酸气外逸,酸室一般用套间与其他房间分开,墙壁要厚,地板、墙壁、顶棚要考虑耐酸问题。

(3)通风机室和套间的作用是排除有害酸气,防止有害气体扩散。应与蓄电池室相邻,采用单独的通风系统,通风用的电动机为全封闭式或防爆式。

(4)充电机室将交流电转化为直流电,充入蓄电池,最好布置在与蓄电池室毗邻的房间内,并远离中控室,以免因振动和噪声影响中控室的操作。

(七)厂用电设备室

厂用变压器可布置在厂内或厂外主变压器旁,尽可能靠近开关室,以缩短连接母线的长度。每台厂用变压器应布置在防火、防爆的单独小间,并与水轮机层同高,且设专用走廊。厂用变压器一般就地检修,门朝外开,地面有 2% 的坡度倾向集油槽(干式变压器可不设坡)。

厂用高压成套开关柜通常布置在水轮机层母线室附近,不宜布置在发电机层或距中控室太近的地方。

厂用 400 V 低压配电装置,又称动力盘,一般应集中布置在单独房间,400 V 主盘不宜靠墙布置,主盘室距中控室不宜过远,分盘室可分散布置在安装间、水轮机层、水泵室、空压机室、机修间、油处理室等负荷点附近。

(八)母线廊道、母线室或母线竖井

发电机与主变压器之间的母线,一般要经过母线廊道、母线室或母线竖井引到主变压器。布置要满足安装、维修的要求。发电机母线廊道应布置在发电机出线方向的一侧,并靠近主变、厂变的位置,其面积和层高取决于母线的数量和带电安全距离的要求。母线竖井应设有巡视、检修用的电梯和楼梯，每隔4～5 m设维修平台，平台和楼梯宽度均不应小于0.8 m。

（九）电缆廊道和电缆沟

大中型水电站从主厂房到副厂房的中控室或开关室之间，电缆较多，为敷设、检修及更换方便，常设有电缆廊道。当中控室布置在厂房顶层时，还要设电缆竖井。小型电站可用电缆沟代替。

（十）计算机室

计算机室一般是布置在中控室近旁同一高程上的单独房间，室内应基本保持恒温、恒湿，要求装设自动空调装置。进入计算机室应通过一个套间，防止剧烈振动和腐蚀性气体的危害。

（十一）各种实验室和车间

电气实验室一般包括继电保护和自动装置、测量仪表、精密仪表等部分。试验对象是电气二次回路的设备和500 V以下的电气设备，最好布置在中控室附近。电气实验室要求通风、防尘和防潮，不宜布置在尾水管上部。

高压实验室的试验对象是3 kV以上的电气设备，这些设备一般比较笨重，搬运不便，因此应布置在方便运输和设备集中的地方，一般布置在与发电机同高程的安装间附近或副厂房内。

电工修理间和电气工具间应布置在靠近发电机层交通方便处。机修车间可单独布置在厂外，尽量靠近厂房。

各种实验室应有通风、采暖、防尘、防潮措施，测试工作台要求有良好采光和局部照明。

（十二）办公室及生活用房

值班室和调度室一般与中控室邻近，并以最短途径与主厂房相通，以使联系快捷、方便。

行政办公及生活用房可根据其使用要求布置，可设在厂外单独房间内。办公副厂房的位置要以运行人员上下班不经过主机房为原则，会议室、休息室要布置在比较安静的地方，厕所、浴室、盥洗室通常设在安装间附近。

副厂房可采用两层或两层以上的砖混结构，其尺寸可根据副厂房各层的平面布置要求，协调上下层关系，定出长度和宽度。根据已建工程经验，副厂房的宽度一般为10 m。副厂房的面积和内部各房间布置应根据机电设备布置、维修、试验及管理需要，结合厂房具体条件综合考虑确定。表11-1可供初步设计阶段参考。

第九节　厂房的采光、通风、交通及防火

水电站厂房必须妥善考虑采光、通风、取暖、防潮、防火保安、交通运输等问题，以确保水电站的正常运行，并给运行人员提供良好的工作环境。

一、采光

地面厂房应尽可能采用自然采光，布置主、副厂房时要考虑开窗的要求。主厂房自然采光主要靠厂房两侧的大窗，吊车梁以上的窗子主要起通风的作用，大窗开在构架柱之间

的墙上，为长形独立窗。窗的宽度不宜太小，以使照明均匀，高度一般不小于房间进深的1/4。窗下槛在发电机层楼板以上不宜超过1～2 m，以保证窗子附近有足够的光线，并便于通风。但要避免日光直接照射到仪表盘面上。

夜间及地下式、坝内式、溢流式厂房或地面厂房水下部分的房间，要设计人工照明。人工照明分为工作照明、事故照明（当交流电源中断时自动投入的直流电照明）、安全照明（有防触电措施或采用36 V及以下电压的照明）、检修照明及警卫照明。中控室及主机房内的照明不能使仪表盘面上产生反光，以保证运行人员能清晰地观察仪表。

二、通风

地面厂房应尽量采用自然通风。当自然通风达不到要求，或当下游水位过高而不能有效地采用自然通风时，或在产生过多热量的房间（如变压器室、配电装置室等），或在产生有害气体的房间（如蓄电池室、油处理室等），才装设人工通风。

主、副厂房的通风量应根据设备的发热量、散湿量和送排风参数等因素确定。要合理安排进、出风口的位置以达到最佳的通风效果。水轮机层、水泵室、蝴蝶阀室等厂内潮湿部位采用以排湿为主的通风方式，对于产生有害气体的房间要设置专用的排风系统，以免有害气体渗入其他房间。人工通风系统的进风口要设在排风口上风，低于排风口但高于室外地面2 m以上，要考虑防虫及防灰沙的措施。主通风机室的位置除满足通风系统气流组织的合理性外，还应远离中控室、载波机室等安静场所，以免噪声干扰。

盛夏酷热地区或人工通风仍不能满足厂内温度及湿度要求时，可采用局部或全部的空气调节装置。空气调节装置的冷源应尽量采用天然低温水或其他天然冷源。无此条件时，经过技术、经济论证可局部或全部地采用机械制冷设备。

三、取暖

冬天厂房内的温度不能过低，以保证机电设备的正常运行。冬季水电站若正常发电，发电机层、出线层、水轮机层、母线道等处靠机电设备发出的热量即可维持必需的温度。热量不足以维持必需温度的房间，可用电辐射取暖或电热取暖。中控室可装设空气调节器，以便在冬季取暖、夏季降温。蓄电池室及油处理室的取暖方式必须满足防火防爆要求。

四、防潮

地面厂房水下部分的房间要注意防潮，坝内式及地下式厂房的防潮问题更为突出。过分潮湿能造成电气设备的短路、误动作或失灵，可能使机械设备加速锈蚀，运行人员工作条件恶化。防潮的措施不外乎以下四项：

（1）防渗防漏。外墙混凝土要满足抗渗要求，必要时可加设防潮夹层；要减小设备漏水，伸缩缝及沉陷缝要加设止水；冷却水管、混凝土墙及岩石表面如有结露滴水则要用绝热材料包扎。

（2）加强排水。已渗漏进厂房或防潮夹层的水要迅速排除，不能让其积存。

（3）加强通风。潮湿部位宜采用以排湿为主的通风方式，减小空气中的湿度。

(4)局部烘烤。以电炉或红外线烘烤,防止设备受潮。

五、厂内交通

为了便于设备的安装、维护、检修和运行人员的巡视检查与操作,保证运行的正常和工作的安全,厂房内部各层次之间以及布置机电设备的地方必须布置必要的交通通道。

(一)水平交通

厂房的水平通道包括门、过道、运输轨道和廊道等。

厂房对外大门很大,可采用旁推门、上卷门或活动钢门,其高、宽应满足运输大部件的要求,有防洪要求时应做成防洪门。主机室至少应有两道进出的门,其他房间按需要和规范确定。安排各种房门部位时要考虑防火的安全出口,安全出口的门净宽不小于0.8 m,门应向外开,例如蓄电池室、油处理室等;某些可能产生负压的房间,门应向里开,以便出现负压时门可自动开启,如闸门室、排水廊道等。

厂房内各层都要有过道,发电机层常设一条主通道,纵贯全厂房,以便运输设备,进行安装、检修,并供工作人员通行。宽度一般为1~2 m,最窄处应不小于0.75 m。

为了设备的运输、安装、检修,应铺设进厂轨道、变压器轨道等,尾水平台上的门式起重机也应有专门的轨道。

厂房内还设有安装和操作设备的廊道,如排水廊道、主阀廊道等。

(二)垂直交通

厂房的垂直交通包括楼梯、吊物孔、进人孔等。

为了各层不同高程的交通,厂房内必须布置足够的上下楼梯,包括普通楼梯、旋梯、爬梯或电梯等,每台机组最好有专用楼梯,至少每两台机组要设一座楼梯。楼梯设置应便于运行人员到厂房各层巡视、操作,并保证在发生事故时能迅速到达事故地点。楼梯的坡度为20°~46°,以34°为宜。单人楼梯宽0.9 m,双人楼梯宽1.2~1.4 m。旋梯可节省场地,但只使用在不经常上下的地方。偶尔可做成爬梯,其坡度为60°~90°,宽0.7 m。电梯用于厂房高度较大或各层间高差太大时。楼梯不应破坏楼板的梁格系统。

为了吊运各楼层的设备,在主厂房各层楼板上常开设吊物孔,除一般的吊物孔外,还有专门吊孔,如主阀吊孔、水泵吊孔、空压机吊孔等。这些吊孔应位于需吊部件的上方,并在桥吊工作范围内。

为了检修和观察设备,常在某些部位开设进人孔,如蜗壳、尾水管和机座的进人孔。

六、防火保安

由于水电站的事故可能给国民经济造成极大的损失,应特别重视水电站厂房的防火保安问题。各种建筑物及设备的布置及设计均应符合防火保安的专门规定,还要满足国防上的特殊要求。

主、副厂房各层至少要有两个安全出口,要布置疏散用的走廊及楼梯、消防用的信道及消防器材,要装设事故照明。

厂内的油库要用防火墙隔开,墙的厚度要大于0.3 m,柱的尺寸要大于0.4 m,门要能防火。为了防止事故中燃油外流扩大火势,油库门要设拦油槛,其高度应能使油库形成容纳一只最大油桶油量的容积，并有相应的油、水排出的措施。油库内要设足够的消防器材，推荐采用水喷雾灭火。厂房内充油的电气设备如油浸式变压器及油开关，若充油量超过 600 kg，则应布置在防爆间隔内，并以防爆走廊通向外面。采用干式变压器是杜绝变压器火灾事故的根本措施。蓄电池室不仅散发有害气体，而且具有燃烧及爆炸的危险。蓄电池室的一切设施都要符合防火防爆的要求。蓄电池室一般应设在地面以上，有对外的窗户以便泄压，减小爆炸的损失。

第十节　厂区布置

厂区布置是指水电站的主厂房、副厂房、主变压器场、高压开关站、引水道、尾水道及厂区交通的相互位置的安排。目的是使厂房与上游进水口和下游尾水道之间衔接好，水流顺畅，各建筑物功能发挥良好，各建筑物之间配合协调，满足运行安全可靠、施工快捷、交通方便、投资少的要求。因此，进行厂区布置时，要综合考虑水电站枢纽总体布置、地形地质条件、运行管理、施工检修、农田占用、环境设计等各方面的因素，根据具体情况拟定出合理的布置方案。厂区布置的方式很多，图 11-21 是厂区布置的实例。

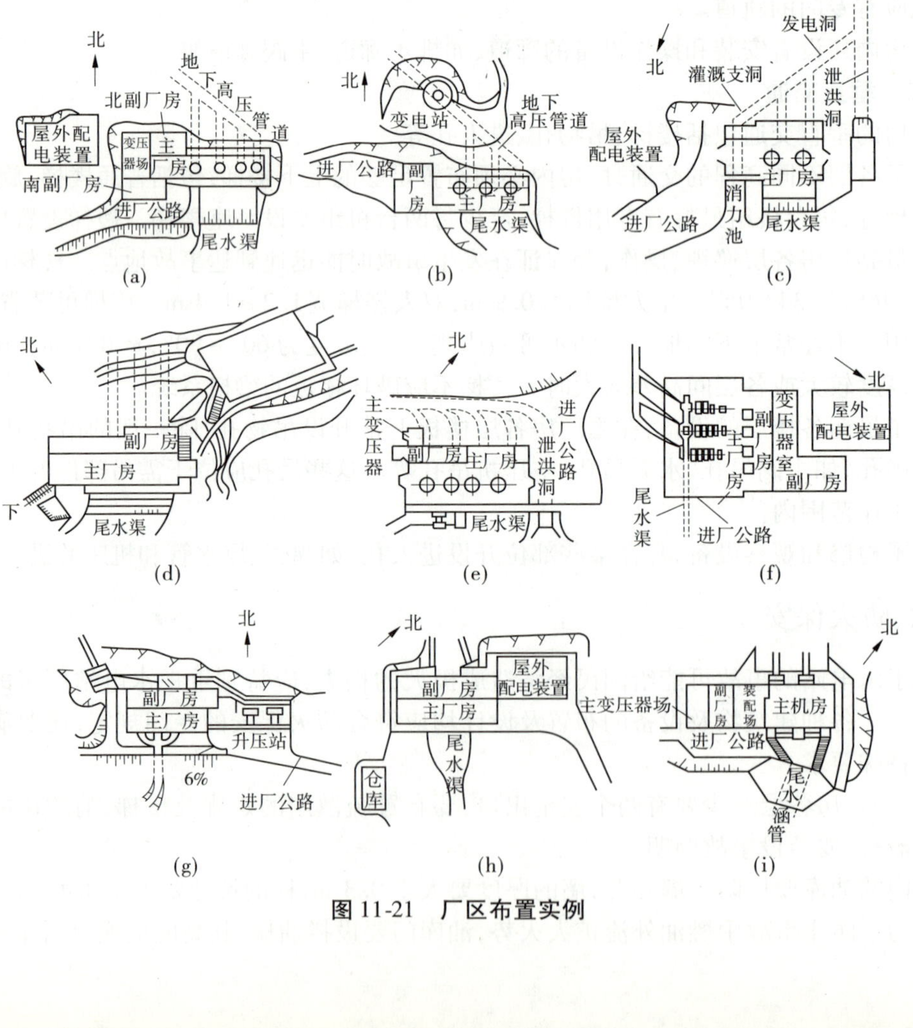

图 11-21　厂区布置实例

一、主厂房

主厂房是厂区的核心,对厂区布置起决定性作用,其位置要综合考虑地形、地质、水流条件、施工导流方案和场地布置、电站的运行管理等多种因素。在水利工程枢纽总体布置中进行,除注意厂区各组成部分的协调配合外,还应考虑下列因素:

(1)地质地形条件。它常是决定引水式地面厂房位置的主要因素。主厂房宜建在良好的基岩上,避免建在松散、软弱的地基上。新鲜基岩面的高程最好与厂房底高程相接近,以减少挖方。厂区水文地质条件要好,山体透水性要小,不致因调压井、高压管道渗水而影响山坡稳定。厂房后山坡应无危岩、滑坡和大的断层,在陡峻的河岸处选择厂房位置时,要特别注意厂房后山坡的稳定问题,若后山坡山体完整性较差,则必须进行处理(如清除不稳定岩石,加设护坡、排水等),要尽可能避开冲沟口和容易发生泥石流的地段。

(2)水流条件。主厂房的位置要与压力管道及尾水渠的布置统一考虑,尽可能保证进出水流平顺。当压力管道采用明管时,为减轻或避免非常事故对厂房的危害,宜避免钢管与厂房正交,以使厂房避开压力管道事故水流的主要方向,否则要采取其他安全措施。同时,为减小水锤压力,应尽量减小压力管道的长度。为此,引水式水电站主厂房应尽量靠近前池和调压室,坝后式水电站主厂房应尽量靠近拦河坝。

(3)施工和对外交通条件。厂房位置应选择在对外交通联系方便、容易修建进厂公路(铁路)的地方,厂房附近应有足够的施工场地。

二、副厂房

副厂房的布置应结合电站枢纽的具体情况而定,并与环境要求相协调。原则是保证运行、管理方便和最大限度地利用一切可以利用的空间,尽量减少不必要的建筑面积,以减少投资。副厂房的位置一般应紧靠主厂房,常布置在主厂房的上游侧或下游侧或端部,可集中一处,也可分两处布置。

(一)副厂房设在主厂房的上游侧

这种布置方式的优点是布置紧凑,电缆短,监视机组方便,主厂房下游侧采光通风条件良好。但电气设备线路与进水系统设备互相交叉干扰,引水道可能要增长。不易适应电站分期建设、提前发电的要求,施工、运行干扰较大,易受机组振动和噪声的影响。这种布置适用于引水式水电站和混合式水电站,坝后式厂房厂坝之间空间较大,也比较适用,如陈村、新丰江、丹江口、密云等水电站。

(二)副厂房设在主厂房的下游侧

这种布置方式的优点是电气设备的线路集中在下游侧,与水轮机进水系统设备互不交叉干扰,监视机组方便。缺点是主厂房下游侧的通风和采光受到影响,由于发电机引出母线和变压器布置在主厂房的下游侧,尾水管的振动影响较严重,容易引起电气设备的误操作,运行人员的工作环境不好。副厂房布置在下游侧可能需要延长尾水管的长度,相应增加厂房下部结构尺寸和工程量,电气出线也较复杂。这种布置方式适用于河床式水电站,如葛洲坝、富春江水电站。

(三)副厂房设在主厂房的一端

这种布置方式的优点是主、副厂房的总宽度较小,采光通风良好,给运行人员创造了良好的工作条件,能适应电站分期建设、初期发电的特点,运行与机电设备安装干扰小,可以减轻机组噪声对中控室的影响。缺点是母线与电缆线路较长,投资增加,当机组台数较多时,监视、维护距离较长,检修、试验时的联系不如前两种位置方便。这种布置方式适用于引水式水电站或混合式水电站,特别是当电站为地下厂房时,采用这种布置,洞室宽度较小,有利于结构的稳定。

总之,要权衡利弊,因地制宜地选择副厂房的位置,充分利用一切空间,降低工程造价。

三、主变压器场

(一)主变压器场的布置原则

主变压器场一般露天布置,布置原则如下:

(1)主变压器应尽量靠近主厂房,以缩短昂贵的发电机电压母线长度,减小电能损失和故障机会,并满足防火、防爆、防雷、防水雾和通风冷却的要求,安全可靠。

(2)主变压器的位置应结合安装、检修、运输、消防通道、进线出线、防火防爆要求确定。一般尽量与安装间在同一高程上,并铺设运输变压器的轨道,以便于主变压器的运输、安装和利用轨道推进厂房的安装间进行检修。变压器之间要留必要的空间,以便于维护、巡视和排除故障,并应考虑任何一台变压器搬运检修时不妨碍其他变压器及有关设备的正常运行。若主变压器不能推入安装间检修,应创造就地检修的条件。

(3)变压器的高压侧出线要方便。

(4)土建结构经济合理,基础坚实稳定,能排水防洪。地面高程应高于下游最高洪水位,且四周设置排水沟。

(二)升压变压器可能布置的位置

(1)引水式地面厂房,变压器场可能的位置是厂房的一端进厂公路旁、尾水渠旁、厂房上游侧或尾水平台上。引水式地面厂房一般靠山布置,厂房上游侧场地狭窄,若布置变压器场需增加土石开挖量,且通风散热条件差;变压器布置在尾水平台上需增加尾水管长度,一般这两种布置较少采用。

(2)坝后式厂房,可以利用厂坝之间的空间布置升压变压器。

(3)河床式厂房,由于尾水管较长,可将升压变压器布置在尾水平台上,这时尾水平台的宽度应使升压变压器在检修移出时符合最小安全净距的要求。

(4)由于地形和场地的限制,少数水电站将主变压器布置在厂房顶上,地下厂房的主变压器可布置在地下洞室内。

四、高压开关站

高压开关站布置各种高压配电装置和保护设备,如电缆、母线、各种互感器、各种开关继电保护装置、防雷保护、输电线路以及杆塔构架。这些设备的型式、数量、布置方式和需要的场地面积,应根据电气主接线图、主变压器的位置、地质地形条件及运行要求加以确定。高压开关站的布置原则如下：

（1）要求高压进出线及低压控制电缆安排方便而且短，出线要避免交叉跨越水跃区、挑流区等。

（2）地基及边坡要稳定，避开冲沟口等不利地形。

（3）场地布置整齐、清晰、紧凑，便于设备运输、维护、巡视和检修。

（4）土建结构经济合理，符合防火保安等要求。

（5）布置在河谷或山口地段时，应特别注意风速和冰冻的影响。

高压开关站一般为露天布置。应尽量靠近主变压器场和中控室，且在同一高程上，但由于地形限制，往往有一高程差，通常布置在附近山坡上，也有布置在主厂房顶上的。当地形较陡时，可布置成阶梯式和高架式，以减少挖方。当高压出线不止一个等级时，可分设两个或多个开关站。

高压开关站的地面可铺设混凝土或碾压碎石层，其构架可采用钢筋混凝土预制件、预应力环形混凝土杆、金属结构或钢筋混凝土和金属件混合结构，场地四周应设置围墙或围栏。

五、引水道、尾水道及对外交通线路的布置

引水道应尽可能保证进、出水流平顺。可采用正向引水或侧向引水，一般采用正向引水，当采用明钢管时可侧向引水。

水电站的尾水渠一般为明渠，正向将尾水导入下游河道，少数情况也可侧向导入下游河道。水轮机的安装高程较低，为与天然河道相接，尾水渠常为倒坡。尾水管出口水流紊乱，流速分布不均匀，需设衬砌加以保护。布置尾水渠时要考虑泄洪的影响，避免泄洪时在尾水渠中形成较大的壅高和旋涡，避免出现淤积。必要时要加设导墙，将电站尾水与泄洪分开，减少电站尾水波动。

厂区内外交通对电站的施工、运行十分重要。对外交通一般为公路，也有采用铁路或水路的。引水式厂房一般沿河岸布置，进厂公路可沿等高线从厂房一端进入厂房。坝后式电站进厂公路一般从下游侧进入。

公路、铁路要直接通入主厂房的安装间，临近厂房一段应是水平的，长度不小于20 m，并有回车场地。公路的坡度不宜大于10%～12%，转弯半径大于20 m。

进厂交通路线一般应高于厂址处的非常运用洪水位。对于高尾水的水电站厂房，布置高线进厂交通有困难，或尾水位陡涨陡落、洪峰历时较短的厂房，经论证，其进厂交通线也可低于非常运用洪水位，此时厂房应满足防洪要求，同时另设非常运用洪水位时不受阻断的人行通道。

第十一节　厂房的结构布置设计

一、厂房的结构组成及作用

水电站地面厂房结构可分为上部结构和下部结构两大部分。上部结构包括屋面系

统、构架、吊车梁、围护结构(外墙)及楼板,基本上属板、梁、柱系统,通常为钢筋混凝土结构,设计方法与一般工业建筑相同。下部结构主要由机座、蜗壳、尾水管、基础板和外墙组成,为大体积水工钢筋混凝土结构,其结构设计比较复杂,要符合《水工混凝土结构设计规范》。

水电站厂房结构组成如图 11-22 所示。各组成构件的作用如下。

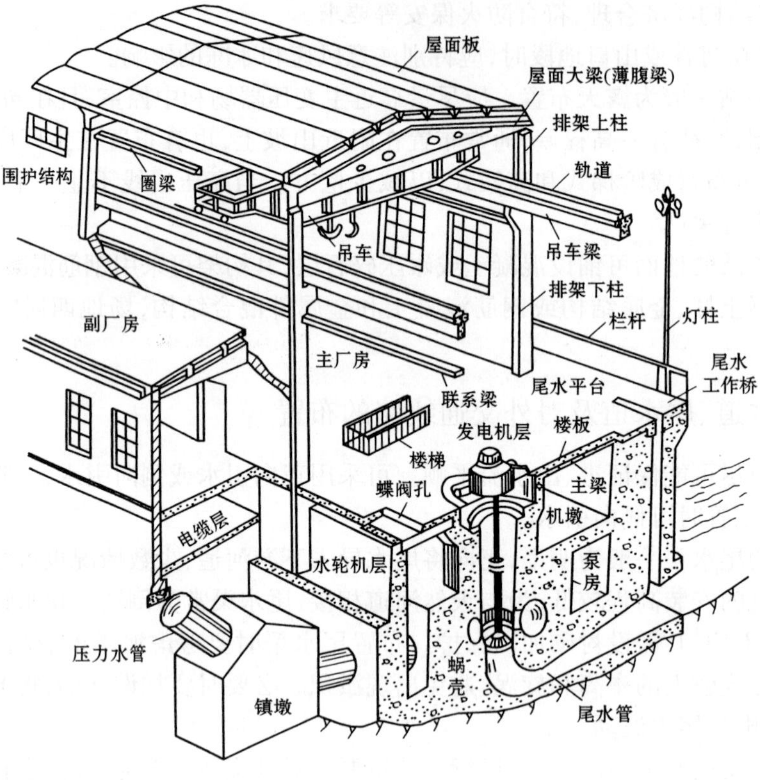

图 11-22　水电站厂房结构组成

(一)屋盖结构

屋盖结构起着围护和承重等双重作用,包括:

(1)屋面板。它直接承受屋面荷载,如风、雨、雪和自重等,并将它们传给屋架或屋面大梁。

(2)屋架或屋面大梁。它承受屋盖上的全部荷载(包括风、雨、雪和屋面板重等)及自重,传给排架柱或壁柱。

(二)吊车梁

吊车梁承受吊车荷载(包括起吊部件在厂房内部运行时的移动垂直集中荷载),以及吊车在起重部件时,启动或制动时产生的纵、横向水平荷载,并将它们传给排架柱或壁柱。

(三)排架柱或壁柱

排架柱或壁柱承受屋架或屋面大梁、吊车梁、外墙传来的荷载和自重,并将它们传给厂房下部结构的大体积混凝土。如果排架柱与屋面大梁刚接,称为刚架,其荷载包括屋盖上全部荷载,作用同排架柱。

(四)发电机层和安装间楼板

发电机层楼板承受着自重、机电设备静荷载和人的活荷载,传给楼板的梁系,进而传给发电机机座和水轮机层的排架柱。安装间楼板承受自重、活荷载以及检修或安装时的机组荷载,传给楼板的梁系,进而传到基础,当安装间没有下层时就传给排架柱。

(五)围护结构

(1)外墙。承受风荷载,并将它传给排架柱或壁柱。

(2)抗风柱。承受厂房两端山墙传来的风荷载,并将它传给屋架或屋面大梁和基础或厂房下部结构的大体积混凝土块体。

(3)圈梁和连系梁。承受梁上砖墙传下的荷载和自重,并传给排架柱或壁柱。

(六)发电机机座

发电机机座承受从发电机层楼板传来的荷载和水轮发电机组等设备重量、水轮机轴向水压力和机座自重,并将它们传给座环和蜗壳外围混凝土。

(七)蜗壳和水轮机座环(固定导叶)

蜗壳和水轮机座环将机座传下来的荷载通过座环传到尾水管上,另外水轮机层的设备重量和活荷载通过蜗壳顶板也传到尾水管。

(八)尾水管

尾水管承受水轮机座环和蜗壳顶板传来的荷载,经尾水管框架(由尾水管顶板、闸墩、边墩和底板构成)结构再传到基础上。

二、厂房的受力和传力系统

(一)厂房主要荷载

水电站厂房所受的荷载主要包括:

(1)厂房结构自重,压力水管、蜗壳及尾水管内水重。

(2)厂房内机电设备自重,机组运转时的动荷载。

(3)静水压力:尾水压力,基底扬压力,压力水管、蜗壳及尾水管内的水压力,永久缝内的水压力,河床式厂房的上游水压力。

(4)厂房四周的土压力。

(5)活荷载:吊车运输荷载,人群荷载及运输工具荷载。

(6)温度荷载。

(7)风荷载。

(8)雪荷载。

(9)严寒地区的冰压力。

(10)地震力。

厂房在施工安装期、运转期和检修期的荷载是不同的,可分为基本荷载和特殊荷载两类。在结构计算中应根据厂房在不同工作条件下可能同时发生的荷载进行组合,并取最不利的组合作为设计的控制情况。

(二)厂房的传力系统

地面厂房的传力系统如图 11-23 所示。

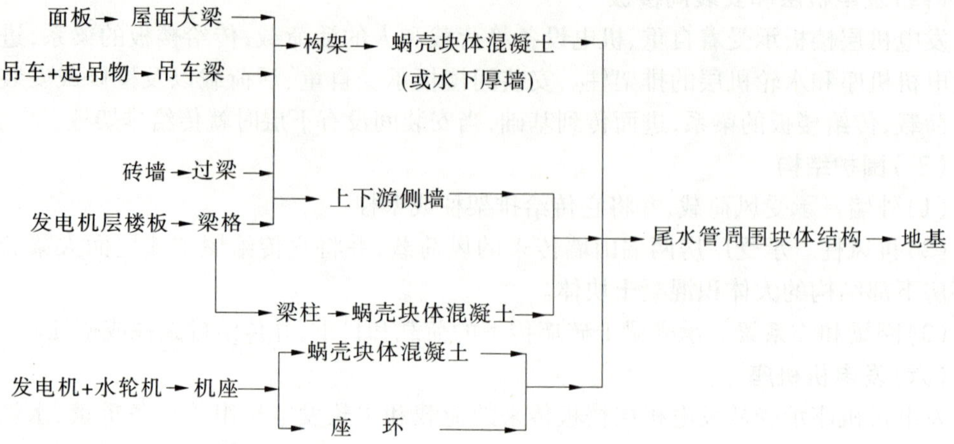

图 11-23　地面厂房的传力系统

三、厂房混凝土浇筑的分期和分块

（一）厂房混凝土浇筑的分期

由于机组到货一般均迟于土建的施工期，为了适应水轮发电机组的安装要求，厂房中的混凝土需要分期浇筑，称为一期混凝土和二期混凝土。

一期混凝土包括底板、尾水管、尾水闸墩、尾水平台、混凝土蜗壳外的混凝土、上下游边墙、厂房构架、吊车梁、部分楼板等，在施工时先期浇筑，以便利用吊车进行机组安装。

二期混凝土是为了机组安装和埋件需要而预留的，要等到机组和有关设备到货后、尾水管直锥段钢板内衬和金属蜗壳安装完毕后，再进行浇筑。二期混凝土包括尾水管直锥段外包混凝土、金属蜗壳外的部分混凝土、机座、发电机风罩外壁、部分楼层的楼板。

（二）混凝土浇筑分层、分块

水电站厂房水下部分的混凝土属于大体积块体混凝土。其特点是现场浇筑量大，结构几何形状复杂，基础高差大，对裂缝宽度要求严格。为了便于施工和保证工程质量，同时受混凝土浇筑能力的限制，每期混凝土要分层分块浇筑。厂房一、二期混凝土的浇筑分层、分块，视具体情况而定，一般原则如下：

（1）分层、分块必须保证机组安装方便和埋件方便。

（2）分层、分块应分在构件内力最小部位，这常与施工方便有矛盾，有时不易做到。

（3）分块的大小应与混凝土的生产能力、振捣工作强度及浇筑方法相适应。

（4）在保证质量的前提下，混凝土分块尽量大些、高些，以加快施工进度。

（5）分块必须尽量使工作过程具有最大的重复性，以简化施工和重复利用模板，同时最有效地利用机械设备。

图 11-24 表示了厂房混凝土浇筑的分期和分块，图中数字“Ⅰ”、“Ⅱ”分别代表一、二期混凝土，其下标序数说明浇筑的先后次序。

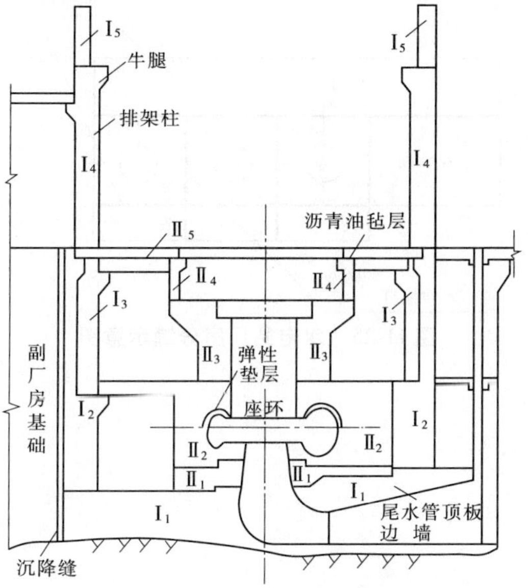

图 11-24　厂房混凝土分期分块图

四、厂房结构的分缝和止水

（一）分缝

由于受自然环境因素的影响，如果水电站厂房长度过大，墙壁和楼板可能发生开裂，因此需要设置缝隙，称为伸缩缝或温度缝。水电站厂房各部位荷载不同，甚至悬殊较大，而且下部结构受基础约束作用，很可能产生不均匀沉降，为防止不均匀沉降引起相互牵制造成墙壁和构件的开裂，需要设置沉降缝。通常伸缩缝和沉降缝两缝合一，称为沉降伸缩缝。此种缝一般都是贯通至地基，只在地基相当好时，伸缩缝才仅设在水上部分，但也需每隔数道伸缩缝设一道贯通地基的沉降伸缩缝。伸缩缝和沉降缝均属永久缝。根据施工条件设置的混凝土浇筑缝，称为施工缝，与永久缝相对而言是一种临时缝。

岩基上大型厂房通常一台机组段设一条永久缝，中小型水电站可增至 2 ~ 3 台机组设一条永久缝。在安装间与主机房之间、主副厂房高低跨分界处，由于荷载悬殊，需设沉降缝。坝后式厂房的厂坝之间常沿整个厂房的上游外侧设一条贯通地基的纵缝。如图 11-25 所示为水电站厂房分缝示意图。

永久缝的宽度一般为 1 ~ 2 cm，软基上可宽一些，但不超过 6 cm。

（二）止水

厂房水上部分的永久缝中常填充一定弹性的防渗、防水材料，以防止在施工或运行中被泥沙或杂物填死和风雨对厂房内部的侵袭。

厂房水下部分的永久缝应设置止水，以防止沿缝隙的渗漏，重要部位设两道止水，中间设沥青井。止水布置主要取决于厂房类型、结构特点、地基特性等，应采用可靠、耐久而经济的止水型式。止水材料、构造和设置方法与大坝止水相同。

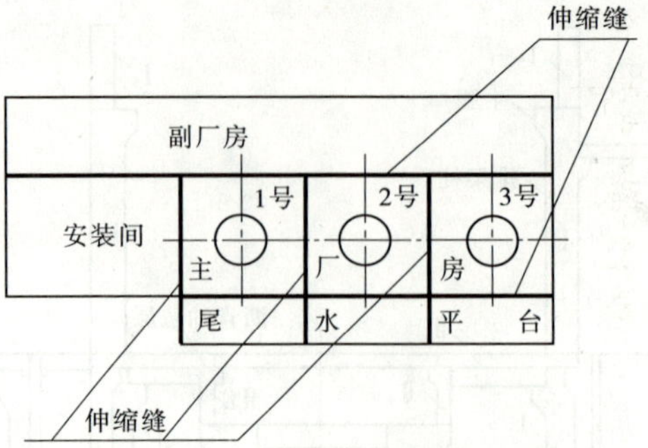

图 11-25　水电站厂房分缝示意图

第十二章　其他类型厂房

如前所述,按结构及布置特点,水电站厂房可划分为地面厂房和地下厂房,建于地面的水电站厂房称为地面厂房,有三种基本型式:坝后式、河床式、引水式;建于地下的水电站厂房称为地下厂房,目前地下厂房已广泛应用于水电站建设中。引水式地面厂房的布置在第十一章中已做详细阐述,其布置基本原理对其他型式厂房同样适用。本章主要介绍其他类型的厂房,对抽水蓄能电站厂房和潮汐电站厂房亦做简要说明。

第一节　坝后式厂房

一、概述

当水电站水头较高时,须建坝挡水,厂房紧靠大坝之后布置,此类厂房称为坝后式厂房。坝后式厂房的特点是:厂房依附坝体布置,压力管道通过坝体引水发电,厂房本身不直接挡水。

坝后式厂房厂坝连接方式有三种:

一是厂坝连接处设纵向沉降伸缩缝将厂坝结构分开,如图 1-3 所示。采用这种连接方式,厂坝各自独立承受荷载和保持稳定,连接处允许产生相对变位,结构受力比较明确。平面布置时,高压管道一般布置在坝段中间,坝段与厂房机组段的横缝往往互相错开,坝段的长度与机组段的长度应相互协调,高压管道穿过厂坝纵缝处应设置伸缩节。

二是厂坝之间不设纵向沉降伸缩缝的整体连接,此时,坝体承受的荷载部分传给厂房,使厂房下部结构应力状态复杂。为了防止厂房下部结构空腔周围产生过大的应力和对坝体产生影响,一般宜将厂房下部空腔部分如尾水管等布置在坝体下游基本剖面线之外,坝高不大时可将厂房下部空腔切入坝体剖面线以内,以尽量压缩建筑物的尺寸。图 12-1 所示的坝后式电站,坝高 67 m,坝基存在软弱夹层,摩擦系数较低,采用厂坝整体连接方式,利用厂房重量帮助坝体稳定。施工时,在厂坝间施工缝面 $a—a$ 上设置键槽,而后灌浆将厂坝连成整体。

三是厂坝部分连接,即厂房下部与坝分开而上部顶板与坝简支或铰支连接,或者厂房下部与坝体整体连接。

坝后式厂房,尤其是厂坝间设纵缝时,厂房上部与坝体之间的空间较大,可用以布置主变压器场和副厂房。有些地形陡峻的水电站,开关站也以高架型式布置在坝的下游面上。

二、坝后式厂房的类型

坝后式厂房在枢纽总体布置中的位置,可以根据坝址区的地形、地质、坝型等条件选

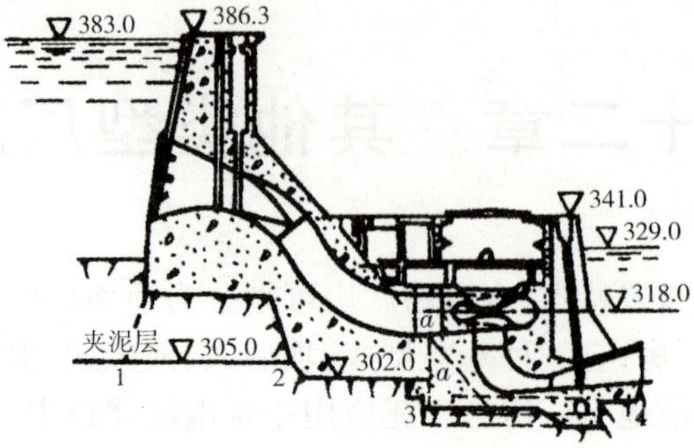

图 12-1 厂坝整体连接的坝后式厂房

定，其中，坝型对厂房的布置常起决定性的作用。根据厂房的位置可将坝后式厂房分为以下几种。

（一）坝后式明厂房

坝后式明厂房在挡水坝下游坝趾附近，是坝后式厂房中最常见的型式，适用于中、高水头的情况。当坝址处河谷较宽，河谷中布置有溢流坝和非溢流坝时，或河谷不宽，但采用其他泄洪建筑物泄洪，河谷中仅布置非溢流坝时，均可采用这种形式的厂房，如图 12-2 所示。如东北丰满电站、黄河万家寨水电站、丹江口水电站、三峡水电站等均采用这种型式。

（二）坝内式厂房

当河谷狭窄、泄洪量大、溢流坝段长，布置坝后式明厂房有困难，而坝体较大，允许在坝身内留出一定的空腔时，可将厂房布置在坝体空腔内，成为坝内式厂房，如图 12-3 所示。坝内式厂房一般布置在溢流坝内，泄洪以及洪水期的高尾水位不直接作用于厂房。

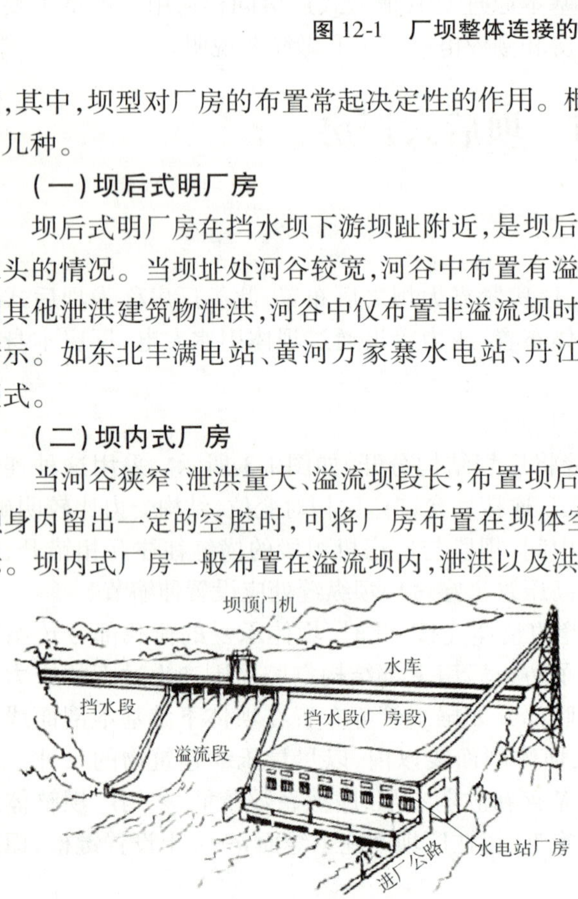

图 12-2 坝后式明厂房

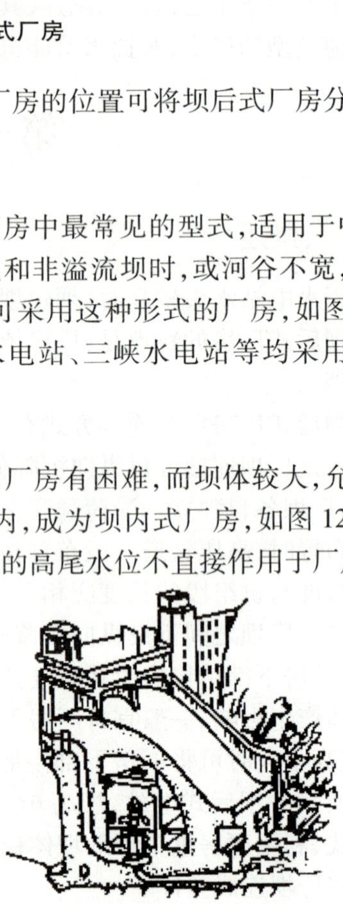

图 12-3 坝内式厂房

坝内式厂房的优点表现在：压力管道短，水头损失小；坝体空腔既利于坝体混凝土的散热又有利于坝基排水。但坝内式厂房也存在一定的问题：坝体应力复杂，难以计算，施工导流复杂；厂、坝混凝土施工干扰大；厂内通风、照明、防渗、防潮和厂房对外交通问题需要妥善解决。

坝内式厂房机组容量的确定、机电设备的选择和布置必须与坝内空腔的大小相适应，主厂房的高度或宽度往往需要采取一定的措施予以压缩，例如采用双小车桥吊或双桥吊以降低桥吊轨顶高程,采用伞式发电机以缩短水轮发电机的轴长等。坝体空腔上游布置压力管道时应尽量减小对结构的削弱,为了减小尾水管出口段开孔对空腔下游结构的削弱,尾水管出口段往往采用窄高型的断面以减小开孔的宽度。进水口一般布置在溢流坝闸墩之下。

(三)溢流式厂房

当河谷较窄而水电站的机组较多、溢流建筑物与厂房的布置有矛盾时,可将厂房布置在溢流坝的下游成为溢流式厂房。与坝内式厂房相比,溢流式厂房改善了坝体的应力条件,坝体混凝土浇筑、施工导流和机电安装等更为方便。但通风、照明、防潮、出线和对外交通亦需要妥善处理,选择进厂交通线路时应避免受泄洪的影响。溢流式厂房又可分为厂顶溢流式和厂前挑流式。

厂顶溢流式厂房将厂房顶部作为溢流面的一部分,汛期泄洪时在厂顶溢流。厂顶溢流式厂房压力管道进水口一般布置在溢流坝闸墩之下,以避免进水口闸门、拦污栅与溢流坝顶闸门操作上相互干扰,但闸墩的厚度会由于布置进水口闸门井和拦污栅的需要而增大,而且坝段的横缝只能设置在闸墩外。浙江新安江水电站厂房和贵州猫跳河三级水电站厂房均采用这种型式。如图12-4所示是新安江水电站厂房横剖面图,厂房下部与坝体混凝土之间设置纵向伸缩缝,压力钢管通过伸缩缝时设伸缩节。为提高厂房的抗震性能,厂房顶板用拉板与坝体连接,顶板采用挑流消能,使水舌远离厂房。

由于汛期洪水通过厂房房顶下泄,厂房顶板受水流的时均动水压力、脉动压力和水流摩擦力作用,厂房下游墙受因尾水波动引起的动水压力作用,在设计时应注意高速水流对下游的冲刷和在厂顶可能引起的气蚀和振动破坏。房顶上部结构应满足高速泄流的要求,动力分析时房顶结构的自振频率应大于高速水流脉动优势频率,以免共振;厂房溢流面的施工要求平滑以防止气蚀的发生。

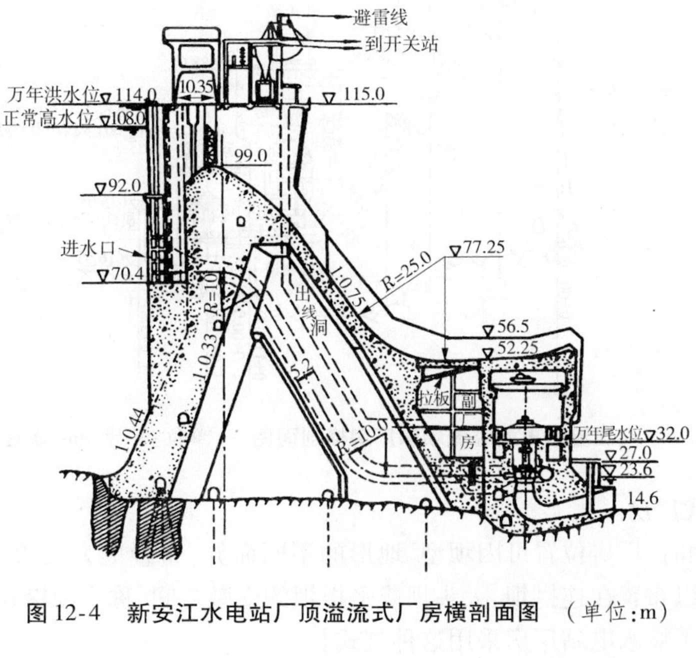

图12-4　新安江水电站厂顶溢流式厂房横剖面图　(单位:m)

为了消除高速水流对厂房顶板引起的气蚀和振动破坏，厂房布置在较低位置，泄洪时高速水流在厂房之前挑流越过厂房顶，水舌与厂顶脱离，直接落到厂房下游河床中，这种厂房称为厂前挑流式厂房，又称挑越式厂房。

厂前挑流式厂房的优点是在泄洪开始时和终结前，有小股流量水舌撞击厂房顶，但时间短、荷载小，不会威胁厂房的安全，且不致引起厂房的共振和气蚀。缺点是泄洪时水流挑射距离没有厂顶溢流式挑射距离远，因此须注意厂房和下游河床的稳定及在溢流坝闸门启闭时各种流态对厂房顶部所形成的脉动压力。挑流泄洪时，应使厂外电气设备远离挑流水舌和严重雾化区，防止出现电晕。

贵州省乌江渡水电站厂房在我国首次采用挑越式，如图 12-5 所示。由于下游最高洪水位高出厂顶达 12 m，为了适应小流量时水舌对厂房的撞击，厂房用厚混凝土顶拱和墙壁封闭，厂坝之间用纵向伸缩缝分开。由于汛期厂房在下游水压力作用下不能保持稳定，在水库初期蓄水后，将水轮机层以下的伸缩缝用灌浆充填，使厂坝整体连接，以利在洪水期利用坝体维持厂房稳定，水库蓄水时坝体变位对厂房的影响又可大大减小。为了减小扬压力，对地基进行帷幕灌浆和排水。由于厂房上部与坝体之间的空间较大，主变压器和副厂房布置其中，高压开关站布置在闸墩顶部，闸墩内设有电缆井，主变压器高压侧出线经电缆井引向高压开关站。

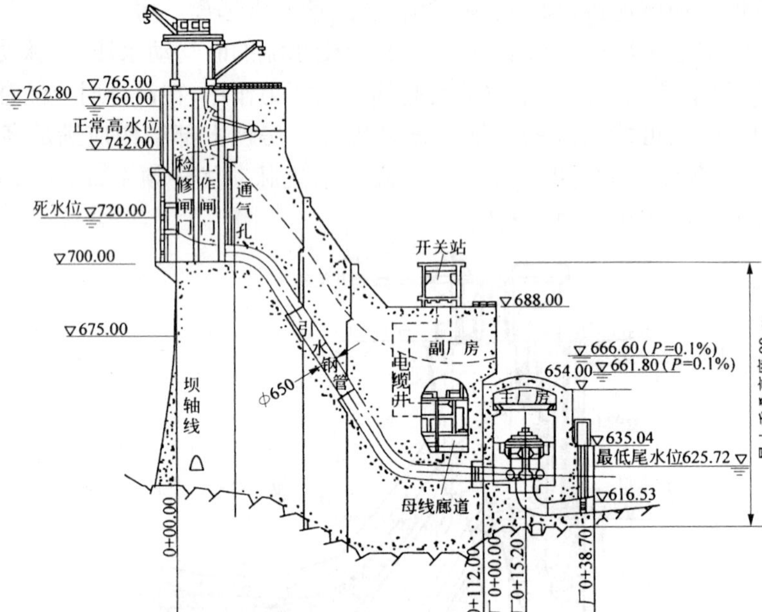

图 12-5　**乌江渡水电站溢流坝和厂房横剖面图**　（单位：尺寸，cm；高程，m）

（四）坝垛式厂房

采用轻型坝时，厂房位置可因坝型、地形的不同而异，布置更为灵活。对于中等水头的电站，厂房可以布置在连拱坝、大头坝或平板坝的支墩之间，称为坝垛式厂房，如图 12-6 所示，安徽省佛子岭水电站厂房采用这种型式。

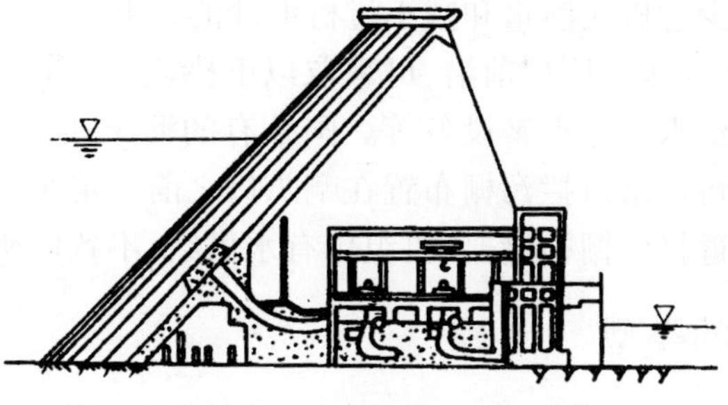

图 12-6　坝垛式厂房

第二节　河床式厂房

一、概述

当水电站水头较低、河道较宽、单机容量较大时，将厂房修建在河床中直接挡水，主厂房与进水口连接成整体建筑物，在河床中起壅水作用，这种厂房称为河床式厂房。与其他类型的厂房相比，河床式厂房有以下特点：

(1)厂房直接挡水。河床式厂房往往位于河面比较开阔的地段，地质条件一般较差，甚至有可能建在软基上，由于厂房直接承受着上游较大的水压力，厂房整体稳定问题比其他厂房更为严重，厂房的抗滑稳定、基础防渗、地基应力等一系列问题也比较突出。因此，应特别重视厂房下部轮廓尺寸的设计、伸缩沉降缝的设置、基础处理等工作。

(2)水头低、流量大，蜗壳及尾水管尺寸较大。河床式水电站一般属径流式开发，水库调节性能差，水电站的水头不大，但水轮机的引用流量和装机容量可能较大。河床式厂房由于水轮机水头低、引用流量大，流道内内水压力小，大都采用钢筋混凝土蜗壳，厂房尺寸主要由蜗壳控制。钢筋混凝土蜗壳包角一般取 135° ~ 225°，工程中常采用 180° 的包角，这种包角水轮机效率高，蜗壳前室的宽度小；另一种常见的蜗壳包角为 135°，其前室的宽度较 180°包角的大，因而厂房机组段的长度较大。引用流量大使得尾水管尺寸较大，尾水管扩散段孔口宽度较大时需设置隔墩，但隔墩不能过于伸入肘管段内，否则会恶化尾水管内的流态，降低水轮机的效率，诱发机组振动。

(3)机组尺寸大，安装高程低。低水头、大容量使得机组转速低，使得发电机的尺寸和重量都较大。河床式厂房多采用轴流式水轮机，其抗气蚀性能较差，要求水轮机安装高程较低，因此基础开挖很深，水下混凝土方量很大，尾水管扩散段底板常常上翘以减少混凝土方量。

(4)防淤、防污问题突出。河床式厂房位于河床中，汛期洪水挟带大量泥沙、漂浮物而下直达厂房首部，会形成厂前淤积和粗沙对水轮机的磨损，因此厂房必须设置有效的防淤、防污设施。

为防止泥沙堆积和磨损水轮机，可在厂房上游河流中设拦沙槛，拦阻推移质泥沙并引向冲沙闸下泄；或在厂房进水口底槛内设冲沙廊道、排沙管或底孔，将淤积在进水口前的泥沙定期冲到下游,减少过机泥沙量和减小过机泥沙的粒度。

为防止污物堆积在河床式厂房前沿,可采取以下措施:上游多设几道导污浮排;设置水力冲污槽;设置拦污栅水头差报警设备等。国外有的河床式厂房在进水口上游另设专门的拦污建筑物,或者将进水口拦污栅布置在喇叭口之前一定距离处,使水流在过栅后可纵向流动,这样即使邻近拦污栅被堵塞,机组仍有水供给,不致停机。

二、河床式厂房的类型

由于机组型式和在厂房段内是否布置泄水道等情况的不同,河床式厂房可分为装置立轴轴流式水轮机的河床式厂房、装置贯流式机组的河床式厂房、泄流式厂房和闸墩式厂房。

(一)装置立轴轴流式水轮机的河床式厂房

河床式厂房的主机室与进水口连成整体,其横向尺寸较长,沿水流方向可分成进水口段、主厂房段和尾水平台段。在进口处布置有栏污栅、检修闸门和工作闸门,在尾水管出口处布置有尾水检修闸门,一般都采用门机启闭。由于厂房的进口宽度和尾水管出口宽度都较大,常需设 1 ~ 2 个中间隔墩以减小闸门和顶板的跨度。由于厂房挡水,在主厂房上游往往设置有较高的挡水墙,上游侧吊车梁轨道可直接铺设在挡水墙伸出的带形牛腿上,形成了厂房构架上游立柱短、下游立柱长的不对称框架。

进水口段顺流向的尺寸主要由布置拦污栅、进水口闸门、进水口与蜗壳之间上唇曲线的需要确定。进水口段垂直水流方向的宽度即为厂房机组段的长度,由蜗壳前室的宽度加上边墙的厚度予以确定。厂房下部尺寸与蜗壳的包角和断面型式有关,在选择时应考虑厂房流道水流条件、厂房尺寸和布置情况。采用下伸不对称的梯形蜗壳断面,可利用尾水管肘管段上面的空间布置蜗壳,降低水轮机层高程,缩短机组主轴长度,便于厂房在低水位时投入运行,同时调速器接力器可接近水轮机顶盖布置,平面位置较灵活,如图 12-7 所示。采用上伸不对称梯形断面的蜗壳便于抬高进水口底槛的高程,但水轮机层高程要提高,主轴的长度就要加大。

水头较高的河床式厂房,进水口平台远高于发电机层楼板,这时主机房的上游侧为挡水墙。洪枯水位变幅大的河谷,洪水期下游水位很高,这时尾水平台往往也远高于发电机层楼板,主厂房下游侧及两端也需建有挡水墙,厂房成为一封闭结构。

图 12-7 为红水河上大化水电站厂房的横剖面图,该电站装有 5 台 103 MW 的轴流转桨式水轮机,转轮直径 8.50 m,最大水头 32.3 m,机组流量 556 m^3/s。该厂房对外交通直达厂房顶上,机、电设备由竖井吊入安装间。由于下游尾水位较高,下游墙很厚,厂房的主变、厂内配电设备以及副厂房布置在下游。

(二)装置贯流式机组的河床式厂房

贯流式机组是卧轴放置的低水头、大流量机组,目前我国所采用的贯流式机组多数是半贯流式机组,如灯泡贯流式、轴伸贯流式和竖井贯流式,水头低于 20 m 的大中型河床式水电站往往采用贯流式机组。

贯流式水轮机的流道平顺,效率较高,机组结构紧凑,体积较小,因而主厂房高度较小,布置较为简单。在水头比较小的河床式厂房中,采用贯流式机组与采用立轴轴流式机

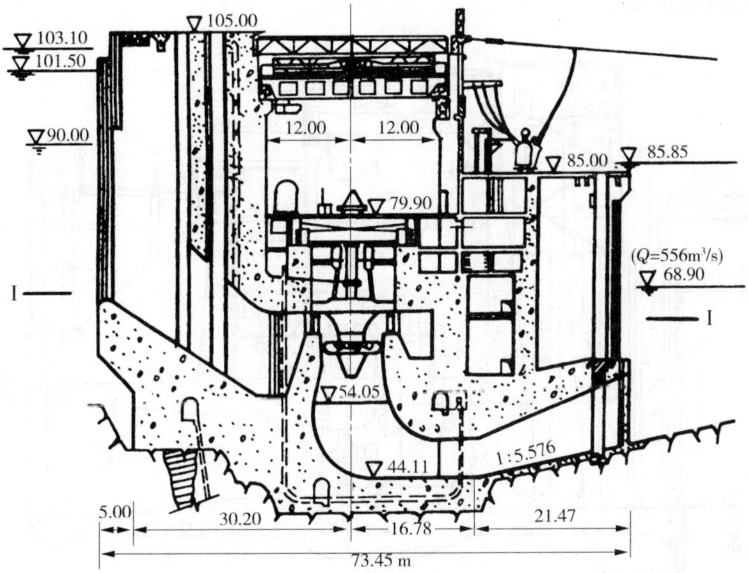

图 12-7　大化河床式厂房横剖面图　（单位：m）

组比较。前者厂房机组段长度和安装场尺寸较小，结构简单，厂基面可以提高，厂房钢筋混凝土和开挖土石方量可减少，施工安装方便。贯流式水轮机吸出高常为负值，机组安装高程低，由于允许将机组装得低些也不致引起深开挖，水轮机的气蚀问题可得以减轻。贯流式机组的比转速高于立轴轴流式机组，因而转轮直径可以减小，水轮机重量也可减轻。

灯泡贯流式机组的发电机装置在灯泡体内，发电机定子是灯泡体的组成部分，灯泡体的直径由发电机尺寸确定。灯泡体外壳可以拆开以便装卸发电机，发电机转子直径不大时可从转轮室吊出灯泡体，否则需在灯泡体流道上方设专用吊孔吊运发电机。图 12-8 所示为一装置灯泡贯流式机组厂房的横剖面图。

装置灯泡贯流式机组厂房尺寸的确定原则与装置立轴式机组厂房是一致的。在剖面上，先计算出水轮机吸出高和机组轴线的安装高程，然后根据流道尺寸计算出底部高程，并考虑地质条件和结构要求，定出底板厚度和开挖高程；装配场高程最好高于下游最高洪水位并与进厂公路相适应，吊车主钩的极限高度可由发电机转子的组装、焊接及吊运方式定出，从而可以推算出厂房高度。

在平面上，水下部分块体结构的宽度等于流道总长加上拦污栅及上、下游闸门段的长度，通常为$(8.5\sim11)D_1$，机组间距一般为$(2.5\sim3.5)D_1$，视墩中是否布置母线电缆廊道拟定。主厂房的宽度主要由发电机及水轮机吊孔的位置控制，参照桥吊的标准跨度即可确定。装配场的面积按能够放下发电机转子和定子、灯泡壳体、密封环、水轮机转轮、轴、导水机构、轴承支架以及转轮室等全部机组部件，其长度通常等于 1.0～1.5 倍机组间距。

（三）泄流式厂房

低水头水电站厂房有时在机组引水室的上方或下方设泄洪、排沙的泄水孔，利用泄流时从孔内射出的水流将厂房下游尾水水体推远，降低尾水位，这种厂房称为泄流式厂房，又称为射流增差式厂房。如图 12-9 所示为一采用灯泡贯流式机组的泄流式厂房，泄水道布置在发电机层顶部。

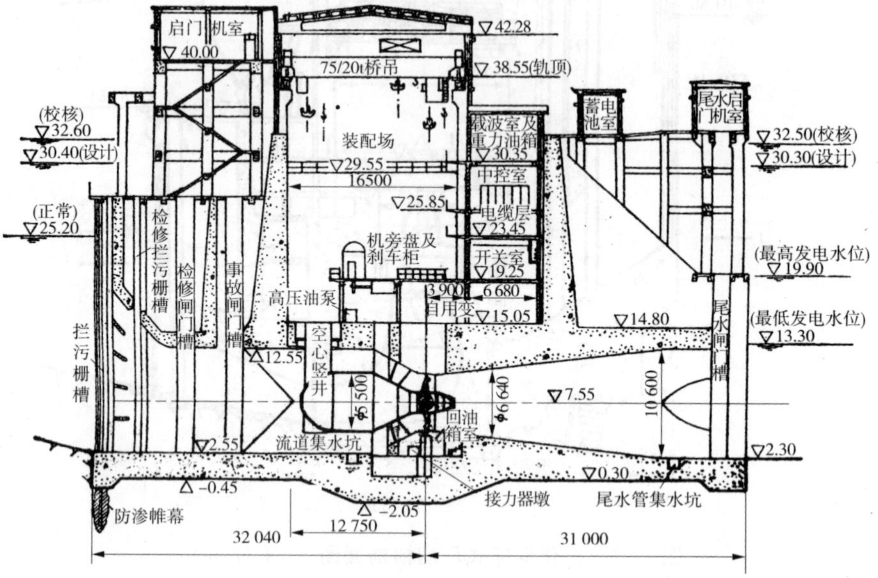

图 12-8 灯泡贯流式机组厂房横剖面图 (单位:尺寸,mm;高程,m)

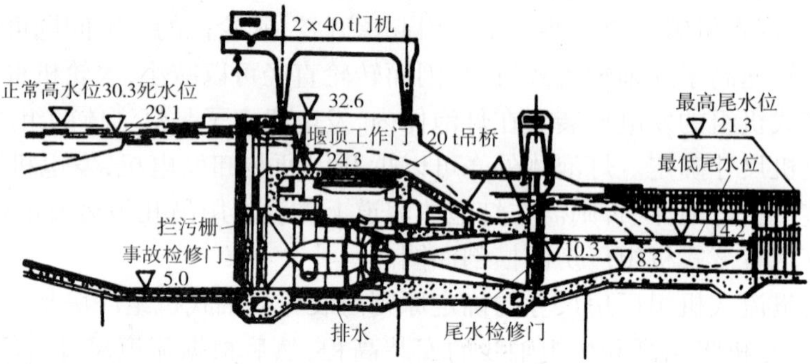

图 12-9 泄流式厂房

河床式厂房在洪水期上游水位壅高不多,而下游洪水位抬高,使得洪水期水轮机水头大大减小,水头低于设计水头时水轮机出力受阻,河流流量不能充分利用,电能生产受到影响。泄流式厂房利用泄水道泄水时产生的增差作用,可以部分地恢复水头,减小受阻出力,增加发电量,泄水增加落差的原理如图 12-10 所示。图中 H 为厂房不泄水时厂房上下游的落差,H'为通过厂房泄水道泄水时的落差,ΔH 即为厂房泄水射流增加的落差。厂房泄水道的泄流量应适当,流量过大不仅不能增加落差,还会诱发机组振动,降低效率。因此,为取得射流效益,厂房泄水道和水轮机两者的过流量应有一定比例,该比例以及泄水道和水轮机进出水结构的布置均应通过水力试验研究确定,保证两股水流的分合不会恶化水轮机的运行。根据经验,厂房泄水底孔和水轮机的流量比不宜大于 1。

泄水道可布置在蜗壳顶板上(发电机置于井内)、发电机层上部或主机房顶上,以堰流方式泄水。但泄水道布置在发电机与水轮机之间,主轴需要加长,发电机层也需要升高,增加了厂房的高度,而且水轮机进水口位于泄水孔之下,泄洪时不能操作事故闸门,因此这种泄流式厂房很少采用。

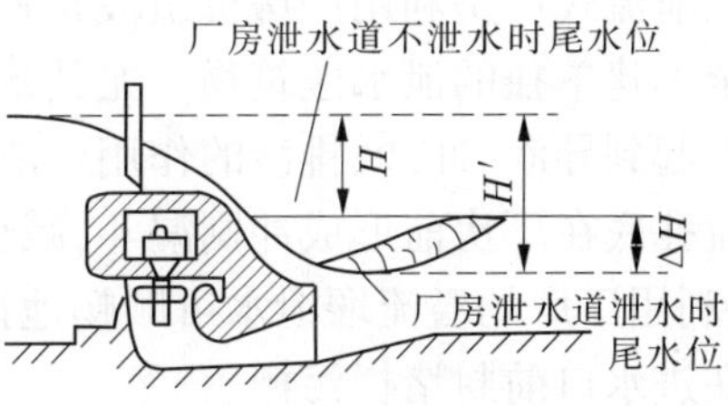

图 12-10 射流增差原理示意图

泄水道也可布置在蜗壳与尾水管之间,以底孔形式泄水。这种布置具有下列优点:①泄水底孔便于导流和施工,水力条件较好;②水电站进水口位于泄水底孔的上部,进水口闸门的运行与泄水底孔无关;③泄水底孔位于底部,易于泄洪排沙;④与泄水道置于蜗壳上方相比,水轮发电机组主轴不需要加长。因此,这种泄水式厂房较为广泛地被采用。

对于在蜗壳下面布置泄水底孔的泄流式厂房,为了布置的需要,可以采用上伸不对称梯形断面蜗壳,以抬高进水口底槛高程,或者采用上下伸结合的梯形断面蜗壳。蜗壳采用135°包角时,在机组段长度的方向上,机组主轴在机组段内位置居中,便于在厂房下部结构内对称布置泄水孔,泄水孔进出水的水流条件较好,所以泄流式厂房中常采用135°包角。图 12-11 所示是葛洲坝大江水电站厂房横剖面图。

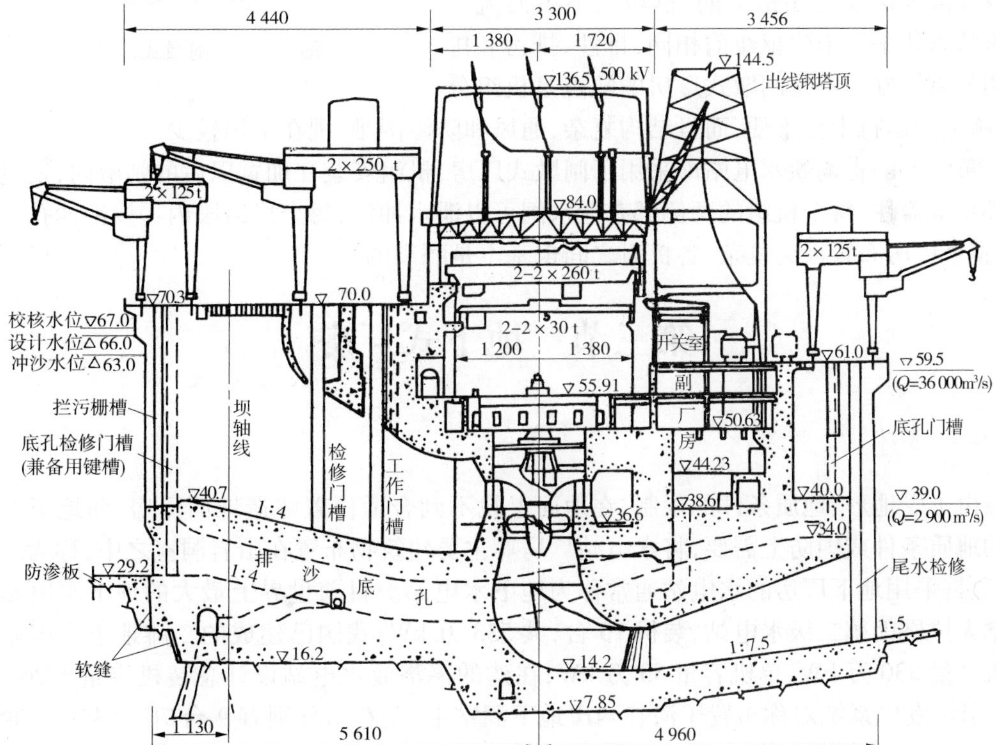

图 12-11 葛洲坝大江水电站厂房横剖面图 (单位:尺寸,cm;高程,m)

泄流式厂房利用厂房机组段布置泄水道，可以减少泄水闸的长度，有的工程甚至可以完全不建单独的泄水建筑物。尤其是泄水底孔不仅能部分或全部承担泄洪任务，而且还可以起到导沙、冲沙、排沙的作用。泄水底孔运行时，不仅减轻了水轮机的泥沙磨损，而且泄流孔底在厂房前形成冲刷漏斗，减少了水库淤沙。当河流漂污问题严重和有排冰要求时，利用厂房的溢流堰泄水可顺畅地排除厂房前的漂污和浮冰，防止或减轻污物、冰块堆积在进水口前封堵拦污栅。

泄流式厂房施工复杂、干扰大，要求比一般形式的厂房高。当泄水底孔开启时对下游河床冲刷严重，常需要进行模型试验，采取必要的工程加固措施。

（四）闸墩式厂房

低水头水电站有时为了泄洪、排沙的需要，并且要保证有足够的溢流宽度和通航要求，将机组分别装设在溢洪道中加宽的闸墩内，厂房机组段与泄水闸闸墩结合，这种厂房称为闸墩式厂房或墩内式厂房，如图12-12所示。河床狭窄时采用闸墩式厂房可减少开挖和占用河岸的场地，加宽溢流断面，节省厂房段。采用闸墩式厂房的枢纽，不论在洪水期还是在枯水期，枢纽上下游河流的水流状态几乎与未建枢纽前相同，排沙、排污和排冰的效果较好。但是闸墩式厂房的缺点是机组分散，施工和运行十分不便，而且结构复杂，通风和防渗困难，现在采用较少。

图12-12　闸墩式厂房

黄河上的青铜峡水电站即采用了闸墩式厂房，机组安装在加宽以后的闸墩内，发电机顶部用罩盖住，每个机组的两侧都有泄水闸可以泄水冲沙，每个机组段内再设冲沙孔。如此，整个厂房布置极为复杂，各机组之间也基本是隔离的。

第三节　地下式厂房

一、概述

由于受地形、地质条件的限制，在地面上找不到合适位置建造地面厂房，而地下有良好的地质条件或国防上需要，将水电站厂房等主要建筑物布置在山岩洞室之中，称为地下式厂房，采用地下厂房的水电站通常称为地下水电站。目前世界上最大的地下水电站是加拿大拉格朗德二级水电站，装机16台，共533万kW；我国已建成的二滩地下水电站总装机容量330万kW，单机容量55万kW；在建的溪洛渡水电站设计总装机容量1 260万kW，引水发电系统对称布置于河谷两岸地下洞室中，左右岸分别有9台70万kW水轮发电机组。

与地面厂房相比，地下厂房的优点如下：

（1）可以避开不利地形及地质条件，节省大量的高边坡开挖并保证工程安全。

（2）在河道比较狭窄、洪水流量较大的情况下可减小厂房与泄洪建筑物布置上的矛盾,便于施工导流。

(3)减小厂房与大坝等其他建筑的施工干扰,有利于加快施工进度。

(4)可以全年施工,不受气候的影响,而且雪崩、山坡塌方造成的危害相对较小。

(5)有可能缩短高压管道的长度,并有可能取消调压室,且采用地下钢管比露天钢管要安全,还可节省钢材。

(6)可以降低水轮机安装高程,改善机组运行条件,而且下游尾水位变幅较大对机组运行也无影响。

地下厂房也有如下缺点:

(1)地下岩石开挖量大,增加了工程的开挖费用。

(2)通风、防潮、照明条件较差。

(3)地质条件较差时,用于支护方面的费用会很大。

二、地下厂房的类型

由于地形、地质、施工条件和枢纽布置要求各不相同,地下厂房的布置形式也各不相同。

(一)引水式水电站地下厂房

根据厂房在引水系统中位置的不同,引水式地下厂房有首部式、尾部式和中部式三种类型,即地下厂房分别位于引水系统的首部、尾部和中部。

1. 首部式地下厂房

当地面向下游逐渐倾斜,以致无法布置坡度较小的压力引水道时,宜采用首部式布置,如图12-13(a)所示。这种布置方式的特点是有压引水隧洞较短,尾水隧洞较长,因而造价低、水头损失小。但厂房靠近水库,需注意处理水库渗水对厂房的影响。厂房的交通、出线及通风一般采用竖井,因而水电站水头过大时会使厂房埋深过大,从而增加了交通、出线及通风等洞井的费用,也给施工和运行带来困难。由于尾水隧洞较长,往往需设置尾水调压室,当尾水位变幅很大时,尾水调压室尺寸较大。

丘吉尔瀑布地下水电站厂房为首部式布置,如图12-14所示。该电站最高水头312 m,总装机容量522.5 kW。厂房离地面约800 m,单元供水,进水管内径6.1 m、长500 m。长廊式尾水调压室后有两条不平行的尾水隧洞,长1 700 m、高18.3 m、宽13.7 m,三个竖井供交通运输、出线、通风用,下游侧的交通运输洞长1 580 m、高8.55 m、宽10 m,以7.8%的坡度下降至地下厂房右端安装间,副厂房和开关站设在竖井井口地面,中央控制室在地面副厂房中,通过监测设备控制机组运行。

2. 尾部式地下厂房

当引水道沿线山岭都较高,水电站水头较大时,宜采用尾部式布置,如图12-13(b)所示,此时若采用别的方式,进厂、出线都很困难,施工工期也会延长。这种布置方式的特点是电站具有较长的引水隧洞和较短的尾水隧洞,一般均设上游调压室;厂房靠近地表,交通、出线及通风等辅助洞室的布置及施工运行比较方便。尾部式地下厂房布置上不受水头大小的限制,最高水头达1 000 m以上,目前高水头电站多采用,我国已建成的地下水电站尾部式厂房占70%。

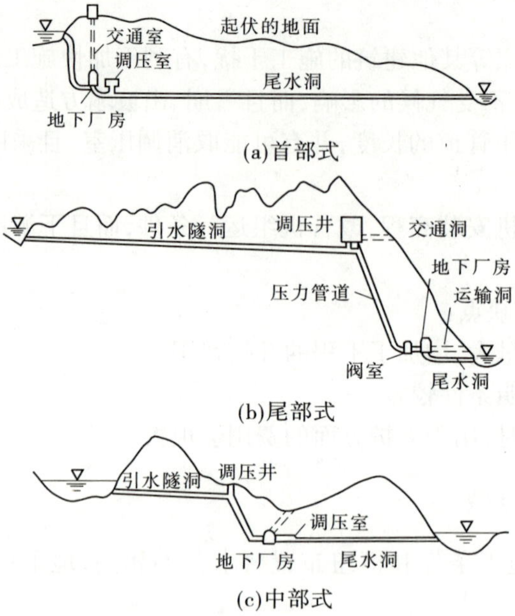

图 12-13　地下厂房的布置形式

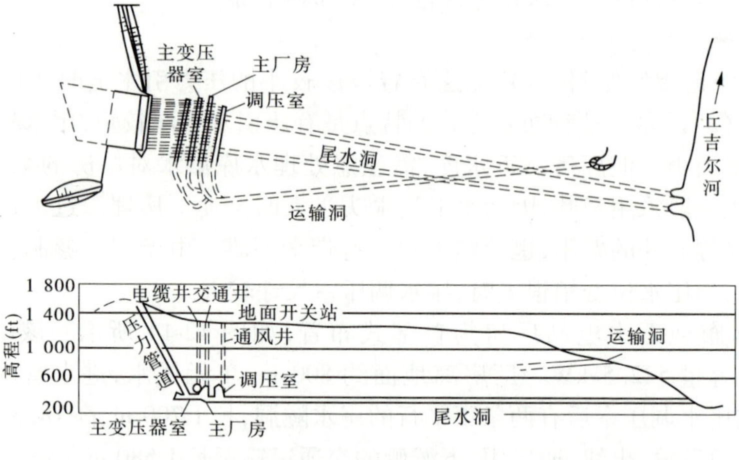

图 12-14　丘吉尔瀑布地下水电站平面布置图和纵剖面图

(注:1 ft = 0.304 8 m)

鲁布革水电站设置尾部式地下厂房,如图 12-15 所示。电站总装机容量为 60 万 kW,共 4 台机组,水轮机最大水头为 372.5 m,额定转速为 333.3 r/min,额定流量为 53.5 m^3/s,转轮标称直径为 3.442 m。该电站的引水隧洞全长 9 382 m,直径 8 m,引水流量 214 m^3/s,隧洞末端接上室差动式调压井。调压井以下为两条地下高压管道,中心距 35 m,管径为 4.6 m,每条管道的起点各布置一扇事故闸门。每条管道末端分为两支,4 条支管斜向进厂向 4 台机组供水,在水轮机前各布置一个 ϕ 2.2 m 的球形阀。每台水轮机用一条内径

5.8 m的尾水洞出水,尾水闸门设于尾水洞中部,闸门室位于地下。主变压器及开关站布置在平行于主厂房的主变开关洞内,出线由4回220 kV和3回110 kV组成,分别由出线洞和主变运输洞引出到出线洞。主变开关室底板高程为785 m,在校核洪水位下冷却水能自流排出。球阀布置在主厂房内,主厂房洞室跨度18 m,高度39.4 m,地下副厂房布置于主厂房一端,厂房总长度为125 m,全部采用喷锚支护。根据厂区的地形地质条件和实测地应力的情况,结合布置需要,确定主厂房位置距岸边约150 m,处于坚硬和整体稳定性较好的岩体中。

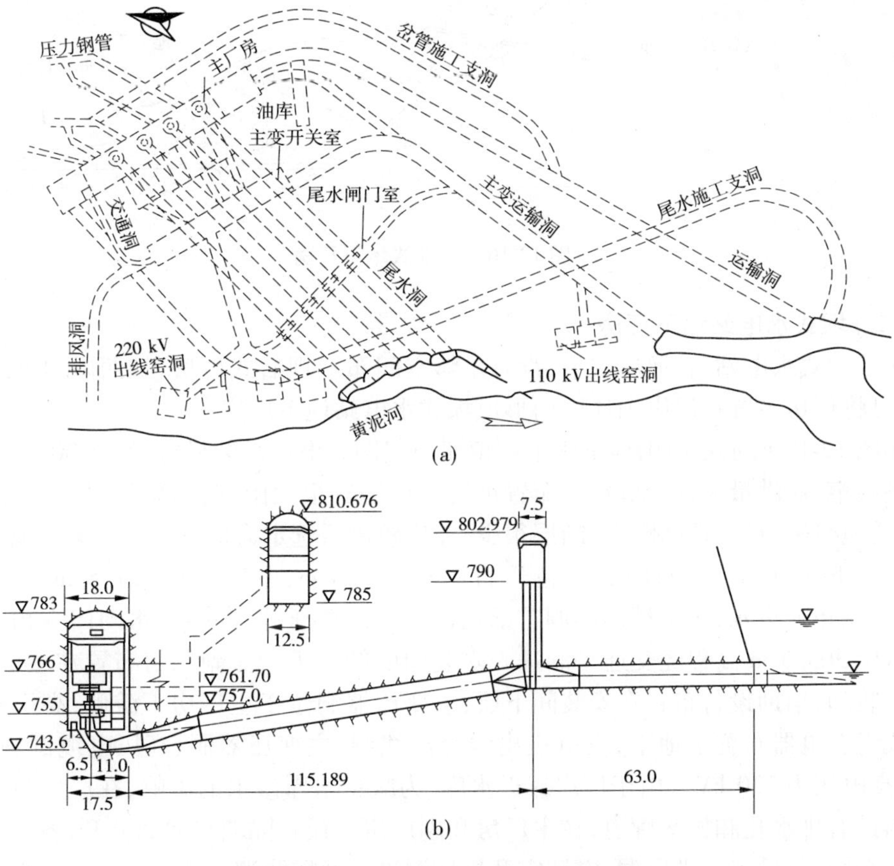

图12-15　鲁布革水电站地下厂房布置及厂房纵断面图　(单位:m)

目前,由于国外发展了气垫式调压室,因此不管引水道沿线山岭高程如何,均可采用尾部式地下厂房。气垫式调压室离厂房很近,布置在很低的高程上,整个压力引水系统的岩石覆盖厚度很大,因此有可能省掉大部分的衬砌施工,大为节省了工程造价。

3. 中部式地下厂房

当引水道系统前半段的山岭较高、后半段又较低,中部的地质地形条件适宜,对外联系如运输、出线以及施工场地布置方便,水电站水头又较大时可以考虑采用中部式布置,如图12-13(c)所示。这种布置方式的特点是具有较长的上游引水道和下游尾水道,可能需要同时建引水调压室及尾水调压室。

图 12-16 中的电站水头近 400 m,采用首部式布置时地下厂房的埋深过大,而引水系统尾部 2 000 m 范围的地段内,地面高程较低,不宜布置引水隧洞,所以不宜采用首部式或尾部式地下厂房。该电站引水系统中部的地形和地质条件适于布置地下厂房和便于布置辅助洞井,所以采用了中部式布置。该电站尾水洞为无压,交通运输用平洞,通风洞为斜井,而出线则用竖井。

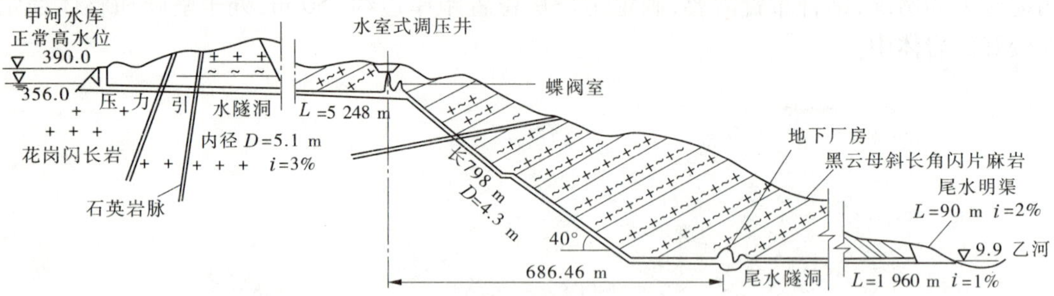

图 12-16　中部式地下厂房

(二)坝式水电站地下厂房

对于坝式水电站,若河岸狭窄,没有足够空间布置坝后式厂房,如两岸地址地形条件许可,可将厂房布置在河岸山体内而形成坝式水电站地下厂房。

如图 12-17 所示是白山地下水电站枢纽布置图。电站总装机容量 3 ×30 万 kW,坝址处河谷狭窄,泄洪量大,洪水位高,布置坝后式厂房有很大困难,两岸基岩为混合岩,岩石单一,质地坚硬,且节理间距大,断层很少,经比较最后选定为地下厂房方案。地下厂房位于右岸坝下约 90 m 的山体内,上覆岩石厚 60 ~ 120 m,主厂房长 121. 5 m、宽 25 m、高 55 m,采用单元供水,每条尾水隧洞首部均设一尾水调压井,并与尾水闸门室相结合。铁路由右岸 303. 5 m 高程经交通平洞进入安装间的卸货平台。副厂房布置在主厂房一端,紧靠安装间,辅助设备布置在安装间下层,主变压器洞位于主厂房下游侧,高压开关采用封闭式组合电器布置于地下,发电机出线经出线洞、主变压器洞、高压电缆洞、开关站引出,升高电压为 220 kV。由于厂房靠近水库,为减少水库渗水的影响,在厂房与水库间的岩体内设有排水孔和排水廊道,在主厂房和副厂房内设置隔墙与岩面分开,各主要洞室都有排水系统,并设置了进风洞、空调室及排风洞进行通风防潮。

土石坝的坝式地下水电站,若引水系统较长,可采用类似尾部式地下厂房的布置方式。

地下厂房布置形式的选择,要结合水电站的水能规划,当地的地形、地质、交通运输、出线条件,施工和运行条件,经技术经济比较后确定。

三、地下厂房的洞室组成

布置地下厂房与布置地面厂房的水电站相比,进水口、引水道、调压室、压力管道等的布置是相同的,不同的是前者厂房位于地下,增加了地下建筑物。除主厂房布置在地下洞室内,还需要开挖各种洞室,以布置机电设备和用做交通运输、出线以及通风的通道。不

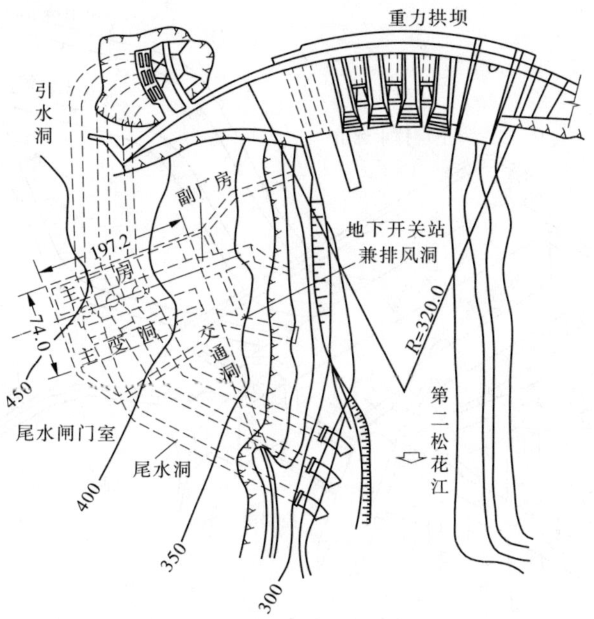

图 12-17　白山地下水电站枢纽布置图　(单位:m)

同断面尺寸和不同高程的洞室纵横交错,将地下厂房系统形成一组洞室群,如图 12-18 所示。

(一)交通运输洞

交通运输洞是连接地下主、副厂房和地面对外交通的道路,一般采用平洞,当受地形条件限制时,可采用竖井。运输洞的位置与装配场位置直接关联,应一起考虑确定。地下厂房的装配场可布置在主厂房一端,还可布置在机组段之间。除交通运输洞外,地下厂房至少还应另有一个对外交通的通道,以策安全。

(二)地下副厂房

在地下厂房中,必须靠近主机的一部分附属设备可集中布置在紧靠主机间的地下副厂房内,其他则可以利用已有洞室分散布置或放在地面副厂房内。为避免增加主洞室的跨度,当机组尺寸不大、围岩稳定性好时,常将副厂房放在主厂房一侧,且最好与装配场分开布置在主厂房两端。

(三)主阀门洞(室)

当水轮机前设有快速阀门时,阀门往往布置在主厂房内,利用厂房桥吊吊运,以免另开阀门洞和增设专用桥吊。阀门也可布置在靠近厂房上游侧的单独的阀门洞(室)内,可减小主厂房洞的跨度,阀门爆破后也不致危及主厂房,此时,阀门洞应设事故排水道,在与主厂房连接的通道上还应设事故密闭门。

(四)尾水洞、尾水闸门洞(室)、尾水调压室

当尾水隧洞较长时,可采用联合出水或分组出水方式,即所有机组尾水管出水后汇合成一条尾水洞或几台机组由一条尾水洞出水;尾水隧洞不长时则采用一机一洞出水。每

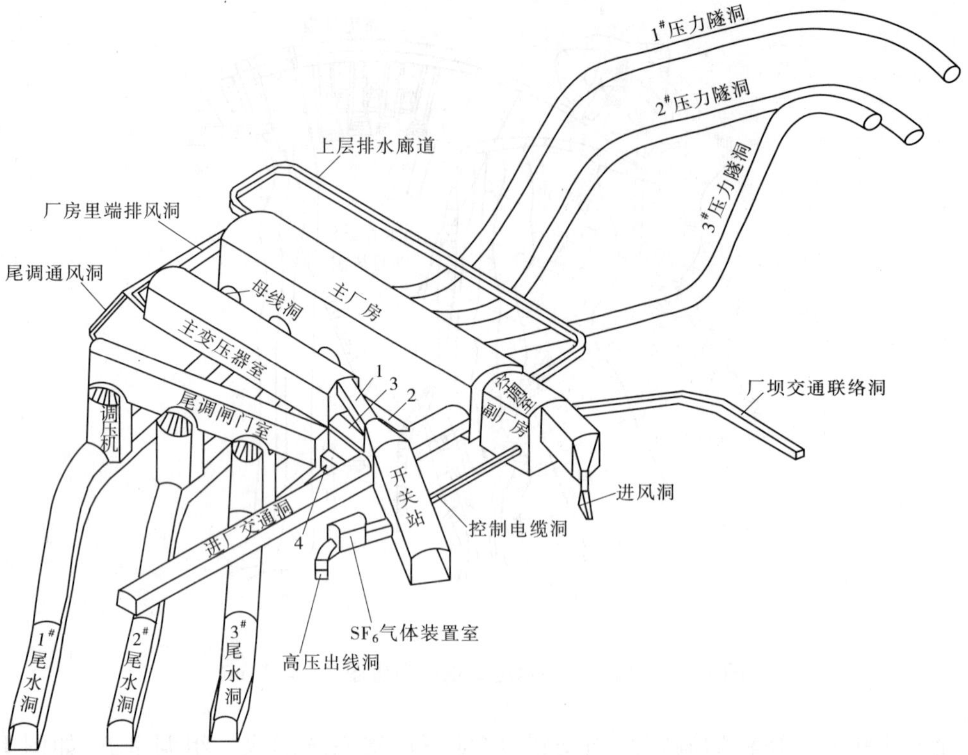

1—排风洞;2—主变搬运洞;3—高压电缆洞;4—尾闸搬运洞

图 12-18　白山地下水电站厂洞透视图

台机组尾水管出口一般均应设尾水闸门井,上设尾水闸门洞(室),用以吊运和操纵启闭尾水闸门。当尾水隧洞为有压且较长时,首部还需建尾水调压井。

(五)主变洞、开关洞和出线洞

地下厂房主变压器和开关站的位置与地形地质条件有关。在大中型地下水电站中,主变压器往往放在靠近主厂房的地下主变洞内,以便变压器的运输、安装和维修,减小母线长度。此时,需采取专门的通风、排烟和防火措施,洞内设防爆门和防爆隔墙。当地面地形陡峻不宜布置开关站时,开关站也可放在地下洞室内,这时需选用高压封闭绝缘组合电气装置。地下开关站尽量利用废弃的洞室(如施工支洞、导流洞)或与其他洞室(排风洞)合用,以减少开挖,节省土建投资。地下厂房输电线由出线洞引出,出线洞可以采用平洞、斜井或竖井。

(六)通风洞

地下厂房应设有完善的通风系统,包括进风洞、出风洞以及通风机室。进风洞应安排在较低的位置上,便于通过风管将新鲜空气从厂房各层的底部进入厂房。出风洞的位置应较高,热空气上升经厂房顶棚上的出风管引出汇合,由出风洞排出。通风机噪音大,应远离主、副厂房,一般可放在洞口或单独的洞室内。通风洞一般应充分利用交通运输洞、出线洞以及无压尾水洞,例如利用交通运输洞或无压尾水洞进风、利用出线洞(井)出风。

四、地下厂房的布置

地面厂房布置的一般原则，如厂房主要尺寸的拟定条件、方便运行和降低造价等原则，同样适用于地下厂房。然而地下厂房在布置中要特别注意厂房洞室的围岩稳定和支护问题，并要考虑地下洞室的施工和对外交通条件。

（一）地下厂房位置的选择

地下厂房位置的选择，在地形上应考虑能缩短地下厂房对外联系的洞井线路长度，在地质上还应考虑从布置方式上改善围岩的稳定性。

（1）应尽量避开较大断层带、节理裂隙发育区和破碎带，将地下厂房放在地质构造简单、岩体完整坚硬、地应力较小、开挖和运行中岩体稳定以及地下水微弱的地段。

（2）地下洞室的上覆岩体应有一定的厚度，以利于厂房拱顶的稳定。

（3）在深切峡谷边布置地下厂房时，除要避开邻近峡谷的卸荷裂隙带外，还应避开地应力集中、转折和易于发生岩爆的地段。

（4）地表岸坡应该稳定，便于设置洞、井的出口。

（二）洞室布置的一般要求

（1）洞顶的最小埋藏深度，根据岩体的完整和坚硬程度，可取洞室开挖宽度的1.5～3倍，上、下层洞室之间的岩石厚度，一般不小于洞室开挖宽度的1～2倍。

（2）洞室的最小允许间距一般不小于相邻洞室中大者开挖宽度的1～1.5倍。

（3）洞室应尽量保持正交。

（4）洞室布置应考虑勘探和施工的需要，尽量做到一洞多用。

（三）地下厂房的内部布置

地下厂房内部布置的原则，是在满足机电设备运行良好的前提下，尽量缩小厂房内部空间以减小石方开挖，并改善围岩稳定条件。为了缩小厂房洞室尺寸，机电设备、厂房结构及布置可由以下措施改进：

（1）改进机组及配电设备的结构型式及安装工艺。如发电机转子在基坑内组装，可使桥吊尺寸显著减小；采用水内冷发电机和变压器、高压全封闭绝缘组合开关等设备，可减小设备所占的地下空间。

（2）改进桥式起重机的型式。如采用双小车桥吊或者用两台桥吊可以降低厂房高度。

（3）改进吊车梁柱结构型式。地下厂房中的吊车支承结构除地面厂房中常采用的吊车梁、柱外，还可采用悬挂在厂房顶拱拱座上的悬挂式吊车梁（见图12-19(a)），用锚杆、锚索锚固于岩壁上的岩锚式吊车梁（见图12-19(b)），敷设在岩台上的岩台式吊车梁（见图12-19(c)），以及在整体钢筋混凝土衬砌上伸出带形牛腿的带形牛腿吊车梁（见图12-20）。

悬挂式、岩锚式和岩台式吊车梁结构的最大优点是不建吊车柱，可在厂房洞室尚未向下扩大开挖时提前施工，提早组装吊车，并可减小厂房的开挖跨度。

（4）改进安装场布置。当机组台数多于4台时，可将装配场布置在机组中间。由于

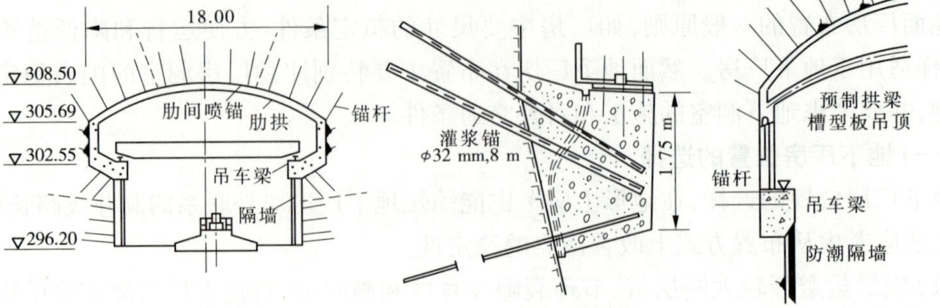

图 12-19 吊车梁型式(单位:m)

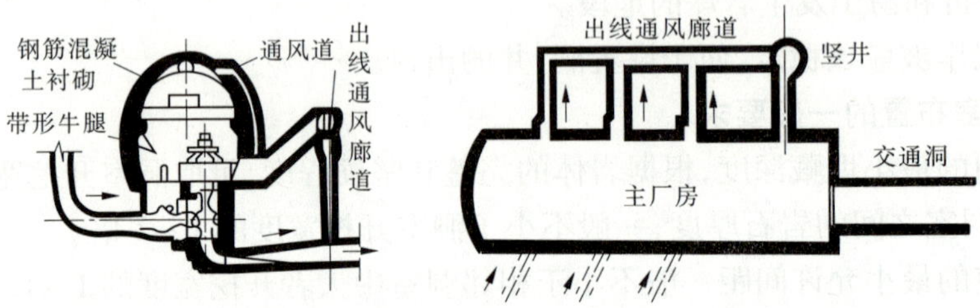

图 12-20 全断面钢筋混凝土衬砌及带形牛腿吊车梁

装配场高程以下岩体可以保留,可以减小主厂房高边墙段的连接长度,有利于围岩稳定。

五、地下洞室的围岩稳定

围岩的稳定对地下厂房洞室布置及主厂房洞形有很大影响,常需要根据围岩的特性和破坏机理应用有限元法进行围岩稳定分析。在有限元法中,按照围岩的应力与应变关系可分为线弹性和非线性有限元计算。线弹性有限元法用拉应力区的大小来评估厂房洞室围岩的稳定性,非线性有限元法用塑性松弛区的大小和洞壁位移来评估。

图 12-21 所示为丘吉尔瀑布水电站用平面弹性有限元法计算得到的地下厂房洞室围岩拉应力区的分布图,图(a)为洞室布置的初始方案,图(b)为修正方案。用平面弹性有限元法计算得到的计算结果表明:主厂房与调压室洞室间距增大时,中间岩柱的拉应力区深度减小;调压室顶的高程降低到接近主厂房洞顶高程时,厂房顶拱下游边的局部拉应力区减小,拱顶应力场比较均匀;调压室宽度增加时,主厂房与调压室间岩柱承担的垂直荷载增大。调压室下游边墙倾斜,一方面可以减小调压室下游高边墙围岩的拉应力区,另一方面对水流条件也有利。

图 12-22 为某水电站厂房洞室布置的一个方案中用非线性平面有限元计算得到的围岩松弛区分布图,由图可见在顶拱衬砌的拱座处,围岩开掘较深,轮廓突变,应力集中严重,该处附近最易出现岩石松动坍塌。

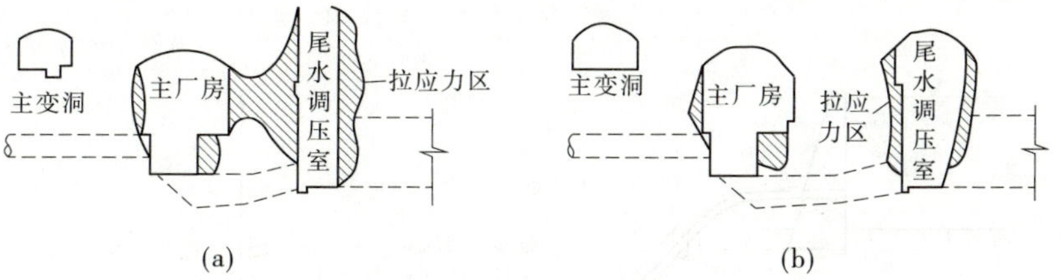

图 12-21　丘吉尔瀑布地下厂房围岩拉应力区分布图

为了改善围岩的稳定性，主厂房洞形多采用直墙拱顶形、椭圆形或马蹄形。

(1)直墙拱顶形。这是主洞室最常采用的断面形状，其边墙为垂直，洞顶为拱形，如图 12-15 所示，适用于围岩坚固完整且地应力不大的情况。

(2)椭圆形或马蹄形。这种洞形主要用于软弱破碎的围岩，或水平地应力较大的中等质量围岩，采用曲线型边墙或倾斜边墙，能改善边墙围岩的稳定性，如图 12-20 所示。图 12-23 所示是德国瓦尔德克抽水蓄能电站地下厂房，洞室围岩为砂、页岩，构造极为发育，岩体强度较低，厂房尺寸很大，宽 36 m，高 46 m，采用卵形断面并用锚杆支护，取得了良好效果。

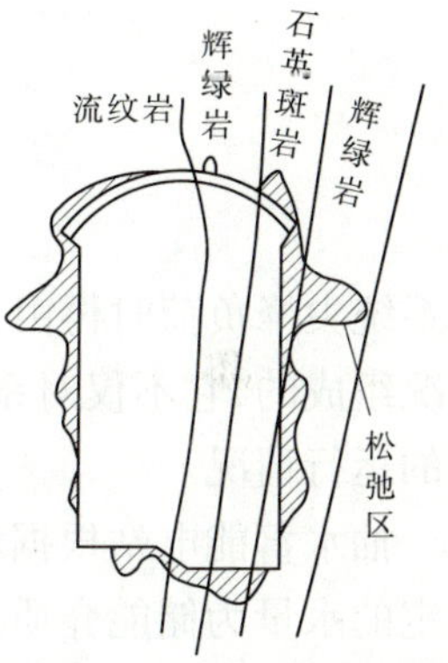

图 12-22　某水电站厂房洞室围岩松弛区分布图

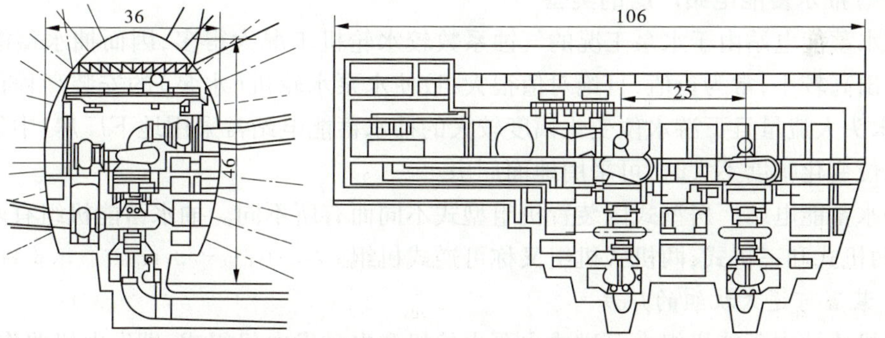

图 12-23　瓦尔德克抽水蓄能电站地下厂房　(单位:m)

第四节　抽水蓄能电站厂房和潮汐电站厂房

一、抽水蓄能电站厂房

抽水蓄能电站是具有抽水和发电两种功能的可逆式水电站。如图 12-24 所示，这种电站有上游和下游两个水库，两库之间形成落差。厂房内装有水泵水轮机组，它在电力系统低谷负荷时利用系统中多余的电能将下库的水抽送到上库，以水的势能形式储存起来，

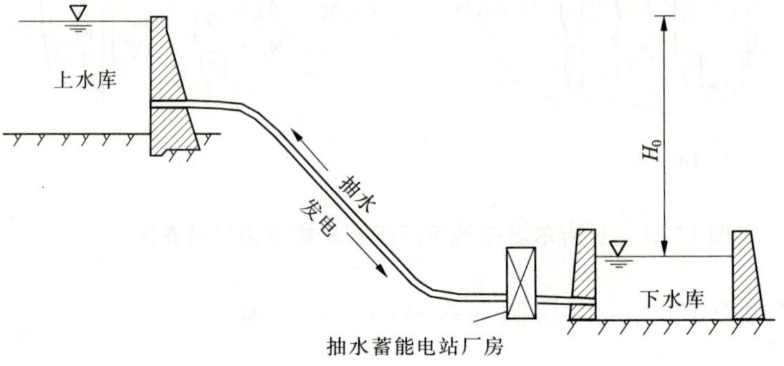

图 12-24 抽水蓄能电站示意图

在系统尖峰负荷时再由上库放水发电。因此,抽水蓄能电站的工作是由发电和抽水两种工况组成的,它不仅对系统负荷起到了调峰填谷的作用,而且也大为改善了系统中火电机组的运行情况。

抽水蓄能电站根据利用水量的情况可分为两大类:一类是纯抽水蓄能电站,它是利用一定的水量为储能介质,在上、下库之间循环进行抽水和发电;另一类是混合式抽水蓄能电站,修建在河道上,上游水库有天然来水,电站厂房内装有水泵水轮机组和常规水轮发电机组,既可进行水流的能量转换,又能进行径流发电。

(一)抽水蓄能电站厂房的类型

抽水蓄能电站由于水泵工况的气蚀系数较水轮机工况大得多,因而抽水蓄能机组的允许吸出高较小,常为负值,且绝对值很大,致使水泵水轮机(水泵)的安装高程很低。所以,高水头大流量且下游水位变化幅度较大的抽水蓄能电站常采用地下厂房,中低水头且下游水位变化幅度不大时,可采用地面厂房。

抽水蓄能电站厂房型式因装置机组型式不同而有所不同。抽水蓄能机组有两种主要型式:两机式和三机式,两机式机组又称可逆式机组。

1. 装置可逆式机组的厂房

两机式抽水蓄能机组由可逆式水泵水轮机和电动发电机组成,即发电机兼作电动机,水轮机兼作水泵。可逆式机组的水轮机尾水管与抽水机的吸水管合而为一,尾水管出口即吸水管的进口,需要装置拦污栅。由于装机高程低,尾水管在出厂房后需以一定的仰角与下水库连接。

图 12-25 是广州抽水蓄能电站厂房横剖面图,主厂房洞室宽 21 m、高 44.5 m、长 146.5 m,厂内装有 4 台单级混流可逆式水轮发电机组,单机容量为 30 万 kW。水轮机工况的最大水头为 537.2 m,水泵工况的最大杨程为 550.1 m,水泵水轮机前装有球阀。厂房拱顶采用喷锚支护加固的岩石自承拱,采用岩锚吊车梁,减小了厂房的跨度。在主厂房下游 40 m 处设有主变洞,在 219.60 m 高程处安放主变压器,其上 229.60 m 高程处为高压开关站,主厂房与主变洞之间设有母线廊道。

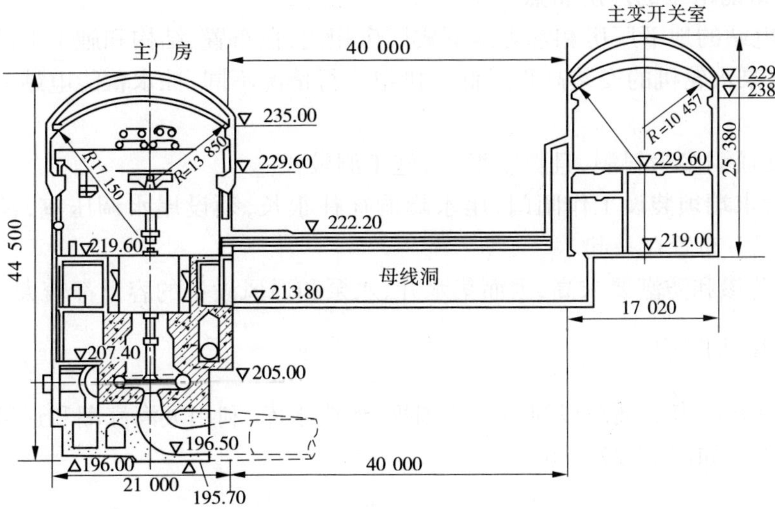

图 12-25　广州抽水蓄能电站厂房横剖面图　（单位：mm）

2. 装置三机式机组的厂房

三机式抽水蓄能机组由发电电动机、水轮机和水泵三台机器组成，它们串联在同一轴上，在同一轴上还装有固定式或离合式的联轴器。三机式机组在抽水时，电动机（即发电机）驱动水泵抽水，而将水轮机的活动导叶（或球阀）关闭，利用压缩空气将尾水管中水位压低，使水轮机转轮在空气中运行；发电时将联轴器脱开，水轮机带动发电机发电，水泵不转。

横轴三机式机组的装置方式为：水轮机－固定式（或离合式）联轴器－发电电动机－离合式联轴器－水泵。立轴三机式机组的装置方式为：发电电动机（在上端）－固定式联轴器－水轮机－离合式联轴器－水泵（在下端）。装置立轴三机式机组的抽水蓄能厂房如图 12-26 所示。

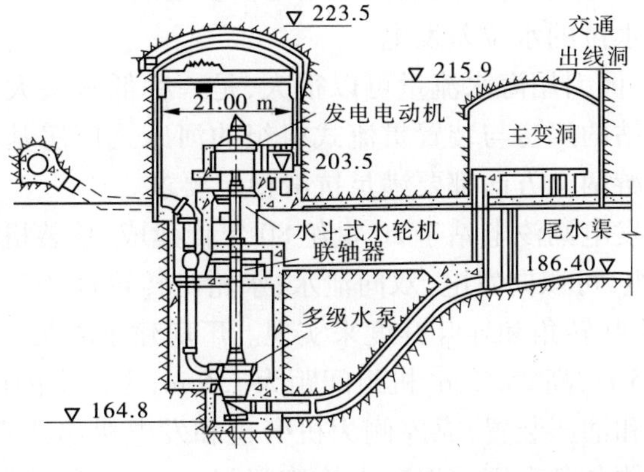

图 12-26　装置立轴三机式机组的抽水蓄能厂房横剖面图　（单位：m）

(二)抽水蓄能电站的厂房特点

抽水蓄能电站的地下厂房和常规地下式厂房相比,在布置、结构和施工上的要求基本上一样,只是水泵水轮机的安装高程过低和机组运行情况不同,抽水蓄能电站的厂房尚有以下特点:

(1)进厂交通洞多为斜洞,且长度很大,施工洞较长。

(2)尾水管末端须装设工作闸门,尾水隧洞往往很长,须设尾水调压室,常将尾水闸门井和尾水调压室布置在一起。

(3)防水、防渗和防潮要求高,因而集水井、水泵和通风设备的容量都较大。

二、潮汐电站厂房

潮汐电站是在沿海的港湾或河口建造围坝,形成水库,利用大海涨潮和退潮时所形成的水头进行发电。如图 12-27 所示。

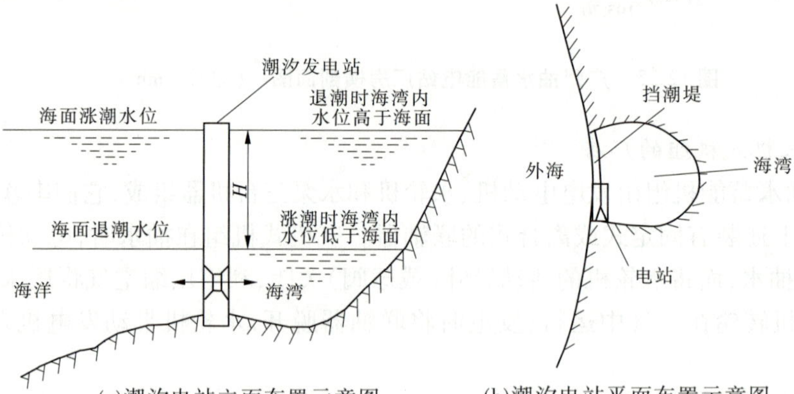

(a)潮汐电站立面布置示意图　(b)潮汐电站平面布置示意图

图 12-27　潮汐电站布置示意图

潮汐电站分为单向潮汐电站和双向潮汐电站。单向潮汐电站仅在退潮时利用海湾内高水位与退潮低水位的落差发电;双向潮汐电站不仅在退潮时发电,而且也在涨潮时利用涨潮高水位与海湾内低水位的水位差发电。

潮汐电站水头较小,但引用海水流量可以很大,是一种低水头大流量的水电站,多采用贯流式机组。潮汐电站的厂房与装置贯流式机组的河床式厂房基本上相同,厂房结构特点是双向受力,上、下游两个方向都要满足抗滑稳定要求。

浙江江厦单库双向发电潮汐电站于 20 世纪 80 年代建成,总装机容量 3 900 kW,安装 6 台双向灯泡贯流式机组,可双向发电、双向泄水,水轮机转轮直径 2.5 m。双向运行工况转换无需停机,由调整桨叶转角和导叶开度来实现。厂房建于凝灰岩上,全长 56.9 m(包括安装间长 10 m)、宽 25 m、高 25.2 m,机组间距为 7.5 m,主厂房内设有桥机。临海侧每台机组配置电液调速器和油压装置,靠库侧为机旁盘和发电机出线室。主厂房下部为机坑和机组流道,水库、海侧各备有钢筋混凝土检修闸门;主厂房顶部设有电缆层和电气副厂房,升压开关站紧靠厂房左侧布置,如图 12-28 所示。

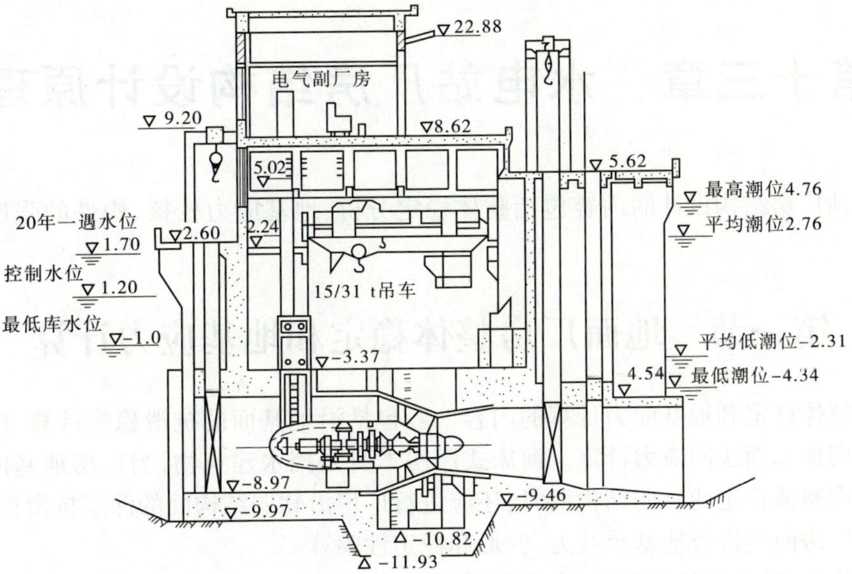

图 12-28　江厦潮汐电站贯流式厂房横剖面图

第十三章　水电站厂房结构设计原理

水电站厂房结构设计的内容包括整体稳定分析、地基应力校核、构件的强度和稳定计算。

第一节　地面厂房整体稳定和地基应力计算

厂房整体稳定和地基应力计算的内容一般包括沿地基面的抗滑稳定计算、抗浮稳定验算和厂房地基面法向应力计算。河床式厂房本身是挡水建筑物，当厂房地基内部存在不利于厂房整体稳定的软弱结构面时，还应进行厂房沿软弱结构面的深层抗滑稳定计算。非岩基上厂房尚应进行地基承载力、变形和稳定性验算。

厂房施工、运行和检修期间，在抗滑、抗倾与抗浮方面必须有足够的安全系数，以保证厂房的整体稳定性。厂房地基应力必须满足承载能力的要求，不允许发生有害的不均匀沉降。

河床式厂房直接承受上游水压力，在确定地下轮廓线、校核整体稳定性和地基应力时，基本原则与混凝土重力坝及水闸相似。但因厂房机电设备多，结构形状复杂，在进行稳定分析和地基应力计算时，必须以两个永久缝之间或一个机组段长度为计算单元，不能取单宽进行计算。厂房有大量的二期混凝土，并可能有分期安装问题，故在机组安装前后荷载变化较大，确定荷载与荷载组合时也有其特点。

一、荷载及其组合

作用在水电站厂房上的荷载可分为基本荷载和特殊荷载两类。

(1)基本荷载：厂房结构及永久设备自重；回填土石重；正常蓄水位或设计洪水位情况下的静水压力；相应于正常蓄水位或设计洪水位情况下的扬压力；相应于正常蓄水位或设计洪水位情况下的浪压力；淤沙压力；土压力；冰压力；其他出现机会较多的荷载。

(2)特殊荷载：校核洪水位或检修水位情况下的静水压力；相应于校核洪水位或检修水位情况下的扬压力；相应于校核洪水位或检修水位情况下的浪压力；地震力；其他出现机会较少的荷载。

作用在厂房上的静水压力应根据厂房在不同运行工况下的上、下游水位确定。

厂房整体稳定和地基应力计算时的荷载组合要考虑厂房施工、运行和扩大检修期的各种不利情况，分别按正常运行、机组检修、机组未安装等情况分别计算。

二、计算方法和要求

厂房整体稳定及地基应力，一般情况下宜采用材料力学法计算。位于复杂地基上的大型水电站厂房，除用材料力学法计算外，可采用有限元法或其他合适的方法进行复核计算。

厂房整体稳定和地基应力计算应以中间机组段、边机组段和安装间段作为一个独立的整体，按荷载组合分别进行。边机组段和安装间段，除上、下游水压力作用外，还可能受侧向水压力的作用，所以必须核算双向水压力作用下的整体稳定性和地基应力。图 13-1 为河床式厂房稳定分析受力图。

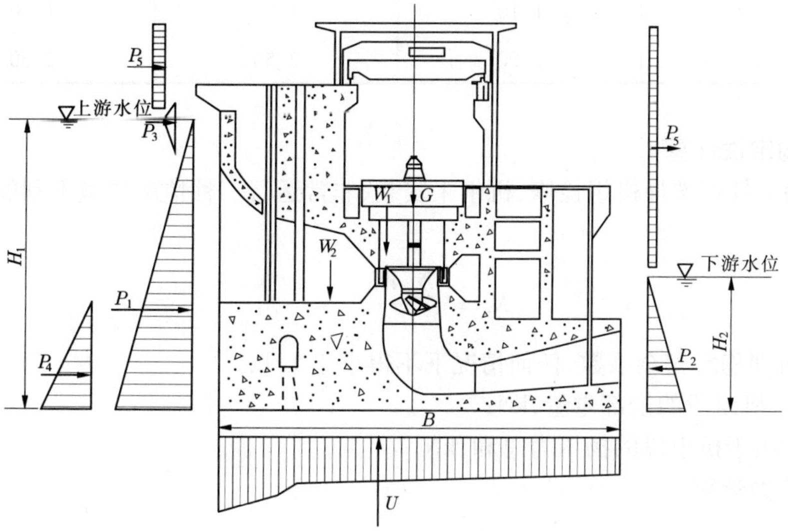

图 13-1　河床式厂房稳定分析受力图

（一）抗滑稳定计算

厂房整体抗滑稳定性可按下面抗剪断强度公式或抗剪强度公式计算。

1. 抗剪断强度计算公式

$$K' = \frac{f' \sum W + c'A}{\sum P} \tag{13-1}$$

式中　K'—— 按抗剪断强度计算的抗滑稳定安全系数；

f'—— 滑动面的抗剪断摩擦系数；

c'—— 滑动面的抗剪断黏结力，kPa；

A —— 基础面受压部分的计算面积，m^2；

$\sum W$ —— 全部荷载对滑动面的法向分力（含扬压力），kN；

$\sum P$—— 全部荷载对滑动面的切向分力（含扬压力），kN。

2. 抗剪强度计算公式

$$K = \frac{f \sum W}{\sum P} \tag{13-2}$$

式中　K——按抗剪强度计算的抗滑稳定安全系数；

f——滑动面的抗剪摩擦系数。

岩基厂房整体抗滑稳定的安全系数不分等级按表 13-1 选用。

表 13-1　抗滑稳定的安全系数

抗滑稳定安全系数	荷载组合		
	基本组合	特殊组合	
		无地震	有地震
K	1.10	1.05	1.00
K'	3.00	2.50	2.30

(二)抗浮稳定性计算

厂房抗浮稳定性可选择机组检修、机组未安装、非常运行三种情况中最不利的情况按下式计算

$$K_f = \frac{\sum W}{U} \tag{13-3}$$

式中　K_f—— 抗浮稳定安全系数,任何情况下不得小于 1.1;

$\sum W$ —— 机组段的全部重量,kN;

U—— 作用于机组段的扬压力总和,kN。

(三)地基应力计算

1. 计算方法

厂房地基面上的法向应力,可按下式计算

$$\sigma = \frac{\sum W}{A} \pm \frac{\sum M_x y}{J_x} \pm \frac{\sum M_y x}{J_y} \tag{13-4}$$

式中　σ——厂房地基计算截面垂直正应力,kPa;

$\sum W$ ——作用于机组段上全部荷载在计算截面上的法向分力总和,kN;

$\sum M_x$、$\sum M_y$——作用于机组段上全部荷载对计算截面形心轴 x、y 的力矩总和,kN · m;

x、y ——计算截面上任意点至形心轴的距离,m;

J_x、J_y——计算截面对形心轴 x、y 轴的惯性矩,m^4;

A——厂房地基计算截面面积,m^2。

式(13-4)假定厂房基础为刚体,厂房地基面应力为线性分布。

2. 计算要求

岩基上厂房地基面上的垂直正应力用材料力学法计算时应符合下列要求:

(1)厂房地基面上承受的最大垂直正应力,不论是何种型式的厂房,在任何情况下均不应超过地基允许承载力,在地震情况下地基允许承载力可适当提高。

(2)厂房地基面上承受的最小垂直正应力(计入扬压力),对于河床式厂房,除地震情况外都应大于零,在地震情况允许出现不大于 0.1 MPa 的拉应力。对于坝后式和引水式厂房,正常运行情况下,一般应大于零;机组检修、机组未安装及非常运行情况下,允许出现不大于 0.1 ~ 0.2 MPa 的局部拉应力;地震情况下,如出现大于 0.2 MPa 的拉应力,应进

行专门论证。

厂房整体稳定和地基应力计算不满足要求时,应在厂房地基中采取防渗和排水措施。

第二节　发电机支承结构和风罩

机墩是立式水轮发电机的支承结构,其底部与蜗壳顶板联成一体,承受着巨大的静、动荷载,必须具有足够的刚度、强度、稳定性和耐久性。本节主要介绍适用于大中型水电站厂房的圆筒式机墩的结构计算原理与方法。

一、作用在机墩上的荷载及荷载组合

作用在机墩上的荷载,应根据水轮发电机组的型式、结构及传力方式分析确定。一般情况下,机墩承受的作用有:

(1)垂直静荷载 A_1。包括:机墩自重,发电机层楼板重及其荷载,发电机定子、励磁机定子及附属设备等重,上、下机架重,定子基础板重,下支架在顶起转子时的负荷。这些荷载通过定子基础板作用于机墩顶部。

(2)垂直动荷载 A_2。包括:发电机转子连轴及励磁机等重,水轮机转轮连轴重,轴向水推力。这些荷载通过推力轴承传给机架再传至机墩。

发电机层楼板传来的荷载应由厂房上部结构计算得出。机组部分重量和轴向水推力资料应由制造厂家提供,在未取得厂家资料以前,机组重量可参考机组造型参数表数据,轴向水推力可由下式估算

$$P_{水推} = K\frac{\pi D_1^2}{4}H_{max} \quad (kN) \tag{13-5}$$

式中　D_1——水轮机转轮直径,m;

H_{max}——最大水头,m;

K——系数。

(3)水平动荷载 A_3。主要为机组转动部分质量中心对机组中心的偏心距 e 引起的水平离心力,并通过导轴承传给机墩。

水平离心力按下式计算:

正常运行
$$P_m = 0.001\,1eGn^2 \tag{13-6}$$

飞逸
$$P_{mp} = 0.001\,1eGn_p^2 \tag{13-7}$$

式中　e——机组转动部分质量中心对机组中心的偏心距,m;

G——机组转动部分的重量,kN;

n——机组额定转速,r/min;

n_p——机组飞逸转速,r/min。

(4)扭矩荷载 A_4。机组运行时,转子旋转磁场对定子磁场作用的引力,使定子受到切向力的作用,该切向力通过定子基础传给机墩,形成扭矩,作用于机墩。机墩扭矩由下式计算:

机组的正常扭矩

$$T = 9.75\frac{N\cos\varphi}{n} \tag{13-8}$$

式中 T——正常扭矩，kN · m；

N——发电机额定容量，kVA；

$\cos\varphi$——发电机功率因数。

发电机短路时，由于巨大的短路电流而产生的突然扭矩是一个冲击荷载，其值可达正常扭矩的 3 ~5 倍，可按下式计算

$$T' = 9.74\frac{N}{nX_z} \tag{13-9}$$

式中 T'——短路扭矩，kN · m；

X_z——发电机暂态电抗，其值在 0.18 ~0.33 之间，由厂家提供。

机墩荷载组合分基本组合（正常运行时）和特殊组合（短路时、飞逸时）两种。

二、圆筒式机墩的结构计算

（一）静力计算

圆筒式机墩按上端自由（不计发电机层楼板的刚度）、下端固结于蜗壳顶盖上（矮机墩除外）的等截面圆筒计算。作用在机墩上的荷载可按均布荷载计算，即按实际作用位置分别换算为沿相当圆筒中心圆周上的垂直均布静、动荷载，作用于机墩截面形心。根据力的平移法则，将全部垂直荷载简化为作用在圆筒截面中和轴上的轴力 P 和它对中和轴的弯矩 M，如图 13-2 所示。

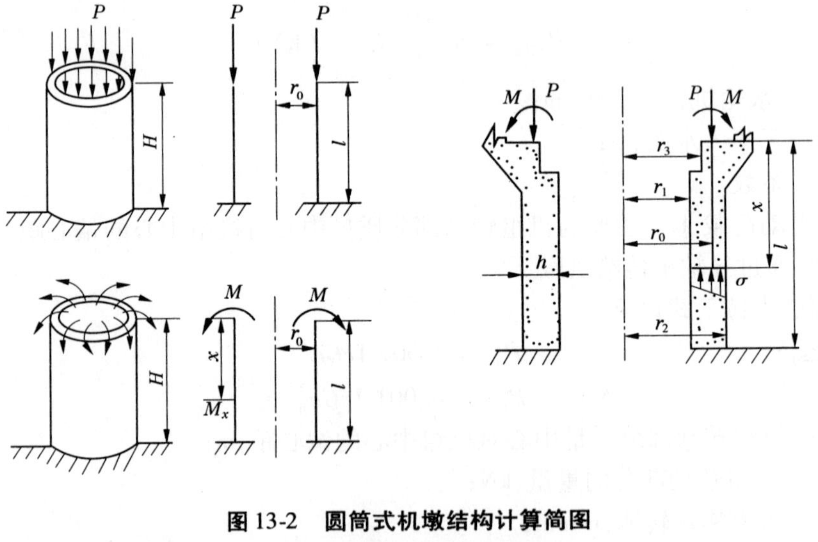

图 13-2 圆筒式机墩结构计算简图

在静力计算时，除轴向水压力外，所有静、动荷载均乘以 1.3 ~1.5 的动力系数。

1. 内力计算

当圆筒较矮厚，即圆筒高度 $H < \pi/\beta$ 时，可沿圆筒中心周长截取单位宽度，按上端自由、下端固定的偏心受压柱计算。则单宽圆筒端截面最大轴力和最大弯矩为

$$P_{max} = P \tag{13-10}$$

$$M_{max} = M \tag{13-11}$$

当圆筒较高薄,即圆筒高度 $H > \pi/\beta$ 时,可按整体薄壁长圆筒计算,当筒顶单位周长作用弯矩 M 时,距端顶 x 处截面弯矩 M_x 为

$$M_x = M\phi(\beta x) \tag{13-12}$$

其中函数

$$\phi(\beta x) = e^{-\beta x}(\cos\beta x + \sin\beta x)$$

$$\beta = \sqrt[4]{\frac{3(1-\mu^2)}{r_0^2 h^2}}$$

式中　M——作用于圆筒顶部中心的单位周长弯矩,kN · m;

r_0——机墩的平均半径,m;

h——圆筒的壁厚,m;

μ——泊松比。

作用于距筒顶 x 处单位周长上的轴力

$$P_x = P \tag{13-13}$$

2. 轴向应力计算

求得截面的 M_x 及 P_x 后,可按偏心受压构件计算公式求各截面的轴向应力 σ_x(压为正)

$$\sigma_x = \frac{P_x}{F} \pm \frac{M_x C}{I} \tag{13-14}$$

式中　P_x——作用在距筒顶 x 处单位周长上的轴力,kN;

F——圆筒单位周长上的受压面积,$F = 1 \times h$,m^2;

C——取为 $h/2$,m;

I——圆筒单位周长上的水平截面对中和轴的截面惯性矩,m^4。

3. 剪应力计算

1)扭矩作用下的剪应力

正常扭矩

$$\tau_{\theta x1} = \frac{Tr\eta}{I_p} \tag{13-15}$$

短路扭矩

$$\tau_{\theta x2} = \eta' \frac{T'r}{I_p} \tag{13-16}$$

式中　η——动力系数;

r——计算点距圆筒中心的距离,m;

I_P——圆环截面极惯性矩,$I_p = \frac{\pi}{32}(D^4 - d^4)$,$m^4$,其中 d、D 分别为计算圆环的内、外直径,m;

η'——短路扭矩的冲击系数,$\eta' = \frac{2\left[1 + \frac{T_a}{t_1}(1 - e^{-\frac{t_1}{T_a}})\right]}{1 + e^{\frac{-0.01}{T_a}}}$,$T_a$ 为发电机的时间因数(s),$t_1 = 30/n_p$(n_p 为发电机的飞逸转速)。

2）水平离心力作用下的剪应力

正常运行
$$\tau_{\theta x3} = \frac{P_m \eta}{F} \tag{13-17}$$

飞逸
$$\tau_{\theta x4} = \frac{P_{mp} \eta}{F} \tag{13-18}$$

式中　F——圆环截面面积，m^2；

其他符号含义同前。

4. 机墩强度校核

按第三强度理论进行校核。机墩内、外壁最大主拉应力按下式验算

$$\sigma_{主} = \frac{1}{2}\left(\sigma_x - \sqrt{\sigma_x^2 + 4\tau_{\theta x}^2}\right) \leqslant f_t/K \tag{13-19}$$

式中　f_t——混凝土抗拉强度，MPa；

K——混凝土抗拉强度安全系数。

当机组正常运行时，$\tau_{\theta x} = \tau_{\theta x1} + \tau_{\theta x3}$；短路时，$\tau_{\theta x} = \tau_{\theta x2} + \tau_{\theta x3}$；飞逸时，$\tau_{\theta x} = \tau_{\theta x4}$。

当式(13-19)的主拉应力不满足要求时，应加大机墩截面，提高混凝土强度等级或适当增加水平或竖向钢筋。

(二)动力计算

机墩动力计算目的如下：

(1)校核机墩强迫振动和自振之间是否会产生共振现象。

(2)验算振幅是否在允许范围内。

(3)核算动力系数(为静力计算所用)。

1. 机墩自振频率

机墩的自振频率，一般分为垂直、水平和扭转三种。

机墩自振频率计算中，通常将机墩简化为一单自由度无阻尼的弹性微幅振动体系，并将机墩圆筒本身的质量用一个作用于筒顶的集中质量(相当质量)来代替。按照系统变形最大动能相等原理，简化后机墩的质量应乘一系数，该系数取0.35。

(1)垂直自振频率 n_{01}。考虑蜗壳顶板垂直振动的影响，将机墩和蜗壳顶板作为一两自由度的弹性系统，蜗壳顶板为一端固支于蜗壳边墙、一端铰支于水轮机座环的水平梁，其质量集中于跨中；机墩为一与梁刚性连接的垂直柱，其质量集中于柱顶端。此时机墩的垂直自振频率为

$$n_{01} = \frac{30}{\sqrt{\left(\sum P_i + P_0\right)\frac{H}{EF} + P_a \delta_p}} \quad (\text{r/min}) \tag{13-20}$$

式中　H——机墩的高度，m；

F——机墩水平截面面积，m^2；

E——混凝土的弹性模量，kPa；

$\sum P_i$——作用在机墩顶部的全部垂直荷载，kN；

P_0——机墩自重，kN；

P_a——蜗壳顶板自重，kN；

δ_p——蜗壳顶板在单位垂直力作用下的挠度，m/kN。

（2）水平横向自振频率 n_{02}。忽略楼板对机墩顶的固结影响，将机墩作为下端固定、上端自由的空心圆筒悬臂梁，此时机墩的水平横向自振频率为

$$n_{02} = \frac{30}{\sqrt{\left(\sum P_i + 0.35P_0\right)\dfrac{H^3}{3EI}}} \quad (\text{r/min}) \tag{13-21}$$

式中　I——机墩水平截面对中和轴的截面惯性矩，m^4。

（3）水平扭转自振频率 n_{03}。将机墩作为质量集中于顶端的圆筒形受扭构件，则机墩的水平扭转自振频率为

$$n_{03} = \frac{30}{\sqrt{I_\phi \phi}} \quad (\text{r/min}) \tag{13-22}$$

$$I_\phi = \sum P_i r_i^2 + 0.35P_0 r_0^2 \tag{13-23}$$

式中　I_ϕ——相当于集中在机墩顶端的荷载转动惯量，$kN \cdot m^2$。

P_i——机墩顶部的垂直荷载或设备重量，kN；

r_i——荷载 P_i 至回转中心的距离，m；

P_0——机墩自重，kN；

r_0——机墩的平均半径，m；

ϕ——单位扭矩作用下机墩的扭转角，$\phi = \dfrac{H}{GI_p}$，rad/(kN · m)；

G——混凝土的剪切弹性模量，kPa；

I_p——机墩的极惯性矩，$I_p = \dfrac{\pi(D^4 - d^4)}{32}$，$m^4$；

d、D——机墩内、外直径，m 。

2. 机墩强迫振动频率

机组在正常运行时，机墩强迫振动一般可有以下两种：

（1）机组转动部分偏心引起的强迫振动频率 n_1。主要为机组转子质量不平衡产生的强迫振动，其频率等于机组转速，即

$$n_1 = n(\text{或 } n_p) \quad (\text{r/min}) \tag{13-24}$$

这是机组离心力的振动频率，对机墩来讲，它是外力，所以称为强迫振动频率，振动的方向是水平的。

（2）水力冲击引起的强迫振动频率 n_2。其频率等于导叶叶片与转轮叶片在运动中的相互交会次数，即

$$n_2 = \frac{n_0 Z_1 Z_2}{a} \quad (\text{r/min}) \tag{13-25}$$

式中　Z_1、Z_2——导叶叶片数与转轮叶片数；

a——Z_1、Z_2 两数的最大公约数。

3. 共振校核

求出机墩自振频率 n_{01}、n_{02}、n_{03} 和强迫振动频率 n_1、n_2 后，即可进行共振校核。

以 n_{0i} 为机墩自振频率，n_i 为对应的强迫振动频率，为避免出现共振，要求

$$\frac{|n_{0i}-n_i|}{n_{0i}} > 20\% \sim 30\% \tag{13-26}$$

一般希望 $n_{0i} > n_i$。转速高的机组，或采用轻型发电机支承结构时，可能出现 $n_{0i} < n_i$ 的情况，这时应注意机组启动及停机过程中可能出现的共振问题。

4. 振幅计算

机墩振幅过大会造成运行困难，损害机墩和机组设备。根据机墩动力荷载的情况，机墩动力计算中要进行垂直振幅、水平振幅和扭转振幅的验算。

振幅验算中，按计入阻尼的单自由度系统简谐振动公式计算振幅。

(1) 垂直振幅 A_1

$$A_1 = \frac{P_1}{(\sum P_i + P_0)/g}\frac{1}{\sqrt{(\lambda_1^2-\omega_1^2)^2+0.2\lambda_1^2\omega_1^2}} \tag{13-27}$$

式中 λ_1——垂直方向的自振圆频率，即 2π 秒内的振动次数，$\lambda_1=\frac{2\pi n_{01}}{60}=0.104\ 7n_{01}$，1/s；

ω_1——垂直方向的迫振圆频率，$\omega_1=\frac{2\pi n_1}{60}=0.104\ 7n_1$，1/s；

P_1——作用在机墩上的垂直动荷载，kN。

(2) 水平横向振幅 A_2

$$A_2 = \frac{P_2}{(\sum P_i + 0.35P_0)/g}\frac{1}{\sqrt{(\lambda_2^2-\omega_2^2)^2+0.2\omega_2^2\lambda_2^2}} \tag{13-28}$$

式中 λ_2——水平方向的自振圆频率，$\lambda_2=\frac{2\pi n_{02}}{60}=0.104\ 7n_{02}$，1/s；

ω_2——水平方向的迫振圆频率，$\omega_2=\frac{2\pi n_2}{60}=0.104\ 7n_2$，1/s；

P_2——作用在机墩上的水平动荷载，即机组转动部分的离心力，kN。

(3) 水平扭转振幅 A_3

$$A_3 = \frac{Tr_2}{\frac{I_\phi}{g}\sqrt{(\lambda_3^2-\omega_3^2)^2+0.2\lambda_3^2\omega_3^2}} \tag{13-29}$$

式中 T——正常扭矩或短路扭矩，kN·m；

r_2——机墩的外圆半径，m；

λ_3——机墩扭转自振频率，$\lambda_3=0.104\ 7n_{03}$，1/s；

ω_3——机墩扭转迫振频率，$\omega_3=0.104\ 7n_p$，1/s。

5. 振幅校核标准

为保持机组的旋转稳定性，算出的振幅值应满足

垂直振幅：$A_1 < 0.10 \sim 0.15$ mm；

水平振幅：$A_2 + A_3 < 0.15 \sim 0.20$ mm。

6. 动力系数的核算

由于结构在动荷载作用下的变形与应力比静荷载作用下所产生的变形与应力大，在

机墩结构计算时,将动荷载乘以动力系数当成静荷载计算,动力系数按下式计算

$$\eta = \frac{1}{1-\left(\frac{n_i}{n_{0i}}\right)^2} \tag{13-30}$$

式中　η——动力系数;

n_i——机墩强迫振动频率,r/min;

n_{0i}——机墩在相应于 n_i 方向的自振频率,r/min。

设计中 η 值一般采用1.3~1.5。若由式(13-30)计算出的 η 值小于1.3~1.5,仍采用1.3~1.5。

三、圆筒式机墩配筋

圆筒式机墩沿圆筒圆周配置竖向钢筋、水平环向钢筋、孔口钢筋,一般不布置斜向钢筋。

竖向受力筋应按偏心受压柱计算确定。直径不小于16 mm,间距不大于300 mm,沿内、外壁各布置一层,兼起架立筋的作用。

环向筋起固定竖向筋,抵抗温度应力、混凝土收缩应力及环向力作用。由于机墩水平环向截面大,环向应力相对较小,一般均按构造配筋,直径不小于12 mm,间距不大于300 mm。

大孔口根据孔口应力计算结果,按应力大小在孔边配环向筋,直径10~16 mm,间距不大于100~150 mm;小孔口孔边配适量的钢筋。

四、发电机风罩

发电机风罩一般是钢筋混凝土薄壁圆筒结构,底部与机墩圆筒顶部固接,顶部与发电机层楼板连接。风罩墙一般是整体浇筑,也可用预制构件分片组合,厚度300~500 mm。

(一)风罩与发电机层楼板的连接型式

风罩与发电机层楼板的连接型式有以下三种(见图13-3):

(1)整体式。这种连接型式可增强机墩结构抗扭、抗水平推力的刚度,改善机墩的受力情况,是应用最多的一种型式,但这种型式会因混凝土的收缩及机墩的振动而使楼板发生裂缝。

(2)简支式。有利于采用预制构件,并在机墩处设置弹性防振垫层,以减轻楼板受机墩振动的影响。但简支式的连接构造复杂,又不能加强机墩的刚度,因此应用不广。

(3)分离式。楼板与机墩自成独立的受力系统,互不影响,楼板上的荷载通过梁柱系统直接传给基础,楼板不受机墩振动的影响。对小型水电站没有单独的副厂房时,可将部分辅助设备布置在发电机层楼板上,由于楼板不支承在机墩上,楼板的浇筑及楼板上设备的安装均可在机墩施工前进行,可加快电站的施工进度。

(二)荷载及荷载组合

风罩墙承受的荷载有:

(1)结构自重。

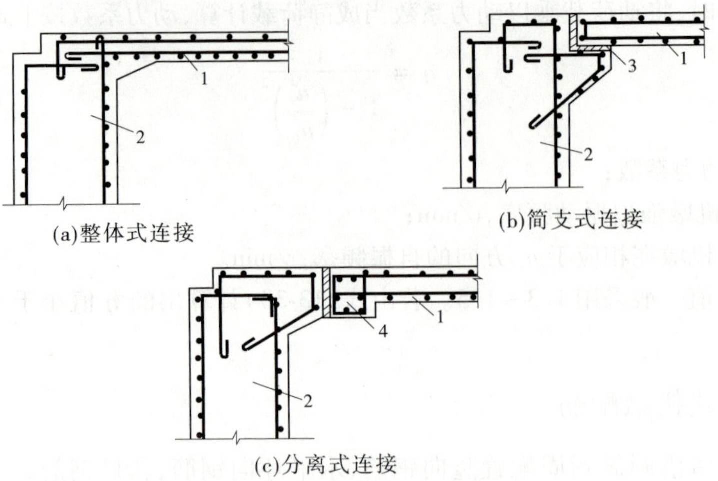

图 13-3　机墩与楼板的连接型式

1—楼板;2—机墩或风罩;3—弹性垫层;4—次梁

(2)发电机层楼板传来的荷载。

(3)发电机上支架千斤顶水平推力。

(4)发电机产生短路扭矩时,发电机层楼板施于风罩的约束扭矩。

(5)温度应力。温度作用引起的内力,宜取结构开裂后的影响予以折减,或采取降低钢筋设计强度的方法以抵偿温度作用。温度应力不与千斤顶力组合。

风罩墙的荷载组合有:

(1)正常运行。组合荷载包括结构自重、发电机层楼板荷载和发电机上机架千斤顶推力。

(2)正常运行 + 温度影响力。组合荷载包括正常运行的荷载和温度应力。

(3)施工情况。组合荷载包括结构自重、发电机层楼板荷载和施工荷载。

上述荷载组合中,正常运行为基本组合,其余为特殊组合。

(三)风罩墙计算简图

风罩墙结构计算简图通常有两种:

(1)当风罩墙半径与壁厚之比(R/δ)大于 10,并且高度较大时,可按有限长的薄壁圆筒公式计算,底部固结,顶部自由或径向简支。

(2)当开孔较多且尺寸较大,破坏圆筒整体性时,按圆周上为单宽的竖向梁计算,底部固接,顶部采用自由、铰支、固接或与发电机层楼板刚结,风罩墙与发电机层楼板一起按 Γ 形框架计算,但环向要适当布筋加强。

(四)内力计算及配筋

根据各项算出的纵向弯矩、水平径向剪力、纵向轴力、环向弯矩和环向轴力,分别按最不利组合叠加。以纵向弯矩、纵向轴力按偏心受压构件配置风罩墙纵向钢筋,以环向弯矩按受弯构件配置环向钢筋,环向轴力忽略不计,并用水平径向剪力校核风罩墙水平截面的抗剪强度。

风罩配置竖向和环向钢筋，都是内、外壁各布置一层。环向筋直径一般为 10 ~ 20 mm，间距 200 ~ 250 mm。竖向筋直径一般为 16 ~ 30 mm，间距 160 ~ 200 mm。

第三节　蜗　壳

蜗壳是水轮机的进水设备，必须满足强度条件，并不应开裂与渗漏。其尺寸与断面形状由制造厂家根据水力模型试验确定。

根据作用水头大小选用金属蜗壳或钢筋混凝土蜗壳。当电站最高水头 $H_{max} \geq 40$ m 时，应采用圆形断面的金属蜗壳，外包以钢筋混凝土。当电站最高水头 $H_{max} < 40$ m 时，可采用梯形断面的钢筋混凝土蜗壳，但对水头超过 30 m 的情况，宜采用薄钢板衬砌，防止混凝土裂缝而渗水。

一、金属蜗壳外围混凝土结构计算

(一)构造方法

金属蜗壳是圆形薄壁结构，通常在蜗壳上半部与外围混凝土之间应设 2 ~4 层总厚为 20 ~40 mm 的沥青油毛毡或软木玛琋脂等弹性垫层，使二者互相分离，受力互不传递。金属蜗壳承担全部内水压力，外围混凝土结构承担上部结构传来的荷载及自重，如图 13-4 所示。这种结构为我国所普遍采用。

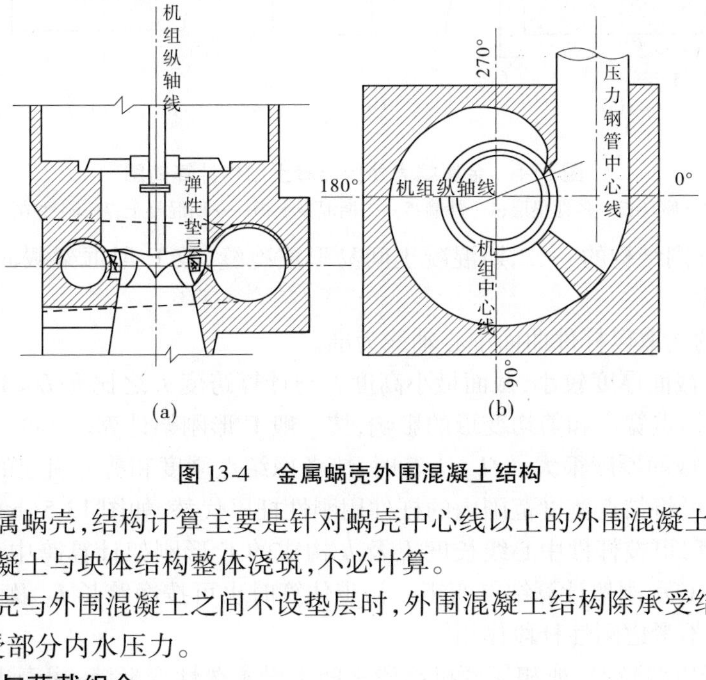

图 13-4　金属蜗壳外围混凝土结构

对此种金属蜗壳，结构计算主要是针对蜗壳中心线以上的外围混凝土结构，蜗壳中心线以下部分混凝土与块体结构整体浇筑，不必计算。

当金属蜗壳与外围混凝土之间不设垫层时，外围混凝土结构除承受结构自重和外荷载外，还要承受部分内水压力。

(二)荷载与荷载组合

金属蜗壳外围混凝土结构承受的荷载如下：

(1)结构自重 A_1。

(2)机墩传来的荷载 A_2。机墩静力计算中求出的底面正应力假定为直线分布。

(3)水轮机层地面活荷载 A_3。参考实际工程资料确定。

金属蜗壳外围混凝土结构的计算情况为正常运行情况,荷载组合包括上述三种荷载,属基本组合。

(三)结构计算模型

金属蜗壳外围混凝土是空间整体结构,当不考虑金属蜗壳与外围混凝土结构联合作用时,内力计算一般是采用平面框架结构力学法。设计中常沿蜗壳中心线径向切取若干单位宽度的截面,按平面变形Γ形框架进行计算;对大型工程宜采用三维有限元分析。

当有技术经济论证时,也可考虑由金属蜗壳与外围混凝土联合作用,水压力由钢蜗壳与外围混凝土共同承担。内力计算由三维有限元分析、结构模型试验确定。

因金属蜗壳尺寸及外围混凝土厚度在沿蜗壳中心线的平面内是变化的,所取的截面一般为0°、90°、180°包角线处,而0°截面(蜗壳进口处)往往是控制截面。Γ形框架横梁(顶板)与座环连接端假定为铰接,蜗壳边墙底部固接于下部块体混凝土上或安装高程处,如图13-5所示。

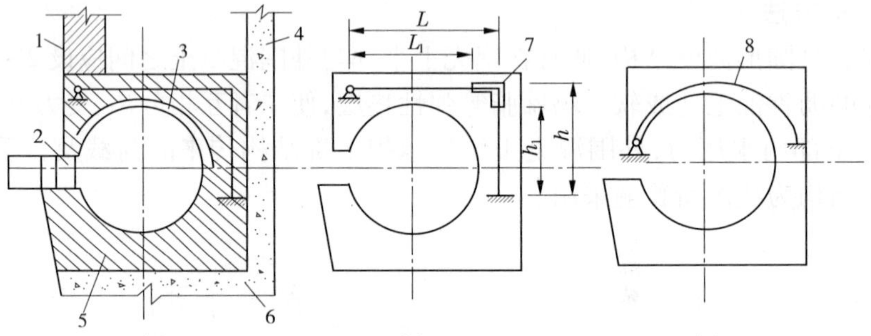

图13-5　金属蜗壳外围混凝土结构计算简图

1—机墩;2—座环;3—弹性垫层;4—外墙;5—二期混凝土;6——期混凝土;7—刚性结点;8—圆拱

金属蜗壳外围结构的一、二期混凝土间易形成冷缝,故Γ形框架截面厚度仅考虑二期混凝土的厚度。

计算简图的选取以杆件曲面中心轴线为准。

(1)当杆件截面厚度较小,截面最小高度 h 与计算跨度 L 之比 $h/L<1/5$ 或蜗壳尺寸很小时,可忽略结点宽度和剪切变形的影响,按一般Γ形刚架计算。

(2)当杆件截面厚度很大,$h/L>1/5$ 时,应考虑结点刚度和剪力引起的剪切变形对结构内力的影响,可将结点宽度范围内的杆件用刚性杆段代替,如图13-5(b)所示。

为简化计算,可按杆件中心线长度 L 及 h 构成的Γ形刚架计算跨中弯矩,用净跨长 L_1 及 h_1 构成的Γ形刚架计算结点弯矩。初步估算时也可按净跨长 L_1 及 h_1 构成的Γ形刚架计算内力,不考虑刚性杆段作用。

(3)若蜗壳边墙较厚,或相邻两机组段之间不设永久性变形缝,蜗壳边墙刚度比顶板刚度大8倍以上,可考虑按一端铰接于座环,另一端固接于边墙的梁或圆拱计算,如图13-5(c)所示。

(四)内力计算

根据计算简图及荷载,用结构力学方法求出杆件内力。

(1)不考虑剪切变形和结点刚性影响。Γ形刚架的内力计算可直接利用有关建筑结构计算手册图表及公式进行。

(2)考虑剪切变形和结点刚性影响。这种Γ形刚架的内力计算,在杆件形常数和载常数计算中,需计入剪切变形和结点刚性影响,再利用有关建筑结构计算手册图表及公式进行。

(五)配筋原则

通常,金属蜗壳外围混凝土结构截面较大,根据受力计算结果,需要的配筋量往往小于最小配筋量或不需配置钢筋。某工程对蜗壳外围结构的钢筋进行了现场量测,与常规计算比较,实测应力均较计算值小。实际工程大都按构造要求配筋。

蜗壳顶板按受弯构件配筋。受力筋径向辐射等距布置,上、下各一层。上层钢筋可分区按一定等差切断,但切断点应伸出边墙外周边30d(d为钢筋直径)以上。下层钢筋可沿金属蜗壳表面整环布置,两端与座环焊接。计算时不计水平环向约束,但在顶板及边墙的环向应配置构造钢筋及温度筋,直径不小于20 mm,间距不大于200～300 mm。

蜗壳的边墙按偏心受压构件配筋,受力筋垂直向布置,分内、外两层,直径不宜小于12～16 mm,间距不大于200～300 mm。

金属蜗壳的外围结构不承受内水压力,不需验算斜截面强度,混凝土允许开裂,裂缝宽度应限制在0.3 mm之内。

二、钢筋混凝土蜗壳

(一)钢筋混凝土蜗壳的构造

钢筋混凝土蜗壳既承受自重与上部结构传来的荷载,又承受内水压力。由于这种蜗壳过流量大,且防渗要求高、体型复杂,因此对设计施工的要求较高,必须满足强度、抗渗要求。蜗壳组成包括以下几部分(如图13-6所示):

(1)进口段。由顶板、边墙、底部块体结构或底板组成。当进口段横截面跨度较大时,可在跨中设中墩以改善顶板受力条件。

(2)蜗壳段。由顶板、侧墙(左、右侧墙,下游墙)及底部块体结构组成。顶板为螺旋形环形板,内周边为圆形,支承于水轮机座环上,外周边支承于侧墙上。蜗壳段侧墙为厚壁块体墙,其形状也为螺旋形,三个边界分别与顶板、底板及下游压力墙相接。

(3)尾水锥体。为变厚度、变高度圆筒锥体,顶端为支承水轮机座环的水平圆环,支承顶板内周边。顶板与蜗壳底板以此为界,下接尾水管直锥段,如图13-6(d)所示。

(4)底板。与尾水管周围混凝土连成整体,一般不予计算。

(二)结构计算

钢筋混凝土蜗壳的尺寸大,直接承受内水压力,同时作为厂房下部结构的主要组成部分,还参与厂房的壅水作用和承受水头。所以,钢筋混凝土蜗壳的安全和抗裂要求较高。

钢筋混凝土蜗壳结构与金属蜗壳外围结构一样,是个整体性的空间结构,只有用三维有限元法才能求出蜗壳结构的整体应力状态。目前,设计中沿用的基本方法有平面框架

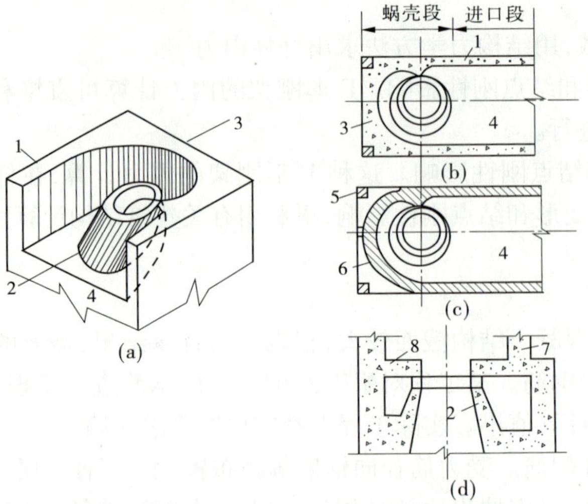

图 13-6　钢筋混凝土蜗壳组成

1—侧墙;2—尾水锥体;3—下游压力墙;4—进口底板;5—排架柱;6 —环形薄墙;7—机墩;8—顶板

法和环形板墙法,对大型厂房应用三维有限元计算蜗壳结构内力。具体计算见专门参考书。

(三)配筋原则

钢筋混凝土蜗壳承受较大的内水压力,除强度计算外,应按不允许开裂进行校核。若钢筋混凝土蜗壳不能满足抗裂要求,可按限制裂缝开展宽度设计,最大裂缝宽度为 0.2 ~ 0.25 mm。

(1)进口段。按平面框架计算,顶板为偏心受拉构件,受力钢筋直径一般不小于 12 ~ 16 mm,顺水流方向布置分布钢筋,直径一般不小于 12 mm,间距不超过 300 mm。

边墙及中墩按偏心受拉构件配筋,竖向受力钢筋直径不小于 12 ~ 16 mm,间距不超过 200 ~ 300 mm。水平分布筋直径不小于 12 mm,间距不超过 300 mm 。若边墙为块体结构,竖向钢筋直径可采用 12 mm。

(2)顶板。按平面 Γ 形刚架计算内力时,顶板按偏心受拉构件计算配筋,径向为受力钢筋。计算中忽略环向约束,但仍应按受力钢筋的 20% 配置环向构造钢筋,分上、下两层布置。

按环形板计算时,径向作用有弯矩及水平力,按偏心受拉构件分上、下两层配置径向受力钢筋。环向作用有切向弯矩,应按受弯构件配置环向钢筋。

径向钢筋布置时,靠近内缘不能太密,间距应根据钢筋用量确定,净距不宜小于 50 mm。从内缘辐射向外缘布置时,因外缘径向弯矩较大,上层可用短钢筋加密,并与蜗壳墙钢筋相连,间距不超过 200 ~ 300 mm。径向钢筋另一端焊接于座环上。径向钢筋按构造配置时,直径不宜小于 12 ~ 16 mm,间距不超过 200 ~ 300 mm。环向钢筋宜用弧形,用分段焊接方式与蜗壳螺线相适应。环向筋分上、下两层布置,构造要求与金属蜗壳外围混凝土结构相同。

(3)蜗壳墙。按平面框架计算时,竖向受力钢筋按偏心受拉构件配置。环向则应布置足够数目的构造钢筋。

当按厚壁墙计算时,垂直方向除弯矩外,还应计入竖向内力,按偏心受拉构件配筋。内水压力对压力墙产生的水平向拉力,由于两端为大体积结构而变得很小,故可按受弯构件配筋。

蜗壳墙的垂直高度一般不大,同时,从进口到出口墙高逐渐减小,可按最大弯矩截面配置竖向钢筋,直径一般不小于 12 ~ 16 mm,间距不超过 200 ~ 300 mm。若边墙为块体混凝土,竖向钢筋可用 12 mm,水平环向构造钢筋,直径一般不小于 12 ~ 16 mm,间距不超过 300 mm,沿内、外层水平放置。

(4)尾水锥体。尾水锥体应力一般不大,钢筋多按构造配置,沿表面竖向及水平环向均匀布置 12 ~ 16 mm 的钢筋、间距不超过 300 mm。由于圆锥体底面是螺旋面,高度从进口起逐渐缩小,故沿高度各层水平环状钢筋不封闭,自上而下采用半径递增而圆心角依次递减的圆弧钢筋。第一道环向钢筋需离锥顶一定距离,以便埋设水轮机座环的钢板和螺栓。

此外,蜗壳底板应按构造配置直径为 12 mm、间距为 300 mm 的径向及环向钢筋各一层。截面拐角处应配置 45°方向的斜钢筋,直径不小于 12 mm,以抵抗应力集中。间距则与竖向内层钢筋及顶板径向内层钢筋协调确定。

钢筋混凝土蜗壳配筋示意,如图 13-7 所示。

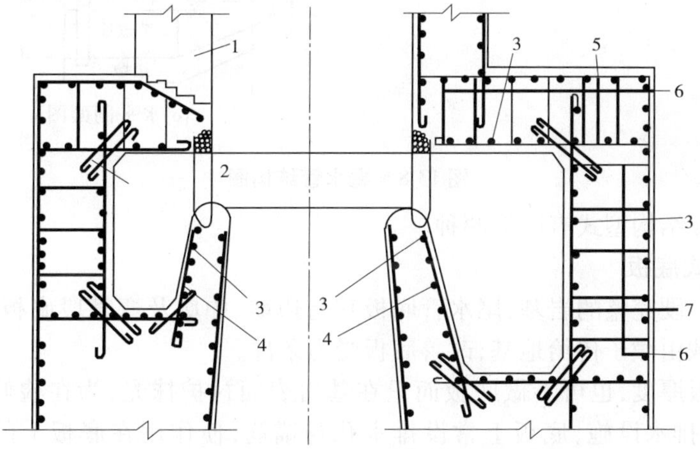

1—机墩；2—座环立柱；3—环向筋；4—受力筋；5—径向受力筋；6—架立筋；7—垂直受力筋

图 13-7　钢筋混凝土蜗壳配筋图

第四节　尾水管

尾水管结构是指尾水管流道的外围结构,位于水电站厂房一期混凝土范围内,即厂房结构的最下部,在整个厂房结构中承受厂房的全部荷重和水压荷载,起厂房基础的作用。直锥形尾水管大多限于容量较小的水轮机中,无须结构计算。为了减小水力损失和厂房开挖,目前大多采用弯肘形尾水管。

尾水管结构复杂,尺寸大,整体性较强。在结构设计中,根据各部分的结构特点,分别选择相应的方法分析内力。大型水电站的尾水管结构分析宜进行三维有限元计算。

一、尾水管结构

尾水管按结构特点分为锥管段、弯管段和扩散段三部分。锥管段四周为大体积混凝土,一般不需进行结构计算;弯管段和扩散段则为顶板、底板、边墩和中墩组成的复杂空间结构,如图 13-8 所示。

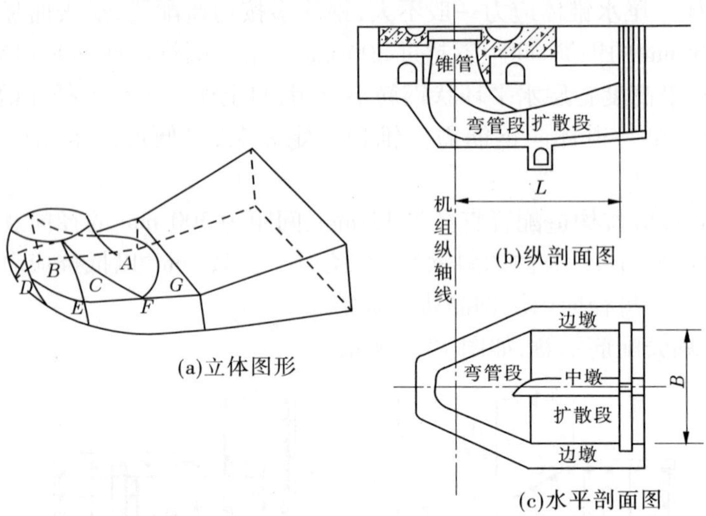

图 13-8　尾水管结构图

扩散段底板结构型式有以下两种。

(一)分离式底板

若基础为坚硬完整的岩基,尾水管底板宜与边墙、中墩及弯管段底板用永久缝分开,整个厂房的荷载由墩子传给地基,改善底板受力条件。

为减薄底板厚度,也可不做底板而只在基岩表面衬护抹光,为在检修时满足抗浮稳定,应设可靠的排水设施,底板上常设排水孔与锚筋,使作用在底板上的浮托力可减小 40% ~60% 。

(二)整体式底板

修筑在软基或破碎岩基上的尾水管底板与边墩、中墩及弯管段浇筑成整体结构,形成箱形刚架结构。大、中型工程整体式尾水管底板厚度大多在 1 m 以上,有的达 2 ~3 m。

二、荷载及荷载组合

尾水管的主要荷载有:

(1)结构自重 A_1。

(2)上部结构(二期混凝土)及设备传来的重量 A_2。尾水管顶板上沿垂直水流方向的分布,近似作为均布荷载,机电设备动荷载不乘动力系数。

(3)内水压力 A_3。按设计尾水位计算,校核情况按校核尾水位计算内水压力。

(4)外水压力 A_4。扩散段边墙承受的外水压力来自机组段永久变形缝,顶板上也可能有外水压力,锥管段承受来自蜗壳的水压力。

(5)基础扬压力 A_5。由厂房整体计算中确定的扬压力图给定。

(6)地基反力 A_6。当尾水管按弹性地基梁或平面框架计算时,由厂房整体地基应力计算得到的地基反力分布图确定。对整体式尾水管,其地基反力可作如下假定:①底板刚度较大($\beta L<1$)时,垂直水流方向的地基反力为均匀分布,荷载分布强度为 $q=V/(2L)$,如图 13-9(b)所示;②底板刚度中等($\beta L=1\sim3$),反力为曲线分布,如图 13-9(b)中虚线所示(一般近似为三角形分布);③底板刚度相对较小($\beta L>3$),反力按三角形分布,如图 13-9(c)所示。

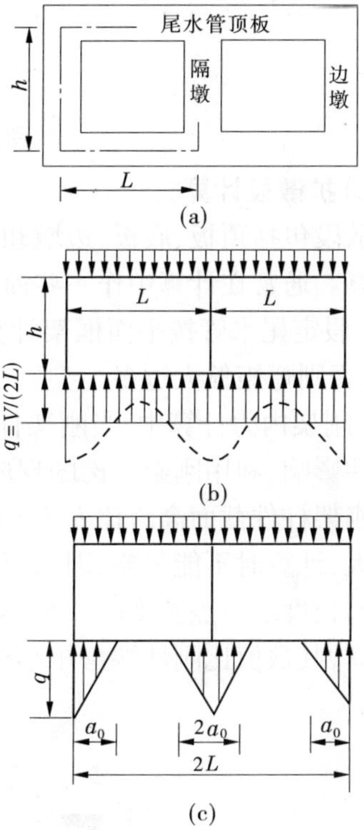

图 13-9　尾水管地基反力分布图

当地基反力为三角形分布时,反力计算如下:

反力荷载宽度

$$a_0=\frac{1.5}{\beta}\quad(\text{当}\ \beta\geqslant 3/L\ \text{时})\tag{13-31}$$

反力最大强度

$$q=\frac{W-U}{2a_0}=\frac{V}{2a_0}\tag{13-32}$$

特征系数

$$\beta=\sqrt[4]{\frac{Kb}{4EI}}\tag{13-33}$$

式中　b ——底板计算宽度,取 1.0 m;

K ——基岩弹性抗力系数;

E ——底板混凝土弹性模量,kPa;

I ——计算宽度内底板截面惯性矩,m^4;

L ——底板跨度,m;

W ——上部荷载的合力,kN;

U ——底板扬压力合力,kN;

V ——基础反力合力,kN。

尾水管荷载组合分基本组合和特殊组合两种。

三、计算简图及计算原则

(一)计算简图

由于弯肘形尾水管为钢筋混凝土空间整体结构,形状复杂,目前尚无成熟的计算方法。为简化计,常不考虑空间整体作用而顺水流方向切取若干截面,按单宽平面结构计算。根据各剖面构件的相对刚度,分别假定按上端固定的倒框架、下端固定或铰接的框架、弹性地基上的框架进行计算,如图 13-10 所示。

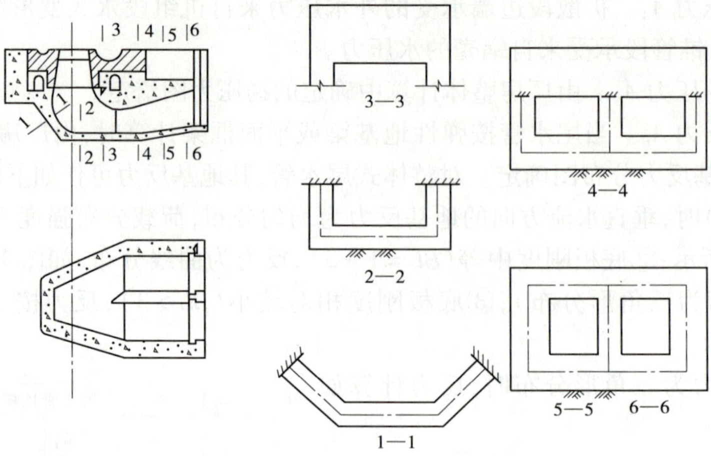

图 13-10　尾水管计算简图

(二)扩散段计算

扩散段包括顶板、底板、边墩和中墩。计算时沿水流方向切取若干截面,按单宽平面结构计算。通常在计算中作一些简化和假定:

(1)假定尾水管按平面框架计算,其计算跨度不能按一般杆件系统取杆件中心到中心计算,否则弯矩偏大过多。

(2)刚架内力计算中,当刚架杆件截面高跨比 $h/L<1/5$ 时,可不计刚架剪切变形和结点刚性影响,利用刚架结构的现成图表和公式,计算结点弯矩。

当刚架杆件截面高跨比 $h/L>1/4\sim1/3$ 时,由剪应力引起的剪切变形对杆件总变形影响较大,计算时不能忽略,因属厚壁杆件,需考虑结点刚性影响,如图 13-11 所示。节点刚性段的长度取节点宽度的一半,柔性段的长度取净跨。支座外的配筋,原则上按柔性端弯矩计算,其数值比刚性端弯矩小很多,有时甚至改变了弯矩的方向。具体计算可参阅有关书籍。

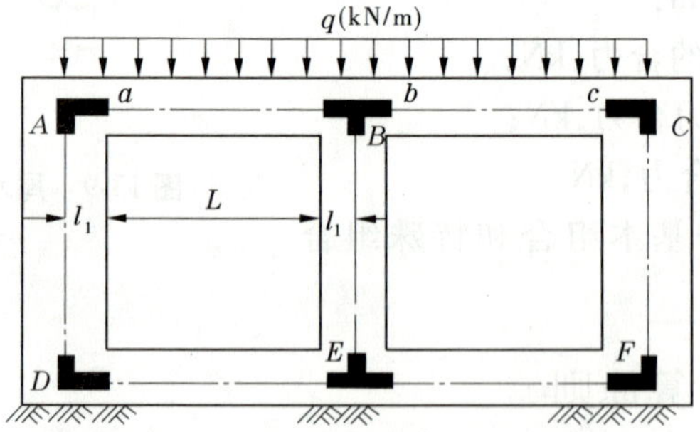

图 13-11　考虑节点刚性的计算简图

(3)由于整个厂房的基础反力是沿水流方向通过总体计算求得的,故在按单宽平面框架计算时,每一框架上的全部竖向荷载(包括自重与扬压力)与该截面底板上的基础反力之间往往存在不平衡状态,其差值由切取相邻截面间相互作用的剪力所平衡。此剪力以一定规律分配给中墩、边墩、顶板和底板,作为外荷载作用于其上,使框架处于平衡状态。再按结构力学方法计算平面框架内力，能得出较为精确的结果。

相邻框架间不平衡剪力推求方法可参阅有关书籍。

(4)当尾管底板较厚，相对刚度较大时，可假定框架与底板分开计算，如图 13-12 所示。即框架墩子固定在底板上，求出传给底板的荷载(轴向力和弯矩)后，再将底板按弹性地基上的梁计算。

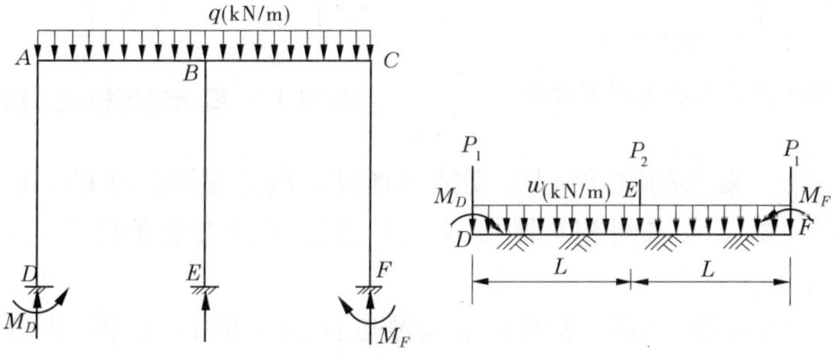

图 13-12　尾水管上部框架与底板分开计算简图

如为分离式底板（或底板很薄，或不设底板），而墩子又不挖齿槽时，则框架底端按铰接处理，如图 13-13 所示。荷载有上部结构传来的垂直荷载及自重，按平面问题用结构力学方法计算内力，尾水管底板视为独立结构。因检修时抗浮稳定所需，底板上一般设有钢筋与排水孔，底部荷载为自重与扬压力，可作为以锚筋为支点的无梁楼板计算，计算方法可参阅有关书籍。

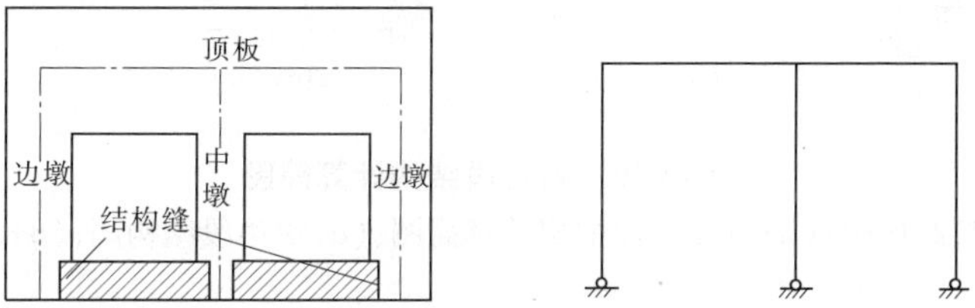

(a)　　　　(b)

图 13-13　分离式底板尾水管计算简图

如岩石竖硬完整，在挖槽、加锚筋、回填混凝土处理后，则框架底端按固定端计算。

(5)底板为整体式时，切取的刚架为一由边墙、中墩、顶板和底板构成的闭口刚架，计算时可视为弹性地基上的刚架，如图 13-14 所示。对于左右对称的刚架，可只取一半计算。按弹性地基上框架计算时，一般不计刚性结点和剪切变形的影响，按净跨作为高、宽组成的闭口刚架，用结构力学方法计算内力。

(6) 当尾水管顶板特别厚时，不能再按平面刚架计算。尾水管跨度 L 与截面高度 h 之比 $L/h \leqslant 2.5$ 时，顶板截面内力分布完全不同于浅梁，须按深梁计算，如图 13-15 所示。

(三)弯管段计算

尾水管弯管段通常指自中间隔墩的墩头到锥管以下这一段。该段的结构特点是顶板很厚，底板相对较薄，而两侧边墩在水平方向变厚度。弯管段上部通常为块体混凝土，底板下游侧的边界条件通常是：当扩散段为分离式底板或无底板时为自由边；当扩散段为整体式底板时,则可考虑中墩对弯管段底板的简支作用。

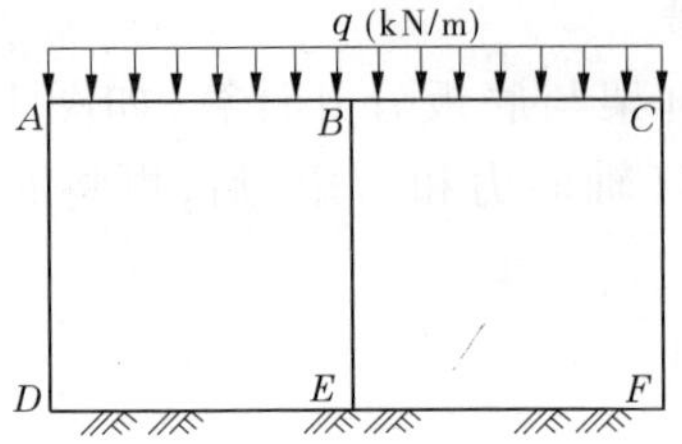

图 13-14　尾水管按弹性地基上刚架计算

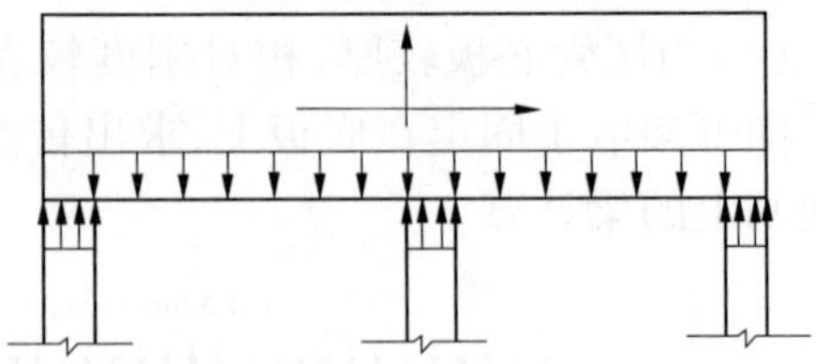

图 13-15　尾水管顶板按深梁计算简图

实际上弯管段为一复杂的空间结构,要精确计算其内力是很困难的,其计算简图的选取要视底板、边墩、顶板三者之间相对刚度及上下游边界的支承条件而定。在设计实践中,一般有三种简化方法:

(1)平面框架。当底板、边墩、顶板的结构厚度比较一致时,底板、边墩、顶板为一整体框架结构,如图 13-16(b)所示。

(2)当顶板厚度很大时,可按简支深梁计算内力,如图 13-16(d)所示。

(3)当顶板比较薄,两边边墩较厚、刚度较大时,按两端固定的梁式板计算。

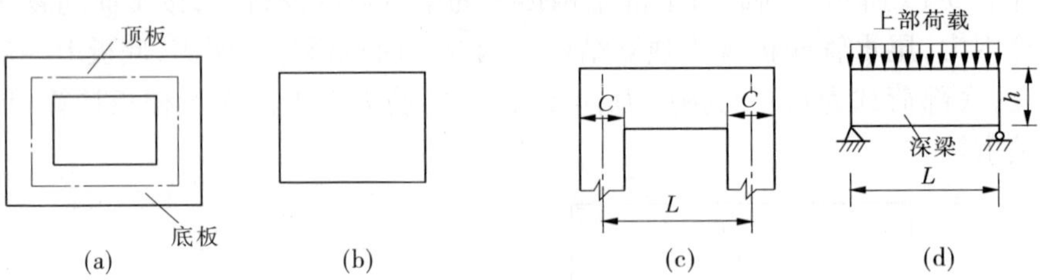

图 13-16　弯管段结构计算简图

(a)弯段平面框架结构图;(b)弯段平面框架计算简图;(c)深梁段结构图;(d)深梁段计算简图

四、配筋原则

尾水管各部分尺寸均较大,有的属少筋混凝土,有的仅按构造配筋以抵抗温度应力及混凝土收缩应力。尾水管结构允许发生裂缝,但应限制裂缝开展宽度。

(一)尾水管结构配筋原则

尾水管受力钢筋按计算配置,方法与一般钢筋混凝土构件相同。

(1)受弯构件、大偏心受拉构件和大偏心受压构件的受拉钢筋配筋率不得小于 0.05%。

(2)大偏心受压构件及大偏心受拉构件的受压钢筋,若计算结果为不需配置,可不配或按构造配置适量钢筋。

(3)轴心受压或小偏心受压构件,一般能满足强度条件,可按构造配筋。

(4)在非受力方向也应布置构造钢筋,以考虑计算简图与实际受力之间存在差异及混凝土收缩引起的应力。在所有结构转角处,应布置交叉斜钢筋,直径和间距应与构造钢筋一致。

(二)锥管段钢筋配置

表面布置斜直钢筋和水平环向筋,弯管段顶板顺水流方向的钢筋可沿弯道内壁均匀布置,间距应与直锥段协调,或直接由锥管段钢筋下延。

底板为双向配筋,环向为受力筋,直径与间距应与侧墙钢筋相互协调。

(三)扩散段钢筋配置

顺水流方向垂直布置,内、外壁各一层,与中墩的受力筋交接。沿水流方向布置构造钢筋。

若尾水管顶板在水流方向的内力较小,顶板受力方向为垂直水流方向,采用预制的倒T形梁顶板是合适的。倒T形梁兼作施工模板,并作为顶板的一部分参与受力,节约了施工模板。

参考文献

[1] 周之豪,沈曾源,施煦灿,等.水利水能规划[M].北京:水利电力出版社,2003.

[2] 郭雪莽,温新丽.中国水利概论[M].郑州:黄河水利出版社,1999.

[3] 季盛林,刘国柱.水轮机[M].北京:水利电力出版社,1986.

[4] 金钟元.水力机械[M].北京:中国水利水电出版社,1992.

[5] 涂建炎.水轮机[M].北京:中国水利水电出版社,1991.

[6] 程良骏.水轮机[M].北京:机械工业出版社,1991.

[7] 刘启钊.水电站[M].3版.北京:中国水利水电出版社,1998.

[8] 水电站机电设计手册编写组.水电站机电设计手册－水力机械[M].北京:水利电力出版社,1983.

[9] 姜之琦.水电站机电设备[M].2版.北京:清华大学出版社,1991.

[10] 陈可一.水电站概论[M].北京:水利电力出版社,1986.

[11] 马善定,汪如泽.水电站建筑物[M].2版.北京:中国水利水电出版社,1996.

[12] 中国电力企业联合会标准化部.水电卷[M].北京:水利电力出版社,1997.

[13] 袁俊森.水电站[M].郑州:黄河水利出版社,2002.

[14] 韩菊红,等.水电站[M].郑州:黄河水利出版社,2003.

[15] 史海珊.水电站[M].北京:水利电力出版社,1993.

[16] 王永年,张洪楚.小型水电站[M].北京:水利电力出版社,1990.

[17] 金钟元,伏义淑.水电站[M].北京:中国水利水电出版社,1994.

[18] 王树人,董毓新.水电站建筑物[M].2版.北京:清华大学出版社,1992.

[19] 李仲奎,马吉明,张明.水力发电站建筑物[M].北京:清华大学出版社,2007.

[20] 王世泽.水电站建筑物[M].北京:水利电力出版社,1987.

[21] 张洪楚.水电站[M].北京:水利电力出版社,1991.

[22] 张治滨,等.水电站建筑物设计参考资料[M].北京:中国水利水电出版社,1997.

[23] 张光斗,王光纶.专门水工建筑物[M].上海:上海科学技术出版社,1999.

[24] 华东水利学院,成都科学技术大学,合肥工业大学.水电站[M].北京:水利出版社,1980.

[25] 杨欣先,李彦硕.水电站进口设计[M].大连:大连理工大学出版社,1990.

[26] 王树人.水击理论与水击计算[M].北京:清华大学出版社,1981.

[27] C·耶格尔.水利不稳定流[M].王树人,等译.大连:大连工学院出版社,1987.

[28] 王树人.调压室水力计算理论与方法.北京:清华大学出版社,1983.

[29] 潘家铮,傅华,等.水工隧洞和调压室(调压室部分)[M].北京:水利电力出版社,1992.

[30] 成都科学技术大学水力学教研室.水力学[M].北京:人民教育出版社,1992.

[31] 怀利E·B,斯特里特V·L.瞬变流[M].清华大学流体传动及控制教研室译.北京:水利电力出版社,1983.

[32] 日本土木学会.水力公式集(上集)[M].铁道部科学研究院水工水文研究室译.北京:人民铁道出版社,1992.

[33] 李仲奎,马吉明.水力水电工程[M].北京:科学出版社,2004.

[34] 顾鹏飞,喻远光.水电站厂房设计[M].北京:水利电力出版社,1987.

[35] 谷兆祺,等.地下洞室工程[M].北京:清华大学出版社,1994.

[36] 潘家铮,等.抽水蓄能电站[M].北京:水利电力出版社,1995.

[37] 杨述仁,周文铎. 地下水电站厂房设计[M]. 北京:水利电力出版社,1993.
[38] 中华人民共和国行业标准. SL 252—2000　水利水电工程等级划分及洪水标准[S]. 北京:中国水利水电出版社,2000.
[39] 水利部长江水利委员会长江勘测设计研究院. SL 280—2003　水电站压力钢管设计规范[S]. 北京:中国水利水电出版社,2003.
[40] 水利部长江水利委员会长江勘测设计研究院. SL 285—2003　水利水电工程进水口设计规范[S]. 北京:中国水利水电出版社,2003.
[41] 电力部/水利部北京勘测设计研究院. SL/T 205—97　水电站引水渠道及压力前池设计规范[S]. 北京:中国水利水电出版社,1998.
[42] 水利部山西水利水电勘测设计研究院. SL 269—2001　水利水电工程沉沙池设计规范. [S]北京:中国水利水电出版社,2001.
[43] 水利部东北勘测设计研究院. SL 279—2002　水工隧洞设计规范[S]. 北京:中国水利水电出版社,2002.
[44] 电力部华东勘测设计研究院. DL/T 5058—1996　水电站调压室设计规范[S]. 北京:中国电力出版社,1997.
[45] 水利部天津水利水电勘测设计研究院. SL 266—2001　水电站厂房设计规范[S]. 北京:中国水利水电出版社,2001.
[46] 中华人民共和国行业标准. SL 191—2008　水工混凝土结构设计规范[S]. 北京:中国水利水电出版社,2008.